번역·주해 최영철

건국ㄷ 히브리대학교에서
사학위를 받았다.
서울장신 중동학회 회장으로
와 발전에 힘썼다.
지금은 성균관대학교 학부대학 초빙교수로 재직하면서
중동의 사회와 문화 관련 과목을 가르치고 있다.
주요 (공)저서로 『유대교와 이슬람, 금기에서 법으로』
『현대 중동국가의 정치체계 형성과 국제관계』 등이 있고,
역서로는 『핵심 탈무드』가 있다.
주요 논문으로 「탈무드 본문 주해: 바벨론 탈무드 바바 바트라 7b-8b」
「중동 무슬림 국가의 형법과 종교 자유권」
「하마스의 제도권 진입 과정에 관한 연구」 등이 있다.

번역·주해 김성언

연세대학교 신학과와 같은 학교 대학원을 졸업하고
이스라엘 텔아비브대학교 유대학과에서 박사학위를 받았다.
명지대학교, 한남대학교, 한신대학교에서
성서와 기독교 관련 과목을 가르쳤다.
지금은 장로회신학대학교 특임교수와 연세대학교 객원교수로 있으며,
구약성서와 이스라엘 관련 과목을 가르치고 있다.
저서로 해외에서 출간될
Polemical and Intertextual Reading of the Scroll of Esther
(논쟁과 상호텍스트성으로 읽는 에스더)를 집필 중이며,
역서로 『스탠리 마틴 의료선교사 편지 1916-1941』가 있다.
주요 논문으로 「속임수 전략으로 읽는 솔로몬의 재판」
「창세기 속임수 내러티브 어떻게 이해할 것인가?」
「에스더와 다윗: 상호본문성 접근」 등이 있다.

HANGIL
GREAT BOOKS

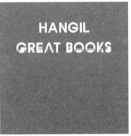

인 류 의 위 대 한 지 적 유 산

HANGIL
GREAT BOOKS
190

미쉬나

네지킨
손해

4

최영철·김성언
번역·주해

한길사

HANGIL
GREAT BOOKS
190

משנה
סדר נזיקין

***MISHNAH*: Seder Nezikin**

Translated & Commentary by Choe Young-Chol, Kim Sung-On

Published by Hangilsa Publishing Co., Ltd., Korea 2024

유대 전통문헌『미쉬나』번역·주해서를 펴내며

2017년 9월에 이 사업을 시작하여 2021년 여름까지 꼬박 만 4년의 세월이 흐르는 동안 연구에 참여한 아홉 명의 연구원들은 혼연일체가 되어 혼신의 노력 끝에 '유대 전통문헌『미쉬나』번역·주해서'를 탈고했다. 우리나라 최초의 일이자, 동아시아 전체에서도 처음 있는 일이다.

『미쉬나』(משנה, *Mishnah*)는『구약성서』『탈무드』와 함께 히브리-유대학의 3대 고전으로 불린다. 고전학으로서 히브리-유대학의 범주는『히브리 성서』(*Hebrew Bible*)를 비롯하여 고전 랍비 문헌(ספרות חז"ל, Classical Rabbinic Literature)을 포함한다.『히브리 성서』가 대략 기원전 10세기부터 3세기까지 생산된 문헌이라면, 랍비 문헌은 기원전 3세기 초부터 6세기 말까지 생산된『미쉬나』와『탈무드』두 권을 주로 가리킨다. 특히『미쉬나』는 기원후 200년 랍비 예후다 한나씨(Rabbi Judah ha-Nassi)가 편집하여 집대성한 유대 랍비 전통의 문헌을 일컫는다.『미쉬나』는 성문토라(모세법)를 기초로 삼고 새 시대에 맞는 계율을 보충하여 더 명료하게 체계화한 구전토라(Oral Torah) 모음집이자『탈무드』의 모체(母體)다.

오래전부터 우리가 『미쉬나』를 번역해보자는 데 의기투합한 까닭은 '현실'과 '이상' 사이의 괴리 때문이었다. '현실'이란 우리나라에 소개된 수백 종의 『탈무드』 관련 서적들이 거의 예외 없이 흥미 위주의 번역서이고, 실제로는 방대한 『탈무드』 또는 그 뿌리인 『미쉬나』와 전혀 맥락을 같이하고 있지 않다는 것이다. '이상'이란 이스라엘에서 유학을 하거나 히브리-유대학을 전공한 사람들이 있으니 본격적으로 일을 벌여도 좋지 않을까 하는 막연한 희망을 말한다. 우리의 지식 시장이 이렇게 혼탁해진 이유가 어느 정도 전공자들의 수수방관 때문이라는 도의적 책임감도 느끼면서, 뜻을 함께하는 사람들이 모이게 되었다.

넘치는 의욕은 우리에게 엄청난 중압감으로 다가왔다. 나름 히브리어에 일가견이 있다는 연구자들로 팀을 구성했고, 사업 착수 초기부터 매주 모여(코로나-19 이후에는 영상으로) 각자 맡은 본문을 한 줄씩 읽어나가면서 토론하고 의견을 교환했다. 하지만 『미쉬나』가 매우 '불친절한' 텍스트인 것을 깨닫는 데는 그리 오랜 시간이 걸리지 않았다. 끊임없이 등장하는 생소한 어휘가 우리를 한 걸음도 앞으로 나아갈 수 없게 가로막았으며, 1,800년의 시간 간격 때문에 맥락을 알 수 없는 내용이 우리를 미궁으로 빠뜨렸다.

'번역 없이는 사상의 교류도 없다'는 우리의 신념은 맥을 추지 못했다. 원문의 뜻을 분명하게 파악한 후에 그것을 어법에 맞게 표현하는 것은 번역의 기본 원칙이다. 하지만 우리 스스로 뜻을 파악할 수 없다면 번역해놓아도 소용이 없는 일이다. 시행착오를 거쳐 조금씩 미로를 빠져나오는 데 오랜 시간이 걸렸다. 하지만 여전히 '원문을 읽는 번역자'와 '번역문을 읽는 독자' 사이에 이해의 간극을 없애기란 결코 쉬운 일이 아니다.

'유대 전통문헌 『미쉬나』 번역·주해서' 발간사업을 진행하면서 이미 『히브리 성서』에 나오는 고유명사(인명과 지명)의 경우 독자들이 어느 정도 익숙해진 용어이므로 그대로 따랐다. 『미쉬나』만의 개념을 담은 어휘는 우리말로 번역하는 대신 히브리어 음가를 그대로 차용했으며, 전문용어 색인에 따로 정리해서 덧붙였다. 각 마쎄켓에 등장하는 같은 낱말의 번역어 통일에도 힘썼다. 번역체는 역자의 주체성을 존중하여 직역이나 의역 모두 수용했다. 주해는 히브리어 뜻풀이를 충실히 하면서 본문의 이해를 돕는 데 역점을 두었고, 많은 주석가들의 해석 차이는 최소한으로 제한했다. 이는 후속 연구자들의 과제가 되어야 한다고 판단했기 때문이다.

아무쪼록 한국어로 최초 발간되는 '유대 전통문헌 『미쉬나』 번역·주해서'를 초역(抄譯)으로 여겨주기 바란다. 완역(完譯)으로 가기 위한 길라잡이랄까. 앞으로 후속 세대의 비판과 질정, 해석과 재해석이 교차하면서 명실공히 우리 사회에서 고전 랍비 문헌의 연구가 활발해지는 계기가 되기를 희망한다. 원문 대조본을 고집한 이유이기도 하다.

이 책이 나오기까지 지원해준 한국연구재단과 어려운 시기에 출판을 맡아준 한길사 김언호 대표님께 진심으로 감사드린다. 누구보다도 부족한 사람을 따라 끝까지 책임감 있게 참여해준 연구원 모두에게 사의(謝意)를 표한다.

최창모*

'유대 전통문헌 『미쉬나』 번역·주해서' 연구책임자

---

* 건국대학교 중동연구소 소장으로 '『미쉬나』 번역·주해서' 출판 작업을 준비하던 최창모 교수는 2022년 초 갑작스러운 병환으로 타계했다.

미쉬나 ❹ 네지킨(손해)

미쉬나 ❺ 코다쉼(거룩한 것들)

미쉬나 ❻ 토호롯(정결한 것들)

미쉬나 길라잡이

일러두기

1. 이 책을 번역하고 주해하는 데 다음과 같은 자료를 참고했다. 예루살렘 탈무드(Jerusalem Talmud), 바벨 탈무드(The Babylonian Talmud, Soncino Press), 주석가들인 라브(Rav)·라쉬(Rash)·람밤(Rambam) 등의 주석은 물론 하녹 알벡(Hanokh Albeck)의 비평판 주해서, 허버트 댄비(Herbert Danby), 필립 블랙먼(Philip Blackman), 제이콥 뉴스너(Jacob Neusner) 등의 미쉬나 번역서를 참고했으며, 야드 아브라함(Yad Abraham), 옥스퍼드 미쉬나 주해(The Oxford Annotated Mishnah), 조슈아 컬프(Joshua Kulp)의 해설서도 보조자료로 사용했다. 번역에 사용한 본문은 하녹 알벡 판을 참조했다.

2. 기본적으로 본문을 직역하면서 주해로 보충설명하는 원칙을 따랐다. 하지만 미쉬나 본문은 축약과 생략이 많아서 그대로 직역하면 비문이 되거나 뜻을 이해하기가 매우 어렵기 때문에 때로 의역이 불가피했다. 이에 문장의 흐름과 이해를 돕기 위해 본문에 생략되어 있다고 추정되는 내용을 대괄호[ ]에 넣었다. 소괄호( )는 본문 속에서 문법적으로나 구문론적으로 꼭 필요하지는 않으나 주해자의 판단에 따라 도움이 될 말을 첨가한 것이다.

3. 미쉬나 본문에는 시제가 불분명한 경우가 적지 않으며, 과거와 현재 시제를 하나의 미쉬나에서 혼용하기도 한다. 이에 가능한 한 우리말로 자연스럽게 읽히면서 원문이 훼손되지 않게 번역했다. 히브리어 동사에는 성(性)과 수(數)가 이미 포함되어 있기에 주어가 따로 표기되지 않는 일이 빈번하다. 역자는 가독성을 위해 이 생략된 주어를 문맥에 따라 내용을 해치지 않는 선에서 집어넣기도 했다. 반면 경우에 따라 소유격 인칭대명사는 굳이 번역하지 않고 생략했다. 유럽어 문법의 이식 과정에서 생겨난 3인칭 대명사 '그녀'의 사용을 최대한 피하되, 필요하면 소괄호( )를 사용해 지시대상을 보충설명했다. 미쉬나 문체에서 계속 등장하는 **הרי**(하레이: 영어 번역본에서는 hereby로 번역되거나 생략됨)는 극히 일부 경우를 제외하고는 가독성을 위해 굳이 번역하지 않았다.

4. 미쉬나는 방대한 하나의 책으로 상위 범주인 '쎄데르'와 하위 범주인 '마쎄켓'으로 구성된다. 쎄데르(סדר, Seder)는 '질서' '절차'를 뜻하며 미쉬나의 6개 큰 주제(큰 책)를 가리키고, 마쎄켓(מסכת, Masekhet)은 '묶음'을 뜻하며 미쉬나의 63개 작은 주제(작은 책)를 가리킨다. 두 용어에 해당하는 정확한 우리말은 없지만 이번 번역·주해서에서는 편집 체계상 일반 책과 같이 '권'(卷)과 '부'(部)의 개념을 적절히 사용했다.

5. 이 번역·주해서는 6개 '쎄데르'를 각 권으로 편집해 전 6권으로 구성했다. 1. 제라임(농경), 2. 모에드(절기), 3. 나쉼(여성들), 4. 네지킨(손해), 5. 코다쉼(거룩한 것들), 6. 토호롯(정결한 것들)이다. 각 쎄데르는 6~12개의 마쎄켓(부)으로, 그 아래 다시 '장'(페렉)과 '미쉬나'로 구성된다. 따라서 미쉬나는 하나의 책이며 동시에 가르침의 최소 단위를 의미한다.

6. 미쉬나의 구성과 체계를 명확히 구분하고 드러내기 위해 쎄데르는 겹낫표『 』, 마쎄켓은 홑낫표「 」로 표시한다. 특히 미쉬나는 세부적인 주제인 마쎄켓 이름이 더 중요하고 그것으로 통용되므로 출처는 마쎄켓 이름에 장과 미쉬나의 숫자로 표시한다. 예를 들어「브라홋」1, 2는 "마쎄켓 브라홋 1장의 두 번째 미쉬나"라는 의미다. 많고 복잡한 마쎄켓들을 쉽게 파악할 수 있게 '『제라임』「브라홋」1, 2'처럼 쎄데르(권) 이름을 같이 제시하기도 했다.

7. 본문의 이해를 돕기 위해 각 마쎄켓(부), 장, 미쉬나에 들어가기에 앞서 다룰 내용과 주제를 간략하게 소개하는 개요문이나 짧은 요약문을 제시했다.

8. 미쉬나에 나오는 주요 화폐와 도량형 환산표(무게, 거리, 부피, 넓이), 성경과 미쉬나 관련 구절 찾아보기, 번역·주해서 전 6권에서 정리한 주제·용어 찾아보기는『미쉬나 길라잡이』부록에 수록했다.

9. 주해와 각주 설명에서 미쉬나, 성경, (예루살렘/바벨) 탈무드, 토쎕타, 랍비문학서, 주석(서) 등의 출처를 소괄호( )로 병기했다. 이는 관련된 내용과 구절, 주장으로 그 자료를 참조하라는 표시다. 특히, 탈무드(게마라)를 인용할 때 a는 앞면(오른쪽), b는 뒷면(왼쪽)을 나타낸다.

10. 미쉬나에 나오는 히브리어 낱말의 풀이는 주로 마르쿠스 야스트로(Marcus Jastrow) 사전을 참조했다.

11. 본문에서 미쉬나, 성경, (예루살렘/바벨) 탈무드, 토쎕타, 랍비문학서, 주석서 등은 별도의 책 표시를 하지 않았다.

12. 인명·용어 등 히브리어 표기는 다음 면에 실은 히브리어 한글음역 원칙에 따랐다.

히브리어 한글음역 원칙

1. 이 음역 원칙은 히브리어 문법을 설명하기 위한 것이 아니고, 미쉬나 본문을 한글로 번역하기 위한 방법이다. 히브리어 자모를 완벽하게 한글로 표기하는 것이 목적이 아니며, 미쉬나 히브리어 낱말을 가장 히브리어답게 모사하는 것이 목적이다.
2. 미쉬나 본문은 유대인들의 전통이므로 성서 히브리어를 표기하는 목적으로 고안된 영미권 학자들의 발음이 아니라 서아시아 문화권의 특징을 반영하는 유대인들의 발음을 기준으로 음역한다(바브나 셰바의 문제).
3. 문교부(1986.1.7)의 외래어 표기 원칙은 가능한 한 존중하되 히브리어 자음을 표기하는 데 꼭 필요한 된소리도 사용했다.
4. 음역법의 방향
    1) 일반론
        - 묵음이 아니더라도 발음이 되지 않는 경우 표기하지 않는다.
        - 음절 단위로 쓰는 한글의 특성을 살려서 히브리어의 음절 구분을 살린다.
        - 서로 다른 히브리어 자음은 음역도 달리한다.
    2) 모음
        - 모음의 장단은 따로 표시하지 않는다.
        - 유성 셰바는 'ㅔ'나 'ㅡ'로 표기한다.
        - 무성 셰바는 표기하지 않는 것을 원칙으로 하되, 종성의 자음가를 표기하기 위해 'ㅡ'를 붙여 적는 것을 허용한다.
    3) 자음
        - z은 'ㅈ', ṣ는 'ㅉ', k와 q는 'ㅋ', t와 ṭ는 'ㅌ', p는 'ㅍ'으로 음역하고, š은 '샤, 셰, 쉬, 쇼, 슈'로 음역한다.
        - 연강점이 없는 v, g, d, k, f, t는 구별하여 적지 않는다.
        - 자모의 위치에 따른 음역을 고려한다.
5. 그 외 세목은 박동현의 안을 따른다(박동현, 「개역한글판 히브리어 고유명사 한글 음역 방식과 히브리어 한글 음역 시안」, 『성경원문연구』(8), 2001, 106-157쪽).

히브리어	라틴음역	한글: 초성	한글: 음절 종성	한글: 낱말 종성
א	’	ㅇ	–	–
ב	b/v	ㅂ	ㅂ/브	ㅂ
ג	g	ㄱ	ㄱ/그	ㄱ
ד	d	ㄷ	ㅅ/드	ㅅ
ה	h	ㅎ	흐	–
ו	w	ㅂ	브	브
ז	z	ㅈ	즈	즈
ח	ḥ	ㅎ	흐/크	흐/크
ט	ṭ	ㅌ	ㅅ/ㅌ	ㅅ/ㅌ
י	y	이(+모음)	–	이
כ	k	ㅋ	크/ㄱ	ㄱ
ל	l	ㄹ/ㄹ-ㄹ	ㄹ/ㄹ-르	ㄹ
מ	m	ㅁ	ㅁ/므	ㅁ
נ	n	ㄴ	ㄴ/느	ㄴ
ס	s	ㅆ	ㅅ/쓰	ㅅ/쓰
ע	‘	ㅇ	–	–
פ	p/f	ㅍ	프/ㅂ	ㅂ
צ	ṣ	ㅉ	쯔	쯔
ק	q	ㅋ	ㄱ/ㅋ	ㄱ
ר	r	ㄹ	르	르
שׂ	ś	ㅅ	스	스
שׁ	š	시(+모음)	쉬	쉬
ת	t	ㅌ	ㅅ/트	ㅅ/트

ארבעה אבות נזיקין השור והבור והמבעה וההבער. לא הרי השור כהרי המבעה ול

미쉬나

네지킨
손해

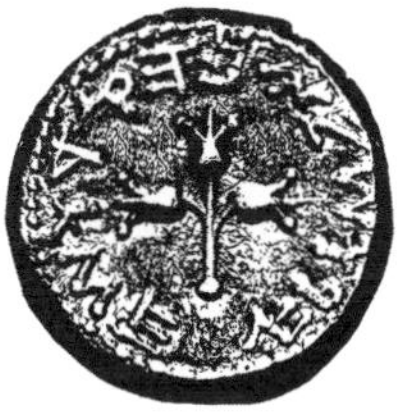

최영철·김성언

번역·주해

유대 공동체의 정의를 실현하는 초석

• 들어가며

최영철 성균관대학교 학부대학 초빙교수

네 번째 쎄데르(제4권) 『네지킨』(נזיקין)은 '손상과 손해'라는 히브리어 제목의 뜻 그대로 신체적인 상해나, 재산상의 손해에 대한 배상 문제와 함께 사형과 같은 형벌도 다룬다. 민법과 형법은 물론 법정의 구성과 재판의 절차도 규율하는 등 헌법적 요소도 포함한다. 『네지킨』의 주요 주제는 손해의 사례들, 사고, 상해, 손실, 사적·공적 불법행위, 살인, 법정, 증언, 사형 등이다. 아울러 유대 현자들이 남긴 지혜의 가르침과 공동으로 드리는 속죄제 관련 법규도 다룬다.

손해의 첫 부분이 민법으로부터 시작되는 것은 개인 상호 간 신체적인 상해나 재산권에 관련된 민사상의 분쟁을 해결하는 것이 당시 유대 공동체 내에서 공공의 정의를 실현하는 초석이라고 생각했기 때문이다. 『네지킨』은 총 10개의 마쎄켓(전 10부)으로 구성되어 있으며 그 내용을 요약하면 다음과 같다.

마쎄켓(부)	제목	의미	장 수	주요 내용
1	바바 캄마 (בבא קמא)	첫째 문	10	정상적인 상태 또는 불법행위에 의해 가축이나 사람들로부터 입은 상해 또는 재산상의 손해와 그 배상을 다룬다. 자연권과 기득권, 또는 신뢰의 훼손에 대한 구제를 논의한다. 절도, 약탈, 착복에 의한 불법적인 재산의 소유 문제도 거론된다.
2	바바 메찌아 (בבא מציעה)	중간 문	10	사유재산의 매매와 임대, 점유 또는 계약에 의한 취득과 이전에 관련된 법을 다룬다. 분실하거나 습득한 재물, 고리대금 · 차용 · 신탁 · 상거래, 농지 · 주택 등 부동산의 임대계약, 일꾼의 고용 등도 포함된다.
3	바바 바트라 (בבא בתרא)	마지막 문	10	공동재산의 분배, 부동산과 동산의 소유와 매매, 취득과 이전, 부동산의 취득과 보유에 따르는 책임과 의무, 상속 등을 다룬다.
4	산헤드린 (סנהדרין)	공의회	11	법정의 구성과 재판의 절차, 재판관의 자격, 사형을 받게 될 범죄자에 대한 재판 절차 등을 다룬다. 재판부는 사안의 중요성에 따라 3명, 23명, 71명의 재판관에 의해 구성된다. 증언, 재판관 회피, 재심, 사형의 방법으로 투석형 · 교살형 · 화형 · 참수형 · 매장 등에 관련된 법률도 논의되며, 우상숭배자, 무당, 마술사, 안식일을 어긴 자, 부모를 모욕한 자, 간통한 자, 거짓 예언자 등에 대한 형벌을 다룬다.
5	마콧 (מכות)	태형	3	거짓 증언에 대한 형벌, 도피성, 도주한 피의자에 대한 재심, 미필적 고의에 의한 살인, 태형의 한계(40대), 채찍질에 해당하는 형(刑)의 종류 등을 다룬다.

마쎄켓(부)	제목	의미	장 수	주요 내용
6	쉬부옷 (שבועות)	맹세	8	다양한 형태의 맹세에 대한 법과 규칙을 다룬다. 재판에서 하는 맹세는 물론 사생활에서 행하는 맹세도 다룬다. 오염, 부정, 한센병, 속죄의 방법, 속죄제, 증언과 맹세, 원고와 피고, 그리고 피신탁인의 맹세, 피신탁인의 종류 등도 거론된다.
7	에두욧 (עדיות)	증언	8	미쉬나의 다른 책에서 주요 학자들이 다루었던 증언과 법적 견해를 모아놓았다. 주요 내용은 월경, 제사장의 분깃, 정결예식, 성전의 관습, 농사, 혼인에 관련된 율법과 판례 등이다.
8	아봇 (אבות)	선조들	5	모세에서부터 미쉬나의 편찬자인 예후다 한나씨의 아들 감리엘 3세에 이르기까지 계보를 기술하고, 조상들의 윤리적 가르침과 격언을 집대성한 것이다.
9	아보다 자라 (עבודה זרה)	이방 제의	5	유대인들의 우상숭배 및 우상숭배자들에 대한 태도와 그 행위에 관련된 법규를 다룬다. 주로 토라(오경)에서 거론된 우상숭배의 모든 행위를 금지한다. 언제, 어디에서, 어떻게 우상숭배자들과 일하게 되는지를 규정하고, 우상숭배자들과 거래해서는 안 되는 물품도 규정한다.
10	호라욧 (הוריות)	판결	3	유대 법정과 대제사장의 잘못된 의사결정과 판결, 그리고 기름부음 받은 대제사장과 유대 왕이 잘못 드린 속죄제 등이 주요 내용이다.

핵심 용어

무해한(תם, 탐)은 완전한·순진한 등의 의미를 가진 히브리어로 『네지킨』에서는 법률적인 용어로 쓰인다. 해가 없거나 위험하지 않거나 해를 끼치지 않는 행동을 의미한다.

유해한(מועד, 무아드)은 미리 경계하고 주의를 요구하는, 또는 입증된 등의 의미를 가지고 있다. 『네지킨』에서는 법률용어로서 위험한 행동으로 인해 피해를 발생시키는 사람이나 동물 등 손해의 원인을 의미한다.

손해의 아버지(אבות נזיקין, 아봇 네지킨)는 손해를 유발하는 주요 원인을 '아버지'로 비유한 용어다. 이것은 부정을 유발하는 주요 원인들을 '부정의 아버지'로 부르는 것과 동일한 원리다(쎄데르〔제6권〕『토호롯』 참조).

참고문헌

Blackman, Philip. 1983. *Mishnayoth Vol IV: Order Nezikin*. Gateshead: Judaica Press.

Danby, Herbert. 2015. *The Mishnah: Translated from the Hebrew with Introduction and Brief Explanatory Notes*. Peabody, Massachusetts: Hendrickson Publishers (Originally published in 1933 by Oxford University Press).

Neusner, Jacob. 1988. *The Mishnah: A New Translation*. New Haven and London: Yale University Press.

Sherman, Nosson and Meir Zlotowitz (eds). 2007. *The Mishnah Seder Nezikin. The ArtScroll Mishnah Series.* Brooklyn, N.Y.: Yad Avraham and Mesorah Publications.

Steinsaltz, Adin Even-Israel. 2012. *Koren Talmud Bavli*(Noé Edition). Jerusalem: Koren Publishers(Originally published in 1965).

בבא קמא

1

바바 캄마

첫째 문

성물의 전용 대상이 아닌 재산, 계약 백성의 재산, 사유 재산, 그리고 가해자의 사유지 또는 피해자와 가해자가 공유하는 공간을 제외한 모든 곳에서 발생한 손해는 배상해야 한다. 피해를 입힌 경우에, 가해자는 본인 토지에서 가장 좋은 것으로 피해액을 지불해야 한다. _「바바 캄마」 1, 2

개요

『네지킨』을 여는 마쎄켓 「바바 캄마」(בבא קמא, Baba Kamma)는 '첫째 문'이라는 뜻이며, 「바바 메찌아」(Baba Metzia, 중간 문)와 「바바 바트라」(Baba Bathra, 마지막 문)로 이어지는 탈무드 민법을 구성하는 미쉬나로서 사람에 대한 상해나 재산상 손해에 대한 배상을 다룬다. 「바바 캄마」는 발생된 손해의 배상에 관련된 전체 법률을 포함한다. 「바바 캄마」는 손해에 대한 책임의 두 가지 원인, 즉 상해 및 착복에 해당하는 두 개의 주요 부문을 구성한다. 여기서 다루는 손해는 가해자 자신에 의해 발생하는 손해와 대리인들에 의해 발생하는 모든 종류의 손해를 포함한다. 착복은 의도적이든 비의도적이든 폭력이나 절도로 획득한 모든 종류의 불법 소유물을 포함한다.

- **관련 성경구절 | 출애굽기 21:28-36, 22:5-6**

제1장

제1장은 손해의 주요 발생원인과 그로부터 파생되는 여러 요소들을 분류하고, 그러한 손해의 책임에 공통으로 적용되는 몇 가지 일반 규칙을 정한다. 또한 가축의 행위를, 배상에서 면책되는 무해한 행위와 손해를 야기하여 배상 등 책임이 부과되는 행위로 분류한다. 제1장은 '첫째 문'인 「바바 캄마」의 서론적 성격을 띤다.

1, 1

אַרְבָּעָה אֲבוֹת נְזִיקִין, הַשּׁוֹר וְהַבּוֹר וְהַמַּבְעֶה וְהַהֶבְעֵר. לֹא הֲרֵי הַשּׁוֹר כַּהֲרֵי הַמַּבְעֶה, וְלֹא הֲרֵי הַמַּבְעֶה כַּהֲרֵי הַשּׁוֹר. וְלֹא זֶה וָזֶה, שֶׁיֵּשׁ בָּהֶן רוּחַ חַיִּים, כַּהֲרֵי הָאֵשׁ, שֶׁאֵין בּוֹ רוּחַ חַיִּים. וְלֹא זֶה וָזֶה, שֶׁדַּרְכָּן לֵילֵךְ וּלְהַזִּיק, כַּהֲרֵי הַבּוֹר, שֶׁאֵין דַּרְכּוֹ לֵילֵךְ וּלְהַזִּיק. הַצַּד הַשָּׁוֶה שֶׁבָּהֶן, שֶׁדַּרְכָּן לְהַזִּיק וּשְׁמִירָתָן עָלֶיךָ. וּכְשֶׁהִזִּיק, חָב הַמַּזִּיק לְשַׁלֵּם תַּשְׁלוּמֵי נֶזֶק בְּמֵיטַב הָאָרֶץ:

손해의 아버지는 네 〔가지〕가 있다. 황소, 구덩이, 방목 가축, 그리고 화재다. 황소는 방목 가축과 다르다. 그리고 방목 가축은 소와 다르다. 생령이 있는 이 두 가지 손해는 생령이 없는 화재에 의한 손해와 다르다. 움직이지 않고 손해를 야기하는 구덩이는 움직여서 손해를 입히는 화재와 다르다. 이렇게 손해를 입히는 것들 사이에 공통적인 것은 손해를 입힌다는 것이며, 이 손해를 방지할 책임이 당신에게 있다는 것이다. 그리고 이러한 사유로 손해를 입힐 경우, 가해자는 본인 토지의 가장 좋은 것으로 배상해야 한다.

- 「바바 캄마」의 첫째 미쉬나는 손해의 아버지(원인)를 몇 갈래로 분류한다. 1) 황소는 뿔로 받아서 야기되는 손해를(출 21:28-32, 35-36), 2) 구덩이는 움직이지 않는 것에 의해 발생하는 손해를(출 21:

33-34), 3) 방목 가축은 이빨로 다른 곡식을 먹거나 발로 물건을 파손하여 발생하는 손해를(출 22:5), 4) 화재는 불로 발생하는 손해를 대표한다(출 22:6).

- 손해의 아버지(원인)로서 생명이 있는 동물(소와 방목 가축)과 생명이 없는 것(구덩이와 화재)으로 분류한다. 생명이 있는 동물은 다시 소와 가축으로 구별하고, 생명이 없는 것은 움직이는 화재와 움직이지 않는 구덩이로 구별한다.
- 손해를 가장 좋은 토지의 열매로 배상해야 한다는 것은 출애굽기 22:5-6에 근거한다.

1, 2

כָּל שֶׁחַבְתִּי בִשְׁמִירָתוֹ, הִכְשַׁרְתִּי אֶת נִזְקוֹ. הִכְשַׁרְתִּי בְמִקְצָת נִזְקוֹ, חַבְתִּי בְתַשְׁלוּמִין כְּהֶכְשֵׁר כָּל נִזְקוֹ. נְכָסִים שֶׁאֵין בָּהֶם מְעִילָה, נְכָסִים שֶׁל בְּנֵי בְרִית, נְכָסִים הַמְיֻחָדִים, וּבְכָל מָקוֹם חוּץ מֵרְשׁוּת הַמְיֻחֶדֶת לַמַּזִּיק וּרְשׁוּת הַנִּזָּק וְהַמַּזִּיק. וּכְשֶׁהִזִּיק, חָב הַמַּזִּיק לְשַׁלֵּם תַּשְׁלוּמֵי נֶזֶק בְּמֵיטַב הָאָרֶץ:

내가 지켜야 할 책임이 있는 경우, 나는 그것이 야기할 수 있는 어떤 손해에도 대비했다. 내가 손해의 일부에 연관되었다면, 나는 손해 전부와 연관된 것처럼 배상을 준비했다. 〔성물의〕 전용[1] 〔대상〕이 아닌 재산, 계약 백성의 재산, 사유 재산, 그리고 가해자의 사유지나 또는 피해자와 가해자가 공유하는 공간을 제외한 모든 곳에서 〔발생한 손해는 배상해야 한다〕. 피해를 입힌 경우에, 가해자는 본인 토지의 가장 좋은 것으로 피해액을 지불해야 한다.

- 첫 번째 미쉬나는 손해가 발생하지 않도록 최대한 노력해야 하고,

---

1) 성물의 전용(메일라)에 대해서는 『코다쉼』 「메일라」를 참조하시오.

손해가 발생했을 경우에 최대로 배상하기 위해 노력한 랍비의 생각을 1인칭으로 전달하고 있다.

- 두 번째 미쉬나는 손해 배상에 속하는 대상들을 열거한다. 1) 희생제물 등 성전에 속하지 않는 재산, 2) 계약 백성의 재산, 3) 사유재산에 발생한 손해는 배상해야 한다.
- 가해자 자신 사유지, 또는 피해자와 가해자가 공유하는 공간이 아닌 곳에서 발생한 피해에 대해서는 모두 배상해야 한다.

1, 3

שׁוּם כֶּסֶף, וְשָׁוֶה כֶסֶף, בִּפְנֵי בֵית דִּין, וְעַל פִּי עֵדִים בְּנֵי חוֹרִין בְּנֵי בְרִית. וְהַנָּשִׁים בִּכְלַל הַנֶּזֶק. וְהַנִּזָּק וְהַמַּזִּיק בַּתַּשְׁלוּמִין:

〔손해 배상에 대한〕 금액과 금전적 가치는 법정에서 〔정해진다〕. 자유민과 계약백성의 증언에 기반하여 이루어진다. 그리고 여성도 〔남성처럼〕 손해 배상에 속한다. 그리고 피해자와 가해자 〔모두〕 배상할 수 있다.

- 자유민은 종(노예)이 아닌 비유대인을 말하고, 계약백성은 이스라엘 백성이다.

1, 4

חֲמִשָּׁה תַמִּין וַחֲמִשָּׁה מוּעָדִין, הַבְּהֵמָה אֵינָהּ מוּעֶדֶת לֹא לִגַּח וְלֹא לִגֹּף וְלֹא לִשֹּׁךְ וְלֹא לִרְבֹּץ וְלֹא לִבְעֹט. הַשֵּׁן מוּעֶדֶת לֶאֱכֹל אֶת הָרָאוּי לָהּ, הָרֶגֶל מוּעֶדֶת לְשַׁבֵּר בְּדֶרֶךְ הִלּוּכָהּ, וְשׁוֹר הַמּוּעָד, וְשׁוֹר הַמַּזִּיק בִּרְשׁוּת הַנִּזָּק, וְהָאָדָם. הַזְּאֵב וְהָאֲרִי וְהַדֹּב וְהַנָּמֵר וְהַבַּרְדְּלָס וְהַנָּחָשׁ, הֲרֵי אֵלּוּ מוּעָדִין. רַבִּי אֱלִיעֶזֶר אוֹמֵר, בִּזְמַן שֶׁהֵן בְּנֵי תַרְבּוּת, אֵינָן מוּעָדִין. וְהַנָּחָשׁ מוּעָד לְעוֹלָם. מַה בֵּין תָּם לְמוּעָד. אֶלָּא שֶׁהַתָּם מְשַׁלֵּם חֲצִי נֶזֶק מִגּוּפוֹ, וּמוּעָד מְשַׁלֵּם נֶזֶק שָׁלֵם מִן הָעֲלִיָּה:

다섯 가지는 무해하고, 다섯 가지는 유해하다. 가축이 〔일상적인 행위로 뿔로〕 받거나, 밀거나, 물거나, 눕거나, 발로 차는 동작은 무해하다. 〔동물의〕 이빨은 보이는 것을 먹을 수 있어 유해하다. 〔동물의〕 다리는 걷는 동안 〔물건을〕 부러뜨릴 수 있어 유해하다. 〔뿔로 들이받은 적이 있는〕 황소, 피해자의 사유지에 있는 가해자의 황소, 그리고 사람은 〔유해하다〕. 늑대, 사자, 곰, 표범, 흑표범과 뱀은 모두 유해하다. 랍비 엘리에제르는 말한다 "〔이 맹수들을〕 길들이면 무해합니다. 그러나 뱀은 항상 유해합니다." 무해한 것과 유해한 것의 차이는 무엇인가? 그러나 만약 무해한 것이 〔손해를 입히면 그 소유주는〕 그 손해의 절반을 배상한다. 유해한 것이 〔초래한 손해는 그 가축의 소유주가〕 손해 전부를 배상한다.

- 위험하지 않는 요소 다섯 가지와 위험의 원인 다섯 가지를 분류한다. 가축이 뿔로 받거나, 밀거나, 물거나, 눕거나, 발로 차는 동작은 우리가 예측할 수 있는 정상적인 행동으로서 위험하지 않는 것으로 간주한다.
- 다른 사람의 곡식이나 과일을 먹는 데 사용하는 동물의 이빨은 위험 요소다. 그리고 걷다가 손해를 야기할 수 있는 동물의 다리는 위험한 것으로 간주한다.
- 뿔로 들이받은 적이 있는 소는 위험하다. 그리고 인간은 항상 손해를 야기할 수 있는 상습적인 가해자로 간주된다.
- 늑대, 사자, 곰, 표범, 흑표범 등 맹수들은 손해를 야기할 수 있는 위험한 존재이나 길들이면 그 위험을 제거할 수 있다. 그러나 뱀은 길들일 수 없다.
- 평소 위험하지 않던 가축이 끼친 손해를 배상할 때는 상대적으로 가볍다. 그러나 위험한 것으로 입증된 가축에 대하여 관리소홀로 인해 초래된 손해의 경우는 배상 책임이 중하다.

제2장

제2장은 가축의 발과 이빨이 어떻게 손해를 끼칠 수 있는지를 다룬다. 가금류가 날 때 발생한 피해, 가축이 조약돌 위를 걸을 때 발 밑에서 튕겨 나온 돌로 인해 야기된 피해를 다룬다. 그런 다음 이 규범을 가축의 뿔로 확대한다. 랍비들은 위험한 소와 위험하지 않는 소를 구별하고 배상액도 차등 지급해야 한다고 주장한다. 이는 출애굽기 21장에서 언급하는 소로 인한 피해를 세부적으로 더 논의한 결과다(2, 4).

2, 1

כֵּיצַד הָרֶגֶל מוּעֶדֶת. לִשַּׁבֵּר בְּדֶרֶךְ הִלּוּכָהּ. הַבְּהֵמָה מוּעֶדֶת לְהַלֵּךְ כְּדַרְכָּהּ וּלְשַׁבֵּר. הָיְתָה מְבַעֶטֶת, אוֹ שֶׁהָיוּ צְרוֹרוֹת מְנַתְּזִין מִתַּחַת רַגְלֶיהָ וְשִׁבְּרָה אֶת הַכֵּלִים, מְשַׁלֵּם חֲצִי נֶזֶק. דָּרְסָה עַל הַכְּלִי וְשִׁבְּרַתּוּ, וְנָפַל עַל כְּלִי וּשְׁבָרוֹ, עַל הָרִאשׁוֹן מְשַׁלֵּם נֶזֶק שָׁלֵם, וְעַל הָאַחֲרוֹן מְשַׁלֵּם חֲצִי נֶזֶק. הַתַּרְנְגוֹלִים מוּעָדִין לְהַלֵּךְ כְּדַרְכָּן וּלְשַׁבֵּר. הָיָה דְלִיל קָשׁוּר בְּרַגְלָיו, אוֹ שֶׁהָיָה מְהַדֵּס וּמְשַׁבֵּר אֶת הַכֵּלִים, מְשַׁלֵּם חֲצִי נֶזֶק:

어떤 경우에 〔가축의〕 다리가 유해한가? 〔가축의 다리는〕 걸어갈 때 〔밟히는 것을〕 깨뜨릴 수 있어 유해하다. 가축은 걸어갈 때 〔물건을〕 깨뜨릴 수 있어 유해하다. 만약 〔다리가 조약돌을〕 밟았는데, 발 아래에서 튕겨 나온 그 조약돌이 어떤 도구를 깨뜨렸다면 〔그 소유자는〕 손해의 절반을 배상한다. 〔다리가〕 도구를 밟아서 깨뜨렸고, 〔그 깨어진 도구가〕 떨어져 〔다른〕 도구가 깨진 경우에, 첫 번째 〔도구에〕 대해서는 손해의 전부를 배상한다. 그리고 마지막 〔도구에〕 대해서는 손해의 절반을 배상한다. 닭도 걸어가면서 〔도구를〕 깨뜨려 손해를 야기할 수 있다. 만약 〔닭의〕 발이 어떤 것으로 묶여 있거나, 혹은 뛰어가다가 어떤 도구를 깨뜨리면 〔그 닭의 소유주는〕 그 손해의 절반을 배상한다.

- 가축의 정상적인 보행(다리)도 손해를 야기할 수 있으나 이때 발생한 피해에 대해서는 절반만 배상하면 된다.

2, 2

כֵּיצַד הַשֵּׁן מוּעֶדֶת. לֶאֱכֹל אֶת הָרָאוּי לָהּ. הַבְּהֵמָה מוּעֶדֶת לֶאֱכֹל פֵּרוֹת
וִירָקוֹת. אָכְלָה כְסוּת אוֹ כֵלִים, מְשַׁלֵּם חֲצִי נֶזֶק. בַּמֶּה דְבָרִים אֲמוּרִים.
בִּרְשׁוּת הַנִּזָּק, אֲבָל בִּרְשׁוּת הָרַבִּים, פָּטוּר. אִם נֶהֱנֵית, מְשַׁלֵּם מַה שֶּׁנֶּהֱנֵית.
כֵּיצַד מְשַׁלֵּם מַה שֶּׁנֶּהֱנֵית. אָכְלָה מִתּוֹךְ הָרְחָבָה, מְשַׁלֵּם מַה שֶּׁנֶּהֱנֵית. מִצִּדֵּי
הָרְחָבָה, מְשַׁלֵּם מַה שֶּׁהִזִּיקָה. מִפֶּתַח הַחֲנוּת, מְשַׁלֵּם מַה שֶּׁנֶּהֱנֵית. מִתּוֹךְ
הַחֲנוּת, מְשַׁלֵּם מַה שֶּׁהִזִּיקָה:

이빨은 어떤 경우 유해한가? 이빨은 먹기에 〔먹을 수 있는〕 적당한 것을 먹도록 되어 있다. 동물은 과일과 채소를 먹는다. 만약 동물이 옷이나 도구(그릇)를 〔이빨로 씹거나 깨뜨리면〕 그 소유주는 손해의 절반을 배상한다. 어떤 맥락에서 이것이 적실성이 있는가? 피해자의 사유지에서 이 피해가 발생했을 때 적실성이 있다. 그러나 만약 이 피해가 공적 공간 내에서 발생했다면 그 동물 소유주는 책임이 없다. 만약 그 소유주가 어떤 이득을 봤다면 그가 취한 이득만큼 배상한다. 그가 취한 이득을 어떻게 배상할 것인가? 만약 그 동물이 거리 가운데서 먹었다면, 그 동물이 먹은 만큼 배상한다. 그리고 만약 그 동물이 길가에서 먹었다면 그 동물 소유주는 먹은 만큼 배상한다. 그러나 그 동물이 그 상점 안에서 먹었다면 그 모든 피해를 배상한다.

- 이빨은 기본적으로 무책 사유지만 손해를 야기할 수 있다. 그러나 이 경우 배상책임은 상대적으로 가볍다.
- 손해를 발생시킨 장소와 영역에 따라 배상책임의 경중이 다르다. 공적 공간에서 발생한 손해에 대한 배상 책임은 상대적으로 가벼우나 피해자의 사적 공간에서 발생한 손해 배상 책임을 더 무겁다.

2, 3

הַכֶּלֶב וְהַגְּדִי שֶׁקָּפְצוּ מֵרֹאשׁ הַגַּג וְשִׁבְּרוּ אֶת הַכֵּלִים, מְשַׁלֵּם נֶזֶק שָׁלֵם, מִפְּנֵי שֶׁהֵן מוּעָדִין. הַכֶּלֶב שֶׁנָּטַל חֲרָרָה וְהָלַךְ לַגָּדִישׁ, אָכַל הַחֲרָרָה וְהִדְלִיק הַגָּדִישׁ, עַל הַחֲרָרָה מְשַׁלֵּם נֶזֶק שָׁלֵם, וְעַל הַגָּדִישׁ מְשַׁלֵּם חֲצִי נֶזֶק:

만약 개나 들염소가 지붕 꼭대기에서 뛰어내려 도구들을 깨뜨렸다면 〔그 동물 소유주는〕 손해의 전부를 배상한다. 왜냐하면 그들은 유해하기 때문이다. 어떤 개가 〔숯불 위에 있던〕 빵을 물고 곡식 더미에 가서 빵은 먹고 곡식 더미를 불태웠다면, 〔그 개 주인은〕 빵에 대한 손해의 전부를 배상하고 곡식의 손해는 절반을 배상한다.

- 개나 들염소처럼 유해한 동물이 끼친 손해는 그 주인이 손해 전부를 배상해야 한다.
- 달궈진 석탄 위에 있는 빵을 개가 곡식 더미에 물고가 불태웠다면 그 빵에 대해서는 손해 전부, 불탄 곡물은 그 손해의 절반을 배상한다.

2, 4

אֵיזֶה הוּא תָם, וְאֵיזֶה הוּא מוּעָד. מוּעָד, כֹּל שֶׁהֵעִידוּ בוֹ שְׁלֹשָׁה יָמִים. וְתָם, מִשֶּׁיַּחֲזֹר בּוֹ שְׁלֹשָׁה יָמִים, דִּבְרֵי רַבִּי יְהוּדָה. רַבִּי מֵאִיר אוֹמֵר, מוּעָד, שֶׁהֵעִידוּ בוֹ שָׁלֹשׁ פְּעָמִים. וְתָם, כֹּל שֶׁיְּהוּ הַתִּינוֹקוֹת מְמַשְׁמְשִׁין בּוֹ וְאֵינוֹ נוֹגֵחַ:

어떤 것이 무해한 것이며, 어떤 것이 유해한 것인가? 유해한 것은 3일 동안 〔매일 뿔로 받았다고〕 증언한 모든 〔가축〕이다. 그리고 무해한 것은 3일 동안 〔매일 뿔로 받지 않았다고〕 증언한 모든 〔가축〕이다. 이는 랍비 예후다의 주장이다. 랍비 메이르는 다음과 같이 주장한다. "〔어떤 가축이〕 세 차례 〔뿔로 받았다고 사람들이〕 증언하면, 〔이 가축은 유해합니다〕. 어린아이들이 〔이 가축과〕 함께 놀았음에도 〔뿔로 받지 않는다면〕 무해한 〔소〕입니다."

- 이번 미쉬나는 위험한 동물과 위험하지 않는 동물의 기준을 정해준다. 3일 연속 해를 끼친 위험한 동물을 '무아드'(מועד)로 부르고, 그렇지 않은 것을 '탐'(תם)으로 부른다. 이렇게 무해한 소와 유해한 소로 구별하는 것이 중요한 이유는 무해한 소로 인정받은 소의 주인은 피해액의 절반을 배상하면 되지만, 유해한 소로 간주된 소의 주인은 피해액 전부를 배상해야 하기 때문이다. 일반적으로 받아들여지는 이 견해는 랍비 예후다의 주장이다.
- 반면에 랍비 메이르는 무해한 소와 유해한 소의 판별 기준을 달리 제안한다. 3일이 아니라 세 차례 뿔로 받으면 유해한 소라는 것이다. 그리고 이 동물이 어린아이들에게 해를 끼치지 않고 함께 놀았다면 무해한 소라는 것이다.

2, 5

שׁוֹר הַמַּזִּיק בִּרְשׁוּת הַנִּזָּק כֵּיצַד. נָגַח, נָגַף, נָשַׁךְ, רָבַץ, בָּעַט, בִּרְשׁוּת הָרַבִּים, מְשַׁלֵּם חֲצִי נֶזֶק. בִּרְשׁוּת הַנִּזָּק, רַבִּי טַרְפוֹן אוֹמֵר נֶזֶק שָׁלֵם, וַחֲכָמִים אוֹמְרִים חֲצִי נֶזֶק. אָמַר לָהֶם רַבִּי טַרְפוֹן, וּמָה בִּמְקוֹם שֶׁהֵקֵל עַל הַשֵּׁן וְעַל הָרֶגֶל בִּרְשׁוּת הָרַבִּים, שֶׁהוּא פָטוּר, הֶחְמִיר עֲלֵיהֶם בִּרְשׁוּת הַנִּזָּק לְשַׁלֵּם נֶזֶק שָׁלֵם, מְקוֹם שֶׁהֶחְמִיר עַל הַקֶּרֶן בִּרְשׁוּת הָרַבִּים, לְשַׁלֵּם חֲצִי נֶזֶק, אֵינוֹ דִין שֶׁנַּחְמִיר עָלֶיהָ בִּרְשׁוּת הַנִּזָּק לְשַׁלֵּם נֶזֶק שָׁלֵם. אָמְרוּ לוֹ, דַּיּוֹ לַבָּא מִן הַדִּין לִהְיוֹת כַּנִּדּוֹן, מַה בִּרְשׁוּת הָרַבִּים חֲצִי נֶזֶק, אַף בִּרְשׁוּת הַנִּזָּק חֲצִי נֶזֶק. אָמַר לָהֶם, אֲנִי לֹא אָדוּן קֶרֶן מִקֶּרֶן, אֲנִי אָדוּן קֶרֶן מֵרֶגֶל. וּמָה בִּמְקוֹם שֶׁהֵקֵל עַל הַשֵּׁן וְעַל הָרֶגֶל, בִּרְשׁוּת הָרַבִּים, הֶחְמִיר בַּקֶּרֶן, מְקוֹם שֶׁהֶחְמִיר עַל הַשֵּׁן וְעַל הָרֶגֶל, בִּרְשׁוּת הַנִּזָּק, אֵינוֹ דִין שֶׁנַּחְמִיר בַּקֶּרֶן. אָמְרוּ לוֹ, דַּיּוֹ לַבָּא מִן הַדִּין לִהְיוֹת כַּנִּדּוֹן, מַה בִּרְשׁוּת הָרַבִּים חֲצִי נֶזֶק, אַף בִּרְשׁוּת הַנִּזָּק חֲצִי נֶזֶק:

피해자의 사유지에 있는 가해자의 황소는 어떠한가? 만약 황소가 공적 공간에서 뿔로 받고, 밀치고, 물고, 웅크리거나, 발로 차면, 그 손해의 절반을 배상한다. 랍비 타르폰은 말한다. "손해 전부를 〔배상해야 합니다〕." 그러나 현자들은 말한다.[2] "그 손해의 절반을 배상하면

됩니다." 랍비 타르폰이 그들에게 말한다. "이빨과 다리로 인한 〔손해〕는 공적 공간에서 〔발생하면 황소 주인의 책임이〕 면제될 정도로 관대한데, 피해자의 사유지에서 〔발생하면〕 손해의 전부를 배상합니다. 〔그렇다면〕 뿔로 인한 〔손해〕는 공적 공간에서 〔발생하면 황소 주인에게〕 손해의 절반을 〔요구할 정도로〕 엄격한데, 피해자의 사유지에서 〔발생한다면〕 그 손해의 전부를 배상하는 것이 맞지 않습니까?" 〔현자들〕이 그에게 말했다. "비슷한 사례에서 도출된 논리를 다른 사례에도 비슷하게 적용해야 합니다. 〔즉, 파생된 원리가 기본 원리보다 더 엄격할 수는 없다〕. 공적 공간에서 뿔로 인해 발생한 손해에 대하여 그 손해의 절반을 배상하도록 했다면 피해자의 사적 공간에서 뿔로 인해 야기된 피해에 대해서도 절반을 배상하도록 하는 것이 맞습니다." 그〔랍비 타르폰〕가 그들〔현자들〕에게 말했다. "저는 뿔로 인한 손해로부터 뿔로 인한 손해에 대한 배상 문제를 끌어오지 않고 다리로 인한 손해로부터 뿔로 인한 손해 배상 규범을 도출할 것입니다. 공적영역에서 〔그 동물의 소유자가 면제되는 정상적인 행동으로 야기된 손해인〕 이빨 및 다리로 인한 손해에 대하여 우리가 관대한 반면, 〔소유주가 그 손해의 절반을 배상하는〕 뿔로 인해 야기된 손해에 대하여 엄격합니다. 우리가 이빨과 다리에 대하여 엄격한 경우, (즉, 피해자의 사적 공간에서 야기된 손해에 엄격한 경우), 우리는 뿔로 인해 야기된 손해에 대하여 엄격하게 적용하여 그 손해 전부에 대한 배상을 요구하여 더욱 엄격하게 하는 것이 논리적이지 않습니까?" 그들〔현자들〕이 그〔랍비 타르폰〕에게 말했다. "강력한 논리로부터 끌어낸 하나의 법이 그 추론을 끌어낸 경우와 비슷하게 성립되는 것으로 충

2) 미쉬나에서 "현자들은 말한다"라는 표현은 대표적인 랍비들의 견해, 즉 다수 랍비들의 견해라는 의미다. 따라서 이 경우에 "랍비들은 말한다"라고 번역해도 무방하다.

분합니다. 공적 공간에서 〔뿔로 인해 야기된 손해에 대한 배상이〕 그 손해의 절반을 배상하는 것과 마찬가지로 피해자의 사적 공간에서 〔뿔로 인해 야기된〕 손해에 대한 배상도 그 손해의 절반을 〔배상해야 합니다〕."

- 랍비들은 황소의 뿔, 가축의 이빨과 다리로 인해 손해가 발생했을 때, 피해자의 사유지에서 일어났는지, 아니면 공적 공간에서 일어났는지 구분하여 배상에 관한 일반 원칙을 도출하고 있다.
- 랍비 타르폰은 공적 공간에서 발생하면 주인에게 책임을 묻지 않을 정도로 관대한 이빨과 다리로 인한 손해를 기준으로 삼는다. 이에 비하면 황소의 뿔로 인한 손해는 공적 공간에서 발생하면 손해의 절반을 배상할 정도로 엄격하기 때문에 사적 공간에서 발생하면 당연히 손해의 전부를 배상해야 한다는 입장이다. 반면에 현자들은 황소의 뿔로 인한 손해는 공적 공간이든 사적 공간이든 절반만 배상하면 된다는 입장이다.

2, 6

אָדָם מוּעָד לְעוֹלָם, בֵּין שׁוֹגֵג, בֵּין מֵזִיד, בֵּין עֵר, בֵּין יָשֵׁן. סִמֵּא אֶת עֵין חֲבֵרוֹ וְשִׁבֵּר אֶת הַכֵּלִים, מְשַׁלֵּם נֶזֶק שָׁלֵם:

인간은 우연적이든, 의도적이든, 깨어 있거나, 잠들어 있거나, 항상 〔피해를 줄 수 있는〕 상습적인 가해자로 간주된다. 만약 그가 동료의 눈을 멀게 하거나, 도구를 깨뜨렸다면 그는 그 손해의 전부를 배상한다.

- 실수로 인한 것이든 고의적이든 상관없이 손해가 발생했을 때에는 배상해주어야 한다.

제3장

랍비들은 개인 사유지에서 일어난 손해와, 불특정 다수가 사용하는 공공 장소에서 발생한 손해를 구별해 논의한다.

3, 1

הַמַּנִּיחַ אֶת הַכַּד בִּרְשׁוּת הָרַבִּים וּבָא אַחֵר וְנִתְקַל בָּהּ וּשְׁבָרָהּ, פָּטוּר. וְאִם הֻזַּק בָּהּ, בַּעַל הֶחָבִית חַיָּב בְּנִזְקוֹ. נִשְׁבְּרָה כַדּוֹ בִּרְשׁוּת הָרַבִּים, וְהֻחְלַק אֶחָד בַּמַּיִם, אוֹ שֶׁלָּקָה בַחֲרָסֶיהָ, חַיָּב. רַבִּי יְהוּדָה אוֹמֵר, בְּמִתְכַּוֵּן, חַיָּב. בְּאֵינוֹ מִתְכַּוֵּן, פָּטוּר:

〔만약〕 어떤 사람이 공적 공간에 통을 놓았는데 다른 사람이 와서 그 통을 밟아 깨뜨린다면 그는 〔손해 배상의〕 책임이 없다. 그리고 만약 누군가 그로 인해 다치게 되면 그 피해는 통 주인이 책임져야 한다. 〔만약〕 그의 통이 공적 공간에서 깨져서 누군가 〔그 통에서 흘러나온〕 물에 미끄러지거나, 그 부서진 통 파편에 의해 부상을 당하면 〔그 통 주인이〕 책임져야 한다. 랍비 예후다는 말한다. "〔만약〕 고의가 있었다면 책임이 있고, 의도하지 않았다면 책임이 없습니다."

- 대다수 랍비들의 견해에 따르면, 고의성 여부와 상관없이 공적 공간에 놓여 있는 통으로 인해 부상을 입었다면 통 주인은 배상의 책임이 있다.
- 랍비 예후다에 따르면 고의성이 없다면 부상에 대하여 책임이 없다.

3, 2

הַשּׁוֹפֵךְ מַיִם בִּרְשׁוּת הָרַבִּים, וְהֻזַּק בָּהֶן אַחֵר, חַיָּב בְּנִזְקוֹ. הַמַּצְנִיעַ אֶת הַקּוֹץ, וְאֶת הַזְּכוּכִית, וְהַגּוֹדֵר אֶת גְּדֵרוֹ בְקוֹצִים, וְגָדֵר שֶׁנָּפַל לִרְשׁוּת הָרַבִּים, וְהֻזְּקוּ בָהֶן אֲחֵרִים, חַיָּב בְּנִזְקָן:

〔만약〕 어떤 사람이 공적 공간에 물을 쏟았는데, 그 물로 인해 다른 사람이 피해를 입었다면 그는 그 피해를 배상해야 한다. 〔어떤 사람이〕 가시와 유리조각을 두었고, 그 가시로 울타리를 만들었는데, 그 울타리가 공적 공간으로 넘어져서 다른 사람들이 그 가시와 유리조각으로 피해를 입었다면 〔그에게〕 책임이 있다.

- 공적 공간에 쏟은 물이나 공적 공간으로 넘어간 가시, 유리조각으로 인해 부상을 입은 경우에도 책임이 있다.

3, 3

הַמּוֹצִיא אֶת תִּבְנוֹ וְאֶת קַשּׁוֹ לִרְשׁוּת הָרַבִּים לְזְבָלִים, וְהֻזַּק בָּהֶן אַחֵר, חַיָּב בְּנִזְקוֹ, וְכָל הַקּוֹדֵם בָּהֶן זָכָה. רַבָּן שִׁמְעוֹן בֶּן גַּמְלִיאֵל אוֹמֵר, כָּל הַמְקַלְקְלִין בִּרְשׁוּת הָרַבִּים וְהִזִּיקוּ, חַיָּבִין לְשַׁלֵּם, וְכָל הַקּוֹדֵם בָּהֶן זָכָה. הַהוֹפֵךְ אֶת הַגָּלָל בִּרְשׁוּת הָרַבִּים, וְהֻזַּק בָּהֶן אַחֵר, חַיָּב בְּנִזְקוֹ:

〔만약〕 어떤 사람이 짚과 짚 더미를 공적 공간의 거름 더미에 집어 넣어 그 짚에 의해 피해를 보았다면 그는 그 피해에 책임이 있다. 그리고 〔짚 더미〕를 처음으로 〔소유하는〕 사람은 그에 대한 권리가 있다. 랍비 쉼온 벤 감리엘은 말한다. 공적 공간에서 〔물건을〕 상하게 한 사람은 그 피해를 배상해야 한다. 그리고 그 물건들을 처음 소유하게 된 사람은 그에 대한 권리가 있다. 〔만약〕 어떤 사람이 배설물(똥)을 공적 공간에 쏟아서 다른 사람이 피해를 입으면 그는 그 손해에 대한 책임이 있다.

- 공적 공간에 둔 짚 더미나 배설물로 인해 피해를 본 경우에도 그 소유자에게 책임이 있다.

3, 4

שְׁנֵי קַדָּרִין שֶׁהָיוּ מְהַלְּכִין זֶה אַחַר זֶה, וְנִתְקַל הָרִאשׁוֹן וְנָפַל, וְנִתְקַל הַשֵּׁנִי בָּרִאשׁוֹן, הָרִאשׁוֹן חַיָּב בְּנִזְקֵי שֵׁנִי:

두 사람이 앞서거니 뒤서거니 걸어가다가 첫 번째 사람이 넘어져 뒤에서 걷던 사람이 〔넘어진〕 첫 번째 사람에 걸려 넘어졌다면 첫 번째 사람이 뒤에 걸어가던 사람의 피해에 대하여 책임이 있다.

- 앞뒤로 나란히 걷다가 앞사람이 넘어지고 뒤따르던 사람이 그로 인해 넘어졌다면, 앞에서 넘어진 사람이 뒷사람에 대해 책임을 져야 한다.

3, 5

זֶה בָּא בְחָבִיתוֹ, וְזֶה בָּא בְקוֹרָתוֹ, נִשְׁבְּרָה כַדּוֹ שֶׁל זֶה בְּקוֹרָתוֹ שֶׁל זֶה, פָּטוּר, שֶׁלָּזֶה רְשׁוּת לְהַלֵּךְ וְלָזֶה רְשׁוּת לְהַלֵּךְ. הָיָה בַעַל קוֹרָה רִאשׁוֹן, וּבַעַל חָבִית אַחֲרוֹן, נִשְׁבְּרָה חָבִית בַּקּוֹרָה, פָּטוּר בַּעַל הַקּוֹרָה. וְאִם עָמַד בַּעַל הַקּוֹרָה, חַיָּב. וְאִם אָמַר לְבַעַל הֶחָבִית עֲמֹד, פָּטוּר. הָיָה בַעַל חָבִית רִאשׁוֹן וּבַעַל קוֹרָה אַחֲרוֹן, נִשְׁבְּרָה חָבִית בַּקּוֹרָה, חַיָּב. וְאִם עָמַד בַּעַל חָבִית, פָּטוּר. וְאִם אָמַר לְבַעַל קוֹרָה עֲמֹד, חַיָּב. וְכֵן זֶה בָּא בְנֵרוֹ וְזֶה בְפִשְׁתָּנוֹ:

한 사람이 통을 가지고 걸어갔으며, 〔다른〕 한 사람은 기둥을 가지고 걸어갔다. 〔만약〕 그의 통이 그 기둥에 의해 깨졌다면 그 기둥의 주인은 책임이 없다. 이 두 사람 다 걸어갈 수 있는 권리가 있었기 때문이다. 만약 기둥의 주인이 앞서 걸어가고, 통 주인이 뒤에 걸어갔는데 그 통이 그 기둥에 의해 깨졌다면 그 기둥 주인은 책임이 없다. 만약 기둥 주인이 〔갑자기〕 멈춰 서서 〔통이 깨졌다면 기둥 주인은〕 책임이 있다. 만약 〔기둥 주인이〕 통 주인에게 멈추라고 말했다면, 〔기둥 주인은〕 책임이 없다. 만약 그 통의 주인이 앞서 가고 그 기둥의 주인이 뒤에 가다가 그 기둥에 의해서 통이 깨졌다면 그 통의 주인은 그 피해에 대한 책임이 있다. 그리고 만약 그 통의 주인이 멈춰 섰다면 그의 책임이 없다. 그러나 그 통 주인이 그 기둥 주인에게 멈춰 서라고 말했다면 〔기둥 주인은 배상〕 책임이 있다. 또한 이것은 촛불과 함께 걸어가는 한 사람과 아마포를 지니고 걸어가는 다른 한 사람의 경우도 같은 원리가 적용된다.

- 통을 든 사람과 기둥을 든 사람이 나란히 걸어가다 통이 깨진 경우에는 기둥 주인이 책임을 면한다.
- 기둥 주인이 앞에 가고 통 주인이 뒤에 가다 통이 깨진 경우에는 기둥 주인이 책임이 없다. 만약 기둥 주인이 갑자기 멈춰 서는 바람에 통이 깨졌다면 기둥 주인에게 책임이 있다. 하지만 기둥 주인이 부딛히기 전에 미리 통 주인에게 멈추라고 말했다면 기둥 주인은 책임을 면한다.
- 통 주인이 앞에 가고 기둥 주인이 뒤에 가다가 통이 깨진 경우에는 기둥 주인에게 책임이 있다. 통 주인이 갑자기 멈춰 서는 바람에 통이 깨졌다면 기둥 주인은 책임을 면한다. 하지만 통 주인이 기둥 주인에게 미리 멈추라고 말했는데도 부딪혀서 통이 깨졌다면 기둥 주인에게 책임이 있다.
- 촛불을 든 사람과 아마포를 든 사람이 걸어가다 촛불이 아마포를 태운 경우에도 이와 동일한 방식으로 배상 책임이 있다.

3, 6

שְׁנַיִם שֶׁהָיוּ מְהַלְּכִין בִּרְשׁוּת הָרַבִּים אֶחָד רָץ וְאֶחָד מְהַלֵּךְ, אוֹ שֶׁהָיוּ שְׁנֵיהֶם רָצִים, וְהִזִּיקוּ זֶה אֶת זֶה, שְׁנֵיהֶם פְּטוּרִין:

두 사람이 공적 공간에서 한 사람은 달려가고 다른 한 사람은 걸어가다가 서로 상해를 가했거나, 또는 두 사람 모두 뛰어가다가 서로 상해를 가했다면, 두 사람 모두 책임이 없다.

- 두 사람이 공적 공간에서 뛰거나 걷다가 두 사람 모두 상해를 입었다면 어느 한 사람의 잘못이 아니므로 두 사람 모두 손해 배상에 대한 책임은 없다.

3, 7

הַמְבַקֵּעַ בִּרְשׁוּת הַיָּחִיד וְהִזִּיק בִּרְשׁוּת הָרַבִּים, בִּרְשׁוּת הָרַבִּים וְהִזִּיק בִּרְשׁוּת הַיָּחִיד, בִּרְשׁוּת הַיָּחִיד וְהִזִּיק בִּרְשׁוּת הַיָּחִיד אַחֵר, חַיָּב:

〔만약〕 한 사람이 사적인 공간에서 나무를 쪼개다가, 〔그 쪼갠 나무가 공적인 공간으로 튀어서〕 공적인 공간에서 손해를 야기했다면, 또는 공적인 공간에서 나무를 쪼개다가 사적인 공간에서 손해를 야기했다면, 또는 사적인 공간에서 나무를 쪼개다가 또 다른 사적인 공간에서 손해를 야기했다면, 그는 〔배상〕 책임이 있다.

- 나무를 쪼개다가 상해를 가했다면, 공간에 상관없이 나무를 쪼갠 사람에게 책임이 있다.

3, 8

שְׁנֵי שְׁוָרִים תַּמִּים שֶׁחָבְלוּ זֶה אֶת זֶה, מְשַׁלְּמִים בַּמּוֹתָר חֲצִי נֶזֶק. שְׁנֵיהֶם מוּעָדִים, מְשַׁלְּמִים בַּמּוֹתָר נֶזֶק שָׁלֵם. אֶחָד תָּם וְאֶחָד מוּעָד, מוּעָד בַּתָּם מְשַׁלֵּם בַּמּוֹתָר נֶזֶק שָׁלֵם, תָּם בַּמּוּעָד מְשַׁלֵּם בַּמּוֹתָר חֲצִי נֶזֶק. וְכֵן שְׁנֵי אֲנָשִׁים שֶׁחָבְלוּ זֶה בָזֶה, מְשַׁלְּמִים בַּמּוֹתָר נֶזֶק שָׁלֵם. אָדָם בְּמוּעָד וּמוּעָד בְּאָדָם, מְשַׁלֵּם בַּמּוֹתָר נֶזֶק שָׁלֵם. אָדָם בְּתָם וְתָם בְּאָדָם, אָדָם בְּתָם מְשַׁלֵּם

בַּמּוֹתָר נֶזֶק שָׁלֵם, תָּם בְּאָדָם מְשַׁלֵּם בַּמּוֹתָר חֲצִי נֶזֶק. רַבִּי עֲקִיבָא אוֹמֵר, אַף תָּם שֶׁחָבַל בְּאָדָם, מְשַׁלֵּם בַּמּוֹתָר נֶזֶק שָׁלֵם:

[만약] 두 마리의 무해한 소가 서로 상해를 가했다면, [양측 피해를 서로 상계 계산해서 초과된] 손해의 절반을 배상한다. [만약] 두 마리의 유해한 소가 서로 상해를 가했다면, [양측 피해를 서로 상계 계산해서 초과된] 손해의 전부를 배상한다. 만약 유해한 소가 무해한 소에게 상해를 가했다면, 그 소의 소유주는 [양측 피해를 서로 상계 계산해서 초과된] 손해의 전부를 배상한다. [만약] 무해한 소가 유해한 소에게 상해를 가했다면, 그 소의 소유주는 [양측 피해를 서로 상계 계산해서 초과된] 손해의 절반을 배상한다. 만약 두 사람이 서로 상해를 가했다면, 초과된 손해의 전부를 배상해야 한다. [만약] 어떤 사람이 유해한 소에게 상해를 입히고, 그 유해한 소가 그 사람에게 상해를 가했다면, 그들은 [양측 피해를 서로 상계 계산해서 초과된] 손해의 전부를 배상한다. [만약] 어떤 사람이 무해한 소에게 상해를 입히고, 그 무해한 소가 그 사람에게 상해를 가했다면, [소에게 야기된 피해가 더 컸다면], 그 사람은 [양측 피해를 서로 상계 계산해서 초과된] 손해의 전부를 배상한다. [사람에게 야기된 피해가 더 컸다면], 그 소 주인은 [양측 피해를 서로 상계 계산해서 초과된] 손해의 절반을 배상한다. 랍비 아키바는 말한다. "무해한 소가 그 사람에게 야기한 피해가 더 클지라도 그 [소유주]는 [양측 피해를 서로 상계 계산해서 초과된] 손해의 전부를 배상해야 합니다."

- 배상의 대원칙은 다음과 같다. 상해를 가한 적이 없는 무해한 소의 주인은 피해 절반만 책임지면 된다. 전에 상해를 가한 적인 있는 유해한 소를 소홀히 관리해서 상해가 발생했을 경우에는 손해 전부를 책임져야 한다.

- 사람과 전에 상해를 가한 적이 있는 유해한 소가 서로 상해를 가했다면, 어느 쪽이든 초과된 손해 전부를 배상해주어야 한다.
- 사람과 전에 상해를 가한 적이 없는 무해한 소가 서로 상해를 가했다면, 그 사람은 초과된 손해 전부를 배상해야 하고, 소의 주인은 초과된 손해의 절반만 배상하면 된다.
- 한편, 랍비 아키바는 전에 무해한 소라고 할지라도 사람에게 피해를 더 입힌 경우에는 그 소의 주인이 손해 전부를 배상해주어야 한다고 주장한다.

3, 9

שׁוֹר שָׁוֶה מָנֶה שֶׁנָּגַח שׁוֹר שָׁוֶה מָאתַיִם, וְאֵין הַנְּבֵלָה יָפָה כְלוּם, נוֹטֵל אֶת הַשּׁוֹר. שׁוֹר שָׁוֶה מָאתַיִם שֶׁנָּגַח שׁוֹר שָׁוֶה מָאתַיִם, וְאֵין הַנְּבֵלָה יָפָה כְלוּם, אָמַר רַבִּי מֵאִיר, עַל זֶה נֶאֱמַר (שמות כא) וּמָכְרוּ אֶת הַשּׁוֹר הַחַי וְחָצוּ אֶת כַּסְפּוֹ. אָמַר לוֹ רַבִּי יְהוּדָה, וְכֵן הֲלָכָה, קִיַּמְתָּ וּמָכְרוּ אֶת הַשּׁוֹר הַחַי וְחָצוּ אֶת כַּסְפּוֹ, וְלֹא קִיַּמְתָּ (שם) וְגַם אֶת הַמֵּת יֶחֱצוּן, וְאֵיזֶה, זֶה שׁוֹר שָׁוֶה מָאתַיִם שֶׁנָּגַח שׁוֹר שָׁוֶה מָאתַיִם, וְהַנְּבֵלָה יָפָה חֲמִשִּׁים זוּז, שֶׁזֶּה נוֹטֵל חֲצִי הַחַי וַחֲצִי הַמֵּת, וְזֶה נוֹטֵל חֲצִי הַחַי וַחֲצִי הַמֵּת:

〔만약〕 1마네(100주즈)의 가치가 있는 소가 200주즈 가치가 있는 소를 받아서 그 소가 죽었는데, 그 죽은 소가 아무 가치가 없다면 그 죽은 소의 주인은 그 살아 있는 소를 차지한다. 200주즈의 가치가 있는 소가 200주즈 가치가 있는 소를 받아서 죽었는데 그 죽은 소가 가치가 없을 경우에 대하여, 랍비 메이르는 말한다. "이에 대하여 성경에 기록되었듯이, '이 사람의 소가 저 사람의 소를 받아 죽이면 살아 있는 소를 팔아 그 값을 반분하라'(출 21:35)고 말하고 있습니다." 랍비 예후다가 〔랍비 메이르에게〕 말했다. "이것이 법입니다. 그대는 '소를 팔아서 그 돈을 〔반씩〕 나누라'는 법은 지켰습니다. 하지만 '죽은 소도 반으로 나누라'는 성경구절은 지키지 않았습니다." 이것은

어떤 경우인가? 200주즈의 가치가 있는 소가 200주즈 가치가 있는 소를 받아서 죽였는데 그 죽은 소의 가치가 50주즈였다면, 두 사람은 각각 살아 있는 소의 절반과 죽은 소의 절반을 차지하면 된다.

- 이번 미쉬나에서는 출애굽기 21:35과 달리 배상하는 경우들에 대하여 설명하고 있다.
- 무게의 단위로도 사용되는 '마네'가 돈을 표기할 때는 100 '주즈'를 뜻한다.[3] 로마시대 은화 1디나르(dinar)를 미쉬나에서는 보통 1주즈라 부른다. 이것은 금화 1디나르와 혼돈하지 않기 위함이다. 1주즈는 1/4(성전)쉐켈의 가치다.
- 랍비 메이르는 두 소의 가치가 같은 경우에 살아 있는 소를 팔아 반으로 나누면 된다고 가르친다. 이에 대해 랍비 예후다는 이것은 성서에서 말하는 두 가지 법 중에서 한 가지만 지키고 다른 한 가지는 지키지 않은 것이라고 지적한다.

3, 10

יֵשׁ חַיָּב עַל מַעֲשֵׂה שׁוֹרוֹ וּפָטוּר עַל מַעֲשֵׂה עַצְמוֹ, פָּטוּר עַל מַעֲשֵׂה שׁוֹרוֹ
וְחַיָּב עַל מַעֲשֵׂה עַצְמוֹ. שׁוֹרוֹ שֶׁבִּיֵּשׁ, פָּטוּר, וְהוּא שֶׁבִּיֵּשׁ, חַיָּב. שׁוֹרוֹ שֶׁסִּמֵּא
אֶת עֵין עַבְדּוֹ, וְהִפִּיל אֶת שִׁנּוֹ, פָּטוּר, וְהוּא שֶׁסִּמֵּא אֶת עֵין עַבְדּוֹ, וְהִפִּיל אֶת
שִׁנּוֹ, חַיָּב. שׁוֹרוֹ שֶׁחָבַל בְּאָבִיו וְאִמּוֹ, חַיָּב, וְהוּא שֶׁחָבַל בְּאָבִיו וְאִמּוֹ, פָּטוּר.
שׁוֹרוֹ שֶׁהִדְלִיק אֶת הַגָּדִישׁ בְּשַׁבָּת, חַיָּב, וְהוּא שֶׁהִדְלִיק אֶת הַגָּדִישׁ בְּשַׁבָּת,
פָּטוּר, מִפְּנֵי שֶׁהוּא מִתְחַיֵּב בְּנַפְשׁוֹ:

---

3) 무게의 단위로 수천 년 동안 사용된 마네는 시대와 지역마다 그 무게와 이름에 차이가 있었다. 일반적인 마네의 무게는 대략 490그램이었다. 신약성서에서 '므나'로 라틴어로는 '미나'로 불린 화폐이기도 하다. 한편, 1마네는 금화 4디나르 또는 은전 25셀라와 같다.

자신이 소유하는 소의 행동에 책임이 있지만 자기 자신의 행동은 면책되는 경우가 있다. 그리고 그가 소유하는 소의 행동으로부터는 면책되지만 자기 자신의 행동은 책임을 져야 하는 경우가 있다. 그의 소가 명예를 훼손하는 것은 면책되지만 그 자신이 명예를 훼손하는 것은 책임이 있다. 그의 소가 그의 종의 눈을 실명케 하고 치아를 빠지게 했다면 면책되지만 그 자신이 그의 종을 실명케 하고 치아가 빠지게 했다면 그에게 책임이 있다. 그의 소가 그의 아버지와 어머니에게 상해를 가했다면, 그에게 책임이 있다. 그러나 그 자신이 그의 부모님에게 상해를 가했다면, 〔배상〕 책임이 없다. 그의 황소가 안식일에 곡식 더미에 불을 붙였다면 그는 책임이 있다. 그러나 그 자신이 안식일에 곡식 더미에 불을 붙였다면 책임이 없다. 왜냐하면 그는 〔안식일을 범함으로〕 그의 생명에 책임을 져야 하기 때문이다.

- 종의 눈을 실명케 했거나 치아를 빠지게 했다면 주인은 책임지는 차원에서 그를 풀어주어야 한다(출 21:26). 하지만 그의 소가 종의 눈을 실명케 했거나 치아를 빠지게 한 경우는 책임을 지지 않는다.
- 부모에게 상해를 가한 사람은 금전적인 배상에서는 면제되지만 그는 토라의 가르침에 따라 처형된다(출 21:15). 이처럼 미쉬나는 두 가지 처벌이 가능할 경우에 더 큰 처벌로 벌한다.
- 안식일에 불을 피워 타인에게 재물에 손실을 끼친 사람은 금전적인 배상에서는 면체되지만 안식일을 범했기 때문에 처형된다(출 35:2-3). 하지만 그의 가축이 불을 내어 타인의 재산에 손해를 끼쳤다면 배상해주어야 한다.

3, 11

שׁוֹר שֶׁהָיָה רוֹדֵף אַחַר שׁוֹר אַחֵר, וְהֻזַּק, זֶה אוֹמֵר שׁוֹרְךָ הִזִּיק, וְזֶה אוֹמֵר לֹא כִי, אֶלָּא בְסֶלַע לָקָה, הַמּוֹצִיא מֵחֲבֵרוֹ עָלָיו הָרְאָיָה. הָיוּ שְׁנַיִם רוֹדְפִים אַחַר אֶחָד, זֶה אוֹמֵר שׁוֹרְךָ הִזִּיק, וְזֶה אוֹמֵר שׁוֹרְךָ הִזִּיק, שְׁנֵיהֶם פְּטוּרִין. אִם הָיוּ שְׁנֵיהֶן שֶׁל אִישׁ אֶחָד, שְׁנֵיהֶן חַיָּבִין. הָיָה אֶחָד גָּדוֹל וְאֶחָד קָטָן, הַנִּזָּק אוֹמֵר גָּדוֹל הִזִּיק, וְהַמַּזִּיק אוֹמֵר לֹא כִי, אֶלָּא קָטָן הִזִּיק. אֶחָד תָּם וְאֶחָד מוּעָד, הַנִּזָּק אוֹמֵר, מוּעָד הִזִּיק, וְהַמַּזִּיק אוֹמֵר לֹא כִי, אֶלָּא תָם הִזִּיק, הַמּוֹצִיא מֵחֲבֵרוֹ עָלָיו הָרְאָיָה. הָיוּ הַנִּזּוֹקִין שְׁנַיִם, אֶחָד גָּדוֹל וְאֶחָד קָטָן, וְהַמַּזִּיקִים שְׁנַיִם, אֶחָד גָּדוֹל וְאֶחָד קָטָן, הַנִּזָּק אוֹמֵר, גָּדוֹל הִזִּיק אֶת הַגָּדוֹל וְקָטָן אֶת הַקָּטָן, וּמַזִּיק אוֹמֵר לֹא כִי, אֶלָּא קָטָן אֶת הַגָּדוֹל וְגָדוֹל אֶת הַקָּטָן. אֶחָד תָּם וְאֶחָד מוּעָד, הַנִּזָּק אוֹמֵר, מוּעָד הִזִּיק אֶת הַגָּדוֹל וְתָם אֶת הַקָּטָן, וְהַמַּזִּיק אוֹמֵר לֹא כִי, אֶלָּא תָם אֶת הַגָּדוֹל וּמוּעָד אֶת הַקָּטָן, הַמּוֹצִיא מֵחֲבֵרוֹ עָלָיו הָרְאָיָה:

어떤 황소가 다른 황소를 쫓아가다가 〔다른 소가〕 상해를 입은 경우에, 한 사람은 "당신의 황소가 상해를 가했습니다"라고 말하고 다른 사람은 "아닙니다. 당신의 황소는 암석에 의해 상해를 입었습니다"라고 말했다면, 입증 책임은 배상을 받으려는 사람에게 있다. 〔주인이 서로 다른〕 두 마리의 황소가 다른 황소의 뒤를 쫓은 경우에, 한 사람은 "당신의 황소가 상해를 가했습니다" 말하고, 다른 사람은 "당신의 황소가 상해를 가했습니다" 말했다면, 두 사람 모두 책임이 없다. 두 마리의 황소가 한 사람의 소유라면, 두 마리의 소 모두 책임이 있다. 한 마리는 크고 한 마리는 작은 경우에, 피해자는 "큰 황소가 상해를 가했습니다" 말하고, 가해자는 "아닙니다. 작은 황소가 상해를 가했습니다" 말한 경우에, 〔혹은〕 한 마리는 무해하고, 한 마리는 유해한 경우에, 피해자는 "유해한 소가 상해를 가했습니다" 말하고 가해자는 "아닙니다. 무해한 소가 상해를 가했습니다" 말한 경우에, 입증 책임은 배상을 받으려는 사람에게 있다. 두 마리가 상해를 입었는데 한 마리는 크고 다른 한 마리는 작은 경우에, 그리고 두 마리가 상해를 가했는데 한 마리는 크고 다른 한 마리는 작은 경우에, 피해자는 "큰 〔황소〕가 다른 큰 〔황소〕에게 상해를 가했고, 작은 〔황소〕가 다른 작은 〔황소〕에게 상해를 가했습니다" 말했는데, 가해자는 "아닙니다. 작은 〔황소〕가 큰 〔황소〕에게 상해를 가했고, 큰 〔황소〕가 작은 〔황소〕에게 상해를 가했습니다" 말했다면, 〔혹은〕 한 마리는 무해하고, 다른 한 마리는 유해한 경우에, 피해자는 "유해한 〔황소〕가 큰 〔황소〕에게 상해를 가했고, 무해한 〔황소〕가 작은 〔황소〕에게 상해를 가했습니다" 말하는데, 가해자는 "아닙니다. 무해한 〔황소〕가 큰 〔황소〕에게 상해를 가했고, 유해한 〔황소〕가 작은 〔황소〕에게 상해를 가했습니다" 말했다면, 입증 책임은 배상을 받으려는 사람에게 있다.

- 소가 상해를 가한 경우인지, 아니면 바위에 부딪혀 생긴 단순 사고인지 불분명한 경우나, 두 마리 소 중에서 어느 소가 상해를 가했는지 불확실한 경우에 사실을 입증할 책임은 상해를 입은 소의 주인에게 있다.
- 배상은 상해를 입은 소의 크기와 상해를 가한 소의 크기에 따라 달라진다. 상해를 가한 소가 작은 경우에는 배상액 또한 작아진다. 상해를 입은 소가 작은 경우에도 최대 배상액이 적을 수밖에 없다. 따라서 큰 소가 큰 소에게 상해를 가한 경우가 가장 배상액이 크기 때문에, 피해를 입은 소 주인 입장에서는 상대의 큰 소가 자신의 큰 소에게 상해를 가했다고 주장하는 것이 유리하다.
- 유해한 소는 상해에 해당하는 전체 금액을 배상해주어야 하지만 무해한 소의 배상액은 절반으로 줄어든다. 가해한 소의 주인 입장에서는 무해한 소가 큰 황소에게 상해를 가했다면, 손실액이 줄어든다.

제4장

이번 장은 황소가 여러 마리의 황소에게 상해를 가한 경우처럼 좀 더 복잡한 상황을 다룬다. 그리고 다른 황소에게는 상해를 가했지만 양이나 다른 가축에게는 상해를 입히지 않는 경우, 안식일에는 상해를 가했지만 평일에는 그렇지 않은 경우도 구별한다. 후반부에서는 황소가 뿔로 받아 사람을 죽게 한 경우에 대하여 말한다.

4, 1

שׁוֹר שֶׁנָּגַח אַרְבָּעָה וַחֲמִשָּׁה שְׁוָרִים זֶה אַחַר זֶה, יְשַׁלֵּם לָאַחֲרוֹן שֶׁבָּהֶם. וְאִם יֶשׁ בּוֹ מוֹתָר, יַחֲזִיר לְשֶׁלְּפָנָיו. וְאִם יֶשׁ בּוֹ מוֹתָר, יַחֲזִיר לְשֶׁלִּפְנֵי פָנָיו. וְהָאַחֲרוֹן אַחֲרוֹן נִשְׂכָּר, דִּבְרֵי רַבִּי מֵאִיר. רַבִּי שִׁמְעוֹן אוֹמֵר, שׁוֹר שָׁוֶה מָאתַיִם שֶׁנָּגַח שׁוֹר שָׁוֶה מָאתַיִם, וְאֵין הַנְּבֵלָה יָפָה כְלוּם, זֶה נוֹטֵל מָנֶה וְזֶה נוֹטֵל מָנֶה. חָזַר וְנָגַח שׁוֹר אַחֵר שָׁוֶה מָאתַיִם, הָאַחֲרוֹן נוֹטֵל מָנֶה, וְשֶׁלְּפָנָיו, זֶה נוֹטֵל חֲמִשִּׁים זוּז וְזֶה נוֹטֵל חֲמִשִּׁים זוּז. חָזַר וְנָגַח שׁוֹר אַחֵר שָׁוֶה מָאתַיִם, הָאַחֲרוֹן נוֹטֵל מָנֶה, וְשֶׁלְּפָנָיו, חֲמִשִּׁים זוּז, וּשְׁנַיִם הָרִאשׁוֹנִים, דִּינַר זָהָב:

어떤 소가 네 마리 또는 다섯 마리의 소를 〔뿔로〕 받은 경우에, 이 소가 저 소를 〔저 소가 다른 소를〕 이어서 받았다면, 〔뿔로 받은〕 마지막 소 〔주인〕에게 배상해야 한다. 만약 〔돈이〕 남았다면 마지막에서 두 번째 소의 주인에게 배상한다. 그래도 돈이 남으면 그 앞 소의 주인에게 배상한다. "가장 마지막 소의 주인만 배상을 받을 수 있습니다." 랍비 메이르의 말이다. 랍비 쉼온은 말한다. "200주즈 가치가 있는 소가 200주즈 가치가 있는 소를 받은 경우에, 그 죽은 소의 가치가 전혀 없다면, 이 〔소의 주인〕도 100주즈를 받고, 저 〔소의 주인〕도 100주즈를 받습니다. 〔처음 소가〕 다시 200주즈 가치가 있는 또 다른 소를 뿔로 받았다면, 가장 마지막 상해를 입은 소의 주인이 100주즈를 받고 그 앞에 있는 소들은 이 〔소의 주인〕이 50주즈를 받고 저 〔소의 주인〕도 50주즈를 받습니다. 〔처음 소가〕 다시 200주즈 가치가 있는 다른 소를 받았다면, 가장 마지막 상해를 입은 소의 주인이 100주즈를 받고 그 앞에 있는 소들은 50주즈, 그리고 맨 앞의 두 소의 주인은 각각 25주즈씩 배상을 받습니다."

- 소가 여러 마리의 소를 연쇄적으로 뿔로 받아 치명적인 상해를 가했다면, 그 소를 판 금액으로 가장 마지막 소의 주인에게 배상하는 것이 원칙이다. 만약 돈이 남았다면 그 앞 소의 주인이 받게 된다. 그래도 돈이 남았다면 그 앞 소의 주인이 받는다.
- 랍비 메이르는 이와 달리 마지막 소의 주인만 배상을 받을 수 있다고 주장한다.
- 랍비 쉼온은 상처를 입힌 소의 숫자에 따라 배상 금액이 달라진다고 말한다. 한 마리 소가 다른 소를 뿔로 받은 경우에, 죽은 소의 가치가 하나도 없게 된다면, 살아 있는 소를 팔아 두 주인이 서로 반반씩 나누어 가지면 된다. 한 마리 소가 다른 두 마리의 소를 뿔로 받은 경우에는 살아 있는 소를 팔아 가장 마지막 소의 주인에게 금액의 절반을 주고, 나머지 두 소의 주인이 금액의 1/4씩 나누어 가지면 된다. 한 마리 소가 다른 세 마리의 소를 뿔로 받은 경우에는, 살아 있는 소를 팔아 가장 마지막 소의 주인에게 금액의 절반을 주고, 그 앞 소의 주인에게 금액의 1/4을 주고, 그리고 남은 두 주인들은 각각 1/8씩 받으면 된다.
- 구체적으로 200주즈의 소를 팔아 마지막 주인이 100주즈, 그 앞 주인이 50주즈, 그리고 남은 두 주인이 각각 25주즈씩 받으면 된다.

4, 2

שׁוֹר שֶׁהוּא מוּעָד לְמִינוֹ וְאֵינוֹ מוּעָד לְשֶׁאֵינוֹ מִינוֹ, מוּעָד לְאָדָם וְאֵינוֹ מוּעָד לִבְהֵמָה, מוּעָד לִקְטַנִּים וְאֵינוֹ מוּעָד לִגְדוֹלִים, אֶת שֶׁהוּא מוּעָד לוֹ מְשַׁלֵּם נֶזֶק שָׁלֵם, וְאֶת שֶׁאֵינוֹ מוּעָד לוֹ מְשַׁלֵּם חֲצִי נֶזֶק. אָמְרוּ לִפְנֵי רַבִּי יְהוּדָה, הֲרֵי שֶׁהָיָה מוּעָד לְשַׁבָּתוֹת וְאֵינוֹ מוּעָד לְחֹל. אָמַר לָהֶם, לַשַּׁבָּתוֹת מְשַׁלֵּם נֶזֶק שָׁלֵם, לִימוֹת הַחֹל מְשַׁלֵּם חֲצִי נֶזֶק. אֵימָתַי הוּא תָם. מִשֶּׁיַּחֲזֹר בּוֹ שְׁלֹשָׁה יְמֵי שַׁבָּתוֹת:

어떤 소가 같은 종류의 〔소〕에게는 유해하지만 다른 종류의 〔소〕에게는 무해한 경우, 인간에게는 유해하지만 가축에게는 무해한 경우, 작은 사람들에게는 유해하지만 큰 사람들에게는 무해한 경우, 유해한 소의 주인은 손해의 전부를 배상한다. 반면, 무해한 소의 주인은 손해의 절반을 배상한다. 〔그들은〕 랍비 예후다에게 물었다. "〔소가〕 안식일에는 유해했고 평일에는 무해했다면 〔이 소의 주인은 어떻게 해야합니까? 랍비 예후다는〕 그들에게 대답했다. "안식일에 〔손해가 발생했다면〕 그 손해의 전부를 배상하고, 평일에 〔손해가 발생했다면〕 그 손해의 절반을 배상하면 됩니다." 어떤 경우에 무해한 〔소로 간주되는가?〕 안식일 세 번 동안 〔무해하면 무해한 소입니다〕.

- 무해했던 소의 주인은 피해액의 절반을 배상하고, 유해한 소의 주인은 전부를 배상하는 것이 대원칙이다. 위험한 소(무아드)와 위험하지 않는 소(탐)의 기준에 대해서는 앞의 미쉬나 2, 4를 참조하라.
- 랍비 예후다는 유해한 소와 무해한 소를 평일과 안식일을 나누어 판단한다. 예를 들어, 안식일 세 번 동안 해를 입히지 않았다면 이 소는 안식일에 무해하다. 이 소가 안식일에 상해를 가했다면, 소의 주인은 피해액의 절반만 배상하면 된다.

4, 3

שׁוֹר שֶׁל יִשְׂרָאֵל שֶׁנָּגַח שׁוֹר שֶׁל הֶקְדֵּשׁ, וְשֶׁל הֶקְדֵּשׁ שֶׁנָּגַח לְשׁוֹר שֶׁל יִשְׂרָאֵל, פָּטוּר, שֶׁנֶּאֱמַר (שמות כא) שׁוֹר רֵעֵהוּ, וְלֹא שׁוֹר שֶׁל הֶקְדֵּשׁ. שׁוֹר שֶׁל יִשְׂרָאֵל שֶׁנָּגַח לְשׁוֹר שֶׁל נָכְרִי, פָּטוּר. וְשֶׁל נָכְרִי שֶׁנָּגַח לְשׁוֹר שֶׁל יִשְׂרָאֵל, בֵּין תָּם בֵּין מוּעָד מְשַׁלֵּם נֶזֶק שָׁלֵם:

〔일반〕 이스라엘 백성의 소가 성전에 속한 소를 받았거나 성전에 속한 소가 〔일반〕 이스라엘 백성 소유의 소를 받았을 경우, 〔뿔로 받은 소의 주인〕은 책임이 없다. 성경에 기록되었듯이, 성전에 속한 소가 아니라 "저 사람의 소이다"(출 21:35). 이스라엘 백성의 소유인 소가 비유대인 소유의 소를 받았을 경우 그는 책임이 없다. 그리고 비유대인의 소가 이스라엘 백성의 소를 받았을 경우, 무해한 소든지 유해한 소든지 〔상관없이 그 소의 주인은〕 손해의 전부를 배상한다.

- '저 사람의 소'는 직역하면 '네 이웃의 소'로 일반 이스라엘 백성의 소를 말한다. 랍비들은 성전의 소는 여기에 포함되지 않은 것으로 해석한다.
- 랍비들은 '이웃'의 범주 안에 비유대인을 포함시키지 않는다.

4, 4

שׁוֹר שֶׁל פִּקֵּחַ שֶׁנָּגַח שׁוֹר שֶׁל חֵרֵשׁ, שׁוֹטֶה וְקָטָן, חַיָּב. וְשֶׁל חֵרֵשׁ, שׁוֹטֶה וְקָטָן, שֶׁנָּגַח שׁוֹר שֶׁל פִּקֵּחַ, פָּטוּר. שׁוֹר שֶׁל חֵרֵשׁ, שׁוֹטֶה וְקָטָן שֶׁנָּגַח, בֵּית דִּין מַעֲמִידִין לָהֶן אַפּוֹטְרוֹפּוֹס וּמְעִידִין לָהֶן בִּפְנֵי אַפּוֹטְרוֹפּוֹס. נִתְפַּקַּח הַחֵרֵשׁ, נִשְׁתַּפָּה הַשּׁוֹטֶה וְהִגְדִּיל הַקָּטָן, חָזַר לְתַמּוּתוֹ, דִּבְרֵי רַבִּי מֵאִיר. רַבִּי יוֹסֵי אוֹמֵר, הֲרֵי הוּא בְחֶזְקָתוֹ. שׁוֹר הָאִצְטָדִין אֵינוֹ חַיָּב מִיתָה, שֶׁנֶּאֱמַר (שמות כא) כִּי יִגַּח, וְלֹא שֶׁיַּגִּיחוּהוּ:

능숙한 사람의 소가 청각장애인, 지적장애인, 어린아이의 소를 받았다면 〔그 소 주인은 그 손해에〕 책임이 있다. 반대로 청각장애인, 지적장애인, 어린아이의 소가 능숙한 사람의 소를 받았다면, 그는 책임이 없다. 청각장애인, 지적장애인, 어린아이의 소가 뿔로 받은 경우에, 법정은 그들을 위해 관리자를 임명하고, [무해한 소인지 유해한 소인지] 관리자 앞에서 검증된다. "만약 청각장애인이 청각을 회복하거나, 지적장애인이 그의 총명을 회복하거나, 어린아이가 나이가 들게 되면, 그 소는 무해하다고 [간주됩니다]." 랍비 메이르의 말이다. 랍비 요쎄는 말한다. "이전의 상태가 그대로 유지됩니다." 성서에 기록되었듯이, "[소]가 [남자나 여자를] 받으면"(출 21:28). [다른 소들이나 검투사들과 싸우기 위해서 훈련된] 운동경기장에 속한 소는 죽음에 책임이 없다.

- 고대 사회에서는 의사소통에 어려움이 있는 청각장애인에 대하여 지적 능력이 부족하다고 생각했다. 같은 이유로 지적장애인이나 어린아이들도 어떻게 해야 할지 정확히 알지 못하기 때문에 그들에게 책임을 묻지 않았다. 다만, 그들을 대신해 관리자를 세우고 관리자는 그 소를 유해한 소인지 무해한 소인지 증언한다.
- 유해한 소의 주인이 장애가 사라지고 정상적인 성인이 된 경우에 대하여 랍비들의 견해가 달라진다. 랍비 메이르는 무해한 소로 보아야 한다는 입장이고, 랍비 요쎄는 여전히 유해한 소라고 주장한다.
- 일반적인 상황이 아닌 경기장에 넣어진 소가 사람을 죽인 경우에는 소의 주인이 책임이 없다.

4, 5

שׁוֹר שֶׁנָּגַח אֶת הָאָדָם וָמֵת, מוּעָד, מְשַׁלֵּם כֹּפֶר, וְתָם, פָּטוּר מִן הַכֹּפֶר. וְזֶה וָזֶה חַיָּבִים מִיתָה. וְכֵן בְּבֵן וְכֵן בְּבַת. נָגַח עֶבֶד אוֹ אָמָה, נוֹתֵן שְׁלֹשִׁים סְלָעִים, בֵּין שֶׁהוּא יָפֶה מָנֶה וּבֵין שֶׁאֵינוֹ יָפֶה אֶלָּא דִּינָר אֶחָד:

소가 사람을 받아서 그 사람이 죽었을 경우, 〔만약〕 유해한 〔소〕였다면 〔그 소 주인은〕 몸값을 지불해야 한다. 〔만약〕 무해한 〔소〕였다면 〔그 소 주인은〕 몸값이 면제된다. 이 경우나 저 경우나 〔소〕는 죽여야 한다. 그리고 〔그 소가〕 아들이나 딸을 죽였을 경우도 마찬가지이다. 만약 그 소가 남종이나 여종을 받았다면, 〔그 종이〕 1마네의 가치가 있든지, 1디나르의 가치도 없든지, 〔그 소 주인은〕 30셀라를 지불해야 한다.

- 소가 사람을 받아 죽게 하면, 그 소는 죽여야 한다(출애굽기 21:28). 대신 무해한 소였다면 몸값이 면제되고, 유해한 소였다면 죽은 사람의 몸값을 지불해야 한다(출 21:30).
- 소가 종을 받아 죽게 한 경우에는 종의 가치에 상관없이 30셀라를 지불한다(출 21:32). '셀라'는 성전 쉐켈과 같은 가치이며 1셀라는 4디나르다.
- '디나르'(데나리우스)는 은전 혹은 금전이다. 은 1디나르는 금 1디나르의 1/25이다. 은전 1디나르는 1주즈와 같다.

4, 6

שׁוֹר שֶׁהָיָה מִתְחַכֵּךְ בְּכֹתֶל וְנָפַל עַל הָאָדָם, נִתְכַּוֵּן לַהֲרֹג אֶת הַבְּהֵמָה וְהָרַג אֶת הָאָדָם, לְנָכְרִי וְהָרַג אֶת יִשְׂרָאֵל, לִנְפָלִים וְהָרַג בֶּן קְיָמָא, פָּטוּר:

소가 벽에 비비다 그 〔벽〕이 사람에게 넘어진 경우, 그 〔소〕가 가축을 죽이려고 하다가 사람을 죽인 경우, 비유대인을 〔죽이려고 하다가〕 이스라엘 백성을 죽인 경우, 생존하기 어려운 태아를 〔죽이려고 하다가〕 생존 가능한 태아를 죽인 경우, 〔그 소는 죽음의 형벌로부터〕 면제된다.

• 소가 의도치 않게 사람을 죽인 경우에는 처형을 면한다. 뿔로 사람을 받아 죽게 한 소는 돌로 쳐서 죽여야 한다(출 21:28).

4, 7

שׁוֹר הָאִשָּׁה, שׁוֹר הַיְתוֹמִים, שׁוֹר הָאַפּוֹטְרוֹפּוֹס, שׁוֹר הַמִּדְבָּר, שׁוֹר הַהֶקְדֵּשׁ, שׁוֹר הַגֵּר שֶׁמֵּת וְאֵין לוֹ יוֹרְשִׁים, הֲרֵי אֵלּוּ חַיָּבִים מִיתָה. רַבִּי יְהוּדָה אוֹמֵר, שׁוֹר הַמִּדְבָּר, שׁוֹר הַהֶקְדֵּשׁ, שׁוֹר הַגֵּר שֶׁמֵּת, פְּטוּרִים מִן הַמִּיתָה, לְפִי שֶׁאֵין לָהֶם בְּעָלִים:

한 여성의 소, 고아들의 소, 한 관리자의 소, 들소, 성전에 속한 소, 상속자 없이 죽은 개종자의 소가 〔받았을 경우〕 죽여야 한다. 랍비 예후다는 말한다. "들소, 성전에 속한 소, 사망한 개종자의 소는 죽음의 형벌로부터 면제됩니다. 왜냐하면 이러한 소는 주인이 없기 때문입니다."

• 랍비 예후다는 주인이 없는 소가 사람을 죽인 경우는 처형을 면한다고 주장한다.

4, 8

שׁוֹר שֶׁהוּא יוֹצֵא לְהִסָּקֵל וְהִקְדִּישׁוֹ בְּעָלָיו, אֵינוֹ מֻקְדָּשׁ. שְׁחָטוֹ, בְּשָׂרוֹ אָסוּר. וְאִם עַד שֶׁלֹּא נִגְמַר דִּינוֹ הִקְדִּישׁוֹ בְּעָלָיו, מֻקְדָּשׁ. וְאִם שְׁחָטוֹ, בְּשָׂרוֹ מֻתָּר:

투석형을 받기 위하여 밖으로 나간 소를 주인들이 성전에 봉헌할 때 봉헌되지 않는다. 그들이 도살했다면, 그 고기는 〔먹는 것이〕 금지된다. 만약 형의 선고가 끝나기 전에 주인이 봉헌했다면 봉헌된다. 만약 그들이 도살했다면, 그 고기는 〔먹는 것이〕 허용된다.

• 사람을 죽인 소는 원칙적으로 투석형에 처하고 그 고기는 먹을 수

없다(출 21:28). 하지만 판결이 나기 전에 성전에 봉헌한 경우에는 성전에 바치거나 고기를 먹을 수 있다.

4, 9

מְסָרוֹ לְשׁוֹמֵר חִנָּם, וּלְשׁוֹאֵל, לְנוֹשֵׂא שָׂכָר, וּלְשׁוֹכֵר, נִכְנְסוּ תַחַת הַבְּעָלִים,
מוּעָד מְשַׁלֵּם נֶזֶק שָׁלֵם, וְתָם מְשַׁלֵּם חֲצִי נֶזֶק. קְשָׁרוֹ בְעָלָיו בְּמוֹסֵרָה, וְנָעַל
בְּפָנָיו כָּרָאוּי, וְיָצָא וְהִזִּיק, אֶחָד תָּם וְאֶחָד מוּעָד חַיָּב, דִּבְרֵי רַבִּי מֵאִיר.
רַבִּי יְהוּדָה אוֹמֵר, תָּם חַיָּב וּמוּעָד פָּטוּר, שֶׁנֶּאֱמַר (שמות כא) וְלֹא יִשְׁמְרֶנּוּ
בְּעָלָיו, וְשָׁמוּר הוּא זֶה. רַבִּי אֱלִיעֶזֶר אוֹמֵר, אֵין לוֹ שְׁמִירָה אֶלָּא סַכִּין:

〔만약 소를 돈을 받지 않고 관리하는〕 무급 관리자, 〔비용을 지불하지 않고 빌려 쓰는〕 차용인, 〔돈을 받고 관리하는〕 유급 관리자, 그리고 〔비용을 지불하고 사용하는〕 임차인에게 주었다면, 〔그 소들〕은 〔새〕 주인들의 수중에 들어간 것이다. 유해한 〔소의 주인〕은 그 손해의 전부를 배상하고, 무해한 〔소의 주인〕은 그 손해의 절반을 배상한다. 만약 그 소 주인이 고삐로 묶었거나 적절하게 묶었는데도, 그 소가 뛰쳐나가 손해를 입힌 경우, 무해한 소이든 유해한 소이든 〔그 소의 주인〕이 책임이 있다. 랍비 예후다는 말한다. "무해한 〔소의 주인〕에게 책임이 있고, 유해한 〔소의 주인〕은 책임이 없습니다. 왜냐하면 성서에 기록되었듯이, "〔유해한 소를〕 그 인자가 단속하지 아니하여"(출 21:29). 〔사고가 나면 책임을 지지만〕 그는 그 〔소〕를 지켰기 때문입니다." 랍비 엘리에제르는 말한다. "그 소는 〔다른 것으로는〕 지킬 수 없고, 오직 칼로만 〔가능합니다〕."

- 랍비들은 성서와 달리(출 22:7-15), 물건이나 가축을 맡아서 관리하는 사람들을 네 가지 유형으로 구별한다. 1) 무급 관리자, 2) 차용인, 3) 유급 관리자, 4) 임차인(「바바 메찌아」 7, 8). 기본적인 원칙은 이

익을 더 많이 보는 관리자일수록 책임도 더 크다는 점이다.

- 소를 돈을 받은 유급 관리자나 아직 받지 않은 무급 관리자에게 맡기거나 그 소를 임시로 빌려 쓰는 차용인이나 장기 임대한 임차인이 사용하는 동안에는 소의 주인이 바뀐 것으로 간주된다. 따라서 새 주인들이 사용중인 동안에 벌어진 일은 모두 그들이 책임이다.
- 랍비 예후다가 무해한 소의 주인에게 책임이 있다고 한 것은 유해한 소를 지키면 책임을 면제받는다는 출애굽기 21:29을 문자적으로 해석한 결과다. 즉, 무해한 소를 지키면 책임이 없다는 규정이 없기 때문에 책임을 져야 한다고 해석한 것이다.
- 랍비 엘리에제르의 말에서 칼로만 가능하다는 말은 도살해야 한다는 의미다.

제5장

이번 장에서는 황소가 암소나 다른 가축 그리고 다른 물건을 뿔로 받아 손해를 입힌 경우를 다룬다. 마지막에 구덩이로 인해 발생하는 손해를 다룬다.

5, 1

שׁוֹר שֶׁנָּגַח אֶת הַפָּרָה וְנִמְצָא עֻבָּרָהּ בְּצִדָּהּ, וְאֵין יָדוּעַ אִם עַד שֶׁלֹּא נְגָחָהּ יָלְדָה, אִם מִשֶּׁנְּגָחָהּ יָלְדָה, מְשַׁלֵּם חֲצִי נֶזֶק לַפָּרָה וּרְבִיעַ נֶזֶק לַוָּלָד. וְכֵן פָּרָה שֶׁנָּגְחָה אֶת הַשּׁוֹר וְנִמְצָא וְלָדָהּ בְּצִדָּהּ, וְאֵין יָדוּעַ אִם עַד שֶׁלֹּא נָגְחָה יָלְדָה, אִם מִשֶּׁנָּגְחָה יָלְדָה, מְשַׁלֵּם חֲצִי נֶזֶק מִן הַפָּרָה וּרְבִיעַ נֶזֶק מִן הַוָּלָד:

황소가 암소를 받아 죽었는데 그 암소가 출산한 죽은 새끼가 그 옆에서 발견되었다. 그런데 그 황소가 암소를 받기 전에 그 암소가 새끼

를 출산했는지, 또는 그 황소가 그 암소를 받은 후에 새끼를 출산했는지 알 수 없다면 그 황소의 소유주는 그 암소에 대한 손해의 절반과 출산한 새끼에 대한 손해의 1/4을 배상한다. 그리고 만약 어떤 암소가 어떤 황소를 받았는데 그 암소 새끼가 그 옆에서 발견되었다. 그런데 그 암소가 황소를 받기 전에 새끼를 낳았는지, 그 암소가 황소를 받은 후에 새끼를 낳았는지 알 수 없을 때 그 〔황소 주인〕은 그 암소에 대한 손해의 절반과 그 새끼에 대한 손해의 1/4을 배상한다.

- 암소가 낳은 새끼가 황소로 인해 죽게 되었다면 황소의 주인은 역시 새끼의 손해분에 대해서도 절반 배상해야 한다. 하지만 책임 소재가 불분명한 경우에는 그 절반인 1/4만 배상하면 된다.

5, 2

הַקַּדָּר שֶׁהִכְנִיס קְדֵרוֹתָיו לַחֲצַר בַּעַל הַבַּיִת שֶׁלֹּא בִרְשׁוּת, וְשִׁבְּרָתַן בְּהֶמְתּוֹ שֶׁל בַּעַל הַבַּיִת, פָּטוּר. וְאִם הֻזְּקָה בָהֶן, בַּעַל הַקְּדֵרוֹת חַיָּב. וְאִם הִכְנִיס בִּרְשׁוּת, בַּעַל חָצֵר חַיָּב. הִכְנִיס פֵּרוֹתָיו לַחֲצַר בַּעַל הַבַּיִת שֶׁלֹּא בִרְשׁוּת, וַאֲכָלָתַן בְּהֶמְתּוֹ שֶׁל בַּעַל הַבַּיִת, פָּטוּר. וְאִם הֻזְּקָה בָהֶן, בַּעַל הַפֵּרוֹת חַיָּב. וְאִם הִכְנִיס בִּרְשׁוּת, בַּעַל הֶחָצֵר חַיָּב:

어떤 옹기장이가 집주인의 안뜰에 허락 없이 항아리들을 들여왔는데 그 집주인의 가축이 그 항아리들을 깨뜨렸다면 그 집주인은 〔깨진 항아리에 대해〕 책임이 없다. 그리고 만약 그 가축이 그 항아리들로 인해 상해를 입었다면 그 항아리 주인은 그 상해에 대한 배상 책임이 있다. 만약 그 〔옹기장이〕가 허락을 받고 그 항아리들을 그 집 안뜰에 들여 넣었다면 그 안뜰 주인은 〔깨진 항아리에 대해〕 책임이 있다. 〔만약 어떤 사람이〕 허락 없이 그 집의 안뜰에 그의 과일을 들여왔는데 그 집 소유의 가축이 그것을 먹었을 경우, 〔그 가축 주인은 그 손해에 대하여〕 책임이 없다. 그리고 만약 가축이 〔그 과일로 인해〕 손상을 입었다면 그 과일 주인은 책임이 있다. 그러나 허가를 받아서 〔그 과일을〕 들여 넣었다면 그 안뜰 주인은 책임이 있다.

- 옹기장이가 어느 집 안뜰에 항아리를 넣었는데, 그 집 가축이 깬 경우 안뜰 주인의 허락을 받았다면 배상을 받을 수 있으나, 허락없이 넣었다면 배상을 받지 못한다. 항아리로 인해 가축이 상해를 입었다면, 오히려 옹기장이는 가축이 입은 상해에 대하여 배상을 해주어야 한다. 과일의 경우에도 마찬가지다.

5, 3

הִכְנִיס שׁוֹרוֹ לַחֲצַר בַּעַל הַבַּיִת שֶׁלֹּא בִרְשׁוּת, וּנְגָחוֹ שׁוֹרוֹ שֶׁל בַּעַל הַבַּיִת,
אוֹ שֶׁנְּשָׁכוֹ כַלְבּוֹ שֶׁל בַּעַל הַבַּיִת, פָּטוּר. נָגַח הוּא שׁוֹרוֹ שֶׁל בַּעַל הַבַּיִת, חַיָּב.
נָפַל לְבוֹרוֹ וְהִבְאִישׁ מֵימָיו, חַיָּב. הָיָה אָבִיו אוֹ בְנוֹ לְתוֹכוֹ, מְשַׁלֵּם אֶת הַכֹּפֶר.
וְאִם הִכְנִיס בִּרְשׁוּת, בַּעַל הֶחָצֵר חַיָּב. רַבִּי אוֹמֵר, בְּכֻלָּן אֵינוֹ חַיָּב, עַד שֶׁיְּקַבֵּל
עָלָיו לִשְׁמֹר:

어떤 사람이 황소를 집주인의 안뜰에 허락 없이 들였는데, 그 집주인의 황소가 뿔로 받았거나, 그 집주인의 개가 물었다면 그 〔집주인〕은 책임이 없다. 그 〔황소〕가 집주인의 황소를 뿔로 받았다면, 그에게 책임이 있다. 〔만약〕 그 〔황소〕가 집에 있는 구덩이에 빠져서 〔구덩이〕 물이 더러워졌다면 〔황소 주인〕은 책임이 있다. 〔만약 집주인〕의 아버지나 아들이 〔구덩이〕 안에 있었는데 〔황소가 구덩이에 빠져 그들이 죽었다면 황소 주인〕은 몸값을 지불해야 한다. 하지만 만약 그가 허락을 받고 〔황소를〕 들였다면 그 안뜰의 주인에게 책임이 있다. 랍비 〔예후다 한나씨〕가 말한다. “그 〔황소〕를 지키겠다고 하지 않았다면, 〔집주인〕은 이 모든 경우에 책임이 없습니다.”

- 집주인의 허락없이 들여보낸 황소가 상해를 입어도, 집주인에게 책임이 없다.
- 아무런 수식어 없이 말하는 '랍비'는 라반 쉼온 벤 감리엘의 아들인 랍비 '예후다 한나씨'로 미쉬나를 집대성한 인물이다.

5, 4

שׁוֹר שֶׁהָיָה מִתְכַּוֵּן לַחֲבֵרוֹ וְהִכָּה אֶת הָאִשָּׁה וְיָצְאוּ יְלָדֶיהָ, פָּטוּר מִדְּמֵי וְלָדוֹת. וְאָדָם שֶׁהָיָה מִתְכַּוֵּן לַחֲבֵרוֹ וְהִכָּה אֶת הָאִשָּׁה וְיָצְאוּ יְלָדֶיהָ, מְשַׁלֵּם דְּמֵי וְלָדוֹת. כֵּיצַד מְשַׁלֵּם דְּמֵי וְלָדוֹת, שָׁמִין אֶת הָאִשָּׁה כַּמָּה הִיא יָפָה עַד שֶׁלֹּא יָלְדָה וְכַמָּה הִיא יָפָה מִשֶּׁיָּלְדָה. אָמַר רַבָּן שִׁמְעוֹן בֶּן גַּמְלִיאֵל, אִם כֵּן, מִשֶּׁהָאִשָּׁה יוֹלֶדֶת, מַשְׁבַּחַת. אֶלָּא שָׁמִין אֶת הַוְּלָדוֹת כַּמָּה הֵן יָפִין, וְנוֹתֵן לַבַּעַל. וְאִם אֵין לָהּ בַּעַל, נוֹתֵן לְיוֹרְשָׁיו. הָיְתָה שִׁפְחָה וְנִשְׁתַּחְרְרָה, אוֹ גִיּוֹרֶת, פָּטוּר:

황소가 다른 황소를 〔뿔로 받으려고〕 하다가, 〔임신한〕 여성을 쳐서, 그 여성의 자식들이 밖으로 나왔다면, 황소의 주인은 그 유산에 대한 책임은 없다. 그러나 만약 한 남자가 그의 동료를 향하여 〔폭력을 행사하려고〕 의도했다가 한 여성을 때려서, 그녀의 자식들이 밖으로 나왔다면, 그는 유산에 대해 책임져야 한다. 유산에 대하여 어떻게 배상하는가? 그들은 그 여성이 출산하기 전 그녀를 노예 시장에 팔았을 때 몸값과 출산 이후의 몸값을 평가한다. 라반 쉼온 벤 감리엘은 다음과 같이 말했다. "만약 여성이 출산했다면 더 가치가 있습니다. 오히려 그들은 자녀들을 종으로 팔았다면 가치가 얼마가 될지를 평가하고 그 값을 그녀의 남편에게 지불해야 합니다. 그러나 만약 그녀의 남편이 없다면, 그 남편의 상속인들에게 지불하면 됩니다." 만약 그녀가 해방된 종이었거나 개종인이었다면 그는 책임이 없다.

5, 5

הַחוֹפֵר בּוֹר בִּרְשׁוּת הַיָּחִיד וּפְתָחוֹ לִרְשׁוּת הָרַבִּים, אוֹ בִרְשׁוּת הָרַבִּים וּפְתָחוֹ לִרְשׁוּת הַיָּחִיד, בִּרְשׁוּת הַיָּחִיד וּפְתָחוֹ לִרְשׁוּת הַיָּחִיד אַחֵר, חַיָּב. הַחוֹפֵר בּוֹר בִּרְשׁוּת הָרַבִּים, וְנָפַל לְתוֹכוֹ שׁוֹר אוֹ חֲמוֹר וָמֵת, חַיָּב. אֶחָד הַחוֹפֵר בּוֹר, שִׁיחַ וּמְעָרָה, חֲרִיצִין וּנְעִיצִין, חַיָּב. אִם כֵּן, לָמָּה נֶאֱמַר בּוֹר, מַה בּוֹר שֶׁיֶּשׁ בּוֹ כְדֵי לְהָמִית, עֲשָׂרָה טְפָחִים, אַף כֹּל שֶׁיֶּשׁ בּוֹ כְדֵי לְהָמִית, עֲשָׂרָה טְפָחִים. הָיוּ פְחוּתִין מֵעֲשָׂרָה טְפָחִים, וְנָפַל לְתוֹכוֹ שׁוֹר אוֹ חֲמוֹר וָמֵת, פָּטוּר. וְאִם הֻזַּק בּוֹ, חַיָּב:

어떤 사람이 사적 공간에 구덩이를 파고, 그 〔구덩이〕를 공적 공간으로 개방하거나, 공적 공간에 〔구덩이를 파고〕 사적 공간으로 개방했다면 그는 〔그로 인해 발생하는 손해에 대하여〕 책임이 있다. 어떤 사람이 공적 공간에 구덩이를 팠는데, 소나 나귀가 그 〔구덩이〕에 빠져서 죽었다면 그는 배상 책임이 있다. 어떤 사람이 구덩이, 도랑, 동굴, 또는 깊은 도랑들 또는 동굴들을 팠다면, 그는 배상 책임이 있다. 만약 그렇다면 성경은 왜 그것이 "구덩이"(출 21:33)라고 말하는가? 어떤 구덩이는 10테팍으로 죽음을 초래하기에 충분한 깊이였다. 만약 10테팍보다 얕은 구덩이인데, 그 속으로 황소나 나귀가 빠져 죽었다면 그는 책임이 없다. 그러나 만약 그 구덩이에서 상해를 입었다면 〔그 손해에 대한 배상〕 책임이 있다.

- 테팍은 손바닥(네 개 손가락) 넓이의 길이(4×1.85=7.4센티미터)로 10테팍은 대략 74센티미터다.

5, 6

בּוֹר שֶׁל שְׁנֵי שֻׁתָּפִין, עָבַר עָלָיו הָרִאשׁוֹן וְלֹא כִסָּהוּ, וְהַשֵּׁנִי וְלֹא כִסָּהוּ, הַשֵּׁנִי חַיָּב. כִּסָּהוּ הָרִאשׁוֹן, וּבָא הַשֵּׁנִי וּמְצָאוֹ מְגֻלֶּה וְלֹא כִסָּהוּ, הַשֵּׁנִי חַיָּב. כִּסָּהוּ כָרָאוּי, וְנָפַל לְתוֹכוֹ שׁוֹר אוֹ חֲמוֹר וָמֵת, פָּטוּר. לֹא כִסָּהוּ כָרָאוּי, וְנָפַל לְתוֹכוֹ

שׁוֹר אוֹ חֲמוֹר וָמֵת, חַיָּב. נָפַל לְפָנָיו מִקּוֹל הַכְּרִיָּה, חַיָּב. לְאַחֲרָיו מִקּוֹל הַכְּרִיָּה, פָּטוּר. נָפַל לְתוֹכוֹ שׁוֹר וְכֵלָיו וְנִשְׁתַּבְּרוּ, חֲמוֹר וְכֵלָיו וְנִתְקָרְעוּ, חַיָּב עַל הַבְּהֵמָה וּפָטוּר עַל הַכֵּלִים. נָפַל לְתוֹכוֹ שׁוֹר חֵרֵשׁ, שׁוֹטֶה וְקָטָן, חַיָּב. בֵּן אוֹ בַת, עֶבֶד אוֹ אָמָה, פָּטוּר:

두 동업자 소유의 구덩이가 있는데 한 동업자가 그 구덩이를 지나갔다. 그러나 그는 〔뚜껑을〕 덮지 않았다. 그리고 다른 동업자 역시 그 구덩이를 넘어갔지만 〔뚜껑을〕 덮지 않았다면 두 번째 지나갔던 동업자에게 책임이 있다. 만약에 첫 번째 사람이 그 구덩이를 덮었는데 두 번째 사람이 덮여 있지 않았음을 발견했지만 그 구덩이를 덮지 않았다면 그 두 번째 사람이 〔그로 인해 발생한 손해에 대하여〕 책임이 있다. 만약 그 사람이 적절하게 덮었는데도 황소나 나귀가 그 구덩이에 빠져 죽었다면 그는 책임이 없다. 만약 그가 적절하게 덮지 않았는데 소나 나귀가 그 구덩이에 빠져 죽었다면 그 사람은 〔배상〕 책임이 있다. 만약 어떤 가축이 〔구덩이를〕 파는 소리 때문에 앞으로 넘어졌다면, 그에게 책임이 있다. 그러나 만약 그 가축이 그 파는 소리 때문에 뒤로 넘어졌다면 그는 책임이 없다. 만약 황소가 구덩이에 도구들과 함께 빠졌는데 그 도구들이 깨졌다면, 또는 나귀가 도구들과 함께 그 구덩이에 빠져서 그 도구들이 깨졌다면 그는 그 가축에 대해서는 책임이 있지만 도구들이 깨진 것에는 책임이 없다. 만약 황소가 청각장애가 있거나, 지적장애가 있거나, 어려서 구덩이에 빠졌다면 그 〔구덩이〕 주인은 책임이 있다. 만약 어린 소년이나, 어린 소녀, 또는 남종이나 여종이 〔그 구덩이에 빠졌다면〕 그는 책임이 없다.

- 구덩이의 주인이 두 사람인 경우에 구덩이에 마지막 머무른 사람이 구덩이를 덮지 않아 발생한 사고에 대해 책임이 있다.
- 구덩이를 파는 소리에 놀란 가축이 앞으로 넘어진 경우와 뒤로 넘어

진 경우를 구별한 이유는 불명확하다.

- 황소와 함께 구덩이에 빠진 도구들에 대해 책임을 지지 않는 것은 출애굽기 21:33에 대한 미드라쉬적인 해석이다. 즉 '소와 나귀'에 대하여 책임을 지는 것이지 '도구'는 나귀가 아니라는 것이다.
- 장애가 있거나 어려서 온전하게 걷지 못한 소가 구덩이에 빠졌을 때에는 구덩이 주인이 책임을 져야 하지만 사람이 빠졌을 경우에는 책임을 지지 않아도 된다.

5, 7

אֶחָד שׁוֹר וְאֶחָד כָּל בְּהֵמָה לִנְפִילַת הַבּוֹר, וּלְהַפְרָשַׁת הַר סִינַי, וּלְתַשְׁלוּמֵי כֶפֶל, וְלַהֲשָׁבַת אֲבֵדָה, לִפְרִיקָה, לַחֲסִימָה, לְכִלְאַיִם, וּלְשַׁבָּת. וְכֵן חַיָּה וָעוֹף כַּיּוֹצֵא בָהֶן. אִם כֵּן, לָמָּה נֶאֱמַר שׁוֹר אוֹ חֲמוֹר. אֶלָּא שֶׁדִּבֵּר הַכָּתוּב בַּהֹוֶה:

황소와 다른 가축이 구덩이에 빠지는 것은 모두 같은 법이다. 시내산으로부터 분리되는 것(출 19:13), 두 배 배상, 잃어버린 재산을 회복하는 것(출 23:4), 짐을 풀어 놓는 것(출 23:5), 망을 씌우는 것(신 25:4), 혼합 교배, 안식일 등과 비슷한 것이다. 야생 동물과 새[에 적용하는 법]도 비슷하다. 만약 그렇다면 왜 황소나 나귀라고 말했는가? 성서는 [일반적으로 발생하는] 현실 상황을 말하기 때문이다.

- 출애굽기 21:33에서 '가축'이라고 말하는 대신 '황소나 나귀'라고 말하고 있는데, 이것은 현실의 가장 보편적인 예를 들기 위함이다.

제6장

이 장에서는 배상의 책임이 불분명한 다양한 경우를 말한다.

6, 1

הַכּוֹנֵס צֹאן לַדִּיר, וְנָעַל בְּפָנֶיהָ כָּרָאוּי, וְיָצְאָה וְהִזִּיקָה, פָּטוּר. לֹא נָעַל בְּפָנֶיהָ כָּרָאוּי, וְיָצְאָה וְהִזִּיקָה, חַיָּב. נִפְרְצָה בַלַּיְלָה אוֹ שֶׁפְּרָצוּהָ לִסְטִים, וְיָצְאָה וְהִזִּיקָה, פָּטוּר. הוֹצִיאוּהָ לִסְטִים, לִסְטִים חַיָּבִים:

어떤 사람이 양을 우리에 데려와서, 그들 앞에서 문을 제대로 잠갔으나, 그 양이 도망가서 손해가 야기되었으면, 그 사람은 〔배상〕 책임이 없다. 만약 그 사람이 그들 앞에서 문을 제대로 잠그지 않아서, 양이 밖으로 나가서 손해를 가했다면, 그에게 책임이 있다. 만약 밤에 벽이 무너져내렸거나, 도둑들이 그것을 부쉈는데 양이 밖으로 나가서 손해를 가했다면, 그는 책임이 없다. 만약 도둑들이 그 양들을 밖으로 빼냈다면 도둑들에게 책임이 있다.

- 우리 밖으로 나간 양 때문에 손해가 발생한 경우라 할지라도 주인이 우리의 문을 정확히 잠갔다면 배상의 책임이 없다.

6, 2

הִנִּיחָהּ בַּחַמָּה, אוֹ שֶׁמְּסָרָהּ לְחֵרֵשׁ, שׁוֹטֶה וְקָטָן, וְיָצְאָה וְהִזִּיקָה, חַיָּב. מְסָרָהּ לְרוֹעֶה, נִכְנָס רוֹעֶה תַּחְתָּיו. נָפְלָה לְגִנָּה וְנֶהֱנֵית, מְשַׁלֶּמֶת מַה שֶּׁנֶּהֱנֵית. יָרְדָה כְדַרְכָּהּ וְהִזִּיקָה, מְשַׁלֶּמֶת מַה שֶּׁהִזִּיקָה. כֵּיצַד מְשַׁלֶּמֶת מַה שֶּׁהִזִּיקָה, שָׁמִין בֵּית סְאָה בְּאוֹתָהּ שָׂדֶה, כַּמָּה הָיְתָה יָפָה וְכַמָּה הִיא יָפָה. רַבִּי שִׁמְעוֹן אוֹמֵר, אָכְלָה פֵּרוֹת גְּמוּרִים מְשַׁלֶּמֶת פֵּרוֹת גְּמוּרִים. אִם סְאָה סְאָה, אִם סָאתַיִם סָאתָיִם:

〔주인〕이 그〔양〕을 햇볕에 놓아두거나, 청각장애인이나, 지적장애자, 어린아이에게 맡기고 갔는데 손해를 끼친 경우, 그는 〔배상〕 책임이 있다. 〔양〕을 목자에게 넘기고, 목자의 장중에 들어갔다면, 〔그에게 책임이 있다〕. 양이 정원에 들어가서 먹었을 경우, 〔양〕이 먹은 만큼 배상한다. 〔양〕이 길을 걷다가 손해를 끼친 경우, 피해액에 대한 배상은 어떻게 하는가? 같은 공간에서 손해를 당하기 전의 가치와 손해를 당한 이후의 가치를 비교한다. 랍비 쉼온은 말한다. "〔가축〕이 익은 과일을 먹었으면, 익은 과일의 가치만큼 배상합니다. 만약 1쎄아〔만큼 먹었다면〕 1쎄아〔만큼 배상하고〕, 2쎄아〔만큼 먹었다면〕 2쎄아〔만큼 배상합니다〕."

- 양이나 가축이 다른 사람의 과일을 먹었다면, 먹은 만큼 배상해야 한다.
- '쎄아'(Seah)는 곡식의 부피를 측정하는 기본 단위다. 1쎄아는 6카브(kab) 또는 24로그(log)와 같은 양이다. 1로그는 계란 6개 분량으로 대략 300-600밀리리터 양이다. 따라서 1쎄아는 오늘날 7.2리터에서 14.4리터에 해당한다.

6, 3

הַמַּגְדִּישׁ בְּתוֹךְ שָׂדֶה שֶׁל חֲבֵרוֹ שֶׁלֹּא בִרְשׁוּת, וַאֲכָלָתַן בְּהֶמְתּוֹ שֶׁל בַּעַל הַשָּׂדֶה, פָּטוּר. וְאִם הֻזְּקָה בָהֶן, בַּעַל הַגָּדִישׁ חַיָּב. וְאִם הִגְדִּישׁ בִּרְשׁוּת, בַּעַל הַשָּׂדֶה חַיָּב:

어떤 사람이 곡식 더미를 허락 없이 자기 동료의 들판에 쌓아두었는데, 그 들판 주인의 가축이 그것을 먹었다면, 〔들판 주인〕은 책임이 없다. 만약 〔가축〕이 그것으로 인해 다쳤다면 생산물 주인에게 책임이 있다. 그리고 만약 허락을 받아 곡식 더미를 〔그 들판에〕 두었다면, 그 들판 주인에게 책임이 있다.

- 다른 사람의 들판에 허락 없이 곡식을 쌓아두었는데, 그 들판 주인의 가축이 그것을 먹었다면, 들판 주인은 손해에 대하여 책임을 지지 않아도 된다.

6, 4

הַשּׁוֹלֵחַ אֶת הַבְּעֵרָה בְּיַד חֵרֵשׁ, שׁוֹטֶה וְקָטָן, פָּטוּר בְּדִינֵי אָדָם וְחַיָּב בְּדִינֵי שָׁמָיִם. שָׁלַח בְּיַד פִּקֵּחַ, הַפִּקֵּחַ חַיָּב. אֶחָד הֵבִיא אֶת הָאוּר, וְאֶחָד הֵבִיא אֶת הָעֵצִים, הַמֵּבִיא אֶת הָעֵצִים חַיָּב. אֶחָד הֵבִיא אֶת הָעֵצִים, וְאֶחָד הֵבִיא אֶת הָאוּר, הַמֵּבִיא אֶת הָאוּר חַיָּב. בָּא אַחֵר וְלִבָּה, הַמְלַבֶּה חַיָּב. לִבְּתָה הָרוּחַ, כֻּלָּן פְּטוּרִין. הַשּׁוֹלֵחַ אֶת הַבְּעֵרָה וְאָכְלָה עֵצִים, אוֹ אֲבָנִים, אוֹ עָפָר, חַיָּב, שֶׁנֶּאֱמַר (שמות כב) כִּי תֵצֵא אֵשׁ וּמָצְאָה קוֹצִים וְנֶאֱכַל גָּדִישׁ אוֹ הַקָּמָה אוֹ הַשָּׂדֶה, שַׁלֵּם יְשַׁלֵּם הַמַּבְעִיר אֶת הַבְּעֵרָה. עָבְרָה גָּדֵר שֶׁהוּא גָבוֹהַּ אַרְבַּע אַמּוֹת, אוֹ דֶרֶךְ הָרַבִּים, אוֹ נָהָר, פָּטוּר. הַמַּדְלִיק בְּתוֹךְ שֶׁלּוֹ, עַד כַּמָּה תַעֲבֹר הַדְּלֵקָה. רַבִּי אֶלְעָזָר בֶּן עֲזַרְיָה אוֹמֵר, רוֹאִין אוֹתוֹ כְּאִלּוּ הוּא בְאֶמְצַע בֵּית כּוֹר. רַבִּי אֱלִיעֶזֶר אוֹמֵר, שֵׁשׁ עֶשְׂרֵה אַמּוֹת, כְּדֶרֶךְ רְשׁוּת הָרַבִּים. רַבִּי עֲקִיבָא אוֹמֵר, חֲמִשִּׁים אַמָּה. רַבִּי שִׁמְעוֹן אוֹמֵר, שַׁלֵּם יְשַׁלֵּם הַמַּבְעִיר אֶת הַבְּעֵרָה (שמות כב), הַכֹּל לְפִי הַדְּלֵקָה:

어떤 사람이 불을 청각장애인, 지적장애인, 어린아이를 통해서 보냈다면, 그 사람은 인간의 법에 의해서는 면책되지만, 그는 하늘의 법에 의해서는 책임을 져야 한다. [만약] 그가 능숙한 사람을 통해서 불을 보냈는데, [화재가 발생했다면], 그 능숙한 사람에게 [배상] 책임이 있다. 한 사람은 불을 가져오고, 다른 사람은 나무를 가져왔다면, 나무를 가져온 사람에게 [배상] 책임이 있다. 다른 사람이 와서 불을 피웠다면, 불을 피운 사람에게 책임이 있다. [만약] 바람이 불길을 키웠다면, 모두 책임이 없다. 어떤 사람이 불을 보냈는데, 그 불이 나무, 돌들이나, 먼지를 태웠다면, [성서에] 기록되었듯이, "불이 나서 가시

나무에 댕겨 낟가리나 거두지 못한 곡식이나 밭을 태우면 불 놓은 자가 반드시 배상할지니라"(출 22:6), 〔불을 보낸 사람〕에게 〔배상〕 책임이 있다. 〔만약 불이〕 4아마 높이의 담장, 공공 도로, 강을 〔넘어가면 그는 책임이 없다〕. 자신의 소유지에서 불을 지른 사람은 어느 정도까지 책임을 져야 하는가? 랍비 엘리에제르 벤 아자리야는 말한다. "그것이 마치 코르 면적의 〔들판〕 한가운데 있는 것처럼 보입니다." 랍비 엘리에제르는 말한다. "공공 도로와 같은 16아마입니다."[4] 랍비 아키바는 말한다. "50아마입니다." 랍비 쉼온은 말한다. "불을 지른 사람이 분명히 배상해야 합니다. 모든 것이 불의 본질에 따라 〔배상 책임이〕 결정됩니다."

- 화재로 인해 발생한 손해는 기본적으로 불을 피운 사람이 책임을 져야 한다. 하지만 불이 4아마(amah, 2미터) 이상 높이의 담장이나, 넓은 도로나 강을 넘어가는 경우처럼 불가항력적인 상황에는 책임을 지지 않는다.

6, 5

הַמַּדְלִיק אֶת הַגָּדִישׁ, וְהָיוּ בוֹ כֵלִים וְדָלְקוּ. רַבִּי יְהוּדָה אוֹמֵר, יְשַׁלֵּם מַה
שֶּׁבְּתוֹכוֹ. וַחֲכָמִים אוֹמְרִים, אֵינוֹ מְשַׁלֵּם אֶלָּא גָּדִישׁ שֶׁל חִטִּין אוֹ שֶׁל שְׂעֹרִים.
הָיָה גְדִי כָפוּת לוֹ וְעֶבֶד סָמוּךְ לוֹ וְנִשְׂרַף עִמּוֹ, חַיָּב. עֶבֶד כָּפוּת לוֹ וּגְדִי סָמוּךְ
לוֹ וְנִשְׂרַף עִמּוֹ, פָּטוּר. וּמוֹדִים חֲכָמִים לְרַבִּי יְהוּדָה בְּמַדְלִיק אֶת הַבִּירָה,
שֶׁהוּא מְשַׁלֵּם כָּל מַה שֶּׁבְּתוֹכוֹ, שֶׁכֵּן דֶּרֶךְ בְּנֵי אָדָם לְהַנִּיחַ בַּבָּתִּים:

어떤 사람이 곡식 더미에 불을 피웠는데, 그 안에 도구들이 있었고 그것들이 불에 탔다. 랍비 예후다는 말한다. 그〔불을 피운 사람〕는 그

4) 사적으로 사용하는 도로가 아닌 공공 도로는 보통 16아마(대략 8미터) 너비로 건설된다.

안에 들어 있는 것의 손해에 대하여 배상해야 한다. 현자들은 말한다. "그는 밀단이나 보릿단의 손해에 대해서만 배상합니다." 〔만약〕 들염소가 묶여 있고 종이 근처에 서 있었는데, 함께 불에 탔다면, 그 불을 피운 사람은 그 피해에 대한 〔배상〕 책임이 있다. 하지만 종이 거기에 묶여 있고, 들염소가 가까이에 서 있다가, 그들이 함께 불에 탔다면, 〔불을 피운 사람〕은 〔배상〕 책임이 없다. 하지만 현자들은 〔만약〕 어떤 사람이 큰 건물에 불을 지른다면 그 화재로 인한 모든 손해를 배상해야 한다는 랍비 예후다의 주장에 동의한다. 왜냐하면 사람들은 보통 집에 물건을 남겨 두는 것이 관례이기 때문이다.

- 화재로 인한 배상에 대해 현자들의 생각이 들에 있는 곡식단과 집에 대해 달라지고 있다. 곡식 단 안에 들어있는 도구는 일반적이지 않기 때문에 배상 책임이 없다. 반면에 집 안에는 많은 도구들이 있기 마련이기 때문에 책임을 져야 한다.
- 종이 불에 타 죽은 경우 살인죄의 책임을 져야 한다면 상대적으로 가벼운 배상 책임은 지지 않는 것이 원칙이다. 그래서 종이 묶여 있지 않았다면 종이 도망갈 수 있었기 때문에 살인의 책임을 지지 않아도 되지만 종의 죽음에 대한 배상 책임은 져야 한다. 하지만 종이 묶여 있는 경우는 무거운 살인죄의 책임을 져야 하기 때문에 상대적으로 가벼운 배상 책임은 면제된다.

6, 6

גֵּץ שֶׁיָּצָא מִתַּחַת הַפַּטִּישׁ וְהִזִּיק, חַיָּב. גָּמָל שֶׁהָיָה טָעוּן פִּשְׁתָּן וְעָבַר בִּרְשׁוּת הָרַבִּים, וְנִכְנַס פִּשְׁתָּנוֹ לְתוֹךְ הַחֲנוּת, וְדָלְקוּ בְּנֵרוֹ שֶׁל חֶנְוָנִי וְהִדְלִיק אֶת הַבִּירָה, בַּעַל הַגָּמָל חַיָּב. הִנִּיחַ חֶנְוָנִי נֵרוֹ מִבַּחוּץ, הַחֶנְוָנִי חַיָּב. רַבִּי יְהוּדָה אוֹמֵר, בְּנֵר חֲנֻכָּה פָּטוּר:

〔만약〕 망치 아래에서 나온 불꽃이 손해를 야기했다면, 그는 〔배상〕 책임이 있다. 낙타가 아마포를 싣고 공적 공간을 지나가는데, 그 아마포가 가게 안으로 들어가서, 그 가게 주인의 등불에서 불이 붙어 건물을 불태웠다면, 그 낙타 주인에게 책임이 있다. 그러나 만약 가게 점원이 등불을 밖에 두었다면, 가게 점원에게 책임이 있다. 랍비 예후다는 말한다. "〔만약〕 그 등불이 하누카 촛불이었다면 책임이 없습니다."

- 낙타에 실은 짐은 낙타 주인이 책임을 지고 관리해야 한다. 그렇지 않고 그 물건으로 인해 손해가 발생하게 되면, 낙타 주인이 책임을 져야 한다.
- 수전절로 불리는 '하누카'(חנוכה) 등불은 밖에 두는 것이 규정이므로 점원 책임이 아니다.

제7장

이 장은 주로 절도에 대하여 다룬다. 일반적인 절도에 대해서는 두 배로 배상하는 것이 원칙이다. 하지만 양이나 황소에 대해서는 네 배와 다섯 배로 배상해야 한다.

7, 1

מְרֻבָּה מִדַּת תַּשְׁלוּמֵי כֶפֶל מִמִּדַּת תַּשְׁלוּמֵי אַרְבָּעָה וַחֲמִשָּׁה, שֶׁמִּדַּת תַּשְׁלוּמֵי כֶפֶל נוֹהֶגֶת בֵּין בְּדָבָר שֶׁיֶּשׁ בּוֹ רוּחַ חַיִּים וּבֵין בְּדָבָר שֶׁאֵין בּוֹ רוּחַ חַיִּים, וּמִדַּת תַּשְׁלוּמֵי אַרְבָּעָה וַחֲמִשָּׁה אֵינָהּ נוֹהֶגֶת אֶלָּא בְּשׁוֹר וָשֶׂה בִּלְבַד, שֶׁנֶּאֱמַר (שמות כא) כִּי יִגְנֹב אִישׁ שׁוֹר אוֹ שֶׂה וּטְבָחוֹ אוֹ מְכָרוֹ וְגוֹ'. אֵין הַגּוֹנֵב אַחַר הַגַּנָּב מְשַׁלֵּם תַּשְׁלוּמֵי כֶפֶל, וְלֹא הַטּוֹבֵחַ וְלֹא הַמּוֹכֵר אַחַר הַגַּנָּב מְשַׁלֵּם

תַּשְׁלוּמֵי אַרְבָּעָה וַחֲמִשָּׁה:

두 배 배상 규칙은 네 배나 다섯 배 배상 규칙보다 더 넓게 〔적용된다〕. 왜냐하면 두 배의 배상 규칙은 생명이 있는 것과 생명이 없는 것 〔모두에 적용되는 반면〕, 네 배나 다섯 배 배상의 규칙은 오직 황소나 양에만 〔적용되기 때문이다〕. 〔성서에〕 기록되었듯이, "만약 사람이 소나 양을 도적질하여 잡거나 팔면 그는 소 하나에 소 다섯으로 갚고, 양 하나에 양 넷으로 갚아야 한다"(출 22:1). 도둑으로부터 훔친 사람은 두 배의 배상을 하지 않는다. 도둑으로부터 〔훔친 가축을〕 도살하거나 판 사람은 네 배나 다섯 배로 배상하지 않는다.

- 손해에 대하여 두 배로 배상하는 것은 물건이나 생물 모두에 적용되는 반면, 네 배나 다섯 배로 배상하는 것은 오직 양과 황소에만 한정적으로 적용된다.
- 양이나 염소는 네 배로 배상하고 황소나 암소는 다섯 배로 배상한다.
- 도둑이 훔친 것을 훔친 사람은 도둑에게 배상할 필요가 없다.

7, 2

גָּנַב עַל פִּי שְׁנַיִם, וְטָבַח וּמָכַר עַל פִּיהֶם אוֹ עַל פִּי שְׁנַיִם אֲחֵרִים, מְשַׁלֵּם תַּשְׁלוּמֵי אַרְבָּעָה וַחֲמִשָּׁה. גָּנַב וּמָכַר בְּשַׁבָּת, גָּנַב וּמָכַר לַעֲבוֹדָה זָרָה, גָּנַב וְטָבַח בְּיוֹם הַכִּפּוּרִים, גָּנַב מִשֶּׁל אָבִיו וְטָבַח וּמָכַר וְאַחַר כָּךְ מֵת אָבִיו, גָּנַב וְטָבַח וְאַחַר כָּךְ הִקְדִּישׁ, מְשַׁלֵּם תַּשְׁלוּמֵי אַרְבָּעָה וַחֲמִשָּׁה. גָּנַב וְטָבַח לִרְפוּאָה אוֹ לִכְלָבִים, הַשּׁוֹחֵט וְנִמְצָא טְרֵפָה, הַשּׁוֹחֵט חֻלִּין בָּעֲזָרָה, מְשַׁלֵּם תַּשְׁלוּמֵי אַרְבָּעָה וַחֲמִשָּׁה. רַבִּי שִׁמְעוֹן פּוֹטֵר בִּשְׁנֵי אֵלּוּ:

〔어떤 사람이 양이나 황소를〕 훔쳤다고 두 사람이 증언하고, 〔그 훔친 것을〕 도살했거나 팔았다고 그 두 사람이나 다른 두 사람이 증언했다면, 〔양이나 염소는〕 네 배로 〔황소나 암소는〕 다섯 배로 배상해

야 한다. 어떤 사람이 〔황소나 양을〕 안식일에 훔치고 팔았거나, 그것을 우상숭배용으로 훔치고 팔았거나, 그것을 속죄일에 훔치고 도살한 경우, 어떤 사람이 아버지의 것을 훔치고 도살하거나 팔았는데, 그 후 그의 아버지는 죽은 경우, 어떤 사람이 훔쳐 도살한 다음 〔성전에〕 봉헌한 경우, 그는 네 배나 다섯 배로 배상해야 한다. 그가 그것을 훔쳐서 치료 목적으로 사용하거나 개 먹이로 사용한 경우, 그가 도살했는데 1년 내 죽은 상태로 밝혀진 경우, 성전 뜰에서 성별되지 않은 〔제물〕을 도살한 경우에도 네 배나 다섯 배로 배상해야 한다. 랍비 쉽온은 마지막 이 두 경우를 면책한다.

- 안식일이나 속죄일을 범했거나 우상숭배의 죄를 지은 경우는 '처형'된다. 하지만 '매매'는 안식일에 금지된 일이 아니며, 우상숭배자들에게 매매하는 것은 가능하다. 하지만 속죄일에 도살한 경우에 '처형'되지 않고 배상의 처벌을 받는 이유는 불분명하다.

7, 3

גָּנַב עַל פִּי שְׁנַיִם וְטָבַח וּמָכַר עַל פִּיהֶם, וְנִמְצְאוּ זוֹמְמִין, מְשַׁלְּמִין הַכֹּל. גָּנַב עַל פִּי שְׁנַיִם וְטָבַח וּמָכַר עַל פִּי שְׁנַיִם אֲחֵרִים, אֵלּוּ וְאֵלּוּ נִמְצְאוּ זוֹמְמִין, הָרִאשׁוֹנִים מְשַׁלְּמִים תַּשְׁלוּמֵי כֶפֶל, וְהָאַחֲרוֹנִים מְשַׁלְּמִין תַּשְׁלוּמֵי שְׁלֹשָׁה. נִמְצְאוּ אַחֲרוֹנִים זוֹמְמִין, הוּא מְשַׁלֵּם תַּשְׁלוּמֵי כֶפֶל, וְהֵן מְשַׁלְּמִין תַּשְׁלוּמֵי שְׁלֹשָׁה. אֶחָד מִן הָאַחֲרוֹנִים זוֹמֵם, בָּטְלָה עֵדוּת שְׁנִיָּה. אֶחָד מִן הָרִאשׁוֹנִים זוֹמֵם, בָּטְלָה כָל הָעֵדוּת, שֶׁאִם אֵין גְּנֵיבָה אֵין טְבִיחָה וְאֵין מְכִירָה:

〔어떤 사람이 황소나 양을〕 훔쳤다고 두 명이 증언하고, 〔그 훔친 것을〕 도살하고 팔았다고 그 두 명이 증언했는데, 그들이 위증한 것으로 밝혀지면, 그들이 모든 것을 배상해야 한다. 그가 훔친 것을 두 명이 증언하고, 〔그 훔친 것을〕 도살하고 판 것을 다른 두 명이 증언했는데, 그 네 명의 증인 모두 위증한 것으로 판명되었다면 첫 두 증인은

두 배로 배상하고, 나중 두 명의 증인은 세 배로 배상한다. 만약 두 번째 두 명만이 위증한 것으로 밝혀지면, 그 도둑은 두 배로 배상해야 하며, 그 두 명의 거짓 증인은 세 배로 배상해야 한다. 만약 두 번째 두 명의 증인 중 한 명이 위증한 것으로 밝혀졌다면, 그 다른 증인의 증거는 무효다. 만약 첫 번째 두 명의 증인 중 한 명이 위증한 것으로 밝혀지면 모든 증언은 무효화된다. 왜냐하면 만약 절도[에 대한 증거]가 없었다면 도살이나 판매[에 대한 증거]도 없기 때문이다.

- 위증한 사람은 도둑질한 사람들이 받을 처벌을 대신 받는다.
- 그런데 배상은 훔친 경우와 도살이나 매매한 경우로 구별해서 이루어진다. 양은 훔치기만 하면 두 배로 배상하면 되고, 도살이나 매매한 경우는 두 배가 추가되어 총 네 배로 배상하게 된다.
- 황소를 훔치면 두 배로 배상해야 하고, 도살하거나 매매한 경우는 세 배가 추가되어 총 다섯 배로 배상해야 한다.

7, 4

גָּנַב עַל פִּי שְׁנַיִם, וְטָבַח וּמָכַר עַל פִּי עֵד אֶחָד, אוֹ עַל פִּי עַצְמוֹ, מְשַׁלֵּם תַּשְׁלוּמֵי כֶפֶל, וְאֵינוֹ מְשַׁלֵּם תַּשְׁלוּמֵי אַרְבָּעָה וַחֲמִשָּׁה. גָּנַב וְטָבַח בְּשַׁבָּת, גָּנַב וְטָבַח לַעֲבוֹדָה זָרָה, גָּנַב מִשֶּׁל אָבִיו, וּמֵת אָבִיו, וְאַחַר כָּךְ טָבַח וּמָכַר, גָּנַב וְהִקְדִּישׁ וְאַחַר כָּךְ טָבַח וּמָכַר, מְשַׁלֵּם תַּשְׁלוּמֵי כֶפֶל וְאֵינוֹ מְשַׁלֵּם תַּשְׁלוּמֵי אַרְבָּעָה וַחֲמִשָּׁה. רַבִּי שִׁמְעוֹן אוֹמֵר, קָדָשִׁים שֶׁחַיָּב בְּאַחֲרָיוּתָם, מְשַׁלֵּם תַּשְׁלוּמֵי אַרְבָּעָה וַחֲמִשָּׁה. שֶׁאֵין חַיָּב בְּאַחֲרָיוּתָם, פָּטוּר:

어떤 사람이 [황소나 양을] 훔쳤다고 두 명이 증언하고, [그 훔친 것을] 도살하고 팔았다고 한 명이 증언했거나, 그 자신이 증언했다면, 그는 두 배로 배상한다. 네 배로 배상하거나 다섯 배로 배상할 필요는 없다. 어떤 사람이 안식일에 [황소나 양을] 훔쳐서 도살한 경우, [황소나 양을] 우상숭배를 위해 훔치고 도살한 경우, 아버지의 것을 훔

쳤는데, 그 아버지가 죽었는데, 그 후 〔그것을〕 도살하거나 판 경우, 어떤 사람이 〔황소나 양을〕 훔쳐서 〔성전에〕 봉헌했는데, 〔나중에 그것을〕 도살하거나 팔았을 경우, 그는 두 배로 배상한다. 네 배로 배상하거나 다섯 배로 배상할 필요는 없다. 랍비 쉼온은 말한다. "거룩한 물건들에 책임이 있는 사람이 〔손상을 가한 경우〕 그는 네 배나 다섯 배로 배상해야 합니다. 하지만 그가 책임자가 아니었다면, 〔배상〕 책임이 없습니다."

- 일반적으로 황소를 훔치면 다섯 배, 양은 네 배로 배상해야 하지만 두 배로 배상하는 경우들을 열거하고 있다.
- 도둑이 황소나 양을 훔친 것은 두 명의 증인이 보았지만 도살하거나 판 것을 본 증인이 1명이라면 두 배로 배상하면 된다.

7, 5

מְכָרוֹ חוּץ מֵאֶחָד מִמֵּאָה שֶׁבּוֹ, אוֹ שֶׁהָיְתָה לוֹ בוֹ שֻׁתָּפוּת, הַשּׁוֹחֵט וְנִתְנַבְּלָה בְיָדוֹ, הַנּוֹחֵר, וְהַמְעַקֵּר, מְשַׁלֵּם תַּשְׁלוּמֵי כֶפֶל וְאֵינוֹ מְשַׁלֵּם תַּשְׁלוּמֵי אַרְבָּעָה וַחֲמִשָּׁה. גָּנַב בִּרְשׁוּת הַבְּעָלִים וְטָבַח וּמָכַר חוּץ מֵרְשׁוּתָם, אוֹ שֶׁגָּנַב חוּץ מֵרְשׁוּתָם וְטָבַח וּמָכַר בִּרְשׁוּתָם, אוֹ שֶׁגָּנַב וְטָבַח וּמָכַר חוּץ מֵרְשׁוּתָם, מְשַׁלֵּם תַּשְׁלוּמֵי אַרְבָּעָה וַחֲמִשָּׁה. אֲבָל גָּנַב וְטָבַח וּמָכַר בִּרְשׁוּתָם, פָּטוּר:

〔도둑이〕 1/100을 제외한 모든 부분을 판 경우, 또는 그 안에 공동 지분이 있는 경우, 또는 그가 도살했는데 그 자신의 손에 의해 부정하게 된 경우, 기도에 구멍을 뚫은 경우, 식도를 들어낸 경우, 그는 두 배로 배상한다. 그러나 네 배나 다섯 배로 배상하지는 않는다. 어떤 사람이 소유자들의 영역 안에서 훔쳤지만 그 소유자들의 영역 밖에서 도살하고 판 경우, 또는 소유자들의 영역 밖에서 그것을 훔치고, 그 소유자들의 영역 안에서 도살했거나 판 경우, 또는 소유자들의 영역

밖에서 그것을 훔치고 도살하고 판 경우, 그는 네 배나 다섯 배로 배상해야 한다. 그러나 만약 그가 그들의 영역 안에서 훔치고 도살하고 팔았다면 책임이 없다.

- 훔치거나 도살하거나 파는 행위 중에서 단 한 가지라도 원 소유자의 영토에서 이루어졌다면 그에 따라 배상해야 한다. 하지만 그 모든 행위가 소유자의 영토에서 이루어질 경우 도둑으로 인정되지 않아 배상의 책임도 면제된다.

7, 6

הָיָה מוֹשְׁכוֹ וְיוֹצֵא, וּמֵת בִּרְשׁוּת הַבְּעָלִים, פָּטוּר. הִגְבִּיהוֹ אוֹ שֶׁהוֹצִיאוֹ מֵרְשׁוּת הַבְּעָלִים, וּמֵת, חַיָּב. נְתָנוֹ לִבְכוֹרוֹת בְּנוֹ אוֹ לְבַעַל חוֹבוֹ, לְשׁוֹמֵר חִנָּם, וּלְשׁוֹאֵל, לְנוֹשֵׂא שָׂכָר, וּלְשׂוֹכֵר, וְהָיָה מוֹשְׁכוֹ, וּמֵת בִּרְשׁוּת הַבְּעָלִים, פָּטוּר. הִגְבִּיהוֹ אוֹ שֶׁהוֹצִיאוֹ מֵרְשׁוּת הַבְּעָלִים, וּמֵת, חַיָּב:

어떤 사람이 그것을 끌고 밖으로 나갔는데, 그 주인들의 영역에서 죽은 경우, 그는 책임이 없다. 어떤 사람이 그것을 들어 올렸거나, 또는 그 주인의 영역 밖으로 끌어내었는데 죽은 경우, 그에게 책임이 있다. 만약 그가 그것을 그의 아들의 초태생 제물로 주었거나, 그의 채권자, [돈을 받지 않고 관리하는] 무급 관리자, [비용을 지불하지 않고 빌려 쓰는] 차용인, [돈을 받고 관리하는] 유급 관리자, 그리고 [비용을 지불하고 사용하는] 임차인에게 주었고, 그중 한 명이 끌고 갔다가 그것이 그 주인들의 영역에서 죽었다면 책임이 없다. 만약 [그중 한 명이] 그것을 들어 올렸거나 그 주인들의 영역 바깥으로 끌어냈는데 죽었다면, 그에게 책임이 있다.

- 도둑이 가축을 훔치는 과정이거나 관리자가 가축을 데리고 가는 과

정에서, 주인의 영역 안에서 죽었으면 배상의 책임이 없고, 영역 밖으로 나와서 죽었다면 책임을 져야 한다.

- 가금류는 동물의 죽은 사체를 옮길 수도 있기 때문에 정결을 유지해야 하는 예루살렘에서 기를 수 없다.
- 남의 집 비둘기를 잡지 않기 위해서는 이웃집에서 최소 30미터 거리가 떨어져 있는 비둘기를 잡아야 한다.

7, 7

אֵין מְגַדְּלִין בְּהֵמָה דַקָּה בְּאֶרֶץ יִשְׂרָאֵל, אֲבָל מְגַדְּלִין בְּסוּרְיָא, וּבַמִּדְבָּרוֹת
שֶׁבְּאֶרֶץ יִשְׂרָאֵל. אֵין מְגַדְּלִין תַּרְנְגוֹלִים בִּירוּשָׁלַיִם, מִפְּנֵי הַקֳּדָשִׁים, וְלֹא
כֹהֲנִים בְּאֶרֶץ יִשְׂרָאֵל, מִפְּנֵי הַטָּהֳרוֹת. אֵין מְגַדְּלִין חֲזִירִים בְּכָל מָקוֹם. לֹא
יְגַדֵּל אָדָם אֶת הַכֶּלֶב, אֶלָּא אִם כֵּן הָיָה קָשׁוּר בְּשַׁלְשֶׁלֶת. אֵין פּוֹרְסִין נִשְׁבִּים
לַיּוֹנִים. אֶלָּא אִם כֵּן הָיָה רָחוֹק מִן הַיִּשּׁוּב שְׁלֹשִׁים רִיס:

이스라엘 땅에서 작은 가축들〔양, 염소 등〕을 키우는 것은 금지되지만, 시리아 또는 이스라엘의 광야에서 그들을 기르는 것은 허용된다. 예루살렘은 거룩한 것들이 있기 때문에 가금류 키우는 것이 금지된다. 또한 제사장들은 정결법 때문에 이스라엘 땅에서는 〔그것들을 키울 수 없다〕. 돼지를 키우는 것을 모든 곳에서 금지한다. 개가 사슬로 묶인 상태를 제외하고 사람은 개를 키울 수 없다. 사람이 거주하는 곳에서 30리스(미터) 거리가 떨어지지 않는 한 비둘기 잡는 것이 금지된다.

- 양이나 염소는 관리하기가 어려워 농작물에 피해를 줄 수 있기 때문에 이스라엘 땅에서 키워서는 안 되고, 광야나 시리아 지역처럼 멀리 떨어진 곳에서는 기를 수 있다. 다만 미쉬나 시대 시리아와 현대 시리아가 지리적으로 일치하지는 않는다

제8장

랍비들은 손해에 대한 배상은 경제적인 손실뿐만 아니라 상해에 대한 치료, 일하지 못한 부분에 대한 보상, 심지어 수치심에 대한 것까지 다방면에서 이루어져야 한다고 말한다.

8, 1

הַחוֹבֵל בַּחֲבֵרוֹ חַיָּב עָלָיו מִשּׁוּם חֲמִשָּׁה דְבָרִים, בְּנֶזֶק, בְּצַעַר, בְּרִפּוּי,
בְּשֶׁבֶת, וּבְבֹשֶׁת. בְּנֶזֶק כֵּיצַד. סִמֵּא אֶת עֵינוֹ, קָטַע אֶת יָדוֹ, שִׁבֵּר אֶת רַגְלוֹ,
רוֹאִין אוֹתוֹ כְּאִלּוּ הוּא עֶבֶד נִמְכָּר בַּשּׁוּק וְשָׁמִין כַּמָּה הָיָה יָפֶה וְכַמָּה הוּא
יָפֶה. צַעַר, כְּוָאוֹ בְשַׁפּוּד אוֹ בְמַסְמֵר, וַאֲפִלּוּ עַל צִפָּרְנוֹ, מְקוֹם שֶׁאֵינוֹ עוֹשֶׂה
חַבּוּרָה, אוֹמְדִין כַּמָּה אָדָם כַּיּוֹצֵא בָזֶה רוֹצֶה לִטֹּל לִהְיוֹת מְצַטֵּעֵר כָּךְ. רִפּוּי,
הִכָּהוּ חַיָּב לְרַפְּאתוֹ. עָלוּ בוֹ צְמָחִים, אִם מֵחֲמַת הַמַּכָּה, חַיָּב. שֶׁלֹּא מֵחֲמַת
הַמַּכָּה, פָּטוּר. חָיְתָה וְנִסְתְּרָה, חָיְתָה וְנִסְתְּרָה, חַיָּב לְרַפְּאתוֹ. חָיְתָה כָּל
צָרְכָּהּ, אֵינוֹ חַיָּב לְרַפְּאתוֹ. שֶׁבֶת, רוֹאִין אוֹתוֹ כְּאִלּוּ הוּא שׁוֹמֵר קִשּׁוּאִין,
שֶׁכְּבָר נָתַן לוֹ דְמֵי יָדוֹ וּדְמֵי רַגְלוֹ. בֹּשֶׁת, הַכֹּל לְפִי הַמְבַיֵּשׁ וְהַמִּתְבַּיֵּשׁ.
הַמְבַיֵּשׁ אֶת הֶעָרֹם, הַמְבַיֵּשׁ אֶת הַסּוּמָא, וְהַמְבַיֵּשׁ אֶת הַיָּשֵׁן, חַיָּב. וְיָשֵׁן
שֶׁבִּיֵּשׁ, פָּטוּר. נָפַל מִן הַגַּג, וְהִזִּיק וּבִיֵּשׁ, חַיָּב עַל הַנֶּזֶק וּפָטוּר עַל הַבֹּשֶׁת,
שֶׁנֶּאֱמַר (דברים כה) וְשָׁלְחָה יָדָהּ וְהֶחֱזִיקָה בִּמְבֻשָׁיו, אֵינוֹ חַיָּב עַל הַבֹּשֶׁת
עַד שֶׁיְּהֵא מִתְכַּוֵּן:

어떤 사람이 그의 동료에게 상해를 가했다면 〔다음〕 다섯 가지에 책임이 있다. 손해, 고통, 치료, 휴업, 수치심. 손해는 어떻게 〔산정하는가?〕 만약 어떤 사람이 다른 사람의 눈을 멀게 하거나, 손을 절단했거나 다리를 부러뜨렸다면, 〔법정은〕 그를 시장에서 팔리는 종처럼 간주하며, 〔상해를 입기 전〕 그의 가치가 얼마였으며, 〔상해를 입은 후〕 그의 현재 가치가 얼마인지 산정한다. 고통은 〔어떻게 산정하는가?〕 꼬챙이나 못으로 화상을 입힌 경우, 심지어 상처를 입지 않은 손톱에 〔화상을 입힌 경우〕, 〔법정은〕 이처럼 고통받는 데 얼마를 취하기를

원하는지 산정한다. 치료는 〔어떻게 산정하는가?〕 어떤 사람이 〔다른 사람을〕 때렸다면, 치료해주어야 한다. 구타로 인해 부풀어 올랐다면, 책임이 있다. 〔부풀어 오른 것이〕 구타로 인한 것이 아니라면, 책임이 없다. 〔상처가〕 치료되고 〔다시〕 벌어지고, 치료되고 〔다시〕 벌어진다면, 치료해야 한다. 그를 완전히 치료해주었다면, 〔더 이상〕 치료해주어야 할 책임이 없다. 휴업은 〔어떻게 산정하는가? 법정은〕 그를 오이밭을 지키는 사람처럼 취급하여 〔산정한다〕. 왜냐하면 그는 이미 그의 손이나 다리에 대해 배상했기 때문이다. 수치심은 〔어떻게 산정하는가?〕 모든 것은 수치를 준 사람과 수치를 당한 사람에 의해 〔결정된다〕. 벌거벗은 사람을 수치스럽게 만든 경우, 시각장애인을 수치스럽게 만든 경우, 잠자는 사람을 수치스럽게 만든 경우, 그는 〔배상〕 책임이 있다. 그러나 잠자는 사람이 〔다른 사람을〕 수치스럽게 만든 경우는 〔배상〕 책임이 없다. 어떤 사람이 지붕에서 떨어진 경우, 그가 〔다른 사람에게〕 상해를 입히고 수치스럽게 만들었다면, 그는 그 상해에 대한 배상 책임은 있지만 수치심에 대한 책임은 없다. 〔성서에〕 기록되었듯이, "두 사람이 서로 싸울 때에 한 사람의 아내가 그 남편을 그 치는 자의 손에서 구하려 하여 가까이 가서 손을 뻗어 그 사람의 음낭을 잡거든 너는 그 여인의 손을 찍어 버릴 것이고 네 눈이 그를 불쌍히 보지 말지니라"(신 25:11-12). 그가 손을 뻗어 그 사람의 음낭을 잡았다면 그가 그것을 의도하지 않는 한 그 수치심에 대한 책임은 없다.

- 배상에 관한 것은 손해, 고통, 치료, 휴업, 수치심 이렇게 다섯 가지에 대하여 다각적인 측면에서 배상이 이루어져야 한다는 랍비들의 주장이 이미 2,000년 전에 존재했다는 사실이 놀랍다.
- 휴업으로 인한 배상은 오이밭을 지키는 일처럼 최소한으로 배상한

다. 왜냐하면 상해에 대한 배상을 이미 지급해서 지나치게 중복되는 것을 피하기 위해서다.

- 수치심은 오늘날 명예훼손과 비슷한 개념이다. 단, 수치심은 의도가 있어야 배상 책임이 있다. 지붕에서 떨어지면서 다른 사람을 수치스럽게 만든 경우는 배상 책임이 없다.

8, 2

זֶה חֹמֶר בָּאָדָם מִבַּשּׁוֹר, שֶׁהָאָדָם מְשַׁלֵּם נֶזֶק, צַעַר, רִפּוּי, שֶׁבֶת, וּבֹשֶׁת,
וּמְשַׁלֵּם דְּמֵי וְלָדוֹת, וְשׁוֹר אֵינוֹ מְשַׁלֵּם אֶלָּא נֶזֶק, וּפָטוּר מִדְּמֵי וְלָדוֹת:

이것〔법〕은 황소보다 사람에게 더 엄격하다. 사람은 손해, 고통, 치료, 휴업, 수치심에 대해 배상해야 한다. 그리고 〔사람이 임산부에게 상해를 입힌 경우〕 유산에 대해서도 배상해야 한다. 그러나 황소〔의 주인〕는 상해에 대한 손해만을 배상하고 〔황소의〕 유산에 대한 책임은 면제된다.

8, 3

הַמַּכֶּה אֶת אָבִיו וְאֶת אִמּוֹ וְלֹא עָשָׂה בָהֶם חַבּוּרָה, וְחוֹבֵל בַּחֲבֵרוֹ בְּיוֹם
הַכִּפּוּרִים, חַיָּב בְּכֻלָּן. הַחוֹבֵל בְּעֶבֶד עִבְרִי, חַיָּב בְּכֻלָּן חוּץ מִן הַשֶּׁבֶת, בִּזְמַן
שֶׁהוּא שֶׁלּוֹ. הַחוֹבֵל בְּעֶבֶד כְּנַעֲנִי שֶׁל אֲחֵרִים, חַיָּב בְּכֻלָּן. רַבִּי יְהוּדָה אוֹמֵר,
אֵין לָעֲבָדִים בֹּשֶׁת:

어떤 사람이 아버지나 어머니를 때렸지만 상처를 입히지는 않은 경우, 속죄일에 동료에게 상해를 가한 경우, 그는 〔다섯 가지 종류〕 모두에 배상 책임이 있다. 어떤 사람이 히브리 종에게 상해를 가한 경우, 종이 그의 소유인 경우, 〔종의 주인에게〕 휴업을 제외하고 〔나머지 네 종류〕 모두에 배상 책임이 있다. 어떤 사람이 다른 사람들의 소유인 가나안족 종에게 상해를 가한 경우 그는 〔다섯 종류〕 모두에 배상 책임이 있다. 랍비 예후다는 말한다. "종에게는 수치심이 없습니다."

- 다섯 종류 모두는 손해, 고통, 치료, 휴업, 수치심에 대해 배상 책임이 있다는 말이다.
- 부모에게 상해를 가했다면 '처형'된다. 하지만 상처를 입히지 않았다면, 대신 다섯 가지 배상 책임이 있다.

8, 4

חֵרֵשׁ, שׁוֹטֶה וְקָטָן, פְּגִיעָתָן רָעָה. הַחוֹבֵל בָּהֶן חַיָּב, וְהֵם שֶׁחָבְלוּ בַאֲחֵרִים פְּטוּרִין. הָעֶבֶד וְהָאִשָּׁה, פְּגִיעָתָן רָעָה. הַחוֹבֵל בָּהֶן חַיָּב, וְהֵם שֶׁחָבְלוּ בָּאֲחֵרִים, פְּטוּרִין, אֲבָל מְשַׁלְּמִין לְאַחַר זְמַן. נִתְגָּרְשָׁה הָאִשָּׁה, נִשְׁתַּחְרֵר הָעֶבֶד, חַיָּבִין לְשַׁלֵּם:

청각장애인, 지적장애인, 어린아이에 대한 상해는 악이다. 그들에게 상해를 가한 자는 배상 책임이 있다. 하지만 그들이 다른 사람에게 상해를 가했다면, 책임이 없다. 종과 여성에 대한 상해는 악이다. 그들에게 상해를 가한 자는 배상 책임이 있다. 하지만 그들이 다른 사람들에게 상해를 입힐 경우 그들은 책임이 없다. 하지만 그들은 추후에 배상해야 된다. 여자가 이혼하거나 종이 석방되면 [그들이 입혔던 손해를] 배상해야 한다.

- 책임이 무엇인지 모르는 사람이 일으킨 손해에 대해서는 책임을 지지 않아도 된다.

8, 5

הַמַּכֶּה אָבִיו וְאִמּוֹ וְעָשָׂה בָהֶן חַבּוּרָה, וְהַחוֹבֵל בַּחֲבֵרוֹ בְּשַׁבָּת, פָּטוּר מִכֻּלָּן, מִפְּנֵי שֶׁהוּא נִדּוֹן בְּנַפְשׁוֹ. וְהַחוֹבֵל בְּעֶבֶד כְּנַעֲנִי שֶׁלּוֹ, פָּטוּר מִכֻּלָּן:

어떤 사람이 아버지나 어머니를 때리고 상해를 가한 경우, 안식일에 동료에게 상해를 가한 경우, 모든 손해에 대한 배상에서 면제된다. 왜냐하면 그는 사형 형벌을 받았기 때문이다. 하지만 자신이 소유한 가나안족 종에게 상해를 가한 사람은 모든 손해에 대한 배상에서 면제된다.

- 한 재판부에서 두 종류의 처벌을 받지 않는다. 그래서 사형의 형벌을 받은 사람은 그 보다 작은 형벌인 배상의 책임을 지지 않는다.

8, 6

הַתּוֹקֵעַ לַחֲבֵרוֹ, נוֹתֵן לוֹ סֶלַע. רַבִּי יְהוּדָה אוֹמֵר מִשּׁוּם רַבִּי יוֹסֵי הַגְּלִילִי, מָנֶה. סְטָרוֹ, נוֹתֵן לוֹ מָאתַיִם זוּז. לְאַחַר יָדוֹ, נוֹתֵן לוֹ אַרְבַּע מֵאוֹת זוּז. צָרַם בְּאָזְנוֹ, תָּלַשׁ בִּשְׂעָרוֹ, רָקַק וְהִגִּיעַ בּוֹ רֻקּוֹ, הֶעֱבִיר טַלִּיתוֹ מִמֶּנּוּ, פָּרַע רֹאשׁ הָאִשָּׁה בַּשּׁוּק, נוֹתֵן אַרְבַּע מֵאוֹת זוּז. זֶה הַכְּלָל הַכֹּל לְפִי כְבוֹדוֹ. אָמַר רַבִּי עֲקִיבָא, אֲפִילוּ עֲנִיִּים שֶׁבְּיִשְׂרָאֵל, רוֹאִין אוֹתָם כְּאִלּוּ הֵם בְּנֵי חוֹרִין שֶׁיָּרְדוּ מִנִּכְסֵיהֶם, שֶׁהֵם בְּנֵי אַבְרָהָם, יִצְחָק וְיַעֲקֹב. וּמַעֲשֶׂה בְּאֶחָד שֶׁפָּרַע רֹאשׁ הָאִשָּׁה בַּשּׁוּק, בָּאת לִפְנֵי רַבִּי עֲקִיבָא, וְחִיְּבוֹ לִתֵּן לָהּ אַרְבַּע מֵאוֹת זוּז. אָמַר לוֹ רַבִּי, תֶּן לִי זְמַן. וְנָתַן לוֹ זְמַן. שְׁמָרָהּ עוֹמֶדֶת עַל פֶּתַח חֲצֵרָהּ וְשָׁבַר אֶת הַכַּד בְּפָנֶיהָ, וּבוֹ כְּאִסָּר שֶׁמֶן. גִּלְּתָה אֶת רֹאשָׁהּ, וְהָיְתָה מְטַפַּחַת וּמַנַּחַת יָדָהּ עַל רֹאשָׁהּ. הֶעֱמִיד עָלֶיהָ עֵדִים, וּבָא לִפְנֵי רַבִּי עֲקִיבָא. אָמַר לוֹ, רַבִּי, לָזוֹ אֲנִי נוֹתֵן אַרְבַּע מֵאוֹת זוּז. אָמַר לוֹ, לֹא אָמַרְתָּ כְּלוּם. הַחוֹבֵל בְּעַצְמוֹ, אַף עַל פִּי שֶׁאֵינוֹ רַשַּׁאי, פָּטוּר. אֲחֵרִים שֶׁחָבְלוּ בוֹ, חַיָּבִין. וְהַקּוֹצֵץ נְטִיעוֹתָיו, אַף עַל פִּי שֶׁאֵינוֹ רַשַּׁאי, פָּטוּר. אֲחֵרִים שֶׁקָּצְצוּ אֶת נְטִיעוֹתָיו, חַיָּבִים:

자신의 동료에게 소리치는 사람은 1셀라를 지불해야 한다. 랍비 예후다는 갈릴리의 랍비 요쎄의 이름으로 1마네를 지불해야 한다고 말했다. 그의 동료를 때린 사람은 그에게 200주즈를 지불해야 한다. 손등으로 때렸다면 그에게 400주즈를 〔지불해야 한다〕. 그가 귀를 찢거나, 머리를 뽑았거나, 침을 뱉었는데, 그 침이 그에게 닿았거나, 그의 겉옷을 벗겼거나, 시장에서 여성의 머리를 드러나게 했으면, 400주즈를 지불해야 한다. 이것이 원칙이다. 모든 것은 그 사람의 명예에 따라 〔산정된다〕. 랍비 아키바는 말했다. "이스라엘의 가난한 사람들도 재산을 잃어버린 자유인들, 즉 아브라함과 이삭과 야곱의 자손으로 간주해야 합니다." 한번은 시장에서 한 여성의 머리를 드러나게 한 사건이 있었다. 그 여성은 랍비 아키바에게 와서 그가 그녀에게 400주즈를 지불하게 해달라고 요청했다. 랍비 아키바는 그녀에게 400주즈를 주라고 했다. 그〔가해자〕는 랍비 아키바에게 말했다. "선생님 저에게 시간을 주십시오." 그래서 아키바는 그에게 시간을 주었다. 그는 그녀가 그녀의 뜰 입구에 서 있을 때까지 기다렸다. 그리고 그는 그녀 앞에서 자신의 항아리를 깨뜨렸다. 그 〔항아리〕 안에 이싸르[5] 가치의 기름이 〔담겨 있었다〕. 그녀는 머리를 벌리고 머리에 손을 얹어서 〔기름을〕 긁어모았다. 그는 그녀의 행위를 증언할 증인을 세워 랍비 아카바에게 왔다. 그가 말했다. "선생님, 이런 사람에게 제가 400주즈를 지불해야 합니까?" 〔랍비 아키바가〕 그에게 말했다. "그대는 아무 말도 하지 않았습니다." 자기 자신에게 상해를 가한 사람은, 그러한 권리가 없다 할지라도, 책임이 없다. 다른 사람들이 그에게 상해를 가했다면, 배상해야 한다. 자신의 묘목을 베었다면, 그러한 권리가 없다 할지라도, 책임이 없다. 다른 사람들이 그의 묘목을 베어갔다면 배상해야 한다.

- 자기 자신에게 가한 상해는 배상 책임이 없지만, 다른 사람에게 가한 상해는 배상해야 한다.
- 랍비 아키바는 배상의 원칙이 그 사람의 명예에 따른다는 일반원칙(유대전통)에 대하여 반대하고 모든 사람에게 동일하게 적용되어야

5) 1이싸르(issar)는 177밀리그램 정도 된다.

한다고 주장한다.

- 에피소드에서 땅에 쏟아진 소량의 기름을 머리에 바르려고 하는 가난한 여성에게 400주즈를 배상할 필요가 있느냐는 한 남성의 반론에 대해 랍비 아키바는 다른 사람과 동일하게 그녀에게도 배상해야 한다고 말한다.

8, 7

אַף עַל פִּי שֶׁהוּא נוֹתֵן לוֹ, אֵין נִמְחָל לוֹ עַד שֶׁיְּבַקֵּשׁ מִמֶּנּוּ, שֶׁנֶּאֱמַר (בראשית כ) וְעַתָּה הָשֵׁב אֵשֶׁת וְגוֹ'. וּמִנַּיִן שֶׁלֹּא יְהֵא הַמּוֹחֵל אַכְזָרִי, שֶׁנֶּאֱמַר (שם) וַיִּתְפַּלֵּל אַבְרָהָם אֶל הָאֱלֹהִים וַיִּרְפָּא אֱלֹהִים אֶת אֲבִימֶלֶךְ וְגוֹ'. הָאוֹמֵר סַמֵּא אֶת עֵינִי, קְטַע אֶת יָדִי, שְׁבֹר אֶת רַגְלִי, חַיָּב. עַל מְנָת לִפְטֹר, חַיָּב. קְרַע אֶת כְּסוּתִי, שְׁבֹר אֶת כַּדִּי, חַיָּב. עַל מְנָת לִפְטֹר, פָּטוּר. עֲשֵׂה כֵן לְאִישׁ פְּלוֹנִי, עַל מְנָת לִפְטֹר, חַיָּב, בֵּין בְּגוּפוֹ בֵּין בְּמָמוֹנוֹ:

비록 그가 〔배상금을〕 지불했어도, 그 〔피해자〕에게 용서를 구할 때까지 〔하나님으로부터〕 용서를 받지 못한다. 〔성서에〕 기록되었듯이, "그리고 이제 그 사람의 아내를 돌려보내라"(창 20:7). 〔피해자〕가 〔가해자〕를 용서하지 않으면 잔인하다는 것은 어디에 〔근거하는가? 성서에〕 기록되었듯이, "아브라함이 하나님께 기도하매 하나님이 아비멜렉 등을 치료하셨다"(창 20:17). 어떤 사람이 "나의 눈을 멀게 하시오." "나의 팔을 자르시오." 또는 "나의 다리를 부러뜨리시오." 이렇게 말한 경우라도, 〔가해자〕는 〔배상〕 책임이 있다. 책임을 면제해준다고 〔했더라도〕, 〔가해자〕는 〔배상〕 책임이 있다. "나의 옷을 찢으시오." "나의 항아리를 깨뜨리시오." 이렇게 말한 경우라도, 〔가해자〕는 〔배상〕 책임이 있다. 책임을 면제해준다고 〔했으면〕, 〔가해자〕는 책임이 없다. "아무개에게 이렇게 이렇게 하시오." 말한 경우라도, 〔가해자〕는 〔배상〕 책임이 있다. 책임을 면제해준다고 〔했더라도〕, 〔피해자〕의 몸이건 재산이건 〔가해자〕는 책임이 있다.

- 후반부에 배상에 대한 세 가지 원칙이 주어진다. 첫째, 신체에 상해를 입힌 경우에는, 비록 책임을 면제해준다고 말했더라도, 가해자는 배상 책임이 있다. 둘째, 물건에 손해를 끼친 경우에, 책임을 면제해준다고 약속했으면, 가해자는 책임을 면한다. 셋째, 제3자에 대해 손해를 끼친 경우에는, 비록 책임을 면제해준다고 약속했더라도, 가해자는 책임을 져야 한다.

제9장

이 장에서는 절도한 물건, 가축, 종의 가치가 절도 이후에 변하게 되었을 때 어떻게 배상해야 하는지를 다룬다. 그리고 수리를 맡긴 물건이 망가진 경우에는 배상해야 한다고 말한다. 마지막 부분에서는 배상과 맹세의 관계를 설명하고 있다.

9, 1

הַגּוֹזֵל עֵצִים, וַעֲשָׂאָן כֵּלִים, צֶמֶר, וַעֲשָׂאָן בְּגָדִים, מְשַׁלֵּם כִּשְׁעַת הַגְּזֵלָה. גָּזַל פָּרָה מְעֻבֶּרֶת, וְיָלְדָה, רָחֵל טְעוּנָה, וּגְזָזָהּ, מְשַׁלֵּם דְּמֵי פָרָה הָעוֹמֶדֶת לֵילֵד, דְּמֵי רָחֵל הָעוֹמֶדֶת לִגָּזֵז. גָּזַל פָּרָה, וְנִתְעַבְּרָה אֶצְלוֹ וְיָלְדָה, רָחֵל, וְנִטְעֲנָה אֶצְלוֹ וּגְזָזָהּ, מְשַׁלֵּם כִּשְׁעַת הַגְּזֵלָה. זֶה הַכְּלָל, כָּל הַגַּזְלָנִים מְשַׁלְּמִין כִּשְׁעַת הַגְּזֵלָה:

어떤 사람이 나무를 훔쳐서 도구를 만들거나 양털을 훔쳐 옷으로 만들었다면, [절도범은] 훔칠 때 [물건의 가치에] 따라 배상한다. 어떤 사람이 임신한 암소를 훔쳐서 새끼를 낳았거나 양털이 자란 암양을 훔쳤는데 [훔친 후] 암양의 양털을 깎았다면, 그는 출산할 무렵의 암소의 가치나 양털을 깎을 무렵의 그 암양의 가치로 배상해야 한다.

어떤 사람이 암소를 훔쳤는데 그 암소가 자기 집에 있을 때 임신하여 새끼를 낳았다면, 또는 어떤 사람이 암양을 훔쳤는데 그 양이 자기 집에 있을 때 양털이 자라서 깎았다면, 그가 훔칠 때의 〔동물의 가치로〕 배상해야 한다. 이것이 일반 원칙이다. 모든 절도범들은 훔칠 때 〔물건이나 동물의 가치에〕 따라 배상한다.

- 마지막 부분에서 분명하게 말하고 있는 것처럼, 절도할 당시의 가치에 따라서 배상하는 것이 기본 원칙이다.

9, 2

גָּזַל בְּהֵמָה וְהִזְקִינָה, עֲבָדִים וְהִזְקִינוּ, מְשַׁלֵּם כִּשְׁעַת הַגְּזֵלָה. רַבִּי מֵאִיר אוֹמֵר, בַּעֲבָדִים אוֹמֵר לוֹ, הֲרֵי שֶׁלְּךָ לְפָנֶיךָ. גָּזַל מַטְבֵּעַ וְנִסְדַּק, פֵּרוֹת וְהִרְקִיבוּ, יַיִן וְהֶחְמִיץ, מְשַׁלֵּם כִּשְׁעַת הַגְּזֵלָה. מַטְבֵּעַ וְנִפְסַל, תְּרוּמָה וְנִטְמֵאת, חָמֵץ וְעָבַר עָלָיו הַפֶּסַח, בְּהֵמָה וְנֶעֶבְדָה בָהּ עֲבֵרָה, אוֹ שֶׁנִּפְסְלָה מֵעַל גַּבֵּי הַמִּזְבֵּחַ, אוֹ שֶׁהָיְתָה יוֹצֵאת לִסָּקֵל, אוֹמֵר לוֹ, הֲרֵי שֶׁלְּךָ לְפָנֶיךָ:

어떤 사람이 가축을 훔쳤는데 그 후 노쇠하게 된 경우, 종을 〔훔쳤는데〕 늙게 된 경우, 〔절도범은〕 절도 순간의 〔가치를 따라〕 배상해야 한다. 랍비 메이르는 말한다. 종에 대하여, 그는 "그대 앞에 당신의 재산이 있습니다"라고 말합니다. 어떤 사람이 동전을 훔쳤는데 그것이 깨진 경우, 과일을 훔쳤는데 〔그 후〕 썩은 경우, 포도주를 훔쳤는데 〔그 후〕 상한 경우, 〔절도범은〕 훔칠 때 〔물건의 가치에〕 따라 배상한다. 〔훔친〕 동전이 쓸모없게 된 경우, 〔훔친〕 거제물이 부정하게 된 경우, 〔훔친〕 누룩이 있는데 유월절이 지난 경우, 〔훔친〕 가축이 불법행위에 사용된 경우, 또는 제단에서 부적합하게 된 경우, 또는 투석형의 처벌을 받게 된 경우, 〔절도범은〕 그에게 "당신 앞에 당신의 것이 있습니다."

- 일반적으로 훔칠 당시의 가치대로 배상해야 한다. 하지만 훔친 물건이 무용지물이 될 때 그대로 돌려주는 경우들도 있다.

9, 3

נָתַן לְאֻמָּנִין לְתַקֵּן, וְקִלְקְלוּ, חַיָּבִין לְשַׁלֵּם. נָתַן לְחָרָשׁ שִׁדָּה, תֵּבָה וּמִגְדָּל לְתַקֵּן, וְקִלְקֵל, חַיָּב לְשַׁלֵּם. וְהַבַּנַּאי שֶׁקִּבֵּל עָלָיו לִסְתֹּר אֶת הַכֹּתֶל, וְשִׁבֵּר אֶת הָאֲבָנִים אוֹ שֶׁהִזִּיק, חַיָּב לְשַׁלֵּם. הָיָה סוֹתֵר מִצַּד זֶה וְנָפַל מִצַּד אַחֵר, פָּטוּר. וְאִם מֵחֲמַת הַמַּכָּה, חַיָּב:

어떤 사람이 장인(匠人)들에게 수리해달라고 주었는데 그들이 망가뜨렸다면 〔장인들은〕 배상해야 한다. 목수에게 궤, 상자, 찬장을 수리해달라고 주었는데 망가뜨렸다면 〔목수가〕 배상해야 한다. 어떤 건축업자가 벽을 허물다가 그 돌들을 깨거나 손상을 입혔다면, 그는 배상해야 한다. 〔그러나 만약〕 그가 이쪽을 허물다가 다른 쪽이 무너졌다면 그는 책임이 없다. 그러나 만약 타격으로 인해 무너졌다면 책임이 있다.

- 수리를 맡긴 물건을 수리하다가 망가뜨렸다면, 수리하는 사람이 배상해야 한다.

9, 4

הַנּוֹתֵן צֶמֶר לַצַּבָּע, וְהִקְדִּיחָתוֹ יוֹרָה, נוֹתֵן לוֹ דְּמֵי צַמְרוֹ. צְבָעוֹ כָאוּר, אִם הַשֶּׁבַח יוֹתֵר עַל הַיְצִיאָה, נוֹתֵן לוֹ אֶת הַיְצִיאָה, וְאִם הַיְצִיאָה יְתֵרָה עַל הַשֶּׁבַח, נוֹתֵן לוֹ אֶת הַשֶּׁבַח. לִצְבֹּעַ לוֹ אָדֹם, וּצְבָעוֹ שָׁחֹר, שָׁחֹר, וּצְבָעוֹ אָדֹם, רַבִּי מֵאִיר אוֹמֵר, נוֹתֵן לוֹ דְּמֵי צַמְרוֹ. רַבִּי יְהוּדָה אוֹמֵר, אִם הַשֶּׁבַח יָתֵר עַל הַיְצִיאָה, נוֹתֵן לוֹ אֶת הַיְצִיאָה, וְאִם הַיְצִיאָה יְתֵרָה עַל הַשֶּׁבַח, נוֹתֵן לוֹ אֶת הַשֶּׁבַח:

어떤 사람이 양털을 염색업자에게 주었는데, 가마솥에서 태웠다면, 〔염색업자는〕 그 양털 가치만큼 배상해야 한다. 염색이 잘못된 경우에, 만약 염색 가치가 염색 비용보다 더 크다면 〔가죽 주인은〕 염색 비용을 지불해야 한다. 하지만 만약 염색 비용이 염색 가치보다 더 크다면, 〔가죽 주인은〕 그는 염색 가치만큼만 지불한다. 빨간색으로 염색해야 하는데 검은색으로 염색한 경우, 또는 검은색으로 염색해야 하는데 빨간색으로 염색한 경우에 대하여 랍비 메이르는 말한다. "〔염색업자가〕 양털 값을 배상해야 합니다." 랍비 예후다는 말한다. "염색 가치가 염색 비용보다 더 크다면 〔양털 주인은〕 염색 비용을 지불해야 합니다. 그리고 염색 비용이 염색 가치보다 크다면, 〔양털 주인은〕 염색 가치만 지불하면 됩니다."

- 양털 염색이 주인이 원하는 대로 되지 않은 경우에, 염색 비용보다 염색한 후의 가치가 더 크다면 양털 주인은 염색업자에게 염색 비용을 지불해야 한다. 하지만 염색 비용보다 그 결과가 더 좋지 않은 경우는, 염색 비용을 다 지불할 필요없이 계산된 가치분만 지불한다.

9, 5

הַגּוֹזֵל אֶת חֲבֵרוֹ שָׁוֶה פְרוּטָה, וְנִשְׁבַּע לוֹ, יוֹלִיכֶנּוּ אַחֲרָיו אֲפִלּוּ לְמָדַי. לֹא יִתֵּן לֹא לִבְנוֹ וְלֹא לִשְׁלוּחוֹ, אֲבָל נוֹתֵן לִשְׁלִיחַ בֵּית דִּין. וְאִם מֵת, יַחֲזִיר לְיוֹרְשָׁיו:

어떤 사람이 그의 동료로부터 1페루타[6]를 훔쳤는데 그에게 〔훔치지 않았다고〕 맹세했다면, 그는 메대에 가는 거리까지도 그를 따라가며 〔배상 원금과 1/5 추가금을〕 지불해야 한다. 〔배상금은〕 아들이

6) '페루타'(perutah)는 가장 작은 구리 동전으로 22밀리그램이다. 이싸르의 1/8 또는 푼디온(pondion)의 1/16이다.

나 그의 대리인에게 지불할 수 없다. 하지만 〔배상금을〕 법정대리인에게 지불할 수 있다. 〔피해자가〕 죽었다면, 그의 상속자들에게 돌려주어야 한다.

- 배상 원금을 지불했다고 거짓으로 맹세하면, 원금과 함께 1/5 추가금을 배상해야 한다(레 6:5-6).
- 미쉬나-탈무드 시대에 '메대'는 이란의 한 지역을 말한다. 이 시대에 이곳까지 여행하기 위해서는 많은 시간과 비용이 들기 때문에 아주 먼 곳을 의미했다.
- 배상금은 아들이나 대리인에게 지불할 수 없다. 피해자 본인이 죽은 경우에만 상속자에게 지불한다.

9, 6

נָתַן לוֹ אֶת הַקֶּרֶן וְלֹא נָתַן לוֹ אֶת הַחֹמֶשׁ, מָחַל לוֹ עַל הַקֶּרֶן וְלֹא מָחַל לוֹ עַל הַחֹמֶשׁ, מָחַל לוֹ עַל זֶה וְעַל זֶה חוּץ מִפָּחוֹת מִשָּׁוֶה פְרוּטָה בַקֶּרֶן, אֵינוֹ צָרִיךְ לֵילֵךְ אַחֲרָיו. נָתַן לוֹ אֶת הַחֹמֶשׁ וְלֹא נָתַן לוֹ אֶת הַקֶּרֶן, מָחַל לוֹ עַל הַחֹמֶשׁ וְלֹא מָחַל לוֹ עַל הַקֶּרֶן, מָחַל לוֹ עַל זֶה וְעַל זֶה חוּץ מִשָּׁוֶה פְרוּטָה בַקֶּרֶן, צָרִיךְ לֵילֵךְ אַחֲרָיו:

〔가해자가 피해자에게 배상〕 원금을 지불했지만 1/5 〔추가금〕을 지불하지 않은 경우, 〔피해자〕가 〔배상〕 원금을 탕감했으나 1/5 〔추가금〕을 탕감하지 않은 경우, 1페루타 이하의 금액을 제외하고 〔배상 원금〕과 〔1/5 추가금〕을 탕감했다면, 〔가해자가 나머지 배상금을 지불하기 위해서〕 그를 추적할 필요는 없다. 〔가해자가 피해자에게〕 1/5 〔추가금〕을 지불했으나 〔배상〕 원금을 지불하지 않은 경우, 1페루타 가치의 배상금을 제외하고 〔배상 원금〕과 〔1/5 추가금〕을 탕감했다면, 〔가해자가 배상금을 지불하기 위해서〕 그를 추적할 필요가 있다.

- 배상 원금을 지불하지 않은 경우, 피해자가 어디에 있든지 찾아서 지불해야 한다. 하지만 1/5 추가금처럼 소액을 아직 지불하지 않은 경우는 피해자를 추적해서 지불할 필요는 없다. 하지만 이 경우에도 피해자가 찾아와 달라고 하면 지불해야 한다.

9, 7

נָתַן לוֹ אֶת הַקֶּרֶן וְנִשְׁבַּע לוֹ עַל הַחֹמֶשׁ, הֲרֵי זֶה מְשַׁלֵּם חֹמֶשׁ עַל חֹמֶשׁ, עַד שֶׁיִּתְמַעֵט הַקֶּרֶן פָּחוֹת מִשָּׁוֶה פְרוּטָה. וְכֵן בְּפִקָּדוֹן, שֶׁנֶּאֱמַר (ויקרא ה) בְּפִקָּדוֹן אוֹ בִתְשׂוּמֶת יָד אוֹ בְגָזֵל אוֹ עָשַׁק אֶת עֲמִיתוֹ אוֹ מָצָא אֲבֵדָה וְכִחֶשׁ בָּהּ וְנִשְׁבַּע עַל שָׁקֶר, הֲרֵי זֶה מְשַׁלֵּם קֶרֶן וָחֹמֶשׁ וְאָשָׁם. הֵיכָן פִּקְדוֹנִי, אָמַר לוֹ אָבָד, מַשְׁבִּיעֲךָ אָנִי, וְאָמַר אָמֵן, וְהָעֵדִים מְעִידִים אוֹתוֹ שֶׁאֲכָלוֹ, מְשַׁלֵּם קֶרֶן. הוֹדָה מֵעַצְמוֹ, מְשַׁלֵּם קֶרֶן וָחֹמֶשׁ וְאָשָׁם:

〔가해자〕가 〔피해자〕에게 배상금을 지불했는데, 1/5 〔추가금〕에 대하여 〔지불했다고 거짓으로〕 맹세했다면, 그는 1/5 〔추가금〕의 1/5이 1페루타보다 적을 때까지 지불해야 한다. 예금의 경우도 마찬가지이다. 〔성서에〕 기록되었듯이, "〔이웃이〕 맡긴 물건이나 전당물을 〔속이고〕 도둑질하거나 착취하고도 사실을 부인하거나 남의 잃은 물건을 줍고도 사실을 부인하여 거짓 맹세하면"(레 6:2-3), 그는 〔배상〕 원금과 1/5 〔추가금〕을 지불해야 하고, 속건제[7]를 드려야 한다. 〔만약 예금자가〕 "내가 맡긴 돈은 어디에 있습니까?"라고 물었는데, 〔맡은 자가〕 "분실했습니다"라고 대답했고, 〔다시 예금자가 말한다〕. "나는 당신이 맹세하기를 요구합니다." 그가 "아멘!"이라고 대답했다. 증인들이 그가 사용한 것을 증언하면, 그는 원금을 배상해야 한다. 하지만 그가 자백하면, 그는 원금과 〔추가금〕 1/5을 배상하고, 속건제를 드려

7) 부당하게 남의 물건(돈)을 취득한 경우에는 당사자에게 원금과 1/5의 배상금을 주고 속건제를 드린다. 속건제물로는 흠 없는 숫양이 사용된다(레 6:1-7).

야 한다.

- 1/5 추가금을 지불했다고 거짓으로 맹세하면, 1/5 추가금과 함께 그 금액의 1/5을 다시 추가해서 배상해야 한다. 그런데 그 금액이 1페루타보다 적으면 지불하지 않아도 된다.
- 죄를 자백한 경우에, 배상 원금과 함께 추가금 1/5을 지불하는 것은 민수기 5:6-7에 나온다.
- 이 미쉬나에서 증인들이 맹세한 사람의 주장과 증인들의 증언이 배치될 때, 원금만 배상하는 것은 이치에 맞지 않는다. 아래 미쉬나(9, 8)에서는 두 배로 배상해야 한다고 명시한다.

9, 8

הֵיכָן פִּקְדוֹנִי, אָמַר לוֹ נִגְנָב, מַשְׁבִּיעֲךָ אָנִי, וְאָמַר אָמֵן, וְהָעֵדִים מְעִידִין אוֹתוֹ שֶׁגְּנָבוֹ, מְשַׁלֵּם תַּשְׁלוּמֵי כֶפֶל. הוֹדָה מֵעַצְמוֹ, מְשַׁלֵּם קֶרֶן וְחֹמֶשׁ וְאָשָׁם:

〔만약 예금자가〕 "내가 맡긴 돈은 어디에 있습니까?"라고 물었는데, 〔맡은 자가〕 "도난당했습니다"라고 대답했고, 〔다시 예금자가 말한다〕. "나는 당신이 맹세하기를 요구합니다." 그가 대답한다. "아멘!" 증인들이 그가 훔친 것을 증언하면, 그는 두 배로 배상해야 한다. 하지만 그가 자백하면, 그는 원금과 〔추가금〕 1/5을 배상하고, 속건제를 드려야 한다.

- 증인들이 반대 증언하는 경우에는 두 배로 배상해야 한다.
- 자백한 경우에는 추가로 1/5을 더하는데 이것은 민수기 5:7에 기반하고 있다.

9, 9

הַגּוֹזֵל אֶת אָבִיו, וְנִשְׁבַּע לוֹ, וּמֵת, הֲרֵי זֶה מְשַׁלֵּם קֶרֶן וָחֹמֶשׁ לְבָנָיו אוֹ לְאֶחָיו. וְאִם אֵינוֹ רוֹצֶה, אוֹ שֶׁאֵין לוֹ, לֹוֶה וּבַעֲלֵי חוֹב בָּאִים וְנִפְרָעִים:

어떤 사람이 아버지의 것을 훔치고 〔아버지〕에게 〔거짓으로〕 맹세했는데, 〔아버지〕가 사망했다면, 그는 원금과 1/5 〔추가금〕을 〔아버지〕의 아들들이나 〔아버지〕의 형제들에게 배상해야 한다. 그런데 만약 〔배상을〕 원치 않거나 〔배상할 것〕이 없으면, 그는 〔돈을〕 빌려야 하고, 채권자들이 와서 〔배상금을〕 분배 받는다.

- 아들들이 없는 경우에는 아버지의 형제들이 상속자가 된다.

9, 10

הָאוֹמֵר לִבְנוֹ, קוֹנָם אִי אַתָּה נֶהֱנֶה מִשֶּׁלִּי, אִם מֵת, יִירָשֶׁנּוּ. בְּחַיָּיו וּבְמוֹתוֹ, אִם מֵת, לֹא יִירָשֶׁנּוּ, וְיַחֲזִיר לְבָנָיו אוֹ לְאֶחָיו. וְאִם אֵין לוֹ, לֹוֶה, וּבַעֲלֵי חוֹב בָּאִים וְנִפְרָעִים:

어떤 사람이 그의 아들에게 말한다. "〔먹지 못할〕 제물〔처럼〕, 너는 내 〔재산〕에서 이익을 얻지 못할 것이다." 만약 그가 죽으면, 그 〔아들〕은 〔유산을〕 상속받을 수 있다. 〔그러나 만약〕 그가 살아 있을 때나 죽은 후에도 그 아들이 유산을 받지 못한다고 〔맹세했다면〕, 〔유산을〕 상속받을 수 없고, 〔재산 중 그의 몫을 아버지의〕 아들들이나 〔아버지의〕 형제들에게 돌려주어야 한다. 그리고 만약 그에게 아무것도 없다면, 그는 〔돈을〕 빌려야 하고, 채권자들이 와서 〔유산을〕 분배 받는다.

- 아들이 유산을 받지 못한다고 맹세했더라도, 그가 죽으면 아들은 자동적으로 상속자의 자격을 얻게 된다. 하지만 아버지가 '죽은 후'에

도 상속받지 못한다고 맹세하면, 아들의 상속분은 다른 아들들에게 돌아간다.

9, 11

הַגּוֹזֵל אֶת הַגֵּר וְנִשְׁבַּע לוֹ, וּמֵת, הֲרֵי זֶה מְשַׁלֵּם קֶרֶן וָחֹמֶשׁ לַכֹּהֲנִים וְאָשָׁם לַמִּזְבֵּחַ, שֶׁנֶּאֱמַר (במדבר ה) וְאִם אֵין לָאִישׁ גֹּאֵל לְהָשִׁיב הָאָשָׁם אֵלָיו, הָאָשָׁם הַמּוּשָׁב לַה' לַכֹּהֵן, מִלְּבַד אֵיל הַכִּפֻּרִים אֲשֶׁר יְכַפֶּר בּוֹ עָלָיו. הָיָה מַעֲלֶה אֶת הַכֶּסֶף וְאֶת הָאָשָׁם, וּמֵת, הַכֶּסֶף יִנָּתֵן לְבָנָיו, וְהָאָשָׁם יִרְעֶה עַד שֶׁיִּסְתָּאֵב, וְיִמָּכֵר וְיִפְּלוּ דָמָיו לִנְדָבָה:

어떤 사람이 개종자로부터 훔치고 그에게 〔거짓으로〕 맹세했는데 〔개종자〕가 죽었다면, 그는 원금과 1/5 〔추가금〕을 제사장에게 가져가고, 제단에 속건제를 드려야 한다. 〔성서에〕 기록되었듯이, "만일 죄 값을 받을 만한 친척이 없으면 그 죄 값을 여호와께 드려 제사장에게로 돌릴 것이니 이는 그를 위하여 속죄할 속죄의 숫양 외에 돌릴 것이니라"(민 5:8). 그가 돈과 속건제를 가지고 〔성전에〕 올라가는 중에 죽었다면, 그 돈은 그의 아들들에게 주고, 그 속건제물은 흠이 생길 때까지 목초지에 두어야 한다. 그리고 그 제물이 팔리면, 그 대금은 〔성전의 금고에〕 기부된다.

- 개종자는 합법적인 상속자가 없는 것으로 간주되기 때문에, 그에게 배상할 돈은 제사장에게 돌리고, 속건제를 드려야 한다. 배상하기 위해 성전에 가던 사람이 죽게 되면, 자동적으로 배상금과 속건제는 면제된다. 따라서 배상금은 그의 자녀들에게 주고, 속건제물은 방목해두어야 한다.

נָתַן הַכֶּסֶף לְאַנְשֵׁי מִשְׁמָר, וּמֵת, אֵין הַיּוֹרְשִׁים יְכוֹלִין לְהוֹצִיא מִיָּדָם, שֶׁנֶּאֱמַר (שם) אִישׁ אֲשֶׁר יִתֵּן לַכֹּהֵן לוֹ יִהְיֶה. נָתַן הַכֶּסֶף לִיהוֹיָרִיב וְאָשָׁם לִידַעְיָה, יָצָא. אָשָׁם לִיהוֹיָרִיב וְכֶסֶף לִידַעְיָה, אִם קַיָּם הָאָשָׁם, יַקְרִיבוּהוּ בְנֵי יְדַעְיָה, וְאִם לֹא, יַחֲזִיר וְיָבִיא אָשָׁם אַחֵר, שֶׁהַמֵּבִיא גְזֵלוֹ עַד שֶׁלֹּא הֵבִיא אֲשָׁמוֹ, יָצָא. הֵבִיא אֲשָׁמוֹ עַד שֶׁלֹּא הֵבִיא גְזֵלוֹ, לֹא יָצָא. נָתַן אֶת הַקֶּרֶן וְלֹא נָתַן אֶת הַחֹמֶשׁ, אֵין הַחֹמֶשׁ מְעַכֵּב:

〔개종자로부터 훔친 자〕가 반열의 제사장들에게 그 돈을 준 다음 죽었다면, 그의 상속자들은 그들로부터 〔그 돈을〕 가져올 수 없다. 〔성서에〕 지록되었듯이, "누구든지 제사장에게 주는 것은 그의 것이 되느니라"(민 5:10). 그가 그 돈은 여호야립에게, 그리고 속건제물은 여다야에게 주었다면, 그는 자신의 의무를 이행했다. 〔만약〕 여호야립에게 속건제물을 주고, 그 돈은 여다야에게 주었다면, 만약 속건제물이 여전히 남아 있으면, 여다야의 아들들은 그것을 바칠 것이다. 그리고 만약 그렇지 않다면, 속건제를 다시 드려야 한다. 그가 자신의 속건제를 드리기 전에 그가 훔쳤던 것을 가져왔다면, 그는 자신의 의무를 완수했다. 만약 그가 훔쳤던 것을 가져오기 전에 그가 속건제물을 가지고 왔다면, 그는 그의 의무를 완수하지 못했다. 만약 그가 훔쳤던 것을 가져오기 전에 속건제물을 가지고 왔다면, 그는 그의 의무를 완수하지 못했다. 만약 그가 배상금을 지불했지만, 1/5 〔추가금〕을 지불하지 않았다면, 1/5 〔추가금〕이 그가 속건제 드리려는 것을 막지 못한다.

- '여호야립'과 '여다야'는 엘르아살과 아디말의 후손들 중에서 제사장 직분을 감당할 사람으로 뽑힌 첫째와 둘째 사람이다(대상 24:7).

제10장

이 장에서는 절도의 문제가 주요 관심사다. 절도의 개념과 훔친 사람이 절도한 물건을 돌려줄 의무가 있는 경우와 돌려줄 필요가 없는 상황에 대하여 다룬다.

10, 1

הַגּוֹזֵל וּמַאֲכִיל אֶת בָּנָיו, וְהִנִּיחַ לִפְנֵיהֶם, פְּטוּרִין מִלְּשַׁלֵּם. וְאִם הָיָה דָבָר שֶׁיֶּשׁ בּוֹ אַחֲרָיוּת, חַיָּבִין לְשַׁלֵּם. אֵין פּוֹרְטִין לֹא מִתֵּבַת הַמּוֹכְסִין, וְלֹא מִכִּיס שֶׁל גַּבָּאִין, וְאֵין נוֹטְלִין מֵהֶם צְדָקָה. אֲבָל נוֹטֵל הוּא מִתּוֹךְ בֵּיתוֹ אוֹ מִן הַשּׁוּק:

어떤 사람이 〔다른 사람의 음식을〕 훔쳐서 그의 아들들을 먹이고 〔남은 것을〕 그들 앞에 남기고 〔죽었다면〕, 그 〔자녀들〕은 배상 책임이 없다. 그러나 만약 그것이 저당물이었다면 그들은 배상해야 한다. 세관원의 궤나 세리의 주머니〔에 있는 돈〕으로 환전할 수 없으며, 그 돈에서 기부금을 받을 수 없다. 그러나 〔세관원이나 세리의〕 집이나, 시장에 〔있는 돈으로〕 기부금을 받을 수 있다.

- 아버지가 훔친 것을 남기고 죽은 경우에, 그 자녀들이 그것을 배상할 필요는 없다.
- 세관원이나 세리가 과도하게 부과한 돈을 훔친 돈처럼 생각해서 그러한 돈으로 이득을 볼 수 없다는 것이다. 하지만 그들의 개인적인 돈은 사용이 가능하다.

10, 2

נָטְלוּ מוֹכְסִין אֶת חֲמוֹרוֹ וְנָתְנוּ לוֹ חֲמוֹר אַחֵר, גָּזְלוּ לִסְטִים אֶת כְּסוּתוֹ וְנָתְנוּ לוֹ כְּסוּת אַחֶרֶת, הֲרֵי אֵלּוּ שֶׁלּוֹ, מִפְּנֵי שֶׁהַבְּעָלִים מִתְיָאֲשִׁין מֵהֶן. הַמַּצִּיל מִן

הַנָּהָר אוֹ מִן הַגַּיִס אוֹ מִן הַלִּסְטִים, אִם נִתְיָאֲשׁוּ הַבְּעָלִים, הֲרֵי אֵלּוּ שֶׁלּוֹ. וְכֵן נְחִיל שֶׁל דְּבוֹרִים, אִם נִתְיָאֲשׁוּ הַבְּעָלִים, הֲרֵי אֵלּוּ שֶׁלּוֹ. אָמַר רַבִּי יוֹחָנָן בֶּן בְּרוֹקָה, נֶאֱמֶנֶת אִשָּׁה אוֹ קָטָן לוֹמַר, מִכָּאן יָצָא נְחִיל זֶה. וּמְהַלֵּךְ בְּתוֹךְ שְׂדֵה חֲבֵרוֹ לְהַצִּיל אֶת נְחִילוֹ. וְאִם הִזִּיק, מְשַׁלֵּם מַה שֶּׁהִזִּיק. אֲבָל לֹא יָקֹץ אֶת סוֹכוֹ עַל מְנָת לִתֵּן אֶת הַדָּמִים. רַבִּי יִשְׁמָעֵאל בְּנוֹ שֶׁל רַבִּי יוֹחָנָן בֶּן בְּרוֹקָה אוֹמֵר, אַף קוֹצֵץ וְנוֹתֵן אֶת הַדָּמִים:

세관원들이 어떤 사람의 나귀를 가져와서, 다른 나귀를 돌려주거나, 도둑들이 어떤 사람의 옷을 훔친 다음 다른 옷을 돌려준 경우, 이것들[나귀와 옷]은 그의 소유다. 왜냐하면 원주인들이 [잃어버린 물건들]을 되찾는 것을 포기했기 때문이다. 어떤 사람이 [물건을] 강(江), 군대로부터, 도둑들로부터 구했고, 원주인들이 [잃어버린 물건들]을 되찾는 것을 포기했다면, 이것들은 그 [구한 사람]의 소유가 된다. 그리고 꿀벌 떼의 경우도 마찬가지다. 만약 그 꿀벌 주인이 찾는 것을 포기했다면, 그 [꿀벌]도 [찾은 자의] 소유다. 랍비 요하난 벤 베로카는 말했다. "여자 또는 어린아이는 '여기에서 꿀벌 떼가 나왔어요'라고 말하면 믿습니다." 자신의 [벌] 떼를 구하기 위해 동료의 들판을 걸어갈 수 있다. 만약 그가 피해를 입혔다면, 그는 피해 금액을 배상해야 한다. 그러나 손해를 배상하는 조건이라고 [하더라도], 자신의 [벌] 떼를 구하기 위해 동료 소유의 [나무] 가지를 자를 수는 없다. 그러나 랍비 요하난 벤 베로카의 아들인 랍비 이쉬마엘은 말한다. "그는 [가지를] 자르고, 피해액을 배상하면 됩니다."

- 원주인이 여러 가지 이유로 물건을 잃어버린 경우에, 되찾는 것을 포기하면 소유권자가 바뀌는 경우들을 열거하고 있다.

10, 3

הַמַּכִּיר כֵּלָיו וּסְפָרָיו בְּיַד אַחֵר, וְיָצָא לוֹ שֵׁם גְּנֵבָה בָּעִיר, יִשָּׁבַע לוֹ לוֹקֵחַ כַּמָּה נָתַן, וְיִטֹּל. וְאִם לָאו, לֹא כֹל הֵימֶנּוּ, שֶׁאֲנִי אוֹמֵר מְכָרָן לְאַחֵר וּלְקָחָן זֶה הֵימֶנּוּ:

어떤 사람이 〔도난당한〕 자신의 도구들이나 책들이 다른 사람의 손에 있음을 보았고, 그 〔물건들〕이 도난을 당했다는 소문이 그 도시에 퍼졌으면, 〔책〕 구매자는 얼마를 지불하고 가져왔는지 맹세해야 한다. 그러면 그 〔원주인〕은 〔그 금액을 지불하고 물건들을〕 가져올 수 있다. 하지만 만약 〔소문이 퍼지지〕 않았으면, 그 〔원소유자〕는 권한이 없다. 〔왜냐하면〕 그가 〔이 책들을〕 다른 사람에게 팔았고, 〔책들을 가지고 있는〕 이 사람은 그로부터 그 〔책들〕을 구매할 수 있기 때문이다.

- 원주인이 잃어버린 물건이 다른 사람에게 팔려 시장에서 발견된 경우에 원주인은 구매자가 맹세한 물건값을 지불하면 다시 찾아올 수 있다. 단, 원주인이 이 물건을 발견하기 전에 자신의 물건이 도난당했다는 사실(소문)이 도시에 퍼져 있어야 한다.
- 물건이 도난당했다는 소문이 도시에 퍼지지 않았다면, 이 물건은 정상적인 거래를 통해 시장에 나온 것으로 보아야 한다.

10, 4

זֶה בָּא בְחָבִיתוֹ שֶׁל יַיִן וְזֶה בָּא בְכַדּוֹ שֶׁל דְּבַשׁ. נִסְדְּקָה חָבִית שֶׁל דְּבַשׁ, וְשָׁפַךְ זֶה אֶת יֵינוֹ וְהִצִּיל אֶת הַדְּבַשׁ לְתוֹכוֹ, אֵין לוֹ אֶלָּא שְׂכָרוֹ. וְאִם אָמַר, אַצִּיל אֶת שֶׁלְּךָ וְאַתָּה נוֹתֵן לִי דְּמֵי שֶׁלִּי, חַיָּב לִתֵּן לוֹ. שָׁטַף נָהָר חֲמוֹרוֹ וַחֲמוֹר חֲבֵרוֹ, שֶׁלּוֹ יָפֶה מָנֶה וְשֶׁל חֲבֵרוֹ מָאתַיִם, הִנִּיחַ זֶה אֶת שֶׁלּוֹ וְהִצִּיל אֶת שֶׁל חֲבֵרוֹ, אֵין לוֹ אֶלָּא שְׂכָרוֹ. וְאִם אָמַר לוֹ, אֲנִי אַצִּיל אֶת שֶׁלְּךָ וְאַתָּה נוֹתֵן לִי אֶת שֶׁלִּי, חַיָּב לִתֵּן לוֹ:

어떤 사람이 포도주 통을 가지고 걸어갔고, 다른 사람은 꿀을 넣은 단지를 가지고 걷고 있었다. 꿀을 넣은 단지가 부서졌을 때, [포도주 주인이] 그의 포도주를 쏟고, 그 통에 꿀을 넣어 구했다면, 그는 자신의 품삯만 [요구할 수 있다]. 그러나 만약 그가 "내가 당신의 것[꿀]을 구해줄 테니 당신은 나의 것[포도주]을 지불해야 합니다"라고 말했었다면 그 [꿀 주인]는 그에게 [그 값을] 지불해야 한다. 홍수가 나서 그의 나귀와 그의 동료의 나귀를 휩쓸었다. 그의 나귀는 100[주즈]이고, 동료의 것은 200[주즈]였다. 만약 그가 자신의 것을 놔 두고, 동료의 것을 구했다면, 그는 자신의 품삯만 [요구할 수 있다]. 그러나 그가 "내가 당신의 것을 구할 테니, 당신은 내 것을 지불해야 합니다"라고 말했다면 그는 그에게 [나귀 값을] 지불해야 한다.

- 급한 상황에서 자신의 물건을 포기하고 상대방의 물건을 구해주는 경우에, 상대에게 미리 자신의 물건값을 배상해줄 것을 요구한 경우에만 배상 받을 수 있고, 그렇지 않으면 일한 수고비(품삯)만 받을 수 있다.

10, 5

הַגּוֹזֵל שָׂדֶה מֵחֲבֵרוֹ וּנְטָלוּהוּ מְסִיקִין, אִם מַכַּת מְדִינָה הִיא, אוֹמֵר לוֹ הֲרֵי שֶׁלְּךָ לְפָנֶיךָ, וְאִם מֵחֲמַת הַגַּזְלָן, חַיָּב לְהַעֲמִיד לוֹ שָׂדֶה אַחֶרֶת. שְׁטָפָהּ נָהָר, אוֹמֵר לוֹ, הֲרֵי שֶׁלְּךָ לְפָנֶיךָ:

어떤 사람이 그의 동료의 토지 [일부]를 훔쳤는데 그것을 [다시] 폭력배들이 가져간 경우에, 만약 당국에 의한 몰수였으면, 그 [땅을 훔친자]는 그[그 땅 주인]에게 "자, 당신의 것[이라던 그 땅]이 당신 앞에 있습니다"라고 말할 것이다. 그러나 만약 [또 다른] 도둑들에 의한 범죄였다면, 그는 그에게 다른 땅을 제공해야 한다. [만약] 홍수가

〔그것을 휩쓸어버렸다면〕, 그 〔땅을 훔친자는〕 그〔땅 주인〕에게 "자, 당신의 것〔땅〕이 당신 앞에 있습니다"라고 말할 것이다.

- 훔친 토지를 당국이 몰수해갔거나 홍수에 쓸려갔다면, 그 도둑은 배상 책임이 없다. 하지만 그 토지를 다른 도둑들이 가져갔다면 처음 훔친 도둑이 원주인에게 배상해주어야 한다.

10, 6

הַגּוֹזֵל אֶת חֲבֵרוֹ, אוֹ שֶׁלָּוָה הֵימֶנּוּ, אוֹ שֶׁהִפְקִיד לוֹ. בַּיִּשּׁוּב, לֹא יַחֲזִיר לוֹ בַּמִּדְבָּר. עַל מְנָת לָצֵאת בַּמִּדְבָּר, יַחֲזִיר לוֹ בַּמִּדְבָּר:

어떤 사람이 동료의 것을 훔쳤거나, 그에게 빌렸거나, 그가 맡긴 경우에, 거주지에서 〔돌려주지 않고〕 광야에 있는 것을 돌려주면 안 된다. 〔다만〕 광야로 나간다는 조건으로 〔빌렸거나 맡았다면〕, 광야에 있는 것을 돌려줄 수 있다.

- 거주지에서 훔친 토지 대신 광야에 있는 토지를 돌려준다면 무용지물일 것이다.

10, 7

הָאוֹמֵר לַחֲבֵרוֹ, גְּזַלְתִּיךָ, הִלְוִיתַנִי, הִפְקַדְתָּ אֶצְלִי, וְאֵינִי יוֹדֵעַ אִם הֶחֱזַרְתִּי לְךָ אִם לֹא הֶחֱזַרְתִּי לְךָ, חַיָּב לְשַׁלֵּם. אֲבָל אִם אָמַר לוֹ, אֵינִי יוֹדֵעַ אִם גְּזַלְתִּיךָ, אִם הִלְוִיתַנִי, אִם הִפְקַדְתָּ אֶצְלִי, פָּטוּר מִלְּשַׁלֵּם:

어떤 사람이 그의 동료에게 "나는 당신의 〔물건을〕 훔쳤습니다. 〔또는〕 당신은 나에게 〔무언가를〕 빌려주었습니다. 〔또는〕 당신은 나에게 〔무언가를〕 맡겼지만, 나는 당신에게 그것을 돌려주었는지 그렇지 않았는지 기억나지 않습니다"라고 말했다면, 그는 〔배상〕 책임이 있다. 그러나 만약 그가 "나는 당신의 [물건을] 훔쳤는지, [또는] 당신이 나에게 [무언가를] 맡겼는지 기억나지 않습니다"라고 말했다면, 그는 배상할 책임이 없다.

- 다른 사람에게 무언가 빌렸거나 물건을 맡아두었는데, 돌려주었는지 아닌지 정확히 기억나지 않는 경우에는 배상해주어야 한다.
- 하지만 물건을 빌렸거나 맡아둔 기억 자체가 없는 경우에는 배상할 책임이 없다.

10, 8

הַגּוֹנֵב טָלֶה מִן הָעֵדֶר וְהֶחֱזִירוֹ, וּמֵת אוֹ נִגְנַב, חַיָּב בְּאַחֲרָיוּתוֹ. לֹא יָדְעוּ בְעָלִים לֹא בִגְנֵבָתוֹ וְלֹא בַחֲזִירָתוֹ, וּמָנוּ אֶת הַצֹּאן וּשְׁלֵמָה הִיא, פָּטוּר:

어떤 사람이 양 떼에서 어린 양을 훔쳐서 그것을 돌려주었는데, [그 양이] 죽거나 도난당했다면, 그는 그에 대한 배상 책임이 있다. [양] 주인들이 도난당한 것이나, 그 반환을 모르고 양 떼를 세어보았는데, 다 있었다면, 그는 책임이 없다.

- 훔친 양을 주인에게 알리지 않고 돌려준 경우에, 이 양이 죽거나 다시 도난당했다면, 훔친 사람은 다시 배상해주어야 한다.

10, 9

אֵין לוֹקְחִים מִן הָרוֹעִים צֶמֶר וְחָלָב וּגְדָיִים, וְלֹא מִשּׁוֹמְרֵי פֵרוֹת עֵצִים וּפֵרוֹת. אֲבָל לוֹקְחִין מִן הַנָּשִׁים כְּלֵי צֶמֶר בִּיהוּדָה, וּכְלֵי פִשְׁתָּן בַּגָּלִיל, וַעֲגָלִים בַּשָּׁרוֹן. וְכֻלָּן שֶׁאָמְרוּ לְהַטְמִין, אָסוּר. וְלוֹקְחִין בֵּיצִים וְתַרְנְגוֹלִים מִכָּל מָקוֹם:

목초지에서 양털, 우유, 들염소들을 목자들로부터 구입할 수 없으며, 생산물을 지키는 사람들로부터 목재나 생산물을 구입할 수 없다.

그러나 유다 여자들에게서 양모의 옷을, 갈릴리 〔여자들〕에게서 아마의 옷을, 샤론의 〔여자들〕에게서 송아지들을 구매할 수 있다. 그리고 〔판매자가 구매자에게〕 숨기라고 말하는 모든 것은 금지된다. 그리고 계란과 닭은 어디서나 구매할 수 있다.

- 양을 지키는 목자에게서 양털을 사거나 생산물을 지키는 사람에게서 생산물을 살 수 없다. 왜냐하면 자신의 것인지 주인의 것인지 구별되지 않기 때문이다.

10, 10

מוֹכִין שֶׁהַכּוֹבֵס מוֹצִיא, הֲרֵי אֵלּוּ שֶׁלּוֹ. וְשֶׁהַסּוֹרֵק מוֹצִיא, הֲרֵי אֵלּוּ שֶׁל בַּעַל הַבָּיִת. הַכּוֹבֵס נוֹטֵל שְׁלֹשָׁה חוּטִין וְהֵן שֶׁלּוֹ. יָתֵר מִכֵּן, הֲרֵי אֵלּוּ שֶׁל בַּעַל הַבָּיִת. אִם הָיָה הַשָּׁחוֹר עַל גַּבֵּי הַלָּבָן, נוֹטֵל אֶת הַכֹּל וְהֵן שֶׁלּוֹ. הַחַיָּט שֶׁשִּׁיֵּר מִן הַחוּט כְּדֵי לִתְפֹּר בּוֹ, וּמַטְלִית שֶׁהִיא שָׁלֹשׁ עַל שָׁלֹשׁ, הֲרֵי אֵלּוּ שֶׁל בַּעַל הַבָּיִת. מַה שֶּׁהֶחָרָשׁ מוֹצִיא בַּמַּעֲצָד, הֲרֵי אֵלּוּ שֶׁלּוֹ, וּבַכַּשִּׁיל, שֶׁל בַּעַל הַבָּיִת. וְאִם הָיָה עוֹשֶׂה אֵצֶל בַּעַל הַבַּיִת, אַף הַנְּסֹרֶת שֶׁל בַּעַל הַבָּיִת:

세탁업자가 꺼내는 양털 섬유는 그에게 속한다. 그러나 양모 빗에 의해 제거된 것들은 원주인의 소유이다. 세탁소 직원이 세 개의 실을 제거하면, 그 실은 그의 소유다. 이보다 더 많은 것을 제거하면 그 실은 원주인의 소유이다. 만약 흰색 실 가운데 검은색 실이 있다면, 그는 그것들을 모두 제거할 수 있으며, 그 실은 그의 것이다. 만약 재단사가 실을 꿰기에 충분하거나, 또는 〔가로〕 3테팍, 〔세로〕 3테팍 옷감 조각이면 이는 원주인 소유다. 목수가 대패로 깎아내는 것은 그의 소유다. 그러나 그가 도끼로 떼어내는 것은 원주인의 소유다. 그리고 만약 그가 집주인의 영역에서 일하면 톱밥조차도 원주인의 소유다.

- 작업 중에 생긴 아주 소량의 양털이나 실은 작업자가 가져갈 수 있다. 하지만 일정 분량 이상일 경우에는 그 일을 맡긴 원주인에게 돌려주어야 한다.

בבא מציעה

2

바바 메찌아

중간 문

어떤 사람이 일꾼들을 고용하고 그들에게 아침 일찍 일어나서 저녁 늦게까지 일하라고 말했다. 만약 그곳이 아침 일찍 일어나서 저녁 늦게까지 일하는 관습이 없다면, 그는 그들에게 강요할 수 없다. 만약 일꾼들에게 음식을 제공하는 관습이 있는 곳이라면 그는 음식을 제공해야 한다. 만약 단것을 제공하는 관습이 있는 곳이라면, 단것을 제공해야 한다. 모두 그 지역의 관습에 따른다. _「바바 메찌아」 7, 1

개요

「바바 메찌아」(בבא מציעה)는 그 제목이 '중간 문'이라는 의미다. 원래 앞에 나오는 마쎄켓(제1부) 「바바 캄마」(첫째 문)와 뒤에 나오는 마쎄켓(제3부) 「바바 바트라」(마지막 문)는 하나로 구성되었던 것이 세 개로 분리되었다.

「바바 메찌아」는 토라(오경)에 언급된 상업 관련 법들을 확장해나가고 있다. 그중에서 분실하거나 되찾은 물건들, 가축에 짐을 싣거나 내리기, 언어 폭력, 착취, 이자 청구, 작업자 급식, 물건 맡기거나 빌리기, 임금 지급 보류, 담보물 손상 등 다양한 주제들을 다룬다.

- **관련 성경구절 | 출애굽기 22:14-15, 25; 레위기 19:13-14, 25:36-37; 신명기 22:1-2, 24:6, 15, 17.**

제1장

이 장에서는 두 사람이 발견한 물건을 두고 서로 소유권을 주장하는 경우를 다룬다.

1, 1

שְׁנַיִם אוֹחֲזִין בְּטַלִּית, זֶה אוֹמֵר אֲנִי מְצָאתִיהָ וְזֶה אוֹמֵר אֲנִי מְצָאתִיהָ, זֶה אוֹמֵר כֻּלָּהּ שֶׁלִּי וְזֶה אוֹמֵר כֻּלָּהּ שֶׁלִּי, זֶה יִשָּׁבַע שֶׁאֵין לוֹ בָהּ פָּחוֹת מֵחֶצְיָהּ, וְזֶה יִשָּׁבַע שֶׁאֵין לוֹ בָהּ פָּחוֹת מֵחֶצְיָהּ, וְיַחֲלֹקוּ. זֶה אוֹמֵר כֻּלָּהּ שֶׁלִּי וְזֶה אוֹמֵר חֶצְיָהּ שֶׁלִּי, הָאוֹמֵר כֻּלָּהּ שֶׁלִּי, יִשָּׁבַע שֶׁאֵין לוֹ בָהּ פָּחוֹת מִשְּׁלֹשָׁה חֲלָקִים, וְהָאוֹמֵר חֶצְיָהּ שֶׁלִּי, יִשָּׁבַע שֶׁאֵין לוֹ בָהּ פָּחוֹת מֵרְבִיעַ. זֶה נוֹטֵל שְׁלֹשָׁה חֲלָקִים, וְזֶה נוֹטֵל רְבִיעַ:

두 사람이 옷을 붙잡고 있는데, 한 사람이 "내가 이 〔옷〕을 발견했습니다"라고 말하고, 다른 사람도 "내가 이 〔옷〕을 발견했습니다"라고 말하는데, 이 사람도 "전부 제 것입니다"라고 말하고, 저 사람도 "전부 제 것입이다"라고 말했다면, 이 사람은 자신이 그것의 절반 이상의 소유권이 있다고 맹세해야 하며, 저 사람도 그것의 절반 이상의 소유권이 있다고 맹세하고, 그것을 나누어 갖는다. 〔만약〕 한 사람은 "전부 제 것입니다"라고 말하고, 다른 사람은 "절반이 제 것입니다"라고 말한다면, "전부 제 것입니다"라고 말한 사람은 자신이 3/4 이상의 소유권이 있다고 맹세해야 하며, "절반이 제 것입니다"라고 말한 사람은 자신이 1/4 이상의 소유권이 있다고 맹세하고, 이 사람은 3/4을 차지하고, 다른 사람은 1/4을 차지한다.

- 증인이 없고 두 사람의 주장이 팽팽할 때 법정은 두 사람에게 맹세하게 하고 문제를 해결한다. 법정은 맹세한 비율로 나누어 준다.

1, 2

הָיוּ שְׁנַיִם רוֹכְבִין עַל גַּבֵּי בְהֵמָה, אוֹ שֶׁהָיָה אֶחָד רוֹכֵב וְאֶחָד מַנְהִיג, זֶה אוֹמֵר כֻּלָּהּ שֶׁלִּי, וְזֶה אוֹמֵר כֻּלָּהּ שֶׁלִּי, זֶה יִשָּׁבַע שֶׁאֵין לוֹ בָהּ פָּחוֹת מֵחֶצְיָהּ, וְזֶה יִשָּׁבַע שֶׁאֵין לוֹ בָהּ פָּחוֹת מֵחֶצְיָהּ, וְיַחֲלֹקוּ. בִּזְמַן שֶׁהֵם מוֹדִים אוֹ שֶׁיֵּשׁ לָהֶן עֵדִים, חוֹלְקִים בְּלֹא שְׁבוּעָה:

두 사람이 한 가축을 타고 있었거나, 한 명은 타고 다른 한 명은 〔가축〕을 끌고 가던 상황에서, 한 사람은 "전부 제 것입니다"라고 말하고, 다른 사람도 "전부 제 것입니다"라고 말했다면, 이 사람은 자신이 그것의 절반 이상의 소유권이 있다고 맹세해야 하며, 저 사람도 그것의 절반 이상의 소유권이 있다고 맹세하고, 그것을 나누어 갖는다. 그들이 〔서로〕 동의하거나 증인들이 있는 상황이면, 그들은 맹세 없이 그것을 나눌 수 있다.

- 동의하는 경우는 그 동의에 따라, 증인들이 있다면 증언대로 나누어 갖는다. 그렇지 않는 경우에는 맹세하고 나누어 갖는다.

1, 3

הָיָה רוֹכֵב עַל גַּבֵּי בְהֵמָה וְרָאָה אֶת הַמְּצִיאָה, וְאָמַר לַחֲבֵרוֹ תְּנֶהָ לִי, נְטָלָהּ וְאָמַר אֲנִי זָכִיתִי בָהּ, זָכָה בָהּ. אִם מִשֶּׁנְּתָנָהּ לוֹ אָמַר אֲנִי זָכִיתִי בָהּ תְּחִלָּה, לֹא אָמַר כְּלוּם:

어떤 사람이 동물을 타고 가다가 찾던 물건을 발견하고 동료에게 "나에게 주시오"라고 말했는데, 〔동료가〕 그것을 취하면서 "내가 습득했습니다"라고 말하면, 그것은 〔주은 동료〕의 소유가 된다. 만약 그가 그것을 주고 난 후에, "내가 이것을 먼저 획득했습니다"라고 말했다면, 그는 아무 말도 하지 않은 것이다.

• 물건을 주은 사람이 소유권을 주장하려면 다른 사람에게 주기 전에 자신이 먼저 습득했다고 말해야 한다. 그렇지 않고 주고 난 다음에 말하면 소용이 없다.

1, 4

רָאָה אֶת הַמְּצִיאָה וְנָפַל עָלֶיהָ, וּבָא אַחֵר וְהֶחֱזִיק בָּהּ, זֶה שֶׁהֶחֱזִיק בָּהּ זָכָה בָהּ. רָאָה אוֹתָן רָצִין אַחַר מְצִיאָה, אַחַר צְבִי שָׁבוּר, אַחַר גּוֹזָלוֹת שֶׁלֹּא פָרְחוּ, וְאָמַר זָכְתָה לִי שָׂדִי, זָכְתָה לוֹ. הָיָה צְבִי רָץ כְּדַרְכּוֹ, אוֹ שֶׁהָיוּ גּוֹזָלוֹת מַפְרִיחִין, וְאָמַר זָכְתָה לִי שָׂדִי, לֹא אָמַר כְּלוּם:

어떤 사람이 찾던 물건을 발견하고 그 위에 떨어졌고, 다른 사람이 와서 그것을 잡았다면, 그 〔물건〕을 잡은 사람이 차지하게 된다. 어떤 사람이 〔그의 들판에서〕 잃어버렸던 것을 찾아, 다리가 부러진 사슴, 〔아직〕 날지 못하는 비둘기를 따라 달려가는 사람들을 보고, "나의 들판이 나를 위해 차지한 것입니다"라고 말했다면, 그는 그것을 차지한다. 〔만약〕 사슴이 정상적으로 달리고, 비둘기가 날고 있었다면, 그가 "나의 들판이 나를 위해 차지한 것입니다"라고 말했다면, 그는 아무 말도 하지 않은 것이다.

• 자신의 들판에서 움직이지 못하거나 날지 못한 상태로 발견된 동물은 들판 주인의 소유가 되지만, 도망가거나 날 수 있는 상태라면 들판 주인의 소유가 되지 못한다.

1, 5

מְצִיאַת בְּנוֹ וּבִתּוֹ הַקְּטַנִּים, מְצִיאַת עַבְדּוֹ וְשִׁפְחָתוֹ הַכְּנַעֲנִים, מְצִיאַת אִשְׁתּוֹ, הֲרֵי אֵלּוּ שֶׁלּוֹ. מְצִיאַת בְּנוֹ וּבִתּוֹ הַגְּדוֹלִים, מְצִיאַת עַבְדּוֹ וְשִׁפְחָתוֹ הָעִבְרִים, מְצִיאַת אִשְׁתּוֹ שֶׁגֵּרְשָׁהּ, אַף עַל פִּי שֶׁלֹּא נָתַן כְּתֻבָּתָהּ, הֲרֵי אֵלּוּ שֶׁלָּהֶן:

어린 아들이나 딸이 찾은 것, 가나안족 종이나 하녀가 찾은 것, 그의 아내가 찾은 것은 그의 소유가 된다. 성인 아들이나 딸이 찾은 것, 히브리인 종이나 하녀가 찾은 것, 혼인계약서의 대가를 지불하지 않은 이혼한 아내가 찾은 것은 그들[자녀들의 아버지, 종의 주인, 이혼한 남편]의 소유다.

- 그 집에 속한 모든 사람이 찾은 물건이나 동물은 모두 가장의 소유가 된다.

1, 6

מָצָא שְׁטָרֵי חוֹב, אִם יֵשׁ בָּהֶן אַחֲרָיוּת נְכָסִים, לֹא יַחֲזִיר, שֶׁבֵּית דִּין נִפְרָעִין מֵהֶן, אֵין בָּהֶן אַחֲרָיוּת נְכָסִים, יַחֲזִיר, שֶׁאֵין בֵּית דִּין נִפְרָעִין מֵהֶן, דִּבְרֵי רַבִּי מֵאִיר. וַחֲכָמִים אוֹמְרִים, בֵּין כָּךְ וּבֵין כָּךְ לֹא יַחֲזִיר, מִפְּנֵי שֶׁבֵּית דִּין נִפְרָעִין מֵהֶן:

어떤 사람이 채무증서를 발견했는데, 만약 그 [채무증서] 안에 저당 잡힌 재산이 있다면, [채권자에게] 돌려주면 안 된다. 왜냐하면 법정은 [그 증서에 근거하여] 배상을 요구할 수 있기 때문이다. [그러나] 저당 잡힌 재산이 없다면, 법정이 배상을 요구할 수 없기 때문에 [채권자에게] 돌려주어야 한다. 이는 랍비 메이르의 말이다. 현자들은 말한다. "이 경우든지 저 경우든지 법정이 [그 증서를 근거로] 배상을 요구할 수 있기 때문에, 돌려주면 안 됩니다."

- 채무증서의 주인은 일반적으로 채무자의 것이므로 저당물이 적혀 있지 않다면, 랍비 메이르는 그에게 돌려줄 수 있다고 주장한다. 하지만 현자들은 어떤 경우든지 돌려주면 안 된다고 말한다.

1, 7

מָצָא גִטֵּי נָשִׁים, וְשִׁחְרוּרֵי עֲבָדִים, דְּיָתֵיקֵי, מַתָּנָה וְשׁוֹבְרִים, הֲרֵי זֶה לֹא יַחֲזִיר, שֶׁאֲנִי אוֹמֵר כְּתוּבִים הָיוּ וְנִמְלַךְ עֲלֵיהֶם שֶׁלֹּא לִתְּנָם:

어떤 사람이 이혼증서, 종 해방문서, 유서, 증여, 영수증을 발견하면, 이것들을 〔잃어버린 사람에게〕 돌려주면 안 된다. 왜냐하면 그 문서들을 썼지만 그 후 마음이 바뀌어 그 〔문서들〕을 주지 않기로 결정했다고 말할 수 있기 때문이다.

- 이런 문서들을 받은 사람이 잃어버린 것인지 문서를 쓴 사람이 마음이 변한 경우인지 확신할 수 없기 때문에 돌려주면 안 된다.

1, 8

מָצָא אִגְּרוֹת שׁוּם וְאִגְּרוֹת מָזוֹן, שְׁטָרֵי חֲלִיצָה וּמֵאוּנִין, וּשְׁטָרֵי בֵרוּרִין, וְכָל מַעֲשֵׂה בֵית דִּין, הֲרֵי זֶה יַחֲזִיר. מָצָא בַחֲפִיסָה אוֹ בִדְלֻסְקְמָא, תַּכְרִיךְ שֶׁל שְׁטָרוֹת, אוֹ אֲגֻדָּה שֶׁל שְׁטָרוֹת, הֲרֵי זֶה יַחֲזִיר. וְכַמָּה אֲגֻדָּה שֶׁל שְׁטָרוֹת, שְׁלשָׁה קְשׁוּרִין זֶה בָזֶה. רַבָּן שִׁמְעוֹן בֶּן גַּמְלִיאֵל אוֹמֵר, אֶחָד הַלֹּוֶה מִשְּׁלשָׁה, יַחֲזִיר לַלֹּוֶה, שְׁלשָׁה הַלֹּוִין מֵאֶחָד, יַחֲזִיר לַמַּלְוֶה. מָצָא שְׁטָר בֵּין שְׁטָרוֹתָיו וְאֵינוֹ יוֹדֵעַ מַה טִּיבוֹ, יְהֵא מֻנָּח עַד שֶׁיָּבֹא אֵלִיָּהוּ. אִם יֵשׁ עִמָּהֶן סִמְפּוֹנוֹת, יַעֲשֶׂה מַה שֶּׁבַּסִּמְפּוֹנוֹת:

어떤 사람이 재산평가 서류와 과부수당 서류, 신발 벗기기 증서와 미운[1], 〔또는〕 중재결정에 관련된 문서들, 또는 법정에서 발행한 모든 문서들을 발견했을 경우, 그는 이 모든 것들을 반환해야 한다. 〔그러나〕 어떤 사람이 작은 상자나 가방 안에 함께 싸여 있거나, 문서들

1) '미운'(מאונין)은 고아가 된 소녀가 그가 미성년자일 때 어머니나 형제에 의하여 결혼하게 되어 결혼생활을 계속하는 도중 이혼 없이 그가 거절하는 것이다(블랙먼).

이 한 다발로 묶여 있거나 두루마리로 롤에 함께 감겨 있는 서류들을 발견했다면, 그는 〔그것들을〕 반환해야 한다. 한 묶음이라는 것은 〔문서〕 몇 건이 함께 있는 것을 의미하는가? 세 건이 함께 묶여 있는 것을 의미한다. 랍비 쉼온 벤 감리엘은 만약 그 문서가 세 곳의 대출기관으로부터 빌린 것을 기록하면 그 문서는 차용인에게 반환해야 한다고 말했다. 한 대출기관으로부터 세 명의 차용인들이 차용했다면, 그 대출기관에 반환해야 한다. 어떤 사람이 그의 여러 파일에서 하나의 문서를 발견했지만, 그 내용을 알 수 없는 경우, 이 문제는 엘리야가 와서 〔그 문제를 해결할 때까지〕 보류해야 한다. 그러나 만약 그 후 추가적인 기록이 있으면 그 추가적인 기록에 있는 내용을 따라야 한다.

- '신발 벗기기' 문서는 형제 역연혼(Levirate marriage)이라는 의무 결혼을 면제해주기 위한 의식을 치르고 이를 증명해주는 문서다.
- 엘리야가 올 때는 문자적으로 메시아가 올 때라는 의미인데, 현실적으로 영원히 해결할 수 없다는 것이다.

제2장

이 장에서는 발견한 물건의 소유권을 판단하기 불분명한 경우에 어떻게 해야 하는지 다룬다. 원칙적으로 습득한 물건이나 가축은 원주인을 찾아주어야 한다. 하지만 주인을 알 수 없는 경우에는 습득한 사람이 새로운 소유권자가 된다.

2, 1

אֵלּוּ מְצִיאוֹת שֶׁלּוֹ, וְאֵלּוּ חַיָּב לְהַכְרִיז. אֵלּוּ מְצִיאוֹת שֶׁלּוֹ, מָצָא פֵרוֹת מְפֻזָּרִין, מָעוֹת מְפֻזָּרוֹת, כְּרִיכוֹת בִּרְשׁוּת הָרַבִּים, וְעִגּוּלֵי דְבֵלָה, כִּכָּרוֹת שֶׁל נַחְתּוֹם, מַחֲרוֹזוֹת שֶׁל דָּגִים, וַחֲתִיכוֹת שֶׁל בָּשָׂר, וְגִזֵּי צֶמֶר הַבָּאוֹת מִמְּדִינָתָן, וַאֲנִיצֵי פִשְׁתָּן, וּלְשׁוֹנוֹת שֶׁל אַרְגָּמָן, הֲרֵי אֵלּוּ שֶׁלּוֹ, דִּבְרֵי רַבִּי מֵאִיר. רַבִּי יְהוּדָה אוֹמֵר, כָּל שֶׁיֶּשׁ בּוֹ שִׁנּוּי, חַיָּב לְהַכְרִיז. כֵּיצַד. מָצָא עִגּוּל וּבְתוֹכוֹ חֶרֶס, כִּכָּר וּבְתוֹכוֹ מָעוֹת. רַבִּי שִׁמְעוֹן בֶּן אֶלְעָזָר אוֹמֵר, כָּל כְּלֵי אַנְפּוֹרְיָא אֵינוֹ חַיָּב לְהַכְרִיז:

어떤 발견물들은 〔발견한 사람〕의 소유가 되고, 어떤 〔발견물들〕은 〔원주인이 알도록〕 공표해야 한다. "이것들은 〔발견한 사람〕의 소유가 되는 발견물들입니다. 어떤 사람이 흩어져 있는 생산물, 흩어져 있는 돈, 공적 공간에 있는 〔곡식〕 다발들, 무화과로 만든 둥근 케이크들, 제빵업자의 빵 덩어리들, 생선 꾸러미들, 고기 덩어리들, 자국산 양모 뭉치, 아마 줄기들, 자주색 양모 등을 발견했다면, 이것들은 〔발견한 사람〕이 소유자입니다." 랍비 메이르의 말이다. 랍비 예후다는 말한다. "변화된 모든 물건들은 공표해야 합니다. 어떤 경우인가? 발견한 케이크 안에 질그릇 조각이 있는 경우, 〔빵〕 덩어리 안에 동전이 있는 경우〔입니다〕." 랍비 쉼온 벤 엘리에제르는 말한다. "모든 새로운 상품들은 공표할 필요가 없습니다."

- 원소유자를 특정하기 어려우면서 분량이 적은 물건들을 발견한 경우에는 공표할 필요 없이 발견한 사람의 소유권을 인정해준다.

2, 2

וְאֵלּוּ חַיָּב לְהַכְרִיז, מָצָא פֵרוֹת בִּכְלִי אוֹ כְלִי כְּמוֹת שֶׁהוּא, מָעוֹת בְּכִיס אוֹ כִיס כְּמוֹת שֶׁהוּא, צִבּוּרֵי פֵרוֹת, צִבּוּרֵי מָעוֹת, שְׁלֹשָׁה מַטְבְּעוֹת זֶה עַל גַּב זֶה, כְּרִיכוֹת בִּרְשׁוּת הַיָּחִיד, וְכִכָּרוֹת שֶׁל בַּעַל הַבַּיִת, וְגִזֵּי צֶמֶר הַלְּקוּחוֹת

מִבֵּית הָאֻמָּן, כַּדֵּי יַיִן וְכַדֵּי שֶׁמֶן, הֲרֵי אֵלּוּ חַיָּב לְהַכְרִיז:

이것들은 〔원주인이 알도록〕 공표해야 한다. 어떤 사람이 어떤 그릇 안에 있는 생산물이나 그 그릇 자체, 주머니 안에 있는 돈이나 그 주머니 자체, 생산물 더미들이나 돈 더미들, 다른 동전 위에 쌓여 있는 세 개의 동전, 사적 공간에 있는 〔곡식〕 다발들, 가정집 주인의 빵, 장인(匠人)의 손길을 거친 양모 뭉치, 포도주 항아리나 기름 항아리를 발견했다면, 이것들은 공표해야 한다.

- 그릇에 담겨 있거나 사적 공간에서 발견되어 특정인을 알 수 있는 물건들을 발견한 경우에는, 공표하여 주인을 찾도록 노력해야 한다.

2, 3

מָצָא אַחַר הַגַּפָּה אוֹ אַחַר הַגָּדֵר גּוֹזָלוֹת מְקֻשָּׁרִין, אוֹ בִשְׁבִילִין שֶׁבַּשָּׂדוֹת, הֲרֵי זֶה לֹא יִגַּע בָּהֶן. מָצָא כְלִי בָאַשְׁפָּה, אִם מְכֻסֶּה, לֹא יִגַּע בּוֹ, אִם מְגֻלֶּה, נוֹטֵל וּמַכְרִיז. מָצָא בְגַל אוֹ בְכֹתֶל יָשָׁן, הֲרֵי אֵלּוּ שֶׁלּוֹ. מָצָא בְכֹתֶל חָדָשׁ, מֵחֶצְיוֹ וְלַחוּץ, שֶׁלּוֹ, מֵחֶצְיוֹ וְלִפְנִים, שֶׁל בַּעַל הַבָּיִת. אִם הָיָה מַשְׂכִּירוֹ לַאֲחֵרִים, אֲפִלּוּ בְתוֹךְ הַבַּיִת, הֲרֵי אֵלּוּ שֶׁלּוֹ:

어떤 사람이 울타리 뒤나 담장 뒤에, 또는 들판을 〔가로지르는〕 길에 묶여 있는 비둘기들을 발견했다면, 그것에 손을 대서는 안 된다. 어떤 사람이 쓰레기 더미에서 그릇을 발견했는데, 만약 그것이 가려져 있었다면, 그것을 만져서는 안 된다. 〔그러나〕 만약 그것이 노출되어 있다면, 그것을 가져와서 공표해야 한다. 어떤 사람이 돌 무더기나 오래된 벽에서 〔잃어버렸던 물건을〕 발견했다면, 이것들은 그 〔발견한 자〕의 것이다. 어떤 사람이 새로운 벽에서 〔어떤 물건을〕 발견했는데, 〔벽의〕 중간에서 바깥쪽에 있었다면, 그 〔발견한 자〕의 것이지만, 〔벽의 중간에서〕 안쪽에 있었다면, 그 집주인의 것이다. 만약 그 〔집〕

을 다른 사람들에게 세를 주었다면, 그 집 안에서 〔발견한 것도〕 모두 그 〔발견한 자〕의 소유다.

- 잃어버린 지 오래된 것이나 담장 바깥쪽, 즉 공적 장소에서 잃어버린 것은 주인이 없는 것으로 간주되어 발견한 사람의 소유가 된다.

2, 4

מָצָא בַחֲנוּת, הֲרֵי אֵלּוּ שֶׁלּוֹ. בֵּין הַתֵּבָה וְלַחֶנְוָנִי, שֶׁל חֶנְוָנִי. לִפְנֵי שֻׁלְחָנִי, הֲרֵי אֵלּוּ שֶׁלּוֹ. בֵּין הַכִּסֵּא וְלַשֻּׁלְחָנִי, הֲרֵי אֵלּוּ לַשֻּׁלְחָנִי. הַלּוֹקֵחַ פֵּרוֹת מֵחֲבֵרוֹ אוֹ שֶׁשָּׁלַח לוֹ חֲבֵרוֹ פֵּרוֹת, וּמָצָא בָהֶן מָעוֹת, הֲרֵי אֵלּוּ שֶׁלּוֹ. אִם הָיוּ צְרוּרִין, נוֹטֵל וּמַכְרִיז:

어떤 사람이 상점 안에서 〔버려진 물건을〕 발견했다면, 그것은 그〔발견한 자〕의 것이다. 만약 〔그 물건이〕 계산대와 상점 주인 사이에 있었다면, 그것은 상점 주인의 것이다. 〔만약 그것들이 환전상〕 탁자 앞에 있었다면, 그것들은 그〔발견한 자〕의 것이다. 〔만약 그것들이 환전상의〕 의자와 〔환전상의〕 탁자 사이에 있었다면, 그것들은 환전상의 것이다. 어떤 사람이 그의 동료로부터 과일을 가져왔거나, 그의 동료가 과일을 보냈는데, 그 안에서 동전을 발견했다면, 그것들은 그〔발견한 자〕의 것이다. 〔그러나〕 만약 그 동전들이 묶여 있었다면, 그 것들〔동전들〕을 가지고 가서 공표해야 한다.

- 넓은 상점에서 물건을 발견한 경우, 누구의 물건인지 모르기 때문에 습득한 사람의 소유가 된다. 단, 계산대 가까운 곳에서 발견되었다면 점원의 것으로 추정한다.

2, 5

אַף הַשִּׂמְלָה הָיְתָה בִּכְלָל כָּל אֵלֶּה. לָמָּה יָצָאת. לְהָקִישׁ אֵלֶיהָ, לוֹמַר לָךְ,
מַה שִּׂמְלָה מְיֻחֶדֶת שֶׁיֵּשׁ בָּהּ סִימָנִים וְיֵשׁ לָהּ תּוֹבְעִים, אַף כָּל דָּבָר שֶׁיֵּשׁ בּוֹ
סִימָנִים וְיֵשׁ לוֹ תוֹבְעִים, חַיָּב לְהַכְרִיז:

옷도 이러한 모든 규칙의 적용을 받는다. 〔성서에서 옷〕을 특별히 언급하는 이유는 무엇인가? 〔다른 것과〕 비교하면, 〔옷이〕 특별하다는 것을 알게 된다. 옷에 표식이 있으며, 〔잃어버린 물건을 찾으려는〕 청구자들이 있다는 점에서 특별하다. 그래서 표식이 있고 청구자들이 있는 모든 것들은 공표해야 한다.

- 신명기 22:3에서 옷이 특별히 언급된 이유를 옷에 주인을 알 수 있는 표식이 있기 때문으로 해석하는 미드라쉬적인 해석이다. 여기에서 확장하여 표식이 있는 모든 물건들은 공표하여 원주인을 찾아주어야 한다고 말한다.

2, 6

וְעַד מָתַי חַיָּב לְהַכְרִיז. עַד כְּדֵי שֶׁיֵּדְעוּ בוֹ שְׁכֵנָיו, דִּבְרֵי רַבִּי מֵאִיר. רַבִּי יְהוּדָה
אוֹמֵר, שָׁלֹשׁ רְגָלִים, וְאַחַר הָרֶגֶל הָאַחֲרוֹן שִׁבְעָה יָמִים, כְּדֵי שֶׁיֵּלֵךְ לְבֵיתוֹ
שְׁלֹשָׁה וְיַחֲזֹר שְׁלֹשָׁה וְיַכְרִיז יוֹם אֶחָד:

그리고 〔발견한 것을〕 언제까지 발표해야 하는가? 이웃들이 이 사실을 알 때까지다. 랍비 메이르의 말이다. 랍비 예후다는 말한다. "세 절기가 지나갈 때까지이며, 마지막 절기 이후 7일간 공표해야 합니다. 그의 집까지 가는 데 3일, 돌아오는 데 3일, 공표하는 데 하루가 〔걸리기 때문입니다〕."

- 랍비 예후다의 주장은 잃어버린 장소와 상관없이 예루살렘에서 공

표하던 시대를 반영한다. 유월절, 칠칠절, 초막절을 맞아 예루살렘 순례 중에 잃어버렸다면, 주인은 자신의 집에 도착해서(최대 3일 후) 이 사실을 알게 될 것이다. 예루살렘으로 돌아오는 데 최대 3일이 더 걸리고, 공표하는 데 하루가 더 소요되기 때문에 총 7일이 더 필요하다.

2, 7

אָמַר אֶת הָאֲבֵדָה וְלֹא אָמַר סִימָנֶיהָ, לֹא יִתֵּן לוֹ. וְהָרַמַּאי, אַף עַל פִּי שֶׁאָמַר סִימָנֶיהָ, לֹא יִתֵּן לוֹ, שֶׁנֶּאֱמַר (דברים כב) עַד דְּרשׁ אָחִיךָ אֹתוֹ, עַד שֶׁתִּדְרשׁ אֶת אָחִיךָ אִם רַמַּאי הוּא אִם אֵינוֹ רַמָּאי. כָּל דָּבָר שֶׁעוֹשֶׂה וְאוֹכֵל, יַעֲשֶׂה וְיֹאכַל. וְדָבָר שֶׁאֵין עוֹשֶׂה וְאוֹכֵל, יִמָּכֵר, שֶׁנֶּאֱמַר (שם) וַהֲשֵׁבֹתוֹ לוֹ, רְאֵה הֵיאַךְ תְּשִׁיבֶנּוּ לוֹ. מַה יְהֵא בַדָּמִים. רַבִּי טַרְפוֹן אוֹמֵר, יִשְׁתַּמֵּשׁ בָּהֶן, לְפִיכָךְ אִם אָבְדוּ חַיָּב בְּאַחֲרָיוּתָן. רַבִּי עֲקִיבָא אוֹמֵר, לֹא יִשְׁתַּמֵּשׁ בָּהֶן, לְפִיכָךְ אִם אָבְדוּ אֵינוֹ חַיָּב בְּאַחֲרָיוּתָן:

〔물건을〕 잃어버렸다고 말했으나, 그 〔물건의〕 특징을 말하지 않았으면, 그에게 주면 안 된다. 속이는 자가 〔그 물건의 특징을〕 말했을지라도 그에게 주면 안 된다. 〔성서에〕 기록되었듯이, "네 형제가 그것을 찾으려고 올 때까지"(신 22:2) 〔보관해야 한다〕. 너의 형제가 속이는 자인지, 속이는 자가 아닌지 조사할 때까지 〔주면 안 된다〕. 일하고 먹는 모든 것은 일하고 먹여야 한다. 그리고 일하지 않고 먹는 것은 팔아야 한다. 〔성서에〕 기록되었듯이, "그에게 돌려줄지니"(신 22:2). 네가 어떻게 그것을 그에게 돌려줄지를 생각하라. 그 비용은 얼마가 될 것인가? 랍비 타르폰은 말한다. "그것들을 사용할 수 있습니다. 그러나 만약 그렇게 하다가 잃어버렸다면 그는 그에 대한 책임이 있습니다." 랍비 아키바는 말한다. "그것들을 사용해서는 안 됩니다. 그러다 만약 잃어버렸다면, 그에 대한 책임이 없습니다."

- 물건의 특징을 말하는 사람이 원주인일 가능성이 높다. 하지만 속이는 자라는 평판이 있는 사람이 물건의 특징을 말한다고 하더라도 그에게 주면 안 된다.
- 다른 사람이 잃어버린 물건을 보관중이던 물건[돈]을 사용하다 잃어버렸다면, 책임을 져야 하고, 사용하지 않다가 잃어버린 경우는 책임을 지지 않아도 된다.

2, 8

מָצָא סְפָרִים, קוֹרֵא בָהֶן אַחַת לִשְׁלֹשִׁים יוֹם. וְאִם אֵינוֹ יוֹדֵעַ לִקְרוֹת, גּוֹלְלָן. אֲבָל לֹא יִלְמֹד בָּהֶן בַּתְּחִלָּה, וְלֹא יִקְרָא אַחֵר עִמּוֹ. מָצָא כְסוּת, מְנַעֲרָהּ אַחַת לִשְׁלֹשִׁים יוֹם. וְשׁוֹטְחָהּ לְצָרְכָּהּ, אֲבָל לֹא לִכְבוֹדוֹ. כְּלֵי כֶסֶף וּכְלֵי נְחֹשֶׁת, מִשְׁתַּמֵּשׁ בָּהֶן לְצָרְכָּן, אֲבָל לֹא לְשָׁחֲקָן. כְּלֵי זָהָב וּכְלֵי זְכוּכִית, לֹא יִגַּע בָּהֶן עַד שֶׁיָּבֹא אֵלִיָּהוּ. מָצָא שַׂק אוֹ קֻפָּה, וְכָל דָּבָר שֶׁאֵין דַּרְכּוֹ לִטֹּל, הֲרֵי זֶה לֹא יִטֹּל:

어떤 사람이 두루마리 [책들]을 발견했다면, 30일에 한 번은 그 [두루마리]를 읽어야 한다. 만약 읽을 줄 모르면, 그 [두루마리]를 말아두어야 한다. 그러나 그 [두루마리]로 처음으로 배우면 안 되고, 다른 사람과 함께 읽어서도 안 된다. 어떤 사람이 옷을 발견했다면, 30일에 한 번은 흔들어야 한다. 그리고 필요할 경우 그것을 활짝 펴야 한다. 그러나 자신의 명예를 위하여 [전시해서는] 안 된다. 은이나 청동으로 만든 도구는 그들의 필요에 따라 사용할 수는 있지만, 그것들을 착용해서는 안 된다. 금이나 유리로 만든 기구들은 엘리야가 오기 전까지 만져서는 안 된다. 어떤 사람이 가방이나 상자, 또는 보통 들고 다니지 않는 그 어떤 물건을 발견했다면, 그것을 가져오면 안 된다.

- 좀이 먹거나 곰팡이가 피는 것을 방지하기 위해 두루마리나 옷을 잘 펴서 환기도 하고 말려야 한다.

• 엘리야가 오기 전은 아주 먼 훗날을 의미한다. 유대 전통에서는 메시아가 오기 전에 엘리야가 온다고 믿는다.

2, 9

אֵיזוֹ הִיא אֲבֵדָה, מָצָא חֲמוֹר אוֹ פָרָה רוֹעִין בַּדֶּרֶךְ, אֵין זוֹ אֲבֵדָה. חֲמוֹר וְכֵלָיו הֲפוּכִין, פָּרָה רָצָה בֵּין הַכְּרָמִים, הֲרֵי זוֹ אֲבֵדָה. הֶחֱזִירָהּ וּבָרְחָה, הֶחֱזִירָהּ וּבָרְחָה, אֲפִילוּ אַרְבָּעָה וַחֲמִשָּׁה פְעָמִים, חַיָּב לְהַחֲזִירָהּ, שֶׁנֶּאֱמַר (דברים כב) הָשֵׁב תְּשִׁיבֵם. הָיָה בָטֵל מִסֶּלַע, לֹא יֹאמַר לוֹ תֶּן לִי סֶלַע, אֶלָּא נוֹתֵן לוֹ שְׂכָרוֹ כְּפוֹעֵל בָּטֵל. אִם יֵשׁ שָׁם בֵּית דִּין, מַתְנֶה בִּפְנֵי בֵית דִּין. אִם אֵין שָׁם בֵּית דִּין, בִּפְנֵי מִי יַתְנֶה, שֶׁלּוֹ קוֹדֵם:

어떤 것이 잃어버린 것으로 간주되는가? 어떤 사람이 〔이동〕 경로를 따라 방목되던 나귀나 소를 발견했다면, 이것은 잃어버린 것이 아니다. 그러나 만약 뒤집어진 장비를 쓰고 있는 나귀와 포도밭 사이를 달리는 암소가 있다면, 이것은 잃어버린 것으로 간주된다. 어떤 사람이 그것을 〔주인에게〕 돌려주었는데 도망가고, 〔다시〕 돌려주었는데 도망갔다면, 심지어 네 번, 다섯 번 〔도망갔더라도〕, 그는 그것을 돌려줘야 한다. 〔성서에〕 기록되었듯이, “너는 반드시 〔끌어다가〕 네 형제에게 돌릴 것이요”(신 22:1). 만약 그로 인해 잃어버린 시간이 1셀라의 가치였다고 해서, 그에게 “1셀라를 주시오”라고 말해서는 안 된다. 대신 〔잃어버린 것을 다시 찾은〕 그는 그〔찾아준 사람〕에게 실직한 일꾼이 받는 임금을 주면 된다. 만약 그곳에 법정이 있으면, 이것을 법정으로 가져갈 수 있다. 그러나 만약 그곳에 법정이 없으면, 그의 필요가 우선된다.

• 잃어버린 물건이나 가축을 찾아서 돌려주는 데 소요된 시간과 비용이 있더라도, 그 물건이나 가축의 가치보다 더 크다면 이것을 원주인에게 요구할 수는 없다. 대신, 원주인은 실직한 일꾼의 임금처럼

최소 임금을 지급해주면 된다.

- 만약 법정이 있다면 이 문제를 법정에서 다루어도 된다.

2, 10

מְצָאָהּ בְּרֶפֶת, אֵינוֹ חַיָּב בָּהּ. בִּרְשׁוּת הָרַבִּים, חַיָּב בָּהּ. וְאִם הָיְתָה בֵּית הַקְּבָרוֹת, לֹא יִטַּמָּא לָהּ. אִם אָמַר לוֹ אָבִיו, הִטַּמֵּא, אוֹ שֶׁאָמַר לוֹ, אַל תַּחֲזִיר, לֹא יִשְׁמַע לוֹ. פָּרַק וְטָעַן, פָּרַק וְטָעַן, אֲפִלּוּ אַרְבָּעָה וַחֲמִשָּׁה פְעָמִים, חַיָּב, שֶׁנֶּאֱמַר (שמות כג) עָזֹב תַּעֲזֹב. הָלַךְ וְיָשַׁב לוֹ וְאָמַר, הוֹאִיל וְעָלֶיךָ מִצְוָה, אִם רְצוֹנְךָ לִפְרֹק פְּרֹק, פָּטוּר, שֶׁנֶּאֱמַר, עִמּוֹ. אִם הָיָה זָקֵן אוֹ חוֹלֶה, חַיָּב. מִצְוָה מִן הַתּוֹרָה לִפְרֹק, אֲבָל לֹא לִטְעֹן. רַבִּי שִׁמְעוֹן אוֹמֵר, אַף לִטְעֹן. רַבִּי יוֹסֵי הַגְּלִילִי אוֹמֵר, אִם הָיָה עָלָיו יָתֵר עַל מַשָּׂאוֹ, אֵין זָקוּק לוֹ, שֶׁנֶּאֱמַר, תַּחַת מַשָּׂאוֹ, מַשּׂאוֹי שֶׁיָּכוֹל לַעֲמֹד בּוֹ:

어떤 사람이 외양간에서 〔동물을〕 발견했다면, 그는 그것을 〔주인에게 돌려줄〕 책임이 없다. 그러나 〔만약 그것이〕 공적인 영역에 있다면, 그에게 책임이 있다. 만약 그것이 공동묘지에 있다고 해도, 그것 때문에 부정하게 되지는 않는다. 만약 그의 아버지가 그에게 "부정하게 되었다"거나 "잃어버린 것을 돌려주지 말라"고 말했다면, 그는 그 말을 듣지 말아야 한다. 〔동물이 짊어진〕 짐을 풀고 다시 싣고, 짐을 풀고 다시 실었다. 심지어 〔이것을〕 네 번, 다섯 번 반복하더라도, 그는 〔그 동물을 도와줄〕 책임이 있다. 〔성서에〕 기록되었듯이, "그를 도와 그 짐을 부릴지니라"(출 23:5). 〔그 주인이〕 가서 앉았다. 그리고 〔지나가던 사람에게〕, "계명이 당신에게 있기 때문에, 만약 당신이 〔그 동물을〕 풀어줄 의향이 있다면, 그렇게 하시오"라고 말했다면, 〔지나가던 사람〕은 책임이 없다. 〔성서에〕 기록되었듯이, "그를 도와"(출 23:5). 〔만약 그 주인이〕 늙거나 병들었을 경우, 그는 〔도와줄〕 책임이 있다. 계명은 짐을 내리는 것을 도우라는 〔계명〕은 있지만, 그것을 다시 싣는 〔계명〕은 없다. 랍비 쉼온은 말한다. "짐을 싣는 것도

〔있습니다〕." 갈릴리 사람 랍비 요쎄는 말한다. "만약 그 짐이 운반할 수 없을 정도로 무겁다면, 그렇게 할 필요는 없다." 〔성서에〕 기록되었듯이, "그 짐 아래에 〔엎드러짐을 보거든〕"(출 23:5) 그 짐은 〔가축〕이 감당할 수 있는 짐이다.

- 토라의 법과 대치되는 아버지의 명령에 순종할 필요가 없다.
- 갈릴리 출신 랍비 요쎄는 가축이 감당할 수 없는 짐을 끌고 갈 때는, 짐을 내리는 것을 도울 필요가 없다고 말한다. 가축 주인의 어리석음을 돕지 말하는 의미다.

2, 11

אֲבֵדָתוֹ וַאֲבֵדַת אָבִיו, אֲבֵדָתוֹ קוֹדֶמֶת. אֲבֵדָתוֹ וַאֲבֵדַת רַבּוֹ, שֶׁלּוֹ קוֹדֶמֶת. אֲבֵדַת אָבִיו וַאֲבֵדַת רַבּוֹ, שֶׁל רַבּוֹ קוֹדֶמֶת, שֶׁאָבִיו הֱבִיאוֹ לָעוֹלָם הַזֶּה, וְרַבּוֹ שֶׁלִּמְּדוֹ חָכְמָה מְבִיאוֹ לְחַיֵּי הָעוֹלָם הַבָּא. וְאִם אָבִיו חָכָם, שֶׁל אָבִיו קוֹדֶמֶת. הָיָה אָבִיו וְרַבּוֹ נוֹשְׂאִין מַשְּׂאוֹי, מֵנִיחַ אֶת שֶׁל רַבּוֹ. וְאַחַר כָּךְ מֵנִיחַ אֶת שֶׁל אָבִיו. הָיָה אָבִיו וְרַבּוֹ בְּבֵית הַשֶּׁבִי, פּוֹדֶה אֶת רַבּוֹ, וְאַחַר כָּךְ פּוֹדֶה אֶת אָבִיו. וְאִם הָיָה אָבִיו חָכָם, פּוֹדֶה אֶת אָבִיו, וְאַחַר כָּךְ פּוֹדֶה אֶת רַבּוֹ:

자신이 잃어버린 물건과 그의 아버지가 잃어버린 물건이 〔있다면〕, 자신의 〔물건〕이 우선시된다. 자신이 잃어버린 물건과 스승의 잃어버린 물건이 〔있다면〕, 자신의 〔물건〕이 우선시된다. 그의 아버지가 잃어버린 물건과 스승이 잃어버린 물건이 〔있다면〕, 스승의 〔물건〕이 우선시된다. 왜냐하면 아버지는 그를 이 세상에 태어나게 했으나, 스승은 그에게 지혜를 가르쳐 그를 다음 세상으로 인도했기 때문이다. 그러나 그의 아버지가 현자라면 그의 아버지의 〔물건〕이 우선시된다. 〔만약〕 그의 아버지와 그의 스승이 짐을 지고 간다면, 그의 스승의 〔짐〕을 내리고, 그의 아버지의 〔짐〕을 내려야 한다. 〔만약〕 그

의 아버지와 그의 스승이 감옥에 있었다면, 그의 스승을 구하고, 그의 아버지를 구해야 한다. 만약 그의 아버지가 현자라면, 그의 아버지를 〔먼저〕 구하고, 그 후에 그의 스승을 구해야 한다.

- 아버지나 스승의 물건보다 자신의 것이 우선시되는 것은 다소 의아하다.
- 이 세상에 태어나게 해준 아버지의 물건보다는 다음 세상으로 이끌어준 스승의 물건이 우선한다. 단, 아버지도 현자(랍비)라면 아버지의 물건이 우선한다.

제3장

돈을 맡은 사람이 분실하거나 도난당한 경우에는 맹세를 하면 책임이 면해진다. 하지만 그의 잘못이 밝혀지면, 책임을 져야 한다. 동료(이웃)에게 물건이나 가축을 맡기는 경우에 대하여 출애굽기 22:7-15에서 다루고 있다.

3, 1

הַמַּפְקִיד אֵצֶל חֲבֵרוֹ בְּהֵמָה אוֹ כֵלִים, וְנִגְנְבוּ אוֹ שֶׁאָבְדוּ, שִׁלֵּם וְלֹא רָצָה לִשָּׁבַע, שֶׁהֲרֵי אָמְרוּ שׁוֹמֵר חִנָּם נִשְׁבָּע וְיוֹצֵא, נִמְצָא הַגַּנָּב, מְשַׁלֵּם תַּשְׁלוּמֵי כֶפֶל. טָבַח וּמָכַר, מְשַׁלֵּם תַּשְׁלוּמֵי אַרְבָּעָה וַחֲמִשָּׁה. לְמִי מְשַׁלֵּם, לְמִי שֶׁהַפִּקָּדוֹן אֶצְלוֹ. נִשְׁבַּע וְלֹא רָצָה לְשַׁלֵּם, נִמְצָא הַגַּנָּב, מְשַׁלֵּם תַּשְׁלוּמֵי כֶפֶל, טָבַח וּמָכַר, מְשַׁלֵּם תַּשְׁלוּמֵי אַרְבָּעָה וַחֲמִשָּׁה. לְמִי מְשַׁלֵּם, לְבַעַל הַפִּקָּדוֹן:

어떤 사람이 그의 동료에게 가축이나 도구들을 맡겼는데 도난당했거나 분실한 경우에, 그〔물건 맡은 사람〕가 〔손해를〕 배상했고 맹세하

기를 원하지 않았는데, 이것은 〔현자들이〕 말했듯이, 〔돈을 받지 않고 관리해주는〕 무급 관리자가 맹세하면 면책되기 때문이다. 〔나중에 만약〕 도둑이 발견되면 그 〔도둑〕은 두 배로 배상해야 한다. 그 〔도둑〕이 〔가축들을〕 도살했거나 팔았다면, 그는 네 배나 다섯 배로 배상해야 한다. 〔도둑〕은 누구에게 배상해야 하는가? 그 물건을 맡은 사람이다. 어떤 사람이 그의 동료에게 맹세했고 배상을 원치 않았는데, 〔나중에 만약〕 도둑이 발견되면 그 〔도둑〕은 두 배로 배상해야 한다. 그 〔도둑〕이 〔가축들을〕 도살했거나 팔았다면, 그는 네 배나 다섯 배로 배상해야 한다. 그는 누구에게 배상해야 하는가? 그것을 맡긴 그 물건의 주인에게 〔배상해야 한다〕.

- 돈을 받고 관리해주는 유급 관리자와 돈을 받지 않고 관리해주는 무급 관리자의 차이가 드러나는 장면이다. 유급 관리자는 도난이나 분실이 발생할 경우에 이에 대하여 책임을 지고 배상해야 한다. 아울러 맡은 물건으로 인해 발생하는 이익도 유급 관리자의 몫이다.
- 반면에 무급 관리자는 도난이나 분실이 발생할 경우 맹세하면 책임이 면해진다. 다만, 맡은 물건으로 인해 발생하는 이익은 원주인이 가져간다.

3, 2

הַשּׂוֹכֵר פָּרָה מֵחֲבֵרוֹ וְהִשְׁאִילָהּ לְאַחֵר, וּמֵתָה כְדַרְכָּהּ, יִשָּׁבַע הַשּׂוֹכֵר שֶׁמֵּתָה כְדַרְכָּהּ, וְהַשּׁוֹאֵל יְשַׁלֵּם לַשּׂוֹכֵר. אָמַר רַבִּי יוֹסֵי, כֵּיצַד הַלָּה עוֹשֶׂה סְחוֹרָה בְּפָרָתוֹ שֶׁל חֲבֵרוֹ, אֶלָּא תַּחֲזֹר פָּרָה לַבְּעָלִים:

어떤 사람이 그의 동료로부터 암소를 임차했고, 그 소를 〔다시〕 다른 사람에게 빌려주었는데 그 소가 자연적으로 죽었다면, 그 소를 임차한 사람은 그 소가 자연적으로 죽었다고 맹세해야 하고 그 소를

〔나중에〕 빌렸던 사람은 그 임차인에게 배상해야 한다. 랍비 요쎄는 말한다. "어떻게 동료의 소를 가지고 장사할 수 있겠는가? 그는 그 소를 주인에게 돌려주어야 합니다."

- 돈을 지불하고 빌려 쓰는 임차인은 가축이 자연사할 경우, 자연적으로 죽었다고 맹세하면 원주인에게 배상할 필요가 없다. 반면에 돈을 지불하지 않고 빌려 쓴 사람은 어떤 경우에도 배상해야 한다. 따라서 이 경우 소는 임차인의 소유가 되어버린다.
- 랍비 요쎄는 이것은 상도덕상 옳지 않다고 주장한다.

3, 3

אָמַר לִשְׁנַיִם, גָּזַלְתִּי לְאֶחָד מִכֶּם מָנֶה, וְאֵינִי יוֹדֵעַ אֵיזֶה מִכֶּם, אוֹ, אָבִיו שֶׁל אֶחָד מִכֶּם הִפְקִיד לִי מָנֶה, וְאֵינִי יוֹדֵעַ אֵיזֶה הוּא, נוֹתֵן לָזֶה מָנֶה וְלָזֶה מָנֶה, שֶׁהוֹדָה מִפִּי עַצְמוֹ:

어떤 사람이 두 사람에게 말했다. "당신들 중 한 사람에게 1마네를 훔쳤습니다. 그러나 당신들 중에서 누구로부터 〔훔쳤는지〕 알지 못합니다." 또는 "당신들 중 한 사람의 아버지가 나에게 1마네를 맡겼는데 누가 맡겼는지 알지 못합니다." 그는 이 사람에게 1마네, 저 사람에게 1마네를 주어야 한다. 왜냐하면 그 자신이 그것을 고백했기 때문이다.

- 배상해야 할 대상이 누구인지 모르는 경우, 두 사람 모두에게 배상해야 한다.

3, 4

שְׁנַיִם שֶׁהִפְקִידוּ אֵצֶל אֶחָד, זֶה מָנֶה וְזֶה מָאתַיִם, זֶה אוֹמֵר שֶׁלִּי מָאתַיִם וְזֶה אוֹמֵר שֶׁלִּי מָאתַיִם, נוֹתֵן לָזֶה מָנֶה וְלָזֶה מָנֶה, וְהַשְּׁאָר יְהֵא מֻנָּח עַד שֶׁיָּבֹא אֵלִיָּהוּ. אָמַר רַבִּי יוֹסֵי, אִם כֵּן מַה הִפְסִיד הָרַמַּאי. אֶלָּא הַכֹּל יְהֵא מֻנָּח עַד שֶׁיָּבֹא אֵלִיָּהוּ:

두 사람이 한 사람에게 〔돈을〕 맡겼는데, 한 사람은 1마네(100주즈), 다른 사람은 200주즈를 〔맡겼는데〕, 두 사람 다 200주즈씩 맡겼다고 말한다면 그 맡았던 사람은 두 사람에게 각각 1마네씩 돌려준다. 그리고 그 나머지는 엘리야가 올 때까지 따로 보관한다. 랍비 요쎄는 말했다. "그렇다면 속인 사람은 무엇을 잃었는가? 오히려 엘리야가 올 때까지 모든 금액을 보관해야 합니다."

- 두 사람이 맡긴 금액이 각각 다른데 서로 더 많은 금액을 맡겼다고 주장하면 사실 두 사람 중 한 사람은 거짓말을 하고 있다. 이때는 두 사람에게 최소 금액을 돌려주고, 남은 금액은 엘리야가 와서 명확히 해결될 때까지 맡은 사람이 보관한다.
- 랍비 요쎄는 거짓말한 사람이 한 푼도 받지 못하도록 모든 금액을 엘리야가 올 때까지 보관해야 한다고 주장한다.

3, 5

וְכֵן שְׁנֵי כֵלִים, אֶחָד יָפֶה מָנֶה וְאֶחָד יָפֶה אֶלֶף זוּז, זֶה אוֹמֵר יָפֶה שֶׁלִּי וְזֶה אוֹמֵר יָפֶה שֶׁלִּי, נוֹתֵן אֶת הַקָּטָן לְאֶחָד מֵהֶן, וּמִתּוֹךְ הַגָּדוֹל נוֹתֵן דְּמֵי קָטָן לַשֵּׁנִי, וְהַשְּׁאָר יְהֵא מֻנָּח עַד שֶׁיָּבֹא אֵלִיָּהוּ. אָמַר רַבִּי יוֹסֵי, אִם כֵּן מַה הִפְסִיד הָרַמַּאי. אֶלָּא הַכֹּל יְהֵא מֻנָּח עַד שֶׁיָּבֹא אֵלִיָּהוּ:

마찬가지로 두 개의 도구가 있는데, 하나의 값은 1마네(100주즈)이고 다른 하나는 1,000주즈다. 한 사람이 "좋은 것이 내 것입니다"라고 말하고, 다른 사람도 역시 "좋은 것이 내 것입니다"라고 말했다면, 한 사람에게 작은 것을 주고, 다른 사람에게는 큰 그릇에서 작은 그릇에 해당하는 돈을 주어야 한다. 나머지는 엘리야가 올 때까지 보관해야 한다. 랍비 요쎄는 말했다. "만약 그렇다면 그 속인 사람은 무엇을 잃게 될 것인가? 오히려, 엘리야가 올 때까지 모든 금액을 보관해야 합니다."

3, 6

הַמַּפְקִיד פֵּרוֹת אֵצֶל חֲבֵרוֹ, אֲפִלּוּ הֵן אֲבוּדִין לֹא יִגַּע בָּהֶן. רַבָּן שִׁמְעוֹן בֶּן גַּמְלִיאֵל אוֹמֵר, מוֹכְרָן בִּפְנֵי בֵית דִּין, מִפְּנֵי שֶׁהוּא כְמֵשִׁיב אֲבֵדָה לַבְּעָלִים:

어떤 사람이 그의 동료에게 생산물을 맡겨놓았다면, 심지어 그 과일이 상하더라도 그것을 만져서는 안 된다. 라반 쉼온 벤 감리엘은 말한다. "법정의 감독하에 팔아야 합니다. 왜냐하면 이것은 잃어버린 물건을 주인에게 찾아주는 것과 같기 때문이다."

- 생산물을 맡은 사람은 부패할 위험성이 있다고 하더라도 주인의 허락 없이 그것을 임의로 처분해서는 안 된다. 라반 쉼온 벤 감리엘은 주인의 손실이 예상되는 경우를 물건을 잃어버린 경우에 비유하고, 팔아서 돌려주는 편이 더 낫다고 주장한다.

3, 7

הַמַּפְקִיד פֵּרוֹת אֵצֶל חֲבֵרוֹ, הֲרֵי זֶה יוֹצִיא לוֹ חֶסְרוֹנוֹת. לְחִטִּין וּלְאֹרֶז, תִּשְׁעָה חֲצָאֵי קַבִּין לְכוֹר, לִשְׂעֹרִין וּלְדֹחַן, תִּשְׁעָה קַבִּין לְכוֹר, לְכֻסְמִין וּלְזֶרַע פִּשְׁתָּן, שָׁלֹשׁ סְאִין לְכוֹר. הַכֹּל לְפִי הַמִּדָּה, הַכֹּל לְפִי הַזְּמָן. אָמַר רַבִּי יוֹחָנָן בֶּן נוּרִי, וְכִי מָה אִכְפַּת לָהֶן לָעַכְבָּרִין, וַהֲלֹא אוֹכְלוֹת בֵּין מֵהַרְבֵּה וּבֵין מִקִּמְעָא. אֶלָּא אֵינוֹ מוֹצִיא לוֹ חֶסְרוֹנוֹת אֶלָּא לְכוֹר אֶחָד בִּלְבָד. רַבִּי יְהוּדָה אוֹמֵר, אִם הָיְתָה מִדָּה מְרֻבָּה, אֵינוֹ מוֹצִיא לוֹ חֶסְרוֹנוֹת, מִפְּנֵי שֶׁמּוֹתִירוֹת:

어떤 사람이 그의 동료에게 과일을 맡겨놓았다면, 〔맡았던〕 그는 〔돌려줄 때〕 감소분을 공제한다. 밀과 쌀에 대해서는 1코르에 9.5카브, 보리와 기장은 1코르에 9카브, 그리고 가축 사료용 밀과 아마씨는 1코르에 3쎄아를 〔공제한다〕. 전체 〔계산〕은 분량과 시간에 따른다. 랍비 요하난 벤 누리가 말했다. "쥐가 무엇을 상관하겠습니까? 〔쥐들〕은 양이 많든 적든 〔같은 양을〕 먹지 않겠습니까! 오히려, 그는 1코르에 〔해당하는 평균적인〕 감소분을 공제하면 됩니다." 랍비 예후다는 말한다. "만약 〔맡긴 양이〕 많다면 공제하지 않습니다. 왜냐하면 증가한 〔부분도 있기〕 때문입니다."

- 생산물을 맡은 사람이 주인에게 돌려줄 때, 쥐가 어느 정도 먹은 것으로 간주하여 같은 양을 돌려주지 않아도 된다. 이때 곡식마다 1년 동안 공제되는 양이 다르다.
- 참고로 1쎄아는 6카브이고, 30쎄아는 180카브로 1코르(kor)라고 한다(블랙먼).

3, 8

מוֹצִיא לוֹ שְׁתוּת לְיַיִן. רַבִּי יְהוּדָה אוֹמֵר, חֹמֶשׁ. מוֹצִיא לוֹ שְׁלֹשֶׁת לֻגִּין שֶׁמֶן לְמֵאָה, לֹג וּמֶחֱצָה שְׁמָרִים, לֹג וּמֶחֱצָה בְּלַע. אִם הָיָה שֶׁמֶן מְזֻקָּק, אֵינוֹ מוֹצִיא לוֹ שְׁמָרִים. אִם הָיוּ קַנְקַנִּים יְשָׁנִים, אֵינוֹ מוֹצִיא לוֹ בְּלַע. רַבִּי יְהוּדָה אוֹמֵר, אַף הַמּוֹכֵר שֶׁמֶן מְזֻקָּק לַחֲבֵרוֹ כָּל יְמוֹת הַשָּׁנָה, הֲרֵי זֶה מְקַבֵּל עָלָיו לֹג וּמֶחֱצָה שְׁמָרִים לְמֵאָה:

〔맡은 사람은〕 포도주는 1/6을 공제할 수 있다. 랍비 예후다는 말한다. "1/5을 〔공제합니다〕." 기름의 경우 100로그에 3로그를 공제할 수 있다. 1.5로그는 침전으로 〔인한 손실〕, 1.5로그는 흡수로 〔인한 손실이다〕. 만약 정제된 기름이면 침전으로 〔인한 손실을〕 공제하지 않는

다. 만약 오래된 단지는 흡수로 〔인한 손실을〕 공제하지 않는다. 랍비 예후다는 말한다. "정제된 기름을 그의 동료에게 1년 내내 판매한다면, 그 구매자는 100로그에 1.5로그의 침전으로 〔인한 손실을〕 받아들여야 합니다."

- 포도주나 기름은 침전이나 흡수로 인해 손실이 발생할 수 있다. 단, 정제된 기름은 침전물이 없고, 이미 기름을 오래 머금은 단지는 더 이상 기름이 흡수되지 않는다.

3, 9

הַמַּפְקִיד חָבִית אֵצֶל חֲבֵרוֹ, וְלֹא יִחֲדוּ לָהּ הַבְּעָלִים מָקוֹם, וְטִלְטְלָהּ וְנִשְׁבְּרָה,
אִם מִתּוֹךְ יָדוֹ נִשְׁבְּרָה, לְצָרְכּוֹ, חַיָּב, לְצָרְכָּהּ, פָּטוּר. אִם מִשֶּׁהִנִּיחָהּ נִשְׁבְּרָה,
בֵּין לְצָרְכּוֹ בֵּין לְצָרְכָּהּ, פָּטוּר. יִחֲדוּ לָהּ הַבְּעָלִים מָקוֹם, וְטִלְטְלָהּ וְנִשְׁבְּרָה,
בֵּין מִתּוֹךְ יָדוֹ וּבֵין מִשֶּׁהִנִּיחָהּ, לְצָרְכּוֹ, חַיָּב, לְצָרְכָּהּ, פָּטוּר:

어떤 사람이 그의 동료에게 통을 맡겼는데, 그 주인이 〔보관〕 장소를 지정하지 않았다. 〔맡은 사람〕이 〔통〕을 옮기다 깨진 경우에, 만약 그 통이 그의 필요에 따라 옮기다 깨졌다면 배상 책임이 있다. 그러나 그 통을 위해 〔옮기다 깨졌다면 배상 책임이〕 면제된다. 만약 〔통 주인이 장소〕를 지정했는데, 그 자신을 위해서나 그 통을 위해서 〔옮기다〕 깨졌다면, 〔배상 책임이〕 면제된다. 〔만약〕 통 주인이 장소를 지정하고 다른 사람이 움직이다 깨졌다면, 그가 옮기다 깨졌든, 그가 그것을 장소에 둔 이후에 깨졌든지, 〔움직인 사람〕 자신을 위하여 〔움직였다면〕 배상 책임이 있지만, 그 통 자체를 위해서 〔움직였다면〕 그는 〔배상 책임에서〕 면제된다.

- 통을 맡긴 경우에, 주인이 장소를 지정했든지 지정하지 않았든지,

통에 있는 내용물을 위해 더 나은 장소로 옮기다 깨진 경우에는 배상 책임이 없다.

- 통을 맡은 사람이 자신을 위해 옮기다 깨진 경우는, 주인이 먼저 장소를 지정했으면 주인 책임이지만, 그렇지 않으면 맡은 사람이 배상의 책임 있다.

3, 10

הַמַּפְקִיד מָעוֹת אֵצֶל חֲבֵרוֹ, צְרָרָן וְהִפְשִׁילָן לַאֲחוֹרָיו, אוֹ שֶׁמְּסָרָן לִבְנוֹ וּלְבִתּוֹ הַקְּטַנִּים, וְנָעַל בִּפְנֵיהֶם שֶׁלֹּא כָרָאוּי, חַיָּב, שֶׁלֹּא שָׁמַר כְּדֶרֶךְ הַשּׁוֹמְרִים. וְאִם שָׁמַר כְּדֶרֶךְ הַשּׁוֹמְרִים, פָּטוּר:

어떤 사람이 그의 동료에게 동전을 맡겨놓았는데, 그것을 묶어서 등 뒤로 매거나, 그의 어린 아들이나 딸에게 전달했거나, 정상적으로 〔문을〕 잠그지 않았다면, 그는 〔배상〕 책임이 있다. 왜냐하면 일반적인 지키는 방식으로 지키지 않았기 때문이다. 그러나 만약 그가 일반적인 방식으로 지켰다면 그는 〔배상 책임에서〕 면제된다.

- 맡긴 돈을 부주의한 방식으로 보관하다 분실한 경우에는 배상 책임이 있다.

3, 11

הַמַּפְקִיד מָעוֹת אֵצֶל שֻׁלְחָנִי, אִם צְרוּרִין, לֹא יִשְׁתַּמֵּשׁ בָּהֶם, לְפִיכָךְ אִם אָבְדוּ אֵינוֹ חַיָּב בְּאַחֲרָיוּתָן, מֻתָּרִין, יִשְׁתַּמֵּשׁ בָּהֶן, לְפִיכָךְ אִם אָבְדוּ חַיָּב בְּאַחֲרָיוּתָן. אֵצֶל בַּעַל הַבַּיִת, בֵּין צְרוּרִין וּבֵין מֻתָּרִים לֹא יִשְׁתַּמֵּשׁ בָּהֶן, לְפִיכָךְ אִם אָבְדוּ אֵינוֹ חַיָּב בְּאַחֲרָיוּתָן. חֶנְוָנִי כְּבַעַל הַבַּיִת, דִּבְרֵי רַבִּי מֵאִיר. רַבִּי יְהוּדָה אוֹמֵר, חֶנְוָנִי כַּשֻּׁלְחָנִי:

어떤 사람이 환전상에게 동전을 맡겼는데, 만약 〔동전들〕을 묶어

놓았으면 사용해서는 안 된다. 그래서 만약 그것을 잃어버렸다면 그는 배상 책임이 없다. 〔만약〕 묶어두지 않았으면 그것을 사용할 수 있다. 그래서 만약 그것을 잃어버렸다면 그는 배상 책임이 있다. 집주인에게 맡겨놓았으면, 묶어두었든지 묶어두지 않았든지 그것을 사용해서는 안 된다. 그래서 만약 그것을 잃어버렸다면 그는 배상 책임이 없다. 〔맡은 사람이〕 상점 주인이면, 그는 집주인과 같다. 랍비 메이르의 말이다. 랍비 예후다는 말한다. "상점 주인은 환전상과 같습니다."

- 맡은 물건을 사용할 수 있다면, 분실에 대한 책임도 져야 한다.
- 환전상에게 맡긴 돈은 사용할 수도 있고, 사용하면 안 되는 경우도 있다. 하지만 집주인에게 맡긴 경우는 사용해서는 안 된다.
- 상점 주인을 환전상으로 간주할지 집주인으로 간주할지 랍비들마다 다르다.

3, 12

הַשּׁוֹלֵחַ יָד בְּפִקָּדוֹן, בֵּית שַׁמַּאי אוֹמְרִים, יִלְקֶה בְחָסֵר וּבְיָתֵר. וּבֵית הִלֵּל אוֹמְרִים, כִּשְׁעַת הוֹצָאָה. רַבִּי עֲקִיבָא אוֹמֵר, כִּשְׁעַת הַתְּבִיעָה. הַחוֹשֵׁב לִשְׁלֹחַ יָד בְּפִקָּדוֹן, בֵּית שַׁמַּאי אוֹמְרִים, חַיָּב. וּבֵית הִלֵּל אוֹמְרִים, אֵינוֹ חַיָּב עַד שֶׁיִּשְׁלַח בּוֹ יָד, שֶׁנֶּאֱמַר (שמות כב) אִם לֹא שָׁלַח יָדוֹ בִּמְלֶאכֶת רֵעֵהוּ. כֵּיצַד. הִטָּה אֶת הֶחָבִית וְנָטַל הֵימֶנָּה רְבִיעִית, וְנִשְׁבְּרָה, אֵינוֹ מְשַׁלֵּם אֶלָּא רְבִיעִית. הִגְבִּיהָהּ וְנָטַל הֵימֶנָּה רְבִיעִית, וְנִשְׁבְּרָה, מְשַׁלֵּם דְּמֵי כֻלָּהּ:

어떤 사람이 맡겨둔 돈을 유용한 경우에, 샴마이 학파는 말한다. "손실이 발생했건 이익이 발생했건 간에 처벌해야 합니다." 힐렐 학파는 말한다. "유용한 시점의 가치로 〔복구해야 합니다〕." 랍비 아키바는 말한다. "요구하는 시점의 가치로 〔복구해야 합니다〕." 어떤 사람이 맡겨둔 돈을 유용하려고 생각한 경우에, 샴마이 학파는 말한다.

"〔맡겨둔 돈을 오용한 것처럼〕 책임이 있습니다." 힐렐 학파는 말한다. "유용하기 전까지는 책임이 없습니다." 〔성서에〕 기록되었듯이, "이웃의 것에 손을 대지 아니하였으면"(출 22:11, 히브리어 성서 22:10). 어떻게 그러한가? 만약 그가 〔맡은 포도주〕 통을 기울어서 1/4〔로그〕를 취했는데, 〔통이〕 깨졌다면, 그는 1/4〔로그〕만 배상하면 된다. 〔만약 통을〕 들어 올려 1/4을 취했는데, 〔통이〕 깨어졌다면, 〔포도주〕 전체 가치를 배상해야 한다.

- 삼마이 학파와 힐렐 학파의 일반적인 경향이 여실히 드러나고 있다. 삼마이 학파는 유용했다면 어떤 경우라도 책임이 있다는 입장이다. 심지어 유용하려는 생각만으로도 책임을 져야 한다.
- 힐렐 학파는 유용한 시점의 가치대로 복구하면 된다는 입장이다. 그리고 유용하려는 마음만으로는 책임이 없고, 유용한 후에 책임을 진다고 말한다.

제4장

이 장은 돈이나 물건의 거래와 관련된 주제들을 다룬다. 거래는 언제 어떻게 이루어지는가? 물건이나 돈을 거래할 때 이 거래는 최종적으로 어느 시점에 마치게 되는가? 거래 중간에 어떤 경우에 물리는 것이 가능한가?

4, 1

הַזָּהָב קוֹנֶה אֶת הַכֶּסֶף, וְהַכֶּסֶף אֵינוֹ קוֹנֶה אֶת הַזָּהָב. הַנְּחֹשֶׁת קוֹנָה אֶת הַכֶּסֶף, וְהַכֶּסֶף אֵינוֹ קוֹנֶה אֶת הַנְּחֹשֶׁת. מָעוֹת הָרָעוֹת קוֹנוֹת אֶת הַיָּפוֹת,

וְהַיָּפוֹת אֵינָן קוֹנוֹת אֶת הָרָעוֹת. אֲסִימוֹן קוֹנֶה אֶת הַמַּטְבֵּעַ, וְהַמַּטְבֵּעַ אֵינוֹ קוֹנֶה אֶת אֲסִימוֹן. מִטַּלְטְלִין קוֹנִים אֶת הַמַּטְבֵּעַ, וְהַמַּטְבֵּעַ אֵינוֹ קוֹנֶה אֶת הַמִּטַּלְטְלִין. זֶה הַכְּלָל, כָּל הַמִּטַּלְטְלִין קוֹנִין זֶה אֶת זֶה:

금은 은을 취득한다. 그러나 은은 금을 취득하지 않는다. 구리는 은을 취득한다. 그러나 은은 구리를 취득하지 않는다. 나쁜 돈은 좋은 돈을 취득한다. 그러나 좋은 돈은 나쁜 돈을 취득하지 않는다. 주조되지 않은 쇠붙이는 주조된 동전을 취득하지만, 주조된 동전으로 주조되지 않은 쇠붙이를 취득하지 않는다. 동산은 주조된 동전을 취득한다. 그러나 주조된 동전이 동산을 취득하지 않는다. 이것이 〔거래의〕 일반 원칙이다. 동산은 서로 취득할 수 있다.

- 랍비들은 움직이는 재산, 즉 동산(動産)이 화폐를 지불하게 만드는 취득력이 있다고 본다. 따라서 돈이 아니라 동산이 상대방에게 전달되어야 거래가 마무리된다. 다시 말해, 동산이 아직 이동하지 않았으면 동산이나 물건 주인은 거래를 무를 수 있다. 반대로 동산이나 물건을 받은 사람은 거래를 중단할 수는 없고, 값을 지불해야만 한다.
- 은을 금이나 구리와 거래할 때, 금과 구리는 동산으로 간주했다. 이것은 당시에 주로 은화가 화폐로 사용되었기 때문이다.
- '나쁜 돈'은 현재 통용되지 않는 돈, '좋은 돈'은 현재 통용되는 돈이다.

4, 2

כֵּיצַד. מָשַׁךְ הֵימֶנּוּ פֵּרוֹת וְלֹא נָתַן לוֹ מָעוֹת, אֵינוֹ יָכוֹל לַחֲזֹר בּוֹ. נָתַן לוֹ מָעוֹת וְלֹא מָשַׁךְ הֵימֶנּוּ פֵּרוֹת, יָכוֹל לַחֲזֹר בּוֹ. אֲבָל אָמְרוּ, מִי שֶׁפָּרַע מֵאַנְשֵׁי דוֹר הַמַּבּוּל וּמִדּוֹר הַפַּלָּגָה, הוּא עָתִיד לְהִפָּרַע מִמִּי שֶׁאֵינוֹ עוֹמֵד בְּדִבּוּרוֹ. רַבִּי שִׁמְעוֹן אוֹמֵר, כָּל שֶׁהַכֶּסֶף בְּיָדוֹ, יָדוֹ עַל הָעֶלְיוֹנָה:

어떻게 그러한가? 〔구매자가〕 과일을 〔판매자로부터〕 가져왔는데 돈을 〔아직〕 주지 않았다면, 그는 무를 수 없다. 〔만약〕 그가 돈을 주었지만 그에게서 과일을 가져오지 않았다면 무를 수 있다. 그러나 〔랍비들〕은 말했다. "홍수 세대의 사람들과 분산 세대의 사람들[2]에게 지불을 요구하신 분은 장래 자신의 말을 지키지 않은 사람에게 지불을 요구하실 것입니다." 랍비 쉼온은 말한다. "돈을 가지고 있는 사람에게 우선권이 있습니다."

- 앞의 미쉬나와 동일하게 물건을 건내 받으면 거래를 무를 수 없다.
- 거래를 무르는 것은 세상의 법에서 합법이지만, 약속을 지키지 않은 것에 대하여 하나님의 심판을 받을 것이라는 견책(또는 저주)의 말을 듣게 된다. 이것은 홍수와 바벨탑 사건에서 심판을 받지 않은 사람들도 결국 최후의 심판을 받게 된다는 것에서 유래한다.
- 랍비 쉼온은 다수의 랍비들과 달리 돈을 가지고 있는 사람에게 우선권이 있다고 주장한다. 다시 말해, 일단 돈을 지불했다면 누구도 거래를 무를 수 없다.

4, 3

הָאוֹנָאָה, אַרְבָּעָה כֶּסֶף מֵעֶשְׂרִים וְאַרְבָּעָה כֶּסֶף לַסֶּלַע, שְׁתוּת לַמִּקָּח. עַד מָתַי מֻתָּר לְהַחֲזִיר. עַד כְּדֵי שֶׁיַּרְאֶה לְתַגָּר אוֹ לִקְרוֹבוֹ. הוֹרָה רַבִּי טַרְפוֹן בְּלוֹד, הָאוֹנָאָה שְׁמֹנָה כֶּסֶף לַסֶּלַע, שְׁלִישׁ לַמִּקָּח, וְשָׂמְחוּ תַגָּרֵי לוֹד. אָמַר לָהֶם, כָּל הַיּוֹם מֻתָּר לְהַחֲזִיר. אָמְרוּ לוֹ, יַנִּיחַ לָנוּ רַבִּי טַרְפוֹן בִּמְקוֹמֵנוּ, וְחָזְרוּ לְדִבְרֵי חֲכָמִים:

---

2) 창세기 7장 홍수를 당한 세대와 11장 바벨탑을 쌓은 이후 하나님께서 온 땅의 언어를 혼잡케 하시고 그들을 지면에 흩으셨는데 이들을 가리킨다(블랙먼).

사기는 1셀라인 은전 24[마아] 가운데 은전 4[마아]다. 이는 거래의 1/6 [금액]이다. 언제까지 무를 수 있는가? 상인이나 친척에게 보여줄 수 있을 때까지다. 랍비 타르폰은 로드[3]에서 가르쳤다. "1셀라의 은전 8[마아], 즉 거래의 1/3입니다." 로드의 상인들은 [이 원칙에] 기뻐했다. 그는 [로드의 상인들]에게 말했다. "만 하루 [이내까지] 무를 수 있습니다." 그들은 말했다. "랍비 타르폰이여, 우리를 [그대로] 두세요." 그들은 현자들의 말씀으로 돌아갔다.

- 상거래에서 가격의 1/6까지 더 받을 수 있다. 다른 상인이나 친척이 가격을 말해줄 수 있는 시간 정도까지 무르는 것이 가능하다.
- 로드의 상인들은 처음에 가격의 1/3까지 더 받아도 된다는 랍비 타르폰의 주장을 반겼지만, 무를 수 있는 시간을 하루 이내면 가능하다는 견해를 따를 수 없었다. 상인들 입장에서는 이득을 적게 보더라도 거래를 무르지 않는 것이 더 중요했다.

4, 4

אֶחָד הַלּוֹקֵחַ וְאֶחָד הַמּוֹכֵר, יֵשׁ לָהֶן אוֹנָאָה. כְּשֵׁם שֶׁאוֹנָאָה לְהֶדְיוֹט, כָּךְ אוֹנָאָה לְתַגָּר. רַבִּי יְהוּדָה אוֹמֵר, אֵין אוֹנָאָה לְתַגָּר. מִי שֶׁהֻטַּל עָלָיו, יָדוֹ עַל הָעֶלְיוֹנָה, רָצָה, אוֹמֵר תֶּן לִי מְעוֹתַי, אוֹ תֶן לִי מַה שֶּׁאוֹנִיתַנִי:

한 사람은 구매자, 한 사람은 판매자. 둘 모두 사기의 [대상이 된다]. 사기가 일반 구매자에게 [적용되는] 것처럼 상인에게도 [적용된다]. 랍비 예후다는 말한다. "사기는 상인에게 [적용되지] 않습니다." 사기를 당한 사람에게 우선권이 있다. 그는 원하면 [속인 사람]에게

3) 로드(Lod)는 텔아비브 남동쪽 15킬로미터 지점에 위치한 도시로서 신구약 성경 여러 곳에서 언급되고 있다(스 2:33, 행 9:32-38 등).

"내 돈을 돌려달라"라고 말하거나, "속인 금액을 돌려 달라"라고 말할 수 있다.

- 랍비 예후다는 상인은 가격을 알고 있기 때문에 받을 가격을 덜 받았다고 말할 수 없다는 입장이다.

4, 5

כַּמָּה תְהֵא הַסֶּלַע חֲסֵרָה וְלֹא יְהֵא בָהּ אוֹנָאָה. רַבִּי מֵאִיר אוֹמֵר, אַרְבָּעָה אִסָּרִין, אִסָּר לְדִינָר. רַבִּי יְהוּדָה אוֹמֵר, אַרְבָּעָה פֻנְדְּיוֹנוֹת, פֻּנְדְּיוֹן לְדִינָר. רַבִּי שִׁמְעוֹן אוֹמֵר, שְׁמֹנָה פֻנְדְּיוֹנוֹת, שְׁנֵי פֻנְדְּיוֹנוֹת לְדִינָר:

1셀라에서 얼마가 부족해도 사기가 아닌가? 랍비 메이르는 말한다. "[1셀라에] 4이싸르, [즉] 1디나르에 1이싸르다." 랍비 예후다는 말한다. "[1셀라에] 4푼디온, [즉] 1디나르에 1푼디온입니다." 랍비 쉼온은 말한다. "[1셀라에] 8푼디온, [즉] 1디나르 2푼디온입니다."

- 랍비 메이르는 원래 무게의 1/24이 부족하면 사기가 아니라고 주장한다. 랍비 예후다는 1/12, 랍비 쉼온은 1/6이다.
- 1셀라=4디나르=48푼디온=96이싸르

4, 6

עַד מָתַי מֻתָּר לְהַחֲזִיר, בַּכְּרַכִּים, עַד כְּדֵי שֶׁיַּרְאֶה לְשֻׁלְחָנִי, וּבַכְּפָרִים, עַד עַרְבֵי שַׁבָּתוֹת. אִם הָיָה מַכִּירָהּ, אֲפִלּוּ לְאַחַר שְׁנֵים עָשָׂר חֹדֶשׁ מְקַבְּלָהּ הֵימֶנּוּ, וְאֵין לוֹ עָלָיו אֶלָּא תַרְעֹמֶת. וְנוֹתְנָהּ לְמַעֲשֵׂר שֵׁנִי וְאֵינוֹ חוֹשֵׁשׁ, שֶׁאֵינוֹ אֶלָּא נֶפֶשׁ רָעָה:

[사기라고 생각할 때] 언제까지 [거래를] 무를 수 있는가? 도시에서는 환전상에게 [그것을] 보여줄 수 있을 때까지다. 그리고 마을에

서는 안식일의 전날 저녁 때까지다. 만약 〔속였던 사람이 동전〕을 알아보고 〔시인하면〕 12개월이 지났더라도 〔문제의 동전〕을 받아야 한다. 그러나 〔만약 거부한다면〕 항의할 근거를 가진다. 그리고 그는 그것을 둘째 십일조[4]로 드릴 수 있고 염려할 필요가 없다. 왜냐하면 〔레위인이 거부한다면〕 그는 구두쇠 같은 사람이다.

- 언제까지 거래를 무를 수 있는지 지역별로 차이가 난다. 도시에서는 돈의 가치를 확인해줄 환전상에게 물어볼 시간이 필요하고, 시골에서는 많은 사람들이 물건을 구입하는 안식일 전날이 되면 가격을 알게 될 것이다.

4, 7

הָאוֹנָאָה אַרְבָּעָה כֶסֶף, וְהַטַּעֲנָה שְׁתֵּי כֶסֶף, וְהַהוֹדָאָה שָׁוֶה פְרוּטָה. חָמֵשׁ פְּרוּטוֹת הֵן. הַהוֹדָאָה שָׁוֶה פְרוּטָה, וְהָאִשָּׁה מִתְקַדֶּשֶׁת בְּשָׁוֶה פְרוּטָה, וְהַנֶּהֱנֶה בְשָׁוֶה פְרוּטָה מִן הַהֶקְדֵּשׁ מָעַל, וְהַמּוֹצֵא שָׁוֶה פְרוּטָה חַיָּב לְהַכְרִיז, וְהַגּוֹזֵל אֶת חֲבֵרוֹ שָׁוֶה פְרוּטָה וְנִשְׁבַּע לוֹ, יוֹלִיכֶנּוּ אַחֲרָיו אֲפִלּוּ לְמָדָי:

사기는 은 4개다. 〔사기라고〕 주장하려면 은 2개가 〔필요하다〕. 그리고 〔사기〕를 인정하면 1페루타다. 그것들은 다섯 가지 페루톳이다. 인정하는 데 1페루타, 한 여성이 약혼하는 데 1페루타, 성물에서 1페루타의 즐거움을 취하는 자는 신성모독의 죄를 범하는 것이다. 1페루타의 가치가 있는 것을 발견한 사람은 〔이것을〕 공표할 의무가 있

4) 둘째 십일조 또는 제2 십일조(마아쎄르 쉐니)는 레위인과 함께 먹는 거룩한 음식의 십일조로서 레위인에게 전부 주는 첫째 십일조와 달리 하나님이 정하신 곳에서 곡식과 포도주와 기름의 십일조와 초태생을 먹으면서 하나님께 감사와 찬양을 드렸던 것이다. 첫째 십일조가 레위인의 생계를 위해 사용되었다면 둘째 십일조는 이스라엘 백성이 친교를 나누는 데 사용되었다. 보다 자세한 설명은 첫 번째 쎄데르(제1권) 『제라임』「마아쎄르 쉐니」(둘째 십일조) 참조하라.

다. 1페루타 가치〔의 물건을〕 그의 동료로부터 도둑질하고 그에게 〔상환할 것을〕 맹세한 사람은 〔동료가〕 메대까지 갔을지라도 따라가서 〔그에게 돌려주어야 한다〕.

- 사기를 인정하는 데 1페루타가 필요하다고 말한 뒤에 1페루타가 필요한 다섯 가지 일들을 열거하고 있다.

4, 8

חֲמִשָּׁה חֻמְשִׁין הֵן. הָאוֹכֵל תְּרוּמָה, וּתְרוּמַת מַעֲשֵׂר, וּתְרוּמַת מַעֲשֵׂר שֶׁל דְּמַאי, וְהַחַלָּה, וְהַבִּכּוּרִים מוֹסִיף חֹמֶשׁ. וְהַפּוֹדֶה נֶטַע רְבָעִי וּמַעֲשֵׂר שֵׁנִי שֶׁלּוֹ, מוֹסִיף חֹמֶשׁ. הַפּוֹדֶה אֶת הֶקְדֵּשׁוֹ, מוֹסִיף חֹמֶשׁ. הַנֶּהֱנֶה בְשָׁוֶה פְרוּטָה מִן הַהֶקְדֵּשׁ, מוֹסִיף חֹמֶשׁ. וְהַגּוֹזֵל אֶת חֲבֵרוֹ שָׁוֶה פְרוּטָה וְנִשְׁבַּע לוֹ, מוֹסִיף חֹמֶשׁ:

1/5을 〔더하는 것은〕 다섯 가지다. 거제, 십일조의 거제, 드마이의 십일조의 거제, 빵, 초태생을 먹은 사람은 〔배상 금액에〕 1/5을 더한다. 그리고 그의 4년생 나무 〔열매〕를 무르려는 사람 또는 둘째 십일조는 1/5을 더한다. 그리고 성물을 무르려는 사람은 〔배상 금액에〕 1/5을 더한다. 1페루타의 가치가 있는 〔어떤 것을〕 그의 동료에게서 훔치고 〔거짓으로〕 그에게 맹세하는 사람은 〔원래 금액에〕 1/5을 더한다.

- 여기에서 열거하는 다섯 가지 농산물은 제사장들에게 바치는 것이다. 1) '거제'는 농산물 중 일부를 떼어 제사장의 몫으로 바치는 제물이다. 2) '십일조의 거제'는 레위인이 자기 몫으로 받은 십일조 중 1/10을 떼어 제사장에게 거제로 바친다. 3) '드마이의 십일조의 거제'는 농산물을 구입할 때 판매자가 이미 십일조를 뗐는지 불분명

한 상황에서 다시 드린 십일조 중 거제를 뗀 것을 가리킨다. 4) '빵'(חלה, 할라)은 소제로 드린 반죽 중에서 제사장에게 바치는 몫이다. 5) '초태생'은 가축이나 열매의 첫 소산으로 여호와께 바쳐야 한다.

- '무르려는 사람'과 관련된 규정은 레위기 27:19-20에 나온다.

4, 9

אֵלּוּ דְבָרִים שֶׁאֵין לָהֶם אוֹנָאָה. הָעֲבָדִים, וְהַשְּׁטָרוֹת, וְהַקַּרְקָעוֹת, וְהַהֶקְדֵּשׁוֹת. אֵין לָהֶן לֹא תַשְׁלוּמֵי כֶפֶל וְלֹא תַשְׁלוּמֵי אַרְבָּעָה וַחֲמִשָּׁה, שׁוֹמֵר חִנָּם אֵינוֹ נִשְׁבָּע, וְנוֹשֵׂא שָׂכָר אֵינוֹ מְשַׁלֵּם. רַבִּי שִׁמְעוֹן אוֹמֵר, קָדָשִׁים שֶׁהוּא חַיָּב בְּאַחֲרָיוּתָן, יֵשׁ לָהֶן אוֹנָאָה, וְשֶׁאֵינוֹ חַיָּב בְּאַחֲרָיוּתָן, אֵין לָהֶן אוֹנָאָה. רַבִּי יְהוּדָה אוֹמֵר, אַף הַמּוֹכֵר סֵפֶר תּוֹרָה, בְּהֵמָה וּמַרְגָּלִית, אֵין לָהֶם אוֹנָאָה. אָמְרוּ לוֹ, לֹא אָמְרוּ אֶלָּא אֶת אֵלּוּ:

다음은 사기로 간주되지 않는 것들이다. 종들, 법적 문서들, 토지들, 성물들이다. 이것들은 두 배 배상, 네 배나 다섯 배 배상의 법들이 적용되지 않는다. 〔돈을 받지 않고 관리해주는〕 무급 관리자는 〔도난당하거나 분실한 경우에 자신들의 과실이 없다고〕 맹세할 필요가 없고, 유급 관리자는 〔도난당하거나 분실한 경우에〕 배상하지 않는다. 랍비 쉼온은 말한다. "책임을 져야 할 희생제물들은 사기의 대상입니다. 그러나 책임을 지지 않는 〔희생제물〕은 사기의 대상이 아닙니다." 랍비 예후다는 말한다. "심지어 토라 두루마리, 가축, 또는 진주를 파는 사람들은 사기의 대상이 아닙니다." 〔랍비들〕은 그에게 말했다. "다른 것들은 아니고 이것들만이 적용됩니다."

- 종들, 법적 문서들, 토지들, 성물들은 사기의 대상도 아니면서 일반적인 배상의 대상들도 아니다. 이러한 것들이 도난당하거나 분실한 경우에 무급 관리자나 유급 관리자 모두 책임이 면제된다.
- 특정하지 않은 희생제물을 분실한 경우에는 다른 희생제물로 대체

하여 반드시 책임을 져야 한다. 하지만 특정했던 희생제물이 죽은 경우는 다른 제물로 대체하는 책임을 지지 않아도 된다.

- 토라 두루마리, 가축, 진주는 가치를 정하기 어렵기 때문에 사기의 대상이 아니다.

4, 10

כְּשֵׁם שֶׁאוֹנָאָה בְמִקָּח וּמִמְכָּר, כָּךְ אוֹנָאָה בִדְבָרִים. לֹא יֹאמַר לוֹ בְּכַמָּה חֵפֶץ זֶה, וְהוּא אֵינוֹ רוֹצֶה לִקַּח. אִם הָיָה בַעַל תְּשׁוּבָה, לֹא יֹאמַר לוֹ זְכֹר מַעֲשֶׂיךָ הָרִאשׁוֹנִים. אִם הוּא בֶן גֵּרִים, לֹא יֹאמַר לוֹ זְכֹר מַעֲשֵׂה אֲבוֹתֶיךָ, שֶׁנֶּאֱמַר (שמות כב) וְגֵר לֹא תוֹנֶה וְלֹא תִלְחָצֶנּוּ:

사고팔 때 사기가 있는 것처럼 말에도 사기가 존재한다. 〔만약〕 사고 싶지 않으면, 그〔상인〕에게 "이 물건이 얼마인가요?"라고 말하면 안 된다. 만약 어떤 사람이 회개했다면, 그 사람에게 "당신이 전에 한 행동을 기억하세요"라고 말하면 안 된다. 만약 그 사람이 개종자의 아들이라면, 그에게 "너희 선조들의 행위를 기억하라"라고 말해서는 안 된다. 〔성서에〕 기록되었듯이, "너는 나그네를 속이거나 그를 압제해서는 안 된다."

- 잘못된 행위로 다른 사람에게 사기를 범할 수 있듯이, 말을 잘못하면 사기로 간주된다.

4, 11

אֵין מְעָרְבִין פֵּרוֹת בְּפֵרוֹת, אֲפִלּוּ חֲדָשִׁים בַּחֲדָשִׁים, וְאֵין צָרִיךְ לוֹמַר חֲדָשִׁים בִּישָׁנִים. בֶּאֱמֶת, בְּיַיִן הִתִּירוּ לְעָרֵב קָשֶׁה בְרַךְ, מִפְּנֵי שֶׁהוּא מַשְׁבִּיחוֹ. אֵין מְעָרְבִין שִׁמְרֵי יַיִן בְּיַיִן, אֲבָל נוֹתֵן לוֹ אֶת שְׁמָרָיו. מִי שֶׁנִּתְעָרֵב מַיִם בְּיֵינוֹ, לֹא יִמְכְּרֶנּוּ בַחֲנוּת אֶלָּא אִם כֵּן הוֹדִיעוֹ, וְלֹא לְתַגָּר אַף עַל פִּי שֶׁהוֹדִיעוֹ, שֶׁאֵינוֹ אֶלָּא לְרַמּוֹת בּוֹ. מְקוֹם שֶׁנָּהֲגוּ לְהַטִּיל מַיִם בַּיַּיִן, יַטִּילוּ:

〔한 과수원의〕 과일을 〔다른 과수원의〕 과일과 함께 섞어서는 안 된다. 심지어 새 과일들을 〔다른〕 새 과일들과 섞는 것도 안 된다. 그리고 오래된 과일들을 새 과일들과 섞는 것은 말할 필요도 없다. 〔그러나〕 포도주는 강한 〔포도주〕를 부드러운 〔포도주〕와 혼합할 수 있다. 이는 〔맛을〕 향상시키기 때문이다. 포도주 찌꺼기를 포도주와 섞어서는 안 된다. 그러나 〔포도주를 구입하는 사람〕에게 〔포도주〕 찌꺼기를 줄 수 있다. 포도주와 물을 섞었으면, 〔구매자에게〕 알리지 않는 한 가게에서 팔 수 없다. 그러나 알려주었더라도 그것을 상인에게 팔아서는 안 된다. 왜냐하면 그것을 구매한 사람은 속일 수 있기 때문이다. 포도주와 물을 혼합하는 관행이 있는 곳에서는 허락된다.

- 좋은 과수원에서 생산된 과일을 그렇지 않은 과일과 섞는다거나, 엄선된 포도주 틀(압착기)에서 생산된 좋은 포도주와 그렇지 않은 포도주를 섞는 방식으로 나쁜 품질의 생산물을 감추는 행위는 금지된다.

4, 12

הַתַּגָּר נוֹטֵל מֵחָמֵשׁ גְּרָנוֹת וְנוֹתֵן לְתוֹךְ מְגוּרָה אַחַת. מֵחָמֵשׁ גִּתּוֹת, וְנוֹתֵן לְתוֹךְ פִּטָּם אֶחָד. וּבִלְבַד שֶׁלֹּא יְהֵא מִתְכַּוֵּן לְעָרֵב. רַבִּי יְהוּדָה אוֹמֵר, לֹא יְחַלֵּק הַחֶנְוָנִי קְלָיוֹת וֶאֱגוֹזִין לַתִּינוֹקוֹת, מִפְּנֵי שֶׁהוּא מַרְגִּילָן לָבֹא אֶצְלוֹ. וַחֲכָמִים מַתִּירִין. וְלֹא יִפְחֹת אֶת הַשָּׁעַר. וַחֲכָמִים אוֹמְרִים, זָכוּר לַטּוֹב. לֹא יָבֹר אֶת הַגְּרִיסִין, דִּבְרֵי אַבָּא שָׁאוּל. וַחֲכָמִים מַתִּירִין. וּמוֹדִים שֶׁלֹּא יָבֹר מֵעַל פִּי מְגוּרָה, שֶׁאֵינוֹ אֶלָּא כְגוֹנֵב אֶת הָעָיִן. אֵין מְפַרְכְּסִין לֹא אֶת הָאָדָם וְלֹא אֶת הַבְּהֵמָה וְלֹא אֶת הַכֵּלִים:

어떤 상인은 다섯 개의 타작마당에서 〔곡물을〕 취득하여, 〔그 농산물을〕 한 창고에 넣을 수 있다. 〔그는〕 다섯 개의 포도주 틀에서 〔포도주를 모아서〕 한 통에 넣을 수 있다. 다만 〔좋은 포도주를 나쁜 포도주와] 섞을 의도가 없어야 한다. 랍비 예후다는 말한다. 상점 주인은 마른 곡식이나 견과류를 아기들에게 나누어 주어서는 안 된다. 왜냐하면 그들이 오는 버릇이 들도록 만들기 때문이다. 하지만 현자들은 이것을 허락했다. 그리고 그는 시장 가격보다 낮게 [팔아서는] 안 된다. 그러나 [만약 그가 그렇게 한다면] 좋게 기억될 것이다. [보통] 으깨진 콩을 체질해서는 안 된다. 이것은 압바 샤울의 말이다. 그러나 현자들은 허락했다. 하지만 그들은 창고 입구에서[만] 체질을 해서는 안 된다는 데 동의한다. 그렇게 하면 눈을 속이기 때문이다. 사람, 가축, 그리고 도구들을 장식해서는 안 된다.

- 랍비들은 아이들의 부모님을 유도하는 호객 행위를 금하고 있다.
- 창고 앞쪽에 있는 콩만 체질하여 마치 전체 콩을 체질한 것처럼 보이게 하는 것은 안 된다.

제5장

이 장은 이자를 받아서는 안 된다는 토라(오경)의 법을 이어서 논의하고 있다. 랍비들은 직접적으로 이자를 받는 행위뿐만 아니라 실제적으로 이자를 받는 것과 유사한 결과를 초래하는 어떠한 상거래도 금지하고 있다.

5, 1

אֵיזֶהוּ נֶשֶׁךְ וְאֵיזֶהוּ תַרְבִּית. אֵיזֶהוּ נֶשֶׁךְ. הַמַּלְוֶה סֶלַע בַּחֲמִשָּׁה דִינָרִין, סָאתַיִם
חִטִּין בְּשָׁלֹשׁ, מִפְּנֵי שֶׁהוּא נוֹשֵׁךְ. וְאֵיזֶהוּ תַרְבִּית, הַמַּרְבֶּה בְּפֵרוֹת. כֵּיצַד. לָקַח
הֵימֶנּוּ חִטִּין בְּדִינַר זָהָב הַכּוֹר, וְכֵן הַשַּׁעַר, עָמְדוּ חִטִּין בִּשְׁלֹשִׁים דִּינָרִין, אָמַר

לוֹ תֶּן לִי חִטַּי, שֶׁאֲנִי רוֹצֶה לְמָכְרָן וְלִקַּח בָּהֶן יַיִן. אָמַר לוֹ הֲרֵי חִטֶּיךָ עֲשׂוּיוֹת עָלַי בִּשְׁלֹשִׁים, וַהֲרֵי לְךָ אֶצְלִי בָּהֶן יַיִן, וְיַיִן אֵין לוֹ:

무엇이 이자고 무엇이 이득인가? 무엇이 이자인가? 1쎌라를 빌려주고 5디나르를 〔받거나〕, 2쎄아의 밀을 빌려주고 3〔디나르〕를 〔받으면 이자다〕. 왜냐하면 그는 잇속을 챙겼기 때문이다. 그러면 무엇이 이득인가? 생산물로 〔이득을〕 늘리는 사람이다. 어떻게 그러한가? 〔예를 들어〕 어떤 사람이 1코르의 밀을 금화 1디나르에 샀다. 그것이 시장 가격이었다. 밀 〔가격〕이 은 30디나르로 올랐다. 〔밀을 산 사람〕이 〔판 사람〕에게 말했다. "내 밀을 돌려주시오. 내가 그 밀을 팔아서 포도주를 사고 싶소." 〔판 사람〕이 〔산 사람〕에게 대답했다. "당신의 밀은 30〔디나르〕로 계산됩니다. 당신은 나에게 포도주를 요구할 수 있습니다." 하지만 그에게 포도주가 없었다.

- 랍비들은 토라(오경)에서 금지하는 '이자'(**נשך**, 네쉐)와 랍비 전승에서 금지하는 '이득'(**תרבית**, 타르빗)을 구별한다. 이자는 돈이나 물건을 빌려주고 더 많은 가치로 돌려받는 것이고, 이득은 거래 후 가치가 오른 물건의 값으로 얻는 이익이다. 한편, 성서에서 이 두 단어는 유사어로 사용된다(레 25:36-37; 겔 18:17, 22: 12).
- 토라(오경)에서는 이자를 받는 것을 금지하고 있다(출 22:24; 레 25: 36-37; 신 23:20). 1쎌라는 4디나르의 가치다. 따라서 4디나르(쎌라)를 5디나르로 돌려받으면 무려 1디나르를 이자로 받은 것이다.
- 구약성서에서 곡물일 경우 다음과 같은 단위를 사용하고 있다. 1) 호메르(homer, 약 220리터), 2) 코르(kor, 약 220리터), 3) 레텍(lethek, 약 110리터), 4) 에파(ephah, 약 22리터), 5) 쎄아(seah, 약 7.2-14.4리터), 6) 오메르(omer, 약 2.3리터), 7) 잇사론(issaron, 약 2.2리터), 8) 카브(kab, 약 1.2리터). '잇사론'은 한글성경(개역개정)에서 주로 '10분

의 1'로 번역하고 있다(출 29:40; 민 15:4).

5, 2

הַמַּלְוֶה אֶת חֲבֵרוֹ, לֹא יָדוּר בַּחֲצֵרוֹ חִנָּם, וְלֹא יִשְׂכֹּר מִמֶּנּוּ בְּפָחוֹת, מִפְּנֵי שֶׁהוּא רִבִּית
. מַרְבִּין עַל הַשָּׂכָר, וְאֵין מַרְבִּין עַל הַמֶּכֶר. כֵּיצַד. הִשְׂכִּיר לוֹ אֶת חֲצֵרוֹ, וְאָמַר לוֹ, אִם מֵעַכְשָׁיו אַתָּה נוֹתֵן לִי, הֲרֵי הוּא לְךָ בְּעֶשֶׂר סְלָעִים לְשָׁנָה, וְאִם שֶׁל חֹדֶשׁ בְּחֹדֶשׁ, בְּסֶלַע לְחֹדֶשׁ, מֻתָּר. מָכַר לוֹ אֶת שָׂדֵהוּ, וְאָמַר לוֹ, אִם מֵעַכְשָׁיו אַתָּה נוֹתֵן לִי, הֲרֵי הִיא שֶׁלְּךָ בְּאֶלֶף זוּז, אִם לַגֹּרֶן, בִּשְׁנֵים עָשָׂר מָנֶה, אָסוּר:

어떤 사람이 그의 동료에게 돈을 빌려주었으면, 그는 동료의 안뜰에 무료로 거주할 수 없으며, 낮은 가격으로 임대할 수 없다. 그것은 이자이기 때문이다. 임대료는 인상할 수 있지만 판매가를 인상할 수는 없다. 어떻게 그러한가? 만약 그가 안뜰을 빌려주고 그에게 "만약 당신이 지금 나에게 지불한다면 1년에 10셀라입니다. 그러나 만약 매월 지불한다면 한 달에 1셀라입니다"라고 말했다면 〔이것은〕 허용된다. 만약 어떤 사람이 그의 밭을 팔았는데, 〔밭을 산 사람〕에게 "만약 당신이 지금 나에게 지불한다면 1,000주즈입니다. 만약 추수 때에 〔지불한다면〕 12마네입니다"라고 말했다면 〔이것은〕 금지된다.

- 돈을 빌려준 사람으로부터 얻는 어떠한 이익도 이자로 취급하여 금지된다.
- 전체 임대료를 후불로 지불할 때 인상된 가격으로 받는 것은 가능하지만, 판매 가격을 나중에 받는다고 인상된 가격으로 받아서는 안 된다.

5, 3

מָכַר לוֹ אֶת הַשָּׂדֶה, וְנָתַן לוֹ מִקְצָת דָּמִים, וְאָמַר לוֹ אֵימָתַי שֶׁתִּרְצֶה הָבֵא מָעוֹת וְטֹל אֶת שֶׁלְּךָ, אָסוּר. הִלְוָהוּ עַל שָׂדֵהוּ, וְאָמַר לוֹ, אִם אִי אַתָּה נוֹתֵן לִי מִכָּאן וְעַד שָׁלֹשׁ שָׁנִים הֲרֵי הִיא שֶׁלִּי, הֲרֵי הִיא שֶׁלּוֹ. וְכָךְ הָיָה בַּיְתוֹס בֶּן זוֹנִין עוֹשֶׂה עַל פִּי חֲכָמִים:

어떤 사람이 밭을 팔았고 〔구매자가〕 그에게 대금의 일부를 주자 〔판매자〕가 그에게 "당신이 원할 때마다 나머지 돈을 가져와서, 당신의 것을 취하시오"라고 말했다. 〔이것은〕 금지된다. 어떤 사람이 〔차용인〕의 밭을 〔담보〕로 돈을 빌려주면서, 그에게 "만약 당신이 지금부터 3년 이내에 나에게 〔돈을〕 지불하지 않으면, 그 〔밭〕은 내 것이 될 것입니다"라고 말했다면, 그 〔밭〕은 그의 것이 된다. 베투스 벤 조닌[5]은 현자들의 말을 따라 이렇게 했던 것이다.

- 돈의 일부를 받았음에도 여전히 전 주인이 밭에서 이익을 얻고 있기 때문에 넓은 의미에서 '이자'로 생각할 수 있어 금지된다.
- 두 번째 미쉬나에서 끝내 빚을 갚지 못하면 담보물을 채권자에게 주게 되는데, 채무자 입장에서는 실제로는 더 비싼 가치의 토지(밭)를 이보다 저렴한 돈(빚)으로 사용한 것이기 때문에 '이자'로 볼 수 있지만, 현자들은 이것을 허용했다.

5, 4

אֵין מוֹשִׁיבִין חֶנְוָנִי לְמַחֲצִית שָׂכָר, וְלֹא יִתֵּן מָעוֹת לִקַּח בָּהֶן פֵּרוֹת לְמַחֲצִית שָׂכָר, אֶלָּא אִם כֵּן נוֹתֵן לוֹ שְׂכָרוֹ כְּפוֹעֵל. אֵין מוֹשִׁיבִין תַּרְנְגוֹלִין לְמֶחֱצָה, וְאֵין שָׁמִין עֲגָלִין וּסְיָחִין לְמֶחֱצָה, אֶלָּא אִם כֵּן נוֹתֵן לוֹ שְׂכַר עֲמָלוֹ וּמְזוֹנוֹ. אֲבָל

5) 라틴어로 베투스 벤 주넨(Boethus ben Zunen)으로 표기되는 이 사람은 라반 감리엘 시대에 로드(Lod)에서 살았던 부유한 상인으로 알려져 있다.

מְקַבְּלִין עֲגָלִין וּסְיָחִין לְמֶחֱצָה, וּמְגַדְּלִין אוֹתָן עַד שֶׁיְּהוּ מְשֻׁלָּשִׁין. וַחֲמוֹר, עַד שֶׁתְּהֵא טוֹעֶנֶת:

그에게 일꾼 임금으로 주지 않는 한, 점원을 세워 수익의 절반을 〔나누거나〕, 물건을 사도록 돈을 주고 수익의 절반을 〔나누어서는〕 안 된다. 다른 사람에게 노동이나 먹이의 대가로 임금을 지급하지 않는 한, 〔계란을 부화시켜〕 암탉으로 수익의 절반을 가져가려고 사람을 세우거나, 송아지나 새끼 나귀를 〔키워서〕 수익의 절반을 가져갈 수 없다. 그러나 그 송아지들과 나귀 새끼들을 〔키워서〕 수익의 절반을 가져가는 〔계약〕을 수용하여, 그것들이 1/3 정도 성장할 때까지 기르게 할 수 있다. 그리고 나귀는 짐을 질 수 있을 때까지 〔키우게 할 수 있다〕.

- 고용주에게 노동에 대한 임금을 지불하지 않고 수익만 분배하게 되면 마치 물건이나 돈을 빌려주고 이자를 받아가는 것과 같은 결과가 초래되기 때문에 금지된다.

5, 5

שָׁמִין פָּרָה וַחֲמוֹר וְכָל דָּבָר שֶׁהוּא עוֹשֶׂה וְאוֹכֵל לְמֶחֱצָה. מְקוֹם שֶׁנָּהֲגוּ לַחֲלֹק אֶת הַוְּלָדוֹת מִיָּד, חוֹלְקִין, מְקוֹם שֶׁנָּהֲגוּ לְגַדֵּל, יְגַדֵּלוּ. רַבָּן שִׁמְעוֹן בֶּן גַּמְלִיאֵל אוֹמֵר, שָׁמִין עֵגֶל עִם אִמּוֹ וּסְיָח עִם אִמּוֹ. וּמַפְרִיז עַל שָׂדֵהוּ, וְאֵינוֹ חוֹשֵׁשׁ מִשּׁוּם רִבִּית:

수익의 절반을 〔나누기〕 위해 소나 나귀, 또는 일하고 먹는 모든 〔가축〕을 키울 수 있다. 〔가축〕 새끼를 낳자마자 그것을 나누던 곳에서는 그들은 나눌 수 있고, 〔그 새끼들을〕 출산 후 기르던 곳에서는 기를 수 있다. 라반 쉼온 벤 감리엘은 말한다. "송아지는 그 어미와 함께, 그리고 나귀 새끼도 그 어미와 함께 〔길러야 합니다〕." 〔땅 주인〕은

밭을 위해 임대료를 인상할 수 있다. 이것이 이자라고 염려할 필요는 없다.

5, 6

אֵין מְקַבְּלִין צֹאן בַּרְזֶל מִיִּשְׂרָאֵל, מִפְּנֵי שֶׁהוּא רִבִּית. אֲבָל מְקַבְּלִין צֹאן בַּרְזֶל מִן הַנָּכְרִים, וְלֹוִין מֵהֶן וּמַלְוִין אוֹתָן בְּרִבִּית, וְכֵן בְּגֵר תּוֹשָׁב. מַלְוֶה יִשְׂרָאֵל מְעוֹתָיו שֶׁל נָכְרִי מִדַּעַת הַנָּכְרִי, אֲבָל לֹא מִדַּעַת יִשְׂרָאֵל:

이스라엘에서는 강철 양 〔계약〕을 수용해서는 안 된다. 왜냐하면 그것은 이자이기 때문이다. 그러나 비유대인과는 강철 양 〔계약〕을 수용할 수 있다. 그들로부터 돈을 빌릴 수도 있고, 그들에게 이자를 받고 돈을 빌려줄 수 있다. 그리고 비유대인 거주자들에게도 그렇게 할 수 있다. 이스라엘 백성은 비유대인에게서 빌린 돈을 비유대인에게 빌려줄 수 있다. 이스라엘 백성에게는 〔빌려주면〕 안 된다.

- 쫀 바르젤'(강철 양) 계약은 다른 사람의 양 무리를 치고 생산되는 양털, 우유, 그 양들이 출산한 새끼들을 원주인과 균등하게 나누는 계약이다. 양을 잃거나 양이 죽게 되면 양을 치는 사람이 그 모든 손해를 주인에게 배상해야 한다. 이처럼 어떤 경우든지 원주인의 재산(양)이 철과 같이 안전하게 보존된다는 의미에서 '강철 양' 계약으로 불린다. 하지만 이러한 거래는 결과적으로 주인이 양을 빌려주고 수익을 이자처럼 돌려받는 것이기 때문에 유대인들 사이에서는 금지된다. 한편, 남편과 아내 사이의 쫀 바르젤(강철 양) 계약에 대해서는 『나쉼』「예바못」4장과 7장을 참조하시오.

5, 7

אֵין פּוֹסְקִין עַל הַפֵּרוֹת עַד שֶׁיֵּצֵא הַשָּׁעַר. (יָצָא הַשַּׁעַר, פּוֹסְקִין, וְאַף עַל פִּי שֶׁאֵין לָזֶה יֵשׁ לָזֶה). הָיָה הוּא תְחִלָּה לַקּוֹצְרִים, פּוֹסֵק עִמּוֹ עַל הַגָּדִישׁ, וְעַל הֶעָבִיט שֶׁל עֲנָבִים, וְעַל הַמַּעֲטָן שֶׁל זֵיתִים, וְעַל הַבֵּיצִים שֶׁל יוֹצֵר, וְעַל הַסִּיד מִשֶּׁשִּׁקְעוֹ בַכִּבְשָׁן. וּפוֹסֵק עִמּוֹ עַל הַזֶּבֶל כָּל יְמוֹת הַשָּׁנָה. רַבִּי יוֹסֵי אוֹמֵר, אֵין פּוֹסְקִין עַל הַזֶּבֶל אֶלָּא אִם כֵּן הָיְתָה לוֹ זֶבֶל בָּאַשְׁפָּה. וַחֲכָמִים מַתִּירִין. וּפוֹסֵק עִמּוֹ כְּשַׁעַר הַגָּבוֹהַּ. רַבִּי יְהוּדָה אוֹמֵר, אַף עַל פִּי שֶׁלֹּא פָסַק עִמּוֹ כְּשַׁעַר הַגָּבוֹהַּ, יָכוֹל לוֹמַר תֶּן לִי כָזֶה, אוֹ תֶּן לִי מְעוֹתָי:

시장 가격이 알려질 때까지 생산물의 가격을 정할 수 없다. 일단 시장 가격이 알려지면, 비록 〔판매인에게〕 없고, 다른 사람에게 있을지라도, 가격을 정할 수 있다. 〔만약 과일 판매인이〕 첫 번째로 수확한 사람이었다면, 곡식 더미나, 바구니에 있는 포도나, 통에 담긴 올리브나, 진흙 덩어리, 석회석이 가마에 잠겨 있을 때 가격을 정할 수 있다. 거름은 연중 어느 때나 가격을 정할 수 있다. 랍비 요쎄는 말한다. "〔판매자〕가 분뇨 통에 분뇨를 가지고 있기 전까지는 〔그 분뇨에 대한〕 가격을 정하면 안 됩니다." 그러나 현자들는 〔그것을〕 허용한다. 그리고 〔가능한〕 높은 가격을 정할 수 있다. 랍비 예후다는 말한다. "비록 높은 가격으로 정할 수는 없지만, 그는 '이 가격에 나에게 주시오. 그렇지 않으면 나의 돈을 돌려주시오'라고 말할 수 있습니다."

- 시장 가격이 형성되기 전에 가격을 미리 정하면, 차액이 발생하는데 이것은 마치 이자와 같기 때문에 금지된다. 하지만 첫째로 수확한 사람의 생산물의 가격을 미리 정하는 것은 가능하다. 아직 다른 생산물의 가격이 형성되지 않았기 때문이다.
- 도정 전후 곡식, 포도와 포도주, 올리브와 올리브기름은 가격 차이가 생기는데, 이것을 이자로 생각할 수 있기 때문에 금지된다.

5, 8

מַלְוֶה אָדָם אֶת אֲרִיסָיו חִטִּים בְּחִטִּין לְזֶרַע, אֲבָל לֹא לֶאֱכֹל. שֶׁהָיָה רַבָּן גַּמְלִיאֵל מַלְוֶה אֶת אֲרִיסָיו חִטִּין בְּחִטִּין לְזֶרַע, בְּיֹקֶר וְהוּזְלוּ, אוֹ בְזוֹל וְהוּקְרוּ, נוֹטֵל מֵהֶן כְּשַׁעַר הַזּוֹל, וְלֹא מִפְּנֵי שֶׁהֲלָכָה כֵן, אֶלָּא שֶׁרָצָה לְהַחְמִיר עַל עַצְמוֹ:

〔지주가〕 소작농에게 밀을 빌려주고 종자용으로 〔돌려받는다〕. 하지만 식용으로 〔받지는〕 않는다. 라반 감리엘은 소작농에게 밀을 빌려주고 종자용으로 〔돌려받곤〕 했다. 〔밀 가격이〕 비쌀 때 〔빌려주었는데〕 가격이 떨어졌거나, 가격이 쌀 때 〔빌려주었는데〕 비싸졌으면, 그는 싼 가격으로 받았다. 율법이 그러했기 때문이 아니라 자신에게 엄격했기 때문이다.

- 식용 밀을 빌려주고 다시 같은 양의 식용 밀로 돌려받으면, 가격 차이가 생겨 이것을 이자로 생각할 수 있기 때문에 금지된다. 하지만 종자용 밀로 받으면 이자를 받을 의도가 아니라는 것을 보여주기 때문에 가능하다.
- 두 번째 이야기에서 자신에게 엄격했던 라반 감리엘의 인격이 잘 드러난다.

5, 9

לֹא יֹאמַר אָדָם לַחֲבֵרוֹ, הַלְוֵינִי כוֹר חִטִּין וַאֲנִי אֶתֵּן לְךָ לַגֹּרֶן. אֲבָל אוֹמֵר לוֹ, הַלְוֵינִי עַד שֶׁיָּבֹא בְנִי, אוֹ עַד שֶׁאֶמְצָא מַפְתֵּחַ. וְהִלֵּל אוֹסֵר. וְכֵן הָיָה הִלֵּל אוֹמֵר, לֹא תַלְוֶה אִשָּׁה כִּכָּר לַחֲבֶרְתָּהּ עַד שֶׁתַּעֲשֶׂנּוּ דָמִים, שֶׁמָּא יוֹקִירוּ חִטִּים, וְנִמְצְאוּ בָאוֹת לִידֵי רִבִּית:

동료에게 이렇게 말하면 안 된다. "내게 밀 한 코르를 빌려주면, 내가 추수 때에 갚겠소." 그러나 그에게 "내 아들이 올 때까지 빌려주시오, 또는 내가 열쇠를 찾을 때까지 〔빌려주시오〕"라고 말할 수는 있다. 힐렐은 〔이를〕 금지한다. 그리고 힐렐은 〔다음과 같이〕 말하곤 했다. "한 여성이 그의 동료에게 〔빵〕 가격을 정하지 않으면 〔빵〕 덩어리를 빌려주어서는 안 됩니다. 〔왜냐하면〕 밀 가격이 〔중간에〕 더 비싸지면 그들이 이자를 받는 사람들이 되기 때문입니다."

- 자신의 밀이 있는 상태에서 다른 사람의 밀을 잠시 빌리는 것은 가격 차이가 전혀 없기 때문에 가능하다.
- 이 주제에 대해서는 힐렐이 엄격한 태도를 보이고 있다. 빌려줄 당시의 빵 가격으로 돌려받는 것은 가능하지만, 빵으로 돌려받는 것은 가격 차이가 생겨 안 된다는 것이다.

5, 10

אוֹמֵר אָדָם לַחֲבֵרוֹ, נַכֵּשׁ עִמִּי וַאֲנַכֵּשׁ עִמָּךְ, עֲדֹר עִמִּי וְאֶעְדֹּר עִמָּךְ, וְלֹא יֹאמַר לוֹ נַכֵּשׁ עִמִּי וְאֶעְדֹּר עִמָּךְ, עֲדֹר עִמִּי וַאֲנַכֵּשׁ עִמָּךְ. כָּל יְמֵי גָרִיד, אֶחָד. כָּל יְמֵי רְבִיעָה, אֶחָד. לֹא יֹאמַר לוֹ חֲרֹשׁ עִמִּי בַגָּרִיד וַאֲנִי אֶחֱרֹשׁ עִמְּךָ בָרְבִיעָה. רַבָּן גַּמְלִיאֵל אוֹמֵר, יֵשׁ רִבִּית מֻקְדֶּמֶת וְיֵשׁ רִבִּית מְאֻחֶרֶת. כֵּיצַד. נָתַן עֵינָיו לִלְווֹת הֵימֶנּוּ, וְהָיָה מְשַׁלֵּחַ לוֹ וְאוֹמֵר בִּשְׁבִיל שֶׁתַּלְוֵנִי, זוֹ הִיא רִבִּית מֻקְדֶּמֶת. לָוָה הֵימֶנּוּ וְהֶחֱזִיר לוֹ אֶת מְעוֹתָיו, וְהָיָה מְשַׁלֵּחַ לוֹ וְאָמַר בִּשְׁבִיל מְעוֹתֶיךָ שֶׁהָיוּ בְטֵלוֹת אֶצְלִי, זוֹ הִיא רִבִּית מְאֻחֶרֶת. רַבִּי שִׁמְעוֹן אוֹמֵר, יֵשׁ רִבִּית דְּבָרִים, לֹא יֹאמַר לוֹ, דַּע כִּי בָא אִישׁ פְּלוֹנִי מִמָּקוֹם פְּלוֹנִי:

어떤 사람이 동료에게 말한다. "내 〔밭의〕 김을 매주시오. 그러면 나도 당신 〔밭의〕 김을 매주겠소." 또는 "내 〔밭을〕 괭이질해주시오. 그러면 나도 당신 〔밭을〕 괭이질해주겠소." 그러나 이렇게 말하지는 않는다. "내 〔밭의〕 김을 매주시오. 그러면 내가 당신 〔밭을〕 괭이질해주겠소." 또는 "내 〔밭을〕 괭이질해주시오. 그러면 나도 당신 〔밭의〕 김을 매주겠소." 건기(乾期)의 모든 날들〔의 가치〕는 동일하다. 우기

(雨期)의 모든 날들〔의 가치〕도 동일하다. 사람들은 〔동료〕에게 이렇게 말해서는 안 된다. "건기에 내 〔밭을〕 쟁기질해주시오. 그러면 내가 우기에 당신 〔밭을〕 쟁기질해주겠소." 라반 감리엘은 "사전 이자와 사후 이자가 있다"라고 말한다. 어떻게 그러한가? 만약 그가 다른 사람으로부터 차용하기 위하여 그에게 관심을 가지고, 〔선물을〕 보내면서 "이것은 당신으로부터 내가 〔돈을〕 빌리기 위함이다"라고 말한다면, 이것은 사전 이자다. 어떤 사람이 〔돈을〕 빌리고 그에게 다시 지불한 다음, 그에게 〔선물을〕 보내고, "이것이 나에게 있을 동안 가치가 덜한 당신의 돈을 위한 것이다"라고 말했다. 이것은 사후 이자이다. 랍비 쉼온은 말한다. "말로 하는 이자도 있습니다. 〔예를 들면 채무자〕는 〔채권자〕에게 "아무개가 아무 장소에 도착했으니 알고 계시오"라고 말해서는 안 됩니다."

- 노동력을 노동으로 갚는 품앗이도 동일한 가치로 갚아야 한다. 그렇지 않으면 차이가 생기면 이것도 이자로 간주한다.
- 랍비 쉼온은 채무자가 채권자에게 중요한 정보를 사전에 알려주어 이득을 보는 것을 일종의 말로 하는 이자라고 금지하고 있다.

5, 11

וְאֵלּוּ עוֹבְרִין בְּלֹא תַעֲשֶׂה. הַמַּלְוֶה, וְהַלֹּוֶה, וְהֶעָרֵב, וְהָעֵדִים. וַחֲכָמִים אוֹמְרִים, אַף הַסּוֹפֵר. עוֹבְרִים מִשּׁוּם לֹא תִתֵּן (ויקרא כה), וּמִשּׁוּם בַּל תִּקַּח מֵאִתּוֹ (שם), וּמִשּׁוּם לֹא תִהְיֶה לוֹ כְּנֹשֶׁה (שמות כב), וּמִשּׁוּם לֹא תְשִׂימוּן עָלָיו נֶשֶׁךְ (שם), וּמִשּׁוּם וְלִפְנֵי עִוֵּר לֹא תִתֵּן מִכְשֹׁל וְיָרֵאתָ מֵּאֱלֹהֶיךָ אֲנִי ה' (ויקרא יט):

그리고 이들은 금지 명령을 위반한 사람들이다. 채권자, 채무자, 보증인, 증인들이다. 현자들은 말한다. "〔약속어음을 기록하는〕 서기관

도 〔포함됩니다〕." 그들은 다음을 위반했다. "〔이자를 위하여〕 돈을 꾸어 주지 말고"(레 25:37) "너는 그에게 이자를 받지 말고"(25:36). "너는 그에게 채권자같이 하지 말며"(출 22:25) "이자도 받지 말라" (출 22:25). "맹인 앞에 장애물을 놓지 말고 네 하나님을 경외하라 나는 여호와이니라"(레 19:14).

- 이자를 받고 돈을 빌려주지 말라는 '금지 명령'을 어기게 되면, 관련된 모든 사람들이 법을 위반한 것이다.
- 이자를 받게 됨으로써 추가로 어기게 되는 명령들을 열거한다.

제6장

이 장과 다음 장은 고용주와 일꾼 사이에 발생하는 주제들을 다룬다.

6, 1

הַשּׂוֹכֵר אֶת הָאֻמָּנִין, וְהִטְעוּ זֶה אֶת זֶה, אֵין לָהֶם זֶה עַל זֶה אֶלָּא תַרְעֹמֶת. שָׂכַר אֶת הַחַמָּר וְאֶת הַקַּדָּר לְהָבִיא פִרְיָפְרִין וַחֲלִילִים לַכַּלָּה אוֹ לַמֵּת, וּפוֹעֲלִין לְהַעֲלוֹת פִּשְׁתָּנוֹ מִן הַמִּשְׁרָה, וְכָל דָּבָר שֶׁאָבֵד, וְחָזְרוּ בָהֶן, מְקוֹם שֶׁאֵין שָׁם אָדָם, שׂוֹכֵר עֲלֵיהֶן אוֹ מַטְעָן:

어떤 사람이 장인들을 고용했는데, 그들이 서로 속였다면 그들은 서로에게 〔법적인〕 이의를 제기하는 것 외에 아무것도 없다. 어떤 사람이 우편물을 보내거나 신부나 망자를 위해 피리 부는 자들을 데려오려고 나귀 끄는 자와 마부를 고용했거나, 통에서 아마를 꺼내거나 잃어버릴 수 있는 어떤 것을 꺼내기 위하여 일꾼들을 고용했는데 그들이 철회했다면, 〔만약〕 그곳에 고용할 다른 사람들이 없다면, 〔고용주]는 [다른 일꾼들을] 고용하거나 [처음에 일한 장인들을] 속일 수 있다.

- 일꾼들이 계약을 취소한 경우에 고용주는 두 가지 선택지가 있다. 하나는 다른 일꾼들을 고용하는 것이고, 다른 하나는 처음에 일한 일꾼들을 설득해서 다시 일을 시키는 것이다. 처음 일한 일꾼들의 취소로 발생한 일이기 때문에 그들에게 더 많은 임금을 주겠다고 말하고 약속을 지키지 않는 속임수가 허락된다.

6, 2

הַשּׂוֹכֵר אֶת הָאֻמָּנִין וְחָזְרוּ בָהֶן, יָדָן עַל הַתַּחְתּוֹנָה. אִם בַּעַל הַבַּיִת חוֹזֵר בּוֹ, יָדוֹ עַל הַתַּחְתּוֹנָה. כָּל הַמְשַׁנֶּה, יָדוֹ עַל הַתַּחְתּוֹנָה. וְכָל הַחוֹזֵר בּוֹ, יָדוֹ עַל הַתַּחְתּוֹנָה:

어떤 사람이 장인들을 고용했는데 [장인들]이 철회했다면, 그들이 불리한 입장에 처하게 된다. 만약 고용주가 철회하면, 그는 불리한 입장에 처하게 된다. 누구든지 조건을 바꾼 사람은 불리한 입장에 처하게 된다. 그리고 누구든지 [계약을] 철회하는 사람은 불리한 입장에 처하게 된다.

- 처음에 20주즈에 마치기로 한 일을 중간에 계약이 철회되어 나머지 절반은 다른 장인들이 일을 마쳤을 때, 나중에 일한 장인들이 10주즈가 아니라 12주즈나 8주즈에 일을 한다면 손해가 발생하다. 이때 계약을 철회한 쪽이 손해를 감수한다. 예를 들어, 장인들이 계약을 철회했다면 나중에 일한 장인들이 12주즈를 가져간다면 앞서 일한 장인들은 8주즈만 받게 된다. 주인이 계약을 철회했다면 나중에 일한 장인들이 12주즈를 가져가더라도 앞서 일한 장인들에게는 10주

즈를 주고 주인이 2주즈를 추가해서 지불해야 한다.

6, 3

הַשּׂוֹכֵר אֶת הַחֲמוֹר לְהוֹלִיכָהּ בָּהָר וְהוֹלִיכָהּ בַּבִּקְעָה, בַּבִּקְעָה וְהוֹלִיכָהּ בָּהָר, אֲפִלּוּ זוֹ עֶשֶׂר מִילִין וְזוֹ עֶשֶׂר מִילִין, וָמֵתָה, חַיָּב. הַשּׂוֹכֵר אֶת הַחֲמוֹר וְהִבְרִיקָה, אוֹ שֶׁנַּעֲשֵׂית אַנְגַּרְיָא, אוֹמֵר לוֹ הֲרֵי שֶׁלְּךָ לְפָנֶיךָ. מֵתָה אוֹ נִשְׁבְּרָה, חַיָּב לְהַעֲמִיד לוֹ חֲמוֹר. הַשּׂוֹכֵר אֶת הַחֲמוֹר לְהוֹלִיכָהּ בָּהָר וְהוֹלִיכָהּ בַּבִּקְעָה, אִם הֶחֱלִיקָה, פָּטוּר, וְאִם הוּחַמָּה, חַיָּב. לְהוֹלִיכָהּ בַּבִּקְעָה וְהוֹלִיכָהּ בָּהָר, אִם הֶחֱלִיקָה, חַיָּב, וְאִם הוּחַמָּה, פָּטוּר. אִם מֵחֲמַת הַמַּעֲלָה, חַיָּב:

어떤 사람이 나귀를 산으로 끌고 가려고 빌렸는데 골짜기로 가고, 골짜기로 [끌고 가려고 빌렸는데] 산으로 간 경우에, 이 [길]이 10밀이고, 다른 [길]이 10밀인데 [가다가] 죽었다면, 그에게 책임이 있다. 어떤 사람이 나귀를 빌렸는데 병이 들었거나 공공 사업에 징집되었다면, 그는 [빌린 사람]에게 말한다. "보라 당신의 것이 당신 앞에 있습니다." [그러나 만약] 죽거나 [다리가] 부러졌다면 [주인]은 다른 나귀를 제공해야 한다. 어떤 사람이 나귀를 산으로 끌고 가려고 빌렸는데 골짜기로 끌고 가다가 미끄러졌다면 그는 책임이 없지만 열사병으로 [죽었다면] 그는 책임이 없다. 그러나 만약 [산으로] 올라갔기 때문에 [열사병으로 죽었다면 빌린 사람]에게 책임이 있다.

- 길이의 단위인 밀(מיל)은 이름 자체는 로마식 마일(mile)에서 가져왔지만 실제 길이는 차이가 있다. 이스라엘 '밀'은 2,000 아마(대략 1킬로미터) 거리를 뜻하고 로마 마일은 로마인의 '천 걸음'에 해당한다(대략 1.5킬로미터).
- 빌려준 나귀가 아프거나 징집된 경우처럼 일정 기간이 지나 나귀를 사용할 수 있다면 나귀 주인에게 책임이 없다. 나귀를 더 이상 사용할 수 없는 경우에는 나귀 주인이 다른 동물로 대체해주어야 한다.

- 나귀를 빌린 사람이 계약한 조건에서 벗어나 더 큰 위험을 감수했을 경우에는 그에게 책임이 있다.

6, 4

הַשּׂוֹכֵר אֶת הַפָּרָה לַחֲרשׁ בָּהָר וְחָרַשׁ בַּבִּקְעָה, אִם נִשְׁבַּר הַקַּנְקַן, פָּטוּר.
בַּבִּקְעָה וְחָרַשׁ בָּהָר, אִם נִשְׁבַּר הַקַּנְקַן, חַיָּב. לָדוּשׁ בַּקִּטְנִית וְדָשׁ בַּתְּבוּאָה,
פָּטוּר, לָדוּשׁ בַּתְּבוּאָה וְדָשׁ בַּקִּטְנִית, חַיָּב, מִפְּנֵי שֶׁהַקִּטְנִית מַחֲלֶקֶת:

어떤 사람이 산에서 쟁기질하려고 소를 빌렸는데 그가 골짜기에서 쟁기질을 하다가 쟁기가 부러졌다면 책임이 없다. 〔만약〕 골짜기에서 〔쟁기질하려고 소를 빌렸는데〕 산에서 쟁기질을 하다가 쟁기가 부러졌다면 그에게 책임이 있다. 콩을 타작하려고 빌렸는데 곡식을 타작했다가 〔소가 미끄러져 다리가 부러졌다면〕 그는 책임이 없다. 곡식을 타작하려고 〔빌렸는데〕 콩을 타작하다가 〔부러졌다면〕 그에게 책임이 있다. 콩은 〔더〕 미끄럽기 때문이다.

- 골짜기 땅은 흙이 부드럽고 산지는 바위와 돌이 섞인 땅이다. 따라서 계약과 달리 산지에서 쟁기질을 했다면 빌린 사람에게 책임이 있다.
- 타작은 소나 나귀처럼 힘이 있는 동물을 이용하는데, 콩은 다른 곡식보다 미끄러워 더 위험하기 때문에 계약을 바꾸었다면 빌린 사람에게 책임이 있다.

6, 5

הַשּׂוֹכֵר אֶת הַחֲמוֹר לְהָבִיא עָלֶיהָ חִטִּים וְהֵבִיא עָלֶיהָ שְׂעֹרִים, חַיָּב. תְּבוּאָה
וְהֵבִיא עָלֶיהָ תֶּבֶן, חַיָּב, מִפְּנֵי שֶׁהַנֶּפַח קָשֶׁה לַמַּשּׂוֹי. לְהָבִיא לֶתֶךְ חִטִּים
וְהֵבִיא לֶתֶךְ שְׂעֹרִים, פָּטוּר. וְאִם הוֹסִיף עַל מַשָּׂאוֹ, חַיָּב. וְכַמָּה יוֹסִיף עַל

מַשָּׂאוֹ וִיהֵא חַיָּב. סוּמְכוֹס אוֹמֵר מִשּׁוּם רַבִּי מֵאִיר, סְאָה לְגָמָל, שְׁלֹשָׁה קַבִּין לַחֲמוֹר:

어떤 사람이 밀을 가져오기 위해 나귀를 빌렸는데 보리를 가져왔다면 그에게 책임이 있다. 곡물을 가져오기 위하여 고용했는데 짚을 가져왔다면 그에게 책임이 있다. 왜냐하면 부피가 늘어나면 운반하기가 더 어렵기 때문이다. 1레텍의 밀을 가져와야 하는데 1레텍의 보리를 가져왔다면 그는 책임이 없다. 그러나 양을 추가하면 책임이 있다. 그러면 어느 정도 양을 추가되면 책임이 있는가? 숨코스(סומכוס)는 랍비 메이르의 이름으로 말한다. "낙타는 1쎄아, 나귀는 3카브입니다."

- 같은 무게라면 밀보다는 보리의 부피가 더 크고 곡물보다 짚의 부피가 더 크다. 부피가 늘어난 만큼 운반하기 어렵기 때문에 이로 인해 나귀가 부상을 입었다면 빌린 사람에게 책임이 있다.
- 레텍은 부피의 단위다. 같은 부피면 밀보다 보리가 더 가볍기 때문에 책임이 없다. 참고로 1레텍은 15쎄아, 1쎄아는 6카브다.

6, 6

כָּל הָאֻמָּנִין, שׁוֹמְרֵי שָׂכָר הֵן. וְכֻלָּן שֶׁאָמְרוּ, טֹל אֶת שֶׁלְּךָ וְהָבֵא מָעוֹת, שׁוֹמֵר חִנָּם. שְׁמֹר לִי וְאֶשְׁמֹר לָךְ, שׁוֹמֵר שָׂכָר. שְׁמֹר לִי, וְאָמַר לוֹ הַנַּח לְפָנָי, שׁוֹמֵר חִנָּם:

모든 장인들은 〔돈을 받고 관리해주는〕 유급 관리자로 간주된다. 그러나 〔장인들〕이 "당신의 것을 가져가고 돈을 주시오"라고 말하면 그들은 〔돈을 받지 않고 관리해주는〕 무급 관리자로 간주된다. "나의 것을 지켜주시오. 그러면 나도 당신의 것을 지킬 것입니다"라고 말했다면, 그는 유급 관리자다. 〔어떤 사람이 동료에게〕 "나의 것을 지켜 주

시오"라고 말했는데 다른 사람이 "내 앞에 두시오"라고 말했다면, 그는 〔돈을 받지 않고 관리해주는〕 무급 관리자로 간주된다.

- 유급 관리자는 물건이 도난을 당하거나 분실할 경우에 책임을 지지만, 무급 관리자는 책임을 지지 않는다. 장인이 일하는 동안에는 유급 관리자처럼 맡겨진 물건에 대한 책임이 있지만, 맡은 일을 마친 후에는 그 물건에 대한 책임은 전적으로 주인에게 있다.

6, 7

הִלְוָהוּ עַל הַמַּשְׁכּוֹן, שׁוֹמֵר שָׂכָר. רַבִּי יְהוּדָה אוֹמֵר, הִלְוָהוּ מָעוֹת, שׁוֹמֵר חִנָּם. הִלְוָהוּ פֵּרוֹת, שׁוֹמֵר שָׂכָר. אַבָּא שָׁאוּל אוֹמֵר, מֻתָּר אָדָם לְהַשְׂכִּיר מַשְׁכּוֹנוֹ שֶׁל עָנִי לִהְיוֹת פּוֹסֵק עָלָיו וְהוֹלֵךְ, מִפְּנֵי שֶׁהוּא כְּמֵשִׁיב אֲבֵדָה:

어떤 사람이 담보물을 잡고 돈을 빌려주었다면, 그는 유급 관리자다. 랍비 예후다는 말한다. "그가 돈을 빌려주었다면 무급 관리자입니다. 〔그러나〕 그가 농산물을 빌려주었다면 유급 관리자입니다." 압바 샤울은 말한다. "빚을 줄이기 위해 가난한 사람의 담보물을 빌려주는 것이 허용된다. 이는 잃어버린 물건을 〔주인에게〕 돌려주는 것과 같기 때문입니다."

- 랍비들은 담보물을 잡고 있는 사람을 담보물에 대한 유급 관리자로 간주한다. 반면에 랍비 예후다는 무급 관리자이기 때문에 책임이 없다는 입장이다.
- 돈이나 물건을 빌려주고 이익을 취하는 것은 이자로 간주되어 금지된다. 하지만 압바 샤울은 가난한 사람의 담보물로 빚을 줄여줄 수 있다고 주장한다.

6, 8

הַמַּעֲבִיר חָבִית מִמָּקוֹם לְמָקוֹם וּשְׁבָרָהּ, בֵּין שׁוֹמֵר חִנָּם בֵּין שׁוֹמֵר שָׂכָר, יִשָּׁבַע. רַבִּי אֱלִיעֶזֶר אוֹמֵר, זֶה וָזֶה יִשָּׁבַע, וְתָמֵהַּ אֲנִי אִם יְכוֹלִין זֶה וָזֶה לִשָּׁבֵעַ:

어떤 사람이 통을 한 장소에서 다른 장소로 옮기다가 그것을 깨뜨렸다. 이 경우 무급 관리자이건 유급 관리자이건 맹세해야 한다. 랍비 엘리에제르는 "두 사람 다 맹세할 수 있지만, [두 경우 모두 유효한지] 의문이다"라고 말한다.

- 부주의로 인해 발생한 손실이 아니면, 맹세하고 이에 대한 책임도 면제된다.

제7장

이 장은 고용주가 일꾼을 고용할 때 그 지역의 관습을 따라야 한다는 점을 다룬다.

7, 1

הַשּׂוֹכֵר אֶת הַפּוֹעֲלִים וְאָמַר לָהֶם לְהַשְׁכִּים וּלְהַעֲרִיב, מְקוֹם שֶׁנָּהֲגוּ שֶׁלֹּא לְהַשְׁכִּים וְשֶׁלֹּא לְהַעֲרִיב, אֵינוֹ רַשַּׁאי לְכוֹפָן. מְקוֹם שֶׁנָּהֲגוּ לָזוּן, יָזוּן. לְסַפֵּק בִּמְתִיקָה, יְסַפֵּק. הַכֹּל כְּמִנְהַג הַמְּדִינָה. מַעֲשֶׂה בְּרַבִּי יוֹחָנָן בֶּן מַתְיָא שֶׁאָמַר לִבְנוֹ, צֵא שְׂכֹר לָנוּ פוֹעֲלִים. הָלַךְ וּפָסַק לָהֶם מְזוֹנוֹת. וּכְשֶׁבָּא אֵצֶל אָבִיו, אָמַר לוֹ, בְּנִי, אֲפִלּוּ אִם אַתָּה עוֹשֶׂה לָהֶם כִּסְעֻדַּת שְׁלֹמֹה בִשְׁעָתוֹ, לֹא יָצָאתָ יְדֵי חוֹבָתְךָ עִמָּהֶן, שֶׁהֵן בְּנֵי אַבְרָהָם יִצְחָק וְיַעֲקֹב. אֶלָּא עַד שֶׁלֹּא יַתְחִילוּ בִמְלָאכָה צֵא וֶאֱמֹר לָהֶם, עַל מְנָת שֶׁאֵין לָכֶם עָלַי אֶלָּא פַת וְקִטְנִית בִּלְבַד. רַבָּן שִׁמְעוֹן בֶּן גַּמְלִיאֵל אוֹמֵר, לֹא הָיָה צָרִיךְ לוֹמַר, הַכֹּל כְּמִנְהַג הַמְּדִינָה:

어떤 사람이 일꾼들을 고용하고 그들에게 아침 일찍 일어나서 저녁 늦게까지 〔일하라〕고 말했다. 〔만약〕 그곳이 아침 일찍 일어나서 저녁 늦게까지 일하는 관습이 없다면, 그는 그들에게 강요할 수 없다. 〔만약 일꾼들〕에게 음식을 제공하는 관습이 있는 곳이라면 그는 음식을 제공해야 한다. 〔만약〕 단것을 제공하는 〔관습이 있는 곳이라면〕, 〔단것을〕 제공해야 한다. 모두 그 지역의 관습에 따른다. 랍비 요하난 벤 마티아에게 있었던 일이다. 그는 아들에게 말했다. "나가서 일꾼들을 데려오너라." 그는 가서 음식을 제공했다. 그리고 그가 그의 아버지에게 갔을 때 그〔랍비 요하난 벤 마티아〕가 말했다. "내 아들아, 네가 그들에게 솔로몬의 식사를 그들에게 제공했을지라도 너는 그들에게 의무를 다하지 않았다. 왜냐하면 그들은 아브라함, 이삭 그리고 야곱의 후손들이기 때문이다. 차라리 그들이 일을 시작하기 전에 가서 '당신들이 나에게 요구할 수 있는 것은 단지 빵과 콩입니다'라고 말하라." 라반 쉼온 벤 감리엘은 말한다. "그렇게 얘기할 필요가 없습니다. 〔왜냐하면〕 모든 것이 그 지방의 관습에 따르기 때문입니다."

- 고용한 일꾼들이 일하는 시간이나 제공되는 음식은 그 지역의 관습을 따른다.

7, 2

וְאֵלּוּ אוֹכְלִין מִן הַתּוֹרָה. הָעוֹשֶׂה בִמְחֻבָּר לַקַּרְקַע, בִּשְׁעַת גְּמַר מְלָאכָה, וּבְתָלוּשׁ מִן הַקַּרְקַע, עַד שֶׁלֹּא נִגְמְרָה מְלַאכְתּוֹ, בְּדָבָר שֶׁגִּדּוּלוֹ מִן הָאָרֶץ. וְאֵלּוּ שֶׁאֵין אוֹכְלִין. הָעוֹשֶׂה בִמְחֻבָּר לַקַּרְקַע בְּשָׁעָה שֶׁאֵין גְּמַר מְלָאכָה, וּבְתָלוּשׁ מִן הַקַּרְקַע מֵאַחַר שֶׁנִּגְמְרָה מְלַאכְתּוֹ, וּבְדָבָר שֶׁאֵין גִּדּוּלוֹ מִן הָאָרֶץ:

그리고 이 [일꾼]들은 토라에 의해 [그들이 거두는 농산물을] 먹을 수 있다. 일꾼은 땅에 붙어 있는 것은 일을 마칠 때에 [먹을 수 있고], 땅과 분리된 것은 일 [전체 과정]이 마치기 전까지 [먹을 수 있다]. 땅에서 키운 것은 [먹을 수 있다]. 다음 [일꾼들]은 먹을 수 없다. 일꾼은 땅에 붙어 있는 것은 일을 마치지 않았을 때에는 [먹을 수 없고], 땅과 분리된 것은 일 [전체 과정]이 마친 후에는 [먹을 수 없다]. 땅에서 키우지 않는 것은 [먹을 수 없다].

- 여기에서 말하는 '토라'는 신명기 23:24-25을 말한다.
- 일꾼들이 일하면서 먹을 수 있는 것과 먹을 수 없는 것은 다음과 같다. 1) 곡식은 수확을 한 후에 먹을 수 있고 그전에는 먹어서는 안 된다. 2) 수확한 포도나 올리브는 포도주나 기름으로 만들기 전까지만 먹을 수 있다. 3) 땅에서 생산된 것은 먹을 수 있지만, 땅과 직접적인 관련이 없는 고기나 우유 제품은 먹을 수 없다.

7, 3

הָיָה עוֹשֶׂה בְיָדָיו אֲבָל לֹא בְרַגְלָיו, בְּרַגְלָיו אֲבָל לֹא בְיָדָיו, אֲפִלּוּ בִכְתֵפוֹ, הֲרֵי זֶה אוֹכֵל. רַבִּי יוֹסֵי בְּרַבִּי יְהוּדָה אוֹמֵר, עַד שֶׁיַּעֲשֶׂה בְיָדָיו וּבְרַגְלָיו:

손으로 일하고 발로는 일하지 않는 사람, 발로는 [일하지만] 손으로 일하지 않는 사람, 심지어 어깨만으로 [일하는 사람], 이런 사람은 먹을 수 있다. 랍비 예후다의 아들인 랍비 요쎄는 말한다. "손과 발 모두로 일해야만 [먹을 수 있습니다]."

7, 4

הָיָה עוֹשֶׂה בִתְאֵנִים, לֹא יֹאכַל בַּעֲנָבִים, בַּעֲנָבִים, לֹא יֹאכַל בִּתְאֵנִים. אֲבָל מוֹנֵעַ אֶת עַצְמוֹ עַד שֶׁמַּגִּיעַ לִמְקוֹם הַיָּפוֹת וְאוֹכֵל. וְכֻלָּן לֹא אָמְרוּ אֶלָּא

בִּשְׁעַת מְלָאכָה, אֲבָל מִשּׁוּם הָשֵׁב אֲבֵדָה לַבְּעָלִים אָמְרוּ, פּוֹעֲלִים אוֹכְלִין בַּהֲלִיכָתָן מֵאֻמָּן לְאֻמָּן, וּבַחֲזִירָתָן מִן הַגַּת, וּבַחֲמוֹר כְּשֶׁהִיא פוֹרֶקֶת:

무화과 일을 한 사람은 포도를 먹어서는 안 된다. 포도 〔일을 한 사람〕은 무화과를 먹어서는 안 된다. 그러나 그는 〔먹는 것을〕 자제하며, 최상품에 도달해서 먹을 수 있다. 그리고 이 모든 것들에 관하여 〔랍비들은〕 그들이 일할 때만 〔먹을 수 있다〕고 말했다. 잃어버린 재산을 그 주인들에게 돌려주라는 〔의무〕 때문에, 그들은 말했다. "일꾼들은 이 밭고랑에서 저 밭고랑으로 가는 중에 먹을 수 있습니다. 그리고 포도주 짜는 틀에서 돌아올 때, 그리고 나귀는 짐을 내리는 중에 있을 때 먹을 수 있습니다."

- 고용주나 일꾼들 모두 일하는 중간에 먹는 것을 좋아하지 않는다.

7, 5

אוֹכֵל פּוֹעֵל קִשּׁוּת אֲפִלּוּ בְדִינָר, וְכוֹתֶבֶת אֲפִלּוּ בְדִינָר. רַבִּי אֶלְעָזָר חִסְמָא אוֹמֵר, לֹא יֹאכַל פּוֹעֵל יָתֵר עַל שְׂכָרוֹ. וַחֲכָמִים מַתִּירִין, אֲבָל מְלַמְּדִין אֶת הָאָדָם שֶׁלֹּא יְהֵא רַעַבְתָן וִיהֵא סוֹתֵם אֶת הַפֶּתַח בְּפָנָיו:

일꾼은 〔일을 하는 동안에는〕 오이를 1디나르 〔가치〕까지도 먹을 수 있고, 대추야자를 1디나르 〔가치〕까지도 〔먹을 수 있다〕. 랍비 엘아자르 히스마는 말한다. "일꾼은 자신의 임금보다 더 많이 먹을 수 없습니다." 현자들은 그것을 허용한다. 그러나 사람들에게 게걸스럽게 먹어 그 앞에서 입구가 닫혀서는 안 된다고 가르친다.

- 현자들은 너무 많이 먹는 일꾼은 기피 대상이 되어 나중에 일을 하지 못하게 된다고 경고한다.

7, 6

קוֹצֵץ אָדָם עַל יְדֵי עַצְמוֹ, עַל יְדֵי בְנוֹ וּבִתּוֹ הַגְּדוֹלִים, עַל יְדֵי עַבְדּוֹ וְשִׁפְחָתוֹ הַגְּדוֹלִים, עַל יְדֵי אִשְׁתּוֹ, מִפְּנֵי שֶׁיֵּשׁ בָּהֶן דָּעַת. אֲבָל אֵינוֹ קוֹצֵץ עַל יְדֵי בְנוֹ וּבִתּוֹ הַקְּטַנִּים, וְלֹא עַל יְדֵי עַבְדּוֹ וְשִׁפְחָתוֹ הַקְּטַנִּים, וְלֹא עַל יְדֵי בְהֶמְתּוֹ, מִפְּנֵי שֶׁאֵין בָּהֶן דָּעַת:

어떤 사람이 〔일에 대한 계약을 할 때〕 자기 자신에 대하여, 그의 성장한 아들과 딸에 대하여, 그의 성인 남녀 종에 대하여, 〔그리고〕 그의 아내에 대하여 〔먹는 것을〕 줄일 수 있다. 왜냐하면 그들은 자제력이 있기 때문이다. 그러나 그는 그의 미성년 아들과 딸에 대하여,[6] 미성년 남녀 종에 대하여, 그의 가축에 대하여 〔먹는 것을〕 줄일 수 없다. 왜냐하면 그들에게는 자제력이 없기 때문이다.

- 음식 먹을 권리를 행사하는 대신 임금을 더 많이 받을 수 있다. 절제하여 자신이 먹을 몫을 깎는다(קוצץ, 코쩨쯔)는 것이다(블랙먼).

7, 7

הַשּׂוֹכֵר אֶת הַפּוֹעֲלִים לַעֲשׂוֹת בְּנֶטַע רְבָעִי שֶׁלּוֹ, הֲרֵי אֵלּוּ לֹא יֹאכְלוּ. אִם לֹא הוֹדִיעָן, פּוֹדֶה וּמַאֲכִילָן. נִתְפָּרְסוּ עִגּוּלָיו, נִתְפַּתְּחוּ חָבִיּוֹתָיו, הֲרֵי אֵלּוּ לֹא יֹאכְלוּ. אִם לֹא הוֹדִיעָן, מְעַשֵּׂר וּמַאֲכִילָן:

어떤 사람이 자신의 제4년차 농작물을 위해 일꾼들을 고용했으면, 그들은 그것을 먹어서는 안 된다. 만약 그가 〔제4년차 농작물이라고〕 알리지 않았다면, 그는 〔농작물을 성전에〕 무른 다음 〔일꾼들을〕 먹여야 한다. 〔만약〕 그의 〔무화과〕 과자가 흩어지거나 〔포도주〕 통이 열려 있으면, 그들은 그것을 먹어서는 안 된다. 만약 그가 이것을 알리

6) 유대인의 성년식은 남자 13세, 여자 12세에 행한다(블랙먼).

지 않았다면, 그는 〔먼저〕 십일조를 한 다음 〔일꾼들을〕 먹여야 한다.

- 새로운 경작지에서 지은 농산물은 처음부터 먹을 수 없고, 제4년차 농산물을 성전에 바친 후 5년차 농산물부터 먹을 수 있다(레 19:23-25).
- 십일조는 그 흩어진 무화과 과자나 통이 열린 포도주로 드릴 수 없다. 그는 사람과 장인을 불러서 무화과 과자를 다시 만들고 포도주 통도 다시 봉한 후 십일조를 드려야 한다(댄비, p. 360).

7, 8

שׁוֹמְרֵי פֵרוֹת אוֹכְלִין מֵהִלְכוֹת מְדִינָה, אֲבָל לֹא מִן הַתּוֹרָה. אַרְבָּעָה שׁוֹמְרִין הֵן. שׁוֹמֵר חִנָּם, וְהַשּׁוֹאֵל, נוֹשֵׂא שָׂכָר, וְהַשּׂוֹכֵר. שׁוֹמֵר חִנָּם נִשְׁבָּע עַל הַכֹּל, וְהַשּׁוֹאֵל מְשַׁלֵּם אֶת הַכֹּל, וְנוֹשֵׂא שָׂכָר וְהַשּׂוֹכֵר נִשְׁבָּעִים עַל הַשְּׁבוּרָה וְעַל הַשְּׁבוּיָה וְעַל הַמֵּתָה, וּמְשַׁלְּמִין אֶת הָאֲבֵדָה וְאֶת הַגְּנֵבָה:

농산물 관리자들은 토라의 법이 아니라, 랍비들의 규정에 의해서 먹을 수 있다. 관리자에는 네 가지 유형이 있다. 무급 관리자, 차용인, 유급 관리자, 그리고 임차인이다. 무급 관리자는 모든 경우 맹세한다. 차용인은 모든 경우에 배상금을 지불해야 한다. 유급 관리자와 임차인은 상해에 대하여, 강탈당한 것에 대하여, 또는 죽은 것에 대하여 맹세해야 한다. 그리고 분실이나 도난당한 것에 대하여 배상금을 지불해야 한다.

- 랍비들은 출애굽기 22:6-15에서 말하고 있는 상황을 네 종류의 관리자로 구별하여 설명하고 있다. 1) 무급 관리자, 2) 차용인, 3) 유급 관리자, 4) 임차인(「쉬부옷」 8, 1). 기본적인 원칙은 이익을 더 많이 보는 관리자일수록 책임도 더 크다는 점이다.
- 1) 무급 관리자는 주의 태만을 하지 않았다는 맹세를 하게 되면 모

든 책임이 면제된다. 그는 맡은 물건으로 어떤 이득도 보지 않기 때문에 책임도 가장 적다. 2) 돈을 지불하지 않고 빌려 쓰는 차용인은 가장 많은 이익을 보는 사람이다. 따라서 도난이나 분실뿐만 아니라 불가항력적인 사건 등 모든 경우에 대해서도 책임을 지고 배상해야 한다. 3) 돈을 받고 관리해주는 유급 관리자는 분실이나 도난에 대해서는 책임을 져야 하지만, 자연사 등 불가항력적인 사건에 대해서는 맹세를 하면 책임이 면제된다. 4) 돈을 지불하고 빌려 쓰는 임차인은 책임을 지는 범위가 전반적으로 유급 관리자와 유사하다.

- 네 종류의 관리자가 맹세를 해야 하는 상황에 대하여 「쉬부옷」 8장에서 말한다.

7, 9

זְאֵב אֶחָד, אֵינוֹ אֹנֶס, שְׁנֵי זְאֵבִים, אֹנֶס. רַבִּי יְהוּדָה אוֹמֵר, בִּשְׁעַת מִשְׁלַחַת זְאֵבִים, אַף זְאֵב אֶחָד אֹנֶס. שְׁנֵי כְלָבִים, אֵינוֹ אֹנֶס. יַדּוּעַ הַבַּבְלִי אוֹמֵר מִשּׁוּם רַבִּי מֵאִיר, מֵרוּחַ אַחַת, אֵינוֹ אֹנֶס, מִשְּׁתֵּי רוּחוֹת, אֹנֶס. הַלִּסְטִים, הֲרֵי זֶה אֹנֶס. הָאֲרִי וְהַדֹּב וְהַנָּמֵר וְהַבַּרְדְּלָס וְהַנָּחָשׁ, הֲרֵי זֶה אֹנֶס. אֵימָתַי, בִּזְמַן שֶׁבָּאוּ מֵאֲלֵיהֶן, אֲבָל אִם הוֹלִיכָן לִמְקוֹם גְּדוּדֵי חַיָּה וְלִסְטִים, אֵינוֹ אֹנֶס:

늑대 한 마리〔의 공격〕은 불가항력이 아니다. 늑대 두 마리〔의 공격〕은 불가항력이다. 랍비 예후다는 말한다. "늑대가 떼로 공격할 때는 늑대 한 마리〔의 공격〕도 불가항력입니다." 두 마리의 개는 불가항력으로 간주되지 않는다. 바빌론의 야두아(Yadua)는 랍비 메이르의 이름으로 말한다. "한 방향〔의 공격〕은 불가항력이 아니다. 그러나 두 방향〔의 공격〕은 불가항력이다." 강도들은 불가항력이다. 사자, 곰, 표범, 퓨마, 뱀은 불가항력이다. 언제인가? 그들이 자발적으로 왔을 때이다. 그러나 만약 〔목동〕이 〔가축 떼〕를 맹수들이나 도둑들이 있는 곳으로 데리고 갔다면 불가항력이 아니다.

- 목동이 맡은 양들을 칠 때 맹수가 나타나는 불가항력적인 사건이 발생하면 책임질 필요가 없다. 하지만 고의로 위험에 빠지게 했다면 배상의 책임이 있다.

7, 10

מֵתָה כְדַרְכָּהּ, הֲרֵי זֶה אֹנֶס. סִגְּפָהּ וָמֵתָה, אֵינוֹ אֹנֶס. עָלְתָה לְרָאשֵׁי צוּקִין וְנָפְלָה וָמֵתָה, הֲרֵי זֶה אֹנֶס. הֶעֱלָהּ לְרָאשֵׁי צוּקִין וְנָפְלָה וָמֵתָה, אֵינוֹ אֹנֶס. מַתְנֶה שׁוֹמֵר חִנָּם לִהְיוֹת פָּטוּר מִשְּׁבוּעָה, וְהַשּׁוֹאֵל לִהְיוֹת פָּטוּר מִלְּשַׁלֵּם, נוֹשֵׂא שָׂכָר וְהַשּׂוֹכֵר לִהְיוֹת פְּטוּרִין מִשְּׁבוּעָה וּמִלְּשַׁלֵּם

〔가축의〕 자연사는 불가항력이다. 〔그러나〕 학대로 죽었다면 불가항력이 아니다. 〔어떤 가축이〕 절벽 꼭대기에 올라가서 떨어져 죽었다면, 이는 불가항력이다. 〔그러나 만약 목동이〕 절벽 꼭대기로 올려 떨어져 죽었다면, 불가항력이 아니다. 〔만약〕 무급 관리자는 맹세를 면제받기 위해 명문화할 수 있다. 그리고 차용인은 배상금 지불을 면제받기 위해 〔명문화할 수 있다〕. 그리고 유급 관리자와 임차인은 맹세와 배상금 지불을 면제받기 위해 〔명문화할 수 있다〕.

- 여덟째 미쉬나처럼 네 종류의 관리자들은 각각의 경우에 책임을 져야 한다. 하지만 가축이나 물건을 맡기 전에 주인으로부터 책임을 면제해주겠다는 계약조건을 받는다면 책임에서 자유롭다.

7, 11

כָּל הַמַּתְנֶה עַל מַה שֶּׁכָּתוּב בַּתּוֹרָה, תְּנָאוֹ בָטֵל. וְכָל תְּנַאי שֶׁיֵּשׁ מַעֲשֶׂה בִתְחִלָּתוֹ, תְּנָאוֹ בָטֵל. וְכָל שֶׁאֶפְשָׁר לוֹ לְקַיְּמוֹ בְסוֹפוֹ, וְהִתְנָה עָלָיו מִתְּחִלָּתוֹ, תְּנָאוֹ קַיָּם:

토라에 기록된 것과 상충되는 모든 조건의 규정은 무효다. 그리고 행동이 조건에 선행하는 모든 규정은 무효다. 그리고 결국에는 실현될 수 있는 모든 조건과 처음부터 조건으로 제시된 모든 규정은 유효하다.

- 토라(오경)의 규정과 모순되는 규정은 무효다. 그리고 실현 불가능한 조건이 있는 규정도 무효다.

제8장

이 장은 가축이나 물건을 빌린 사람이 자신이 빌린 것에 손상이 발생했을 때 어떠한 책임을 져야 하는지를 다룬다. 마지막 세 개의 미쉬나는 집을 임대할 때 생기는 문제들을 다룬다.

8, 1

הַשּׁוֹאֵל אֶת הַפָּרָה וְשָׁאַל בְּעָלֶיהָ עִמָּהּ אוֹ שָׂכַר בְּעָלֶיהָ עִמָּהּ. שָׁאַל הַבְּעָלִים אוֹ שְׂכָרָן, וּלְאַחַר כָּךְ שָׁאַל אֶת הַפָּרָה, וָמֵתָה, פָּטוּר, שֶׁנֶּאֱמַר (שמות כב) אִם בְּעָלָיו עִמּוֹ לֹא יְשַׁלֵּם. אֲבָל שָׁאַל אֶת הַפָּרָה וְאַחַר כָּךְ שָׁאַל אֶת הַבְּעָלִים אוֹ שְׂכָרָן, וָמֵתָה, חַיָּב, שֶׁנֶּאֱמַר (שם) בְּעָלָיו אֵין עִמּוֹ שַׁלֵּם יְשַׁלֵּם:

암소를 빌린 사람이 〔암소〕와 함께 주인을 빌리거나 〔암소〕와 함께 주인을 고용했다. 〔또는 암소〕 주인을 빌리거나 고용한 후 나중에 암소를 빌렸는데 〔암소〕가 죽었다면 〔빌린 사람은〕 책임이 없다. 〔성서에〕 기록되었듯이, "그 임자가 그것과 함께 하였으면 배상하지 아니할지니라"(출 22:15). 그러나 암소를 빌린 후에 나중에 〔암소〕 주인을 빌리거나 고용했는데 〔암소〕가 죽었다면, 〔빌린 사람에게〕 책임이 있다.

〔성서에〕 기록되었듯이, "만일 이웃에게 빌려온 것이 그 임자와 함께 있지 아니할 때에 〔상하거나 죽으면〕 반드시 배상하려니와"(출 22:14).

- 암소를 그 주인과 함께 빌리거나 고용했는데 암소가 죽었다면 빌린 사람이 책임을 지지 않아도 된다. 하지만 먼저 암소를 빌리고 나중에 주인을 빌리거나 고용한 경우에는 빌린 사람에게 책임이 있다.

8, 2

הַשּׁוֹאֵל אֶת הַפָּרָה, שְׁאָלָהּ חֲצִי הַיּוֹם וּשְׂכָרָהּ חֲצִי הַיּוֹם, שְׁאָלָהּ הַיּוֹם וּשְׂכָרָהּ לְמָחָר, שָׂכַר אַחַת וְשָׁאַל אַחַת, וָמֵתָה, הַמַּשְׁאִיל אוֹמֵר שְׁאוּלָה מֵתָה, בַּיּוֹם שֶׁהָיְתָה שְׁאוּלָה מֵתָה, בַּשָּׁעָה שֶׁהָיְתָה שְׁאוּלָה מֵתָה, וְהַלָּה אוֹמֵר אֵינִי יוֹדֵעַ, חַיָּב. הַשּׂוֹכֵר אוֹמֵר שְׂכוּרָה מֵתָה, בַּיּוֹם שֶׁהָיְתָה שְׂכוּרָה מֵתָה, בַּשָּׁעָה שֶׁהָיְתָה שְׂכוּרָה מֵתָה, וְהַלָּה אוֹמֵר אֵינִי יוֹדֵעַ, פָּטוּר. זֶה אוֹמֵר שְׁאוּלָה וְזֶה אוֹמֵר שְׂכוּרָה, יִשָּׁבַע הַשּׂוֹכֵר שֶׁשְּׂכוּרָה מֵתָה. זֶה אוֹמֵר אֵינִי יוֹדֵעַ וְזֶה אוֹמֵר אֵינִי יוֹדֵעַ, יַחֲלֹקוּ:

암소를 빌린 사람이 〔암소〕를 반나절 동안 빌리고 반나절 동안 임대했거나, 오늘 빌리고 내일 임대했거나, 하루 임대하고 하루 빌렸는데, 〔암소〕가 죽은 경우에, 〔암소〕를 빌려준 사람이 "빌려간 〔암소〕가 죽었습니다" 〔또는〕 "빌려간 날 죽었습니다" 〔또는〕 "빌린 동안에 죽었습니다"라고 말하고, 〔빌려 간 사람〕이 "나는 모릅니다"라고 말한다면, 〔빌린 사람에게〕 책임이 있다. 임차인이 "임대한 〔암소〕가 죽었습니다" 또는 "임대한 날 죽었습니다" 〔또는〕 "임대 중에 죽었습니다"라고 말했고, 〔암소 주인〕이 "나는 모릅니다"라고 말한다면, 〔임차인은〕 책임이 없다. 〔암소 주인〕은 "빌려간 소가 〔죽었습니다〕"라고 말하고, 〔임차인〕은 "임대한 소가 〔죽었습니다〕"라고 말하면, 임차인이 임대한 소가 죽었다고 맹세해야 한다. 이 사람도 "나는 모릅니다"라고 말하고 저 사람도 "나는 모릅니다"라고 말하면, 〔책임을〕 분배한다.

• 돈을 받지 않고 빌린 소가 죽은 경우에는 빌려 간 사람이 책임을 져야 한다. 그리고 돈을 받고 임대한 소가 죽은 경우에는 원주인에게 책임이 있다.

8, 3

הַשּׁוֹאֵל אֶת הַפָּרָה, וְשִׁלְּחָהּ לוֹ בְּיַד בְּנוֹ, בְּיַד עַבְדּוֹ, בְּיַד שְׁלוּחוֹ, אוֹ בְיַד בְּנוֹ, בְּיַד עַבְדּוֹ, בְּיַד שְׁלוּחוֹ שֶׁל שׁוֹאֵל, וָמֵתָה, פָּטוּר. אָמַר לוֹ הַשּׁוֹאֵל, שַׁלְּחָהּ לִי בְּיַד בְּנִי, בְּיַד עַבְדִּי, בְּיַד שְׁלוּחִי, אוֹ בְּיַד בִּנְךָ, בְּיַד עַבְדְּךָ, בְּיַד שְׁלוּחֲךָ, אוֹ שֶׁאָמַר לוֹ הַמַּשְׁאִיל, הֲרֵינִי מְשַׁלְּחָהּ לְךָ בְּיַד בְּנִי, בְּיַד עַבְדִּי, בְּיַד שְׁלוּחִי, אוֹ בְּיַד בִּנְךָ, בְּיַד עַבְדְּךָ, בְּיַד שְׁלוּחֲךָ, וְאָמַר לוֹ הַשּׁוֹאֵל, שַׁלַּח, וְשִׁלְּחָהּ וָמֵתָה, חַיָּב. וְכֵן בְּשָׁעָה שֶׁמַּחֲזִירָהּ:

어떤 사람이 암소를 빌리는데, 〔원주인이 암소〕를 자기 아들, 자기 종, 자기 대리인의 손을 통해 보냈거나, 〔또는 암소〕를 차용인의 아들, 그의 종, 그의 대리인의 손을 통해 보냈는데 〔보내는 중에 암소가〕 죽었다면, 〔임차인은〕 책임이 없다. 임차인이 〔암소 주인〕에게 "〔암소〕를 내 아들, 내 종, 내 대리인의 손을 통해 보내주세요"라고 말하거나, 또는 빌려주는 사람이 그에게 "내가 나의 아들, 나의 종, 내 대리인의 손을 통해 보내려고 합니다" 또는 "당신의 아들, 당신의 종, 당신의 대리인의 손을 통해 〔보내려고 합니다〕"라고 말했고, 임차인이 〔원주인〕에게 "〔암소를〕 보내세요"라고 말해서 〔암소 주인〕이 보냈는데 〔암소〕가 죽었다면, 〔임차인에게〕 책임이 있다. 그리고 그것을 돌려보낼 때도 마찬가지다.

• 빌린 소가 제삼자를 통해 전달되는 과정에 죽은 경우에는 임차인(빌린 사람)에게 책임이 없다. 단, 이것을 임차인이 동의했다면, 그 책임은 임차인에게 있다.

8, 4

הַמַּחֲלִיף פָּרָה בַחֲמוֹר וְיָלְדָה, וְכֵן הַמּוֹכֵר שִׁפְחָתוֹ וְיָלְדָה, זֶה אוֹמֵר עַד שֶׁלֹּא מְכַרְתִּי, וְזֶה אוֹמֵר מִשֶּׁלָּקַחְתִּי, יַחֲלֹקוּ. הָיוּ לוֹ שְׁנֵי עֲבָדִים, אֶחָד גָּדוֹל וְאֶחָד קָטָן, וְכֵן שְׁתֵּי שָׂדוֹת, אַחַת גְּדוֹלָה וְאַחַת קְטַנָּה, הַלּוֹקֵחַ אוֹמֵר גָּדוֹל לָקַחְתִּי, וְהַלָּה אוֹמֵר אֵינִי יוֹדֵעַ, זָכָה בַגָּדוֹל. הַמּוֹכֵר אוֹמֵר קָטָן מָכַרְתִּי, וְהַלָּה אוֹמֵר אֵינִי יוֹדֵעַ, אֵין לוֹ אֶלָּא קָטָן. זֶה אוֹמֵר גָּדוֹל וְזֶה אוֹמֵר קָטָן, יִשָּׁבַע הַמּוֹכֵר שֶׁהַקָּטָן מָכָר. זֶה אוֹמֵר אֵינִי יוֹדֵעַ וְזֶה אוֹמֵר אֵינִי יוֹדֵעַ, יַחֲלֹקוּ:

어떤 사람이 암소를 나귀와 교환했는데 그 암소가 출산했다. 그리고 유사하게 어떤 사람이 여자 종을 매도했는데 그가 출산했다. [판] 사람은 "내가 그것을 판매하기 전에 [출산했습니다]"라고 말하고, [산] 사람은 "내가 구입한 후 출산했습니다"라고 말한다면, 그들은 [출산의 가치를] 나누어야 한다. 어떤 사람에게 두 명의 종이 있었는데 한 명은 크고 다른 한 명은 작았다. 그리고 유사하게 두 필지의 밭도 그러했다. 하나는 크고 다른 하나는 작았는데 매수자는 "내가 큰 것을 취했습니다"라고 말하고, 다른 사람은 "나는 모릅니다"라고 말했다면, [매수자]는 큰 것을 차지한다. 매도자는 "나는 작은 것을 팔았습니다"라고 말하지만, [매수자]는 "나는 모릅니다"라고 말했다면, [매수자]는 작은 것을 차지한다. [만약 매수자]가 "큰 것을 [샀습니다]"라고 말하고, [매도자]는 "작은 것을 [팔았습니다]"라고 말한다면, 매도자는 그가 작은 것을 팔았다고 맹세해야 한다. 이 사람도 모른다고 말하고, 저 사람도 모른다고 말한다면, 그들은 [논란이 되는 가치를] 나누어야 한다.

- 한쪽은 기억이 확실하고 다른 한쪽은 기억이 확실하지 못할 때, 기억이 확실한 쪽으로 결정된다. 하지만 양쪽의 주장이 팽팽할 때에는 공평하게 나누어야 한다.

8, 5

הַמּוֹכֵר זֵיתָיו לְעֵצִים, וְעָשׂוּ פָּחוֹת מֵרְבִיעִית לִסְאָה, הֲרֵי אֵלּוּ שֶׁל בַּעַל הַזֵּיתִים. עָשׂוּ רְבִיעִית לִסְאָה, זֶה אוֹמֵר זֵיתַי גִּדְּלוּ, וְזֶה אוֹמֵר אַרְצִי גִדְּלָה, יַחֲלֹקוּ. שָׁטַף נָהָר זֵיתָיו וּנְתָנָם לְתוֹךְ שְׂדֵה חֲבֵרוֹ, זֶה אוֹמֵר זֵיתַי גִּדְּלוּ, וְזֶה אוֹמֵר אַרְצִי גִדְּלָה, יַחֲלֹקוּ:

[올리브 밭 주인]이 올리브나무를 땔감으로 팔았는데, [올리브] 1쎄아당 [기름이] 1/4[로그]보다 적게 생산되었다면, 이것들은 올리브[나무] 주인에게 속한다. [올리브] 1쎄아당 1/4로그가 생산되었는데, [올리브나무를 산] 사람이 "내 올리브나무가 생산했습니다"라고 말하고, [올리브 밭 주인]은 "내 토지가 생산했습니다"라고 말한다면, 그들은 [올리브기름을] 나누어야 한다. [만약] 강이 그의 올리브 열매들을 그의 동료의 밭으로 쓸어놓았는데, [나무 주인]은 "내 올리브나무들이 생산했습니다"라고 말하고, [밭 주인]은 "내 토지가 그것을 생산했습니다"라고 말한다면 그들은 [올리브기름을] 나누어야 한다.

- 올리브 밭 주인이 생산성이 떨어진 올리브나무를 땔감으로 판 경우에, 남아 있는 올리브에서 소량(1쎄아당 1/4로그 이하)의 기름이 생산되면, 이것은 올리브나무를 산 사람의 몫이다.

8, 6

הַמַּשְׂכִּיר בַּיִת לַחֲבֵרוֹ, בִּימוֹת הַגְּשָׁמִים, אֵינוֹ יָכוֹל לְהוֹצִיאוֹ מִן הֶחָג וְעַד הַפֶּסַח, בִּימוֹת הַחַמָּה, שְׁלשִׁים יוֹם. וּבַכְּרַכִּים, אֶחָד יְמוֹת הַחַמָּה וְאֶחָד יְמוֹת הַגְּשָׁמִים, שְׁנֵים עָשָׂר חֹדֶשׁ. וּבַחֲנֻיּוֹת, אֶחָד עֲיָרוֹת וְאֶחָד כְּרַכִּים, שְׁנֵים עָשָׂר חֹדֶשׁ. רַבָּן שִׁמְעוֹן בֶּן גַּמְלִיאֵל אוֹמֵר, חֲנוּת שֶׁל נַחְתּוֹמִים וְשֶׁל צַבָּעִים, שָׁלשׁ שָׁנִים:

어떤 사람이 집을 그의 동료에게 빌려주었다면, 우기에는 그 집을 초막절에서 유월절까지 비워달라고 할 수 없고, 여름철에는 30일 〔전에 집을 비워달라고 알려야 한다〕. 그리고 큰 도시에서는 여름철이든 우기든 12개월 〔전에 알려야 한다〕. 상점들은 큰 도시나 작은 마을이나, 12개월 〔전에 알려야 한다〕. 라반 쉼온 벤 감리엘은 말한다. "빵집과 염색집들은 3년 〔전에 알려야 한다〕."

- 세입자가 집을 구하는 데 어려운 겨울철에는 집을 비워달라고 해서는 안 된다. 세입자가 새 집을 구하기 어려운 환경일수록 충분한 시간을 주어야 한다.

8, 7

הַמַּשְׂכִּיר בַּיִת לַחֲבֵרוֹ, הַמַּשְׂכִּיר חַיָּב בַּדֶּלֶת, בַּנֶּגֶר, וּבַמַּנְעוּל, וּבְכָל דָּבָר שֶׁמַּעֲשֵׂה אֻמָּן. אֲבָל דָּבָר שֶׁאֵינוֹ מַעֲשֵׂה אֻמָּן, הַשּׂוֹכֵר עוֹשֵׂהוּ. הַזֶּבֶל, שֶׁל בַּעַל הַבַּיִת, וְאֵין לַשּׂוֹכֵר אֶלָּא הַיּוֹצֵא מִן הַתַּנּוּר וּמִן הַכִּירַיִם בִּלְבָד:

어떤 사람이 동료에게 집을 임대했다면 그 임대자는 문, 빗장, 자물쇠, 그리고 장인 일에 해당하는 모든 것을 〔제공할〕 의무가 있다. 그러나 장인의 일이 아닌 것은 세입자가 해야 한다. 〔뜰에서 나오는〕 거름은 집주인의 책임이며, 세입자의 〔책임이〕 아니다. 대신 세입자는 화덕과 쌍화로에서 나오는 것만 〔책임이 있다〕.

- 오늘날처럼 집주인은 세입자에게 집과 관련된 시설 일체와 장인이 필요한 경우 서비스를 제공해주어야 한다.

8, 8

הַמַּשְׂכִּיר בַּיִת לַחֲבֵרוֹ לְשָׁנָה, נִתְעַבְּרָה הַשָּׁנָה, נִתְעַבְּרָה לַשּׂוֹכֵר. הִשְׂכִּיר לוֹ לֶחֳדָשִׁים, נִתְעַבְּרָה הַשָּׁנָה, נִתְעַבְּרָה לַמַּשְׂכִּיר. מַעֲשֶׂה בְצִפּוֹרִי בְּאֶחָד שֶׁשָּׂכַר מֶרְחָץ מֵחֲבֵרוֹ בִּשְׁנֵים עָשָׂר זָהָב לְשָׁנָה, מִדִּינַר זָהָב לְחֹדֶשׁ, וּבָא מַעֲשֶׂה לִפְנֵי רַבָּן שִׁמְעוֹן בֶּן גַּמְלִיאֵל וְלִפְנֵי רַבִּי יוֹסֵי, וְאָמְרוּ, יַחֲלֹקוּ אֶת חֹדֶשׁ הָעִבּוּר:

어떤 사람이 동료에게 집을 1년 동안 임대해주었는데, 그해 윤달이 〔추가되었다면〕 윤달은 임차인의 〔몫〕이다. 〔만약〕 그가 월단위로 임대해주었는데, 그해 윤달이 〔추가되었다면〕 윤달은 임대인의 〔몫〕이다. 다음은 찌포리에서 일어난 일이다. 어떤 사람이 그의 동료로부터 목욕탕을 한 달에 금화 1디나르씩 1년에 금화 12디나르에 임차했는데, 〔이 사건이〕 라반 쉼온 벤 감리엘과 랍비 요쎄 앞으로 왔다. 그리고 〔두 랍비들〕은 말했다. "윤달〔의 이익〕을 나누십시오."

- 집을 임대한 경우에 1년씩 지불하는 계약일 때는 윤달이 세입자의 몫이지만, 한 달씩 지불하는 경우에는 집주인의 몫이다.
- 찌포리(Tzippori)에서 일어난 이야기는 월세인지 1년세인지 불분명하기 때문에 이익을 나눈다. 찌포리는 하부 갈릴리 이즈르엘 평야 북단에 위치한다.

8, 9

הַמַּשְׂכִּיר בַּיִת לַחֲבֵרוֹ וְנָפַל, חַיָּב לְהַעֲמִיד לוֹ בָּיִת. הָיָה קָטָן, לֹא יַעֲשֶׂנּוּ גָדוֹל, גָּדוֹל, לֹא יַעֲשֶׂנּוּ קָטָן. אֶחָד, לֹא יַעֲשֶׂנּוּ שְׁנַיִם, שְׁנַיִם, לֹא יַעֲשֶׂנּוּ אֶחָד. לֹא יִפְחֹת מֵהַחַלּוֹנוֹת וְלֹא יוֹסִיף עֲלֵיהֶן, אֶלָּא מִדַּעַת שְׁנֵיהֶם:

어떤 사람이 집을 그의 동료에게 임대했는데, 그 〔집〕이 넘어졌다면 〔집주인〕은 〔세입자〕에게 집을 〔다시〕 세워줄 의무가 있다. 〔집〕이 작았다면 크게 만들면 안 되고, 컸다면 작게 만들면 안 된다. [방]이 하나였다면 둘로 만들면 안 되고, 둘이었다면 하나로 만들어서는 안 된다. 그들 상호간의 합의가 없는 한 그는 창문을 줄여서도 안 되고, 늘려서도 안 된다.

- 임대한 집이 무너진 경우 집주인은 세입자에게 집을 다시 지어줄 의무가 있다. 집의 크기나 방의 개수도 이전과 동일하게 지어주어야 한다.

제9장

첫 열 개의 미쉬나에서는 토지 임대와 관련된 상황들을 다루고, 나머지 미쉬나에서는 임금 체불과 담보물에 대하여 다룬다.

9, 1

הַמְקַבֵּל שָׂדֶה מֵחֲבֵרוֹ, מְקוֹם שֶׁנָּהֲגוּ לִקְצֹר, יִקְצֹר, לַעֲקֹר, יַעֲקֹר, לַחֲרשׁ אַחֲרָיו, יַחֲרשׁ. הַכֹּל כְּמִנְהַג הַמְּדִינָה. כְּשֵׁם שֶׁחוֹלְקִין בַּתְּבוּאָה, כָּךְ חוֹלְקִין בַּתֶּבֶן וּבַקַּשׁ. כְּשֵׁם שֶׁחוֹלְקִין בַּיַּיִן, כָּךְ חוֹלְקִין בַּזְּמוֹרוֹת וּבַקָּנִים. וּשְׁנֵיהֶם מְסַפְּקִין אֶת הַקָּנִים:

어떤 사람이 그의 동료로부터 농지를 임차했다. 곡식을 [추수할 때] 잘라주던 곳에서는 그것을 잘라야 한다. 뽑아주던 [곳에서는] 뽑아야 한다. [추수 후] 쟁기질하던 곳에서는 쟁기질해야 한다. 모든 것은 그 지역의 관습에 [따른다]. 그들이 곡식을 나누는 것처럼 짚과 그루터기도 나누어야 한다. 그들이 포도주를 나누는 것처럼 [죽은] 가지들과 갈대 [받침]들도 나누어야 한다. [지주와 소작농 모두] 갈대들을 제공해야 한다.

- 갈대는 포도나무를 받치는 데 사용된다.
- 이 미쉬나는 소작농이 가지는 권리와 해야 할 의무들을 말하고 있다.

9, 2

הַמְקַבֵּל שָׂדֶה מֵחֲבֵרוֹ, וְהִיא בֵּית הַשְּׁלָחִין אוֹ בֵּית הָאִילָן, יָבַשׁ הַמַּעְיָן וְנִקְצַץ הָאִילָן, אֵינוֹ מְנַכֶּה לוֹ מִן חֲכוֹרוֹ. אִם אָמַר לוֹ חֲכֹר לִי שְׂדֵה בֵּית הַשְּׁלָחִין זֶה אוֹ שְׂדֵה בֵּית הָאִילָן זֶה, יָבַשׁ הַמַּעְיָן וְנִקְצַץ הָאִילָן, מְנַכֶּה לוֹ מִן חֲכוֹרוֹ:

어떤 사람이 그의 동료로부터 농지를 임대했는데, 관개 농지 또는 수목 농지였다. 샘이 말랐고, 나무가 잘렸다면, 임대료를 감해줄 필요가 없다. 만약 임대자가 그 지주에게 "이 관개 농지를 임대해주시오" 또는 "이 나무 있는 농지를 〔임대해주시오〕"라고 말했는데, 그 샘이 마르고, 나무가 잘렸다면, 임대료를 감해줘야 한다.

- 샘이 있어 물 공급이 되는 농지나 나무가 있어 수익이 예상되는 농지를 특정하여 임대한 경우에는, 기대와 달리 샘이 마르거나 나무가 잘려 손실이 발생한 경우에 임대료를 감해주어야 한다.

9, 3

הַמְקַבֵּל שָׂדֶה מֵחֲבֵרוֹ וְהוֹבִירָהּ, שָׁמִין אוֹתָהּ כַּמָּה רְאוּיָה לַעֲשׂוֹת וְנוֹתֵן לוֹ, שֶׁכָּךְ כּוֹתֵב לוֹ, אִם אוֹבִיר וְלֹא אַעֲבֵיד, אֲשַׁלֵּם בְּמֵיטְבָא:

어떤 사람이 그의 동료로부터 농지를 임대하고 휴경했다면, 〔법정〕이 그 농지가 어느 정도를 생산할 수 있는지 평가하면, 〔소작인〕은 〔주인〕에게 지불해야 한다. 왜냐하면 "만약 내가 휴경하고 경작하지 않는다면 나는 최고 품질로 지불할 것이다"라고 쓰기 때문이다.

- 소작인은 개인적인 사유로 휴경을 했더라도, 최고 품질의 생산물로 토지 주인에게 지불해야 한다.

9, 4

הַמְקַבֵּל שָׂדֶה מֵחֲבֵרוֹ וְלֹא רָצָה לְנַכֵּשׁ, וְאָמַר לוֹ מָה אִכְפַּת לָךְ, הוֹאִיל וַאֲנִי נוֹתֵן לְךָ חֲכוֹרָה, אֵין שׁוֹמְעִין לוֹ, מִפְּנֵי שֶׁיָּכוֹל לוֹמַר לוֹ, לְמָחָר אַתָּה יוֹצֵא מִמֶּנָּה, וּמַעֲלָה לְפָנַי עֲשָׂבִים:

어떤 사람이 그의 동료로부터 농지를 임대했는데, 그는 잡초 제거를 원하지 않았다. 〔임차인〕이 지주에게 말했다. "내가 당신에게 임대료를 지불하는 데 무슨 상관입니까?" 그들은 그 지주의 말을 듣지 않았기 때문에 그 지주는 〔소작인〕에게 〔이렇게〕 말할 수 있다. "내일 당신은 그 농지를 떠날 것이며, 그 농지에는 잡초들이 올라올 것입니다."

- 지주는 다음 해 농사에 방해가 되는 잡초를 소작인에게 제거해줄 것을 요구할 수 있다. 소작인이 이에 응하지 않을 경우 지주 입장에서는 소작을 다른 사람에게 맡기는 것이 최선이다.

9, 5

הַמְקַבֵּל שָׂדֶה מֵחֲבֵרוֹ וְלֹא עָשְׂתָה, אִם יֶשׁ בָּהּ כְּדֵי לְהַעֲמִיד כְּרִי, חַיָּב לְטַפֵּל בָּהּ. אָמַר רַבִּי יְהוּדָה, מַה קִּצְבָה בַכְּרִי. אֶלָּא אִם יֶשׁ בָּהּ כְּדֵי נְפִילָה:

어떤 사람이 그의 동료로부터 농지를 임대했는데 수확이 많지 않았다. 〔곡식〕 한 더미를 생산할 수 있다면 〔소작인〕은 〔농지〕를 관리하게 된다. 랍비 예후다는 말한다. "'한 더미'를 어떻게 측정하는가? 대신 〔씨앗을〕 뿌린 만큼 생산했으면, 〔그 농지를 경작할 수 있습니다〕."

- 첫 번째 견해에 따르면 한 더미 이상의 곡식을 생산하는 소작인은 다음에도 농사를 계속할 수 있다. 하지만 랍비 예후다는 '한 더미'라는 양은 너무나 모호하기 때문에 씨앗을 다시 뿌릴 수 있는 양으로 판단해야 한다고 주장한다.

9, 6

הַמְקַבֵּל שָׂדֶה מֵחֲבֵרוֹ וַאֲכָלָהּ חָגָב אוֹ נִשְׁדְּפָה, אִם מַכַּת מְדִינָה הִיא, מְנַכֶּה לוֹ מִן חֲכוֹרוֹ, אִם אֵינוֹ מַכַּת מְדִינָה, אֵינוֹ מְנַכֶּה לוֹ מִן חֲכוֹרוֹ. רַבִּי יְהוּדָה אוֹמֵר, אִם קִבְּלָהּ הֵימֶנּוּ בְמָעוֹת, בֵּין כָּךְ וּבֵין כָּךְ אֵינוֹ מְנַכֶּה לוֹ מֵחֲכוֹרוֹ:

어떤 사람이 그의 동료로부터 농지를 임대했는데, 메뚜기들이 〔농산물〕을 먹었거나 〔바람에〕 날렸는데, 만약 그것이 지역적인 재난이었다면 그의 임대료를 감해줘야 한다. 〔그러나〕 만약 지역적인 재난이 아니었다면 그의 임대료를 감해주지 않는다. 랍비 예후다는 말한다. "만약 그가 돈을 지불하고 임대했다면 이 경우나 저 경우나 임대료를 감해줄 수 없습니다."

- 랍비 예후다는 다른 견해를 피력하지만, 일반적으로 지역 전체에 피해를 주는 재난이 발생할 경우에는 소작료를 감해주어야 한다.

9, 7

הַמְקַבֵּל שָׂדֶה מֵחֲבֵרוֹ בַּעֲשָׂרָה כּוֹר חִטִּים לְשָׁנָה, לָקְתָה, נוֹתֵן לוֹ מִתּוֹכָהּ. הָיוּ חִטֶּיהָ יָפוֹת, לֹא יֹאמַר לוֹ הֲרֵינִי לוֹקֵחַ מִן הַשּׁוּק, אֶלָּא נוֹתֵן לוֹ מִתּוֹכָהּ:

어떤 사람이 그의 동료로부터 농지를 임대하여 1년에 밀 10코르를 주기로 했는데 나쁜 밀을 생산했다면, 〔소작인〕은 그 〔곡식〕으로 지불하면 된다. 〔만약〕 밀이 좋았다면 그는 지주에게 "내가 시장에서 가져오겠습니다"라고 말해서는 안 되며, 그 〔곡식〕으로 지불해야 한다.

● 소작인은 곡식이 좋든 나쁘든 생산된 곡식으로 지불해야 한다.

9, 8

הַמְקַבֵּל שָׂדֶה מֵחֲבֵרוֹ לִזְרְעָהּ שְׂעֹרִים, לֹא יִזְרָעֶנָּה חִטִּים, חִטִּים, יִזְרָעֶנָּה שְׂעֹרִים. רַבָּן שִׁמְעוֹן בֶּן גַּמְלִיאֵל אוֹסֵר. תְּבוּאָה, לֹא יִזְרָעֶנָּה קִטְנִית, קִטְנִית, יִזְרָעֶנָּה תְבוּאָה. רַבָּן שִׁמְעוֹן בֶּן גַּמְלִיאֵל אוֹסֵר:

어떤 사람이 그의 동료로부터 보리를 재배하려고 농지를 임대했다면 밀을 재배하면 안 된다. [그러나] 밀을 [재배하려고 임대했다면], 보리를 재배할 수 있다. 라반 쉼온 벤 감리엘은 [이것을] 금지한다. 곡식을 [재배하려고 임대했다면], 콩을 재배하면 안 된다. 콩을 [재배하려고 임대했다면] 곡식을 심을 수 있다. 라반 감리엘은 [이것을] 금지한다.

● 곡물의 종류에 따라 토지에 더 많은 손상을 주기도 하고 덜 주기도 한다. 손상을 더 주는 곡식 재배를 허락받고 덜 손상을 주는 곡식을 재배할 수는 있지만, 그 반대는 안 된다. 일부 랍비들은 처음 계약대로만 재배할 수 있다는 입장이다.

9, 9

הַמְקַבֵּל שָׂדֶה מֵחֲבֵרוֹ לְשָׁנִים מֻעָטוֹת, לֹא יִזְרָעֶנָּה פִשְׁתָּן, וְאֵין לוֹ בְקוֹרַת שִׁקְמָה. קִבְּלָהּ הֵימֶנּוּ לְשֶׁבַע שָׁנִים, שָׁנָה רִאשׁוֹנָה יִזְרָעֶנָּה פִשְׁתָּן, וְיֵשׁ לוֹ בְקוֹרַת שִׁקְמָה:

어떤 사람이 그의 동료로부터 농지를 임대해서 몇 년 [사용한다면], 그는 아마를 심어서는 안 되며, 돌무화과 기둥 [가지]를 [취득할 수] 없다. [만약 농지]를 7년 임대했다면, 첫해에 아마를 심어야 하며, 그에게 돌무화과 기둥 [가지]를 [취득할 수] 있다.

- 소작인이 토지를 반환할 때에는 임대 전의 토지 상태를 유지해주어야 한다. 그래서 아마처럼 토지에 손상을 많이 주는 작물은 최소 7년 이상 임대했을 때 재배가 가능하다. 같은 이유로, 집의 대들보로 사용하는 돌무화과나무 큰 가지도 7년 이상 임대했을 때에만 취득할 수 있다.

9, 10

הַמְקַבֵּל שָׂדֶה מֵחֲבֵרוֹ לְשָׁבוּעַ אַחַת בִּשְׁבַע מֵאוֹת זוּז, הַשְּׁבִיעִית מִן הַמִּנְיָן.
קִבְּלָהּ הֵימֶנּוּ שֶׁבַע שָׁנִים בִּשְׁבַע מֵאוֹת זוּז, אֵין הַשְּׁבִיעִית מִן הַמִּנְיָן:

어떤 사람이 그의 동료에게 1주년에 700주즈를 주기로 농지를 임대했다면, 〔7년째인〕 그 안식년은 계산에 포함된다. 〔만약〕 그가 〔농지〕를 7년에 700주즈를 주기로 임대했다면, 그 안식년은 계산에 포함되지 않는다.

- '1주년'(week-year)이라고 계약하면 농사를 짓지 못하는 안식년이 포함된 7년을 뜻하고, 그냥 7년이라고 말하면 안식년이 제외되고 농사짓는 7년만 의미한다.

9, 11

שְׂכִיר יוֹם גּוֹבֶה כָּל הַלַּיְלָה, שְׂכִיר לַיְלָה גּוֹבֶה כָּל הַיּוֹם, שְׂכִיר שָׁעוֹת גּוֹבֶה
כָּל הַלַּיְלָה וְכָל הַיּוֹם. שְׂכִיר שַׁבָּת, שְׂכִיר חֹדֶשׁ, שְׂכִיר שָׁנָה, שְׂכִיר שָׁבוּעַ,
יָצָא בַיּוֹם, גּוֹבֶה כָּל הַיּוֹם, יָצָא בַלַּיְלָה, גּוֹבֶה כָּל הַלַּיְלָה וְכָל הַיּוֹם:

낮일로 고용된 사람은 그날 밤 동안 〔그의〕 임금을 받는다. 밤일로 고용된 사람은 그다음 낮 동안에 임금을 받는다. 시간 단위로 고용된 사람은 〔일을 마친〕 그날 밤과 다음 낮 동안에 임금을 받는다. 1주일 단위로 고용되거나, 한 달 단위로 고용되거나, 1년 단위로 고용되거나, 안식년 단위로 고용된 사람은 〔일을〕 낮에 마치면 낮 동안에, 밤에 마치면 밤에 〔임금을〕 받는다.

- 시간, 반나절, 하루, 1주, 1년, (안식년 포함된) 7년 등 다양한 계약 노동자들이 있는데, 기본적으로 일을 마치는 시점에서 하루 이내에 임금을 받게 된다.

9, 12

אֶחָד שְׂכַר אָדָם וְאֶחָד שְׂכַר בְּהֵמָה וְאֶחָד שְׂכַר כֵּלִים, יֶשׁ בּוֹ מִשּׁוּם (דברים כד) בְּיוֹמוֹ תִתֵּן שְׂכָרוֹ, וְיֶשׁ בּוֹ מִשּׁוּם (ויקרא יט) לֹא תָלִין פְּעֻלַּת שָׂכִיר אִתְּךָ עַד בֹּקֶר. אֵימָתַי, בִּזְמַן שֶׁתְּבָעוֹ, לֹא תְבָעוֹ, אֵינוֹ עוֹבֵר עָלָיו. הִמְחָהוּ אֵצֶל חֶנְוָנִי אוֹ אֵצֶל שֻׁלְחָנִי, אֵינוֹ עוֹבֵר עָלָיו. שָׂכִיר, בִּזְמַנּוֹ נִשְׁבָּע וְנוֹטֵל, עָבַר זְמַנּוֹ אֵינוֹ נִשְׁבָּע וְנוֹטֵל. אִם יֵשׁ עֵדִים שֶׁתְּבָעוֹ, הֲרֵי זֶה נִשְׁבָּע וְנוֹטֵל. גֵּר תּוֹשָׁב יֶשׁ בּוֹ מִשּׁוּם בְּיוֹמוֹ תִתֵּן שְׂכָרוֹ, וְאֵין בּוֹ מִשּׁוּם לֹא תָלִין פְּעֻלַּת שָׂכִיר אִתְּךָ עַד בֹּקֶר:

사람을 고용하거나, 가축을 임대하거나, 또는 도구를 임대할 때에, 〔모두〕 동일하게 "그 품삯을 당일에 주라"(신 24:15), "품꾼의 삯을 아침까지 밤새도록 네게 두지 말라"(레 19:13)는 법에 적용된다. 언제 〔그러해야 하는가?〕 〔일꾼〕이 요구할 때다. 〔만약 일꾼〕이 요구하지 않으면, 〔고용주〕는 〔법〕을 위반한 것이 아니다. 〔만약 고용주〕가 가게 주인이나 환전상에게 지시를 남겼다면, 그는 〔법〕을 위반한 것이 아니다. 일꾼은 〔품삯을 받을〕 시간이면, 〔품삯을 아직 받지 못했다고〕 맹세하면, 받을 수 있다. 〔그런데 품삯을 받을〕 시간이 지났으면, 그는 맹세하거나 받을 수 없다. 만약 그가 요구한 〔것을 본〕 증인들이 있다면, 그는 맹세하면 받을 수 있다. 〔이스라엘에〕 거주하는 외국인에게 "그 품삯을 당일에 주라"는 법이 적용된다. 그러나 "품꾼의 삯을 아침까지 밤새도록 네게 두지 말라"는 법은 적용되지 않는다.

- 일꾼이 아직 품삯을 받지 못한 경우에, 품삯을 받아야 할 시간(열한 번째 미쉬나 참조) 내에 아직 품삯을 받지 못했다고 맹세하면, 그는 임금을 받을 수 있다. 증인이 없는 경우에 맹세는 문제를 해결할 수 있을 정도로 진실하다고 믿어진다.

9, 13

הַמַּלְוֶה אֶת חֲבֵרוֹ, לֹא יְמַשְׁכְּנֶנּוּ אֶלָּא בְּבֵית דִּין, וְלֹא יִכָּנֵס לְבֵיתוֹ לִטֹּל מַשְׁכּוֹנוֹ, שֶׁנֶּאֱמַר (דברים כד) בַּחוּץ תַּעֲמֹד. הָיוּ לוֹ שְׁנֵי כֵלִים, נוֹטֵל אֶחָד וּמַנִּיחַ אֶחָד, וּמַחֲזִיר אֶת הַכַּר בַּלַּיְלָה וְאֶת הַמַּחֲרֵשָׁה בַּיּוֹם. וְאִם מֵת, אֵינוֹ מַחֲזִיר לְיוֹרְשָׁיו. רַבָּן שִׁמְעוֹן בֶּן גַּמְלִיאֵל אוֹמֵר, אַף לְעַצְמוֹ אֵינוֹ מַחֲזִיר אֶלָּא עַד שְׁלֹשִׁים יוֹם, וּמִשְּׁלֹשִׁים יוֹם וּלְהַלָּן מוֹכְרָן בְּבֵית דִּין. אַלְמָנָה, בֵּין שֶׁהִיא עֲנִיָּה בֵּין שֶׁהִיא עֲשִׁירָה, אֵין מְמַשְׁכְּנִין אוֹתָהּ, שֶׁנֶּאֱמַר (דברים כד) וְלֹא תַחֲבֹל בֶּגֶד אַלְמָנָה. הַחוֹבֵל אֶת הָרֵחַיִם, עוֹבֵר בְּלֹא תַעֲשֶׂה, וְחַיָּב מִשּׁוּם שְׁנֵי כֵלִים, שֶׁנֶּאֱמַר (שם) לֹא יַחֲבֹל רֵחַיִם וָרָכֶב. וְלֹא רֵחַיִם וָרֶכֶב בִּלְבַד אָמְרוּ, אֶלָּא כָל דָּבָר שֶׁעוֹשִׂין בּוֹ אֹכֶל נֶפֶשׁ, שֶׁנֶּאֱמַר (דברים כד) כִּי נֶפֶשׁ הוּא חֹבֵל:

어떤 사람이 그의 동료에게 빌려준다면, 법정의 허락하에서만 담보물을 취할 수 있다. 담보물을 가져오려고 그의 집에 들어갈 수 없다. [성서에] 기록되었듯이, "너는 밖에 서 있고 [네게 꾸는 자가 전당물을 밖으로 가지고 나와서 네게 줄 것이며]." [담보물]이 두 개의 도구였다면 하나는 가져가고 다른 하나는 남겨두어야 한다. [담보물]이 베개면 밤에는 돌려주고, 쟁기는 낮에 돌려주어야 한다. 만약 [채무자]가 죽었다면, 상속인에게 [담보물]을 돌려줄 필요는 없다. 랍비 쉼온 벤 감리엘은 말한다. "심지어 [채무자] 자신에게도 [담보물]을 30일 [임대 기간] 동안에는 돌려줄 필요가 없습니다. 그리고 30일 후에는 법정의 [절차에 따라 담보물]을 매각할 수 있습니다." [채무자]가 과부라면, 그가 가난하든지 부자든지 그로부터 담보물을 가져올

수 없습니다. [성서에] 기록되었듯이, "너는 과부의 옷을 전당 잡지 말라"(신 24:17). 맷돌을 담보물로 잡은 사람은 [토라의] 부정명령을 어긴 것으로 [맷돌 윗짝과 아래짝] 두 도구에 대하여 책임을 져야 한다. [성서에] 기록되었듯이, "맷돌이나 그 위짝을 전당 잡지 말지니"(신 24:6). [랍비들]은 맷돌이나 맷돌 윗짝만 [금지한] 것이 아니고, 음식을 만드는 모든 것을 '생명'이라고 [담보물에서 금지했다]. [성서에] 기록되었듯이, "이는 그 생명을 전당 잡음이니라."

- 담보물을 실제로 채무자의 집에서 가져가는 것은 매우 제한적으로 적용되며, 법정의 허락하에서만 가능하다.

제10장

상대적으로 짧은 이 장은 한 건물의 아래층 집과 위층의 주인이 다른 경우에 집의 일부나 전부가 무너졌을 때를 주로 다루고 있다.

10, 1

הַבַּיִת וְהָעֲלִיָּה שֶׁל שְׁנַיִם שֶׁנָּפְלוּ, שְׁנֵיהֶם חוֹלְקִים בָּעֵצִים וּבָאֲבָנִים וּבֶעָפָר, וְרוֹאִים אֵילוּ אֲבָנִים הָרְאוּיוֹת לְהִשְׁתַּבֵּר. אִם הָיָה אֶחָד מֵהֶן מַכִּיר מִקְצָת אֲבָנָיו, נוֹטְלָן וְעוֹלוֹת לוֹ מִן הַחֶשְׁבּוֹן:

[주인이 다른] 두 사람의 [아래층] 집과 그 위층이 [모두] 무너졌다면, 그 두 사람은 [무너진 건물의] 나무, 돌, 흙을 나누어 가진다. 쪼개진 것으로 보이는 돌이 발견되었으면, [부서진 집의 주인이 가져간다]. [둘] 중 한 명이 자신의 돌 일부를 알아본다면, 그가 가져간다. 그리고 그가 [가져갈] 수량에 포함시킨다.

- 당시 건축 재료인 돌과 나무는 귀하고 비싸기 때문에 공정한 방식으로 나누는 것이 중요하다.

10, 2

הַבַּיִת וְהָעֲלִיָּה שֶׁל שְׁנַיִם, נִפְחֲתָה הָעֲלִיָּה וְאֵין בַּעַל הַבַּיִת רוֹצֶה לְתַקֵּן, הֲרֵי בַּעַל הָעֲלִיָּה יוֹרֵד וְדָר לְמַטָּה, עַד שֶׁיְּתַקֵּן לוֹ אֶת הָעֲלִיָּה. רַבִּי יוֹסֵי אוֹמֵר, הַתַּחְתּוֹן נוֹתֵן אֶת הַתִּקְרָה, וְהָעֶלְיוֹן אֶת הַמַּעֲזִיבָה:

〔주인이 다른〕 두 사람의 〔아래층〕 집과 그 위층이 〔있는데〕, 위층 〔바닥〕이 부서졌는데 〔아래층〕 집주인이 〔천장〕을 수리하기를 원하지 않는다면, 그 위층 주인은 내려와서, 〔아래층〕 집주인이 수리해줄 때까지 아래층에서 거주한다. 랍비 요쎄는 말한다. "아래층 〔집주인〕이 천장 〔나무와 돌〕을 제공하고, 위층 〔주인〕은 회반죽을 〔제공해야 합니다〕."

- 위층 바닥은 본래 아래층의 천장이므로 아래층 집주인이 수리해야 한다는 입장이 일반적이다. 하지만 랍비 요쎄는 두 주인이 각각 재료를 제공해야 한다고 주장한다.

10, 3

הַבַּיִת וְהָעֲלִיָּה שֶׁל שְׁנַיִם שֶׁנָּפְלוּ, אָמַר בַּעַל הָעֲלִיָּה לְבַעַל הַבַּיִת לִבְנוֹת, וְהוּא אֵינוֹ רוֹצֶה לִבְנוֹת, הֲרֵי בַעַל הָעֲלִיָּה בּוֹנֶה אֶת הַבַּיִת וְדָר בְּתוֹכוֹ עַד שֶׁיִּתֶּן לוֹ אֶת יְצִיאוֹתָיו. רַבִּי יְהוּדָה אוֹמֵר, אַף זֶה דָּר בְּתוֹךְ שֶׁל חֲבֵרוֹ, צָרִיךְ לְהַעֲלוֹת לוֹ שָׂכָר, אֶלָּא בַעַל הָעֲלִיָּה בּוֹנֶה אֶת הַבַּיִת וְאֶת הָעֲלִיָּה וּמְקָרֶה אֶת הָעֲלִיָּה, וְיוֹשֵׁב בַּבַּיִת עַד שֶׁיִּתֶּן לוֹ אֶת יְצִיאוֹתָיו:

〔주인이 다른〕 두 사람의 〔아래층〕 집과 그 위층이 〔모두〕 무너졌는데, 위층 주인이 〔아래층〕 집주인에게 〔아래층 집을 다시〕 지으라고

말했다. 그러나 그가 〔집〕 짓는 것을 원하지 않았다. 위층 주인은 〔아래층〕 집을 재건축하고 〔아래층 주인〕이 〔재건축〕 비용을 그에게 지불할 때까지 그 집에서 거주한다. 랍비 예후다는 말한다. "이 〔위층 주인〕은 그의 동료 소유의 〔집에〕 거주하고 있는 것이므로 그는 임대료를 지불해야 합니다. 그런데 〔만약〕 위층 주인이 그 집과 위층을 짓고 천장을 재건한다면, 〔아래층 주인〕이 〔재건축〕 비용을 그에게 지불할 때까지 그 집에서 거주할 수 있습니다."

- 아래층 집주인이 집짓기를 원하지 않으면, 위층 주인이 대신 짓고 거기에 거주할 수 있다. 이때 아래층 주인은 건축비용에 해당하는 값을 지불해야 한다.

10, 4

וְכֵן בֵּית הַבַּד שֶׁהוּא בָנוּי בְּסֶלַע, וְגִנָּה אַחַת עַל גַּבָּיו, וְנִפְחַת, הֲרֵי בַעַל הַגִּנָּה יוֹרֵד וְזוֹרֵעַ לְמַטָּה עַד שֶׁיַּעֲשֶׂה לְבֵית בַּדּוֹ כִּפִּין. הַכֹּתֶל וְהָאִילָן שֶׁנָּפְלוּ לִרְשׁוּת הָרַבִּים וְהִזִּיקוּ, פָּטוּר מִלְּשַׁלֵּם. נָתְנוּ לוֹ זְמַן לָקֹץ אֶת הָאִילָן וְלִסְתֹּר אֶת הַכֹּתֶל, וְנָפְלוּ בְּתוֹךְ הַזְּמָן, פָּטוּר, לְאַחַר הַזְּמָן, חַיָּב:

바위에 올리브〔기름 짜는〕 틀이 만들어져 있고 정원 하나가 〔그 기름틀 바위〕 위로 〔조성되었는데〕, 〔기름틀〕이 붕괴되었다면, 올리브기름 짜는 틀의 주인이 그 올리브기름 짜는 틀의 아치들을 만들 때까지 정원주인은 아래로 내려가서 〔올리브기름 짜는 틀 자리에〕 씨를 뿌릴 수 있다. 담이나 나무가 공적 공간으로 쓰러져서 손해를 입힌다면, 〔부득이한 사고처럼 주인〕은 배상 책임에서 면제된다. 〔만약〕 그들이 그에게 그 나무를 잘라내거나 그 벽을 해체할 시간을 주었는데 그 시간 내에 그 〔벽이나 나무〕가 쓰러졌다면, 그는 〔배상〕 책임이 없다. 그 시간 이후에 무너졌다면, 그는 〔배상〕 책임이 있다.

• 담장이나 나무가 공적 공간으로 쓰러지는 것은 일종의 사고로 여겨 주인이 책임을 지지 않는다. 하지만 법정의 경고가 있었는데도 조치하지 않은 경우는 주인에게 배상 책임이 있다.

10, 5

מִי שֶׁהָיָה כָתְלוֹ סָמוּךְ לְגִנַּת חֲבֵרוֹ וְנָפַל, וְאָמַר לוֹ פַּנֵּה אֲבָנֶיךָ, וְאָמַר לוֹ הִגִּיעוּךָ, אֵין שׁוֹמְעִין לוֹ. מִשֶּׁקִּבֵּל עָלָיו אָמַר לוֹ הֵילָךְ אֶת יְצִיאוֹתֶיךָ וַאֲנִי אֶטֹּל אֶת שֶׁלִּי, אֵין שׁוֹמְעִין לוֹ. הַשּׂוֹכֵר אֶת הַפּוֹעֵל לַעֲשׂוֹת עִמּוֹ בְּתֶבֶן וּבְקַשׁ, וְאָמַר לוֹ תֶּן לִי שְׂכָרִי, וְאָמַר לוֹ טֹל מַה שֶּׁעָשִׂיתָ בִּשְׂכָרֶךָ, אֵין שׁוֹמְעִין לוֹ. מִשֶּׁקִּבֵּל עָלָיו וְאָמַר לוֹ הֵילָךְ שְׂכָרְךָ וַאֲנִי אֶטֹּל אֶת שֶׁלִּי, אֵין שׁוֹמְעִין לוֹ. הַמּוֹצִיא זֶבֶל לִרְשׁוּת הָרַבִּים, הַמּוֹצִיא מוֹצִיא וְהַמְזַבֵּל מְזַבֵּל. אֵין שׁוֹרִין טִיט בִּרְשׁוּת הָרַבִּים, וְאֵין לוֹבְנִים לְבֵנִים. אֲבָל גּוֹבְלִין טִיט בִּרְשׁוּת הָרַבִּים, אֲבָל לֹא לְבֵנִים. הַבּוֹנֶה בִרְשׁוּת הָרַבִּים, הַמֵּבִיא אֲבָנִים מֵבִיא וְהַבּוֹנֶה בוֹנֶה. וְאִם הִזִּיק, מְשַׁלֵּם מַה שֶּׁהִזִּיק. רַבָּן שִׁמְעוֹן בֶּן גַּמְלִיאֵל אוֹמֵר, אַף מְתַקֵּן הוּא אֶת מְלַאכְתּוֹ לִפְנֵי שְׁלֹשִׁים יוֹם:

어떤 사람의 벽이 그의 동료의 정원에 인접해 있었는데 무너졌다. 그의 동료가 그에게 "당신의 돌들을 치우시오"라고 말했다. 그는 "그것[돌들]은 당신 것입니다"라고 말하더라도, [법정]은 그의 말을 받아들이지 않는다. [마찬가지로] 만약 그 정원의 주인이 그 제안을 받아들였는데, [정원주인이 마음이 바뀌어] 그에게 "여기 당신이 [돌들을 치우는 데 지출한] 경비가 있습니다. 나는 내 [돌들]을 가져갈 것입니다"라고 말하더라도, [법정]은 그의 말을 받아들이지 않았다. 어떤 사람이 일꾼을 고용하여 건초와 밀집를 [모으려고] 했는데, 그 [일꾼]이 그에게 "나의 품삯을 주시오"라고 말했다. 그는 [일꾼]에게 "당신이 일한 것을 당신의 품삯으로 가져가시오"라고 말했으나, [법정]은 그의 말을 받아들이지 않았다. [만약 일꾼]이 그 제안을 받아들였는데, [주인이 마음이 바뀌어] "여기 당신의 품삯이 있습니다. 나는

내 〔건초와 밀짚〕을 가져가겠소"라고 말하더라도, 〔법정〕은 그의 말을 받아들이지 않는다. 어떤 사람이 그의 거름을 공적 공간에 내놓았다면, 아무나 가져갈 수 있고, 아무나 거름으로 사용할 수 있다. 진흙은 공적 공간에 담가두어도 안 되고, 벽돌을 만들어도 안 된다. 공적 공간에서 〔곧바로 사용하려고〕 진흙을 이길 수는 있지만, 벽돌을 구울 수는 없다. 어떤 사람이 공적 공간에서 건축할 때, 〔바로 사용하기 위해〕 돌들을 가져오는 사람은 돌을 가져올 수 있고, 〔그것으로〕 짓는 사람은 지을 수 있다. 그러나 손해가 발생하면, 야기한 손해를 배상해야 한다. 라반 쉼온 벤 감리엘은 말한다. "〔공적 공간에서〕 30일 전부터 그의 일을 준비할 수 있습니다."

- 자신의 것은 주인이 치우는 것이 원칙이지만, 일단 주인의 제안을 상대가 받아들이면 주인은 계약을 바꿀 수가 없다.
- 자신의 일을 위해 공적 공간을 잠시 사용하는 것은 가능하지만, 벽돌을 만드는 것처럼 번잡한 일을 해서는 안 된다. 그리고 발생한 손해에 대해서도 배상해야 한다.

10, 6

שְׁתֵּי גִנּוֹת זוֹ עַל גַּב זוֹ וְהַיָּרָק בֵּינְתַיִם, רַבִּי מֵאִיר אוֹמֵר, שֶׁל עֶלְיוֹן. רַבִּי יְהוּדָה אוֹמֵר, שֶׁל תַּחְתּוֹן. אָמַר רַבִּי מֵאִיר, אִם יִרְצֶה הָעֶלְיוֹן לִקַּח אֶת עֲפָרוֹ אֵין כָּאן יָרָק. אָמַר רַבִּי יְהוּדָה, אִם יִרְצֶה הַתַּחְתּוֹן לְמַלְּאוֹת אֶת גִּנָּתוֹ אֵין כָּאן יָרָק. אָמַר רַבִּי מֵאִיר, מֵאַחַר שֶׁשְּׁנֵיהֶן יְכוֹלִין לִמְחוֹת זֶה עַל זֶה, רוֹאִין מֵהֵיכָן יָרָק זֶה חָי. אָמַר רַבִּי שִׁמְעוֹן, כָּל שֶׁהָעֶלְיוֹן יָכוֹל לִפְשֹׁט אֶת יָדוֹ וְלִטֹּל, הֲרֵי הוּא שֶׁלּוֹ, וְהַשְּׁאָר שֶׁל תַּחְתּוֹן:

〔계단식으로〕 하나의 정원이 다른 정원 위에 있고 그 두 정원 사이에 채소가 〔자라고〕 있다면, 랍비 메이르는 그 채소가 위쪽 정원주인

의 소유라고 말한다. 〔그러나〕 랍비 예후다는 아래쪽 정원주인의 소유라고 말한다. 랍비 메이르는 말한다. "만약 위쪽 정원주인이 그의 흙을 제거했다면 그곳에 채소가 없었을 것입니다." 랍비 예후다는 말한다. "만약 아래쪽 정원주인이 그의 정원을 흙으로 채우기를 원했다면 그곳에 채소가 없었을 것입니다." 랍비 메이르는 말한다. "양측 다 상대편이 채소를 방해할 수 있기 때문에 채소가 어디에서 자라나갔는지 파악해야 합니다." 랍비 쉼온은 말한다. "위쪽 정원주인이 손을 뻗어 닿는 것은 그가 가져갈 수 있고, 그것은 그의 것입니다. 그리고 그 나머지는 아래쪽 정원주인의 것입니다."

- 계단식 두 정원 사이에서 채소가 자랄 때 누구의 소유인지 랍비들마나 견해가 모두 다르다.

בבא בתרא

3

바바 바트라

마지막 문

올리브기름 짜는 틀을 판 사람은 큰 통, 맷돌 그리고 받침대들도 판 것이다. 그러나 압박 판, 바퀴 또는 대들보를 파는 것은 아니다. 그러나 팔 때 "그것과 그 안에 있는 모든 것"이라고 말했다면, 이것들은 모두 팔린 것이다. 랍비 엘리에제르는 말한다. "올리브기름 짜는 틀을 판 사람은 대들보도 판 것입니다." _「바바 바트라」 4, 5

개요

「바바 바트라」(בבא בתרא)는 그 제목이 문자적으로 '마지막 문'이라는 의미다. 주로 매매, 취득, 소유, 이전 등에 관련된 법과 규칙을 다룬다. 그리고 그러한 재물의 취득과 보유, 유산 상속의 권리뿐만 아니라 여기에 수반되는 법률행위와 법률문서 작성에 관련된 사안들을 다룬다. 「바바 바트라」는 바벨 탈무드와 예루살렘 탈무드 모두 게마라로 그 미쉬나를 해석, 확장하고 있다.

- **관련 성경구절 | 레위기 27:17; 민수기 27:8**

제1장

제1장에서는 안뜰이나 집처럼 공동으로 소유하는 재산에 대한 법을 다룬다.

1, 1

הַשֻּׁתָּפִין שֶׁרָצוּ לַעֲשׂוֹת מְחִצָּה בֶּחָצֵר, בּוֹנִין אֶת הַכֹּתֶל בָּאֶמְצַע. מְקוֹם שֶׁנָּהֲגוּ לִבְנוֹת גְּוִיל, גָּזִית, כְּפִיסִין, לְבֵנִים, בּוֹנִים, הַכֹּל כְּמִנְהַג הַמְּדִינָה. בִּגְוִיל, זֶה נוֹתֵן שְׁלֹשָׁה טְפָחִים, וְזֶה נוֹתֵן שְׁלֹשָׁה טְפָחִים. בְּגָזִית, זֶה נוֹתֵן טְפָחַיִם וּמֶחֱצָה, וְזֶה נוֹתֵן טְפָחַיִם וּמֶחֱצָה. בִּכְפִיסִין, זֶה נוֹתֵן טְפָחַיִם, וְזֶה נוֹתֵן טְפָחַיִם. בִּלְבֵנִים, זֶה נוֹתֵן טֶפַח וּמֶחֱצָה, וְזֶה נוֹתֵן טֶפַח וּמֶחֱצָה. לְפִיכָךְ אִם נָפַל הַכֹּתֶל, הַמָּקוֹם וְהָאֲבָנִים שֶׁל שְׁנֵיהֶם:

공동 소유자가 안뜰을 분리하기 원했다면, 그 담을 가운데에 세워야 한다. 그들은 거친 돌, 매끄러운 돌, 작은 벽돌, 큰 벽돌로 모든 것을 그 지역의 관습에 따라 건축한다. 거친 돌로 〔세운다면〕 이 사람도 3테팍을 제공하고, 저 사람도 3테팍을 제공한다. 매끄러운 돌로 〔세운다면〕 이 사람도 2.5테팍을 제공하고, 저 사람도 2.5테팍을 제공한다. 작은 벽돌로 〔세운다면〕 이 사람도 2테팍을 제공하고, 저 사람도 2테팍을 제공한다. 큰 벽돌로 〔세운다면〕 이 사람도 1.5테팍을 제공하고, 저 사람도 1.5테팍을 제공한다. 따라서 그 담이 무너지면 〔그 담이 서 있던〕 그 장소와 그 돌들은 그 두 사람의 소유다.

- 동업자가 안뜰을 분리할 때는 그 지역의 관습에 따라 담을 세운다.

1, 2

וְכֵן בְּגִנָּה, מְקוֹם שֶׁנָּהֲגוּ לִגְדֹּר מְחַיְּבִין אוֹתוֹ. אֲבָל בְּבִקְעָה, מְקוֹם שֶׁנָּהֲגוּ שֶׁלֹּא לִגְדֹּר אֵין מְחַיְּבִין אוֹתוֹ, אֶלָּא אִם רוֹצֶה כּוֹנֵס לְתוֹךְ שֶׁלּוֹ וּבוֹנֶה, וְעוֹשֶׂה חֲזִית מִבַּחוּץ. לְפִיכָךְ אִם נָפַל הַכֹּתֶל, הַמָּקוֹם וְהָאֲבָנִים שֶׁלּוֹ. אִם עָשׂוּ מִדַּעַת שְׁנֵיהֶן, בּוֹנִין אֶת הַכֹּתֶל בָּאֶמְצַע, וְעוֹשִׂין חֲזִית מִכָּאן וּמִכָּאן. לְפִיכָךְ אִם נָפַל הַכֹּתֶל, הַמָּקוֹם וְהָאֲבָנִים שֶׁל שְׁנֵיהֶם:

정원도 마찬가지다. 울타리를 치던 지역에서는 〔울타리〕를 세우도록 의무를 부여할 수 있다. 그러나 농지는 울타리를 치지 않던 지역에서는 〔울타리〕를 세우도록 의무를 부여할 수 없다. 오히려 만약 〔울타리 세우기를〕 원하면, 자신의 〔소유지 쪽〕으로 들어가서 건축한 다음 표지판을 바깥쪽으로 향하게 만들 수 있다. 그러므로 만약 담이 무너지면 〔담이 서 있는〕 장소와 그 돌들은 그의 소유다. 만약 두 사람의 의지에 따라 담을 가운데에 세웠으면, 그리고 양쪽에 표지를 만들 수 있다. 따라서 그 담이 무너지면 〔그 담이 서 있던〕 그 장소와 그 돌들은 그 두 사람의 소유다.

- 두 사람이 합의하에 담을 세우면 가운데에 세우고, 단독으로 세운다면 자신의 소유지 쪽으로 들어와 담을 세워야 한다.

1, 3

הַמַּקִּיף אֶת חֲבֵרוֹ מִשָּׁלֹשׁ רוּחוֹתָיו, וְגָדַר אֶת הָרִאשׁוֹנָה וְאֶת הַשְּׁנִיָּה וְאֶת הַשְּׁלִישִׁית, אֵין מְחַיְּבִין אוֹתוֹ. רַבִּי יוֹסֵי אוֹמֵר, אִם עָמַד וְגָדַר אֶת הָרְבִיעִית, מְגַלְגְּלִין עָלָיו אֶת הַכֹּל:

어떤 사람이 동료의 〔소유〕를 삼면에서 둘러싸고 있는데, 그 소유에 첫 번째, 두 번째, 세 번째 울타리를 세웠다면, 〔동료〕에게 〔울타리 비용을 분담하도록〕 강요할 수 없다. 랍비 요쎄는 말한다. "만약 그가 일어나 네 번째 〔울타리〕를 설치했다면, 그에게 그 전체 〔울타리 비용을 분담하도록〕 강요할 수 있습니다."

- 자신의 토지에 울타리를 설치하는 과정에서 이웃의 토지 삼면에 울타리를 치게 되었다고 해도 나머지 면이 비어 있으면 울타리 비용을 이웃에게 요구할 수 없다.

1, 4

כֹּתֶל חָצֵר שֶׁנָּפַל, מְחַיְּבִין אוֹתוֹ לִבְנוֹתוֹ עַד אַרְבַּע אַמּוֹת, בְּחֶזְקַת שֶׁנָּתַן, עַד שֶׁיָּבִיא רְאָיָה שֶׁלֹּא נָתַן. מֵאַרְבַּע אַמּוֹת וּלְמַעְלָה, אֵין מְחַיְּבִין אוֹתוֹ. סָמַךְ לוֹ כֹּתֶל אַחֵר, אַף עַל פִּי שֶׁלֹּא נָתַן עָלָיו אֶת הַתִּקְרָה, מְגַלְגְּלִין עָלָיו אֶת הַכֹּל, בְּחֶזְקַת שֶׁלֹּא נָתַן, עַד שֶׁיָּבִיא רְאָיָה שֶׁנָּתַן:

안뜰 담이 무너지면 〔법정은 공동 소유자에게〕 4아마 〔높이〕까지 세우도록 부과할 수 있다. 각자는 〔비용을〕 지불하지 않았다는 증거를 제시하지 않는 한, 지불한 것으로 간주된다. 〔공동 소유자 중 한 명이〕 4아마 이상으로 〔세워졌다면〕, 〔법정은 다른 공동 소유자에게 비용을〕 부과할 수 없다. 〔그러나〕 인접한 다른 담을 세웠다면, 그 위에 〔아직〕 지붕을 올려놓지 않았을지라도, 그에게 〔비용을〕 부과할 수 있다. 그가 〔비용을〕 지불했다는 증거를 제시하지 않으면, 지불하지 않은 것으로 간주된다.

- 담은 4아마 높이까지 공동 부담한다. 한 사람이 그 이상의 높이로 담을 세웠다면, 다른 공동 소유자에게 추가 비용을 요구할 수 없다. 하지만 그 사람이 후에 이 담을 이용하려고 한다면, 전에 지불하지 않은 추가 비용도 분담해야 한다. 이때 입증 의무는 담을 세운 사람이 아니고 예외적으로 후에 담을 이용하려는 사람에게 있다.

1, 5

כּוֹפִין אוֹתוֹ לִבְנוֹת בֵּית שַׁעַר וְדֶלֶת לֶחָצֵר. רַבָּן שִׁמְעוֹן בֶּן גַּמְלִיאֵל אוֹמֵר, לֹא כָל הַחֲצֵרוֹת רְאוּיוֹת לְבֵית שָׁעַר. כּוֹפִין אוֹתוֹ לִבְנוֹת לָעִיר חוֹמָה וּדְלָתַיִם וּבְרִיחַ. רַבָּן שִׁמְעוֹן בֶּן גַּמְלִיאֵל אוֹמֵר, לֹא כָל הָעֲיָרוֹת רְאוּיוֹת לְחוֹמָה. כַּמָּה יְהֵא בָעִיר וִיהֵא כְאַנְשֵׁי הָעִיר, שְׁנֵים עָשָׂר חֹדֶשׁ. קָנָה בָהּ בֵּית דִּירָה, הֲרֵי הוּא כְאַנְשֵׁי הָעִיר מִיָּד:

〔안뜰을 공유자들에게〕 대문 집과 안뜰 문을 건축하는 데 〔비용을〕 부과할 수 있다. 〔그러나〕 라반 쉼온 벤 감리엘은 말한다. "모든 안뜰이 다 대문 집이 필요한 것은 아닙니다." 그 〔한 도시의 주민들에게〕 그 도시의 성벽, 쌍대문, 빗장을 〔건설하는 비용을〕 부과할 수 있다. 〔그러나〕 라반 쉼온 벤 감리엘은 말한다. "모든 도시가 성벽이 필요한 것은 아닙니다." 도시에 얼마 동안 거주해야 시민이 될 수 있을까? 12개월이다. 그러나 그 도시에 집을 구입한 사람은, 즉시 시민으로 간주된다.

- 안뜰이든 성 전체든 거주지를 공유하는 사람들은 그 거주지와 관련된 시설물을 건축할 때 비용을 분담해야 한다. 라반 쉼온 벤 감리엘은 필수 요소가 아니면 분담하지 않아도 된다는 입장이다.

1, 6

אֵין חוֹלְקִין אֶת הֶחָצֵר, עַד שֶׁיְּהֵא אַרְבַּע אַמּוֹת לָזֶה וְאַרְבַּע אַמּוֹת לָזֶה. וְלֹא אֶת הַשָּׂדֶה, עַד שֶׁיְּהֵא בָהּ תִּשְׁעָה קַבִּין לָזֶה וְתִשְׁעָה קַבִּין לָזֶה. רַבִּי יְהוּדָה אוֹמֵר, עַד שֶׁיְּהֵא בָהּ תִּשְׁעַת חֲצָאֵי קַבִּין לָזֶה וְתִשְׁעַת חֲצָאֵי קַבִּין לָזֶה. וְלֹא אֶת הַגִּנָּה, עַד שֶׁיְּהֵא בָהּ חֲצִי קַב לָזֶה וַחֲצִי קַב לָזֶה. רַבִּי עֲקִיבָא אוֹמֵר, בֵּית רֹבַע. וְלֹא אֶת הַטְּרַקְלִין, וְלֹא אֶת הַמּוֹרָן, וְלֹא אֶת הַשּׁוֹבָךְ, וְלֹא אֶת הַטַּלִּית, וְלֹא אֶת הַמֶּרְחָץ, וְלֹא אֶת בֵּית הַבַּד, עַד שֶׁיְּהֵא בָהֶן כְּדֵי לָזֶה וּכְדֵי לָזֶה. זֶה הַכְּלָל, כָּל שֶׁיֵּחָלֵק וּשְׁמוֹ עָלָיו, חוֹלְקִין. וְאִם לָאו, אֵין חוֹלְקִין. אֵימָתַי,

בִּזְמַן שֶׁאֵין שְׁנֵיהֶם רוֹצִים. אֲבָל בִּזְמַן שֶׁשְּׁנֵיהֶם רוֹצִים, אֲפִלּוּ בְפָחוֹת מִכָּאן, יַחֲלֹקוּ. וְכִתְבֵי הַקֹּדֶשׁ, אַף עַל פִּי שֶׁשְּׁנֵיהֶם רוֹצִים, לֹא יַחֲלֹקוּ:

〔공유하고 있는〕 안뜰이 이 사람에게 4아마, 저 사람에게 4아마가 되지 않으면, 안뜰을 나눌 수 없다. 그리고 〔공유하고 있는〕 농지가 이 사람에게 9카브, 저 사람에게 9카브가 되지 않으면, 농지를 나눌 수 없다. 랍비 예후다는 말한다. "〔공유하는〕 농지가 이 사람에게 9카브의 절반, 저 사람에게 9카브의 절반이 되지 않으면, 〔농지를 나눌 수 없습니다." 〔공유하고 있는〕 정원이 이 사람에게 1/2카브, 다른 사람도 최소한 1/2카브의 공간을 보유하고 있지 않으면, 정원도 〔나눌 수〕 없다. 랍비 아키바는 "〔공유자에게〕 1/4카브 〔분배된다면〕, 나눌 수 있습니다." 그리고 홀, 망루, 비둘기 집, 망토, 목욕탕, 올리브기름 짜는 틀 등도 〔공유자에게〕 충분한 공간이 없다면, 나눌 수 없다. 이것이 일반 원칙이다. 나누어질 수 있고 그에 대한 이름이 〔유지되는〕 모든 것은 나눌 수 있다. 그러나 만약 그렇지 않다면, 나눌 수 없다. 어떤 경우 그러한가? 양자가 원하지 않았을 때다. 그러나 양자가 원하면, 〔위에서 규정한 크기보다〕 작더라도 나눌 수 있다. 그러나 〔공유한 물건이〕 성서라면, 그들 둘이 원할지라도 〔그것을〕 나눌 수 없다.

- 공유하는 부분을 공유자 각자에게 분할하기 위한 최소 면적이 있다. 안뜰은 4아마, 농지는 9카브, 정원은 1/2카브가 최소 면적이다.
- 성경이 한권의 책이나 하나의 두루마리로 쓰여 있다면 나눌 수 없다 (블랙먼).

제2장

자신의 시설물은 이웃의 재산에 손해를 입히지 않도록 일정 거리를 두어야 한다.

2, 1

לֹא יַחְפֹּר אָדָם בּוֹר סָמוּךְ לְבוֹרוֹ שֶׁל חֲבֵרוֹ, וְלֹא שִׁיחַ, וְלֹא מְעָרָה, וְלֹא אַמַּת הַמַּיִם, וְלֹא נִבְרֶכֶת כּוֹבְסִין, אֶלָּא אִם כֵּן הִרְחִיק מִכֹּתֶל חֲבֵרוֹ שְׁלֹשָׁה טְפָחִים, וְסָד בְּסִיד. מַרְחִיקִין אֶת הַגֶּפֶת וְאֶת הַזֶּבֶל וְאֶת הַמֶּלַח וְאֶת הַסִּיד וְאֶת הַסְּלָעִים מִכָּתְלוֹ שֶׁל חֲבֵרוֹ שְׁלֹשָׁה טְפָחִים, וְסָד בְּסִיד. מַרְחִיקִין אֶת הַזְּרָעִים, וְאֶת הַמַּחֲרֵשָׁה, וְאֶת מֵי רַגְלַיִם מִן הַכֹּתֶל שְׁלֹשָׁה טְפָחִים. וּמַרְחִיקִין אֶת הָרֵחַיִם שְׁלֹשָׁה מִן הַשֶּׁכֶב, שֶׁהֵן אַרְבָּעָה מִן הָרֶכֶב. וְאֶת הַתַּנּוּר, שְׁלֹשָׁה מִן הַכִּלְיָא, שֶׁהֵן אַרְבָּעָה מִן הַשָּׂפָה:

이웃의 벽으로부터 〔최소한〕 3테팍 떨어뜨리고 회반죽을 바르지 않았다면, 그의 구덩이를 그 동료의 구덩, 도랑, 동굴, 수로, 세탁하는 연못 옆에 파서는 안 된다. 올리브나, 거름이나, 소금이나, 석회나 암석들을 자신의 동료의 벽으로부터 〔적어도〕 3테팍 떨어지게 해야 하며, 석회로 덮어야 한다. 씨앗들, 쟁기, 그리고 소변을 〔이웃의〕 벽으로부터 3테팍 거리를 두도록 해야 한다. 그리고 맷돌은 아래 맷돌로부터 3〔테팍〕 거리를 두도록 해야 하며, 그 아래 맷돌은 최상층 맷돌로부터 4〔테팍의〕 거리를 두어야 한다. 그리고 화덕은 바닥으로부터 3〔테팍〕 거리를 두도록 해야 한다. 그 바닥은 가장자리로부터 4〔테팍〕 떨어져 있어야 한다.

- 씨앗은 이웃의 담을 낡게 하고, 쟁기는 담의 기초를 약하게 만들고, 소변은 시멘트, 모르타르, 벽돌을 약하게 만들다(블랙먼).

2, 2

לֹא יַעֲמִיד אָדָם תַּנּוּר בְּתוֹךְ הַבַּיִת, אֶלָּא אִם כֵּן יֵשׁ עַל גַּבָּיו גֹּבַהּ אַרְבַּע אַמּוֹת. הָיָה מַעֲמִידוֹ בָעֲלִיָּה, צָרִיךְ שֶׁיְּהֵא תַחְתָּיו מַעֲזִיבָה שְׁלֹשָׁה טְפָחִים. וּבַכִּירָה, טֶפַח. וְאִם הִזִּיק, מְשַׁלֵּם מַה שֶּׁהִזִּיק. רַבִּי שִׁמְעוֹן אוֹמֵר, לֹא אָמְרוּ כָל הַשִּׁעוּרִין הָאֵלּוּ, אֶלָּא שֶׁאִם הִזִּיק, פָּטוּר מִלְּשַׁלֵּם:

화덕에서 위로 4아마 높이가 안 된다면, 집 안에 화덕을 설치할 수 없다. 〔만약〕 다락방에 〔화덕〕을 두려고 한다면, 〔최소〕 3테팍 〔너비의〕 석고 바닥 위에 두어야 한다. 난로는 1테팍 〔바닥 위에 두어야 한다〕. 만약 〔그것이〕 피해를 입혔으면, 그 피해만큼 배상해야 한다. 랍비 쉼온은 말한다. "〔랍비들〕이 이 모든 치수를 말한 이유는 손해를 야기했을 때 그는 배상 책임에서 면제된다는 것을 가르치기 위해서입니다."

- 불과 관련된 도구는 일정 거리를 두거나 석고를 발라 화재의 위험을 방지해야 한다.

2, 3

לֹא יִפְתַּח אָדָם חֲנוּת שֶׁל נַחְתּוֹמִין וְשֶׁל צַבָּעִין תַּחַת אוֹצָרוֹ שֶׁל חֲבֵרוֹ. וְלֹא רֶפֶת בָּקָר. בֶּאֱמֶת, בְּיַיִן הִתִּירוּ, אֲבָל לֹא רֶפֶת בָּקָר. חֲנוּת שֶׁבֶּחָצֵר, יָכוֹל לִמְחוֹת בְּיָדוֹ וְלוֹמַר לוֹ, אֵינִי יָכוֹל לִישַׁן מִקּוֹל הַנִּכְנָסִין וּמִקּוֹל הַיּוֹצְאִין. אֲבָל עוֹשֶׂה כֵלִים, יוֹצֵא וּמוֹכֵר בְּתוֹךְ הַשּׁוּק, אֲבָל אֵינוֹ יָכוֹל לִמְחוֹת בְּיָדוֹ וְלוֹמַר לוֹ, אֵינִי יָכוֹל לִישַׁן, לֹא מִקּוֹל הַפַּטִּישׁ, וְלֹא מִקּוֹל הָרֵחַיִם, וְלֹא מִקּוֹל הַתִּינוֹקוֹת:

빵집이나 염료 상점을 동료의 창고 아래에 개업하면 안 된다. 황소 외양간도 안 된다. 실제로 그들은 포도주 〔가게〕는 허용했지만, 황소 외양간은 〔허용하지〕 않았다. 〔어떤 사람이〕 그러한 가게를 안뜰에 개업하려 하면, 〔그의 이웃〕이 손을 들고 항의할 수 있다. "들어오고 나가는 소리 때문에 잠을 잘 수 없습니다." 그러나 〔집에서〕 도구들을 만들어서 시장에 내다 팔 수 있다. 〔그의 이웃〕이 손을 들고 항의할 수 없다. "나는 망치 소리, 맷돌 소리, 아이들의 소리 때문에 잠을 잘 수 없습니다."

- 냄새나 소음이 이웃의 재물이나 삶에 방해가 될 수 있다.
- 손을 들고 말하는 것은 반대 의사를 확실하게 하는 것이다.

2, 4

מִי שֶׁהָיָה כָתְלוֹ סָמוּךְ לְכֹתֶל חֲבֵרוֹ, לֹא יִסְמֹךְ לוֹ כֹתֶל אַחֵר, אֶלָּא אִם כֵּן הִרְחִיק מִמֶּנּוּ אַרְבַּע אַמּוֹת. וְהַחַלּוֹנוֹת, מִלְמַעְלָן וּמִלְמַטָּן, וּמִכְּנֶגְדָּן, אַרְבַּע אַמּוֹת:

어떤 사람의 벽이 동료의 벽에 인접해 있다면, 원래의 벽에서 4아마가 떨어지지 않는 한 인접하는 벽을 추가로 건축해서는 안 된다. 그리고 창문들은 위, 아래, 건너편〔에 있는 창문〕과 4아마가 〔떨어져야 한다〕.

- 창문을 설치할 때는 개인 사생활 보호와 이웃의 채광권을 보호하기 위해 4아마 거리 정도 두어야 한다(댄비, p. 367).

2, 5

מַרְחִיקִין אֶת הַסֻּלָּם מִן הַשּׁוֹבָךְ אַרְבַּע אַמּוֹת, כְּדֵי שֶׁלֹּא תִקְפֹּץ הַנְּמִיָּה, וְאֶת הַכֹּתֶל מִן הַמַּזְחִילָה אַרְבַּע אַמּוֹת, כְּדֵי שֶׁיְּהֵא זוֹקֵף אֶת הַסֻּלָּם. מַרְחִיקִין אֶת הַשּׁוֹבָךְ מִן הָעִיר חֲמִשִּׁים אַמָּה. וְלֹא יַעֲשֶׂה אָדָם שׁוֹבָךְ בְּתוֹךְ שֶׁלּוֹ, אֶלָּא אִם כֵּן יֶשׁ לוֹ חֲמִשִּׁים אַמָּה לְכָל רוּחַ. רַבִּי יְהוּדָה אוֹמֵר, בֵּית אַרְבַּעַת כּוֹרִין, מְלֹא שֶׁגֶר הַיּוֹנָה. וְאִם לְקָחוֹ, אֲפִלּוּ בֵית רֹבַע, הֲרֵי הוּא בְחֶזְקָתוֹ:

사다리는 담비(몽구스)가 뛰어넘을 수 없도록 〔이웃의〕 비둘기 집으로부터 4아마 거리를 두어야 한다. 그리고 담은, 사다리를 세울 수 있도록, 〔이웃집〕 지붕 빗물받이로부터 4아마 거리를 두어야 한다. 비둘기장은 도시에서 50아마 떨어진 곳에 두어야 한다. 그리고 각 방향으로 50아마의 공간이 없으면, 자신의 〔소유 공간〕 안에 비둘기장을 만들어서는 안 된다. 랍비 예후다는 말한다. "비둘기가 〔먹이를 구하기 위해〕 나는 〔최소 공간〕은 4코르 면적입니다. 그러나 만약 그가 〔이미 비둘기장〕을 가져왔다면, 심지어 1/4〔코르〕 면적이라도 소유권이 유지됩니다."

- 비둘기가 다른 사람의 밭에서 곡식을 먹을 수 있기 때문에, 비둘기장은 도시에서 최소 50아마 떨어져 있어야 한다.
- '코르 면적'은 1코르(또는 30쎄아)의 씨앗을 뿌릴 수 있는 면적의 땅으로 히브리어로 '벳 코르'(**בית כור**)라고 부른다. 1쎄아의 곡식을 뿌릴 수 있는 땅은 가로세로 50아마, 즉 2,500평방아마[1]다. 따라서 1벳 코르는 7만 5,000평방아마다(블랙먼).

2, 6

נִפּוּל הַנִּמְצָא בְתוֹךְ חֲמִשִּׁים אַמָּה, הֲרֵי הוּא שֶׁל בַּעַל הַשּׁוֹבָךְ. חוּץ מֵחֲמִשִּׁים אַמָּה, הֲרֵי הוּא שֶׁל מוֹצְאוֹ. נִמְצָא בֵין שְׁנֵי שׁוֹבָכוֹת, קָרוֹב לָזֶה, שֶׁלּוֹ. קָרוֹב לָזֶה, שֶׁלּוֹ. מֶחֱצָה עַל מֶחֱצָה, שְׁנֵיהֶם יַחֲלֹקוּ:

〔비둘기〕 새끼가 50아마 안에서 떨어져 있는 채로 발견되었으면, 비둘기장 주인의 것이다. 50아마 밖에서 〔발견되었다면〕, 발견한 사람의 것이다. 〔만약〕 두 비둘기장 사이에서 발견되었다면, 이 〔비둘기

---

1) 아마는 48센티미터(대략 0.5미터)로 평방아마는 대략 1/4제곱미터다.

장〕에 더 가깝다면 이 〔비둘기장 주인의〕 것이다. 〔그리고〕 저 〔비둘기장〕에 더 가깝다면 저 〔비둘기장 주인의〕 것이다. 한가운데 있었다면 그 두 사람이 〔그것을〕 나누어야 한다.

- 집비둘기가 한번에 날아가는 거리가 50아마 이내이기 때문에, 그 안에서 발견된 비둘기는 비둘기장 주인의 소유로 간주된다. 그밖에서 발견된 비둘기는 발견한 사람의 몫이다.

2, 7

מַרְחִיקִין אֶת הָאִילָן מִן הָעִיר עֶשְׂרִים וְחָמֵשׁ אַמָּה, וּבְחָרוּב וּבְשִׁקְמָה חֲמִשִּׁים אַמָּה. אַבָּא שָׁאוּל אוֹמֵר, כָּל אִילַן סְרָק, חֲמִשִּׁים אַמָּה. אִם הָעִיר קָדְמָה, קוֹצֵץ וְאֵינוֹ נוֹתֵן דָּמִים. וְאִם הָאִילָן קָדַם, קוֹצֵץ וְנוֹתֵן דָּמִים. סָפֵק זֶה קָדַם, סָפֵק זֶה קָדַם, קוֹצֵץ וְאֵינוֹ נוֹתֵן דָּמִים:

나무들은 도시에서 25아마 떨어진 곳에 두어야 한다. 캐럽나무와 돌무화과나무는 50아마 〔이상 떨어져 두어야 한다〕. 그러나 압바 샤울은 "열매를 맺지 아니하는 모든 나무는 50아마 떨어진 곳에 두어야 합니다." 만약 그 도시가 그곳에 먼저 있었다면 〔그 나무에 대한〕 배상 없이 벨 수 있다. 만약 그곳에 나무가 〔도시보다〕 먼저 있었다면, 〔그 나무에 대한〕 배상을 하고 베어야 한다. 만약 〔그 도시와 나무 중〕 어느 것이 먼저 있었는지 불분명하면, 〔그 나무에 대한〕 배상 없이 〔그 나무를〕 벨 수 있다.

- 고대인들은 도시 안에 나무가 있는 것을 미관상 아름답다고 생각하지 않았다. 오히려 나무를 도시에서 멀리 떨어지게 하여 도시의 경관과 쾌적함을 유지하려고 노력했다(블랙먼).
- 캐럽나무와 돌무화과나무는 엄청 크기 때문에 일반 나무보다 더 멀

리 떨어져 있어야 한다고 생각했다.

2, 8

מַרְחִיקִין גֹּרֶן קָבוּעַ מִן הָעִיר חֲמִשִּׁים אַמָּה. לֹא יַעֲשֶׂה אָדָם גֹּרֶן קָבוּעַ בְּתוֹךְ שֶׁלּוֹ, אֶלָּא אִם כֵּן יֶשׁ לוֹ חֲמִשִּׁים אַמָּה לְכָל רוּחַ, וּמַרְחִיק מִנְּטִיעוֹתָיו שֶׁל חֲבֵרוֹ וּמִנִּירוֹ, כְּדֵי שֶׁלֹּא יַזִּיק:

영구적인 타작마당은 도시로부터 50아마 거리를 두어야 한다. 자신이 소유지가 사방으로 50아마의 거리를 두지 않으면, 영구적인 타작마당을 설치할 수 없다. 그리고 손해를 입히지 않도록 〔타작마당〕을 자신의 동료 농작물과 밭고랑과 거리를 두어야 한다.

- 타작마당에서 나오는 곡식의 껍질이 주민들과 곡물에 피해를 준다.

2, 9

מַרְחִיקִין אֶת הַנְּבֵלוֹת וְאֶת הַקְּבָרוֹת וְאֶת הַבֻּרְסְקִי מִן הָעִיר חֲמִשִּׁים אַמָּה. אֵין עוֹשִׂין בֻּרְסְקִי אֶלָּא לְמִזְרַח הָעִיר. רַבִּי עֲקִיבָא אוֹמֵר, לְכָל רוּחַ הוּא עוֹשֶׂה, חוּץ מִמַּעֲרָבָהּ, וּמַרְחִיק חֲמִשִּׁים אַמָּה:

동물 시체, 무덤, 무두질 공장은 도시에서 50아마 거리에 두어야 한다. 그리고 무두질 공장들은 도시 동쪽을 제외하고 만들지 말아야 한다. 랍비 아키바는 말한다. "도시 서쪽을 제외하고 어느 곳에서나 〔무두질 공장〕을 세울 수 있으며, 〔그것을 도시에서〕 50아마 떨어진 곳에 두어야 합니다."

- 위 세 가지는 악취로 피해를 줄 수 있는 것들이다. 이스라엘에서는 일반적으로 서풍이 불기 때문에 동쪽에 두면 피해를 줄일 수 있다.

2, 10

מַרְחִיקִין אֶת הַמִּשְׁרָה מִן הַיָּרָק, וְאֶת הַכְּרֵשִׁין מִן הַבְּצָלִים, וְאֶת הַחַרְדָּל מִן הַדְּבוֹרִים. רַבִּי יוֹסֵי מַתִּיר בְּחַרְדָּל:

아마를 담그는 못은 야채로부터, 그리고 부추는 양파로부터, 그리고 겨자는 꿀벌들로부터 멀리 떨어진 곳에 두어야 한다. 랍비 요쎄는 겨자를 〔꿀벌과 가까이 두는 것을〕 허용한다.

- 강한 냄새가 있는 물질이 음식에 영향을 주지 않도록 하기 위해 멀리 두어야 한다.

2, 11

מַרְחִיקִין אֶת הָאִילָן מִן הַבּוֹר עֶשְׂרִים וְחָמֵשׁ אַמָּה, וּבְחָרוּב וּבְשִׁקְמָה, חֲמִשִּׁים אַמָּה, בֵּין מִלְמַעְלָה בֵּין מִן הַצָּד. אִם הַבּוֹר קָדַם, קוֹצֵץ וְנוֹתֵן דָּמִים. וְאִם אִילָן קָדַם, לֹא יָקֹץ. סָפֵק זֶה קָדַם, וְסָפֵק זֶה קָדַם, לֹא יָקֹץ. רַבִּי יוֹסֵי אוֹמֵר, אַף עַל פִּי שֶׁהַבּוֹר קוֹדֶמֶת לָאִילָן, לֹא יָקֹץ, שֶׁזֶּה חוֹפֵר בְּתוֹךְ שֶׁלּוֹ, וְזֶה נוֹטֵעַ בְּתוֹךְ שֶׁלּוֹ:

나무는 저수조로부터 25아마 거리에 두어야 한다. 캐럽나무와 돌무화과나무는 더 높은 곳에 있든 같은 높이에 있든 50아마 거리에 두어야 한다. 만약 저수조가 먼저 있었다면 그 나무를 베고, 배상하면 된다. 그러나 만약 나무가 먼저 있었다면 나무를 벨 수 없다. 〔나무와 저수조 중〕 어느 것이 먼저인지 불분명하면 〔나무를〕 벨 수 없다. 랍비 요쎄는 말한다. "저수조보다 나무가 먼저 있었더라도 나무를 벨 수 없다. 왜냐하면 저수조는 이미 그가 소유하는 공간에 〔땅을 파〕 설치되어 있었고, 그 나무도 그가 소유하는 공간에 심겨 있었기 때문입니다."

- 나무의 뿌리가 저수조에 손상을 끼치기 때문에 멀리 떨어뜨려 두어야 한다.

2, 12

לֹא יִטַּע אָדָם אִילָן סָמוּךְ לִשְׂדֵה חֲבֵרוֹ, אֶלָּא אִם כֵּן הִרְחִיק מִמֶּנּוּ אַרְבַּע אַמּוֹת, אֶחָד גְּפָנִים וְאֶחָד כָּל אִילָן. הָיָה גָדֵר בֵּינְתַיִם, זֶה סוֹמֵךְ לַגָּדֵר מִכָּאן, וְזֶה סוֹמֵךְ לַגָּדֵר מִכָּאן. הָיוּ שָׁרָשִׁים יוֹצְאִין לְתוֹךְ שֶׁל חֲבֵרוֹ, מַעֲמִיק שְׁלֹשָׁה טְפָחִים, כְּדֵי שֶׁלֹּא יְעַכֵּב אֶת הַמַּחֲרֵשָׁה. הָיָה חוֹפֵר בּוֹר, שִׁיחַ וּמְעָרָה, קוֹצֵץ וְיוֹרֵד, וְהָעֵצִים שֶׁלּוֹ:

농지로부터 4아마 〔이상〕 떨어지지 않았다면, 자신의 동료 농지가 인접한 곳에 나무를 심을 수 없다. 포도나무든 다른 종류의 나무든 마찬가지다. 〔자신의 농지와 동료의 농지〕 사이에 울타리가 있다면, 이 사람은 자기 울타리 인접한 곳에, 〔동료〕는 그의 울타리 인접한 곳에 〔나무를 심을 수 있다〕. 만약 동료 소유의 〔땅에 자신의 나무의〕 뿌리가 뻗어 들어갔다면 〔그 뿌리가〕 쟁기질을 방해하지 않도록, 〔그 동료는〕 3테팍 깊이만큼 〔뿌리〕들을 잘라낼 수 있다. 어떤 사람이 저수조, 도랑, 동굴을 팠다면, 그는 그가 파고 내려간 만큼 〔그것을〕 잘라내고, 〔잘라낸〕 나무는 그의 소유가 된다.

- 저수조, 도랑, 동굴을 파면서 동료의 나무를 잘라낼 때에는 3테팍보다 더 깊이 팔 수 있다. 파면서 잘라낸 나무는 그의 소유가 된다.

2, 13

אִילָן שֶׁהוּא נוֹטֶה לִשְׂדֵה חֲבֵרוֹ, קוֹצֵץ מְלֹא הַמַּרְדֵּעַ עַל גַּבֵּי הַמַּחֲרֵשָׁה. וּבְחָרוּב וּבְשִׁקְמָה, כְּנֶגֶד הַמִּשְׁקֹלֶת. בֵּית הַשְּׁלָחִין, כָּל הָאִילָן כְּנֶגֶד הַמִּשְׁקֹלֶת. אַבָּא שָׁאוּל אוֹמֵר, כָּל אִילַן סְרָק, כְּנֶגֶד הַמִּשְׁקֹלֶת:

나무가 이웃의 농지에 기울어져 있다면, 쟁기질하고 있는 황소가 도착하는 한 그것을 잘라낼 수 있다. 그리고 만약 〔이것이〕 캐럽나무나 돌무화과나무는 다림줄로 측정하는 데 따른다. 관개 농지와 관련된 경우, 모든 나무들은 다림줄의 측정에 따라 잘라낼 수 있다. 압바 샤울은 말한다. "열매 맺지 않는 모든 나무는 다림줄로 측정하여 〔잘라 낼 수 있습니다〕."

• 다림줄은 수직을 알아보기 위해 추를 달아 내려 보는 줄이다.

2, 14

אִילָן שֶׁהוּא נוֹטֶה לִרְשׁוּת הָרַבִּים, קוֹצֵץ, כְּדֵי שֶׁיְּהֵא גָמָל עוֹבֵר וְרוֹכְבוֹ. רַבִּי יְהוּדָה אוֹמֵר, גָּמָל טָעוּן פִּשְׁתָּן אוֹ חֲבִילֵי זְמוֹרוֹת. רַבִּי שִׁמְעוֹן אוֹמֵר, כָּל הָאִילָן כְּנֶגֶד הַמִּשְׁקֹלֶת, מִפְּנֵי הַטֻּמְאָה:

공적 공간으로 기울어진 나무는 낙타와 〔그 낙타를〕 탄 사람이 지나갈 수 있도록 잘라야 한다. 랍비 예후다는 말한다. "아마 또는 나뭇가지 다발을 실은 낙타가 〔지나갈 수 있어야 합니다〕." 랍비 쉼온은 말한다. "모든 나무는 불순물 때문에 측연선의 측정에 따라 〔잘라내야 합니다〕."

• 아마 또는 나뭇가지 다발을 실은 낙타가 지나갈 수 있으려면 낙타의 짐 위로 2아마의 공간이 있어야 하며, 양측면의 넓이 역시 각각 2아마가 되어야 한다(블랙먼).
• 나무의 가지들은 장막의 지붕 역할을 한다. 만약 어떤 오염이 그 나뭇가지 아래에 있다면 그 밑을 지나는 사람도 부정해질 것이다. 그러나 지배적인 법은 이 미쉬나의 처음 부분에 기술된 것이다(블랙먼).

제3장

제3장은 소유권을 취득하는 방법과 취득 대상의 문제들을 다룬다.

3, 1

חֶזְקַת הַבָּתִּים וְהַבּוֹרוֹת וְהַשִּׁיחִין וְהַמְּעָרוֹת וְהַשּׁוֹבָכוֹת וְהַמֶּרְחֲצָאוֹת וּבֵית
הַבַּדִּין וּבֵית הַשְּׁלָחִין וְהָעֲבָדִים וְכָל שֶׁהוּא עוֹשֶׂה פֵּרוֹת תָּדִיר, חֶזְקָתָן שָׁלֹשׁ
שָׁנִים מִיּוֹם לְיוֹם. שְׂדֵה הַבַּעַל, חֶזְקָתָהּ שָׁלֹשׁ שָׁנִים, וְאֵינָהּ מִיּוֹם לְיוֹם, רַבִּי
יִשְׁמָעֵאל אוֹמֵר, שְׁלֹשָׁה חֳדָשִׁים בָּרִאשׁוֹנָה וּשְׁלֹשָׁה בָּאַחֲרוֹנָה וּשְׁנֵים עָשָׂר
חֹדֶשׁ בָּאֶמְצַע, הֲרֵי שְׁמֹנָה עָשָׂר חֹדֶשׁ. רַבִּי עֲקִיבָא אוֹמֵר, חֹדֶשׁ בָּרִאשׁוֹנָה
וְחֹדֶשׁ בָּאַחֲרוֹנָה וּשְׁנֵים עָשָׂר חֹדֶשׁ בָּאֶמְצַע, הֲרֵי אַרְבָּעָה עָשָׂר חֹדֶשׁ. אָמַר
רַבִּי יִשְׁמָעֵאל, בַּמֶּה דְבָרִים אֲמוּרִים, בִּשְׂדֵה לָבָן. אֲבָל בִּשְׂדֵה אִילָן, כָּנַס אֶת
תְּבוּאָתוֹ, מָסַק אֶת זֵיתָיו, כָּנַס אֶת קֵיצוֹ, הֲרֵי אֵלּוּ שָׁלֹשׁ שָׁנִים:

주택, 저수조, 도랑, 동굴, 비둘기장, 목욕탕, 올리브기름 짜는 틀, 관개 농지, 그리고 종에 대한 〔법적인〕 소유권을 〔얻으려면〕, 그리고 지속적으로 이익이 발생하는 모든 것〔에 대한 소유권을 얻으려면〕, 매일 3년 동안 소유해야 한다. 빗물에 의해 관개되는 농지는 3년간 〔소유해야 하지만〕, 매일 소유하고 있을 필요는 없다. 랍비 이쉬마엘은 말한다. "첫〔해〕와 마지막 〔해〕에 3개월, 가운데 〔해〕에 12개월, 총 18개월 〔소유해야 합니다〕." 랍비 아키바는 말한다. "첫〔해〕와 마지막 〔해〕에 1개월, 가운데 〔해〕에 12개월, 총 14개월 〔소유해야 합니다〕." 랍비 이쉬마엘은 말했다. "이것이 어떤 경우 적용되는가? 이것은 곡식〔을 생산하는〕 농지의 경우다. 그러나 과수원의 경우 만약 과일을 생산하고, 올리브들을 추수하며, 무화과를 생산했으면, 이는 3년으로 간주된다.

- 일반적으로 부동산이나 재산에 대한 법적 소유권을 취득하려면 분

쟁 없이 3년 동안 지속적으로 점유하였음을 입증해야 한다. 부동산 소유권을 입증할 문서가 없는 경우에는 특정 기간 그 부동산을 소유권 분쟁 없이 보유하는 '행위'가 그 소유권을 입증하는 수단이었다(블랙먼 pp. 179-180; 댄비, p. 369).

3, 2

שָׁלֹשׁ אֲרָצוֹת לַחֲזָקָה, יְהוּדָה וְעֵבֶר הַיַּרְדֵּן וְהַגָּלִיל. הָיָה בִיהוּדָה וְהֶחֱזִיק בַּגָּלִיל, בַּגָּלִיל וְהֶחֱזִיק בִּיהוּדָה, אֵינָהּ חֲזָקָה, עַד שֶׁיְּהֵא עִמּוֹ בַמְּדִינָה. אָמַר רַבִּי יְהוּדָה, לֹא אָמְרוּ שָׁלֹשׁ שָׁנִים אֶלָּא כְדֵי שֶׁיְּהֵא בְאַסְפַּמְיָא, וְיַחֲזִיק שָׁנָה, וְיֵלְכוּ וְיוֹדִיעוּהוּ שָׁנָה, וְיָבֹא לְשָׁנָה אַחֶרֶת:

소유권과 관련된 세 나라는 유다, 요르단강 동쪽, 갈릴리다. [만약] 유다에 살면서 갈릴리 지역의 [토지]를 소유하거나, 갈릴리에 [살면서] 유다 지역의 [토지]를 소유하고 있다면, [소유물]과 같은 지역에 살기 전까지는, [법적인] 소유권이 [인정되지] 않는다. 랍비 예후다는 말했다. "소유권 [인정에] 3년이라고 말한 이유는 다름이 아니라, [만약 소유주]가 스페인에 있었는데, 어떤 사람이 1년 동안 [무단으로] 점유하고 있었다면, 사람들이 그 [소유주]에게 알려주는 데 [스페인까지 여행하는 데] 1년이 걸리고, [그 소유주의 반대의사를 가지고] 돌아오는 데 1년이 걸리기 때문입니다."

- 3년 동안 점유하여 법적인 소유권을 얻기 위해서는 이를 주장하는 사람의 거주지와 물건의 소재지가 동일해야 한다.
- 랍비 예후다는 취득 시효가 3년이 걸리는 이유를 농사와 관련짓지 않고, 최대한 먼 곳까지 여행하고 돌아오는 데 3년 정도 걸리기 때문이라고 설명한다.

כָּל חֲזָקָה שֶׁאֵין עִמָּהּ טַעֲנָה, אֵינָהּ חֲזָקָה. כֵּיצַד, אָמַר לוֹ, מָה אַתָּה עוֹשֶׂה בְתוֹךְ שֶׁלִּי, וְהוּא אָמַר לוֹ, שֶׁלֹּא אָמַר לִי אָדָם דָּבָר מֵעוֹלָם, אֵינָהּ חֲזָקָה. שֶׁמָּכַרְתָּ לִי, שֶׁנָּתַתָּ לִי בְמַתָּנָה, אָבִיךָ מְכָרָהּ לִי, אָבִיךָ נְתָנָהּ לִי בְמַתָּנָה, הֲרֵי זוֹ חֲזָקָה. וְהַבָּא מִשּׁוּם יְרֻשָּׁה, אֵינוֹ צָרִיךְ טַעֲנָה. הָאֻמָּנִין וְהַשֻּׁתָּפִים וְהָאֲרִיסִין וְהָאַפּוֹטְרוֹפִּין, אֵין לָהֶם חֲזָקָה. אֵין לָאִישׁ חֲזָקָה בְּנִכְסֵי אִשְׁתּוֹ, וְלֹא לָאִשָּׁה חֲזָקָה בְּנִכְסֵי בַעְלָהּ, וְלֹא לָאָב בְּנִכְסֵי הַבֵּן, וְלֹא לַבֵּן בְּנִכְסֵי הָאָב. בַּמֶּה דְבָרִים אֲמוּרִים, בְּמַחֲזִיק, אֲבָל בְּנוֹתֵן מַתָּנָה, וְהָאַחִין שֶׁחָלְקוּ, וְהַמַּחֲזִיק בְּנִכְסֵי הַגֵּר, נָעַל וְגָדַר וּפָרַץ כָּל שֶׁהוּא, הֲרֵי זוֹ חֲזָקָה:

〔소유권에 대한〕 주장이 없는 모든 소유권은 〔점유로 인정받는〕 소유권이 아니다. 어떻게 그러한가? 〔만약〕 어떤 사람이 "당신은 나의 〔토지〕 안에서 무엇을 하고 있는가?"라고 말했고, 그가 "아무도 나에게 그 어떤 얘기도 하지 않았소"라고 대답했다면, 이것은 〔점유로 인정받는〕 소유권이 아니다. 〔만약〕 "당신이 〔그것을〕 나에게 팔지 않았소", "당신은 〔그것을〕 나에게 선물로 주었소", "당신의 아버지가 〔그것을〕 나에게 팔았소", "당신의 아버지가 나에게 선물로 주었소"라고 말했다면, 이것이 〔점유로 인정받는〕 소유권이다. 만약 상속으로 얻었다면 주장할 필요가 없다. 장인들, 동업자들, 소작인들, 그리고 관리자들에게는 〔점유로 인정받는〕 소유권이 〔부여될 수〕 없다. 남편은 아내 재산에 대한 소유권이 없으며, 아내는 남편 재산에 대한 〔소유권이 없다〕. 아버지는 아들 재산에 대하여, 아들은 그의 아버지 재산에 대한 소유권이 없다. 어떤 〔경우에〕 대하여 말하고 있는가? 점유를 통해 〔소유권을 취득하는 경우다〕. 그러나 〔재산을〕 선물로 받았을 때, 형제들이 상속을 통해 나누었을 때, 또는 〔상속인이 없는〕 개종자의 〔재산을〕 취득한 경우에는, 그 〔재산〕에 자물쇠를 채우고, 울타리로 둘러싸거나 〔울타리〕를 약간 뚫어도, 〔점유로 인정받는〕 소유권이 〔인정된다〕.

- 점유하고 있는 정당한 이유를 제시해야 소유권이 인정된다.
- 재산을 양도 받거나 상속 받거나 다른 사람으로부터 취득한 경우에는, 3년 동안 점유할 필요없이, 자물쇠를 채우거나 울타리를 두르거나, 둘러쳐진 울타리를 뚫는 행위와 같은 최소 행위를 통해 소유권이 인정된다.

3, 4

הָיוּ שְׁנַיִם מְעִידִין אוֹתוֹ שֶׁאֲכָלָהּ שָׁלֹשׁ שָׁנִים, וְנִמְצְאוּ זוֹמְמִין, מְשַׁלְּמִין לוֹ אֶת הַכֹּל. שְׁנַיִם בָּרִאשׁוֹנָה, וּשְׁנַיִם בַּשְּׁנִיָּה, וּשְׁנַיִם בַּשְּׁלִישִׁית, מְשַׁלְּשִׁין בֵּינֵיהֶם. שְׁלֹשָׁה אַחִים וְאֶחָד מִצְטָרֵף עִמָּהֶם, הֲרֵי אֵלּוּ שָׁלֹשׁ עֵדֻיּוֹת, וְהֵן עֵדוּת אַחַת לַהֲזָמָה:

두 명의 증인이 점유자가 3년 동안 이용했다고 증언했는데, 그들이 위증한 것으로 밝혀지면, 그들은 〔주인〕에게 〔토지〕 값을 배상해야 한다. 두 증인이 첫 번째 〔해에 대하여 거짓으로 증언하고〕, 〔다른〕 두 증인들이 둘째 해를, 〔다른〕 두 증인들이 둘째 〔해에 대하여 거짓으로 증언하고〕, 두 증인들이 셋째 〔해에 대하여 거짓으로 증언했으면〕, 〔그들은 배상〕을 삼등분한다. 세 명의 형제들이 〔증인인데〕, 〔다른 증인〕 한 명이 합류했는데, 이들은 세 개의 〔분리된〕 증언이지만, 〔그 증언이 거짓으로 밝혀졌을 때〕, 그들은 〔다〕같이 거짓 증언이다.

- 위증한 증인들은 소유 재산의 가치와 3년 동안 생산했던 생산물에 대하여 온전히 배상해야 한다(블랙먼).

3, 5

אֵלּוּ דְבָרִים שֶׁיֵּשׁ לָהֶם חֲזָקָה, וְאֵלּוּ דְבָרִים שֶׁאֵין לָהֶם חֲזָקָה. הָיָה מַעֲמִיד בְּהֵמָה בֶּחָצֵר, תַּנּוּר, וְכִירַיִם, וְרֵחַיִם, וּמְגַדֵּל תַּרְנְגוֹלִין, וְנוֹתֵן זִבְלוֹ בֶּחָצֵר,

אֵינָהּ חֲזָקָה. אֲבָל עָשָׂה מְחִצָּה לִבְהֶמְתּוֹ גְּבוֹהָה עֲשָׂרָה טְפָחִים, וְכֵן לַתַּנּוּר, וְכֵן לַכִּירַיִם, וְכֵן לָרֵחַיִם, הִכְנִיס תַּרְנְגוֹלִין לְתוֹךְ הַבַּיִת, וְעָשָׂה מָקוֹם לְזִבְלוֹ עָמֹק שְׁלֹשָׁה אוֹ גָּבוֹהַּ שְׁלֹשָׁה, הֲרֵי זוֹ חֲזָקָה:

이것들은 〔점유로 인정되는〕 소유권이다. 그리고 이것들은 〔점유로 인정되는〕 소유권이 아니다. 어떤 사람이 안뜰이나, 화덕이나, 난로나, 맷돌에 가축을 세우거나, 닭들을 키우거나, 안뜰에 거름을 두었다면, 이것들은 〔점유로 인정되는〕 소유권이 아니다. 그러나 그가 가축을 위해 10테팍의 칸막이를 만들었다면, 그리고 화덕을 위해, 그리고 난로를 위해, 맷돌을 위해 〔만들었고〕, 〔그리고〕 닭들을 집 안으로 데려왔고, 3테팍 깊이나 3테팍 높이만큼의 그 거름 둘 장소를 만들었다면, 이것은 〔점유로 인정되는〕 소유권이다.

- 어떤 사람이 3년 동안 지속적으로 바닥에 물건을 고정시켰음에도 불구하고, 항의나 반대가 없었다면 그는 소유권을 취득한다(블랙먼).

3, 6

הַמַּרְזֵב אֵין לוֹ חֲזָקָה, וְיֵשׁ לִמְקוֹמוֹ חֲזָקָה. הַמַּזְחִילָה יֵשׁ לָהּ חֲזָקָה. סֻלָּם הַמִּצְרִי אֵין לוֹ חֲזָקָה, וְלַצּוֹרִי יֵשׁ לוֹ חֲזָקָה. חַלּוֹן הַמִּצְרִית אֵין לָהּ חֲזָקָה, וְלַצּוֹרִית יֵשׁ לָהּ חֲזָקָה. אֵיזוֹ הִיא חַלּוֹן הַמִּצְרִית, כָּל שֶׁאֵין רֹאשׁוֹ שֶׁל אָדָם יָכוֹל לִכָּנֵס לְתוֹכָהּ. רַבִּי יְהוּדָה אוֹמֵר, אִם יֵשׁ לָהּ מַלְבֵּן, אַף עַל פִּי שֶׁאֵין רֹאשׁוֹ שֶׁל אָדָם יָכוֹל לִכָּנֵס לְתוֹכָהּ, הֲרֵי זוֹ חֲזָקָה. הַזִּיז, עַד טֶפַח, יֵשׁ לוֹ חֲזָקָה, וְיָכוֹל לִמְחוֹת. פָּחוֹת מִטֶּפַח, אֵין לוֹ חֲזָקָה, וְאֵין יָכוֹל לִמְחוֹת:

빗물받이 주둥이는 〔점유로 인정받는〕 소유권이 아니지만, 〔그것을 두는〕 장소는 〔점유로 인정받는〕 소유권이다. 빗물받이는 〔점유로 인정받는〕 소유권이다. 이집트산 사다리는 〔점유로 인정받는〕 소유권이 아니다. 그러나 두로산 〔사다리〕는 〔점유로 인정받는〕 소유권이다. 이집트산 창문은 〔점유로 인정받는〕 소유권이 아니다. 그러나 두로

산 〔창문〕은 〔점유로 인정받는〕 소유권이다. 이집트산 창문은 무엇인가? 〔그 창문으로〕 사람의 머리가 들어갈 수 없는 것이다. 랍비 예후다는 말한다. "만약 그것〔창문〕이 틀을 가지고 있다면, 사람의 머리가 그것〔창문〕에 들어갈 수 없을지라도, 그것은 〔점유로 인정받는〕 소유권입니다." 만약 〔담장의〕 돌출부는 1테팍 〔또는 그 이상〕이면, 〔점유로 인정받는〕 소유권이다. 따라서 〔건축을〕 반대할 수 있다. 그러나 만약 〔돌출부〕가 1테팍보다 짧다면 〔점유로 인정받는〕 소유권이 아니다. 그래서 〔건축을〕 반대할 수도 없다.

- 지붕에 연결되어 있어 빗물을 받아내는 빗물받이는 고정되어 있어 점유에 따른 소유권이 인정되지만, 빗물받이 끝에 달린 주둥이는 비교적 용이하게 움직일 수 있는 것으로 점유만으로 소유권을 인정받을 수 없다.
- 이집트산 사다리는 두로산에 비해 내구성이 약한 것으로 보인다.

3, 7

לֹא יִפְתַּח אָדָם חַלּוֹנוֹתָיו לַחֲצַר הַשֻּׁתָּפִין. לָקַח בַּיִת בְּחָצֵר אַחֶרֶת, לֹא יִפְתְּחֶנָּה לַחֲצַר הַשֻּׁתָּפִין. בָּנָה עֲלִיָּה עַל גַּבֵּי בֵיתוֹ, לֹא יִפְתָּחֶנָּה לַחֲצַר הַשֻּׁתָּפִין. אֶלָּא אִם רָצָה, בּוֹנֶה אֶת הַחֶדֶר לִפְנִים מִבֵּיתוֹ, וּבוֹנֶה עֲלִיָּה עַל גַּבֵּי בֵיתוֹ וּפוֹתְחָהּ לְתוֹךְ בֵּיתוֹ. לֹא יִפְתַּח אָדָם לַחֲצַר הַשֻּׁתָּפִין פֶּתַח כְּנֶגֶד פֶּתַח וְחַלּוֹן כְּנֶגֶד חַלּוֹן. הָיָה קָטָן, לֹא יַעֲשֶׂנּוּ גָדוֹל. אֶחָד, לֹא יַעֲשֶׂנּוּ שְׁנָיִם. אֲבָל פּוֹתֵחַ הוּא לִרְשׁוּת הָרַבִּים פֶּתַח כְּנֶגֶד פֶּתַח וְחַלּוֹן כְּנֶגֶד חַלּוֹן. הָיָה קָטָן, עוֹשֶׂה אוֹתוֹ גָדוֹל. אֶחָד, עוֹשֶׂה אוֹתוֹ שְׁנָיִם:

공유하는 안뜰에 창문을 개설할 수 없다. 어떤 사람이 또 하나의 〔인접하는〕 안뜰에 집을 구입했다면, 그 사람은 서로 공유하는 안뜰을 향해서 문을 개설할 수 없다. 어떤 사람이 그의 집 위에 상층을 건축했다면 그가 〔다른 사람과〕 공유하는 안뜰 쪽으로 문 〔혹은 입구〕를 개설할 수 없다. 그러나 만약 그가 원한다면 그의 집 안에 또 하나의 방을 만들거나, 그의 집 위에 다락방을 만들고 그 자신의 집 쪽으로 문〔혹은 입구〕를 만들 수 있다. 안뜰을 공유하는 사람이 그 안뜰 맞은편 정면을 향해서 문〔혹은 입구〕나, 또는 맞은편에 있는 다른 사람의 창문 쪽으로 새로운 창문을 만들 수 없다. 만약 그 창문이 작으면, 그것을 크게 만들 수 없다. 만약 이것이 창문 하나였다면, 그것을 두 개로 만들 수 없다. 그러나 공적인 공간으로는 반대편 문으로 자신의 문을, 그리고 반대편 창문을 향해서 자신의 창문을 만들 수 있다. 〔또한〕 작은 것이었다면 그것을 큰 것으로 만들 수 있다. 〔그리고〕 하나〔의 문이나 창문이 있었다면〕 그것을 둘로 만들 수 있다.

- 공유하는 안뜰을 향한 문은 그 안뜰을 지나가는 통행자의 수를 증대시키는 경향이 있다. 그에 따라 이러한 문은 그 안뜰의 사적(私的) 자유를 저해할 것이다(블랙먼).

3, 8

אֵין עוֹשִׂין חָלָל תַּחַת רְשׁוּת הָרַבִּים, בּוֹרוֹת שִׁיחִין וּמְעָרוֹת. רַבִּי אֱלִיעֶזֶר מַתִּיר כְּדֵי שֶׁתְּהֵא עֲגָלָה מְהַלֶּכֶת וּטְעוּנָה אֲבָנִים. אֵין מוֹצִיאִין זִיזִין וּגְזֻזְטְרָאוֹת לִרְשׁוּת הָרַבִּים, אֶלָּא אִם רָצָה כּוֹנֵס לְתוֹךְ שֶׁלּוֹ וּמוֹצִיא. לָקַח חָצֵר וּבָהּ זִיזִין וּגְזֻזְטְרָאוֹת, הֲרֵי זוֹ בְחֶזְקָתָהּ:

구덩이들이나 〔수조〕, 참호나 〔도랑〕, 또는 동굴과 〔같은〕 빈 공간을 공적 공간 아래에 만들어서는 안 된다. 랍비 엘리에제르는 만약 돌들을 실은 수레가 〔그것들을 안전하게〕 넘어갈 수 있다면 허용한다. 공적인 공간으로 돌출부나 발코니를 만들어서는 안 된다. 그러나 만약 그가 그것을 원한다면 그는 〔그의 벽을〕 자신의 영역으로 더 안으로 들이고 〔돌출부나 발코니를〕 돌출시킬 수 있다. 그리고 〔어떤 사람

이〕 돌출부나 발코니가 있는 안뜰을 이미 구입했다면 그것들은 그 사람의 소유권이다.

제4장

제4~7장까지는 재산의 매입과 취득에 관련된 법들을 다룬다. 그중에서 제4장은 우선 토지와 관련된 매매와 계약을 다루고 있다.

4, 1

הַמּוֹכֵר אֶת הַבַּיִת, לֹא מָכַר הַיָּצִיעַ, וְאַף עַל פִּי שֶׁהִיא פְתוּחָה לְתוֹכוֹ, וְלֹא אֶת הַחֶדֶר שֶׁלִּפְנִים מִמֶּנּוּ, וְלֹא אֶת הַגַּג בִּזְמַן שֶׁיֶּשׁ לוֹ מַעֲקֶה גָבוֹהַּ עֲשָׂרָה טְפָחִים. רַבִּי יְהוּדָה אוֹמֵר, אִם יֶשׁ לוֹ צוּרַת פֶּתַח, אַף עַל פִּי שֶׁאֵינוֹ גָבוֹהַּ עֲשָׂרָה טְפָחִים, אֵינוֹ מָכוּר:

집을 팔았던 사람은, 〔회랑〕이 〔집〕 안으로 열려 있다 하더라도, 그 회랑을 판 것이 아니다. 그리고 〔그 집〕 뒤에 있는 방도 〔판 것이 아니다〕. 그리고 10테팍 높이의 난간이 있는 지붕도 팔지 않았다. 랍비 예후다는 말한다. "〔만약〕 어떤 형태의 문이 그에게 있었다면, 비록 10테팍 높이가 아닐지라도, 〔그것은〕 팔린 것이 아닙니다."

- 특별한 언급이 없다면, 집 매매는 기본적인 방만을 의미하고 옆이나 뒤, 그리고 위에 딸린 부속 방이나 건물은 포함되지 않는다.

4, 2

לֹא אֶת הַבּוֹר, וְלֹא אֶת הַדּוּת, אַף עַל פִּי שֶׁכָּתַב לוֹ עֻמְקָא וְרוּמָא. וְצָרִיךְ לִקַּח לוֹ דֶרֶךְ, דִּבְרֵי רַבִּי עֲקִיבָא. וַחֲכָמִים אוֹמְרִים, אֵינוֹ צָרִיךְ לִקַּח לוֹ דָרֶךְ.

וּמוֹדֶה רַבִּי עֲקִיבָא, בִּזְמַן שֶׁאָמַר לוֹ חוּץ מֵאֵלּוּ, שֶׁאֵינוֹ צָרִיךְ לִקַּח לוֹ דֶרֶךְ. מְכָרָן לְאַחֵר, רַבִּי עֲקִיבָא אוֹמֵר, אֵינוֹ צָרִיךְ לִקַּח לוֹ דֶרֶךְ. וַחֲכָמִים אוֹמְרִים, צָרִיךְ לִקַּח לוֹ דֶרֶךְ:

저수조 또는 지하 저장고도, 〔계약서에 집의〕 깊이와 높이를 썼음에도 불구하고, 판 것이 아니다. 랍비 아키바는 〔그 매도자는 그의 저수조나 지하 저장고에 도달하기 위해서는 새 주인에게〕 길을 사야 한다고 말한다. 하지만 현자들은 말한다. “길을 살 필요가 없습니다.” 그리고 랍비 아키바는 만약 〔판매자〕가 수조 또는 지하 저장고를 제외한다고 말했었다면, 그는 그 길을 살 필요가 없다는 말에 동의한다. “만약 그가 〔그 저수조와 지하 저장고를〕 다른 사람에게 팔았다면 그는 그 길을 살 필요가 없습니다”라고 랍비 아키바는 말한다. 그리고 현자들은 말한다. “그는 그 길을 사야 한다.”

- 특별한 언급이 없으면 저수조나 지하 저장고도 일반적인 집 매매 대상이 아니다.
- 집주인으로부터 저수조와 지하 저장고를 산 사람은 그곳을 이용하는데 필요한 길도 같이 사야 한다.

4, 3

הַמּוֹכֵר אֶת הַבַּיִת, מָכַר אֶת הַדֶּלֶת, אֲבָל לֹא אֶת הַמַּפְתֵּחַ. מָכַר אֶת הַמַּכְתֶּשֶׁת הַקְּבוּעָה, אֲבָל לֹא אֶת הַמִּטַּלְטֶלֶת. מָכַר אֶת הָאִצְטְרֻבָּל, אֲבָל לֹא אֶת הַקֶּלֶת, וְלֹא אֶת הַתַּנּוּר, וְלֹא אֶת הַכִּירַיִם. בִּזְמַן שֶׁאָמַר לוֹ, הוּא וְכָל מַה שֶּׁבְּתוֹכוֹ, הֲרֵי כֻלָּן מְכוּרִין:

집을 팔았던 사람은 문도 판 것이다. 그러나 열쇠는 판 것이 아니다. 그는 〔땅에〕 붙어 있는 회반죽은 팔았다. 그러나 움직이는 것은 〔판 것이 아니다〕. 그는 아래 맷돌을 팔았다. 하지만 위 맷돌은 판 것이 아

니다. 화덕은 판 것이 아니다. 난로는 판 것이 아니다. 그러나 [매도자]가 "[집] 안에 있는 모든 것"이라고 말했다면, 모든 것이 팔린 것이다.

- 매도자가 특별하게 언급하지 않았다면 움직일 수 있는 것은 판 것이 아니다.
- 바닥에 고정되어 있는 큰 아래 맷돌은 새 주인에게 팔지만, 위 맷돌은 전 주인이 가져갈 수 있다.

4, 4

הַמּוֹכֵר אֶת הֶחָצֵר, מָכַר בָּתִּים, בּוֹרוֹת, שִׁיחִין, וּמְעָרוֹת, אֲבָל לֹא אֶת הַמִּטַּלְטְלִין. בִּזְמַן שֶׁאָמַר לוֹ, הִיא וְכָל מַה שֶּׁבְּתוֹכָהּ, הֲרֵי כֻלָּן מְכוּרִין. בֵּין כָּךְ וּבֵין כָּךְ, לֹא מָכַר אֶת הַמֶּרְחָץ, וְלֹא אֶת בֵּית הַבַּד שֶׁבְּתוֹכָהּ. רַבִּי אֱלִיעֶזֶר אוֹמֵר, הַמּוֹכֵר אֶת הֶחָצֵר, לֹא מָכַר אֶלָּא אֲוִירָהּ שֶׁל חָצֵר:

안뜰을 매도한 사람은 집들, 저수조들, 도랑들 그리고 동굴들을 팔았지만, 움직이는 재물들은 팔지 않았다. [매도할] 때 "그것과 그 안에 있는 모든 것"이라고 말했다면, 이것들은 모두 팔린 것이다. 그러나 이 경우든지 저 경우든지, 그는 목욕탕은 판 것이 아니고, 올리브 짜는 틀도 판 것이 아니다. 랍비 엘리에제르는 말한다. "안뜰을 파는 사람은 그 안뜰의 공간만을 판 것입니다."

- 안뜰과 함께 있는 집, 저수조, 도랑, 동굴은 같이 매매되지만, 목욕탕이나 올리브기름 짜는 틀은 포함되지 않는다.

4, 5

הַמּוֹכֵר אֶת בֵּית הַבַּד, מָכַר אֶת הַיָּם וְאֶת הַמְּמָל וְאֶת הַבְּתוּלוֹת, אֲבָל לֹא מָכַר אֶת הָעֲכִירִין וְאֶת הַגַּלְגַּל וְאֶת הַקּוֹרָה. בִּזְמַן שֶׁאָמַר לוֹ, הוּא וְכָל מַה שֶּׁבְּתוֹכוֹ, הֲרֵי כֻלָּן מְכוּרִין. רַבִּי אֱלִיעֶזֶר אוֹמֵר, הַמּוֹכֵר בֵּית הַבַּד, מָכַר אֶת הַקּוֹרָה:

올리브기름 짜는 틀을 판 사람은 큰 통, 맷돌 그리고 받침대들도 판 것이다. 그러나 압박 판, 바퀴 또는 대들보를 파는 것은 아니다. 그러나 〔팔〕 때 "그것과 그 안에 있는 모든 것"이라고 말했다면, 이것들은 모두 팔린 것이다. 랍비 엘리에제르는 말한다. "올리브기름 짜는 틀을 판 사람은 대들보도 판 것입니다."

- 올리브기름 짜는 틀을 팔 때 바닥에 고정되어 있는 것들은 같이 판 것으로 간주된다.
- 랍비 엘리에제르는 대들보는 이동 가능하지만 올리브기름 짜는 틀에서 가장 중요한 부품이기 때문에 같이 판 것이라고 주장한다.

4, 6

הַמּוֹכֵר אֶת הַמֶּרְחָץ, לֹא מָכַר אֶת הַנְּסָרִים וְאֶת הַסַּפְסָלִים וְאֶת הַוִּילָאוֹת. בִּזְמַן שֶׁאָמַר לוֹ, הוּא וְכָל מַה שֶּׁבְּתוֹכוֹ, הֲרֵי כֻלָּן מְכוּרִין. בֵּין כָּךְ וּבֵין כָּךְ, לֹא מָכַר אֶת הַמְּגֵרוֹת שֶׁל מַיִם וְלֹא אֶת הָאוֹצָרוֹת שֶׁל עֵצִים:

목욕탕을 판 사람은 판자들이나 의자들 또는 장막들을 판 것은 아니다. 그러나 〔팔〕 때 "그것과 그 안에 있는 모든 것"이라고 말했다면, 이것들은 모두 팔린 것이다. 이 경우든지 저 경우든지 그는 물을 담는 통들이나 나무를 비축한 것들은 매도된 것이 아니다.

- 기본적으로 움직이는 물건들은 판매 대상에서 제외된다.

- 물을 담는 통이나 나무는 움직일 수 있고 목욕탕에서만 사용되는 것은 아니기 때문이다(블랙먼).

4, 7

הַמּוֹכֵר אֶת הָעִיר, מָכַר בָּתִּים, בּוֹרוֹת, שִׁיחִין, וּמְעָרוֹת, מֶרְחֲצָאוֹת וְשׁוֹבָכוֹת, בֵּית הַבַּדִּין וּבֵית הַשְּׁלָחִין, אֲבָל לֹא אֶת הַמִּטַּלְטְלִין. וּבִזְמַן שֶׁאָמַר לוֹ, הִיא וְכָל מַה שֶּׁבְּתוֹכָהּ, אֲפִלּוּ הָיוּ בָהּ בְּהֵמָה וַעֲבָדִים, הֲרֵי כֻלָּן מְכוּרִין. רַבָּן שִׁמְעוֹן בֶּן גַּמְלִיאֵל אוֹמֵר, הַמּוֹכֵר אֶת הָעִיר, מָכַר אֶת הַסַּנְטֵר:

도시를 판 사람은 주택들, 저수조들, 도랑들, 동굴들, 목욕탕들, 비둘기장들, 올리브기름 짜는 틀, 그리고 관개 농지들을 판 것이지만, 움직일 수 있는 재산은 판 것이 아니다. 그러나 〔팔〕 때 "그것과 그 안에 있는 모든 것"이라고 말했다면, 비록 그 안에 가축과 종들이 포함되었을지라도, 이것들은 모두 팔린 것이다. 라반 쉼온 벤 감리엘은 말한다. "마을을 판 사람은 마을을 지키는 사람도 판 것입니다."

- 도시를 팔 때에는 가축이나 종들을 제외하고 도시에 속해 있는 모든 관계 시설들이 포함된다.

4, 8

הַמּוֹכֵר אֶת הַשָּׂדֶה, מָכַר אֶת הָאֲבָנִים שֶׁהֵם לְצָרְכָּהּ, וְאֶת הַקָּנִים שֶׁבַּכֶּרֶם שֶׁהֵם לְצָרְכּוֹ, וְאֶת הַתְּבוּאָה שֶׁהִיא מְחֻבֶּרֶת לַקַּרְקַע, וְאֶת מְחִצַּת הַקָּנִים שֶׁהִיא פְחוּתָה מִבֵּית רֹבַע, וְאֶת הַשּׁוֹמֵרָה שֶׁאֵינָהּ עֲשׂוּיָה בְטִיט, וְאֶת הֶחָרוּב שֶׁאֵינוֹ מֻרְכָּב, וְאֶת בְּתוּלַת הַשִּׁקְמָה:

농지를 매도한 사람은 그 농지에 필요한 돌들과, 농지에 필요한 포도원의 갈대와, 땅에 붙어 있는 〔추수하지 않은〕 곡식과, 1/4카브 미만 〔토지에〕 있는 갈대 묶음, 진흙으로 마감하지 않은 오두막, 그리고 접붙이지 않은 쥐엄나무들과 어린 돌무화과나무들도 〔함께〕 판 것이다.

- 여기에서는 농지와 함께 판매되는 것들을 열거하고 있다.

4, 9

אֲבָל לֹא מָכַר לֹא אֶת הָאֲבָנִים שֶׁאֵינָן לְצָרְכָּהּ, וְלֹא אֶת הַקָּנִים שֶׁבַּכֶּרֶם
שֶׁאֵינָן לְצָרְכּוֹ, וְלֹא אֶת הַתְּבוּאָה שֶׁהִיא תְלוּשָׁה מִן הַקַּרְקַע. בִּזְמַן שֶׁאָמַר
לוֹ, הִיא וְכָל מַה שֶּׁבְּתוֹכָהּ, הֲרֵי כֻלָּן מְכוּרִין. בֵּין כָּךְ וּבֵין כָּךְ, לֹא מָכַר לֹא
אֶת מְחִצַּת הַקָּנִים שֶׁהִיא בֵּית רֹבַע, וְלֹא אֶת הַשּׁוֹמֵרָה שֶׁהִיא עֲשׂוּיָה בְטִיט,
וְלֹא אֶת הֶחָרוּב הַמֻּרְכָּב, וְלֹא אֶת סַדַּן הַשִּׁקְמָה, וְלֹא אֶת הַבּוֹר, וְלֹא אֶת
הַגַּת, וְלֹא אֶת הַשּׁוֹבָךְ, בֵּין חֲרֵבִין בֵּין יְשׁוּבִין. וְצָרִיךְ לִקַּח לוֹ דֶרֶךְ, דִּבְרֵי
רַבִּי עֲקִיבָא. וַחֲכָמִים אוֹמְרִים, אֵינוֹ צָרִיךְ. וּמוֹדֶה רַבִּי עֲקִיבָא, בִּזְמַן שֶׁאָמַר
לוֹ חוּץ מֵאֵלּוּ, שֶׁאֵינוֹ צָרִיךְ לִקַּח לוֹ דֶרֶךְ. מְכָרָן לְאַחֵר, רַבִּי עֲקִיבָא אוֹמֵר,
אֵינוֹ צָרִיךְ לִקַּח לוֹ דֶרֶךְ. וַחֲכָמִים אוֹמְרִים, צָרִיךְ לִקַּח לוֹ דֶרֶךְ. בַּמֶּה דְבָרִים
אֲמוּרִים, בְּמוֹכֵר. אֲבָל בְּנוֹתֵן מַתָּנָה, נוֹתֵן אֶת כֻּלָּם. הָאַחִין שֶׁחָלְקוּ, זָכוּ
בְשָׂדֶה, זָכוּ בְכֻלָּם. הַמַּחֲזִיק בְּנִכְסֵי הַגֵּר, הֶחֱזִיק בְּשָׂדֶה, הֶחֱזִיק בְּכֻלָּם.
הַמַּקְדִּישׁ אֶת הַשָּׂדֶה, הִקְדִּישׁ אֶת כֻּלָּם. רַבִּי שִׁמְעוֹן אוֹמֵר, הַמַּקְדִּישׁ אֶת
הַשָּׂדֶה, לֹא הִקְדִּישׁ אֶלָּא אֶת הֶחָרוּב הַמֻּרְכָּב וְאֶת סַדַּן הַשִּׁקְמָה:

그러나 〔농지를 판 사람은〕 그 농지에 필요하지 않는 돌들이나, 그 농지에 사용되지 않는 포도밭의 갈대들이나, 이미 땅에서 뽑힌 농작물은 〔농지와 함께〕 판 것이 아니다. 그러나 〔팔〕 때 "그것과 그 안에 있는 모든 것"이라고 말했다면, 이것들은 모두 팔린 것이다. 그러나 어떤 경우든지, 농지에 필요한 포도원의 막대기들과, 땅에 붙어 있는 〔추수하지 않은〕 곡식과, 1/4카브 〔토지에〕 있는 갈대 묶음, 진흙으로 마감된 오두막, 접붙인 캐럽나무들과 열매 맺은 돌무화과나무들, 저수조, 올리브기름 짜는 틀, 또는 비둘기 집은, 그것들이 못쓰게 된 상태이거나 사용 중이거나 상관없이, 〔그 농지와 함께〕 판 것이 아니다.

그리고 랍비 아키바의 말에 따르면, 〔그 매도자는 그의 저수조에 도달하기 위해 새 주인으로부터〕 길을 사야 한다. 하지만 현자들은 말한다. "〔길을 살〕 필요가 없습니다." 그리고 랍비 아키바는 "〔만약〕 이것들을 제외하고"라고 말했었다면, 그는 그 길을 사지 않아도 된다는 데 동의한다. 랍비 아키바는 말한다. "〔만약〕 그가 다른 사람들에게 그것들을 팔았다면 그것들을 산 사람은 그 길을 살 필요가 없습니다." 그러나 현자들은 말한다. "그는 그를 위해 그 길을 사야 합니다." 이러한 말들이 의미하는 것은 무엇인가? 〔이것은 그 농지를〕 매도한 사람에게 〔적용되는 것이다〕. 그러나 그것을 선물로 주는 사람은 그 모든 것을 준 것이다. 만약 형제들이 〔어떤 상속을〕 나누었다면, 그 농지에 대한 권리를 보유한 사람은 그 안에 있는 모든 것에 대한 권리를 보유한다. 개종자 재산의 소유권을 주장하고 있는 사람은 그 〔개종자〕 농지에 대한 소유권을 주장할 때, 그는 그 안에 있는 모든 것을 주장한다. 농지를 〔성전에〕 헌납한 사람은 그 안에 있는 모든 것을 헌납한 것이다. 랍비 쉼온은 말한다. "〔성전에〕 어떤 농지를 바친 사람은 오직 접붙인 캐럽나무와 열매를 생산하는 돌무화과나무들을 바친 것입니다."

- 농지와 직접적인 관련이 없는 것들은 매매 대상이 아니다.
- 농지의 성전 헌납과 관련된 성경구절은 레위기 27:17이다.

제5장

이 장은 배나 노새가 끄는 화차 등 다양한 부동산 매매와 거래가 취소되는 경우들을 다룬다.

5, 1

הַמּוֹכֵר אֶת הַסְּפִינָה, מָכַר אֶת הַתֹּרֶן וְאֶת הַנֵּס וְאֶת הָעוֹגִין וְאֶת כָּל הַמַּנְהִיגִין אוֹתָהּ, אֲבָל לֹא מָכַר לֹא אֶת הָעֲבָדִים, וְלֹא אֶת הַמַּרְצוּפִין, וְלֹא אֶת הָאַנְתִּיקִי. וּבִזְמַן שֶׁאָמַר לוֹ הִיא וְכָל מַה שֶּׁבְּתוֹכָהּ, הֲרֵי כֻלָּן מְכוּרִין. מָכַר אֶת הַקָּרוֹן, לֹא מָכַר אֶת הַפְּרָדוֹת. מָכַר אֶת הַפְּרָדוֹת, לֹא מָכַר אֶת הַקָּרוֹן. מָכַר אֶת הַצֶּמֶד, לֹא מָכַר אֶת הַבָּקָר. מָכַר אֶת הַבָּקָר, לֹא מָכַר אֶת הַצֶּמֶד. רַבִּי יְהוּדָה אוֹמֵר, הַדָּמִים מוֹדִיעִין. כֵּיצַד, אָמַר לוֹ מְכוֹר לִי צִמְדְּךָ בְּמָאתַיִם זוּז, הַדָּבָר יָדוּעַ שֶׁאֵין הַצֶּמֶד בְּמָאתַיִם זוּז. וַחֲכָמִים אוֹמְרִים, אֵין הַדָּמִים רְאָיָה:

배를 파는 사람은 돛대, 깃발, 닻 그리고 그 배를 조타(操舵)하는 모든 도구들을 판 것이지만, 종이나, 포장된 가방이나, 화물들을 판 것은 아니다. 그러나 〔팔〕 때 "그것과 그 안에 있는 모든 것"이라고 말했다면, 이것들은 모두 팔린 것이다. 마차를 판 사람은 노새들까지 판 것은 아니다. 노새를 판 사람은 마차까지 판 것은 아니다. 멍에를 판 사람은 황소까지 판 것은 아니다. 랍비 예후다는 가격은 〔판매에 포함될 내용을〕 알려준다고 말한다. 어떻게 그러한가? 〔만약 그가〕 그에게 말하기를 "당신의 멍에를 200주즈에 파시오."라고 말했다면 〔멍에〕만이 200주즈에 팔리지 않았다는 것을 말해준다. 그러나 현자들은 가격이 증거는 아니라고 말한다.

- 배에 고정된 시설물들은 매매에 포함되지만, 짐들이나 종들은 포함되지 않는다.

• 노새가 끄는 마차를 매매할 때 노새와 마차는 별개로 거래한다.

5, 2

הַמּוֹכֵר אֶת הַחֲמוֹר, לֹא מָכַר כֵּלָיו. נַחוּם הַמָּדִי אוֹמֵר, מָכַר כֵּלָיו. רַבִּי יְהוּדָה אוֹמֵר, פְּעָמִים מְכוּרִין וּפְעָמִים אֵינָן מְכוּרִין. כֵּיצַד, הָיָה חֲמוֹר לְפָנָיו וְכֵלָיו עָלָיו, וְאָמַר לוֹ מְכוֹר לִי חֲמוֹרְךָ זֶה, הֲרֵי כֵלָיו מְכוּרִין. חֲמוֹרְךָ הוּא, אֵין כֵּלָיו מְכוּרִין:

당나귀를 파는 사람은 그의 도구들까지 판 것은 아니다. 나훔 하마디는 〔나귀와 함께〕 도구들도 판 것이라고 말한다. 랍비 예후다는 말한다. "때에 따라 팔렸다고 볼 수도 있고, 때에 따라 팔리지 않았다고 볼 수도 있습니다." 어떻게 그러한가? 나귀가 그 앞에 있었는데 등에 도구들이 얹혀 있었다. 그가 〔나귀 주인에게〕 "당신의 이 나귀를 나에게 파시오"라고 그에게 말했다면 〔나귀〕의 도구들은 팔린 것이다. 그가 〔나귀 주인에게〕 "당신의 그 나귀를 〔파시오〕"라고 말했다면 그 도구들은 팔리지 않은 것이다.

• 나귀와 안장은 별개로 매매된다. 단, 안장이 있는 상태로 매매할 수도 있다.

5, 3

הַמּוֹכֵר אֶת הַחֲמוֹר, מָכַר אֶת הַסְּיָח. מָכַר אֶת הַפָּרָה, לֹא מָכַר אֶת בְּנָהּ. מָכַר אַשְׁפָּה, מָכַר זִבְלָהּ. מָכַר בּוֹר, מָכַר מֵימָיו. מָכַר כַּוֶּרֶת, מָכַר דְּבוֹרִים. מָכַר שׁוֹבָךְ, מָכַר יוֹנִים. הַלּוֹקֵחַ פֵּרוֹת שׁוֹבָךְ מֵחֲבֵרוֹ, מַפְרִיחַ בְּרֵכָה רִאשׁוֹנָה. פֵּרוֹת כַּוֶּרֶת, נוֹטֵל שְׁלֹשָׁה נְחִילִין וּמְסָרֵס. חַלּוֹת דְּבַשׁ, מַנִּיחַ שְׁתֵּי חַלּוֹת. זֵיתִים לָקֹץ, מַנִּיחַ שְׁתֵּי גְרוֹפִיּוֹת:

〔암〕나귀를 판 사람은 나귀 새끼도 판 것이다. 암소를 판 사람은 송

아지를 판 것은 아니다. 쓰레기 더미를 판 사람은 배설물도 판 것이다. 물탱크를 판 사람은 물도 판 것이다. 벌집을 판 사람은 벌들도 판 것이다. 비둘기장을 판 사람은 비둘기들도 판 것이다. 비둘기장 생산물을 동료로부터 산 사람은 첫 배 새끼들은 날려 보내야 한다. 벌집의 내용물들을 산 사람은 세 떼만 취해야 한다. 그런 다음 대체되는 무리들을 취한다. 벌집을 사는 사람은 두 개의 벌집을 남겨두어야 한다. 가지를 자르려고 올리브나무들을 산 사람은 그는 〔최소한〕 두 개의 순은 남겨두어야 한다.

- 소와 달리 나귀는 우유를 생산하여 사용하지 않기 때문에 암나귀가 새끼를 키워야 한다.
- '비둘기장 생산물'은 비둘기장에서 부화된 새끼들을 의미한다. 비둘기장에 있는 어미들이 새끼들을 찾아 떠나지 않게 첫 번째로 부화한 새끼들은 돌려보내야 한다.

5, 4

הַקּוֹנֶה שְׁנֵי אִילָנוֹת בְּתוֹךְ שְׂדֵה חֲבֵרוֹ, הֲרֵי זֶה לֹא קָנָה קַרְקַע. רַבִּי מֵאִיר אוֹמֵר, קָנָה קַרְקַע. הִגְדִּילוּ, לֹא יְשַׁפֶּה. וְהָעוֹלֶה מִן הַגֶּזַע, שֶׁלּוֹ. וּמִן הַשָּׁרָשִׁים, שֶׁל בַּעַל הַקַּרְקַע. וְאִם מֵתוּ, אֵין לוֹ קַרְקַע. קָנָה שְׁלֹשָׁה, קָנָה קַרְקַע. הִגְדִּילוּ, יְשַׁפֶּה. וְהָעוֹלֶה מִן הַגֶּזַע וּמִן הַשָּׁרָשִׁין, שֶׁלּוֹ. וְאִם מֵתוּ, יֵשׁ לוֹ קַרְקַע:

동료의 들판에 있는 두 그루의 나무를 산 사람은 그 땅까지 산 것은 아니다. 랍비 메이르는 그가 땅까지 산 것이라고 말한다. 〔나무들〕이 자라더라도, 〔나무들〕을 다듬을 수 없다. 나무 둥치로부터 자라는 것은 무엇이든지 그에게 속하지만 뿌리에서 나오는 것은 그 땅 주인의 것이다. 그리고 〔나무들이〕 죽으면, 그 땅은 그의 것이 아니다. 〔만약〕

나무 세 그루를 샀다면 그 땅도 산 것이다. 〔나무들〕이 자라면, 〔나무들〕을 다듬을 수 있다. 그리고 나무 둥치로부터 자라는 것이나 뿌리에서 나오는 것도 그의 것이다. 그리고 〔나무들〕이 죽으면 그 땅은 그의 것이다.

- 세 그루 이상의 나무를 구입한 사람은 땅까지 산 것으로 간주되어 나무가 자라면 다듬을 수 있고, 나무가 죽으면 다른 나무를 심을 수도 있다.

5, 5

הַמּוֹכֵר רֹאשׁ בְּהֵמָה גַסָּה, לֹא מָכַר אֶת הָרַגְלָיִם. מָכַר אֶת הָרַגְלַיִם, לֹא מָכַר אֶת הָרֹאשׁ. מָכַר אֶת הַקָּנֶה, לֹא מָכַר אֶת הַכָּבֵד. מָכַר אֶת הַכָּבֵד, לֹא מָכַר אֶת הַקָּנֶה. אֲבָל בְּדַקָּה, מָכַר אֶת הָרֹאשׁ, מָכַר אֶת הָרַגְלָיִם. מָכַר אֶת הָרַגְלַיִם, לֹא מָכַר אֶת הָרֹאשׁ. מָכַר אֶת הַקָּנֶה, מָכַר אֶת הַכָּבֵד. מָכַר אֶת הַכָּבֵד, לֹא מָכַר אֶת הַקָּנֶה:

〔소와 같은〕 큰 가축의 머리를 파는 사람이 〔그 가축의〕 다리를 판 것은 아니다. 〔가축의〕 다리를 판 사람이 머리를 판 것은 아니다. 〔가축의〕 폐를 판 사람이 간까지 판 것은 아니다. 〔가축의〕 간을 판 사람이 폐까지 판 것은 아니다. 그러나 〔양이나 염소와 같은〕 작은 〔가축의〕 머리를 판 사람은 〔그 가축의〕 다리도 판 것이다. 〔그러나〕 다리를 팔았다면 〔그 가축의〕 머리까지 판 것은 아니다. 〔그 가축의〕 폐를 팔았다면 그는 간까지 판 것이다. 그가 간을 팔았다면 그는 폐까지 판 것은 아니다.

- 큰 가축의 부위들은 부분별로 판매할 가치가 있는 반면 작은 가축들은 같이 묶어 판매하는 부위들도 있다.

5, 6

אַרְבַּע מִדּוֹת בַּמּוֹכְרִין. מָכַר לוֹ חִטִּים יָפוֹת וְנִמְצְאוּ רָעוֹת, הַלּוֹקֵחַ יָכוֹל לַחֲזֹר בּוֹ. רָעוֹת וְנִמְצְאוּ יָפוֹת, מוֹכֵר יָכוֹל לַחֲזֹר בּוֹ. רָעוֹת וְנִמְצְאוּ רָעוֹת, יָפוֹת וְנִמְצְאוּ יָפוֹת, אֵין אֶחָד מֵהֶם יָכוֹל לַחֲזֹר בּוֹ. שְׁחַמְתִּית וְנִמְצֵאת לְבָנָה, לְבָנָה וְנִמְצֵאת שְׁחַמְתִּית, עֵצִים שֶׁל זַיִת וְנִמְצְאוּ שֶׁל שִׁקְמָה, שֶׁל שִׁקְמָה וְנִמְצְאוּ שֶׁל זַיִת, יַיִן וְנִמְצָא חֹמֶץ, חֹמֶץ וְנִמְצָא יַיִן, שְׁנֵיהֶם יְכוֹלִין לַחֲזֹר בָּהֶן:

판매자들에게 적용되는 네 가지 〔기본〕 규칙들이다. 좋은 밀이라고 팔았는데 나쁜 밀로 판명되면 구매자는 그 〔매매〕를 철회할 수 있다. 그가 나쁜 밀이라고 판매했는데 〔그것이〕 좋은 밀로 판명되면 그 판매자는 그 〔매매〕를 철회할 수 있다. 나쁜 밀이라고 판매했는데 〔그것이〕 나쁜 밀로 판명되거나, 좋은 밀이라고 판매했는데 〔그것이〕 좋은 밀로 판명되면 그 어느 쪽도 그 〔매매〕를 철회할 수 없다. 어두운 색깔의 밀이라고 판매했는데 흰색인 것으로 판명되거나, 흰색인 것으로 판매했는데 어두운 색으로 판명되는 경우, 올리브나무로 판매했는데 돌무화과나무로 판명되거나 돌무화과나무로 판매했는데 올리브나무로 판명된 경우, 포도주로 판매했는데 식초로 판명되거나 식초로 판매했는데 포도주로 판명되었을 경우 양측 모두 〔그 매매를〕 철회할 수 있다.

- 좋은 품질인 줄 알고 매매했는데 나쁜 것으로 밝혀지면 구매자가 거래를 취소할 수 있고 반대로 나쁜 품질로 알고 매매했는데 좋은 품질인 경우에는 판매자가 취소할 수 있다.
- 다른 내용물을 매매했을 경우에도 거래를 취소할 수 있다.

5, 7

הַמּוֹכֵר פֵּרוֹת לַחֲבֵרוֹ, מָשַׁךְ וְלֹא מָדַד, קָנָה. מָדַד וְלֹא מָשַׁךְ, לֹא קָנָה. אִם הָיָה פִקֵּחַ, שׂוֹכֵר אֶת מְקוֹמָן. הַלּוֹקֵחַ פִּשְׁתָּן מֵחֲבֵרוֹ, הֲרֵי זֶה לֹא קָנָה עַד שֶׁיְּטַלְטְלֶנּוּ מִמָּקוֹם לְמָקוֹם. וְאִם הָיָה בִמְחֻבָּר לַקַּרְקַע וְתָלַשׁ כָּל שֶׁהוּא, קָנָה:

어떤 사람이 동료에게 생산물을 팔았는데, [구매자가 물건을] 가져왔으면 [아직] 계량하지 않았어도 [그 생산물을] 구입한 것이다. [생산물을] 계량했는데 [구매자가 아직] 가져가지 않았다면 [그 생산물을] 구입한 것이 아니다. 만약 [구매자]가 현명했다면 [그 물품이 있는] 장소를 임대했을 것이다. 어떤 사람이 아마를 동료로부터 살 때, [아마]가 [동료]의 장소에서 [자신의] 장소로 옮겨질 때까지 [아마]를 구입한 것이 아니다. 그리고 만약 [아마]가 땅에 붙어 있었다면, 그가 뽑은 만큼 구입한 것이다.

- 유대 관습에서 기본적으로 물건이 이동해야 거래가 성사된 것으로 간주된다.

5, 8

הַמּוֹכֵר יַיִן וָשֶׁמֶן לַחֲבֵרוֹ וְהוּקְרוּ אוֹ שֶׁהוּזְלוּ, אִם עַד שֶׁלֹּא נִתְמַלְּאָה הַמִּדָּה, לַמּוֹכֵר. מִשֶּׁנִּתְמַלְּאָה הַמִּדָּה, לַלּוֹקֵחַ. וְאִם הָיָה סַרְסוּר בֵּינֵיהֶן, נִשְׁבְּרָה הֶחָבִית, נִשְׁבְּרָה לַסַּרְסוּר. וְחַיָּב לְהַטִּיף לוֹ שָׁלֹשׁ טִפִּין. הִרְכִּינָהּ וּמִצָּה, הֲרֵי הוּא שֶׁל מוֹכֵר. וְהַחֶנְוָנִי אֵינוֹ חַיָּב לְהַטִּיף שָׁלֹשׁ טִפִּין. רַבִּי יְהוּדָה אוֹמֵר, עֶרֶב שַׁבָּת עִם חֲשֵׁכָה, פָּטוּר:

어떤 사람이 포도주와 기름을 그의 동료에게 팔 때, 가격이 오르거나 내렸는데, 만약 그 계량 장치에 [물건이] 채워지기 전에 [가격이 바뀌었다면], [그 물건은] 판매자의 것이다. [물건이] 계량 장치에 채워진 후에는 구매자의 것이다. 그리고 만약 그들 간에 중개인이 있었는데 〔물건을 담은〕 통이 부서졌다면 중개인의 책임이다. 그리고 〔포도주 또는 기름〕 판매자는 〔구매자〕에게 세 방울을 더 주어야 한다. 그런 다음 계량 장치를 뒤집어서 비웠다면, 남는 것은 판매자의 것이다. 그리고 상점 주인에게는 세 방울을 더 주지 않아도 된다. 랍비 예후다는 말한다. "안식일이 시작되는 저녁, 어두워지면 〔그 상점 주인은〕 책임이 없습니다."

- 계량이 끝나기 전에 가격이 올랐다면, 판매자는 더 높은 가격을 구매자에게 요구할 수 있다.

5, 9

הַשּׁוֹלֵחַ אֶת בְּנוֹ אֵצֶל חֶנְוָנִי וּפֻנְדְּיוֹן בְּיָדוֹ, וּמָדַד לוֹ בְּאִסָּר שֶׁמֶן וְנָתַן לוֹ אֶת הָאִסָּר, שָׁבַר אֶת הַצְּלוֹחִית וְאִבֵּד אֶת הָאִסָּר, חֶנְוָנִי חַיָּב. רַבִּי יְהוּדָה פוֹטֵר, שֶׁעַל מְנָת כֵּן שְׁלָחוֹ. וּמוֹדִים חֲכָמִים לְרַבִּי יְהוּדָה בִּזְמַן שֶׁהַצְּלוֹחִית בְּיַד הַתִּינוֹק וּמָדַד חֶנְוָנִי לְתוֹכָהּ, חֶנְוָנִי פָּטוּר:

어떤 사람이 그의 아이에게 1푼디온[2]을 주어 상점 주인에게 보냈다. 그리고 상점 주인은 1이싸르어치의 기름을 측정하여 주고 잔돈으로 1이싸르를 주었다. 그런데 그 아이는 〔기름이 든〕 병을 깨뜨리고 1이싸르도 잃어버렸다면 그 상점 주인에게 책임이 있다. 랍비 예후다는 〔상점 주인〕을 면제해주었다. 〔그 아버지가〕 이렇게 보냈기 때문이다. 그리고 현자들은 그 아이가 손에 병을 들고 왔고, 〔상점 주인이 기름〕을 계량해준 경우에는 랍비 예후다에 동의하여, 그 상점 주인은 책임이 없다는 것이다.

2) 1푼디온은 2이싸르의 가치가 있는 화폐(동전) 단위다. 그 아이는 1이싸르어치의 기름을 사고 1이싸르를 잔돈으로 가져와야 했다(블랙먼).

- 아이가 심부름을 왔을 때에 상점 주인은 물건이 안전하게 배달되는 방법을 간구해야 한다.
- 랍비 예후다는 아이 아버지가 여기까지 감안해서 보낸 것이므로 상점 주인에게 책임이 없다고 주장한다. 하지만 현자들은 아버지가 아이 손에 병을 들려 보낸 경우에만 상점 주인의 책임이 면해진다고 말한다.

5, 10

הַסִּיטוֹן מְקַנֵּחַ מִדּוֹתָיו אַחַת לִשְׁלֹשִׁים יוֹם, וּבַעַל הַבַּיִת אַחַת לִשְׁנֵים עָשָׂר חֹדֶשׁ. רַבָּן שִׁמְעוֹן בֶּן גַּמְלִיאֵל אוֹמֵר, חִלּוּף הַדְּבָרִים. חֶנְוָנִי מְקַנֵּחַ מִדּוֹתָיו פַּעֲמַיִם בַּשַּׁבָּת, וּמְמַחֶה מִשְׁקְלוֹתָיו פַּעַם אַחַת בַּשַּׁבָּת, וּמְקַנֵּחַ מֹאזְנַיִם עַל כָּל מִשְׁקָל וּמִשְׁקָל:

도매업자는 매 30일마다 한 번 도량형 기구들을 닦아야 하고, 집주인은 12개월마다 한 번씩 집을 청소해야 한다. 라반 쉼온 벤 감리엘은 "그것과 반대입니다"라고 말한다. 상점 주인은 일주일에 두 번 도량형 기구들을 닦아야 하고, 일주일에 한 번 저울들을 청소해야 한다. 그리고 저울의 모든 추들을 일일이 닦아야 한다.

- 도량형에 이물질이 묻어 있으면, 계량할 때 오차가 생겨 소비자를 속일 수 있으므로 정기적으로 청소해주어야 한다.

5, 11

אָמַר רַבָּן שִׁמְעוֹן בֶּן גַּמְלִיאֵל, בַּמֶּה דְבָרִים אֲמוּרִים, בַּלַּח. אֲבָל בַּיָּבֵשׁ, אֵינוֹ צָרִיךְ. וְחַיָּב לְהַכְרִיעַ לוֹ טֶפַח. הָיָה שׁוֹקֵל לוֹ עַיִן בְּעַיִן, נוֹתֵן לוֹ גֵרוּמָיו, אֶחָד לַעֲשָׂרָה בַּלַּח וְאֶחָד לְעֶשְׂרִים בַּיָּבֵשׁ. מְקוֹם שֶׁנָּהֲגוּ לָמֹד בַּדַּקָּה, לֹא יָמֹד בַּגַּסָּה. בַּגַּסָּה, לֹא יָמֹד בַּדַּקָּה. לִמְחֹק, לֹא יִגְדֹּשׁ. לִגְדֹּשׁ, לֹא יִמְחֹק:

라반 쉼온 벤 감리엘은 말했다. "이 〔법〕들은 무엇에 적용되는가? 액체를 〔측정하는 기구에 적용된다〕. 그러나 건조한 〔물질을 측정할 때는〕 필요하지 않습니다." 그리고 그는 〔구매자에게 유리하도록 천칭 접시를〕 1테팍 내려야 한다. 〔그렇지 않고〕 정확하게 계량했다면 〔구매자〕에게 더 얹어주어야 한다. 액체 물품은 1/10, 건조한 물품은 1/20을 더 얹어주어야 한다. 작은 용기로 계량하는 곳에서는 큰 용기로 측정해서는 안 된다. 큰 용기로 측정하는 곳에서는 작은 용기로 측정해서는 안 된다. 〔넘치는 것을〕 깎는 〔관습이 있는〕 곳에서는 넘치게 해서는 안 된다. 넘치게 주는 〔곳에서는〕, 〔넘치는 것을〕 깎아서는 안 된다.

- 당시에도 구매자가 유리하게 계량해주는 관습들이 있었다. 구매자가 유리하게 저울추를 담은 접시보다 한 손바닥(1테팍)만큼 더 내리는 것이 대표적이다. 그렇지 않고 정확하게 계량했다면 덤으로 더 주어야 한다.
- 계량하는 기구의 크기와 넘치는 것을 깎는지 아닌지 여부는 그 지역의 관습을 따르게 된다.

제6장

이 장에서는 품질이 낮은 상품이나 용도가 다른 상품을 판매한 경우들을 다룬다.

6, 1

הַמּוֹכֵר פֵּרוֹת לַחֲבֵרוֹ וְלֹא צִמְּחוּ, וַאֲפִלּוּ זֶרַע פִּשְׁתָּן, אֵינוֹ חַיָּב בְּאַחֲרָיוּתָן.
רַבָּן שִׁמְעוֹן בֶּן גַּמְלִיאֵל אוֹמֵר, זֵרְעוֹנֵי גִנָּה שֶׁאֵינָן נֶאֱכָלִין, חַיָּב בְּאַחֲרָיוּתָן:

어떤 사람이 농산물을 동료에게 팔았는데 싹이 나지 않았다면, 심지어 그 씨앗이 아마씨였다면, 그는 〔손실에〕 책임지지 않아도 된다. 라반 쉼온 벤 감리엘은 말한다. “그것이 먹을 수 없는 정원용 씨앗이었다면 배상해야 합니다.”

- 아마씨는 일반적으로 식용이기 때문에 종자용이라고 특정하지 않은 경우 싹이 나지 않았어도 책임이 없다.
- 그러나 먹을 수 없는 정원용 씨앗이었다면 그 판매자는 판매대금 전액을 돌려줘야 한다.

6, 2

הַמּוֹכֵר פֵּרוֹת לַחֲבֵרוֹ, הֲרֵי זֶה מְקַבֵּל עָלָיו רֹבַע טִנֹּפֶת לִסְאָה. תְּאֵנִים,
מְקַבֵּל עָלָיו עֶשֶׂר מְתֻלָּעוֹת לְמֵאָה. מַרְתֵּף שֶׁל יַיִן, מְקַבֵּל עָלָיו עֶשֶׂר קוֹסְסוֹת
לְמֵאָה. קַנְקַנִּים בַּשָּׁרוֹן, מְקַבֵּל עָלָיו עֶשֶׂר פִּיטַסְיָאוֹת לְמֵאָה:

어떤 사람이 농산물을 동료에게 팔았는데 1쎄아당 1/4〔카브의〕 불순물이 있다는 것을 받아들여야 한다. 무화과 열매는 무화과 100개당 10개는 벌레가 있다는 것을 받아들여야 한다. 하나의 포도주 저장고에는 100배럴의 포도주 중 10배럴은 변질될 수 있다는 것을 받아들인다. 샤론의 항아리들은 100개당 완전히 건조되지 않은 것이 10개가 있다는 것을 받아들여야 한다.

- 대량으로 생산물을 구매했을 때에 대략 5퍼센트 정도의 불순물이 있다는 것은 구매자가 인정해야 한다(배상을 받지 못한다). 일부 제품

은 10퍼센트 정도 품질 이하의 상품이 있다.

6, 3

הַמּוֹכֵר יַיִן לַחֲבֵרוֹ וְהֶחְמִיץ, אֵינוֹ חַיָּב בְּאַחֲרָיוּתוֹ. וְאִם יָדוּעַ שֶׁיֵּינוֹ מַחְמִיץ,
הֲרֵי זֶה מִקַּח טָעוּת. וְאִם אָמַר לוֹ יַיִן מְבֻשָּׂם אֲנִי מוֹכֵר לְךָ, חַיָּב לְהַעֲמִיד לוֹ
עַד הָעֲצֶרֶת. וְיָשָׁן, מִשֶּׁל אֶשְׁתָּקַד. וּמְיֻשָּׁן, מִשֶּׁל שָׁלשׁ שָׁנִים:

어떤 사람이 동료에게 포도주를 팔았는데 〔포도주가〕 시어졌다면 그는 〔손실에〕 책임지지 않아도 된다. 그러나 만약 그의 포도주가 〔늘〕 시어진다는 것이 알려져 있다면 이것은 잘못된 거래다. 그리고 만약 〔판매자〕가 〔구매자〕에게 "내가 당신에게 팔고 있는 이 포도주는 향료 포도주입니다"라고 말했다면 그는 칠칠절까지 〔품질이〕 유지되어야 한다. 그리고 "오래된 포도주입니다"라고 말했다면 〔그 포도주는〕 작년산이어야 하고, "오래된 고급 포도주입니다"라고 말했다면 〔그 포도주는〕 3년산 포도주여야 한다.

- 포도주는 시어질 수 있기 때문에 일반적인 거래에서는 배상의 책임이 없다. 하지만 판매자가 자신의 포도주가 늘 시어지는 특징이 있다는 것을 알았는데도 불구하고 그가 구매자에게 이 사실을 알리지 않았다면 속임수를 쓴 게 되므로 배상의 책임이 있다(블랙먼).
- '오래된 포도주', '오래된 고급(vintage) 포도주' 등은 당시에 통용된 특정 유형의 포도주를 가리키고 그 연도도 규정되어 있다.

6, 4

הַמּוֹכֵר מָקוֹם לַחֲבֵרוֹ לִבְנוֹת לוֹ בַיִת, וְכֵן הַמְקַבֵּל מֵחֲבֵרוֹ לִבְנוֹת לוֹ בֵית
חַתְנוּת לִבְנוֹ וּבֵית אַלְמְנוּת לְבִתּוֹ, בּוֹנֶה אַרְבַּע אַמּוֹת עַל שֵׁשׁ, דִּבְרֵי רַבִּי
עֲקִיבָא. רַבִּי יִשְׁמָעֵאל אוֹמֵר, רֶפֶת בָּקָר הוּא זֶה. הָרוֹצֶה לַעֲשׂוֹת רֶפֶת בָּקָר,

בּוֹנֶה אַרְבַּע אַמּוֹת עַל שֵׁשׁ. בַּיִת קָטָן, שֵׁשׁ עַל שְׁמֹנֶה. גָּדוֹל, שְׁמֹנֶה עַל עֶשֶׂר. טְרַקְלִין, עֶשֶׂר עַל עֶשֶׂר. רוּמוֹ כַּחֲצִי אָרְכּוֹ וְכַחֲצִי רָחְבּוֹ. רְאָיָה לַדָּבָר, הֵיכָל. רַבָּן שִׁמְעוֹן בֶּן גַּמְלִיאֵל אוֹמֵר, הַכֹּל כְּבִנְיַן הֵיכָל:

어떤 사람이 동료에게 집을 지을 장소를 팔았고, 〔그 동료〕가 아들을 위해 신혼집을 짓고 딸을 위해 과붓집을 지으려고 〔그 장소〕를 샀다면, 4아마에 6〔아마 크기의〕 집을 짓는다. 이는 랍비 아키바의 말이다. 랍비 이쉬마엘은 "이것은 황소 외양간입니다"라고 말한다. 황소 외양간을 지으려는 사람은 4아마에 6〔아마로〕 짓는다. 작은 집은 6〔아마에〕 8〔아마로〕 짓는다. 큰 〔집〕은 8〔아마에〕 10〔아마로〕 짓는다. 식당은 10〔아마에〕 10〔아마로 짓는다〕. 높이는 길이의 절반에, 폭의 절반〔의 합〕이다. 라반 쉼온 벤 감리엘은 말한다. "모든 것의 〔비율〕은 성전 건축과 같습니다."

- 사위가 죽어서 과부가 된 딸은 친정으로 돌아가 살게 되며 딸이 거주할 집을 부모 집에 연결해서 짓는다(야드 아브라함). 그리고 용도에 따라 집의 크기가 대략 정해져 있다.
- 그런데 열왕기상 6:2에 따르면, 성전은 길이가 60아마, 너비가 20아마, 그리고 높이가 30아마다. 그래서 학자들은 랍비들이 성전 길이를 지성소 20아마를 제외한 40아마로 보고 있다고 설명한다(왕상 6:16-17).

6, 5

מִי שֶׁיֵּשׁ לוֹ בוֹר לִפְנִים מִבֵּיתוֹ שֶׁל חֲבֵרוֹ, נִכְנָס בְּשָׁעָה שֶׁדֶּרֶךְ בְּנֵי אָדָם נִכְנָסִין וְיוֹצֵא בְּשָׁעָה שֶׁדֶּרֶךְ בְּנֵי אָדָם יוֹצְאִין, וְאֵינוֹ מַכְנִיס בְּהֶמְתּוֹ וּמַשְׁקָהּ מִבּוֹרוֹ, אֶלָּא מְמַלֵּא וּמַשְׁקָהּ מִבַּחוּץ, וְזֶה עוֹשֶׂה לוֹ פוֹתַחַת וְזֶה עוֹשֶׂה לוֹ פוֹתָחַת:

동료의 집 안쪽에 자신의 저수조가 있는 사람은 〔다른〕 사람들이 들어가는 시간에 〔그 집 안쪽으로〕 들어갈 수 있으며, 〔다른〕 사람들이 나갈 때 나갈 수 있다. 그러나 그는 자기 가축을 들여다가 그의 우물에서 〔물을〕 마시게 할 수 없다. 다만 그는 〔물통에 물을〕 채워서 〔가지고 나와〕 밖에서 〔물을〕 마시게 해야 한다. 그리고 〔집을 가진〕 그 사람이나, 〔우물을 가진〕 사람이나 〔모두〕 자신을 위해 자물쇠를 〔만들어〕 사용해야 한다.

- 다른 사람의 사유지를 통과해서 자신의 물 저장고에 갈 수 있는 사람은 다른 사람들이 물을 길어 나르는 시간대에 사용할 수 있다. 자신의 가축을 직접 데리고 들어갈 수는 없고, 다만 물을 길어서 먹일 수는 있다.

6, 6

מִי שֶׁיֵּשׁ לוֹ גִנָּה לִפְנִים מִגִּנָּתוֹ שֶׁל חֲבֵרוֹ, נִכְנָס בְּשָׁעָה שֶׁדֶּרֶךְ בְּנֵי אָדָם נִכְנָסִים וְיוֹצֵא בְּשָׁעָה שֶׁדֶּרֶךְ בְּנֵי אָדָם יוֹצְאִין, וְאֵינוֹ מַכְנִיס לְתוֹכָהּ תַּגָּרִין, וְלֹא יִכָּנֵס מִתּוֹכָהּ לְתוֹךְ שָׂדֶה אַחֶרֶת, וְהַחִיצוֹן זוֹרֵעַ אֶת הַדָּרֶךְ. נָתְנוּ לוֹ דֶרֶךְ מִן הַצַּד מִדַּעַת שְׁנֵיהֶם, נִכְנָס בְּשָׁעָה שֶׁהוּא רוֹצֶה וְיוֹצֵא בְּשָׁעָה שֶׁהוּא רוֹצֶה, וּמַכְנִיס לְתוֹכָהּ תַּגָּרִין, וְלֹא יִכָּנֵס מִתּוֹכָהּ לְתוֹךְ שָׂדֶה אַחֶרֶת, וְזֶה וָזֶה אֵינָם רַשָּׁאִים לְזָרְעָהּ:

동료의 정원 안쪽에 자신의 정원이 있는 사람은 〔다른〕 사람들이 들어가는 시간에 〔그 정원을 지나〕 들어갈 수 있으며, 〔다른〕 사람들이 나갈 때 나갈 수 있다. 그리고 그는 상인들을 데리고 그곳으로 들어갈 수 없으며, 자신의 정원에서 다른 사람의 정원으로 들어갈 수 없다. 그리고 외부 정원의 〔소유자는〕 길에 씨를 뿌릴 수 있다. 양측이 합의한다면 그는 그가 원하는 때에 들어가고 그가 원하는 때에 나올 수 있다. 그리고 그는 상인들도 그 안에 들여보낼 수 있으나 그의 정

원에서 다른 사람의 정원으로 들어갈 수는 없다. 그러나 그들 모두 길에 씨를 뿌릴 권리는 없다.

- 다른 사람의 정원을 지나 자신의 정원이 있는 사람도 앞 미쉬나에 적용된 원리가 동일하게 적용된다.

6, 7

מִי שֶׁהָיְתָה דֶרֶךְ הָרַבִּים עוֹבֶרֶת בְּתוֹךְ שָׂדֵהוּ, נְטָלָהּ וְנָתַן לָהֶם מִן הַצַּד, מַה שֶּׁנָּתַן נָתַן, וְשֶׁלּוֹ לֹא הִגִּיעוֹ. דֶּרֶךְ הַיָּחִיד, אַרְבַּע אַמּוֹת. דֶּרֶךְ הָרַבִּים, שֵׁשׁ עֶשְׂרֵה אַמָּה. דֶּרֶךְ הַמֶּלֶךְ, אֵין לָהּ שִׁעוּר. דֶּרֶךְ הַקֶּבֶר, אֵין לָהּ שִׁעוּר. הַמַּעֲמָד, דַּיָּנֵי צִפּוֹרִי אָמְרוּ, בֵּית אַרְבַּעַת קַבִּין:

공공 도로가 통과하는 농지를 소유하는 사람이 그들에게 그 농지의 한쪽을 취하여 〔기존 도로를 대체하는 도로로〕 주었다면 그가 준 것은 준 것이고, 지금 그의 사유지는 그의 것이 아니다. 개인 도로의 너비는 4아마고, 공공 도로의 너비는 16아마다. 왕의 대로는 정해진 크기가 없다. 묘지에 이르는 길도 정해진 크기가 없다. 〔유족들을 위로하기 위해〕 기립하는 〔공간에 대하여〕 찌포리의 재판관들은 4카브의 집이라고 말했다.

- 어떤 사람이 공공 도로가 통과하는 토지를 보유하고 있었다. 그 공공 도로는 본래 공유지였거나 아니면 그 토지 주인이 공공 도로 건설을 위해서 기부한 것일 수 있다. 이 토지 주인이 기존 공공 도로를 대체할 수 있는 다른 토지를 주었다면, 본래 그의 토지를 통과하는 공공 도로는 그대로 공유지로 유지되고, 그가 공공 도로로 준 토지 역시 공유지가 된다. 이 당시에도 이미 사유지를 통과하는 공공 도로는 비록 개인의 사유지라도 공공 대중이 그 토지를 통행할 수 있

는 권리가 있었다(야드 아브라함).

- 도로의 규모를 특정하지 않은 채 본인의 토지를 통과하는 통행권을 다른 사람에게 매도했다면 최소한 마차가 다닐 수 있는 넓이인 4아마가 되어야 한다(야드 아브라함).

6, 8

הַמּוֹכֵר מָקוֹם לַחֲבֵרוֹ לַעֲשׂוֹת לוֹ קֶבֶר, וְכֵן הַמְקַבֵּל מֵחֲבֵרוֹ לַעֲשׂוֹת לוֹ קֶבֶר, עוֹשֶׂה תוֹכָהּ שֶׁל מְעָרָה אַרְבַּע אַמּוֹת עַל שֵׁשׁ, וּפוֹתֵחַ לְתוֹכָהּ שְׁמֹנָה כוּכִין, שְׁלֹשָׁה מִכָּאן וּשְׁלֹשָׁה מִכָּאן וּשְׁנַיִם מִכְּנֶגְדָּן, וְכוּכִין אָרְכָּן אַרְבַּע אַמּוֹת וְרוּמָן שִׁבְעָה וְרָחְבָּן שִׁשָּׁה. רַבִּי שִׁמְעוֹן אוֹמֵר, עוֹשֶׂה תוֹכָהּ שֶׁל מְעָרָה שֵׁשׁ אַמּוֹת עַל שְׁמֹנֶה, וּפוֹתֵחַ לְתוֹכָהּ שְׁלֹשָׁה עָשָׂר כּוּךְ, אַרְבָּעָה מִכָּאן וְאַרְבָּעָה מִכָּאן וּשְׁלֹשָׁה מִכְּנֶגְדָּן וְאֶחָד מִימִין הַפֶּתַח וְאֶחָד מִן הַשְּׂמֹאל. וְעוֹשֶׂה חָצֵר עַל פִּי הַמְּעָרָה שֵׁשׁ עַל שֵׁשׁ, כִּמְלֹא הַמִּטָּה וְקוֹבְרֶיהָ, וּפוֹתֵחַ לְתוֹכָהּ שְׁתֵּי מְעָרוֹת, אַחַת מִכָּאן וְאַחַת מִכָּאן. רַבִּי שִׁמְעוֹן אוֹמֵר, אַרְבַּע, לְאַרְבַּע רוּחוֹתֶיהָ. רַבָּן שִׁמְעוֹן בֶּן גַּמְלִיאֵל אוֹמֵר, הַכֹּל לְפִי הַסָּלַע:

어떤 사람이 동료에게 무덤을 지을 장소를 팔았고, 그의 〔동료〕가 무덤을 만들기 위해 동료로부터 〔토지를〕 받았으면, 동굴 안에 4아마에 6〔아마 크기의〕 무덤을 만들고, 그 안에 여덟 개의 안치실을 뚫는다. 한쪽 면에 세 개, 다른 쪽 면에 세 개, 〔출입구〕 반대쪽에 두 개다. 그리고 그 동굴들의 길이는 4아마, 높이는 7〔아마〕, 그리고 넓이는 6〔아마〕이다. 랍비 쉼온은 동굴 안에 6아마에 8〔아마 크기의〕 무덤을 만들고, 그 안에 열세 개의 안치실을 뚫는다고 말한다. 한쪽 면에 네 개, 다른 쪽 면에 네 개, 〔출입구〕 반대쪽에 세 개다. 출입구로부터 오른쪽에 하나, 왼쪽에 하나를 뚫는다. 그리고 동굴 앞면을 가로지르는, 관 하나와 그것을 매장할 수 있는 규모와 비슷한, 6〔아마〕에 6〔아마〕인 공간을 만들고, 그 안으로 두 개의 동굴을, 하나는 이쪽으로부터 그리고 또 하나는 다른 쪽으로부터 개방한다. 랍비 쉼온은 네 방향

으로 각각 네 개를 만든다고 말한다. 라반 쉼온 벤 감리엘은 모든 것은 바위 〔모습과 규모〕에 따른다고 말한다.

- 이 미쉬나는 지하 동굴무덤(카타콤)의 기준과 구조를 설정한다. 어떤 사람이 규모를 특정함이 없이 지하 동굴무덤을 파기로 계약한다면 이 규칙을 따른다(야드 아브라함).
- 다음은 지하 동굴무덤의 평면도다.

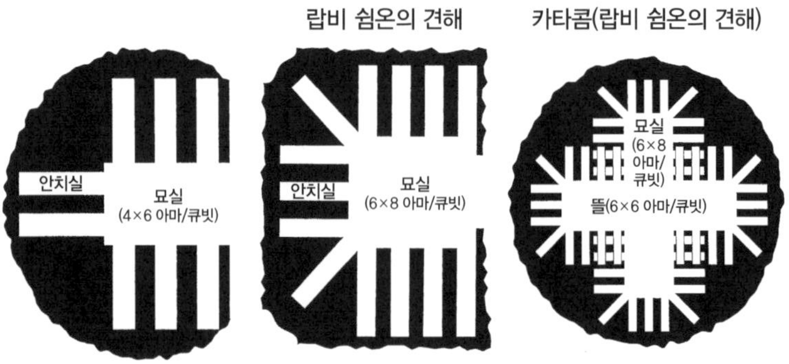

Yad Avraham, Seder Nezikin Bava Basra, 2004, pp. 186-190.

제7장

제5장에 이어 다시 부동산에 관하여 다루는데, 토지 측량의 문제를 규정한다.

7, 1

הָאוֹמֵר לַחֲבֵרוֹ, בֵּית כּוֹר עָפָר אֲנִי מוֹכֵר לָךְ, הָיוּ שָׁם נְקָעִים עֲמֻקִּים עֲשָׂרָה טְפָחִים אוֹ סְלָעִים גְּבוֹהִים עֲשָׂרָה טְפָחִים, אֵינָן נִמְדָּדִין עִמָּהּ. פָּחוֹת מִכָּאן, נִמְדָּדִין עִמָּהּ. וְאִם אָמַר לוֹ כְּבֵית כּוֹר עָפָר, אֲפִלּוּ הָיוּ שָׁם נְקָעִים עֲמֻקִּים

יוֹתֵר מֵעֲשָׂרָה טְפָחִים אוֹ סְלָעִים גְּבוֹהִין יוֹתֵר מֵעֲשָׂרָה טְפָחִים, הֲרֵי אֵלּוּ נִמְדָּדִין עִמָּהּ:

〔만약〕 어떤 사람이 그의 동료에게 "나는 당신에게 1코르 면적의 땅을 매도합니다"라고 말한다면 그 토지 안에 있는 10테팍 깊이의 균열이나, 10테팍 높이의 바위는 〔토지 면적〕 측량에 포함되지 않은 것이다. 그러나 〔균열이나 바위가〕 이보다 적다면 그것들은 포함된다. 그리고 만약 〔매도자〕가 〔구매자〕에게 "대략 1코르 면적의 땅입니다" 라고 말했다면 비록 10테팍 깊이의 균열이나, 10테팍 높이의 바위가 있었을지라도 그것들은 〔토지 면적〕 측량에 포함된 것이다.

- 매도한 땅에 10테팍 깊이의 균열이 있거나 10테팍 높이의 바위가 있다면 매매계약 시 약정한 토지의 내용과는 큰 차이가 나기 때문에 구매자가 수용할 수 없는 물건으로 평가한다.

7, 2

בֵּית כּוֹר עָפָר אֲנִי מוֹכֵר לְךָ מִדָּה בַחֶבֶל, פִּחֵת כָּל שֶׁהוּא, יְנַכֶּה. הוֹתִיר כָּל שֶׁהוּא, יַחֲזִיר. אִם אָמַר, הֵן חָסֵר הֵן יָתֵר, אֲפִלּוּ פִחֵת רֹבַע לַסְּאָה אוֹ הוֹתִיר רֹבַע לַסְּאָה, הִגִּיעוֹ. יוֹתֵר מִכָּאן, יַעֲשֶׂה חֶשְׁבּוֹן. מַה הוּא מַחֲזִיר לוֹ, מָעוֹת. וְאִם רָצָה, מַחֲזִיר לוֹ קַרְקַע. וְלָמָּה אָמְרוּ מַחֲזִיר לוֹ מָעוֹת, לְיַפּוֹת כֹּחוֹ שֶׁל מוֹכֵר, שֶׁאִם שִׁיֵּר בַּשָּׂדֶה בֵּית תִּשְׁעָה קַבִּין וּבַגִּנָּה בֵּית חֲצִי קַב, וּכְדִבְרֵי רַבִּי עֲקִיבָא בֵּית רֹבַע, מַחֲזִיר לוֹ אֶת הַקַּרְקַע. וְלֹא אֶת הָרֹבַע בִּלְבַד הוּא מַחֲזִיר, אֶלָּא אֶת כָּל הַמּוֹתָר:

〔만약 그가〕 "나는 당신에게 줄〔자〕로 측량한 1코르 면적의 땅을 매도합니다"〔라고 말했는데〕, 〔매도자〕가 약간이라도 더 적게 주었다면, 〔구매자〕는 〔그 매매 대금에서〕 공제할 것이다. 그리고 〔매도자〕가 조금이라도 더 주었다면, 〔구매자〕는 돌려주어야 한다. 그러나 만약 그가 "더 부족하거나 더 남거나"라고 말했다면 비록 1쎄아의 공간

당 1/4카브의 공간을 그 구매자에게 더 주었을지라도 이것은 그의 것이 된다. 〔만약 그 오류가〕 이것보다 더 많다면 계산을 해야 한다. 그 〔구매자〕는 그 〔매도자〕에게 무엇으로 돌려주어야 하는가? 현금이다. 그러나 만약 그 〔매도자〕가 〔땅을〕 원했다면 그는 그에게 그 땅으로 돌려주어야 한다. 그러면 왜 〔랍비들은〕 현금으로 돌려줄 수 있다고 말했는가? 그 매도자의 권위를 강화하기 위한 것이었다. 왜냐하면 만약 1코르 넓이의 토지에는 9카브의 공간이 그에게 아직 남아 있거나 어떤 정원에 1/2카브의 공간이 있었다면 그 구매자는 그에게 그 땅을 돌려주어야 한다. 〔반면〕 랍비 아키바는 1/4의 공간이 〔있을 경우에 땅으로 돌려주어야 한다고 주장한다〕. 그리고 1/4카브의 공간을 돌려주어야 할 뿐만 아니라, 모든 초과분도 〔돌려주어야 한다〕.

- 당시 측량 기술의 한계로 종종 오류가 발생하게 되는데, 받은 토지 면적이 더 넓었다면, 구매자는 그만큼 토지나 돈으로 돌려주어야 한다.

7, 3

מִדָּה בַחֶבֶל אֲנִי מוֹכֵר לְךָ הֵן חָסֵר הֵן יָתֵר, בִּטֵּל הֵן חָסֵר הֵן יָתֵר מִדָּה בַחֶבֶל.
הֵן חָסֵר הֵן יָתֵר מִדָּה בַחֶבֶל, בִּטֵּל מִדָּה בַחֶבֶל הֵן חָסֵר הֵן יָתֵר, דִּבְרֵי בֶן
נַנָּס. בְּסִימָנָיו וּבִמְצָרָיו, פָּחוֹת מִשְּׁתוּת, הִגִּיעוֹ. עַד שְׁתוּת, יְנַכֶּה:

〔만약 그가〕 "나는 당신에게 줄〔자〕로 측량한 〔토지를〕 부족하든지 초과하든지 간에 당신에게 매도할 것입니다"라고 〔말했다면〕, "부족하든지 초과하든지 간에"라는 〔조건은〕 "줄로 측정하여 그것이 부족하든지 남든지 간에"라는 〔조건을〕 무효로 만든다. 이는 벤 나나스의 말이다. 〔만약 그가〕 "그 토지의 표지와 그 구역에 따라 〔나는 당신에게 토지를 매도할 것입니다〕"라고 말했다면, 그리고 그 차이는 1/6보

다 적었다면 그는 그것을 받아들여야 한다. 〔그러나 만약〕 1/6이라면 그 〔구매자〕는 그만큼 공제할 수 있다(그 가격을 낮출 수 있다).

- 토지의 넓이를 줄로 측량한다는 것은 정확하게 측정한다는 의미다. 반면 "부족하든지 초과하든지 간에"라는 조건은 토지 규모의 측정이 정확하지 않다는 의미다. 따라서 이 문장에는 매매대상 토지의 측량이 정확하다는 것과 그렇지 않다는 모순되는 의미를 동시에 내포하고 있다(야드 아브라함).
- 매도자가 매매대상 토지에 표지를 하고 구역을 측량했다면 그 토지의 실제 규모의 차이가 1/6보다 적다면 매입자는 본 매매조건을 수용해야 하고, 1/6이라면 매입자는 매매대금에서 부족분을 공제할 수 있다.

7, 4

הָאוֹמֵר לַחֲבֵרוֹ חֲצִי שָׂדֶה אֲנִי מוֹכֵר לְךָ, מְשַׁמְנִין בֵּינֵיהֶן וְנוֹטֵל חֲצִי שָׂדֵהוּ. חֶצְיָהּ בַּדָּרוֹם אֲנִי מוֹכֵר לְךָ, מְשַׁמְנִין בֵּינֵיהֶן וְנוֹטֵל חֶצְיָהּ בַּדָּרוֹם, וְהוּא מְקַבֵּל עָלָיו מְקוֹם הַגָּדֵר, חֲרִיץ וּבֶן חֲרִיץ. וְכַמָּה הוּא חֲרִיץ, שִׁשָּׁה טְפָחִים. וּבֶן חֲרִיץ, שְׁלֹשָׁה:

어떤 사람이 그의 동료에게 "나는 농지의 절반을 당신에게 매도합니다"라고 말하면, 그들은 그들 간 그 농지를 질적으로 같은 가치의 농지 둘로 나누어야 하고, 〔구매자〕는 그 농지의 절반을 차지한다. 〔만약 그가〕 "남쪽 부분의 절반을 당신에게 매도합니다"라고 말하면, 〔그들은 그 농지를〕 그들 간 〔질적으로〕 똑같이 나누어야 하며, 〔구매자〕는 남쪽 절반을 차지한다. 그리고 그는 울타리, 도랑 그리고 작은 도랑의 공간을 받는다. 도랑은 어느 정도의 크기인가? 6테팍이다. 작은 도랑의 크기는 3테팍이다.

- 구매자는 그 농지를 보호할 수 있도록 울타리, 도랑, 그리고 작은 도랑의 공간을 제공해야 하며, 매도자에게 그러한 공간을 제공해달라고 요구할 수 없다. 그러나 12세기에 활동했던 유대 주석가 라쉬밤(Rabbi Samuel ben Meir, 1083-1174)은 이 미쉬나의 의미를 매도자가 이러한 공간을 제공해야 하는 것으로 해석한다. 왜냐하면 농지를 매도하는 사람은 그가 특별히 정한 사항이 없는 한 그 농지에 필요한 모든 것을 포함하는 것이 전제되기 때문이다. 일부 학자는 농지를 구입하는 사람은 자동적으로 그 농지로 인해 인접 농지에 해를 끼치지 않도록 필요한 모든 조치를 취해야 한다고 주장한다. 따라서 매입자는 매입자에게 울타리와 도랑 등을 만드는 데 필요한 공간을 제공해달라고 요구할 수 있다(야드 아브라함).

제8장

제8장과 제9장은 상속관련 법들을 다룬다. 먼저 제8장에서는 피상속인과 상속인의 자격, 상속의 성립 요건, 장자 상속권, 아들과 딸에 대한 상속과 이에 수반된 재산권 등을 다룬다.

8, 1

יֵשׁ נוֹחֲלִין וּמַנְחִילִין, וְיֵשׁ נוֹחֲלִין וְלֹא מַנְחִילִין, מַנְחִילִין וְלֹא נוֹחֲלִין, לֹא נוֹחֲלִין וְלֹא מַנְחִילִין. וְאֵלּוּ נוֹחֲלִין וּמַנְחִילִין, הָאָב אֶת הַבָּנִים וְהַבָּנִים אֶת הָאָב וְהָאַחִין מִן הָאָב, נוֹחֲלִין וּמַנְחִילִין. הָאִישׁ אֶת אִמּוֹ וְהָאִישׁ אֶת אִשְׁתּוֹ, וּבְנֵי אֲחָיוֹת, נוֹחֲלִין וְלֹא מַנְחִילִין. הָאִשָּׁה אֶת בָּנֶיהָ וְהָאִשָּׁה אֶת בַּעְלָהּ וַאֲחֵי הָאֵם, מַנְחִילִין וְלֹא נוֹחֲלִין. וְהָאַחִים מִן הָאֵם, לֹא נוֹחֲלִין וְלֹא מַנְחִילִין:

상속할 수 있고, 〔유산을〕 물려줄 수 있는 자들이 있고, 상속은 할 수 있으나 〔유산을〕 물려주지 못하는 자들이 있다. 그리고 〔유산을〕 물려줄 수 있으나 상속할 수 없는 자들이 있고, 상속할 수도 없고, 〔유산을〕 물려줄 수도 없는 자들이 있다. 상속하고 〔유산을〕 물려줄 수 있는 대상자들: 아버지는 그의 아들들에게 그리고 아들들은 그들의 아버지로부터 〔서로〕 상속하고 〔유산을〕 물려준다. 그리고 같은 아버지의 형제들은 서로 상속하고, 〔유산을〕 물려줄 수 있다. 남자는 그의 어머니로부터, 그 남자는 그의 아내로부터, 그리고 자매들의 아들들(남자 조카들)에게 상속할 수 있으나 피상속인이 될 수 없다. 그 부인은 그녀의 아들들과 남편에게 그리고 어머니의 형제들에게 〔유산을〕 물려줄 수 있으나 상속받을 수는 없다. 그리고 같은 어머니〔이나 아버지가 다른〕 형제들에게는 〔유산을〕 물려줄 수도 없고 상속할 수도 없다.

- 상속에 관련된 권리 보유 여부에 따른 범주 분류는 다음과 같다.
  1) 상속할 수 있고 피상속인도 될 수 있는 자: 아버지와 그의 아들들, 같은 아버지의 형제들은 서로 상속할 수 있고 피상속인도 될 수 있다.
  2) 상속은 가능하나 피상속인이 되지 못하는 자: 아들은 어머니로부터 상속받을 수는 있으나 유산을 물려줄 수 없다. 남편은 아내로부터 상속받을 수는 있으나 유산을 물려줄 수 없다. 그리고 오빠 또는 남동생은 누나나 여동생의 아들들(남자 조카들)로부터 상속받을 수는 있으나 유산을 물려줄 수 없다.
  3) 피상속인은 될 수 있으나 상속은 할 수 없는 자: 부인은 그의 남편에게, 그녀의 아들들에게, 그녀의 형제들에게 유산을 물려줄 수는 있으나 상속받을 수는 없다.
  4) 상속할 수도 없고 피상속인도 될 수 없는 자: 같은 어머니이나 아

버지가 다른 형제들에게는 유산을 물려줄 수도 없고 상속받을 수도 없다.

8, 2

סֵדֶר נְחָלוֹת כָּךְ הוּא, (במדבר כז) אִישׁ כִּי יָמוּת וּבֵן אֵין לוֹ, וְהַעֲבַרְתֶּם אֶת נַחֲלָתוֹ לְבִתּוֹ, בֵּן קוֹדֵם לַבַּת, וְכָל יוֹצְאֵי יְרֵכוֹ שֶׁל בֵּן קוֹדְמִין לַבַּת. בַּת קוֹדֶמֶת לָאַחִין. יוֹצְאֵי יְרֵכָהּ שֶׁל בַּת, קוֹדְמִין לָאַחִין. אַחִין קוֹדְמִין לַאֲחֵי הָאָב. יוֹצְאֵי יְרֵכָן שֶׁל אַחִין, קוֹדְמִין לַאֲחֵי הָאָב. זֶה הַכְּלָל, כָּל הַקּוֹדֵם בְּנַחֲלָה, יוֹצְאֵי יְרֵכוֹ קוֹדְמִין. וְהָאָב קוֹדֵם לְכָל יוֹצְאֵי יְרֵכוֹ:

상속의 순서는 다음과 같다. "[만약] 어떤 사람이 죽었는데 아들이 없으면 그의 딸에게 상속권이 넘어간다"(민 27:8). 아들이 딸보다 우선이다. 그리고 그 아들의 모든 후손들이 딸보다 우선이다. 딸은 형제들보다 우선이며, 딸들의 후손들은 형제들보다 우선이다. 형제들은 아버지의 형제들보다 우선이다. 형제들의 후손들은 아버지의 형제들보다 우선이다. 이것이 일반 원칙이다. 상속에서 우선권을 가진 사람의 자손들 역시 우선권을 가진다. 그러나 아버지는 그의 모든 자손들보다 우선이다.

- 상속권의 우선순위는 다음과 같다. 1) 아들이 딸보다 우선이다. 아들이 아버지보다 먼저 죽으면 아들의 후손들이 상속한다. 2) 아들이 없으면 딸에게 상속권이 있다. 만약 딸이 아버지보다 먼저 죽으면 딸의 후손이 상속한다. 3) 만약 아들이 후손 없이 아버지보다 먼저 죽으면 아버지가 상속한다. 만약 아버지도 돌아가셨으면 같은 아버지의 형제(백부, 숙부)가 상속한다. 만약 아버지의 형제들도 돌아가셨으면 그들의 아들(사촌)이나 그 아들들의 후손이 상속한다. 만약 아들이 없으면 딸이나 딸의 후손이 상속한다. 4) 아들의 모든 후손이 딸

들보다 우선이다. 5) 딸은 형제들보다 우선이다. 딸들의 후손도 형제들보다 우선이다. 6) 형제들은 아버지의 형제들보다 우선이다. 형제들이나 그 후손이 없으면 자매들이 상속한다. 그들도 죽었으면 그 후손들이 상속한다. 형제들의 후손들은 아버지의 형제들보다 우선이다. 7) 만약 형제들이나 자매들, 그리고 그들의 자손들도 없으면 할아버지가 상속한다. 할아버지도 돌아가셨으면 할아버지의 형제(증조부)가 상속한다. 증조부도 돌아가셨으면 그 후손들이 상속한다. 8) 위 상속인들이 없을 경우 아버지의 자매가 상속하고, 그도 없을 경우 그 후손들이 상속한다.

8, 3

בְּנוֹת צְלָפְחָד נָטְלוּ שְׁלֹשָׁה חֲלָקִים בַּנַּחֲלָה. חֵלֶק אֲבִיהֶן שֶׁהָיָה עִם יוֹצְאֵי מִצְרַיִם, וְחֶלְקוֹ עִם אֶחָיו בְּנִכְסֵי חֵפֶר. וְשֶׁהָיָה בְכוֹר נוֹטֵל שְׁנֵי חֲלָקִים:

쩰로프하드의 딸들은 〔이스라엘 땅의〕 상속재산 중 세 몫을 차지했다. 이집트에서 나온 사람들과 함께했던 그들 아버지의 몫과 헤페르(쩰로프하드의 부친) 재산에서 상속한 형제들의 상속재산 중 그의 몫이다. 그리고 〔쩰로프하드〕는 큰아들이었기 때문에 두 몫이었다.

- 이 미쉬나에서는 아들이 없으면 딸에게 상속권이 있음을 사례를 들어 설명한다. 민수기 27:1-7은 헤페르(헤벨)의 아들 쩰로프하드(슬로브핫)의 다섯 명의 딸들이 모세와 제사장 엘아자르(엘르아살), 족장들과 온 회중 앞에 서서 자신들에게 아들 없이 죽은 아버지의 유산에 대한 상속권을 달라고 요청하여 상속권을 확보하는 과정을 기술한다.
- 쩰로프하드의 부친 헤페르는 이집트에서 살다가 출애굽한 그룹의 일원이었다. 그리고 쩰로프하드의 형제들도 출애굽한 그룹에 속했

기 때문에 그들은 헤페르로부터 상속한 재산과 출애굽한 그룹으로서 받는 몫을 함께 받는다.

- 쩰로프하드의 딸들은 쩰로프하드가 그의 부친 헤페르로부터 큰아들로서 받는 두 몫과 쩰로프하드 자신이 출애굽한 그룹의 일원으로서 받는 한 몫을 합한 세 몫을 그들 간 나누어 상속한다.

8, 4

אֶחָד הַבֵּן וְאֶחָד הַבַּת בַּנַּחֲלָה, אֶלָּא שֶׁהַבֵּן נוֹטֵל פִּי שְׁנַיִם בְּנִכְסֵי הָאָב וְאֵינוֹ נוֹטֵל פִּי שְׁנַיִם בְּנִכְסֵי הָאֵם. וְהַבָּנוֹת נִזּוֹנוֹת מִנִּכְסֵי הָאָב וְאֵינָן נִזּוֹנוֹת מִנִּכְסֵי הָאֵם:

그 아들은 아버지 재산에서 〔유산으로 다른 아들보다〕 두 배의 몫을 차지하지만 어머니의 재산에서는 두 배의 몫을 차지하지 않는다는 것을 제외하고, 아들과 딸의 상속은 〔같은 법이 적용된다〕. 그리고 딸들은 아버지의 재산으로부터 생계 지원을 받지만 어머니의 재산으로 생계 지원을 받지 않는다.

- 민수기 27:8에서 규정한 바와 같이 딸들은 아들이 없을 경우에만 부친으로부터 유산을 상속한다. 따라서 이 미쉬나에서 아들과 딸의 상속에 같은 법이 적용된다는 것은 아들과 딸 모두 아버지로부터 상속받는 방식과 어머니로부터 상속받는 방식이 다르다는 것을 의미한다(야드 아브라함).
- 부친 사망 시 그의 딸들은 성년이 되거나 결혼할 때까지 아버지의 재산으로부터 생계지원을 받는다. 만약 그의 재산이 그 딸들을 지원하는 데 충분치 않은데도 아들들에게 재산을 남겼다면 그 딸들에 대한 지원이 우선된다. 왜냐하면 모든 유대인 남편은 결혼증서(혼인계약서)에서 그 아내의 딸들을 의무적으로 지원할 것을 약속했기 때문이

다(야드 아브라함).

8, 5

הָאוֹמֵר אִישׁ פְּלוֹנִי בְנִי בְכוֹר לֹא יִטֹּל פִּי שְׁנַיִם, אִישׁ פְּלוֹנִי בְנִי לֹא יִירַשׁ עִם אֶחָיו, לֹא אָמַר כְּלוּם, שֶׁהִתְנָה עַל מַה שֶּׁכָּתוּב בַּתּוֹרָה. הַמְחַלֵּק נְכָסָיו לְבָנָיו עַל פִּיו, רִבָּה לְאֶחָד וּמִעֵט לְאֶחָד וְהִשְׁוָה לָהֶן אֶת הַבְּכוֹר, דְּבָרָיו קַיָּמִין. וְאִם אָמַר מִשּׁוּם יְרֻשָּׁה, לֹא אָמַר כְּלוּם. כָּתַב בֵּין בַּתְּחִלָּה בֵּין בָּאֶמְצַע בֵּין בַּסּוֹף מִשּׁוּם מַתָּנָה, דְּבָרָיו קַיָּמִין. הָאוֹמֵר אִישׁ פְּלוֹנִי יִירָשֵׁנִי בִּמְקוֹם שֶׁיֵּשׁ בַּת, בִּתִּי תִירָשֵׁנִי בִּמְקוֹם שֶׁיֵּשׁ בֵּן, לֹא אָמַר כְּלוּם, שֶׁהִתְנָה עַל מַה שֶּׁכָּתוּב בַּתּוֹרָה. רַבִּי יוֹחָנָן בֶּן בְּרוֹקָה אוֹמֵר, אִם אָמַר עַל מִי שֶׁהוּא רָאוּי לְיָרְשׁוֹ, דְּבָרָיו קַיָּמִין. וְעַל מִי שֶׁאֵין רָאוּי לְיָרְשׁוֹ, אֵין דְּבָרָיו קַיָּמִין. הַכּוֹתֵב אֶת נְכָסָיו לַאֲחֵרִים וְהִנִּיחַ אֶת בָּנָיו, מַה שֶּׁעָשָׂה עָשׂוּי, אֲבָל אֵין רוּחַ חֲכָמִים נוֹחָה הֵימֶנּוּ. רַבָּן שִׁמְעוֹן בֶּן גַּמְלִיאֵל אוֹמֵר, אִם לֹא הָיוּ בָנָיו נוֹהֲגִין כַּשּׁוּרָה, זָכוּר לְטוֹב:

어떤 사람이 "내 큰아들은 〔다른 형제들보다〕 두 배의 유산 상속을 받지 못할 것입니다. 또는 나의 그 아들은 그의 다른 형제들과 함께 상속하지 못할 것입니다"라고 말한다면 그는 아무 말도 하지 않는 것이다. 왜냐하면 그는 토라에 기록된 것에 〔반하는〕 행위를 했기 때문이다. 어떤 사람이 구두로 자기 재산을 자기 아들들에게 분배하면서, 한 아들에게 많이 주고 다른 아들에게 적게 분배하거나, 그의 재산을 장자에게 〔다른 아들들과〕 동등하게 분배했다면, 그의 말은 유효하다. 그러나 만약 그가 "상속에 의해서 〔그렇게 분배한다〕"고 말했다면 그는 아무 말도 하지 않은 것이다. 만약 그가 처음이나, 중간, 또는 마지막에 증여하겠다고 〔서면에〕 기록했다면 그의 말은 유효하다. 어떤 사람이 "나에게 딸이 있으나 〔그녀〕 대신 어떤 남자가 나를 상속할 것입니다"라고 말하거나, "아들이 있으나 그 대신 나의 딸이 나를 상속할 것입니다"라고 말했다면 그는 아무것도 말하지 않은 것이 된다. 왜냐하면 그는 토라에 기록된 것에 〔반하는〕 행위를 했기 때문이다.

랍비 요하난 벤 베로카는 말한다. "그의 유산을 상속할 자격이 있는 사람에 대하여 '그가 나를 상속할 것입니다'라고 말했다면 그의 말은 유효합니다. 그러나 그의 유산을 상속할 자격이 없는 사람에 대하여 '그가 나를 상속할 것이다'라고 말했다면 그의 말은 유효하지 않습니다." 어떤 사람이 그의 재산을 다른 사람들에게 〔서면으로〕 증여했고, 그의 아들들은 〔재산이 없는 채〕 남겨졌다면, 그가 한 것은 한 것이지만 현자들은 그것으로 인해 마음이 편치 않다. 라반 쉼온 벤 감리엘은 말한다. "만약 그의 아들들이 적절하게 행동하지 않았더라도 이것은 좋게 기억될 것입니다."

- 재산권을 보유한 아버지가 그의 아들들에게 '증여' 형식으로 재산권을 행사한 것은 유효하다. 하지만 '상속'이라는 단어를 언급하면 성경 규범에 반하는 것이기 때문이 이러한 행위는 무효다.
- '아무 말도 하지 않았다'는 것은 신명기 21:15-17에서 명시하고 있는 장자 상속권에 반하는 것이기 때문이 이러한 규정은 무효라는 의미다(야드 아브라함).
- 라반 쉼온 벤 감리엘의 견해는 비록 그 아들들이 아들로서 부적절하게 행동했다고 하더라도 상속권을 박탈해서는 안 된다는 것이다. 왜냐하면 부적절한 행동으로 미움을 받는 아들들이지만 성경에 규정된 대로 유산을 물려주면 그 아들들의 자손 중 의롭게 행하는 자들이 있을 것이며, 그들이 상속법의 혜택을 받을 수 있기 때문이다(야드 아브라함).

8, 6

הָאוֹמֵר זֶה בְּנִי, נֶאֱמָן. זֶה אָחִי, אֵינוֹ נֶאֱמָן וְנוֹטֵל עִמּוֹ בְּחֶלְקוֹ. מֵת, יַחְזְרוּ
נְכָסִים לִמְקוֹמָן. נָפְלוּ לוֹ נְכָסִים מִמָּקוֹם אַחֵר, יִירְשׁוּ אֶחָיו עִמּוֹ. מִי שֶׁמֵּת

וְנִמְצֵאת דְּיָתֵיקֵי קְשׁוּרָה עַל יְרֵכוֹ, הֲרֵי זוֹ אֵינָהּ כְּלוּם. זִכָּה בָהּ לְאַחֵר, בֵּין מִן הַיּוֹרְשִׁין בֵּין שֶׁאֵינוֹ מִן הַיּוֹרְשִׁין, דְּבָרָיו קַיָּמִין:

어떤 사람이 "이 사람은 나의 아들입니다"라고 말한다면 〔그를〕 믿는다. "이 사람은 나의 형제입니다"라고 말한다면 그를 믿지 않는데, 〔왜냐하면 형제〕는 그의 몫을 공유하기 때문이다. 만약 그가 죽었다면 그 재산은 〔원래〕 그 자리로 돌아간다. 그가 다른 곳에서 재산을 받았다면 그 다른 형제들은 그 재산을 그와 함께 상속받는다. 어떤 사람이 죽었는데 그의 허벅지에 〔기록된〕 어떤 증언이 발견되면 이것은 아무것도 아닌 것으로 간주된다. 그러나 만약 〔그가 그것을 전달하고〕 그것을 통해 다른 사람에게 〔소유권이〕 부여되었다면, 그가 그의 상속인이건 또는 그의 상속인이 아니건, 그의 증언은 유효하다.

- 자식은 부양의무가 수반되고 유산을 물려주어야 하기 때문에 남의 아들을 자신의 아들이라고 주장하기 어렵다. 그러나 형제는 재산을 공유할 수 있기 때문에 자신이 어떤 사람의 형제라고 주장할 경우 의심받는다.

8, 7

הַכּוֹתֵב נְכָסָיו לְבָנָיו, צָרִיךְ שֶׁיִּכְתֹּב מֵהַיּוֹם וּלְאַחַר מִיתָה, דִּבְרֵי רַבִּי יְהוּדָה. רַבִּי יוֹסֵי אוֹמֵר, אֵינוֹ צָרִיךְ. הַכּוֹתֵב נְכָסָיו לִבְנוֹ לְאַחַר מוֹתוֹ, הָאָב אֵינוֹ יָכוֹל לִמְכֹּר, מִפְּנֵי שֶׁהֵן כְּתוּבִין לַבֵּן, וְהַבֵּן אֵינוֹ יָכוֹל לִמְכֹּר, מִפְּנֵי שֶׁהֵן בִּרְשׁוּת הָאָב. מָכַר הָאָב, מְכוּרִין עַד שֶׁיָּמוּת. מָכַר הַבֵּן, אֵין לַלּוֹקֵחַ בָּהֶן כְּלוּם עַד שֶׁיָּמוּת הָאָב. הָאָב תּוֹלֵשׁ וּמַאֲכִיל לְכָל מִי שֶׁיִּרְצֶה. וּמַה שֶּׁהִנִּיחַ תָּלוּשׁ, הֲרֵי הוּא שֶׁל יוֹרְשִׁין. הִנִּיחַ בָּנִים גְּדוֹלִים וּקְטַנִּים, אֵין הַגְּדוֹלִים מִתְפַּרְנְסִים עַל הַקְּטַנִּים וְלֹא הַקְּטַנִּים נִזּוֹנִין עַל הַגְּדוֹלִים, אֶלָּא חוֹלְקִין בְּשָׁוֶה. נָשְׂאוּ הַגְּדוֹלִים, יִשְׂאוּ הַקְּטַנִּים. וְאִם אָמְרוּ קְטַנִּים הֲרֵי אָנוּ נוֹשְׂאִים כְּדֶרֶךְ שֶׁנְּשָׂאתֶם אַתֶּם, אֵין שׁוֹמְעִין לָהֶם, אֶלָּא מַה שֶּׁנָּתַן לָהֶם אֲבִיהֶם נָתַן:

어떤 사람이 그의 재산을 그의 아들에게 〔서면으로〕 기록하여 증여했다면 그는 "오늘부터 죽은 이후까지"라고 기록해야 한다. 〔이는〕 랍비 예후다의 말이다. 랍비 요쎄는 말한다. "그는 〔그렇게 할〕 필요가 없습니다." 어떤 사람이 자기 재산은 그가 죽은 후에 그의 아들의 것이 〔된다고〕 아들에게 〔서면으로〕 기록하여 증여한다면, 그것〔재산〕은 〔서면〕 기록으로 그 아들에게 증여되었기 때문에 그 아버지는 그것을 매도할 수 없다. 그리고 〔그의 아버지가 죽기 전에는〕 그것〔재산〕은 그 아버지의 소유이기 때문에 그 아들은 그것을 매도할 수 없다. 만약 그의 아버지가 그 재산을 매도했다면 그것〔재산〕은 그〔의 아버지〕가 죽을 때까지만 매도된 것이다. 만약 그 아들이 그 재산을 매도했다면 그 구매자는 아버지가 죽을 때까지 아무런 권리가 없다. 그 아버지는 〔농작물을〕 수확하여 〔누구든지〕 원하는 사람을 먹일 수 있고, 그가 남긴 수확물은 그의 모든 상속인에게 귀속된다. 〔만약〕 그 〔아버지〕가 나이 많은 아들들과 나이가 어린 아들들이 〔아버지 사후〕 남겨졌다면 나이 많은 아들들은 어린 아들들을 희생시키고 자신들의 생계를 위해 그 재산으로 생계에 사용할 수 없다. 또한 나이가 어린 아들들이 나이 많은 아들들을 희생시키고 자신들의 생계유지를 위한 재산을 요구할 수 없다. 차라리 〔나이 많은 아들들과 나이 적은 아들들이〕 똑같이 나누어야 한다. 〔만약〕 나이 많은 아들들이 〔그 상속 재산으로〕 결혼식 비용을 사용했다면 나이 어린 아들들도 〔그 상속 재산으로〕 결혼식을 치를 수 있다. 만약 더 어린 아들들이 "우리들은 당신들이 결혼식을 올린 방식대로 우리들도 결혼식을 올릴 것입니다"라고 말했다면 그들은 그들의 말을 듣지 않는 것이다. 왜냐하면 그들의 아버지는 그가 준대로 그들에게 주었기 때문이다.

- 죽기 전, 특히 병상에서 구두나 서면으로 자신의 재산을 장자에게

두 몫을, 또는 둘째 이하 아들들에게는 똑같이 공평하게 물려주어야 한다는 성경의 규범과 다르게 특정 아들에게 더 많은 재산을 증여한다면 효력이 있다. 어떤 아버지가 재산을 증여하는 글에 그가 죽은 후에 그 재산이 그의 아들의 것이 된다고 했다면 죽은 후에는 아들의 소유가 되지만 죽기 전까지는 그 아버지의 소유다. 따라서 그 아버지가 죽기 전까지는 아들이 그 재산을 매도할 수 없다.

8, 8

הִנִּיחַ בָּנוֹת גְּדוֹלוֹת וּקְטַנּוֹת, אֵין הַגְּדוֹלוֹת מִתְפַּרְנְסוֹת עַל הַקְּטַנּוֹת וְלֹא הַקְּטַנּוֹת נִזּוֹנוֹת עַל הַגְּדוֹלוֹת, אֶלָּא חוֹלְקוֹת בְּשָׁוֶה. נָשְׂאוּ גְדוֹלוֹת, יִשְּׂאוּ קְטַנּוֹת. וְאִם אָמְרוּ קְטַנּוֹת, הֲרֵי אָנוּ נוֹשְׂאוֹת כְּדֶרֶךְ שֶׁנִּשֵּׂאתֶם אַתֶּם, אֵין שׁוֹמְעִין לָהֶן. זֶה חֹמֶר בַּבָּנוֹת מִבַּבָּנִים, שֶׁהַבָּנוֹת נִזּוֹנוֹת עַל הַבָּנִים וְאֵין נִזּוֹנוֹת עַל הַבָּנוֹת:

만약 더 나이 많은 딸들과 더 어린 딸들을 남겼다면, 더 나이 많은 딸들은 더 어린 딸들을 희생해서 자신들의 생계를 위해 돈을 쓸 수 없다. 또한 더 어린 딸들은 더 나이 많은 딸들을 희생하여 자신들의 생계유지 비용을 요구할 수 없다. 차라리 그들은 모두 똑같이 나누어야 한다. 만약 더 나이 많은 딸들이 〔물려받은 공동유산에서 결혼 비용을 취하여〕 결혼했다면 더 나이 어린 딸들도 역시 〔물려받은 공동유산에서 결혼 비용을 취하여〕 결혼할 수 있다. 만약 더 어린 딸들이 "당신들이 결혼하는 방식대로 우리도 결혼할 것입니다"라고 말한다면, 그들은 언니들의 말을 듣지 않는 것이다. 왜냐하면 그들의 아버지가 그들에게 주신 것은 그 아버지가 주신 것이기 때문이다. 아들에게보다 딸들에게 더 엄격하게 적용된다. 왜냐하면 딸들은 아들들의 희생 대가로 그들의 생계유지 비용을 요구할 수 있기 때문이다. 그러나 그들(아들들)은 다른 딸들의 희생하에 자신들의 생계유지 비용을 요구할 수 없다.

제9장

제8장에 이어서 상속에 관련된 규범을 계속해서 다룬다. 피상속인 재산을 그의 아들들과 딸들에게 분배하는 문제를 다룬다.

9, 1

מִי שֶׁמֵּת וְהִנִּיחַ בָּנִים וּבָנוֹת, בִּזְמַן שֶׁהַנְּכָסִים מְרֻבִּים, הַבָּנִים יִירְשׁוּ וְהַבָּנוֹת יִזּוֹנוּ. נְכָסִים מֻעָטִין, הַבָּנוֹת יִזּוֹנוּ וְהַבָּנִים יִשְׁאֲלוּ עַל הַפְּתָחִים. אַדְמוֹן אוֹמֵר, בִּשְׁבִיל שֶׁאֲנִי זָכָר הִפְסַדְתִּי. אָמַר רַבָּן גַּמְלִיאֵל, רוֹאֶה אֲנִי אֶת דִּבְרֵי אַדְמוֹן:

어떤 사람이 아들들과 딸들을 남기고 죽은 경우에, 〔만약〕 재산이 많으면 아들들은 재산을 상속받고 딸들은 〔그 재산으로〕 부양받는다. 재산이 적으면 딸들은 〔그 재산으로〕 부양받고 아들들은 〔다른 사람들〕 문 앞에서 〔자선을〕 요청한다. 아드몬은 말한다. "내가 남자이기 때문에 손해를 보아야 하나요?" 라반 감리엘은 말한다. "나는 아드몬의 견해에 동의합니다."

- 상속 재산이 충분히 많으면 아들들은 유산을 물려받고 딸들은 시집가기 전까지 음식과 의복을 제공받는다.
- 유산이 충분하지 않으면 딸들은 음식과 의복을 제공받고 아들들은 구걸을 해야 한다. 하지만 일부 랍비들은 이 원칙에 반대한다.

9, 2

הִנִּיחַ בָּנִים וּבָנוֹת וְטֻמְטוּם, בִּזְמַן שֶׁהַנְּכָסִים מְרֻבִּים, הַזְּכָרִים דּוֹחִין אוֹתוֹ אֵצֶל נְקֵבוֹת. נְכָסִים מֻעָטִין, הַנְּקֵבוֹת דּוֹחוֹת אוֹתוֹ אֵצֶל זְכָרִים. הָאוֹמֵר אִם תֵּלֵד אִשְׁתִּי זָכָר יִטֹּל מָנֶה, יָלְדָה זָכָר, נוֹטֵל מָנֶה. נְקֵבָה מָאתַיִם, יָלְדָה נְקֵבָה, נוֹטֶלֶת מָאתָיִם. אִם זָכָר מָנֶה אִם נְקֵבָה מָאתַיִם, וְיָלְדָה זָכָר וּנְקֵבָה,

זָכָר נוֹטֵל מָנֶה וְהַנְּקֵבָה נוֹטֶלֶת מָאתָיִם. יָלְדָה טֻמְטוּם, אֵינוֹ נוֹטֵל. אִם אָמַר כָּל מַה שֶּׁתֵּלֵד אִשְׁתִּי יִטֹּל, הֲרֵי זֶה יִטֹּל. וְאִם אֵין שָׁם יוֹרֵשׁ אֶלָּא הוּא, יוֹרֵשׁ אֶת הַכֹּל:

아들들, 딸들, 외성기이상자를 남긴 경우에, 〔만약〕 재산이 많으면 아들들이 그를 딸들에게 맡길 수 있다. 〔만약〕 재산이 적으면 여자들은 남자들에게 그를 맡길 수 있다. 〔어떤 사람이〕 "만약 나의 아내가 남아를 출산하면 1마네를 줄 것입니다"라고 말했는데 남아를 낳았다면 1마네를 차지한다. 〔만약 그가〕 "여아를 낳으면 200〔주즈〕를 차지할 것입니다"라고 말했는데 여아를 낳았다면 200〔주즈〕를 차지한다. 〔만약 그가〕 남아를 〔낳으면〕 1마네, 그리고 여아를 낳으면 200〔주즈〕를 줄 것이라고 말했는데, 남아와 여아를 낳았다면 남아는 1마네, 그리고 여아는 200〔주즈〕를 차지한다. 〔만약〕 외성기이상자를 낳았다면 〔그는〕 상속받지 못한다. 〔만일 그가〕 "내 아내가 낳은 어떤 자식이든지 상속받을 것입니다"라고 말했다면 그 자식이 상속받는다. 그리고 그 외에 다른 상속자가 없으면 그는 모든 것을 상속받는다.

- 재산(유산)이 많은 경우, 아들들이 외성기이상자(טמטום, 툼툼)의 몫까지 차지하고 딸들에게 맡겨 부양할 것이다. 재산이 적으면 딸들을 부양하기에도 부족하기 때문에 아들들과 함께 구걸하며 살게 된다.
- 남편이 아내에게 태어난 아이의 성별에 따라 선물을 약속했다면 1마네(100주즈) 또는 200주즈를 받게 될 것이다. 이때 외성기이상자는 아들이나 딸로 인정받지 못해 아내가 선물을 받을 수 없다.
- 외성기이상자가 유일한 상속자라면 그가 모든 유산을 물려받게 된다.

9, 3

הִנִּיחַ בָּנִים גְּדוֹלִים וּקְטַנִּים, הִשְׁבִּיחוּ גְּדוֹלִים אֶת הַנְּכָסִים, הִשְׁבִּיחוּ לָאֶמְצַע. אִם אָמְרוּ רְאוּ מַה שֶּׁהִנִּיחַ לָנוּ אַבָּא, הֲרֵי אָנוּ עוֹשִׂים וְאוֹכְלִין, הִשְׁבִּיחוּ לְעַצְמָן. וְכֵן הָאִשָּׁה שֶׁהִשְׁבִּיחָה אֶת הַנְּכָסִים, הִשְׁבִּיחָה לָאֶמְצַע. אִם אָמְרָה רְאוּ מַה שֶּׁהִנִּיחַ לִי בַּעְלִי, הֲרֵי אֲנִי עוֹשָׂה וְאוֹכֶלֶת, הִשְׁבִּיחָה לְעַצְמָהּ:

아들들이 성인도 있고 미성년도 있는 경우에, 성인 〔아들〕들이 그 재산을 증대시켰다면 공동을 위해 증대시킨 것이다. 〔만약〕 그들이 "아버지가 우리에게 남긴 것을 보십시오. 우리가 〔이것으로〕 일하고 먹을 것입니다"라고 말했다면, 그들은 그들 자신의 〔재산을〕 증대시킨 것이다. 그리고 재산을 증대시킨 부인의 경우도 마찬가지다. 재산을 증대시켰다면 공동을 위해 증대시킨 것이다. 〔만약〕 그녀가 "남편이 내게 남긴 것을 보십시오. 내가 〔이것으로〕 일하고 먹을 것입니다"라고 말했다면 그녀는 자신의 〔재산을〕 증대시킨 것이다.

- 특정되지 않은 유산으로 재산을 증식했다면 그 재산은 모든 아들들이 공유하게 된다. 하지만 특정인 소유의 재산이 증식된 경우에는 그 재산의 소유자의 몫이다.
- 마찬가지로 남편이 남긴 유산이 특정되지 않은 상태에서 재산이 증식된 경우에는 모든 상속인이 공유하게 된다. 하지만 미망인이 자신의 몫을 증식한 경우에는 자신의 몫이 된다.

9, 4

הָאַחִין הַשֻּׁתָּפִין שֶׁנָּפַל אֶחָד מֵהֶן לָאֻמָּנוּת, נָפַל לָאֶמְצַע. חָלָה וְנִתְרַפָּא, נִתְרַפָּא מִשֶּׁל עַצְמוֹ. הָאַחִין שֶׁעָשׂוּ מִקְצָתָן שׁוֹשְׁבִינוּת בְּחַיֵּי הָאָב, חָזְרָה שׁוֹשְׁבִינוּת, חָזְרָה לָאֶמְצַע, שֶׁהַשּׁוֹשְׁבִינוּת נִגְבֵּית בְּבֵית דִּין. אֲבָל הַשּׁוֹלֵחַ לַחֲבֵרוֹ כַּדֵּי יַיִן וְכַדֵּי שֶׁמֶן, אֵינָן נִגְבִּין בְּבֵית דִּין, מִפְּנֵי שֶׁהֵן גְּמִילוּת חֲסָדִים:

〔만약〕 형제가 동업자인데 그중 한 명이 공무에 차출되었다면, 공동을 위해 차출된 것이다. 〔한 명이〕 병에 걸렸다가 치료를 받았으면 자신의 몫으로 치료받아야 한다. 형제들이 아버지 생전에 들러리 선물을 주었는데 〔아버지 사후에〕 들러리 선물이 반환되었다면 공동을 위해 돌아온 것이다. 왜냐하면 신랑 들러리 선물은 법정에서 회복되기 때문이다. 그러나 어떤 사람이 포도주나 기름 한 병을 다른 사람에게 보낸다면 이는 선의의 행위로 간주하기 때문에 법정에서 회복되지 않는다.

- 공적인 목적으로 차출된 경우에는 비용이든 수입이든 공동 재산으로 처리한다.
- 치료비는 개인의 유산으로 해결해야 한다.
- 결혼 때 신랑 측이나 신부 측에 보낸 선물은 마치 법적으로 인정되는 대출금처럼 결혼 때 돌려받게 된다. 이런 의미에서 일반적인 의미의 선물과 다르다.

9, 5

הַשּׁוֹלֵחַ סִבְלוֹנוֹת לְבֵית חָמִיו, שָׁלַח שָׁם מֵאָה מָנֶה וְאָכַל שָׁם סְעוּדַת חָתָן אֲפִלּוּ בְדִינָר, אֵינָן נִגְבִּין. לֹא אָכַל שָׁם סְעוּדַת חָתָן, הֲרֵי אֵלּוּ נִגְבִּין. שָׁלַח סִבְלוֹנוֹת מְרֻבִּין שֶׁיַּחְזְרוּ עִמָּהּ לְבֵית בַּעְלָהּ, הֲרֵי אֵלּוּ נִגְבִּין. סִבְלוֹנוֹת מֻעָטִין שֶׁתִּשְׁתַּמֵּשׁ בָּהֶן בְּבֵית אָבִיהָ, אֵינָן נִגְבִּין:

〔만약〕 어떤 사람이 장인의 집에 혼인 예물을 보냈는데 거기에 100마네를 보냈고 그가 거기서 〔단지〕 1디나르 가치의 잔칫상을 먹었다면, 〔그 결혼이 무효가 되었더라도〕 되돌려 받을 수 없다. 〔만약〕 잔칫상을 그곳에서 먹지 않았다면 되돌려 받을 수 있다. 〔만약 그가〕 혼인 예물을 많이 보냈는데, 그와 함께 남편 집으로 되돌려준다는 조건이

었다면, 그 예물은 되돌려 받을 수 있다. [만약] 신부 아버지 집에서 사용하기 적은 분량의 혼인 예물을 그가 보냈다면, 그 예물은 돌려받을 수 없다.

- 약혼 이후에 신부는 결혼식 전까지 아버지 집에 머무른다. 이때 신랑은 신부 아버지에게 선물을 보내는 것이 관례다. 신랑이 이 선물을 돌려받으려면 결혼식 전에 파혼해야 한다.
- 아무리 적은 가치의 결혼식 잔칫상을 먹었더라도 신랑은 이 선물값을 돌려받을 수 없게 된다.

9, 6

שְׁכִיב מְרַע שֶׁכָּתַב כָּל נְכָסָיו לַאֲחֵרִים וְשִׁיֵּר קַרְקַע כָּל שֶׁהוּא, מַתְּנָתוֹ קַיֶּמֶת. לֹא שִׁיֵּר קַרְקַע כָּל שֶׁהוּא, אֵין מַתְּנָתוֹ קַיֶּמֶת. לֹא כָתַב בָּהּ שְׁכִיב מְרַע, הוּא אוֹמֵר שְׁכִיב מְרַע הָיָה וְהֵן אוֹמְרִים בָּרִיא הָיָה, צָרִיךְ לְהָבִיא רְאָיָה שֶׁהָיָה שְׁכִיב מְרַע, דִּבְרֵי רַבִּי מֵאִיר. וַחֲכָמִים אוֹמְרִים, הַמּוֹצִיא מֵחֲבֵרוֹ עָלָיו הָרְאָיָה:

[만약] 병으로 누운 사람이 [죽게 되어] 모든 재산을 다른 사람에게 주겠다고 문서를 작성했고 토지 얼마는 남겨두었다면, [비록 그가 죽지 않았더라도] 그가 주겠다는 선물은 유효하다. [만약 그가] 아무 토지도 남기지 않았다면 그 선물은 유효하지 않다. "[만약 그가] 병에 걸렸다고 기록하지 않았는데, 병들었었다고 주장하고, [다른] 사람들은 건강했었다고 말한다면, 자신이 병들어 눕게 되었다는 증거를 가져와야 합니다." 랍비 메이르의 말이다. 그리고 현자들은 말한다. "동료에게 문제를 제기하는 사람에게 입증 책임이 있습니다."

- 정말 자신이 죽게 되리라고 생각한 사람은 어떤 땅도 남기지 않을 것

이다. 따라서 땅을 남겼다면, 다른 모든 재산을 거래했다고 보아야 한다. 따라서 그가 회복되어 죽지 않게 되더라도 거래는 유지된다.

- 문서에 기록하지 않았고 병이 들었는지 양측의 주장이 다를 때, 랍비 메이르는 병이 들었던 사람이 증명해야 한다고 주장하지만, 현자들은 입증 책임은 문제를 제기하는 사람에게 있다고 말한다.

9, 7

הַמְחַלֵּק נְכָסָיו עַל פִּיו, רַבִּי אֱלִיעֶזֶר אוֹמֵר, אֶחָד בָּרִיא וְאֶחָד מְסֻכָּן, נְכָסִים שֶׁיֵּשׁ לָהֶן אַחֲרָיוּת נִקְנִין בְּכֶסֶף וּבִשְׁטָר וּבַחֲזָקָה, וְשֶׁאֵין לָהֶן אַחֲרָיוּת אֵין נִקְנִין אֶלָּא בִמְשִׁיכָה. אָמְרוּ לוֹ, מַעֲשֶׂה בְאִמָּן שֶׁל בְּנֵי רוֹכֵל שֶׁהָיְתָה חוֹלָה וְאָמְרָה תְּנוּ כְבִינָתִי לְבִתִּי וְהִיא בִשְׁנֵים עָשָׂר מָנֶה, וָמֵתָה, וְקִיְּמוּ אֶת דְּבָרֶיהָ. אָמַר לָהֶן, בְּנֵי רוֹכֵל תְּקַבְּרֵם אִמָּן. וַחֲכָמִים אוֹמְרִים, בְּשַׁבָּת, דְּבָרָיו קַיָּמִין, מִפְּנֵי שֶׁאֵינוֹ יָכוֹל לִכְתּוֹב. אֲבָל לֹא בְחֹל. רַבִּי יְהוֹשֻׁעַ אוֹמֵר, בְּשַׁבָּת אָמְרוּ, קַל וָחֹמֶר בְּחֹל. כַּיּוֹצֵא בוֹ, זָכִין לַקָּטָן, וְאֵין זָכִין לַגָּדוֹל. רַבִּי יְהוֹשֻׁעַ אוֹמֵר, לַקָּטָן אָמְרוּ, קַל וָחֹמֶר לַגָּדוֹל:

〔만약〕 누군가가 자신의 재산을 구두로 분배하는 경우에 대하여 랍비 엘리에제르는 말한다. "그가 건강하든 위독하든, 상속권의 대상이 될 수 있는 재산은 돈, 문서 또는 소유 행위를 통해 취득됩니다." 상속권의 대상이 될 수 없는 것은 점유를 통해서만 취득된다. 〔랍비들〕이 〔엘리에제르〕에게 말했다. "로헬의 아들들의 어머니가 병들어서 이르되 '내 베일을 내 딸에게 주라. 그 베일은 12마네의 가치가 있다'라고 말하고 그가 죽었는데 그들이 그 말을 지켰습니다." 그가 그들에게 말했다. "로헬의 아들들에 〔대하여는〕 그들의 어머니가 그들을 장사해야 합니다." 현자들은 말한다. "안식일에는 글을 쓰면 안 되기 때문에 구두 유언이 가능하다. 그러나 평일에는 안 됩니다." 랍비 예호슈아는 말한다. "그들은 〔구두 유언을〕 안식일에 말했습니다. 더더욱 평일에는 〔구두 유언이 가능합니다〕." 마찬가지로 미성년자를 대신하

여 취득할 수 있지만 성인을 대신하여 취득할 수는 없다. 랍비 예호슈아는 말한다. "그들은 〔그것을〕 미성년자에 대하여 말한 것입니다. 더더욱 성인에 대하여 말한 것입니다."

- 랍비 엘리에제르는 유언은 실제적인 점유나 문서가 있을 때에만 유효하다고 주장한다. 하지만 현자들은 로헬의 아들들 이야기를 예로 들면서 구두 유언도 효력이 있다고 말한다. 단, 글을 쓰는 일을 해서는 안 되는 안식일에만 가능하다는 것이다.
- 한편 랍비 예호슈아는 평일에도 구두 유언이 가능하다고 주장한다.

9, 8

נָפַל הַבַּיִת עָלָיו וְעַל אָבִיו אוֹ עָלָיו וְעַל מוֹרִישָׁיו, וְהָיְתָה עָלָיו כְּתֻבַּת אִשָּׁה וּבַעַל חוֹב, יוֹרְשֵׁי הָאָב אוֹמְרִים, הַבֵּן מֵת רִאשׁוֹן וְאַחַר כָּךְ מֵת הָאָב, בַּעֲלֵי הַחוֹב אוֹמְרִים, הָאָב מֵת רִאשׁוֹן וְאַחַר כָּךְ מֵת הַבֵּן, בֵּית שַׁמַּאי אוֹמְרִים, יַחֲלֹקוּ. וּבֵית הִלֵּל אוֹמְרִים, נְכָסִים בְּחֶזְקָתָן:

집이 그와 그의 아버지에게 무너졌거나, 또는 그와 그의 상속자들에게 무너졌는데, 그에게 아내와의 혼인계약서와 채권자가 존재했다. 이 상황에서 그 아버지의 상속자들이 말한다. "그 아들이 먼저 죽고, 그다음에 그 아버지가 죽었습니다." 그리고 채권자들이 말한다. "그 아버지가 먼저 죽고 그다음에 그 아들이 죽었습니다." 샴마이 학파는 말한다. "그들이 그 재산을 나누어야 합니다." 그리고 힐렐 학파는 말한다. "그 재산의 그전 소유권자에 남게 됩니다."

- 상속 관계에 있는 사람이 동시에 죽게 되면 유산이 누구에게 남겨지는지 문제가 된다.
- 아버지가 먼저 죽고 아들이 죽게 되면, 남은 재산은 아들의 상속자

들이나 채권자에게 넘어가게 된다.

- 하지만 아들이 먼저 죽고 나중에 아버지가 죽게 되면, 남은 재산은 아버지의 상속자들에게 돌아가게 된다.

9, 9

נָפַל הַבַּיִת עָלָיו וְעַל אִשְׁתּוֹ, יוֹרְשֵׁי הַבַּעַל אוֹמְרִים, הָאִשָּׁה מֵתָה רִאשׁוֹנָה וְאַחַר כָּךְ מֵת הַבַּעַל, יוֹרְשֵׁי הָאִשָּׁה אוֹמְרִים, הַבַּעַל מֵת רִאשׁוֹן וְאַחַר כָּךְ מֵתָה הָאִשָּׁה, בֵּית שַׁמַּאי אוֹמְרִים, יַחֲלֹקוּ. וּבֵית הִלֵּל אוֹמְרִים, נְכָסִים בְּחֶזְקָתָן, כְּתֻבָּה בְּחֶזְקַת יוֹרְשֵׁי הַבַּעַל, נְכָסִים הַנִּכְנָסִים וְהַיּוֹצְאִין עִמָּהּ בְּחֶזְקַת יוֹרְשֵׁי הָאָב:

집이 한 남자와 그의 아내에게 무너졌는데 그 남편의 상속자들은 말한다. "그의 아내가 먼저 죽고 그다음에 그 남편이 죽었습니다." 반면 그 아내의 상속자들은 말한다. "그 남편이 먼저 죽고 그다음에 그 아내가 죽었습니다." 샴마이 학파는 말한다. "그들은 〔그 재산을〕 나누어야 합니다." 그러나 힐렐 학파는 말한다. "그 재산의 소유권은 유지됩니다. 혼인계약서[3)]는 그 남편의 상속자들의 소유입니다. 그 여인과 함께 이동하는 소유권은 그 아버지의 상속자들에게 있습니다."

- 남편과 아내가 같이 죽게 되면 남편의 상속자들과 아내의 상속자들이 서로 자신들이 상속자라고 주장하게 된다.
- 샴마이 학파는 유산을 양 상속자 측에서 재산을 균등하게 분배받는다고 주장한다. 반면에 힐렐 학파는 재산을 원소유자의 상속인들에게 돌아간다고 주장한다. 예를 들어, 혼인계약서는 남편이 작성한 것

3) 유대 전통에서는 결혼이 약혼과 혼인 두 단계로 이루어지는데, 혼인계약서는 혼인할 때 작성한다. 여기에는 남편이 죽을 때 부인에게 남기는 유산이 적혀 있다. 자세한 설명은 『나쉼』 「예바못」을 참조하라.

이므로 남편의 상속자들에게 권한이 있고, 아내에게 주어진 몫은 그녀의 아버지에게 돌아간다고 주장한다.

9, 10

נָפַל הַבַּיִת עָלָיו וְעַל אִמּוֹ, אֵלּוּ וָאֵלּוּ מוֹדִים שֶׁיַּחֲלֹקוּ. אָמַר רַבִּי עֲקִיבָא, מוֹדֶה אֲנִי בָזֶה שֶׁהַנְּכָסִים בְּחֶזְקָתָן. אָמַר לוֹ בֶן עַזַּאי, עַל הַחֲלוּקִין אָנוּ מִצְטַעֲרִין, אֶלָּא שֶׁבָּאתָ לְחַלֵּק עָלֵינוּ אֶת הַשָּׁוִין:

〔만약〕 어떤 집이 한 남자와 그의 어머니에게 무너졌다면, 〔힐렐 학파〕나 〔샴마이 학파〕나 〔그 재산을〕 분할해야 한다고 동의한다. 랍비 아키바는 말한다. "나는 이 경우에 그 재산의 소유권이 유지된다고 생각합니다." 벤 아자이는 말한다. "〔힐렐 학파와 샴마이 학파의〕 분열로 우리는 고통을 겪고 있습니다. 당신은 그들이 동의하는 이 문제에 대하여 분열시키려고 합니까?"

- 힐렐 학파든지 샴마이 학파든지 과부인 어머니와 상속자가 없는 아들이 동시에 죽은 경우에, 모든 상속자들이 재산을 균등하게 분할해서 받게 된다는 데 의견이 일치한다.
- 랍비 아키바가 원소유자들의 상속자들에게 돌아가야 한다고 주장하자, 벤 아자이는 그렇지 않아도 두 학파의 견해가 갈려서 고통받고 있는데 동의하고 있는 사안을 분열시키려고 하느냐고 반대한다.

제10장

이 장에서는 이혼 문서를 다룬다.

10, 1

גֵּט פָּשׁוּט, עֵדָיו מִתּוֹכוֹ. וּמְקֻשָּׁר, עֵדָיו מֵאֲחוֹרָיו. פָּשׁוּט שֶׁכָּתְבוּ עֵדָיו מֵאֲחוֹרָיו וּמְקֻשָּׁר שֶׁכָּתְבוּ עֵדָיו מִתּוֹכוֹ, שְׁנֵיהֶם פְּסוּלִים. רַבִּי חֲנִינָא בֶּן גַּמְלִיאֵל אוֹמֵר, מְקֻשָּׁר שֶׁכָּתְבוּ עֵדָיו מִתּוֹכוֹ, כָּשֵׁר, מִפְּנֵי שֶׁיָּכוֹל לַעֲשׂוֹתוֹ פָּשׁוּט. רַבָּן שִׁמְעוֹן בֶּן גַּמְלִיאֵל אוֹמֵר, הַכֹּל כְּמִנְהַג הַמְּדִינָה:

간단한 이혼 문서에는 서명이 〔하단〕 안에 있다. 그리고 연결된 〔이혼 문서〕에는 뒷면에 있다. 서명이 뒷면에 있는 간단한 이혼 문서와 서명이 〔하단〕 안에 있는 연결된 이혼 문서는 무효다. 랍비 하니나 벤 감리엘은 말한다. "서명이 아래 하단에 있는 연결된 문서는 유효합니다. 왜냐하면 이것을 간단한 이혼 문서로 만들 수 있기 때문입니다." 랍비 쉼온 벤 감리엘은 말한다. "모든 것은 현지 관습을 따라야 합니다."

- 간단한 이혼 문서(게트)는 상단에 본문의 내용이 적혀 있고 하단에 증인들의 서명이 있는 단면 문서다. 연결된 이혼 문서는 앞면에 본문이 적혀 있고 뒷면에 증인들의 서명이 있다. 서명 위치가 바뀌어 있는 경우는 무효다.

10, 2

גֵּט פָּשׁוּט, עֵדָיו בִּשְׁנַיִם. וּמְקֻשָּׁר, בִּשְׁלֹשָׁה. פָּשׁוּט שֶׁכָּתוּב בּוֹ עֵד אֶחָד, וּמְקֻשָּׁר שֶׁכָּתוּב בּוֹ שְׁנֵי עֵדִים, שְׁנֵיהֶם פְּסוּלִין. כָּתַב בּוֹ זוּזִין מְאָה דְאִנּוּן סִלְעִין עֶשְׂרִין, אֵין לוֹ אֶלָּא עֶשְׂרִין. זוּזִין מְאָה דְאִנּוּן תְּלָתִין סִלְעִין, אֵין לוֹ אֶלָּא מָנֶה. כְּסַף זוּזִין דְּאִנּוּן, וְנִמְחַק, אֵין פָּחוּת מִשְּׁתַּיִם. כְּסַף סִלְעִין דְּאִנּוּן,

וְנִמְחַק, אֵין פָּחוּת מִשְּׁנַיִם. דַּרְכּוֹנוֹת דְּאִנּוּן, וְנִמְחַק, אֵין פָּחוּת מִשְּׁתַּיִם.
כָּתוּב בּוֹ מִלְמַעְלָה מָנֶה וּמִלְּמַטָּה מָאתַיִם, מִלְמַעְלָה מָאתַיִם וּמִלְּמַטָּה מָנֶה,
הַכֹּל הוֹלֵךְ אַחַר הַתַּחְתּוֹן. אִם כֵּן, לָמָּה כּוֹתְבִין אֶת הָעֶלְיוֹן, שֶׁאִם תִּמָּחֵק
אוֹת אַחַת מִן הַתַּחְתּוֹן, יִלְמַד מִן הָעֶלְיוֹן:

간단한 이혼 문서는 두 명의 증인이 필요하다. 그리고 연결된 〔이혼 문서〕는 세 명의 증인이 필요하다. 간단한 〔이혼 문서〕에 한 명의 증인이 서명했고, 연결된 문서에 두 명의 증인이 서명했다면 그 두 문서는 무효다. 〔채무증서에〕 20셀라인 100주즈가 기록되었다면 그는 20셀라만 받을 수 있다. 30셀라인 100주즈가 기록되었다면 그는 1마네(100주즈)만 받을 수 있다. 은 주즈(복수) 얼마인데 〔액수가〕 지워졌다면, 2주즈 이상 받아야 한다. 은 셀라(복수) 얼마인데 〔액수가〕 지워졌다면, 2셀라 이상 받아야 한다. 다르콘(복수) 얼마인데 〔액수가〕 지워졌다면, 2다르콘 이상 받아야 한다. 〔만약 채무증서〕 위에는 1마네(100주즈) 그리고 아래에는 200주즈로 〔기록되었거나〕, 위에는 200주즈 그리고 아래에는 1마네(100주즈)라고 기록되어 있다면, 모두 아래에 기록된 것에 따른다. 그렇다면 왜 상단에 기록하는가? 왜냐하면 만약 아래로부터 한 글자가 지워졌다면 그것은 위에 기록된 것으로부터 알 수 있기 때문이다.

- 채무증서에 화폐 단위가 잘못 환산했다면, 적은 금액으로 받아야 한다.
- 1셀라는 4주즈다. 따라서 20셀라는 80주즈에 해당하고, 30셀라는 120주즈다.
- 숫자는 지워져 보이지 않는데 단위가 복수라면 최소 2 이상임을 알 수 있다. 따라서 채권자(여성)는 화폐 단위에 따라 2주즈, 2셀라, 2다르콘을 요구할 수 있다.

- 위에 기록된 금액과 아래에 기록된 금액이 다를 경우에는 아래 금액을 따른다.

10, 3

כּוֹתְבִין גֵּט לָאִישׁ אַף עַל פִּי שֶׁאֵין אִשְׁתּוֹ עִמּוֹ, וְהַשּׁוֹבֵר לָאִשָּׁה אַף עַל פִּי שֶׁאֵין בַּעְלָהּ עִמָּהּ, וּבִלְבַד שֶׁיְּהֵא מַכִּירָן, וְהַבַּעַל נוֹתֵן שָׂכָר. כּוֹתְבִין שְׁטָר לַלֹּוֶה אַף עַל פִּי שֶׁאֵין מַלְוֶה עִמּוֹ, וְאֵין כּוֹתְבִין לַמַּלְוֶה, עַד שֶׁיְּהֵא לֹוֶה עִמּוֹ, וְהַלֹּוֶה נוֹתֵן שָׂכָר. כּוֹתְבִין שְׁטָר לַמּוֹכֵר אַף עַל פִּי שֶׁאֵין לוֹקֵחַ עִמּוֹ. וְאֵין כּוֹתְבִין לַלּוֹקֵחַ, עַד שֶׁיְּהֵא מוֹכֵר עִמּוֹ, וְהַלּוֹקֵחַ נוֹתֵן שָׂכָר:

아내가 남편 곁에 없어도 남편을 위한 이혼증서를 작성할 수 있고, 남편이 아내 곁에 없어도 아내를 위한 영수증을 작성할 수 있다. 그리고 〔양자가〕 그것을 인정할 때 한한다. 그리고 그 남편은 〔서기관에게 문서 작성〕 수수료를 지급한다. 채권자가 그의 곁에 없어도 채무자를 위해 채무증서를 작성할 수 있지만, 채무자가 곁에 없으면 채권자를 위해 채무증서를 작성할 수 없다. 그리고 채권자가 〔채무증서 작성〕 수수료를 지불한다. 구매자가 곁에 없어도 판매자를 위해 매매계약서를 작성할 수 있지만, 판매자가 곁에 없으면, 구매자를 위해 매매증서를 작성할 수 없다. 그리고 구매자는 〔매매증서 작성〕 수수료를 지급해야 한다.

- 유대 전통에서 남편은 아내의 동의 없이 이혼할 수 있기 때문에 아내 없이도 이혼증서를 작성할 수 있다.
- 이혼할 때 남편은 혼인계약서에서 약속한 금액을 지불해야 한다. 돈을 받은 아내는 '영수증'을 작성해주어야 하는데, 이때 남편이 동석하지 않아도 된다.
- 빚을 갚을 채권자가 동석한 상태에서만 채무자에게 채무증서를 작

성해줄 수 있다.

- 마찬가지로 판매자가 동석한 상태에서만 구매자를 위해 매매증서를 작성해줄 수 있다.

10, 4

אֵין כּוֹתְבִין שְׁטָרֵי אֵרוּסִין וְנִשּׂוּאִין אֶלָּא מִדַּעַת שְׁנֵיהֶם, וְהֶחָתָן נוֹתֵן שָׂכָר. אֵין כּוֹתְבִין שְׁטָרֵי אֲרִיסוּת וְקַבְּלָנוּת אֶלָּא מִדַּעַת שְׁנֵיהֶם, וְהַמְקַבֵּל נוֹתֵן שָׂכָר. אֵין כּוֹתְבִין שְׁטָרֵי בֵרוּרִין וְכָל מַעֲשֵׂה בֵית דִּין אֶלָּא מִדַּעַת שְׁנֵיהֶם, וּשְׁנֵיהֶם נוֹתְנִין שָׂכָר. רַבָּן שִׁמְעוֹן בֶּן גַּמְלִיאֵל אוֹמֵר, שְׁנֵיהֶם כּוֹתְבִין שְׁנַיִם, לָזֶה לְעַצְמוֹ וְלָזֶה לְעַצְמוֹ:

약혼과 결혼 증서는 양측이 동의하지 않으면 작성할 수 없다. 그리고 신랑은 〔증서 작성〕 수수료를 지급해야 한다. 경작과 임대 계약서는 양측이 동의하지 않으면 작성할 수 없다. 그리고 임차인은 〔계약서 작성〕 수수료를 지급해야 한다. 한 중재 문서나 법원 판결문은 양측이 동의하지 않으면 작성할 수 없다. 그리고 양측이 〔문서 작성〕 수수료를 부담해야 한다. 라반 쉼온 벤 감리엘은 말한다. "양측은 〔문서〕 두 부를 작성해서 각각 한 부씩 〔가져갑니다〕."

- 약혼이나 혼인계약서, 임대계약서, 법원 판결문 등은 어느 한쪽 상대방 없이는 작성될 수 없다.

10, 5

מִי שֶׁפָּרַע מִקְצָת חוֹבוֹ וְהִשְׁלִישׁ אֶת שְׁטָרוֹ וְאָמַר לוֹ, אִם לֹא נָתַתִּי לְךָ מִכָּאן וְעַד יוֹם פְּלוֹנִי תֵּן לוֹ שְׁטָרוֹ, הִגִּיעַ זְמַן וְלֹא נָתַן, רַבִּי יוֹסֵי אוֹמֵר, יִתֵּן. רַבִּי יְהוּדָה אוֹמֵר, לֹא יִתֵּן:

어떤 사람이 빚의 일부를 갚고 그 채무증서를 제삼자에게 주면서 "지금부터 아무 날까지 내가 당신에게 〔그 나머지를〕 갚지 않으면 〔채권자〕에게 이 채무증서를 주시오"라고 말했다. 그 기일이 되었는데 그가 돈을 주지 않은 경우에, 랍비 요쎄는 말한다. "그는 〔그 문서를〕 주어야 합니다." 랍비 예후다는 말한다. "그는 〔그것을〕 주어서는 안 됩니다."

- 빌린 돈의 일부만 갚은 경우에는 채무증서를 제삼자에게 맡기게 된다. 왜냐하면 차용증이 채권자에게 있으면 채권자는 원금 전액을 갚으라고 주장할 수 있고, 채무자에게 있으면 채무자는 다 갚았다고 주장할 수 있기 때문이다.
- 랍비 예후다에 따르면 약속한 날까지 돈을 다 갚지 못한 경우에 제삼자는 차용증을 실제로 채권자에게 돌려줄 필요는 없다. 채무자가 그것을 원해서 말한 것이 아니기 때문이다.

10, 6

מִי שֶׁנִּמְחַק שְׁטַר חוֹבוֹ, מְעִידִין עָלָיו עֵדִים, וּבָא לִפְנֵי בֵית דִּין וְעוֹשִׂין לוֹ קִיּוּם, אִישׁ פְּלוֹנִי בֶּן פְּלוֹנִי נִמְחַק שְׁטָרוֹ בְּיוֹם פְּלוֹנִי, וּפְלוֹנִי וּפְלוֹנִי עֵדָיו. מִי שֶׁפָּרַע מִקְצָת חוֹבוֹ, רַבִּי יְהוּדָה אוֹמֵר, יַחֲלִיף. רַבִּי יוֹסֵי אוֹמֵר, יִכְתּוֹב שׁוֹבֵר. אָמַר רַבִּי יְהוּדָה, נִמְצָא זֶה צָרִיךְ לִהְיוֹת שׁוֹמֵר שׁוֹבְרוֹ מִן הָעַכְבָּרִים. אָמַר לוֹ רַבִּי יוֹסֵי, כָּךְ יָפֶה לוֹ, וְלֹא יוּרַע כֹּחוֹ שֶׁל זֶה:

〔만약〕 어떤 사람의 채무증서가 지워졌다면, 그는 그의 차용에 대하여 증언할 수 있는 증인들이 있어야 한다. 그리고 〔증인들은〕 법정에 와서 "아무개와 아무개의 증서가 아무개의 아들 아무개가 이래저래 해서 모일에 증인 아무개와 아무개가 그의 증인들이었습니다"라고 증언해야 한다. 〔만약〕 그가 그의 빚 일부를 갚았다면, 랍비 예후

다는 말한다. "그 증서를 〔새로운 것으로〕 교체해주어야 합니다." 랍비 요쎄는 말한다. "그는 영수증을 작성해야 합니다." 랍비 예후다가 말한다. "〔채무자〕는 자신의 영수증을 쥐로부터 지켜야 할 의무가 있습니다." 랍비 요쎄는 말한다. "〔채권자〕의 권리가 훼손되지 않는 한 그에게는 좋은 일입니다."

- 앞 미쉬나에 이어서 빚의 일부를 갚은 경우에 두 가지 다른 해결방안을 제시한다. 랍비 예후다는 채무증서를 바꾸어 작성해서 주면 된다고 주장한다. 랍비 요쎄는 받은 것에 대한 영수증을 작성해주면 된다고 말한다.

10, 7

שְׁנֵי אַחִין, אֶחָד עָנִי וְאֶחָד עָשִׁיר, וְהִנִּיחַ לָהֶן אֲבִיהֶן מֶרְחָץ וּבֵית הַבַּד, עֲשָׂאָן לְשָׂכָר, הַשָּׂכָר לָאֶמְצַע. עֲשָׂאָן לְעַצְמָן, הֲרֵי הֶעָשִׁיר אוֹמֵר לֶעָנִי, קַח לְךָ עֲבָדִים וְיִרְחֲצוּ בַמֶּרְחָץ, קַח לְךָ זֵיתִים וּבֹא וַעֲשֵׂם בְּבֵית הַבַּד. שְׁנַיִם שֶׁהָיוּ בְעִיר אַחַת, שֵׁם אֶחָד יוֹסֵף בֶּן שִׁמְעוֹן וְשֵׁם אַחֵר יוֹסֵף בֶּן שִׁמְעוֹן, אֵין יְכוֹלִין לְהוֹצִיא שְׁטַר חוֹב זֶה עַל זֶה וְלֹא אַחֵר יָכוֹל לְהוֹצִיא עֲלֵיהֶן שְׁטַר חוֹב. נִמְצָא לְאֶחָד בֵּין שְׁטָרוֹתָיו שְׁטָרוֹ שֶׁל יוֹסֵף בֶּן שִׁמְעוֹן פָּרוּעַ, שְׁטָרוֹת שְׁנֵיהֶן פְּרוּעִין. כֵּיצַד יַעֲשׂוּ, יְשַׁלֵּשׁוּ. וְאִם הָיוּ מְשֻׁלָּשִׁים, יִכְתְּבוּ סִימָן. וְאִם הָיוּ מְסֻמָּנִין, יִכְתְּבוּ כֹּהֵן. הָאוֹמֵר לִבְנוֹ, שְׁטָר בֵּין שְׁטָרוֹתַי פָּרוּעַ וְאֵינִי יוֹדֵעַ אֵיזֶהוּ, שְׁטָרוֹת כֻּלָּן פְּרוּעִין. נִמְצָא לְאֶחָד שָׁם שְׁנַיִם, הַגָּדוֹל פָּרוּעַ וְהַקָּטָן אֵינוֹ פָרוּעַ. הַמַּלְוֶה אֶת חֲבֵרוֹ עַל יְדֵי עָרֵב, לֹא יִפָּרַע מִן הֶעָרֵב. וְאִם אָמַר עַל מְנָת שֶׁאֶפָּרַע מִמִּי שֶׁאֶרְצֶה, יִפָּרַע מִן הֶעָרֵב. רַבָּן שִׁמְעוֹן בֶּן גַּמְלִיאֵל אוֹמֵר, אִם יֵשׁ נְכָסִים לַלֹּוֶה, בֵּין כָּךְ וּבֵין כָּךְ לֹא יִפָּרַע מִן הֶעָרֵב. וְכֵן הָיָה רַבָּן שִׁמְעוֹן בֶּן גַּמְלִיאֵל אוֹמֵר, הֶעָרֵב לָאִשָּׁה בִּכְתֻבָּתָהּ וְהָיָה בַעְלָהּ מְגָרְשָׁהּ, יַדִּירֶנָּה הֲנָאָה, שֶׁמָּא יַעֲשׂוּ קְנוּנְיָא עַל נְכָסִים שֶׁל זֶה וְיַחֲזִיר אֶת אִשְׁתּוֹ:

두 형제가 있었는데 하나는 가난하고 하나는 부자였다. 그리고 〔만약〕 그들의 아버지가 그들에게 목욕탕과 올리브기름 짜는 기계를 남

졌는데, 그들의 아버지가 그것들을 수익용으로 사용했다면, 그 이익은 동일하게 분배한다. 그러나 만일 그가 그것을 개인용으로 만들었다면, 부자 형제는 가난한 형제에게 "너에게 종들이 있다면 그들을 목욕탕에서 씻게 할 수 있다" 또는 "너에게 올리브가 있으면 올리브기름 짜는 틀에서 〔기름을〕 만들 수 있다"고 말할 수 있다. 한 성읍에 두 사람이 있는데 한 사람의 이름은 쉼온의 아들 요셉이며, 다른 한 사람의 이름도 쉼온의 아들 요셉이었다면, 〔그 두 사람 중〕 어느 누구도 다른 〔요셉〕에게 채무증서를 작성할 수 없다. 그리고 〔마을의〕 다른 사람도 그들에게 채무증서를 작성할 수 없다. 그리고 어떤 사람이 그의 채무증서들 중 "쉼온의 아들의 〔차용〕증서에 의한 채무는 변제되었다"라는 문서를 발견했다면, 두 〔요셉〕 모두의 〔채무 문서〕가 지불된 것으로 간주해야 한다. 그들은 어떻게 해야 하는가? 그들은 그들의 이름을 삼대(三代)까지(조부까지) 기록해야 한다. 그리고 〔만약〕 삼대까지 이름이 같으면 〔자신을 표현하는〕 표시를 해야 한다. 그리고 그 표시조차 같다면 "코헨"이라고 써야 한다. 〔만약〕 어떤 사람이 그의 아들에게 "내 차용증서들 중 하나는 받았는데, 어느 것이 〔받은〕 차용증서인지 모르겠다"라고 말했다면 모두 받은 것으로 간주한다. 〔그의 문서들 중〕 동일한 채무자에게 작성된 두 개의 문서가 발견되었다면, 〔채무액이〕 큰 것은 지불하고 작은 것은 지불하지 않는다. 〔만약〕 어떤 사람이 보증인의 담보로 동료에게 돈을 빌려준 경우 보증인에게 지불을 요구하지 못할 수 있다. 그러나 만약 그가 "내가 원하는 사람에게 지불을 요구할 수 있다"는 것을 조건으로 기록했다면 그는 보증인에게 지불을 요구할 수 있다. 라반 쉼온 벤 감리엘은 말한다. "〔만약〕 채무자가 재산을 가지고 있었다면 어떤 경우에도 보증인으로부터 채무를 받을 수 없습니다." 라반 쉼온 벤 감리엘은 말한다. "만약 어떤 사람이 어떤 여인의 결혼계약서에 대한 보증인이었는데 그녀의 남편은 그녀와 이혼했다면, 그 보증인의 재산에 대하여 그녀와 음모를 꾸미고 그녀를 다시 데려오지 않는 한, 그 남편은 그녀에게서 더 이상 이익을 취하지 않겠다고 서약해야 합니다."

- 두 아들이 유산으로 목욕탕이나 올리브기름 짜는 틀을 받은 경우에, 그 사용 방법은 아버지가 사용하던 방식이 계승된다. 즉, 상업용으로 사용했으면 그 수익을 두 아들이 공유하게 된다. 그리고 개인용으로 사용했다면 두 아들 모두 자유롭게 사용할 수 있지만, 돈을 받고 타인이 사용하게 할 수는 없다. 자신에게 속한 종들도 목욕탕을 사용할 수 있다.
- 한 마을에 자신과 아버지의 이름이 똑같은 두 사람이 있다면 두 사람은 상대방에게 채무증서를 작성해줄 수 없다.
- 그들의 이름을 삼대까지 쓰거나 문서에 자신을 표현하는 표시나 직업을 적는 식으로 구별해서 사용해야 한다.
- 보증인에게도 채무를 받을 수 있다는 단서를 적어두지 않았다면 보증인에게 채무를 요구할 수 없다.

10, 8

הַמַּלְוֶה אֶת חֲבֵרוֹ בִּשְׁטָר, גּוֹבֶה מִנְּכָסִים מְשֻׁעְבָּדִים. עַל יְדֵי עֵדִים, גּוֹבֶה מִנְּכָסִים בְּנֵי חוֹרִין. הוֹצִיא עָלָיו כְּתַב יָדוֹ שֶׁהוּא חַיָּב לוֹ, גּוֹבֶה מִנְּכָסִים בְּנֵי חוֹרִין. עָרֵב הַיּוֹצֵא לְאַחַר חִתּוּם שְׁטָרוֹת, גּוֹבֶה מִנְּכָסִים בְּנֵי חוֹרִין. מַעֲשֶׂה בָא לִפְנֵי רַבִּי יִשְׁמָעֵאל וְאָמַר, גּוֹבֶה מִנְּכָסִים בְּנֵי חוֹרִין. אָמַר לוֹ בֶּן נַנָּס, אֵינוֹ גוֹבֶה לֹא מִנְּכָסִים מְשֻׁעְבָּדִים וְלֹא מִנְּכָסִים בְּנֵי חוֹרִין. אָמַר לוֹ, לָמָּה. אָמַר לוֹ, הֲרֵי הַחוֹנֵק אֶת אֶחָד בַּשּׁוּק וּמְצָאוֹ חֲבֵרוֹ וְאָמַר לוֹ הַנַּח לוֹ, פָּטוּר, שֶׁלֹּא עַל אֱמוּנָתוֹ הִלְוָהוּ. אֶלָּא אֵיזֶהוּ עָרֵב שֶׁהוּא חַיָּב, הַלְוֵהוּ וַאֲנִי נוֹתֵן לְךָ, חַיָּב, שֶׁכֵּן עַל אֱמוּנָתוֹ הִלְוָהוּ. אָמַר רַבִּי יִשְׁמָעֵאל, הָרוֹצֶה שֶׁיַּחְכִּים, יַעֲסֹק בְּדִינֵי מָמוֹנוֹת, שֶׁאֵין לְךָ מִקְצוֹעַ בַּתּוֹרָה גָּדוֹל מֵהֶן, שֶׁהֵן כְּמַעְיָן הַנּוֹבֵעַ. וְהָרוֹצֶה שֶׁיַּעֲסֹק בְּדִינֵי מָמוֹנוֹת, יְשַׁמֵּשׁ אֶת שִׁמְעוֹן בֶּן נַנָּס:

〔만약〕 어떤 사람이 채무증서를 사용하여 동료에게 빌려준 경우, 저당물에서 채무를 회수할 수 있다. 그러나 그가 증인 앞에서 〔구두로〕 빌려준 경우, 그는 저당되지 않은 재산에서 채무를 회수할 수 있다. 〔만약 채권자가〕 자신에게 빚을 졌다는 증거로 자신의 서명이 표시된 〔채무증서를〕 제출한 경우, 채권자는 저당 잡히지 않은 재산에서 채무를 회수할 수 있다. 〔만약〕 어떤 사람이 증인들의 서명과 함께 보증인으로 서명했다면 채권자는 〔보증인의〕 저당 잡히지 않은 재산에서 채무를 회수할 수 있다. 그와 같은 일이 랍비 이쉬마엘에게 일어났다. 그가 말했다. "〔채권자〕는 저당 잡히지 않은 재산에서만 채무를 회수할 수 있습니다." 벤 나나스가 〔랍비 이쉬마엘〕에게 말했다. "그 채권자는 저당 잡힌 재산에서도, 또는 저당 잡히지 않은 재산에서도 채무를 회수할 수 없습니다." 〔랍비 이쉬마엘〕이 그에게 물었다. "왜 〔그러한가?〕" 〔벤 나나스〕가 그에게 대답했다. 〔만약〕 어떤 채권자가 시장에서 채무자의 목을 조르면서 대출금을 갚으라고 요구하는데, 그의 동료가 그것을 보고 그에게 말했다. "그를 놔주시오. 내가 당신에게 그의 채무를 갚을 것이오"라고 말했다면, 〔개입한 사람〕은 지불에서 면제된다. 채권자는 애초에 개입한 사람에 대한 신뢰를 바탕으로 돈을 빌려주지 않았기 때문이다. 그러면 어떤 유형의 보증인이 책임을 져야 하는가? 〔만약 어떤 사람이〕 "그에게 돈을 빌려주면 내가 당신에게 갚겠다"라고 했다면 그 채권자는 보증인을 믿고 빌려준 것이기 때문에 책임을 져야 한다. 그리고 랍비 이쉬마엘은 말했다. "현명해지고자 하는 자는 재산에 관한 재판을 다루는 일을 해야 합니다. 이보다 더 좋은 토라의 분야는 없기 때문입니다. 또한 그것들은 〔샘물이〕 솟아나는 샘과 같기 때문이다. 재산에 관한 재판을 다루기를 원하는 사람은 쉼온 벤 나나스를 〔그의 제자가 되어〕 섬겨야 합니다."

- 채무증서로 빚을 준 경우에는 저당물에서 채무를 회수할 수 있지만, 증인들 앞에서 구두로 돈을 빌려준 경우에는 저당 잡히지 않은 재산들 중에서 회수할 수 있다.
- 채무자가 지불하지 못할 때 자신이 갚겠다고 보증하지 않는 한 보증인에게 채무를 물을 수 없다.
- 랍비 이쉬마엘은 재산에 관한 재판을 하는 사람이 가장 현명하다고 말한다. 심지어 토라 안에서 재산에 관한 부분이 가장 좋다고 말한다. 그리고 재산에 관한 전문 재판관이 되기 원한다면, 쉼온 벤 나나스의 제자가 되어 그를 섬기면서 배우라고 조언한다.

סנהדרין

4

산헤드린

공의회

재산에 관한 재판은 세 명이 판결한다. 강도나 상해에 관한 소송은 세 명이 판결한다. 손해와 1/2 손해, 두 배 배상, 네 배나 다섯 배 배상에 관한 소송은 세 명이 판결한다. 랍비 메이르에 따르면, 강간, 성희롱, 그리고 부인이 처녀가 아니라는 명예훼손에 관한 소송은 세 명이 판결한다. 현자들은 말한다. "부인이 처녀가 아니라는 명예훼손 소송은 스물세 명이 판결합니다. 왜냐하면 이 사안은 사형 재판과 연관되기 때문입니다." _「산헤드린」1, 1

개요

「산헤드린」(סנהדרין)은 법정의 구성과 재판관의 자격, 재판 절차와 종류, 사형에 처할 범죄자에 대한 재판 과정 등을 다룬다. 재판부는 사안의 중요성에 따라 3명, 23명, 또는 71명의 재판관으로 구성된다.

재판은 철저하게 두 명 이상의 증인으로 이루어진 증언을 기초로 선고된다. 재판관 회피, 재심 등 오늘날 법정에서 진행되는 세밀한 법제도까지 등장한다.

사형은 세부적으로 투석형, 교살형, 화형, 참수형 등으로 나뉘며 우상숭배자, 무당, 마술사, 안식일을 어긴 자, 부모를 모욕한 자, 간통한 자, 거짓 예언자 등에 대한 형벌을 다룬다.

- **관련 성경구절** | **출애굽기** 13:9, 21:15, 17, 29, 22:2, 23:2; **레위기** 5:1, 18:21, 19:31, 20:9, 24:14, 22; **민수기** 11:16, 15:35; **신명기** 6:8, 13:12–18, 17:7–13, 14–20, 21:18–21, 23, 22:23–24

제1장

제1장 처음 네 개의 미쉬나는 재판부의 구성요건을 다룬다.

1, 1

דִּינֵי מָמוֹנוֹת, בִּשְׁלשָׁה. גְּזֵלוֹת וַחֲבָלוֹת, בִּשְׁלשָׁה. נֶזֶק וַחֲצִי נֶזֶק, תַּשְׁלוּמֵי כֶפֶל וְתַשְׁלוּמֵי אַרְבָּעָה וַחֲמִשָּׁה, בִּשְׁלשָׁה. הָאוֹנֵס וְהַמְפַתֶּה וְהַמּוֹצִיא שֵׁם רַע, בִּשְׁלשָׁה, דִּבְרֵי רַבִּי מֵאִיר. וַחֲכָמִים אוֹמְרִים, מוֹצִיא שֵׁם רַע, בְּעֶשְׂרִים וּשְׁלשָׁה, מִפְּנֵי שֶׁיֵּשׁ בּוֹ דִינֵי נְפָשׁוֹת:

재산에 관한 재판은 세 명이 〔판결한다〕. 강도나 상해에 관한 소송은 세 명이 〔판결한다〕. 손해와 1/2 손해, 두 배 배상, 네 배나 다섯 배 배상에 관한 소송은 세 명이 〔판결한다〕. 랍비 메이르에 따르면, 강간, 성희롱, 그리고 〔부인이 처녀가 아니라는〕 명예훼손에 관한 소송은 세 명이 〔판결한다〕. 현자들은 말한다. "〔부인이 처녀가 아니라는〕 명예훼손 소송은 스물세 명이 〔판결합니다〕. 왜냐하면 이 사안은 사형재판과 연관되기 때문입니다."

- 1) '손해'는 3회 이상 상해를 입힌 적이 있어 경고를 받은 황소가 끼친 손해로 전체 피해를 배상한다. 2) '1/2 손해'는 3회 이하로 상해를 입혀 아직 경고받지 않은 황소가 끼친 손해로 피해의 절반을 배상한다. 3) '두 배 배상'은 절도에 대한 배상이다. 4) '네 배나 다섯 배 배상'은 절도 후 팔았거나 도살한 경우에 대한 배상이다.
- 남편이 부인의 처녀성을 의심하는 '명예훼손'의 경우, 남편의 주장이 거짓일 경우에 은 10쉐켈을 여자의 아버지에게 배상해야 한다. 반면에 부인이 처녀가 아닌 것으로 드러나면 사형에 처해진다.

1, 2

מַכּוֹת, בִּשְׁלֹשָׁה. מִשּׁוּם רַבִּי יִשְׁמָעֵאל אָמְרוּ, בְּעֶשְׂרִים וּשְׁלֹשָׁה. עִבּוּר הַחֹדֶשׁ, בִּשְׁלֹשָׁה. עִבּוּר הַשָּׁנָה, בִּשְׁלֹשָׁה, דִּבְרֵי רַבִּי מֵאִיר. רַבָּן שִׁמְעוֹן בֶּן גַּמְלִיאֵל אוֹמֵר, בִּשְׁלֹשָׁה מַתְחִילִין, וּבַחֲמִשָּׁה נוֹשְׂאִין וְנוֹתְנִין, וְגוֹמְרִין בְּשִׁבְעָה. וְאִם גָּמְרוּ בִשְׁלֹשָׁה, מְעֻבֶּרֶת:

태형은 세 명이 〔판결한다〕. 〔랍비들〕은 랍비 이쉬마엘의 이름으로 말했다. "스물세 명이 〔판결합니다〕." 랍비 메이르의 말에 따르면, 윤일의 〔삽입 여부〕는 세 명으로 〔판결하고〕, 윤달의 〔삽입 여부〕도 세 명으로 〔판결한다〕. 라반 쉼온 벤 감리엘은 말한다. "이 일에 대한 재판은 세 명의 재판관에 의해 시작되고, 다섯 명의 재판관에 의해 심리를 진행하며, 일곱 명이 판결합니다. 그런데 이 사안을 세 명이 판결했다면, 〔유효하고〕 윤달입니다."

- 유대력에서 한 달은 29일 또는 30일이다. 재판부는 29일로 할지 하루를 윤일하여 30일로 할지를 결정해야 한다. 그리고 필요한 경우에는 마지막 열두 번째 달인 아달월을 윤달로 삽입해야 한다.

1, 3

סְמִיכַת זְקֵנִים וַעֲרִיפַת עֶגְלָה, בִּשְׁלֹשָׁה, דִּבְרֵי רַבִּי שִׁמְעוֹן. וְרַבִּי יְהוּדָה אוֹמֵר, בַּחֲמִשָּׁה. הַחֲלִיצָה וְהַמֵּאוּנִין, בִּשְׁלֹשָׁה. נֶטַע רְבָעִי וּמַעֲשֵׂר שֵׁנִי שֶׁאֵין דָּמָיו יְדוּעִין, בִּשְׁלֹשָׁה. הַהֶקְדֵּשׁוֹת, בִּשְׁלֹשָׁה. הָעֲרָכִין הַמִּטַּלְטְלִין, בִּשְׁלֹשָׁה. רַבִּי יְהוּדָה אוֹמֵר, אֶחָד מֵהֶן כֹּהֵן. וְהַקַּרְקָעוֹת, תִּשְׁעָה וְכֹהֵן. וְאָדָם, כַּיּוֹצֵא בָהֶן:

랍비 쉼온에 따르면 장로들의 안수와 송아지〔를 잡는 의식은〕 세 명이 〔주관한다〕. 그러나 랍비 예후다는 말한다. "다섯 명이 〔주관합니다〕." 〔이붐의〕 신발 벗기기 의식과 〔미성년 여자아이의 결혼에 대한〕 거절은 세 명이 〔판결한다〕. 넷째 해에 거둔 수확물과 그 가치를 알 수 없는 둘째 십일조는 세 명이 〔판결한다〕. 성별된 것들은 세 명이 〔판결한다〕. 움직이는 재산의 평가는 세 명이 〔판결한다〕. 랍비 예후다는 말한다. "〔재판관 세 명〕 중 한 명은 제사장이어야 합니다." 토지 〔평가〕는 아홉 명 〔재판관〕과 제사장 〔한 명〕이 〔판결한다〕. 그리고 〔맹세한〕 사람〔에 대한 평가〕는 이와 비슷하게 〔아홉 명의 재판관과 한 명의 제사장이 판결한다〕.

- '신발 벗기기' 의식은 형제 역연혼(逆緣婚, Levirate marriage)이라는 의무 결혼을 면제해주기 위해 치르는 의식이다. 고대 이스라엘에는 형제가 자식이 없이 아내를 남기고 죽었을 때 남은 형제가 그를 아내로 맞이하는 '이붐'(יבום, 역연혼)이라는 의무결혼 제도가 있었다. 역연혼이 이루어지지 못하는 경우들이 발생할 때에는 히브리어로 '할리짜'라고 불리는 신발 벗기기 의식을 통해 공식적으로 의무결혼으로부터 자유롭게 해준다(『나쉼』「예바못」).

1, 4

דִּינֵי נְפָשׁוֹת, בְּעֶשְׂרִים וּשְׁלֹשָׁה. הָרוֹבֵעַ וְהַנִּרְבָּע, בְּעֶשְׂרִים וּשְׁלֹשָׁה, שֶׁנֶּאֱמַר (ויקרא כ) וְהָרַגְתָּ אֶת הָאִשָּׁה וְאֶת הַבְּהֵמָה, וְאוֹמֵר (שם) וְאֶת הַבְּהֵמָה תַּהֲרֹגוּ. שׁוֹר הַנִּסְקָל, בְּעֶשְׂרִים וּשְׁלֹשָׁה, שֶׁנֶּאֱמַר (שמות כא) הַשּׁוֹר יִסָּקֵל וְגַם בְּעָלָיו יוּמָת, כְּמִיתַת בְּעָלִים כָּךְ מִיתַת הַשּׁוֹר. הַזְּאֵב וְהָאֲרִי, הַדֹּב וְהַנָּמֵר וְהַבַּרְדְּלָס וְהַנָּחָשׁ, מִיתָתָן בְּעֶשְׂרִים וּשְׁלֹשָׁה. רַבִּי אֱלִיעֶזֶר אוֹמֵר, כָּל הַקּוֹדֵם לְהָרְגָן, זָכָה. רַבִּי עֲקִיבָא אוֹמֵר, מִיתָתָן בְּעֶשְׂרִים וּשְׁלֹשָׁה:

사형 재판은 스물세 명으로 〔판결한다〕. 사람과 성교한 짐승과 수간(獸姦) 〔대상〕이 된 짐승은 스물세 명으로 〔판결한다〕. 〔성서에〕 기록되었듯이, "〔여자가 짐승과 교합하면〕 너는 여자와 짐승을 죽이라"(레 20:16). 그리고 〔성서에〕 기록되었듯이, "너는 그 짐승을 죽이라". 돌로 쳐 죽이게 될 황소는 스물세 명이 〔판결한다〕. 〔성서에〕 기록되었듯이, "그 소는 돌로 쳐 죽일 것이고 임자도 죽일 것이며"(출 21:29). 그 주인의 죽음처럼 황소의 죽음도 같다. 〔인간을 죽인〕 늑대, 사자, 곰, 표범, 흑표범과 뱀의 죽음은 스물세 명이 〔판결한다〕. 랍비 엘리에제르는 말한다. "〔법정으로 데려올 필요 없이〕 먼저 〔짐승〕을 죽인 사람이 자격을 차지합니다." 그러나 랍비 아키바는 말한다. "그들의 죽음은 스물세 명이 〔판결해야 합니다〕."

- 황소뿐만 아니라 사람을 죽인 다른 짐승들도 재판을 받고 사형에 처해진다.

1, 5

אֵין דָּנִין לֹא אֶת הַשֵּׁבֶט וְלֹא אֶת נְבִיא הַשֶּׁקֶר וְלֹא אֶת כֹּהֵן גָּדוֹל, אֶלָּא עַל פִּי בֵית דִּין שֶׁל שִׁבְעִים וְאֶחָד. וְאֵין מוֹצִיאִין לְמִלְחֶמֶת הָרְשׁוּת, אֶלָּא עַל פִּי בֵית דִּין שֶׁל שִׁבְעִים וְאֶחָד. אֵין מוֹסִיפִין עַל הָעִיר וְעַל הָעֲזָרוֹת, אֶלָּא עַל פִּי בֵית דִּין שֶׁל שִׁבְעִים וְאֶחָד. אֵין עוֹשִׂין סַנְהֶדְרִיּוֹת לַשְּׁבָטִים, אֶלָּא עַל פִּי בֵית דִּין שֶׁל שִׁבְעִים וְאֶחָד. אֵין עוֹשִׂין עִיר הַנִּדַּחַת, אֶלָּא עַל פִּי בֵית דִּין שֶׁל שִׁבְעִים וְאֶחָד. וְאֵין עוֹשִׂין עִיר הַנִּדַּחַת בַּסְּפָר, וְלֹא שְׁלֹשָׁה, אֲבָל עוֹשִׂין אַחַת אוֹ שְׁתָּיִם:

부족 〔전체〕, 거짓 선지자, 대제사장에 대한 재판은 일흔한 명의 〔재판관들로 구성된 산헤드린〕 법정에서만 판결한다. 전쟁을 위해 징집하는 것도 일흔한 명의 법정에서만 〔판결한다〕. 〔예루살렘〕 성과 〔성전〕 뜰을 추가하는 것도 일흔한 명의 법정에서만 〔판결한다〕. 몇몇 부족들을 위한 〔소규모〕 산헤드린 설치도 일흔한 명의 법정에서만 〔판결한다〕. 우상숭배 도시로 지정하는 것은 일흔한 명의 법정에서만 〔판결한다〕. 국경에 있는 도시는 세 개를 〔함께〕 우상숭배 도시로 지정하지 못하고, 하나 또는 두 개만 〔지정한다〕.

- 소규모 산헤드린은 스물세 명의 재판관으로 구성된다.
- 우상숭배로 지정된 도시는 모든 주민이 전멸된다. 주변 부족들의 침략이 염려되기 때문에 세 개의 도시를 한꺼번에 우상숭배 도시로 선포하지는 않는다.

1, 6

סַנְהֶדְרִי גְדוֹלָה הָיְתָה שֶׁל שִׁבְעִים וְאֶחָד, וּקְטַנָּה שֶׁל עֶשְׂרִים וּשְׁלֹשָׁה. וּמִנַּיִן לַגְּדוֹלָה שֶׁהִיא שֶׁל שִׁבְעִים וְאֶחָד, שֶׁנֶּאֱמַר (במדבר יא) אֶסְפָה לִּי שִׁבְעִים אִישׁ מִזִּקְנֵי יִשְׂרָאֵל, וּמשֶׁה עַל גַּבֵּיהֶן, הֲרֵי שִׁבְעִים וְאֶחָד. רַבִּי יְהוּדָה אוֹמֵר, שִׁבְעִים. וּמִנַּיִן לַקְּטַנָּה שֶׁהִיא שֶׁל עֶשְׂרִים וּשְׁלֹשָׁה, שֶׁנֶּאֱמַר (שם לה) וְשָׁפְטוּ הָעֵדָה וְגוֹ' וְהִצִּילוּ הָעֵדָה, עֵדָה שׁוֹפֶטֶת וְעֵדָה מַצֶּלֶת, הֲרֵי כָאן עֶשְׂרִים. וּמִנַּיִן לָעֵדָה שֶׁהִיא עֲשָׂרָה, שֶׁנֶּאֱמַר (שם יד) עַד מָתַי לָעֵדָה הָרָעָה הַזֹּאת, יָצְאוּ יְהוֹשֻׁעַ וְכָלֵב. וּמִנַּיִן לְהָבִיא עוֹד שְׁלֹשָׁה, מִמַּשְׁמַע שֶׁנֶּאֱמַר (שמות כג) לֹא תִהְיֶה אַחֲרֵי רַבִּים לְרָעֹת, שׁוֹמֵעַ אֲנִי שֶׁאֶהְיֶה עִמָּהֶם לְטוֹבָה, אִם כֵּן לָמָּה נֶאֱמַר (שם) אַחֲרֵי רַבִּים לְהַטֹּת, לֹא כְהַטָּיָתְךָ לְטוֹבָה הַטָּיָתְךָ לְרָעָה. הַטָּיָתְךָ לְטוֹבָה עַל פִּי אֶחָד, הַטָּיָתְךָ לְרָעָה עַל פִּי שְׁנַיִם, וְאֵין בֵּית דִּין שָׁקוּל, מוֹסִיפִין עֲלֵיהֶם עוֹד אֶחָד, הֲרֵי כָאן עֶשְׂרִים וּשְׁלֹשָׁה. וְכַמָּה יְהֵא בְעִיר וּתְהֵא רְאוּיָה לְסַנְהֶדְרִין, מֵאָה וְעֶשְׂרִים. רַבִּי נְחֶמְיָה אוֹמֵר, מָאתַיִם וּשְׁלֹשִׁים, כְּנֶגֶד שָׂרֵי עֲשָׂרוֹת:

대(大) 산헤드린은 일흔한 명으로 구성되었고 소(小) 〔산헤드린〕은 스물세 명으로 〔구성되었다〕. 어디로부터 대 〔산헤드린〕이 일흔한 명으로 구성된다는 것을 아는가? 〔성서에〕 기록되었듯이, "이스라엘의 장로 중 칠십 명을 나에게 모으라"(민 11:16). 그리고 그들에게 모세를 더하면 일흔한 명이 된다. 랍비 예후다는 말한다. "일흔 명입니다." 그리고 어디로부터 소 〔산헤드린〕이 스물세 명으로 구성된다는 것을 아는가? 〔성서에〕 기록되었듯이, "〔하나의〕 회중은 판결하여 … 〔또 하나의〕 회중은 건져내어"(민 35:24-25). 〔열 명으로 구성된 하나의〕 총회가 〔살인자로〕 판결하고, 〔열 명으로 구성된 또 하나의〕 총회

가 〔그 살인자를〕 구한다. 〔두 총회를 합쳐 재판관〕이 스무 명이다. 어디로부터 총회 〔정족수〕가 열 명이라는 것을 아는가? 〔성서에〕 기록되었듯이, "〔나를 원망하는〕 이 〔악한〕 회중을 내가 어느 때까지 〔참으랴?〕"(민 14:27). 여호수아와 갈렙은 제외되었다. 그러면 어디에서 〔스무 명에〕 세 명을 더 데려오는가? 추론하기를, 〔성서에〕 기록되었듯이, "너는 다수를 따라 악을 행하지 말라"(출 23:2). 나는 그들이 무죄 판결하는 것을 따라야 한다. 그렇다면 왜 그렇게 말하는가? "다수를 따라"(출 23:2). 유죄 판결을 하는 것은 무죄 판결을 하는 것과 다르다. 왜냐하면 무죄 판결은 한 명〔의 찬성〕으로 결정되지만, 유죄 판결은 두 명이 〔찬성해야 하기〕 때문이다. 그리고 법정은 〔가부〕 동수가 되어서는 안 된다. 우리는 〔스물두 명에〕 한 명을 더해 스물세 명이 된다. 한 도시에 산헤드린을 두기에 적정한 인원은 몇 명인가? 120명이다. 랍비 네헤미야는 말한다. "〔최소〕 수십 명의 족장들과 맞게 230명이 되어야 합니다."

- 랍비들은 대(大) 산헤드린 법정이 일흔한 명의 재판관으로 구성된 것과 소(小) 산헤드린의 스물세 명의 재판관으로 구성된 것에 대한 근거를 성서에서 찾고 있는데, 실제로는 미드라쉬적인 성서 해석을 하고 있다.

제2장

제2장은 대제사장과 왕이 재판관의 역할을 수행할 수 있는지를 다룬다. 그 외 왕의 선전 포고권, 노획물, 부의 축적 등을 다룬다.

2, 1

כֹּהֵן גָּדוֹל דָּן וְדָנִין אוֹתוֹ, מֵעִיד וּמְעִידִין אוֹתוֹ, חוֹלֵץ וְחוֹלְצִין לְאִשְׁתּוֹ, וּמְיַבְּמִין אֶת אִשְׁתּוֹ, אֲבָל הוּא אֵינוֹ מְיַבֵּם, מִפְּנֵי שֶׁהוּא אָסוּר בְּאַלְמָנָה. מֵת לוֹ מֵת, אֵינוֹ יוֹצֵא אַחַר הַמִּטָּה, אֶלָּא הֵן נִכְסִין וְהוּא נִגְלֶה, הֵן נִגְלִין וְהוּא נִכְסֶה, וְיוֹצֵא עִמָּהֶן עַד פֶּתַח הָעִיר, דִּבְרֵי רַבִּי מֵאִיר. רַבִּי יְהוּדָה אוֹמֵר, אֵינוֹ יוֹצֵא מִן הַמִּקְדָּשׁ, שֶׁנֶּאֱמַר (ויקרא כא) וּמִן הַמִּקְדָּשׁ לֹא יֵצֵא. וּכְשֶׁהוּא מְנַחֵם אֲחֵרִים, דֶּרֶךְ כָּל הָעָם עוֹבְרִין בָּזֶה אַחַר זֶה וְהַמְמֻנֶּה מְמַצְּעוֹ בֵּינוֹ לְבֵין הָעָם. וּכְשֶׁהוּא מִתְנַחֵם מֵאֲחֵרִים, כָּל הָעָם אוֹמְרִים לוֹ אָנוּ כַּפָּרָתְךָ, וְהוּא אוֹמֵר לָהֶן תִּתְבָּרְכוּ מִן הַשָּׁמַיִם. וּכְשֶׁמַּבְרִין אוֹתוֹ, כָּל הָעָם מְסֻבִּין עַל הָאָרֶץ וְהוּא מֵסֵב עַל הַסַּפְסָל:

대제사장은 재판할 수 있고 재판을 받을 수 있다. 증언할 수 있고 증언의 대상이 된다. 그는 신발 벗기기 의식을 수행할 수 있고, 그의 아내를 위해 신발 벗기기 의식이 수행될 수 있다. 〔형제들은〕 그의 미망인과 역연혼을 할 수 있지만, 〔형제의 미망인과〕 역연혼할 수 없다. 왜냐하면 그는 과부와 결혼할 수 없기 때문이다. 그의 가까운 친척이 죽으면, 그는 관을 따라갈 수 없다. 〔운구행렬〕이 사라지면 그는 나타날 수 있다. 그들이 나타나면 그는 〔그 관에〕 노출되지 않아야 한다. 그리고 그는 그 도시 입구까지 나갈 수 있다. 랍비 메이르의 말이다. 랍비 예후다는 말한다. "성전을 떠날 수 없습니다." 〔성서에〕 기록되었듯이, "그 성소에서 나오지 말며"(레 21:12). 그리고 그가 다른 사람들을 위로할 때 모든 사람들의 관례대로 한 사람씩 지나간다. 〔제사장들 중에〕 임명된 사람이 〔대제사장〕과 사람들 사이에 선다. 그리고 그가 다른 사람들의 위로를 받으면 모든 사람들이 그에게 말한다. "우리가 당신의 속죄입니다." 그리고 그는 그들에게 "하늘의 복을 받으십시오"라고 말한다. 그들이 그에게 식사로 위로할 때 모든 사람들은 땅에 기댄다. 그리고 그는 의자에 기댄다.

- 일반인들은 형이 사망할 경우 '이붐'(יבום)이라는 역연혼 제도를 통해 형수를 아내로 맞이해야 한다. 이것을 원치 않으면 '신발 벗기기'라는 의식을 통해 의무 결혼에서 벗어난다.
- 주검과 접촉하면 부정해지기 때문에 대제사장은 친척(제사장)의 장례에 참석하는 일 자체가 매우 제한되어 있다. 유족이며 친척인 제사장들 중에서 한 명을 임명해서 그와 백성들 사이에 두고 위로하는 의식으로 대체한다. 매장 후에 제공되는 식사를 할 때에는 백성들은 땅에 기대어 그와 슬픔을 같이하고 대제사장은 의자에 앉는다.

2, 2

הַמֶּלֶךְ לֹא דָן וְלֹא דָנִין אוֹתוֹ, לֹא מֵעִיד וְלֹא מְעִידִין אוֹתוֹ, לֹא חוֹלֵץ וְלֹא חוֹלְצִין לְאִשְׁתּוֹ. לֹא מְיַבֵּם וְלֹא מְיַבְּמִין לְאִשְׁתּוֹ. רַבִּי יְהוּדָה אוֹמֵר, אִם רָצָה לַחֲלֹץ אוֹ לְיַבֵּם, זָכוּר לְטוֹב. אָמְרוּ לוֹ, אֵין שׁוֹמְעִין לוֹ. וְאֵין נוֹשְׂאִין אַלְמְנָתוֹ. רַבִּי יְהוּדָה אוֹמֵר, נוֹשֵׂא הַמֶּלֶךְ אַלְמְנָתוֹ שֶׁל מֶלֶךְ, שֶׁכֵּן מָצִינוּ בְדָוִד שֶׁנָּשָׂא אַלְמְנָתוֹ שֶׁל שָׁאוּל, שֶׁנֶּאֱמַר (שמואל ב יב) וָאֶתְּנָה לְךָ אֶת בֵּית אֲדֹנֶיךָ וְאֶת נְשֵׁי אֲדֹנֶיךָ בְּחֵיקֶךָ:

왕은 재판할 수 없고 재판을 받지도 않는다. 그는 증언할 수 없고 〔다른 사람들〕이 그를 증언할 수도 없다. 그는 신발 벗기기 의식을 수행하지 않고 〔다른 사람들이〕 그의 아내를 위해 신발 벗기기 의식을 하지 않는다. 그는 역연혼을 하지 않고 〔그의 형제들이〕 그의 부인과 역연혼을 하지 않는다. 랍비 예후다는 말한다. "만약 그가 신발 벗기기 의식을 하거나, 역연혼을 원한다면 그는 긍정적으로 기억될 것입니다." 그들은 그에게 "그들의 말을 듣지 않아야 합니다." 아무도 그의 미망인과 결혼할 수 없다. 랍비 예후다는 말한다. "우리는 〔성경에서〕 다윗이 사울의 미망인과 결혼한 것을 보았듯이, 왕은 다른 왕의 미망인과 결혼할 수 있습니다. 〔성경에〕 기록되었듯이, 네 주인의 집을 네게 주고 네 주인의 아내들을 네 품에 두고(삼하 12:8)."

- 왕은 사법 체계에 관여하지 않는다. 이것은 구약 시대와 다른 시대적 상황을 반영한다.

2, 3

מֵת לוֹ מֵת, אֵינוֹ יוֹצֵא מִפֶּתַח פַּלְטְרִין שֶׁלּוֹ. רַבִּי יְהוּדָה אוֹמֵר, אִם רוֹצֶה לָצֵאת אַחַר הַמִּטָּה, יוֹצֵא, שֶׁכֵּן מָצִינוּ בְדָוִד שֶׁיָּצָא אַחַר מִטָּתוֹ שֶׁל אַבְנֵר, שֶׁנֶּאֱמַר (שם ג) וְהַמֶּלֶךְ דָּוִד הֹלֵךְ אַחֲרֵי הַמִּטָּה. אָמְרוּ לוֹ, לֹא הָיָה הַדָּבָר אֶלָּא לְפַיֵּס אֶת הָעָם. וּכְשֶׁמַּבְרִין אוֹתוֹ, כָּל הָעָם מְסֻבִּין עַל הָאָרֶץ וְהוּא מֵסֵב עַל הַדַּרְגָּשׁ:

그의 가까운 친척이 죽으면, 그의 궁전 입구에서 나갈 수 없다. 랍비 예후다는 말한다. "만약 그가 그 관을 따라가기를 원한다면 나갈 수 있다. 다윗도 아브넬의 상여를 따라 나갔기 때문이다. [성서에] 기록되었듯이, "다윗 왕이 상여를 따라가"(삼하 3:31). [그들은] 말했다. "그것은 단지 사람들을 달래기 위한 것이었다." 그리고 그들이 그에게 장례음식을 먹일 때 모든 사람들은 땅에 기댄다. 그리고 그는 의자에 기댄다.

- 랍비들은 왕이 친척의 죽음을 애도하는 의례에 참여할 필요가 없다고 보았다. 반면에 랍비 예후다는 성서의 이야기를 근거로 참여할 수 있다고 주장한다.
- 대제사장과 마찬가지로 다른 사람들이 바닥에 기댈 때 왕은 '다르가쉬'라는 의자에 기대는 것을 그에 대한 존경의 표현으로 본다.

2, 4

וּמוֹצִיא לְמִלְחֶמֶת הָרְשׁוּת עַל פִּי בֵית דִּין שֶׁל שִׁבְעִים וְאֶחָד. וּפוֹרֵץ לַעֲשׂוֹת לוֹ דֶרֶךְ, וְאֵין מְמַחִין בְּיָדוֹ. דֶּרֶךְ הַמֶּלֶךְ אֵין לוֹ שִׁעוּר. וְכָל הָעָם בּוֹזְזִין וְנוֹתְנִין לְפָנָיו, וְהוּא נוֹטֵל חֵלֶק בָּרֹאשׁ. לֹא יַרְבֶּה לוֹ נָשִׁים (דברים יז), אֶלָּא שְׁמֹנֶה

עֶשְׂרֵה. רַבִּי יְהוּדָה אוֹמֵר, מַרְבֶּה הוּא לוֹ, וּבִלְבַד שֶׁלֹּא יְהוּ מְסִירוֹת אֶת לִבּוֹ. רַבִּי שִׁמְעוֹן אוֹמֵר, אֲפִלּוּ אַחַת וּמְסִירָה אֶת לִבּוֹ, הֲרֵי זֶה לֹא יִשָּׂאֶנָּה. אִם כֵּן לָמָּה נֶאֱמַר (דברים יז) וְלֹא יַרְבֶּה לּוֹ נָשִׁים, אֲפִלּוּ כַּאֲבִיגָיִל. לֹא יַרְבֶּה לּוֹ סוּסִים (שם), אֶלָּא כְדֵי מֶרְכַּבְתּוֹ. וְכֶסֶף וְזָהָב לֹא יַרְבֶּה לּוֹ מְאֹד (שם), אֶלָּא כְדֵי לִתֵּן אַפְסַנְיָא. וְכוֹתֵב לוֹ סֵפֶר תּוֹרָה לִשְׁמוֹ. יוֹצֵא לַמִּלְחָמָה, מוֹצִיאָהּ עִמּוֹ. נִכְנָס, מַכְנִיסָהּ עִמּוֹ. יוֹשֵׁב בַּדִּין, הִיא עִמּוֹ. מֵסֵב, הִיא כְנֶגְדּוֹ, שֶׁנֶּאֱמַר (שם) וְהָיְתָה עִמּוֹ וְקָרָא בוֹ כָּל יְמֵי חַיָּיו:

〔왕〕은 일흔한 명의 법정을 통해 전쟁을 위해 징집할 수 있다. 그는 〔누구의 사적 공간이라도〕 뚫고 자신을 위해 도로를 건설할 수 있으며, 아무도 그를 막을 수 없다. 왕의 길에는 제한이 없다. 모든 사람들이 전리품을 취하여 그 앞에 놓아야 하며 그는 그 첫 부분을 취할 수 있다. "그는 많은 아내를 취하지 않도록 해야 하며"(신 17:17), 〔최대〕 열여덟 명이다. 랍비 예후다는 말한다. "그는 그들이 그의 마음을 〔하나님으로부터〕 멀리하지 않게 하면 많은 아내를 취할 수 있습니다." 랍비 쉼온은 말한다. "심지어 한 명일지라도 〔만약 그녀가〕 그를 〔하나님으로부터〕 멀어지게 한다면 그는 〔그녀와〕 결혼하지 않아야 합니다." 만약 그렇다면 왜 "그는 많은 아내들과 결혼하지 말아야 한다"고 말하는가? 심지어 〔그들이〕 아비가일과 같은 사람들일지라도. "그 자신을 위해 많은 말들을 두지 않도록 하라"(신 17:16). 단지 그의 마차에 충분할 정도로만 〔유지하라〕. 그리고 "은과 금을 자신을 위해 과하게 쌓도록 하지 말라"(신 17:17). 단지 그의 병사들에게 임금을 줄 정도로만 〔유지하라〕. 그는 자신을 위해 율법책을 등사해야 한다. 그가 전투에 나갈 때 그와 함께 그것을 가져가고, 그가 돌아올 때 그와 함께 그것을 가져와야 한다. 그가 재판하기 위해 앉을 때에 그것을 지니고 있어야 한다. 그리고 그가 앉아서 먹을 때 그것을 지니고 있어야 한다. 〔성서에〕 기록되었듯이, 그는 〔성서를〕 항상 곁에 두며, 평생 매일 〔성서〕를 읽어야 하리라(신 17:19).

- 앞부분에서는 왕으로서 갖는 여러 가지 권한을 열거하고 있고, 중간 이후부터 왕으로서 지켜야 할 의무에 대하여 말하고 있다.

2, 5

אֵין רוֹכְבִין עַל סוּסוֹ, וְאֵין יוֹשְׁבִין עַל כִּסְאוֹ, וְאֵין מִשְׁתַּמְּשִׁין בְּשַׁרְבִיטוֹ, וְאֵין רוֹאִין אוֹתוֹ כְּשֶׁהוּא מִסְתַּפֵּר וְלֹא כְשֶׁהוּא עָרֹם וְלֹא בְבֵית הַמֶּרְחָץ, שֶׁנֶּאֱמַר (שם) שׂוֹם תָּשִׂים עָלֶיךָ מֶלֶךְ, שֶׁתְּהֵא אֵימָתוֹ עָלֶיךָ:

어느 누구도 그의 말을 타거나 그의 왕좌에 앉을 수 없으며, 그의 홀도 사용할 수 없다. 그리고 어느 누구도 그가 머리카락을 자를 때나, 그가 벌거벗었을 때, 또는 목욕탕에 있을 때 그를 볼 수 없다. [성경에] 기록되었듯이, "반드시 네 하나님 여호와께서 택하신 자를 네 위에 왕으로 세울 것이며"(신 17:15).

- 사람들은 왕에게 경외심을 가져야 한다.

제3장

제3장은 재산에 대한 재판과 관련하여 재판관 구성, 증인이나 재판관의 자격이 되지 않는 경우, 증인들을 심문하는 과정과 최종 판결 방식 등을 자세하게 다룬다.

3, 1

דִּינֵי מָמוֹנוֹת, בִּשְׁלֹשָׁה. זֶה בּוֹרֵר לוֹ אֶחָד וְזֶה בּוֹרֵר לוֹ אֶחָד, וּשְׁנֵיהֶן בּוֹרְרִין לָהֶן עוֹד אֶחָד, דִּבְרֵי רַבִּי מֵאִיר. וַחֲכָמִים אוֹמְרִים, שְׁנֵי דַיָּנִין בּוֹרְרִין לָהֶן עוֹד אֶחָד. זֶה פוֹסֵל דַּיָּנוֹ שֶׁל זֶה וְזֶה פוֹסֵל דַּיָּנוֹ שֶׁל זֶה, דִּבְרֵי רַבִּי מֵאִיר. וַחֲכָמִים

אוֹמְרִים, אֵימָתַי, בִּזְמַן שֶׁמֵּבִיא עֲלֵיהֶן רְאָיָה שֶׁהֵן קְרוֹבִין אוֹ פְסוּלִין, אֲבָל אִם הָיוּ כְשֵׁרִים אוֹ מֻמְחִין, אֵינוֹ יָכוֹל לְפָסְלָן. זֶה פוֹסֵל עֵדָיו שֶׁל זֶה וְזֶה פוֹסֵל עֵדָיו שֶׁל זֶה, דִּבְרֵי רַבִּי מֵאִיר. וַחֲכָמִים אוֹמְרִים, אֵימָתַי, בִּזְמַן שֶׁהוּא מֵבִיא עֲלֵיהֶם רְאָיָה שֶׁהֵן קְרוֹבִים אוֹ פְסוּלִים. אֲבָל אִם הָיוּ כְשֵׁרִים, אֵינוֹ יָכוֹל לְפָסְלָן:

재산에 대한 재판은 세 명이 〔판결한다〕. 이 소송 당사자가 한 명〔의 재판관〕을 선택하고, 저 소송 당사자도 한 명〔의 재판관〕을 선택하며, 이 두 〔소송 당사자들〕이 또 한 명을 선택한다고 랍비 메이르는 말한다. 그러나 현자들은 말한다. "그 두 명의 재판관이 다른 한 명의 재판관을 선택합니다." 이 소송 당사자가 〔상대편의〕 재판관을 무효시킬 수 있고, 저 소송 당사자가 〔상대편의〕 재판관을 무효시킬 수 있다고 랍비 메이르는 말한다. 그러나 현자들은 말한다. "언제 그렇게 되는가? 그가 그들이 친척 관계라는 증거를 가지고 올 때 그러합니다. 그렇지 않으면 〔그의 주장은〕 무효입니다. 그러나 만일 그들이 적합하고 전문가들이라면 그는 그들을 무효시킬 수 없습니다." 이 소송 당사자가 〔상대편의〕 증인들을 무효시킬 수 있고, 저 소송 당사자가 〔상대편의〕 증인들을 무효시킬 수 있다고 랍비 메이르는 말한다. 그러나 현자들은 말한다. "언제 그렇게 되는가? 그가 그들이 친척 관계라는 증거를 가지고 올 때 그러합니다. 그렇지 않으면 〔그의 주장은〕 무효입니다. 그러나 만일 그들이 적합하고 전문가들이라면 그는 그들을 무효시킬 수 없습니다."

- 각 소송 당사자들은 재판관 한 명과 증인 두 명을 선택할 수 있지만, 그들이 친척관계라는 증거를 상대편이 제시하면 무효가 된다.

3, 2

אָמַר לוֹ נֶאֱמָן עָלַי אַבָּא, נֶאֱמָן עָלַי אָבִיךָ, נֶאֱמָנִין עָלַי שְׁלֹשָׁה רוֹעֵי בָקָר, רַבִּי מֵאִיר אוֹמֵר, יָכוֹל לַחֲזֹר בּוֹ. וַחֲכָמִים אוֹמְרִים, אֵינוֹ יָכוֹל לַחֲזֹר בּוֹ. הָיָה חַיָּב לַחֲבֵרוֹ שְׁבוּעָה וְאָמַר לוֹ דּוֹר לִי בְחַיֵּי רֹאשְׁךָ, רַבִּי מֵאִיר אוֹמֵר, יָכוֹל לַחֲזֹר בּוֹ. וַחֲכָמִים אוֹמְרִים, אֵין יָכוֹל לַחֲזֹר בּוֹ:

그 소송 당사자가 〔다른 소송당사자〕에게 "나는 나의 아버지를 신뢰할 수 있습니다" 또는 "나는 당신의 아버지를 신뢰할 수 있습니다" 또는 "나는 세 명의 목자들을 신뢰할 수 있습니다"라고 말했을 때, 랍비 메이르는 말한다. "그는 철회할 수 있습니다." 그러나 현자들은 말한다. "그는 철회할 수 없습니다." 어떤 사람이 〔법정에서〕 그의 동료 앞에서 맹세해야 했는데, 그의 동료가 그에게 "그대의 머리의 삶으로 서약하시오"라고 말했을 때, 랍비 메이르는 말한다. "그는 철회할 수 있습니다." 그러나 현자들은 말한다. "그는 철회할 수 없습니다."

- 랍비 메이르는 상대편 재판관이나 증인들을 받아들였더라도 나중에 이를 철회할 수 있다고 주장한다. 하지만 다른 랍비들은 철회할 수 없다고 말한다.
- 소송 당사자가 상대방에게 법정에서 토라의 법에 따라 맹세하는 대신, 자신 앞에서 약식으로 서약해도 된다고 말했다면, 랍비 메이르의 주장과 달리 그의 제안은 철회될 수 없다.

3, 3

וְאֵלּוּ הֵן הַפְּסוּלִין, הַמְשַׂחֵק בְּקֻבְיָא, וְהַמַּלְוֶה בְרִבִּית, וּמַפְרִיחֵי יוֹנִים, וְסוֹחֲרֵי שְׁבִיעִית. אָמַר רַבִּי שִׁמְעוֹן, בַּתְּחִלָּה הָיוּ קוֹרִין אוֹתָן אוֹסְפֵי שְׁבִיעִית, מִשֶּׁרַבּוּ הָאַנָּסִין, חָזְרוּ לִקְרוֹתָן סוֹחֲרֵי שְׁבִיעִית. אָמַר רַבִּי יְהוּדָה, אֵימָתַי, בִּזְמַן שֶׁאֵין לָהֶם אֻמָּנוּת אֶלָּא הִיא, אֲבָל יֵשׁ לָהֶן אֻמָּנוּת שֶׁלֹּא הִיא, כְּשֵׁרִין:

다음은 〔증인이나 재판관이 될〕 자격이 없는 사람들이다. 주사위 놀이하는 사람, 이자를 받고 돈을 빌려주는 사람, 비둘기 날리는 사람들, 안식년 농산물을 판매하는 사람들이다. 랍비 쉼온은 말했다. "처음에 그들은 안식년 농산물을 모은 사람들이라고 불렀다. 그러나 〔로마의〕 핍박자들이 〔징세를〕 증가시켰을 때부터 그들을 안식년 농산물 거래자들이라고 다시 바꾸었다. 랍비 예후다는 말했다. "언제 〔부적합한가?〕 그들이 다른 직업이 없을 때입니다. 그러나 만약 다른 직업을 가진다면 그들도 〔증인이나 재판관이 될〕 자격이 있습니다."

- 도박을 하거나 범법 행위를 한 사람은 증인이나 재판관이 될 자격이 없다. 비둘기를 날리는 것은 주사위 놀이처럼 일종의 도박으로 간주된다.

3, 4

וְאֵלּוּ הֵן הַקְּרוֹבִין, אָבִיו וְאָחִיו וַאֲחִי אָבִיו וַאֲחִי אִמּוֹ וּבַעַל אֲחוֹתוֹ וּבַעַל אֲחוֹת אָבִיו וּבַעַל אֲחוֹת אִמּוֹ וּבַעַל אִמּוֹ וְחָמִיו וְגִיסוֹ, הֵן וּבְנֵיהֶן וְחַתְנֵיהֶן, וְחוֹרְגוֹ לְבַדּוֹ. אָמַר רַבִּי יוֹסֵי, זוֹ מִשְׁנַת רַבִּי עֲקִיבָא. אֲבָל מִשְׁנָה רִאשׁוֹנָה, דּוֹדוֹ וּבֶן דּוֹדוֹ. וְכָל הָרָאוּי לְיָרְשׁוֹ, וְכָל הַקָּרוֹב לוֹ בְּאוֹתָהּ שָׁעָה. הָיָה קָרוֹב וְנִתְרַחֵק, הֲרֵי זֶה כָּשֵׁר. רַבִּי יְהוּדָה אוֹמֵר, אֲפִלּוּ מֵתָה בִתּוֹ וְיֵשׁ לוֹ בָנִים מִמֶּנָּה, הֲרֵי זֶה קָרוֹב:

다음은 〔증인이나 재판관이 될 자격이 없는〕 친척들이다. 〔소송인〕의 아버지, 형제, 아버지의 형제, 어머니의 형제, 자매의 남편, 고모의 남편, 이모의 남편, 어머니의 남편, 장인, 처형(또는 처제)의 남편, 그들과 그들의 아들들, 그녀들의 사위들, 그리고 〔소송인〕의 의붓아들만 〔증인이나 재판관이 될 자격이 없다〕. 랍비 요쎄는 말한다. "〔앞서 말한 규정들은 랍비 아키바의 미쉬나입니다. 그러나 초기 미쉬나는 〔다음과 같이 같습니다〕. 〔소송인〕의 삼촌 또는 그의 삼촌의 아들, 그의 상속자가 될 수 있는 모든 사람들, 그 당시 친척이었던 모든 사람들은 〔증인이나 재판관이 될 자격이 없습니다〕." 〔한때〕 친척관계였지만 〔친척과〕 관련이 없어졌으면 〔증인이나 재판관이 될〕 자격이 있다. 랍비 예후다는 말한다. "어떤 사람의 딸이 죽었는데, 〔사위에게〕 아들들이 남았다면 그녀의 남편은 친척으로 간주됩니다."

- '의붓아들만' 자격이 안 된다는 말은 의붓아들의 아들 즉 손자는 증인이나 재판관의 자격이 된다.
- 랍비 요쎄는 미쉬나의 발전 단계를 소개하고 있다. 위에서 말한 미쉬나는 랍비 아키바(기원후 50-135) 시대의 것이고 초기 미쉬나 버전을 그다음에 소개하고 있다.
- 과거에 친척관계였다고 하더라도 현재 친척관계가 아니면 증인이나 재판관의 자격이 된다.

3, 5

הָאוֹהֵב וְהַשּׂוֹנֵא. אוֹהֵב, זֶה שׁוֹשְׁבִינוֹ. שׂוֹנֵא, כָּל שֶׁלֹּא דִבֶּר עִמּוֹ שְׁלֹשָׁה יָמִים בְּאֵיבָה. אָמְרוּ לוֹ, לֹא נֶחְשְׁדוּ יִשְׂרָאֵל עַל כָּךְ:

사랑하는 사람이나 혐오하는 사람은 〔자격이 없다〕. 사랑하는 사람은 신랑의 들러리들이다. 혐오하는 사람은, 분노로 인해 3일 동안 말하지 않은 사람이다. 〔랍비들은 랍비 예후다〕에게 말한다. "이스라엘 사람들은 〔사랑이나 혐오로 인해 거짓으로 증언한다고〕 의심받지 않습니다."

- 랍비 예후다와 달리, 다른 랍비들은 개인적인 감정으로 위증하지 않기 때문에 증인이나 재판관의 자격이 된다고 보고 있다.

3, 6

כֵּיצַד בּוֹדְקִים אֶת הָעֵדִים, הָיוּ מַכְנִיסִין אוֹתָן וּמְאַיְּמִין עֲלֵיהֶן וּמוֹצִיאִין אֶת כָּל הָאָדָם לַחוּץ, וּמְשַׁיְּרִין אֶת הַגָּדוֹל שֶׁבָּהֶן, וְאוֹמְרִים לוֹ אֱמֹר הֵיאַךְ אַתָּה יוֹדֵעַ שֶׁזֶּה חַיָּב לָזֶה. אִם אָמַר, הוּא אָמַר לִי שֶׁאֲנִי חַיָּב לוֹ, אִישׁ פְּלוֹנִי אָמַר לִי שֶׁהוּא חַיָּב לוֹ, לֹא אָמַר כְּלוּם, עַד שֶׁיֹּאמַר, בְּפָנֵינוּ הוֹדָה לוֹ שֶׁהוּא חַיָּב לוֹ מָאתַיִם זוּז. וְאַחַר כָּךְ מַכְנִיסִין אֶת הַשֵּׁנִי וּבוֹדְקִים אוֹתוֹ. אִם נִמְצְאוּ דִבְרֵיהֶם מְכֻוָּנִים, נוֹשְׂאִין וְנוֹתְנִין בַּדָּבָר. שְׁנַיִם אוֹמְרִים זַכַּאי, וְאֶחָד אוֹמֵר חַיָּב, זַכַּאי. שְׁנַיִם אוֹמְרִים חַיָּב, וְאֶחָד אוֹמֵר זַכַּאי, חַיָּב. אֶחָד אוֹמֵר זַכַּאי, וְאֶחָד אוֹמֵר חַיָּב, וַאֲפִלּוּ שְׁנַיִם מְזַכִּין אוֹ שְׁנַיִם מְחַיְּבִין וְאֶחָד אוֹמֵר אֵינִי יוֹדֵעַ, יוֹסִיפוּ הַדַּיָּנִין:

〔재판관들〕은 증인들을 어떻게 조사하는가? 그들은 그들을 데려와서 경고한 다음, 그들을 밖으로 나가게 한 후에 가장 나이 많은 증인을 남겨둔다. 그리고 그들은 그에게 말한다. "당신은 이 사람이 이 사람에게 빚진 것을 어떻게 아는지 말하시오." 만약 그가 "나는 그에게 빚을 졌습니다", 또는 "아무개가 나에게 그가 그에게 빚을 졌습니다"라고 말했다면 그는 아무것도 말한 것이 아니다. "그는 우리 앞에서 그에게 200주즈 빚을 졌다고 인정했습니다"라고 말하지 않았다면 〔인정되지 않는다〕. 그 후 그들은 두 번째 증인을 데리고 와서 그를 조사한다. 만약 그들의 말이 일치하면 〔재판관들〕은 이 사안을 심의한다. 만약 두 〔재판관〕이 "그는 면제됩니다"라고 말하고 한 〔재판관〕이 "그는 책임이 있습니다"라고 말한다면, 그는 〔빚에서〕 면제된다. 만약 두 〔재판관〕이 "그는 책임이 있습니다"라고 말하고, 한 〔재판관〕이 "그는 면제됩니다"라고 말한다면 그는 〔빚을〕 갚아야 한다. 만약 한 사람이 "그는 면제됩니다"라고 말하고, 한 사람은 "그는 책임이 있습니다"라고 말한 경우나, 두 〔재판관〕이 그가 면제된다고 선언하거나 그가 책임이 있다고 선언할지라도, 〔나머지〕 한 사람이 "나는 모릅니다"라고 말한다면 그들은 더 많은 재판관들을 추가해야 한다.

- 질문의 내용과 답변을 듣지 못하도록 증인들은 한 명씩 조사를 받는다. 증인 두 명의 답변이 일치할 때 재판관들은 심의를 하고 결정을 한다.
- 세 명의 재판관들 중 다수의 견해를 따라 판결한다. 하지만 한 명의 재판관이라도 잘 모르겠다고 판단하면 더 많은 재판관을 추가하여 판결하게 된다.

3, 7

גָּמְרוּ אֶת הַדָּבָר, הָיוּ מַכְנִיסִין אוֹתָן. הַגָּדוֹל שֶׁבַּדַּיָּנִים אוֹמֵר, אִישׁ פְּלוֹנִי אַתָּה זַכַּאי, אִישׁ פְּלוֹנִי אַתָּה חַיָּב. וּמִנַּיִן לִכְשֶׁיֵּצֵא אֶחָד מִן הַדַּיָּנִים לֹא יֹאמַר אֲנִי מְזַכֶּה וַחֲבֵרַי מְחַיְּבִין אֲבָל מָה אֶעֱשֶׂה שֶׁחֲבֵרַי רַבּוּ עָלַי, עַל זֶה נֶאֱמַר לֹא תֵלֵךְ רָכִיל בְּעַמֶּךָ (ויקרא יט), וְאוֹמֵר הוֹלֵךְ רָכִיל מְגַלֶּה סּוֹד (משלי יא):

재판관들이 결정에 도달했을 때 그들은 〔소송 당사자들〕을 들어오게 한다. 선임 재판관이 말한다. "아무개 당신이 승소했고, 아무개 당신은 책임져야 합니다." 재판관들 중 누구도 법정을 떠나면서, "나는 그가 책임이 없다고 선언했고, 나의 동료들은 그에게 책임이 있다고 선언했다. 그런데 그들의 숫자가 나보다 많은데 나는 무엇을 할 수 있는가?"라고 말해서는 안 된다는 것을 어디에서 아는가? 〔성서에〕 기록되었다. "너는 네 백성 중에 돌아다니며 사람을 비방하지 말며"(레 19:16). 그리고 기록되었다. "두루 다니며 험담하는 자는 남의 비밀을 누설한다"(잠 11:13).

- 재판관들은 최종 판결만을 선포할 뿐 구체적인 찬반 여부에 대해서는 침묵해야 한다.

כָּל זְמַן שֶׁמֵּבִיא רְאָיָה, סוֹתֵר אֶת הַדִּין. אָמְרוּ לוֹ, כָּל רְאָיוֹת שֶׁיֵּשׁ לְךָ הָבֵא מִכָּאן עַד שְׁלֹשִׁים יוֹם. מָצָא בְתוֹךְ שְׁלֹשִׁים יוֹם, סוֹתֵר. לְאַחַר שְׁלֹשִׁים יוֹם, אֵינוֹ סוֹתֵר. אָמַר רַבָּן שִׁמְעוֹן בֶּן גַּמְלִיאֵל, מַה יַּעֲשֶׂה זֶה שֶׁלֹּא מָצָא בְתוֹךְ שְׁלֹשִׁים וּמָצָא לְאַחַר שְׁלֹשִׁים. אָמְרוּ לוֹ הָבֵא עֵדִים וְאָמַר אֵין לִי עֵדִים, אָמְרוּ הָבֵא רְאָיָה וְאָמַר אֵין לִי רְאָיָה, וּלְאַחַר זְמַן הֵבִיא רְאָיָה וּמָצָא עֵדִים, הֲרֵי זֶה אֵינוֹ כְלוּם. אָמַר רַבָּן שִׁמְעוֹן בֶּן גַּמְלִיאֵל, מַה יַּעֲשֶׂה זֶה שֶׁלֹּא הָיָה יוֹדֵעַ שֶׁיֵּשׁ לוֹ עֵדִים וּמָצָא עֵדִים, לֹא הָיָה יוֹדֵעַ שֶׁיֵּשׁ לוֹ רְאָיָה וּמָצָא רְאָיָה. אָמְרוּ לוֹ הָבֵא עֵדִים, אָמַר אֵין לִי עֵדִים, הָבֵא רְאָיָה וְאָמַר אֵין לִי רְאָיָה, רָאָה שֶׁמִּתְחַיֵּב בַּדִּין וְאָמַר קִרְבוּ פְּלוֹנִי וּפְלוֹנִי וְהַעִידוּנִי, אוֹ שֶׁהוֹצִיא רְאָיָה מִתּוֹךְ אֲפֻנְדָּתוֹ, הֲרֵי זֶה אֵינוֹ כְלוּם:

소송인이 증거를 제시할 수 있는 한, 그 판결을 뒤집을 수 있다. 만약 〔재판관들〕이 "당신이 가지고 있는 모든 증거를 30일 이내에 가지고 오시오"라고 말했는데 그가 〔증거들〕을 30일 이내에 찾았으면 〔판결을〕 뒤집을 수 있다. 30일이 지났으면 뒤집을 수 없다. 라반 쉼온 벤 감리엘이 말했다. "그가 〔증거를〕 30일 안에 찾지 못하고 30일 후에 그것을 찾았다면 무엇을 할 수 있겠는가?" 만약 그들이 그에게 "증인들을 데리고 오라"라고 말했는데, 그는"나는 증인들이 없다" 또는 〔만약 그들이〕 "증거를 가져오라"〔라고 말했는데〕 그가 "증거가 없다"라고 말하고, 그가 나중에 증거 또는 증인들을 발견했다면, 이것은 전혀 소용이 없다. 라반 쉼온 벤 감리엘이 말했다. "만약 그가 증인들이 있다는 것을 몰랐는데 증인들을 발견했거나, 그가 증거를 가지고 있다는 것을 몰랐는데, 증거를 발견했다면 그는 무엇을 할 수 있었는가?" 만약 그들이 그에게 "증인들을 데리고 오라"고 말했는데 그가 "나는 증인들이 없다"라고 말했으나, 그가 책임을 지게 될 것이라는 것을 알고, 그가 "아무개여, 아무개여 이리 와서 나를 위해 증언해주시오"라고 말하거나, 만약 그가 그의 지갑으로부터 증거를 가지고 왔다면 이것은 전혀 소용이 없다.

- 재판 이후에 새로운 증거나 증인을 데려올 수 있으면, 이전의 판결을 뒤집을 수 있다. 하지만 증거나 증인을 데려올 시간을 30일 이내라고 한정했을 경우에는 이 기간 내에 데려와야 효력이 있다.

제4장

이 장은 크게 두 가지 재판 즉 재산과 관련된 재판과 사형을 결정하는 재판의 차이점을 설명한다.

4, 1

אֶחָד דִּינֵי מָמוֹנוֹת וְאֶחָד דִּינֵי נְפָשׁוֹת, בִּדְרִישָׁה וּבַחֲקִירָה, שֶׁנֶּאֱמַר (ויקרא כד) מִשְׁפַּט אֶחָד יִהְיֶה לָכֶם. מַה בֵּין דִּינֵי מָמוֹנוֹת לְדִינֵי נְפָשׁוֹת. דִּינֵי מָמוֹנוֹת בִּשְׁלֹשָׁה, וְדִינֵי נְפָשׁוֹת בְּעֶשְׂרִים וּשְׁלֹשָׁה. דִּינֵי מָמוֹנוֹת פּוֹתְחִין בֵּין לִזְכוּת בֵּין לְחוֹבָה, וְדִינֵי נְפָשׁוֹת פּוֹתְחִין לִזְכוּת וְאֵין פּוֹתְחִין לְחוֹבָה. דִּינֵי מָמוֹנוֹת מַטִּין עַל פִּי אֶחָד בֵּין לִזְכוּת בֵּין לְחוֹבָה, וְדִינֵי נְפָשׁוֹת מַטִּין עַל פִּי אֶחָד לִזְכוּת וְעַל פִּי שְׁנַיִם לְחוֹבָה. דִּינֵי מָמוֹנוֹת מַחֲזִירִין בֵּין לִזְכוּת בֵּין לְחוֹבָה, דִּינֵי נְפָשׁוֹת מַחֲזִירִין לִזְכוּת וְאֵין מַחֲזִירִין לְחוֹבָה. דִּינֵי מָמוֹנוֹת הַכֹּל מְלַמְּדִין זְכוּת וְחוֹבָה, דִּינֵי נְפָשׁוֹת הַכֹּל מְלַמְּדִין זְכוּת וְאֵין הַכֹּל מְלַמְּדִין חוֹבָה. דִּינֵי מָמוֹנוֹת הַמְלַמֵּד חוֹבָה מְלַמֵּד זְכוּת וְהַמְלַמֵּד זְכוּת מְלַמֵּד חוֹבָה, דִּינֵי נְפָשׁוֹת הַמְלַמֵּד חוֹבָה מְלַמֵּד זְכוּת, אֲבָל הַמְלַמֵּד זְכוּת אֵין יָכוֹל לַחֲזֹר וּלְלַמֵּד חוֹבָה. דִּינֵי מָמוֹנוֹת דָּנִין בַּיּוֹם וְגוֹמְרִין בַּלַּיְלָה, דִּינֵי נְפָשׁוֹת דָּנִין בַּיּוֹם וְגוֹמְרִין בַּיּוֹם. דִּינֵי מָמוֹנוֹת גּוֹמְרִין בּוֹ בַּיּוֹם בֵּין לִזְכוּת בֵּין לְחוֹבָה, דִּינֵי נְפָשׁוֹת גּוֹמְרִין בּוֹ בַּיּוֹם לִזְכוּת וּבְיוֹם שֶׁלְּאַחֲרָיו לְחוֹבָה, לְפִיכָךְ אֵין דָּנִין לֹא בְּעֶרֶב שַׁבָּת וְלֹא בְּעֶרֶב יוֹם טוֹב:

재산에 관한 재판이나 사형 재판이나 모두 〔증인들에 대한〕 조사와 신문이 필요하다. 〔성서에〕 기록되었듯이, "너희들에게 동일한 법이 있게 하라"(레 24:22). 재산에 관한 재판은 사형 재판과 어떻게 다른가? 재산에 관한 재판은 세 명이 〔판결하고〕, 사형 재판은 스물세 명이 〔판결한다〕. 재산에 관한 재판은 면제하기 위해서나 또는 책임을 지우려고 〔심의〕를 시작한다. 사형 재판은 면제하기 위해 〔심의〕를 시작하고, 책임을 지우려고 〔시작하지 않는다〕. 재산에 관한 재판은 면제되든지 책임을 지든지 〔다수〕 한 명에 의해 판결난다. 사형 재판은 면제는 〔다수〕 한 명에 의해 판결나지만, 책임을 지우는 것은 〔다수〕 두 명으로 판결난다. 재산에 관한 재판은 〔책임에서〕 면제로 또는 〔면제에서〕 책임으로 〔판결〕을 되돌릴 수 있다. 사형 재판의 경우, 〔책임에서〕 면제로 되돌릴 수 있지만 〔면제에서〕 책임으로 되돌릴 수 없다. 재산에 관한 재판의 경우, 〔재판관들〕 모두 면제나 책임을 주장할 수 있다. 사형 재판은 〔재판관들〕 모두 면제를 주장할 수 있으나, 모두 책임을 주장할 수는 없다. 재산에 관한 재판의 경우 책임을 주장했던 재판관은 나중에 면제를 주장할 수 있으며, 면제를 주장했던 재판관이 그의 책임을 주장할 수 있다. 사형 재판의 경우 책임을 주장했던 재판관이 나중에 면제를 주장할 수는 있으나, 면제를 주장했던 재판관은 나중에 책임을 주장할 수는 없다. 재산에 관한 재판의 경우 〔재판관들〕은 재판을 낮 동안 진행하고 판결을 밤에 내릴 수 있다. 사형 재판의 경우 〔재판관들〕은 낮 동안 재판을 진행하고 그 판결도 낮 동안 내려야 한다. 재산에 관한 재판의 경우 면제이건 책임이건, 그 판결을 같은 날 내릴 수 있다. 사형 재판의 경우 면제는 〔재판한〕 바로 그날 내릴 수 있으나 책임은 오직 그다음 날 내릴 수 있다. 그러므로 〔사형 형벌〕 재판은 안식일 전날 저녁이나 명절 전날 저녁에는 할 수 없다.

• 재산에 관한 재판과 사형을 선고하는 재판은 증인을 신문하고 조사한다는 공통점이 있지만, 재판부를 구성하는 것부터 모든 것이 차이가 난다. 이러한 차이점은 생사를 가름하는 사형 재판은 재산에 관한 재판보다 모든 면에서 더욱 신중해야 하기 때문이다.

4, 2

דִּינֵי הַטֻּמְאוֹת וְהַטָּהֳרוֹת מַתְחִילִין מִן הַגָּדוֹל, דִּינֵי נְפָשׁוֹת מַתְחִילִין מִן הַצָּד. הַכֹּל כְּשֵׁרִין לָדוּן דִּינֵי מָמוֹנוֹת וְאֵין הַכֹּל כְּשֵׁרִין לָדוּן דִּינֵי נְפָשׁוֹת, אֶלָּא כֹּהֲנִים, לְוִיִּם, וְיִשְׂרְאֵלִים הַמַּשִּׂיאִין לַכְּהֻנָּה:

〔재산에 관한 재판은〕 부정(不淨)과 정결(淨潔)에 관련된 재판〔처럼 재판관들이〕 연장자순으로 〔의견 개진을〕 시작한다. 그러나 사형 재판의 경우 〔재판관들〕이 가장자리부터 시작한다. 재산에 관한 재판은 모든 재판관이 재판할 수 있다. 그러나 사형 재판의 경우 단지 제사장들, 레위인들, 그리고 〔그들의 딸들을〕 제사장들과 결혼시킬 수 있는 이스라엘 백성들만이 재판할 수 있다.

• 재산에 관한 재판과 사형 재판의 두 가지 차이점이 추가되고 있다.

4, 3

סַנְהֶדְרִין הָיְתָה כַּחֲצִי גֹרֶן עֲגֻלָּה, כְּדֵי שֶׁיְּהוּ רוֹאִין זֶה אֶת זֶה. וּשְׁנֵי סוֹפְרֵי הַדַּיָּנִין עוֹמְדִין לִפְנֵיהֶם, אֶחָד מִיָּמִין וְאֶחָד מִשְּׂמֹאל, וְכוֹתְבִין דִּבְרֵי הַמְזַכִּין וְדִבְרֵי הַמְחַיְּבִין. רַבִּי יְהוּדָה אוֹמֵר, שְׁלשָׁה, אֶחָד כּוֹתֵב דִּבְרֵי הַמְזַכִּין, וְאֶחָד כּוֹתֵב דִּבְרֵי הַמְחַיְּבִין, וְהַשְּׁלִישִׁי כוֹתֵב דִּבְרֵי הַמְזַכִּין וְדִבְרֵי הַמְחַיְּבִין:

산헤드린은 〔재판관들〕 모두가 서로 볼 수 있도록 둥근 타작마당의 절반처럼 배열되었다. 그들〔재판관들〕 앞에 재판관들의 두 서기관들이 한 명은 오른쪽에, 다른 한 명은 왼쪽에 선다. 랍비 예후다는 말한

다. "〔서기관들이〕 세 명입니다. 한 명은 무죄를 주장하는 말들을 기록하고, 〔또 다른〕 한 명은 유죄를 주장하는 말들을 기록하며, 세 번째 〔서기관은〕 무죄를 주장하는 말들과 유죄를 주장하는 말들을 기록합니다."

- 재판을 기록하는 서기관은 최소 두 명이 배치된다. 랍비 예후다는 한 명을 더 추가해 세 명이라고 주장한다.

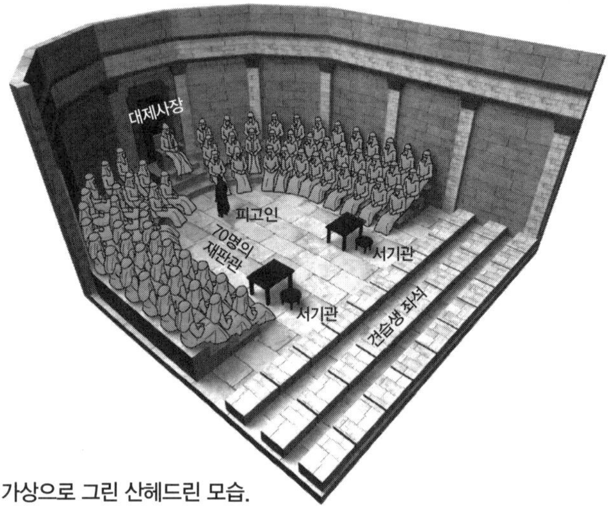

가상으로 그린 산헤드린 모습.

4, 4

וְשָׁלֹשׁ שׁוּרוֹת שֶׁל תַּלְמִידֵי חֲכָמִים יוֹשְׁבִין לִפְנֵיהֶם, כָּל אֶחָד וְאֶחָד מַכִּיר אֶת מְקוֹמוֹ. הָיוּ צְרִיכִין לִסְמֹךְ, סוֹמְכִין מִן הָרִאשׁוֹנָה. אֶחָד מִן הַשְּׁנִיָּה בָּא לוֹ לָרִאשׁוֹנָה וְאֶחָד מִן הַשְּׁלִישִׁית בָּא לוֹ לַשְּׁנִיָּה, וּבוֹרְרִין לָהֶן עוֹד אֶחָד מִן הַקָּהָל וּמוֹשִׁיבִין אוֹתוֹ בַּשְּׁלִישִׁית. וְלֹא הָיָה יוֹשֵׁב בִּמְקוֹמוֹ שֶׁל רִאשׁוֹן, אֶלָּא יוֹשֵׁב בְּמָקוֹם הָרָאוּי לוֹ:

그리고 현자들의 제자들이 그들 앞에 세 줄로 앉으며, 모든 한 사람 한 사람은 그들의 자리를 안다. 만약 〔재판관들〕이 〔새로운 재판관을〕 임명해야 한다면 첫 번째 줄에서 임명한다. 두 번째 줄에서 한 명이 첫 번째 줄로 올라가고, 세 번째 줄에서 또 한 명이 두 번째 줄로 올라가며, 회중에서 또 한 명을 선택한다. 그리고 그를 세 번째 줄에 앉힌다. 그리고 〔회중에서 선택한 사람〕은 첫 번째 줄에 앉지 못하지만 그에게 적합한 자리에 앉는다.

- 현자들의 제자들은 견습생들처럼 산헤드린 재판관들 앞에 세 줄로 앉는다. 새로운 재판관을 선택할 때에는 맨 앞줄에 있는 제자들 중에서 선택한다.

4, 5

כֵּיצַד מְאַיְּמִין אֶת הָעֵדִים עַל עֵדֵי נְפָשׁוֹת, הָיוּ מַכְנִיסִין אוֹתָן וּמְאַיְּמִין עֲלֵיהֶן. שֶׁמָּא תֹאמְרוּ מֵאֹמֶד, וּמִשְּׁמוּעָה, עֵד מִפִּי עֵד וּמִפִּי אָדָם נֶאֱמָן שְׁמַעְנוּ, אוֹ שֶׁמָּא אִי אַתֶּם יוֹדְעִין שֶׁסּוֹפֵנוּ לִבְדֹּק אֶתְכֶם בִּדְרִישָׁה וּבַחֲקִירָה. הֱווּ יוֹדְעִין שֶׁלֹּא כְדִינֵי מָמוֹנוֹת דִּינֵי נְפָשׁוֹת. דִּינֵי מָמוֹנוֹת, אָדָם נוֹתֵן מָמוֹן וּמִתְכַּפֵּר לוֹ. דִּינֵי נְפָשׁוֹת, דָּמוֹ וְדַם זַרְעִיּוֹתָיו תְּלוּיִין בּוֹ עַד סוֹף הָעוֹלָם, שֶׁכֵּן מָצִינוּ בְקַיִן שֶׁהָרַג אֶת אָחִיו, שֶׁנֶּאֱמַר (בראשית ד) דְּמֵי אָחִיךָ צֹעֲקִים, אֵינוֹ אוֹמֵר דַּם אָחִיךָ אֶלָּא דְּמֵי אָחִיךָ, דָּמוֹ וְדַם זַרְעִיּוֹתָיו. דָּבָר אַחֵר, דְּמֵי אָחִיךָ, שֶׁהָיָה דָמוֹ מֻשְׁלָךְ עַל הָעֵצִים וְעַל הָאֲבָנִים. לְפִיכָךְ נִבְרָא אָדָם יְחִידִי, לְלַמֶּדְךָ, שֶׁכָּל הַמְאַבֵּד נֶפֶשׁ אַחַת מִיִּשְׂרָאֵל, מַעֲלֶה עָלָיו הַכָּתוּב כְּאִלּוּ אִבֵּד עוֹלָם מָלֵא. וְכָל הַמְקַיֵּם נֶפֶשׁ אַחַת מִיִּשְׂרָאֵל, מַעֲלֶה עָלָיו הַכָּתוּב כְּאִלּוּ קִיֵּם עוֹלָם מָלֵא. וּמִפְּנֵי שְׁלוֹם הַבְּרִיּוֹת, שֶׁלֹּא יֹאמַר אָדָם לַחֲבֵרוֹ אַבָּא גָדוֹל מֵאָבִיךָ. וְשֶׁלֹּא יְהוּ מִינִין אוֹמְרִים, הַרְבֵּה רָשֻׁיּוֹת בַּשָּׁמָיִם. וּלְהַגִּיד גְּדֻלָּתוֹ שֶׁל הַקָּדוֹשׁ בָּרוּךְ הוּא, שֶׁאָדָם טוֹבֵעַ כַּמָּה מַטְבְּעוֹת בְּחוֹתָם אֶחָד וְכֻלָּן דּוֹמִין זֶה לָזֶה, וּמֶלֶךְ מַלְכֵי הַמְּלָכִים הַקָּדוֹשׁ בָּרוּךְ הוּא טָבַע כָּל אָדָם בְּחוֹתָמוֹ שֶׁל אָדָם הָרִאשׁוֹן וְאֵין אֶחָד מֵהֶן דּוֹמֶה לַחֲבֵרוֹ. לְפִיכָךְ כָּל אֶחָד וְאֶחָד חַיָּב לוֹמַר, בִּשְׁבִילִי נִבְרָא הָעוֹלָם. וְשֶׁמָּא תֹאמְרוּ מַה לָּנוּ וְלַצָּרָה הַזֹּאת, וַהֲלֹא כְבָר נֶאֱמַר (ויקרא ה)

וְהוּא עֵד אוֹ רָאָה אוֹ יָדָע אִם לוֹא יַגִּיד וְגוֹ'. וְשֶׁמָּא תֹאמְרוּ מַה לָּנוּ לָחוּב בְּדָמוֹ שֶׁל זֶה, וַהֲלֹא כְּבָר נֶאֱמַר (משלי יא) וּבַאֲבֹד רְשָׁעִים רִנָּה:

사형 재판에서 증인들을 어떻게 경고하는가? 〔재판관들〕은 〔증인들〕을 안으로 데리고 와서 〔다음과 같이〕 경고한다. "아마도 당신들은 추측이나 소문 또는 다른 증인으로부터 〔들은〕 증언, 또는 신뢰할 만한 사람으로부터 〔들은 증언〕, 또는 아마도 우리가 당신을 조사하고 신문할 것이라는 것을 당신은 모른 채 증언할 것입니다. 더 나아가 사형 재판은 재산에 관한 재판과 다르다는 것을 알아야 합니다. 재산에 관한 재판에서는 〔유죄 판결 받은〕 사람은 돈을 지급하고 속죄를 받습니다. 그러나 사형 재판에서는 증인은 〔잘못 고소된 피고인〕 그의 피와 그 자손들의 피에 이 세상 끝날까지 책임이 있습니다." 〔성서에〕 기록되었듯이. "네 아우의 피들이 소리친다"(창 4:10). 우리는 그의 아우를 살해한 가인의 〔사례에서〕 그것을 발견했다. 네 아우의 피가 아니라 네 아우의 피들이다. 즉 그의 피와 그의 자손들의 피를 의미하기 때문이다. 달리 얘기하면 그의 피는 나무들과 돌들에 뿌려진 "네 아우의 피들"이다. 그러므로 한 사람이 창조된 것은 어떤 사람이 이스라엘로부터 한 사람의 생명을 죽게 했다면 그는 〔성서에〕 기록되었듯이 세상 전체를 사망하게 한 것으로 가르치기 위함이다. 그리고 어떤 사람이 이스라엘로부터 한 생명을 살렸다면 그는 〔성서에〕 기록되었듯이, 세상 전체를 살린 것이다. 또한 인류의 평화를 위하여 다른 사람에게 "나의 아버지는 당신의 아버지보다 위대합니다"라고 말해서는 안 된다. 그리고 이단자들은 "하늘에 많은 권력들이 있습니다"라고 말해서는 안 된다. 축복받으실 거룩하신 분의 위대함을 가르치기 위하여 사람은 하나의 인장으로 많은 동전들을 주조하지만 그것들은 모두 같다. 그러나 만왕의 왕이시며 축복받으시기에 합당한

거룩하신 하나님은 첫 번째 사람의 형상으로 모든 사람을 창조하셨으나, 한 사람도 다른 사람과 같은 사람은 없다. 그러므로 모든 사람은 "나를 위하여 이 세상이 창조되었습니다"라고 말해야 한다. 그리고 아마도 당신들은 "우리는 왜 이 문제와 얽혀야 하는가?"라고 말할 것이다. 그러나 이 〔성서에〕 기록되지 않았는가? "그가 증인이거나, 보거나, 알았는데도 〔그 본 일이나 아는 일을〕 진술치 아니하면"(레 5:1). 그리고 아마도 당신들은 "우리가 왜 이 사람의 피 때문에 책임을 져야 하는가?"라고 말할 것이다. 그러나 이미 〔성서에〕 기록되지 않았는가? "악인들이 패망하면 기쁨이 있다"(잠 11:10).

- 사형을 결정하는 재판관들은 증인들에게 우선 그들의 증언이 얼마나 중대한 것인지, 그들의 증언이 얼마나 올바른지 검토하고, 증인들의 잘못은 피고인과 피고인의 후손들에게 세상 끝날까지 책임이 있음을 엄중히 경고한다.
- '가인'과 '아담'의 예를 들어 랍비들은 한 사람을 죽이는 것은 그의 후손 전체를 죽이는 것과 같고, 한 사람을 살린 것은 세상 전체를 살린 것과 같다는 미드라쉬적인 해석을 하고 있다.
- 경고로 인해 증인들이 진술하는 것 자체를 꺼릴 수 있다. 하지만 그럼에도 불구하고 증언하는 것은 성서의 명령이고 세상을 깨끗하게 하는 방법이다.

제5장

제5장은 증인 심문 과정, 재판관 임용 절차를 다룬다.

5, 1

הָיוּ בוֹדְקִין אוֹתָן בְּשֶׁבַע חֲקִירוֹת, בְּאֵיזֶה שָׁבוּעַ, בְּאֵיזוֹ שָׁנָה, בְּאֵיזֶה חֹדֶשׁ, בְּכַמָּה בַחֹדֶשׁ, בְּאֵיזֶה יוֹם, בְּאֵיזוֹ שָׁעָה, בְּאֵיזֶה מָקוֹם. רַבִּי יוֹסֵי אוֹמֵר בְּאֵיזֶה יוֹם, בְּאֵיזוֹ שָׁעָה, בְּאֵיזֶה מָקוֹם. מַכִּירִין אַתֶּם אוֹתוֹ. הִתְרֵיתֶם בּוֹ. הָעוֹבֵד עֲבוֹדָה זָרָה, אֶת מִי עָבַד, וּבַמֶּה עָבָד:

〔재판관들〕은 일곱 가지 질문으로 그들을 조사한다. 〔50년 희년 주기 중〕 몇 주년에, 〔7년 중〕 어느 해에, 어느 달에, 한 달에 몇 번, 어느 날에, 몇 시에 〔발생했는지 묻는다〕. 랍비 요쎄는 말한다. "어느 날, 몇 시에, 어떤 장소에서 〔발생했는지 묻습니다〕." 〔재판관들은 또한 질문한 것이다〕. "당신들은 그를 아는가? 그에게 경고했는가? 만약 우상숭배 범죄를 범했다면 〔이런 질문을 할 것이다〕. "어떤 우상을 섬겼는가? 어떻게 섬겼는가?"

- 재판관들은 일단 증인들이 사건 현장에 있었는지를 알아보기 위해 정확한 시기와 장소를 묻는다. 이때 50년마다 있는 희년 중 몇 번째 주년(week-year)인지, 7년마다 있는 안식년의 몇 번째 해인지 묻는 것이 유대력만의 특징이다.

5, 2

כָּל הַמַּרְבֶּה בִבְדִיקוֹת, הֲרֵי זֶה מְשֻׁבָּח. מַעֲשֶׂה וּבָדַק בֶּן זַכַּאי בְּעֻקְצֵי תְאֵנִים. וּמַה בֵּין חֲקִירוֹת לִבְדִיקוֹת. חֲקִירוֹת, אֶחָד אוֹמֵר אֵינִי יוֹדֵעַ, עֵדוּתָן בְּטֵלָה. בְּדִיקוֹת, אֶחָד אוֹמֵר אֵינִי יוֹדֵעַ, וַאֲפִלּוּ שְׁנַיִם אוֹמְרִים אֵין אָנוּ יוֹדְעִין, עֵדוּתָן

קַיֶּמֶת. אֶחָד חֲקִירוֹת וְאֶחָד בְּדִיקוֹת, בִּזְמַן שֶׁמַּכְחִישִׁין זֶה אֶת זֶה, עֵדוּתָן בְּטֵלָה:

〔재판관〕이 더 많이 조사할수록 칭찬을 받는다. 벤 자카이는 〔한때〕 무화과의 줄기를 조사했다. 질문들과 조사들 간의 차이는 무엇인가? 질문들의 경우 어떤 사람이 "나는 모릅니다"라고 말했다면 그 증언은 무효다. 그러나 조사들의 경우 만약 한 사람이 "나는 모릅니다"라고 답하고, 심지어 "두 사람이 우리는 모릅니다"라고 대답했더라도 그들의 증언은 유효하다. 〔그러나〕 질문 중이든지 조사 중이든지 〔증언들이〕 서로 일치하지 않으면, 그들의 증언은 무효다.

- 장소나 시간과 같은 기본적인 '질문'에 답을 하지 못한 경우에, 그의 증언은 무효다. 하지만 세부적인 '조사'에 답을 하지 못한 경우에, 그의 증언은 유효하다.
- 하지만 질문이든 조사든 두 증인의 진술이 모순된다면 이들의 증언은 무효다.

5, 3

אֶחָד אוֹמֵר בִּשְׁנַיִם בַּחֹדֶשׁ וְאֶחָד אוֹמֵר בִּשְׁלֹשָׁה בַּחֹדֶשׁ, עֵדוּתָן קַיֶּמֶת, שֶׁזֶּה יוֹדֵעַ בְּעִבּוּרוֹ שֶׁל חֹדֶשׁ וְזֶה אֵינוֹ יוֹדֵעַ בְּעִבּוּרוֹ שֶׁל חֹדֶשׁ. אֶחָד אוֹמֵר בִּשְׁלֹשָׁה וְאֶחָד אוֹמֵר בַּחֲמִשָּׁה, עֵדוּתָן בְּטֵלָה. אֶחָד אוֹמֵר בִּשְׁתֵּי שָׁעוֹת וְאֶחָד אוֹמֵר בְּשָׁלֹשׁ שָׁעוֹת, עֵדוּתָן קַיֶּמֶת. אֶחָד אוֹמֵר בְּשָׁלֹשׁ וְאֶחָד אוֹמֵר בְּחָמֵשׁ, עֵדוּתָן בְּטֵלָה. רַבִּי יְהוּדָה אוֹמֵר, קַיֶּמֶת. אֶחָד אוֹמֵר בְּחָמֵשׁ וְאֶחָד אוֹמֵר בְּשֶׁבַע, עֵדוּתָן בְּטֵלָה, שֶׁבְּחָמֵשׁ חַמָּה בַּמִּזְרָח וּבְשֶׁבַע חַמָּה בַּמַּעֲרָב:

한 사람은 그달 2일에 〔일어났다고〕 말하고 〔다른〕 한 사람은 그 달 3일에 〔일어났다고〕 말한 경우 그들의 증언은 유효하다. 이 사람은 그달이 윤달임을 인식하고 있었으나 다른 한 사람은 그달이 윤달임을 인식하지 못했기 때문이다. 어떤 사람이 3일에 〔일어났다고〕 말하고 〔다른〕 한 사람은 5일에 〔일어났다고〕 말한다면 그들의 증언은 무효다. 어떤 사람이 2시에 〔일어났다고〕 말하고 다른 사람은 3시에 〔일어났다고〕 말한다면, 그들의 증언은 유효하다. 어떤 사람이 3시에 〔일어났다고〕 말하고 다른 사람은 5시에 〔일어났다고〕 말한다면, 그들의 증언은 무효다. 랍비 예후다는 말한다. "유효합니다. 〔그러나〕 어떤 한 사람은 5시에 〔일어났다고〕 말하고 다른 사람은 7시에 〔일어났다고〕 말한다면 그들의 증언은 무효입니다. 왜냐하면 5시에 태양은 동쪽에 있고, 7시에 태양은 서쪽에 있기 때문입니다."

- 증인들의 진술이 실수도 차이가 나거나 1시간 정도의 작은 차이라면 유효하다. 하지만 차이가 크거나 충분히 구별이 가능한 상황인데 그렇지 않다면 무효다.
- 아침 6시에 시작하는 미쉬나(로마) 시대에, 5시는 오전 11시로 아직 해가 동쪽에 있는 상황이지만, 7시면 오후 1시로 해가 서쪽을 향해 가고 있기 때문에 구별이 가능한 것으로 본다.

5, 4

וְאַחַר כָּךְ מַכְנִיסִין אֶת הַשֵּׁנִי וּבוֹדְקִין אוֹתוֹ. אִם נִמְצְאוּ דִבְרֵיהֶם מְכֻוָּנִין, פּוֹתְחִין בִּזְכוּת. אָמַר אֶחָד מִן הָעֵדִים יֶשׁ לִי לְלַמֵּד עָלָיו זְכוּת, אוֹ אֶחָד מִן הַתַּלְמִידִים יֶשׁ לִי לְלַמֵּד עָלָיו חוֹבָה, מְשַׁתְּקִין אוֹתוֹ. אָמַר אֶחָד מִן הַתַּלְמִידִים יֶשׁ לִי לְלַמֵּד עָלָיו זְכוּת, מַעֲלִין אוֹתוֹ וּמוֹשִׁיבִין אוֹתוֹ בֵּינֵיהֶן, וְלֹא הָיָה יוֹרֵד מִשָּׁם כָּל הַיּוֹם כֻּלּוֹ. אִם יֵשׁ מַמָּשׁ בִּדְבָרָיו, שׁוֹמְעִין לוֹ. וַאֲפִלּוּ הוּא אוֹמֵר יֶשׁ לִי לְלַמֵּד עַל עַצְמִי זְכוּת, שׁוֹמְעִין לוֹ, וּבִלְבַד שֶׁיֵּשׁ מַמָּשׁ בִּדְבָרָיו:

그런 다음 그들은 두 번째 증인을 안으로 데려와서 조사한다. 만약 그들의 진술이 일치한다면 무죄판결 〔검토를〕 시작한다. 만약 증인

들 중 한 사람이 "나는 그가 무죄라고 제시할 수 있습니다"라고 말하거나, 제자들 중 한 사람이 "나는 그에게 책임이 있다고 제시할 수 있습니다"라고 말했다면 그들은 그를 침묵하게 한다. 만약 제자들 중 한 명이 "나는 그가 무죄라고 제시할 수 있습니다"라고 말했다면, [재판관들]은 그를 올려서 그들 가운데 앉히고 그날 하루 종일 내려가지 않는다. 만약 그의 진술에 실체가 있다면 그들은 [그의 진술을] 청취한다. 그가 심지어 "나는 내가 무죄라고 제시할 수 있습니다"라고 말할지라도 그의 진술에 실체가 있는 한 그의 [진술을] 청취한다.

- 동일한 증언을 반복하는 것은 금지된다. 그리고 재판에 견습생으로 앉아 있던 제자가 유죄를 입증하는 증언을 하는 것도 금지된다.
- 제자가 무죄를 증명할 수 있다고 말하면, 그를 재판관들의 자리에 앉게 하여 그의 말을 경청한다.

5, 5

אִם מָצְאוּ לוֹ זְכוּת, פְּטָרוּהוּ. וְאִם לָאו, מַעֲבִירִין דִּינוֹ לְמָחָר. הָיוּ מִזְדַּוְּגִין
זוּגוֹת זוּגוֹת, וּמְמַעֲטִין בְּמַאֲכָל, וְלֹא הָיוּ שׁוֹתִין יַיִן כָּל הַיּוֹם, וְנוֹשְׂאִין וְנוֹתְנִין
כָּל הַלַּיְלָה, וְלַמָּחֳרָת מַשְׁכִּימִין וּבָאִין לְבֵית דִּין. הַמְזַכֶּה אוֹמֵר אֲנִי מְזַכֶּה
וּמְזַכֶּה אֲנִי בִמְקוֹמִי, וְהַמְחַיֵּב אוֹמֵר אֲנִי מְחַיֵּב וּמְחַיֵּב אֲנִי בִמְקוֹמִי. הַמְלַמֵּד
חוֹבָה מְלַמֵּד זְכוּת, אֲבָל הַמְלַמֵּד זְכוּת אֵינוֹ יָכוֹל לַחֲזֹר וּלְלַמֵּד חוֹבָה. טָעוּ
בְדָבָר, שְׁנֵי סוֹפְרֵי הַדַּיָּנִין מַזְכִּירִין אוֹתָן. אִם מָצְאוּ לוֹ זְכוּת, פְּטָרוּהוּ. וְאִם
לָאו, עוֹמְדִים לְמִנְיָן. שְׁנֵים עָשָׂר מְזַכִּין וְאַחַד עָשָׂר מְחַיְּבִין, זַכַּאי. שְׁנֵים עָשָׂר
מְחַיְּבִין וְאַחַד עָשָׂר מְזַכִּין, וַאֲפִלּוּ אַחַד עָשָׂר מְזַכִּין וְאַחַד עָשָׂר מְחַיְּבִין
וְאֶחָד אוֹמֵר אֵינִי יוֹדֵעַ, וַאֲפִלּוּ עֶשְׂרִים וּשְׁנַיִם מְזַכִּין אוֹ מְחַיְּבִין וְאֶחָד אוֹמֵר
אֵינִי יוֹדֵעַ, יוֹסִיפוּ הַדַּיָּנִין. עַד כַּמָּה מוֹסִיפִין, שְׁנַיִם שְׁנַיִם עַד שִׁבְעִים וְאֶחָד.
שְׁלֹשִׁים וְשִׁשָּׁה מְזַכִּין וּשְׁלֹשִׁים וַחֲמִשָּׁה מְחַיְּבִין, זַכַּאי. שְׁלֹשִׁים וְשִׁשָּׁה
מְחַיְּבִין וּשְׁלֹשִׁים וַחֲמִשָּׁה מְזַכִּין, דָּנִין אֵלּוּ כְּנֶגֶד אֵלּוּ עַד שֶׁיִּרְאֶה אֶחָד מִן
הַמְחַיְּבִין דִּבְרֵי הַמְזַכִּין:

만약 그들이 그의 무죄의 〔증거를〕 발견했다면 그는 석방된다. 만약 그렇지 않다면 그의 판결은 그다음 날로 넘어간다. 이 기간 동안 〔재판관들〕은 서로 짝을 지어서 음식을 줄이고 종일 포도주를 마시지 않으며 밤새 사건에 대해 토론한다. 그다음 날 아침 그들은 일찍 일어나 법정으로 간다. 〔피고인의〕 무죄를 주장하는 사람은 말한다. "나는 무죄를 주장했고, 나는 무죄를 유지합니다." 〔피고인의〕 유죄를 주장하는 사람은 말한다. "나는 유죄를 주장했고, 나는 〔피고인의〕 유죄 취지를 유지합니다." 〔피고인의〕 유죄를 주장했던 사람은 무죄를 주장할 수 있다. 그러나 무죄를 주장했던 사람은 번복하여 〔피고인의〕 유죄를 주장할 수 없다. 만약 그들이 말에 실수했다면 그 두 재판관의 서기관들이 그들에게 상기시켜줘야 한다. 만약 그들이 〔그 피고인의〕 무죄를 지지하는 주장을 발견했다면 그들은 그를 석방한다. 만약 그렇지 않다면 〔재판관들〕은 투표하기 위해 선다. 〔만약〕 열두 명의 재판관들이 〔피고인의〕 무죄에 투표하고 열한 명의 재판관들이 〔피고인의〕 유죄에 투표하면 〔그 피고인은〕 무죄다. 〔만약〕 열두 명의 재판관들이 〔피고인의〕 유죄에 투표하고 열한 명의 재판관들이 〔피고인의〕 무죄에 투표한다면, 심지어 열한 명의 재판관들이 〔피고인의〕 유죄에 투표하고 열한 명의 재판관들이 〔피고인의〕 무죄에 투표하며, 한 명의 재판관이 "나는 모른다"라고 말한다면, 그리고 심지어 스물두 명의 재판관들이 〔그 피고인의〕 무죄에 투표하거나 또는 〔그 피고인의〕 유죄에 투표하고 한 명의 재판관이 "나는 모른다"라고 말한다면, 재판관들을 추가해야 한다. 몇 명을 추가해야 하는가? 두 명씩 두 명씩 일흔한 명이 될 때까지 추가한다. 만약 서른여섯 명의 재판관들이 〔그 피고인의〕 무죄에 투표하고, 서른다섯 명의 재판관들이 〔그 피고인의〕 유죄에 투표하면 〔그 피고인은〕 무죄다. 〔만약〕 서른여섯 명의 〔재판관들이 피고인의〕 유죄에 투표하고 서른다섯 명의 재판관들이 〔피고인의〕 무죄에 투표하면, 그들은 〔그 피고인의〕 유죄에 투표한 한 명이 〔그 피고인의〕 무죄 투표에 동의할 때까지 서로 토론한다.

- 23명의 재판관이 사형 선고를 내리기 위해서는 최소 2명 이상의 다수가 나와야 한다. 따라서 13명의 재판관이 유죄(사형)에 찬성해야 한다. 만약 그렇지 않으면 2명씩 재판관을 추가해서 다시 투표한다.
- 최대 재판관 수는 71명이며 최종적으로 36명의 재판관들이 유죄(사형)를 주장하고 35명의 재판관들이 무죄를 주장할 경우에는, 유죄를 주장했던 재판관 중에서 최소 한 명이 무죄에 동의할 때까지 토론이 계속된다.

제6장

제6장은 투석형을 선고받은 사람이 어떻게 집행되고 시신은 어떻게 매장되는지 다룬다.

6, 1

נִגְמַר הַדִּין, מוֹצִיאִין אוֹתוֹ לְסָקְלוֹ. בֵּית הַסְּקִילָה הָיָה חוּץ לְבֵית דִּין, שֶׁנֶּאֱמַר (ויקרא כד) הוֹצֵא אֶת הַמְקַלֵּל. אֶחָד עוֹמֵד עַל פֶּתַח בֵּית דִּין וְהַסּוּדָרִין בְּיָדוֹ, וְאָדָם אֶחָד רוֹכֵב הַסּוּס רָחוֹק מִמֶּנּוּ כְּדֵי שֶׁיְּהֵא רוֹאֵהוּ. אוֹמֵר אֶחָד יֵשׁ לִי לְלַמֵּד עָלָיו זְכוּת, הַלָּה מֵנִיף בַּסּוּדָרִין וְהַסּוּס רָץ וּמַעֲמִידוֹ. וַאֲפִלּוּ הוּא אוֹמֵר יֵשׁ לִי לְלַמֵּד עַל עַצְמִי זְכוּת, מַחֲזִירִין אוֹתוֹ אֲפִלּוּ אַרְבָּעָה וַחֲמִשָּׁה פְּעָמִים, וּבִלְבַד שֶׁיֵּשׁ מַמָּשׁ בִּדְבָרָיו. מָצְאוּ לוֹ זְכוּת, פְּטָרוּהוּ, וְאִם לָאו, יוֹצֵא לִסָּקֵל. וְכָרוֹז יוֹצֵא לְפָנָיו, אִישׁ פְּלוֹנִי בֶּן פְּלוֹנִי יוֹצֵא לִסָּקֵל עַל שֶׁעָבַר עֲבֵרָה פְּלוֹנִית, וּפְלוֹנִי וּפְלוֹנִי עֵדָיו, כָּל מִי שֶׁיּוֹדֵעַ לוֹ זְכוּת יָבֹא וִילַמֵּד עָלָיו:

재판이 완료되면 그를 투석형에 처하기 위해 끌어낸다. [성서에] 기록되었듯이, "저주한 자를 끌어내라"(레 24:14). 투석형 집행 장소는 법정 밖이다. 한 사람이 법정 입구에 서 있는데 그의 손에는 천이 들려 있다. 그리고 다른 한 사람은 말 위에서 그로부터 멀리 떨어져 있지만 그를 볼 수 있을 정도의 거리에 있다. 어떤 사람이 "그의 무죄를 [입증할 증거]를 내가 가지고 있습니다"라고 말하면, 그 사람은 천을 흔들고 말은 달려서 그를 서게 한다. 그리고 그 자신이 "나의 무죄를 [입증할 증거]를 내가 가지고 있습니다"라고 그가 말한다면, 그의 주장에 실체가 있는 한 그들은 심지어 네 번이나 다섯 번 그를 되돌릴 수 있다. 그러나 만약 [실체가] 없다면 그는 투석형에 처해진다. 만약 [재판관들]이 그의 무죄 근거를 발견했다면 그를 석방하고, 만약 그렇지 않으면 투석형에 처해진다. 외치는 사람이 그의 앞에서 [다음과 같이 선언한다]. "아무개의 아들 아무개는 이러이러한 범죄를 범했고, 아무개와 아무개가 그에 대한 증인들이었기 때문에 그를 투석형에 처한다. 그가 무죄임을 아는 모든 사람들은 와서, 그에 대하여 진술하시오."

- 비록 투석형이라는 잔인한 형벌을 집행하면서도 마지막 순간까지 무죄의 가능성을 열어둔다. 그리고 언제든지 집행을 중단할 수 있는 방법이 준비되어 있다.

6, 2

הָיָה רָחוֹק מִבֵּית הַסְּקִילָה כְּעֶשֶׂר אַמּוֹת, אוֹמְרִים לוֹ הִתְוַדֵּה, שֶׁכֵּן דֶּרֶךְ הַמּוּמָתִין מִתְוַדִּין, שֶׁכָּל הַמִּתְוַדֶּה יֶשׁ לוֹ חֵלֶק לָעוֹלָם הַבָּא. שֶׁכֵּן מָצִינוּ בְעָכָן שֶׁאָמַר לוֹ יְהוֹשֻׁעַ, בְּנִי שִׂים נָא כָבוֹד לַה' אֱלֹהֵי יִשְׂרָאֵל וְתֶן לוֹ תוֹדָה וְגוֹ' וַיַּעַן עָכָן אֶת יְהוֹשֻׁעַ וַיֹּאמַר אָמְנָה אָנֹכִי חָטָאתִי לַה' אֱלֹהֵי יִשְׂרָאֵל וְכָזֹאת וְגוֹ' (יהושע ז). וּמִנַּיִן שֶׁכִּפֵּר לוֹ וִדּוּיוֹ, שֶׁנֶּאֱמַר (שם) וַיֹּאמֶר יְהוֹשֻׁעַ מֶה

עֲכַרְתָּנוּ יַעְכָּרְךָ ה' בַּיּוֹם הַזֶּה. הַיּוֹם הַזֶּה אַתָּה עָכוּר, וְאִי אַתָּה עָכוּר לָעוֹלָם הַבָּא. וְאִם אֵינוֹ יוֹדֵעַ לְהִתְוַדּוֹת, אוֹמְרִים לוֹ, אֱמֹר תְּהֵא מִיתָתִי כַפָּרָה עַל כָּל עֲוֹנוֹתָי. רַבִּי יְהוּדָה אוֹמֵר, אִם הָיָה יוֹדֵעַ שֶׁהוּא מְזֻמָּם, אוֹמֵר תְּהֵא מִיתָתִי כַפָּרָה עַל כָּל עֲוֹנוֹתַי חוּץ מֵעָוֹן זֶה. אָמְרוּ לוֹ, אִם כֵּן, יְהוּ כָל אָדָם אוֹמְרִים כָּךְ כְּדֵי לְנַקּוֹת אֶת עַצְמָן:

그가 투석형 집행 장소로부터 약 10아마 정도 떨어져 있을 때 그들은 그에게 말한다. “사형이 집행되는 사람은 누구든지 고백하는 관습에 따라, 〔당신도〕 고백하시오. 누구든지 고백하는 사람은 오는 세상에서 분깃이 있기 때문이오.” 아간의 경우 여호수아가 그에게 말했던 것을 우리는 발견하기 때문이다. 여호수아가 아간에게 이르되 “내 아들아 청하노라. 이스라엘의 하나님 여호와께 영광을 돌려 그 앞에 자복하고 〔네가 행한 일을 내게 고하라. 그 일을 내게 숨기지 말라〕”(수 7:19). 그리고 아간은 여호수아에게 대답하고 말했다. “참으로 나는 이스라엘 하나님 여호와께 죄를 범하여, 여차 여차히 행하였나이다”(수 7:20). 그러면 그의 고백이 그를 속죄했다는 것을 어디에서 알 수 있는가? 그리고 여호수아가 말했다. “네가 어찌하여 우리를 괴롭게 하였느냐? 여호와께서 오늘날 너를 괴롭게 하실 것이다”(수 7:25). 이것은 “오늘 당신은 괴롭지만, 다음 세상에서 당신은 괴롭지 않을 것이다”라는 의미다. 그리고 만약 그가 고백하는 법을 모른다면 그들은 그에게 말한다. “내 죽음이 나의 모든 죄의 속죄가 되길 바랍니다.” 랍비 예후다는 이렇게 말한다. “만약 그가 자신이 거짓 증거의 희생자임을 안다면 그는 “나의 죽음이 나의 모든 죄에 대한 속죄가 되길 바랍니다. 이 죄는 아닙니다”라고 말할 수 있다. 〔랍비들〕은 그에게 말했다. “만약 그렇다면 모든 사람은 그 자신들을 깨끗하게 보이기 위하여 이와 같이 말할 것이다.”

- 사형이 집행되기 전에 속죄하는 고백을 한다. 이를 통해 죄가 없는 상태로 다음 세상에 들어가기를 소망했다.

6, 3

הָיָה רָחוֹק מִבֵּית הַסְּקִילָה אַרְבַּע אַמּוֹת, מַפְשִׁיטִין אוֹתוֹ אֶת בְּגָדָיו. הָאִישׁ, מְכַסִּין אוֹתוֹ מִלְּפָנָיו. וְהָאִשָּׁה, מִלְּפָנֶיהָ וּמֵאַחֲרֶיהָ, דִּבְרֵי רַבִּי יְהוּדָה. וַחֲכָמִים אוֹמְרִים, הָאִישׁ נִסְקָל עָרֹם וְאֵין הָאִשָּׁה נִסְקֶלֶת עֲרֻמָּה:

그가 투석형 집행 장소에서 약 4아마 거리에 있었을 때 그의 옷을 벗긴다. "〔그들은〕 남자의 경우 그의 앞쪽을 가리고, 여자는 앞쪽과 뒤쪽을 가립니다." 랍비 예후다의 말이다. 그러나 현자들은 말한다. "남자는 알몸인 채 투석형을 집행하고, 여자는 알몸인 채 투석형을 집행해서는 안 됩니다."

- 남자의 경우 알몸 상태로 처형된 반면, 여자는 옷을 입은 상태로 처형된다. 하지만 랍비 예후다는 남성의 경우에도 최소한 앞부분을 가려야 한다고 주장한다.

6, 4

בֵּית הַסְּקִילָה הָיָה גָבוֹהַּ שְׁתֵּי קוֹמוֹת. אֶחָד מִן הָעֵדִים דּוֹחֲפוֹ עַל מָתְנָיו. נֶהְפַּךְ עַל לִבּוֹ, הוֹפְכוֹ עַל מָתְנָיו. אִם מֵת בָּהּ, יָצָא. וְאִם לָאו, הַשֵּׁנִי נוֹטֵל אֶת הָאֶבֶן וְנוֹתְנָהּ עַל לִבּוֹ. אִם מֵת בָּהּ, יָצָא. וְאִם לָאו, רְגִימָתוֹ בְּכָל יִשְׂרָאֵל, שֶׁנֶּאֱמַר (דברים יז) יַד הָעֵדִים תִּהְיֶה בּוֹ בָרִאשֹׁנָה לַהֲמִיתוֹ וְיַד כָּל הָעָם בָּאַחֲרֹנָה. כָּל הַנִּסְקָלִין נִתְלִין, דִּבְרֵי רַבִּי אֱלִיעֶזֶר. וַחֲכָמִים אוֹמְרִים, אֵינוֹ נִתְלֶה אֶלָּא הַמְגַדֵּף וְהָעוֹבֵד עֲבוֹדָה זָרָה. הָאִישׁ תּוֹלִין אוֹתוֹ פָּנָיו כְּלַפֵּי הָעָם, וְהָאִשָּׁה פָּנֶיהָ כְּלַפֵּי הָעֵץ, דִּבְרֵי רַבִּי אֱלִיעֶזֶר. וַחֲכָמִים אוֹמְרִים, הָאִישׁ נִתְלֶה וְאֵין הָאִשָּׁה נִתְלֵית. אָמַר לָהֶן רַבִּי אֱלִיעֶזֶר, וַהֲלֹא שִׁמְעוֹן בֶּן שָׁטָח תָּלָה נָשִׁים בְּאַשְׁקְלוֹן. אָמְרוּ לוֹ, שְׁמֹנִים נָשִׁים תָּלָה, וְאֵין דָּנִין שְׁנַיִם בְּיוֹם אֶחָד. כֵּיצַד תּוֹלִין אוֹתוֹ, מְשַׁקְעִין אֶת הַקּוֹרָה בָּאָרֶץ וְהָעֵץ יוֹצֵא מִמֶּנָּה, וּמַקִּיף

שְׁתֵּי יָדָיו זוֹ עַל גַּבֵּי זוֹ וְתוֹלֶה אוֹתוֹ. רַבִּי יוֹסֵי אוֹמֵר, הַקּוֹרָה מֻטָּה עַל הַכֹּתֶל, וְתוֹלֶה אוֹתוֹ כְּדֶרֶךְ שֶׁהַטַּבָּחִין עוֹשִׂין. וּמַתִּירִין אוֹתוֹ מִיָּד. וְאִם לָן, עוֹבֵר עָלָיו בְּלֹא תַעֲשֶׂה, שֶׁנֶּאֱמַר (דברים כא) לֹא תָלִין נִבְלָתוֹ עַל הָעֵץ כִּי קָבוֹר תִּקְבְּרֶנּוּ כִּי קִלְלַת אֱלֹהִים תָּלוּי וְגוֹ'. כְּלוֹמַר, מִפְּנֵי מָה זֶה תָלוּי, מִפְּנֵי שֶׁבֵּרַךְ אֶת הַשֵּׁם, וְנִמְצָא שֵׁם שָׁמַיִם מִתְחַלֵּל:

투석형 집행 장소는 〔일반인〕 키의 두 배 높이다. 증인들 중 한 명이 엉덩이로 그를 민다. 〔만약〕 그가 가슴 쪽으로 넘어지면 엉덩이 쪽으로 뒤집는다. 만약 그것이 그의 죽음을 초래했다면, 그의 〔의무〕는 완수된다. 그러나 그렇지 않은 경우, 두 번째 증인은 돌을 그의 가슴에 올린다. 만일 그가 죽었다면 그의 〔의무〕는 완수된다. 그러나 만일 그렇지 않다면, 투석형 집행은 모든 이스라엘에 의해 행해진다. 〔성서에〕 기록되었듯이, "증인들이 먼저 그에게 손을 댄 후에 모든 백성이 손을 댈 것이다"(신 17:7). "투석형으로 죽은 사람은 교수대에 매달립니다." 랍비 엘리에제르의 말이다. 현자들은 말한다. "신성 모독자와 우상숭배자를 제외하고는 아무도 교수대에 매달리지 않습니다." "남자는 사람들을 향하여 교수대에 달리고, 여자는 교수대를 향하여 달립니다." 랍비 엘리에제르의 말이다. 그러나 현자들은 말한다. "남자는 교수대에 달리지만 여자는 교수대에 달리지 않습니다." 랍비 엘리에제르는 그들에게 말한다. "쉼온 벤 사타흐가 아쉬켈론에서 여자들을 교살형으로 집행하지 않았습니까? 그들은 그에게 말했다. "하루에 두 명을 처형해서는 아니 됨에도 불구하고 그는 80명의 여자들을 교살형으로 처형했습니다." 그는 어떻게 교살형에 처해졌는가? 그들은 하나의 기둥을 땅에 박았고, 그 기둥 위에는 가로지르는 기둥이 있었다. 그는 그의 두 손을 서로 겹쳐놓고 그를 매달았다. 랍비 요쎄는 말한다. "그 기둥은 벽에 기대지고 정육점 주인들이 하는 방법으로 그를 매답니다." 그들은 〔그가 운명한 후〕 그를 즉시 풀어준다. 만약 그를

밤새 두면 이것은 하지 말라는 계명을 어기는 것이 된다. 〔성서에〕 기록되었듯이, "그 시체를 나무 위에 밤새도록 두지 말고 당일에 장사하여 네 하나님 여호와께서 네게 기업으로 주시는 땅을 더럽히지 말라. 나무에 달린 자는 하나님께 저주를 받았음이니라"(21:23). 즉, 이 사람이 왜 교살형에 처해졌는가? 그가 하나님에 대해 신성 모독죄를 범했기 때문이다. 그래서 하나님의 이름이 더럽혀진 것이다.

- 투석은 죽을 때까지만 조심스럽게 단계별로 진행된다. 각 단계별로 증인이 순서대로 참여하고 마지막에는 모든 백성들이 참여한다.
- 투석형으로 죽은 사람 중에서 우상숭배자와 신성모독자는 다시 교수대에 매달리게 된다.

6, 5

אָמַר רַבִּי מֵאִיר, בְּשָׁעָה שֶׁאָדָם מִצְטַעֵר, שְׁכִינָה מַה הַלָּשׁוֹן אוֹמֶרֶת כִּבְיָכוֹל, קַלַּנִי מֵרֹאשִׁי, קַלַּנִי מִזְּרוֹעִי. אִם כֵּן הַמָּקוֹם מִצְטַעֵר עַל דָּמָם שֶׁל רְשָׁעִים שֶׁנִּשְׁפַּךְ, קַל וָחֹמֶר עַל דָּמָם שֶׁל צַדִּיקִים. וְלֹא זוֹ בִלְבַד, אֶלָּא כָּל הַמֵּלִין אֶת מֵתוֹ, עוֹבֵר בְּלֹא תַעֲשֶׂה. הֱלִינוֹ לִכְבוֹדוֹ לְהָבִיא לוֹ אָרוֹן וְתַכְרִיכִים, אֵינוֹ עוֹבֵר עָלָיו. וְלֹא הָיוּ קוֹבְרִין אוֹתוֹ בְּקִבְרוֹת אֲבוֹתָיו, אֶלָּא שְׁתֵּי בָתֵּי קְבָרוֹת הָיוּ מְתֻקָּנִין לְבֵית דִּין, אַחַת לַנֶּהֱרָגִין וְלַנֶּחֱנָקִין וְאַחַת לַנִּסְקָלִין וְלַנִּשְׂרָפִין:

랍비 메이르는 말했다. "사람이 고통을 겪을 때 〔하나님〕은 어떤 표현을 사용하는가? '나는 나의 머리가 부담이 되며, 나의 팔이 부담이 된다.' 만약 하나님께서 악인이 흘리는 피에 대해 슬퍼하신다면 의인들의 피에 대해서는 얼마나 더 〔슬퍼〕하실 것인가!" 이뿐만이 아니다. 누구든지 그의 죽은 〔친척을〕 밤새 방치하는 것은 금지 명령을 위반하는 것이다. 만약 그가 그의 명예를 지키기 위하여, 즉 관이나 덮개들을 가지고 오느라 그를 밤새 방치했다면 그는 법을 어긴 것이 아니다. 그리고 그들은 그를 그의 조상들의 무덤에 묻지 않는다. 오히려 법정

에 의해 두 곳의 묘지가 준비되었다. 하나의 묘지는 참수나 교살에 처해진 사람들을 위한 것이며, 다른 하나의 묘지는 투석형이나 화형에 처해진 사람들을 위한 것이다.

- 랍비 메이르는 하나님은 죄인의 죽음에 대해서도 안타까워하신다고 전한다.
- 죽은 사람은 방치되어서는 안 되고 곧바로 매장해야 한다. 하지만 사형에 처한 사람을 곧바로 조상들이 묻힌 묘에 안장할 수는 없다.

6, 6

נִתְעַכֵּל הַבָּשָׂר, מְלַקְּטִין אֶת הָעֲצָמוֹת וְקוֹבְרִין אוֹתָן בִּמְקוֹמָן. וְהַקְּרוֹבִים בָּאִים וְשׁוֹאֲלִין בִּשְׁלוֹם הַדַּיָּנִים וּבִשְׁלוֹם הָעֵדִים, כְּלוֹמַר שֶׁאֵין בְּלִבֵּנוּ עֲלֵיכֶם כְּלוּם, שֶׁדִּין אֱמֶת דַּנְתֶּם. וְלֹא הָיוּ מִתְאַבְּלִין, אֲבָל אוֹנְנִין, שֶׁאֵין אֲנִינוּת אֶלָּא בַלֵּב:

주검이 완전히 분해되면, 뼈들을 모아서 그들의 〔조상이 있는〕 장소에 매장했다. 그리고 친척들이 와서 재판관들과 증인들의 안부를 묻는다. "우리들은 우리 마음에 당신들에 대하여 〔서운함이〕 아무것도 없습니다. 왜냐하면 당신들은 올바로 재판했기 때문입니다." 그리고 〔친척들〕은 그를 위해 애도하지 않지만 슬퍼한다. 겉으로 슬퍼하는 것이 아니라 마음속으로 슬퍼한다.

- 매장 후 1년 정도 지나면 뼈를 모아 조상들의 묘에 묻을 수 있게 허락된다. 그리고 친척들은 사형을 언도한 재판관들과 증인들의 안부를 묻는 식으로 그들과 화해한다.
- 사형을 받은 사람을 위해서 친척들은 공식적인 애도를 할 수 없고 개인적으로 마음속으로 슬퍼하는 것으로 대체한다.

제7장

네 가지 종류의 사형인 투석형, 화형, 참수형, 교살형 등을 다룬다.

7, 1

אַרְבַּע מִיתוֹת נִמְסְרוּ לְבֵית דִּין, סְקִילָה, שְׂרֵפָה, הֶרֶג, וָחֶנֶק. רַבִּי שִׁמְעוֹן אוֹמֵר, שְׂרֵפָה, סְקִילָה, חֶנֶק, וָהֶרֶג. זוֹ מִצְוַת הַנִּסְקָלִין:

네 가지 사형이 법정에 부여된다. 투석형, 화형, 참수형, 교살형이다. 랍비 쉼온은 말한다. "화형, 투석형, 교살형, 참수형입니다. 이전의 〔사형〕은 투석형 절차입니다."

- 가혹한 순서로 열거하면, 투석형, 화형, 참수형, 교살형이다.
- 랍비 쉼온은 화형이 가장 가혹하다고 여겨 맨 처음 언급한다.

7, 2

מִצְוַת הַנִּשְׂרָפִין, הָיוּ מְשַׁקְּעִין אוֹתוֹ בַּזֶּבֶל עַד אַרְכֻּבּוֹתָיו וְנוֹתְנִין סוּדָר קָשָׁה לְתוֹךְ הָרַכָּה וְכוֹרֵךְ עַל צַוָּארוֹ. זֶה מוֹשֵׁךְ אֶצְלוֹ וְזֶה מוֹשֵׁךְ אֶצְלוֹ עַד שֶׁפּוֹתֵחַ אֶת פִּיו, וּמַדְלִיק אֶת הַפְּתִילָה וְזוֹרְקָהּ לְתוֹךְ פִּיו וְיוֹרֶדֶת לְתוֹךְ מֵעָיו וְחוֹמֶרֶת אֶת בְּנֵי מֵעָיו. רַבִּי יְהוּדָה אוֹמֵר, אַף הוּא אִם מֵת בְּיָדָם לֹא הָיוּ מְקַיְּמִין בּוֹ מִצְוַת שְׂרֵפָה, אֶלָּא פּוֹתְחִין אֶת פִּיו בִּצְבָת שֶׁלֹּא בְטוֹבָתוֹ וּמַדְלִיק אֶת הַפְּתִילָה וְזוֹרְקָהּ לְתוֹךְ פִּיו וְיוֹרֶדֶת לְתוֹךְ מֵעָיו וְחוֹמֶרֶת אֶת בְּנֵי מֵעָיו. אָמַר רַבִּי אֱלִיעֶזֶר בֶּן צָדוֹק, מַעֲשֶׂה בְּבַת כֹּהֵן אַחַת שֶׁזִּנְּתָה, וְהִקִּיפוּהָ חֲבִילֵי זְמוֹרוֹת וּשְׂרָפוּהָ. אָמְרוּ לוֹ, מִפְּנֵי שֶׁלֹּא הָיָה בֵית דִּין שֶׁל אוֹתָהּ שָׁעָה בָּקִי:

화형 집행 명령은 〔다음과 같다〕. 〔집행인들〕은 〔사형수〕를 분뇨에 무릎까지 차도록 넣고, 거친 수건을 부드러운 수건에 넣어서 목을 감는다. 그리고 그의 입이 열릴 때까지 이 사람도 자기 쪽으로 잡아당기고 저 사람도 자기 쪽으로 잡아당긴다. 그런 다음 심지에 불을 붙여,

그의 입에 밀어 넣어 몸 안으로 내려가서 내장을 태우도록 한다. 랍비 예후다는 말한다. "만약 그들의 손에서 죽는다면 그들은 화형 집행 명령을 수행하지 못한 것입니다. 대신 그들은 강제로 그의 혀와 함께 입을 열도록 하고, 심지에 불을 붙여 그의 입에 넣습니다. 그러면 그것이 그의 몸 안으로 내려가서 그의 내장을 태웁니다." 랍비 엘리에제르 벤 짜독은 말했다. "어떤 제사장의 딸이 간음죄를 범한 일이 발생했습니다. 그들은 그녀를 나뭇가지 묶음으로 둘러쌌습니다. 그리고 그녀를 태웠습니다." 〔현자들은〕 그에게 말했다. "당시 법정은 법을 잘 몰랐기 때문입니다."

- 랍비들이 말하는 화형은 불을 심지에 붙여 몸 안으로 집어넣어 내장을 태우는 방식으로 흔히 생각하듯이 몸 밖에서 태우는 방식이 아니다. 랍비들은 비록 사형 집행이지만 화상으로 인해 몸이 심하게 훼손되는 것을 원치 않은 듯 보인다.

7, 3

מִצְוַת הַנֶּהֱרָגִים, הָיוּ מַתִּיזִין אֶת רֹאשׁוֹ בְסַיִף כְּדֶרֶךְ שֶׁהַמַּלְכוּת עוֹשָׂה. רַבִּי יְהוּדָה אוֹמֵר, נִוּוּל הוּא זֶה, אֶלָּא מַנִּיחִין אֶת רֹאשׁוֹ עַל הַסַּדָּן וְקוֹצֵץ בְּקוֹפִיץ. אָמְרוּ לוֹ, אֵין מִיתָה מְנֻוֶּלֶת מִזּוֹ. מִצְוַת הַנֶּחֱנָקִין, הָיוּ מְשַׁקְּעִין אוֹתוֹ בַזֶּבֶל עַד אַרְכֻּבּוֹתָיו וְנוֹתְנִין סוּדָר קָשָׁה לְתוֹךְ הָרַכָּה וְכוֹרֵךְ עַל צַוָּארוֹ, זֶה מוֹשֵׁךְ אֶצְלוֹ וְזֶה מוֹשֵׁךְ אֶצְלוֹ, עַד שֶׁנַּפְשׁוֹ יוֹצְאָה:

참수형 집행 절차는 다음과 같다. 그들은 왕국에서 〔왕의 명령으로〕 하는 것처럼 칼로 그를 참수한다. 랍비 예후다는 "이것은 수치입니다. 차라리 그들은 그의 머리를 모루 위에 놓고 도끼로 〔머리를〕 절단합니다." 〔랍비들〕은 그에게 말했다. "이보다 더 수치스러운 죽음은 없습니다." 교살형은 다음과 같이 집행된다. 〔집행인들〕은 〔사형수〕

를 분뇨에 무릎까지 차도록 넣고, 거친 수건을 부드러운 수건에 넣어서 목을 감는다. 그리고 그의 생명이 떠날 때까지 이 사람도 자기 쪽으로 잡아당기고 저 사람도 자기 쪽으로 잡아당긴다.

- 랍비들은 가급적 수치스러운 사형을 원하지 않았다.
- 다른 사형 방식에 비해 교살형은 토라에 언급되지 않은 새로운 사형 제도였다.

7, 4

אֵלּוּ הֵן הַנִּסְקָלִין, הַבָּא עַל הָאֵם, וְעַל אֵשֶׁת הָאָב, וְעַל הַכַּלָּה, וְעַל הַזְּכוּר, וְעַל הַבְּהֵמָה, וְהָאִשָּׁה הַמְבִיאָה אֶת הַבְּהֵמָה, וְהַמְגַדֵּף, וְהָעוֹבֵד עֲבוֹדָה זָרָה, וְהַנּוֹתֵן מִזַּרְעוֹ לַמֹּלֶךְ, וּבַעַל אוֹב וְיִדְּעוֹנִי, וְהַמְחַלֵּל אֶת הַשַּׁבָּת, וְהַמְקַלֵּל אָבִיו וְאִמּוֹ, וְהַבָּא עַל נַעֲרָה הַמְאֹרָסָה, וְהַמֵּסִית, וְהַמַּדִּיחַ, וְהַמְכַשֵּׁף, וּבֵן סוֹרֵר וּמוֹרֶה. הַבָּא עַל הָאֵם, חַיָּב עָלֶיהָ מִשּׁוּם אֵם וּמִשּׁוּם אֵשֶׁת אָב. רַבִּי יְהוּדָה אוֹמֵר, אֵינוֹ חַיָּב אֶלָּא מִשּׁוּם הָאֵם בִּלְבָד. הַבָּא עַל אֵשֶׁת אָב חַיָּב עָלֶיהָ מִשּׁוּם אֵשֶׁת אָב וּמִשּׁוּם אֵשֶׁת אִישׁ, בֵּין בְּחַיֵּי אָבִיו בֵּין לְאַחַר מִיתַת אָבִיו, בֵּין מִן הָאֵרוּסִין בֵּין מִן הַנִּשּׂוּאִין. הַבָּא עַל כַּלָּתוֹ, חַיָּב עָלֶיהָ מִשּׁוּם כַּלָּתוֹ וּמִשּׁוּם אֵשֶׁת אִישׁ, בֵּין בְּחַיֵּי בְנוֹ בֵּין לְאַחַר מִיתַת בְּנוֹ, בֵּין מִן הָאֵרוּסִין בֵּין מִן הַנִּשּׂוּאִין. הַבָּא עַל הַזְּכוּר וְעַל הַבְּהֵמָה, וְהָאִשָּׁה הַמְבִיאָה אֶת הַבְּהֵמָה, אִם אָדָם חָטָא, בְּהֵמָה מֶה חָטָאת, אֶלָּא לְפִי שֶׁבָּאת לָאָדָם תַּקָּלָה עַל יָדָהּ, לְפִיכָךְ אָמַר הַכָּתוּב תִּסָּקֵל. דָּבָר אַחֵר, שֶׁלֹּא תְהֵא בְהֵמָה עוֹבֶרֶת בַּשּׁוּק וְיֹאמְרוּ זוֹ הִיא שֶׁנִּסְקַל פְּלוֹנִי עַל יָדָהּ:

다음 사람들은 투석형에 처해진다. 자신의 어머니, 아버지의 부인, 며느리, 남자와 성관계를 가진 자, 짐승과 성관계를 가진 자, 짐승과 수간(獸姦)한 여인, 신성모독자, 우상숭배자, 몰렉에게 자녀들을 바친 자, 신접한 사람이나 마법사, 안식일을 범한 자, 자신의 아버지나 어머니를 저주한 자, 약혼한 여인과 간음한 자, 어떤 사람을 우상숭배하도록 부추긴 자, 〔온 마을을 우상숭배하도록〕 부추긴 자, 마술사, 그리고 고집이 세고 반항적인 아들이다. 어머니와 성관계를 가진 사람은 어머니와 아버지의 부인 모두에 대한 〔금지를 위반한 데 대한〕 형벌이다. 랍비 예후다는 말한다. "그는 어머니에 대한 〔범죄에〕 대해서만 책임이 있습니다." 아버지의 부인과 성관계를 가진 사람은 아버지의 부인을 범한 것과 결혼한 여자를 범한 것 모두에 책임이 있다. 그의 아버지가 살아 있는 동안 그리고 아버지의 사후에도 처벌받으며, 그 여인이 약혼을 파혼했건, 혼인관계에서 이혼했건 그는 모두 처벌받는다. 그의 며느리와 성관계를 가진 사람은 며느리를 범한 것과 결혼한 여인을 범한 것 모두에 대하여 처벌을 받는다. 그는 그의 아들이 살아 있는 동안에 범했건, 그의 아들 사후에 범했건 처벌받는다. 그리고 그녀가 약혼에서 파혼한 상태이건, 결혼관계에서 이혼한 상태이건 모두 처벌받는다. 남자나 동물과 성관계를 가진 사람과 수간한 여자도 투석형에 처해진다. 만약 남자가 죄를 지었다면 동물은 어떻게 죄를 지은 것인가? 그것은 그 사람이 동물에 의해 죄를 짓게 되었기 때문에 성서에는 돌로 치라고 기록되었다. 또 다른 이유는 동물이 시장을 지나갈 때 사람들이 이렇게 말하지 않도록 하기 위함이다. "이 동물 때문에 아무개가 투석형에 처해졌습니다."

- 금지한 대상과 성관계를 한 모든 사람은 투석형에 처해진다.
- 마지막 부분에서 능동적으로 죄를 범하지 못하는 동물을 죽이는 이유를 두 가지로 설명한다. 하나는 그 동물로 인해 사람이 죄를 짓게 되었기 때문이고, 다른 하나는 그 동물이 시장을 지날 때마다 그 동물과 벌어진 일을 사람들이 다시 언급하기 때문이다.

7, 5

הַמְגַדֵּף אֵינוֹ חַיָּב עַד שֶׁיְּפָרֵשׁ הַשֵּׁם. אָמַר רַבִּי יְהוֹשֻׁעַ בֶּן קָרְחָה, בְּכָל יוֹם דָּנִין אֶת הָעֵדִים בְּכִנּוּי יַכֶּה יוֹסֵי אֶת יוֹסֵי. נִגְמַר הַדִּין, לֹא הוֹרְגִים בְּכִנּוּי, אֶלָּא מוֹצִיאִים כָּל אָדָם לַחוּץ וְשׁוֹאֲלִים אֶת הַגָּדוֹל שֶׁבָּהֶן וְאוֹמְרִים לוֹ אֱמֹר מַה שֶּׁשָּׁמַעְתָּ בְּפֵרוּשׁ, וְהוּא אוֹמֵר, וְהַדַּיָּנִים עוֹמְדִין עַל רַגְלֵיהֶן וְקוֹרְעִין וְלֹא מְאַחִין. וְהַשֵּׁנִי אוֹמֵר אַף אֲנִי כָּמוֹהוּ, וְהַשְּׁלִישִׁי אוֹמֵר אַף אֲנִי כָּמוֹהוּ:

신성모독자는 〔하나님의〕 이름을 말하지 않는 한 처벌받지 않는다. 랍비 예호슈아 벤 코르하는 말했다. 날마다 그들은 그 증인들을 "요쎄는 요쎄를 때릴 수 있다"와 같이 익명으로 신문한다. 재판이 끝났을 때, 〔재판관들〕은 익명에 〔근거하여〕 죽일 수 없다. 오히려 그들은 모두 밖으로 내보내고, 그들 중 연장자에게 〔확인을〕 묻는다. "당신이 들은 것을 명시적으로 진술하시오." 그리고 그는 말하면, 그 재판관들은 발을 딛고 일어선다. 그리고 〔그들의 옷을〕 찢는다. 그리고 〔그 옷들을〕 수선해주지 않는다. 두 번째 〔증인이〕 말한다. "나도 역시 그처럼 〔들었습니다〕." 세 번째 〔증인도〕 말한다. "나도 역시 그처럼 〔들었습니다〕."

- 하나님의 이름을 사용하지 않는 것은 증인들을 신문하는 과정에서도 지켜지지만 신성모독자를 처벌하기 위해서는 한 번 정도는 실제로 증언해야 한다.
- 하나님의 이름을 들은 제사장들은 신성모독에 대한 반응으로 일어나 옷을 찢는다.

7, 6

הָעוֹבֵד עֲבוֹדָה זָרָה, אֶחָד הָעוֹבֵד, וְאֶחָד הַזּוֹבֵחַ, וְאֶחָד הַמְקַטֵּר, וְאֶחָד הַמְנַסֵּךְ, וְאֶחָד הַמִּשְׁתַּחֲוֶה, וְאֶחָד הַמְקַבְּלוֹ עָלָיו לֶאֱלוֹהַּ, וְהָאוֹמֵר לוֹ אֵלִי אָתָּה. אֲבָל הַמְגַפֵּף וְהַמְנַשֵּׁק וְהַמְכַבֵּד וְהַמְרַבֵּץ וְהַמַּרְחִיץ, הַסָּךְ, הַמַּלְבִּישׁ

וְהַמַּנְעִיל, עוֹבֵר בְּלֹא תַעֲשֶׂה. הַנּוֹדֵר בִּשְׁמוֹ וְהַמְקַיֵּם בִּשְׁמוֹ, עוֹבֵר בְּלֹא תַעֲשֶׂה. הַפּוֹעֵר עַצְמוֹ לְבַעַל פְּעוֹר, זוֹ הִיא עֲבוֹדָתוֹ. הַזּוֹרֵק אֶבֶן לְמַרְקוּלִיס, זוֹ הִיא עֲבוֹדָתוֹ:

우상을 경배하는 자. 〔직접〕 우상을 숭배하는 자, 〔희생제물을〕 도살한 자, 〔제물을〕 태우는 자, 헌주한 자, 절한 자, 신으로 받아들인 자, "당신은 나의 신입니다"라고 말하는 자는 〔처형된다〕. 그러나 〔그 우상을〕 껴안거나, 입 맞추거나, 닦거나, 뿌리거나, 씻거나, 기름을 바르거나, 옷을 입히거나, 신발을 신기는 자는 부정명령을 범하는 자다. 그의 이름으로 서약하거나, 그의 이름으로 수행하는 사람은 부정명령을 범하는 자다. 바알 페오르〔신〕 앞에서 자신을 드러내는 자는 그를 숭배하는 자다. 마르쿨리스에게 돌을 던지는 자는 그를 숭배하는 자다.

- 우상을 숭배하는 자는 투석형에 처해지지만 단순히 '하지 말라', 즉 부정명령을 범한 자는 투석형을 받지 않는다. 따라서 이 미쉬나는 구체적으로 어떠한 행위가 우상숭배인지 열거하고 있다.
- 바알 페오르(Baal Peor) 숭배는 고대 가나안 시대까지 거슬러 올라간다. 페오르(브올)는 모압의 산 이름에서 유래했다(민 23:28). 일찍이 이 곳에서 '바알' 숭배가 있었다는 것을 의미한다.
- 마르쿨리스(Marculis)는 로마 신 중의 하나로 수은의 신 머큐리(Mercury) 또는 메르쿠리우스(Mercurius)다. 로마시대에 수은은 중요한 광물 중 하나였다. 수은은 약제와 화장품의 재료로 사용되기도 했고 로마인들이 즐겨 입는 토가의 안료와 대저택의 벽채를 붉게 칠하는 데 사용되었다.

7, 7

הַנּוֹתֵן מִזַּרְעוֹ לַמֹּלֶךְ, אֵינוֹ חַיָּב עַד שֶׁיִּמְסֹר לַמֹּלֶךְ וְיַעֲבִיר בָּאֵשׁ. מָסַר לַמֹּלֶךְ וְלֹא הֶעֱבִיר בָּאֵשׁ, הֶעֱבִיר בָּאֵשׁ וְלֹא מָסַר לַמֹּלֶךְ, אֵינוֹ חַיָּב, עַד שֶׁיִּמְסֹר לַמֹּלֶךְ וְיַעֲבִיר בָּאֵשׁ. בַּעַל אוֹב זֶה פִּתּוֹם הַמְדַבֵּר מִשֶּׁחְיוֹ, וְיִדְּעוֹנִי זֶה הַמְדַבֵּר בְּפִיו, הֲרֵי אֵלּוּ בִסְקִילָה, וְהַנִּשְׁאָל בָּהֶם בְּאַזְהָרָה:

몰렉에게 자신의 자녀를 바치는 자는 몰렉 〔제사장〕에게 자녀를 넘기고, 불을 통과시키기 전까지는 유죄가 아니다. 그가 몰렉 〔제사장〕에게 넘겼지만 불 가운데로 통과시키지 않았거나, 불 가운데로 통과시켰지만 몰렉 〔제사장〕에게 넘기지 않았다면, 몰렉 〔제사장〕에게 자녀를 넘기고, 불을 통과시키기 전까지는 유죄가 아니다. 신접한 자는 그의 겨드랑이로부터 말하는 점쟁이며, 박수는 그의 입을 통해 말하는 점쟁이다. 이 두 사람들은 투석형을 받으며, 이들에 대해 묻는 것은 금지된다.

- 랍비들은 몰렉에게 자녀를 바치는 자가 특정 단계까지 모두 행하지 않을 때에는 투석형에 처해지지 않는다고 주장한다(레 18:21, 20:2).
- 레위기 19:31은 '신접한 자'와 '박수'를 금하고 있는데(삼상 28:7), 랍비들을 이들도 투석형의 대상으로 포함시키고 있다.

7, 8

הַמְחַלֵּל אֶת הַשַּׁבָּת, בְּדָבָר שֶׁחַיָּבִין עַל זְדוֹנוֹ כָּרֵת וְעַל שִׁגְגָתוֹ חַטָּאת. הַמְקַלֵּל אָבִיו וְאִמּוֹ, אֵינוֹ חַיָּב עַד שֶׁיְּקַלְּלֵם בַּשֵּׁם. קִלְּלָם בְּכִנּוּי, רַבִּי מֵאִיר מְחַיֵּב וַחֲכָמִים פּוֹטְרִין:

안식일을 더럽힌 자는, 〔만약〕 고의로 범했다면 카렛형[1]에 처하고 〔만약〕 무지중에 〔행했다면〕 속죄제를 드려야 한다. 그의 아버지나 어머니를 저주한 자는 하나님의 이름으로 그들을 저주하지 않는 한 처벌받지 아니한다. 그가 그들을 별칭으로 저주한 경우 랍비 메이르는 그가 유죄라고 〔판단하지만〕, 현자들은 그를 면책한다.

- 랍비들은 안식일을 고의로 더럽힌 경우에만 투석형이라고 말한다(민 15:35).
- 부모를 저주한 자도 하나님의 이름으로 저주하는 경우만 투석형이라고 말한다(출 21:17; 레 20:9). 하나님의 이름 대신, '별칭'으로 부른 경우에 현자들과 달리 랍비 메이르는 투석형이라고 주장한다.

7, 9

הַבָּא עַל נַעֲרָה הַמְאֹרָסָה, אֵינוֹ חַיָּב עַד שֶׁתְּהֵא נַעֲרָה בְתוּלָה מְאֹרָסָה וְהִיא בְּבֵית אָבִיהָ. בָּאוּ עָלֶיהָ שְׁנַיִם, הָרִאשׁוֹן בִּסְקִילָה וְהַשֵּׁנִי בְּחֶנֶק:

약혼한 젊은 여자와 성관계를 가진 사람은 그녀가 젊은 여자이거나, 처녀이거나, 약혼했거나, 그녀의 아버지 집에 있지 않는 한 〔투석형〕이 아니다. 만약 두 남자가 그녀와 성관계를 가졌다면, 첫 번째 남자는 투석형에 처해지고, 두 번째 남자는 교살형에 처해진다.

- 랍비들은 12세 정도의 젊은 처녀가 약혼하고 아직 아버지 집에 있을 때, 성관계를 갖은 사람만 투석형에 처한다(신 22:23-24).

---

1) 카렛(כרת, kareth)은 문자적으로는 '끊어짐' 또는 '잘려나감'을 뜻한다. 성서에서는 (돌을 던져) 처형해 죽이거나 공동체로부터 축출하는 것을 의미한다(출 12:15; 레 18:29; 민 15:30-31).

הַמֵּסִית, זֶה הֶדְיוֹט. הַמֵּסִית אֶת הַהֶדְיוֹט, אָמַר לוֹ יֵשׁ יִרְאָה בְּמָקוֹם פְּלוֹנִי, כָּךְ אוֹכֶלֶת, כָּךְ שׁוֹתָה, כָּךְ מֵטִיבָה, כָּךְ מְרֵעָה. כָּל חַיָּבֵי מִיתוֹת שֶׁבַּתּוֹרָה אֵין מַכְמִינִין עֲלֵיהֶם, חוּץ מִזּוֹ. אָמַר לִשְׁנַיִם וְהֵן עֵדָיו, מְבִיאִין אוֹתוֹ לְבֵית דִּין וְסוֹקְלִין אוֹתוֹ. אָמַר לְאֶחָד, הוּא אוֹמֵר יֶשׁ לִי חֲבֵרִים רוֹצִים בְּכָךְ. אִם הָיָה עָרוּם וְאֵינוֹ יָכוֹל לְדַבֵּר בִּפְנֵיהֶם, מַכְמִינִין לוֹ עֵדִים אֲחוֹרֵי הַגָּדֵר, וְהוּא אוֹמֵר לוֹ אֱמֹר מַה שֶּׁאָמַרְתָּ לִי בְיִחוּד, וְהַלָּה אוֹמֵר לוֹ, וְהוּא אוֹמֵר לוֹ הֵיאַךְ נַנִּיחַ אֶת אֱלֹהֵינוּ שֶׁבַּשָּׁמַיִם וְנֵלֵךְ וְנַעֲבֹד עֵצִים וַאֲבָנִים. אִם חוֹזֵר בּוֹ, הֲרֵי זֶה מוּטָב. וְאִם אָמַר כָּךְ הִיא חוֹבָתֵנוּ וְכָךְ יָפֶה לָנוּ, הָעוֹמְדִין מֵאֲחוֹרֵי הַגָּדֵר מְבִיאִין אוֹתוֹ לְבֵית דִּין וְסוֹקְלִין אוֹתוֹ. הָאוֹמֵר אֶעֱבֹד, אֵלֵךְ וְאֶעֱבֹד, נֵלֵךְ וְנַעֲבֹד. אֲזַבֵּחַ, אֵלֵךְ וַאֲזַבֵּחַ, נֵלֵךְ וּנְזַבֵּחַ. אַקְטִיר, אֵלֵךְ וְאַקְטִיר, נֵלֵךְ וְנַקְטִיר. אֲנַסֵּךְ, אֵלֵךְ וַאֲנַסֵּךְ, נֵלֵךְ וּנְנַסֵּךְ. אֶשְׁתַּחֲוֶה, אֵלֵךְ וְאֶשְׁתַּחֲוֶה, נֵלֵךְ וְנִשְׁתַּחֲוֶה. הַמַּדִּיחַ, זֶה הָאוֹמֵר, נֵלֵךְ וְנַעֲבֹד עֲבוֹדָה זָרָה:

〔우상숭배를〕 조장하는 사람은 〔예언자는 아니고〕 일반인이다. 일반인에게 〔우상숭배를〕 조장하는 사람은 이렇게 말한다. “이러저러한 곳에 우상이 있습니다. 이렇게 먹고, 이렇게 마시며, 〔숭배자에게〕 이렇게 좋고, 〔숭배하지 않는 자에게는〕 이렇게 해롭습니다.” 율법에 따라 사형을 받을 모든 사람에게 이 경우를 제외하고는 〔함정에 빠뜨리려고 증인들〕을 숨겨서는 안 된다. 〔우상숭배를 조장하는 사람〕이 두 사람에게 말했다면 그 〔둘〕은 그에 대한 증인들이며, 그를 법정에 데리고 와서 그에게 돌을 던질 수 있다. 그러나 〔우상숭배를 조장하는 사람〕이 한 사람에게 말했다면, 〔그는 처형되지 않는다〕. 그래서 〔증인 한 명〕이 그에게 말했다. “〔우상숭배〕에 관심 있는 친구들이 있습니다.” 〔조장하는 사람〕이 교활하여 그들 앞에서 말할 수 없다는 사실을 잘 안다면, 〔잠정적인〕 증인들을 칸막이 뒤에 숨기고, 〔첫 번째 증인〕은 〔조장한 사람〕에게 “당신이 나 혼자 있을 때 말했던 것을 말해 보시오”라고 말한다. 〔조장하는 사람〕은 그것을 말하고, 〔증인〕은 〔조장하는 사람〕에게 말한다. “우리가 어떻게 하늘에 계신 우리 하나님

을 버리고 가서 나무와 돌들을 섬길 수 있겠는가?" [만약] 그가 돌이킨다면 좋은 일이다. 그러나 만약 [조장하는 사람]이 "이것은 우리의 의무이고 이것은 우리에게 좋습니다"라고 말한다면, 그 칸막이 뒤에 서 있는 사람들은 그를 법정으로 데리고 가서 그에게 돌을 던질 수 있다. "나는 섬길 것입니다", "나는 가서 섬길 것입니다", "가서 섬깁시다", "나는 [제물을] 도살할 것입니다", "나는 가서 [제물을] 도살할 것입니다", "나는 [제물을] 태울 것입니다", "가서 [제물을] 태웁시다", "나는 헌주할 것입니다", "가서 헌주합시다", "나는 경배할 것입니다", "나는 가서 경배할 것입니다", "가서 경배합시다"라고 말하는 사람은 [우상숭배를 조장하는 사람이다]. "가서 우상을 섬깁시다"라고 [많은 사람에게] 말하는 사람은 [도시 전체]를 유혹하는 사람이다.

- 우상숭배를 조장하는 사람도 투석형에 처해진다. 다만 랍비들은 성읍(도시) 전체가 우상숭배를 하도록 유혹한 경우(신 13:12-18)와 한 개인을 우상숭배로 이끄는 경우를 구별한다(도시 전체가 우상숭배하는 경우는 제10장에서 이어서 다룬다).
- 랍비들은 우상숭배를 조장하는 사람이 교활하여 두 명 이상 앞에서 말하지 않은 경우에 한해, 잠정적으로 증인이 될 사람들을 칸막이 뒤에 숨겨둔 경우도 합법적인 증인으로 인정한다. 이와 같은 일종의 '함정 수사'는 다른 경우에 인정하지 않는다.

7, 11

הַמְכַשֵּׁף הָעוֹשֶׂה מַעֲשֶׂה חַיָּב, וְלֹא הָאוֹחֵז אֶת הָעֵינָיִם. רַבִּי עֲקִיבָא אוֹמֵר מִשּׁוּם רַבִּי יְהוֹשֻׁעַ, שְׁנַיִם לוֹקְטִין קִשּׁוּאִין, אֶחָד לוֹקֵט פָּטוּר וְאֶחָד לוֹקֵט חַיָּב, הָעוֹשֶׂה מַעֲשֶׂה חַיָּב, הָאוֹחֵז אֶת הָעֵינַיִם פָּטוּר:

마술사가 실제로 마술을 행한다면 처형되지만, 단순히 눈속임한 것은 〔처형되지〕 않는다. 랍비 아키바는 랍비 예호슈아의 이름으로 〔다음과 같이〕 말한다. "두 사람이 오이를 모으는 〔마술을〕 한다면 〔오이를〕 모은 한 사람은 면책되지만 다른 한 사람은 처형됩니다. 실제로 행한 사람은 처형되지만, 〔단지〕 눈속임한 사람은 면책됩니다."

- 여기에서 처형은 돌로 던져 죽이는 투석형을 말한다.

제8장

완고하고 반항적인 아들과 범죄방지를 위한 살인에 대하여 다룬다.

8, 1

בֵּן סוֹרֵר וּמוֹרֶה, מֵאֵימָתַי נַעֲשֶׂה בֵן סוֹרֵר וּמוֹרֶה, מִשֶּׁיָּבִיא שְׁתֵּי שְׂעָרוֹת וְעַד שֶׁיַּקִּיף זָקָן, הַתַּחְתּוֹן וְלֹא הָעֶלְיוֹן, אֶלָּא שֶׁדִּבְּרוּ חֲכָמִים בְּלָשׁוֹן נְקִיָּה, שֶׁנֶּאֱמַר (דברים כא), כִּי יִהְיֶה לְאִישׁ בֵּן, בֵּן וְלֹא בַת, בֵּן וְלֹא אִישׁ. הַקָּטָן פָּטוּר, שֶׁלֹּא בָא לִכְלָל מִצְוֹת:

완악하고 패역한 아들은 언제부터 〔투석형을 받을〕 완악하고 패역한 아들인가? 두 곳에 머리카락이 자랄 때다. 수염이 덮는데 아래에 〔덮을 때〕고, 위에 〔덮을 때〕는 아니다. 그러나 현자들은 완곡어법으로 말했다. 〔성서에〕 기록되었듯이, "어떤 사람에게 아들이 있어"(신 21:18) 즉, 아들이고 딸은 아니며, 아들이고 어른은 아니다. 미성년자는 계명의 범위에 미치지 않기 때문에 면제된다.

- 성서에서는 아들의 나이를 언급하고 있지 않지만(신 21:18-21), 랍

비들은 투석형에 처할 아들을 성인 티가 나타날 때로 한정한다. 그 이상의 성인이나 그 이하의 어린이는 제외한다.

8, 2

מֵאֵימָתַי חַיָּב, מִשֶּׁיֹּאכַל טַרְטֵימַר בָּשָׂר וְיִשְׁתֶּה חֲצִי לֹג יַיִן הָאִיטַלְקִי. רַבִּי יוֹסֵי
אוֹמֵר, מָנֶה בָּשָׂר וְלֹג יַיִן. אָכַל בַּחֲבוּרַת מִצְוָה, אָכַל בְּעִבּוּר הַחֹדֶשׁ, אָכַל
מַעֲשֵׂר שֵׁנִי בִּירוּשָׁלַיִם, אָכַל נְבֵלוֹת וּטְרֵפוֹת, שְׁקָצִים וּרְמָשִׂים, אָכַל טֶבֶל
וּמַעֲשֵׂר רִאשׁוֹן שֶׁלֹּא נִטְּלָה תְרוּמָתוֹ וּמַעֲשֵׂר שֵׁנִי וְהֶקְדֵּשׁ שֶׁלֹּא נִפְדּוּ, אָכַל
דָּבָר שֶׁהוּא מִצְוָה וְדָבָר שֶׁהוּא עֲבֵרָה, אָכַל כָּל מַאֲכָל וְלֹא אָכַל בָּשָׂר, שָׁתָה
כָל מַשְׁקֶה וְלֹא שָׁתָה יַיִן, אֵינוֹ נַעֲשֶׂה בֵן סוֹרֵר וּמוֹרֶה, עַד שֶׁיֹּאכַל בָּשָׂר
וְיִשְׁתֶּה יַיִן, שֶׁנֶּאֱמַר (דברים כא) זוֹלֵל וְסֹבֵא. וְאַף עַל פִּי שֶׁאֵין רְאָיָה לַדָּבָר,
זֵכֶר לַדָּבָר, שֶׁנֶּאֱמַר (משלי כג) אַל תְּהִי בְסֹבְאֵי יָיִן בְּזֹלְלֵי בָשָׂר לָמוֹ:

언제 〔투석형에 처해지는〕 책임이 있는가? 고기 1타르테마르[2] 〔무게〕를 먹고 이탈리아 포도주를 1/2로그를 마실 때다. 랍비 요쎄는 말한다. "1마네의 고기와 1로그의 포도주를 마실 때입니다." 만약 그가 율법에 따른 모임에서 먹었거나, 윤달에 먹었거나, 예루살렘에서 두 번째 십일조를 먹었거나, 도살하지 않은 동물과 부상당한 동물을 먹었거나, 가증스럽고 기는 동물을 먹었거나, 십일조를 드리지 않은 생산물, 거제가 분리되지 않은 첫 번째 십일조, 두 번째 십일조, 구속되지 않은 성물을 먹은 경우는 〔완악하고 패역한 아들이 아니다〕. 그의 계명이나 범법에 관련된 것을 먹은 경우, 그가 음식을 먹었지만 고기를 먹지 않았거나, 음료를 마셨지만 포도주를 마시지 않았다면, 그가 고기를 먹지 않고 와인을 마시지 않는 한, 완악하고 패역한 아들이 아니다. 〔성서에〕 기록되었듯이, "〔우리의 이 자식은 완악하고 패역하여 우리 말을 듣지 아니하고〕 폭식하며 주정뱅이라"(신 21:20). 이에 대

---

2) 1/3이라는 의미의 그리스어 트리테모리온(tritemorion)에서 온 단어다. 그리고 탈무드 시대에는 동전 이름으로 사용되기도 했다.

한 〔확실한〕 증거는 없지만, 이에 대한 암시는 있다. 〔성서에〕 기록되었듯이, "술을 즐겨하는 자들과 고기를 탐하는 자들과도 더불어 사귀지 말라"(잠 23:20).

- 일정량 이상의 술을 마시고 고기를 먹는 아들은 완악하고 패역한 아들에 포함된다. 단, 율법에 따른 모임이나 경축일에 먹고 마시는 경우는 제외된다.

8, 3

גָּנַב מִשֶּׁל אָבִיו וְאָכַל בִּרְשׁוּת אָבִיו, מִשֶּׁל אֲחֵרִים וְאָכַל בִּרְשׁוּת אֲחֵרִים, מִשֶּׁל אֲחֵרִים וְאָכַל בִּרְשׁוּת אָבִיו, אֵינוֹ נַעֲשֶׂה בֵּן סוֹרֵר וּמוֹרֶה, עַד שֶׁיִּגְנֹב מִשֶּׁל אָבִיו וְיֹאכַל בִּרְשׁוּת אֲחֵרִים. רַבִּי יוֹסֵי בַּר רַבִּי יְהוּדָה אוֹמֵר, עַד שֶׁיִּגְנֹב מִשֶּׁל אָבִיו וּמִשֶּׁל אִמּוֹ:

그가 그의 아버지의 것을 훔치고 그의 아버지에게 속한 곳에서 먹거나, 다른 사람의 것을 〔훔치고〕 다른 사람에 속한 곳에서 먹거나, 다른 사람들의 것을 훔치고 그의 아버지에 속한 곳에서 먹은 경우에, 그가 그의 아버지의 것을 훔치고 다른 사람에 속한 곳에서 먹지 않는 한, 그는 완악하고 패역한 아들이 아니다. 랍비 예후다의 아들 랍비 요쎄는 말한다. "아버지와 어머니의 것을 훔치지 않는 한 〔패역하고 완악한 아들이 아닙니다〕."

- 훔친 음식의 주인과 먹는 장소의 주인이 다른 경우에만 완악하고 패역한 아들이다.

הָיָה אָבִיו רוֹצֶה וְאִמּוֹ אֵינָהּ רוֹצָה, אָבִיו אֵינוֹ רוֹצֶה וְאִמּוֹ רוֹצָה, אֵינוֹ נַעֲשֶׂה בֵּן סוֹרֵר וּמוֹרֶה, עַד שֶׁיְּהוּ שְׁנֵיהֶם רוֹצִים. רַבִּי יְהוּדָה אוֹמֵר, אִם לֹא הָיְתָה אִמּוֹ רְאוּיָה לְאָבִיו, אֵינוֹ נַעֲשֶׂה בֵּן סוֹרֵר וּמוֹרֶה. הָיָה אֶחָד מֵהֶם גִּדֵּם אוֹ חִגֵּר אוֹ אִלֵּם אוֹ סוּמָא אוֹ חֵרֵשׁ, אֵינוֹ נַעֲשֶׂה בֵּן סוֹרֵר וּמוֹרֶה, שֶׁנֶּאֱמַר (דברים כא) וְתָפְשׂוּ בוֹ אָבִיו וְאִמּוֹ, וְלֹא גִדְּמִין. וְהוֹצִיאוּ אֹתוֹ, וְלֹא חִגְּרִין. וְאָמְרוּ, וְלֹא אִלְּמִין. בְּנֵנוּ זֶה, וְלֹא סוּמִין. אֵינֶנּוּ שֹׁמֵעַ בְּקֹלֵנוּ, וְלֹא חֵרְשִׁין. מַתְרִין בּוֹ בִּפְנֵי שְׁלֹשָׁה וּמַלְקִין אוֹתוֹ. חָזַר וְקִלְקֵל, נִדּוֹן בְּעֶשְׂרִים וּשְׁלֹשָׁה. וְאֵינוֹ נִסְקָל עַד שֶׁיְּהוּ שָׁם שְׁלֹשָׁה הָרִאשׁוֹנִים, שֶׁנֶּאֱמַר (שם) בְּנֵנוּ זֶה, זֶהוּ שֶׁלָּקָה בִּפְנֵיכֶם. בָּרַח עַד שֶׁלֹּא נִגְמַר דִּינוֹ וְאַחַר כָּךְ הִקִּיף זְקַן הַתַּחְתּוֹן, פָּטוּר. וְאִם מִשֶּׁנִּגְמַר דִּינוֹ בָּרַח וְאַחַר כָּךְ הִקִּיף זְקַן הַתַּחְתּוֹן, חַיָּב:

만약 그의 아버지는 〔아들을 처벌하기를〕 원하지만, 그의 어머니는 원치 않은 경우, 그리고 그의 아버지는 원치 않지만, 그의 어머니는 원한 경우, 그 둘 〔부모〕 다 원치 않은 경우, 그는 완악하고 패역한 아들이 되지 않는다. 랍비 예후다는 이렇게 말한다. "만약 그의 어머니가 아버지와 〔뜻이〕 맞지 않다면, 그는 완악하고 패역한 아들이 되지 않습니다." 만약 그들 중 한 사람이 한 손이 잘리거나, 다리를 절거나, 말을 못하거나, 시각장애인이나 청각장애인인 경우 그는 완악하고 패역한 아들이 될 수 없다. 〔성서에〕 "그 부모가 그를 잡아가지고"(신 21:19)라고 기록되었으나, 손이 없으면 〔잡지 못한다. 그리고 〔성서에〕 "그를 데리고 나가"(21:19)라고 기록되었으나, 다리를 절면 〔데리고 가지 못한다〕. "그들은 말하기를"(21:20)이라고 기록되었으나 말을 못하고, "우리의 이 아들"(21:20)이라고 기록되었으나, 청각장애인은 듣지 못하고, "우리의 말을 듣지 아니하고"(21:20)라고 기록되었으나, 청각장애인은 듣지 못하기 때문에 그는 완악하고 패역한 아들이 되지 않는다. 〔재판관들〕은 세 사람 앞에서 그에게 경고하고 태형을 집행했다. 〔만약〕 그가 다시 죄를 범하면 그는 스물세 명의 〔재판관들〕에게 판결받는다. 그는 〔태형을 집행했던〕 첫 세 〔재판관〕이 참석하지 않으면 투석형을 선고받을 수 없다. "우리 이 아들"(21:20)은 이 세 사람이 참석한 가운데 그가 태형을 받았음을 의미한다. 재판이 끝나기 전에 패역한 아들이 도망친 후 음모가 완전히 자랐다면 책임이 없다. 그러나 재판이 끝난 후 도망쳤는데, 그 후 음모가 완전히 자랐다면, 그는 여전히 유죄다.

- 랍비들은 신명기 21:19-20에 대한 미드라쉬적인 해석을 통해 완악하고 패역한 아들에서 제외되는 이유를 설명하고 있다.

8, 5

בֵּן סוֹרֵר וּמוֹרֶה נִדּוֹן עַל שֵׁם סוֹפוֹ, יָמוּת זַכַּאי וְאַל יָמוּת חַיָּב, שֶׁמִּיתָתָן שֶׁל רְשָׁעִים הֲנָאָה לָהֶן וַהֲנָאָה לָעוֹלָם, וְלַצַּדִּיקִים, רַע לָהֶן וְרַע לָעוֹלָם. יַיִן וְשֵׁנָה לָרְשָׁעִים, הֲנָאָה לָהֶן וַהֲנָאָה לָעוֹלָם, וְלַצַּדִּיקִים, רַע לָהֶן וְרַע לָעוֹלָם. פִּזּוּר לָרְשָׁעִים, הֲנָאָה לָהֶן וַהֲנָאָה לָעוֹלָם, וְלַצַּדִּיקִים, רַע לָהֶן וְרַע לָעוֹלָם. כִּנּוּס לָרְשָׁעִים, רַע לָהֶן וְרַע לָעוֹלָם, וְלַצַּדִּיקִים, הֲנָאָה לָהֶן וַהֲנָאָה לָעוֹלָם. שֶׁקֶט לָרְשָׁעִים, רַע לָהֶן וְרַע לָעוֹלָם, וְלַצַּדִּיקִים, הֲנָאָה לָהֶן וַהֲנָאָה לָעוֹלָם:

완악하고 패역한 아들은 그의 결과로 재판받는다. 그는 무죄 상태로 죽어야 하고, 유죄 상태로 죽어서는 안 된다. 악한 자들의 죽음은 그들 자신에게 유익하고 세상에 유익하다. 그러나 의인들의 죽음은 〔의인들〕에게 해가 되고 세상에도 해가 되기 때문이다. 악한 자들을 위한 포도주와 수면은 그들 자신과 세상에 유익하다. 의인들을 위한 〔포도주와 수면은 의인들〕에게 해가 되고 세상에도 해가 된다. 악한 자들의 흩어짐은 그들 자신과 세상에 유익하다. 의인들의 〔흩어짐은〕 그들 자신과 세상에 해가 된다. 악한 자들의 집회는 그들 자신과 세상에 해악을 끼친다. 의인들의 〔집회는〕 그들 자신과 세상에 유익하다. 악한 자들의 침묵은 그들 자신과 세상에 유익하다. 의인들의 〔침묵

은〕 그들 자신과 세상에 해가 된다.

- 랍비들은 완악하고 패역한 자는 아직 죄를 짓지 않은 무죄 상태라고 하더라도 처벌받을 수 있다고 말한다. 그는 너무도 악하여 중대 범죄를 범할 수 밖에 없기 때문이다. 이를 통해 미래에 있을 더 큰 죄를 미리 예방한다면 자신뿐만 아니라 사회에도 유익하다는 것이다.
- 여기에는 다음 세상에서 보상과 처벌이 있다는 신앙이 깔려 있다. 패역한 자가 이 세상에서 죄를 짓기 전에 처벌받으면 더 큰 범죄에 대해서 다음 세상에서 처벌받지 않게 된다는 것이다.

8, 6

הַבָּא בַמַּחְתֶּרֶת נִדּוֹן עַל שֵׁם סוֹפוֹ. הָיָה בָא בַמַּחְתֶּרֶת וְשָׁבַר אֶת הֶחָבִית,
אִם יֶשׁ לוֹ דָּמִים, חַיָּב. אִם אֵין לוֹ דָּמִים, פָּטוּר:

〔다른 사람의 집으로〕 굴을 뚫고 들어가는 사람은 그 결과로 재판받는다. 〔만약〕 그가 굴을 뚫고 들어가서 통을 깨뜨렸는데, 만약 〔그를 죽여〕 그에게 피가 있다면, 〔도둑〕은 〔통에 대하여〕 책임이 있다. 만약 〔그를 죽이지 않아〕 그에게 피가 없다면, 〔도둑〕은 〔통에 대하여〕 책임이 없다.

- 도둑질하는 도중에 죽임을 당하는 경우에, 집주인은 살인에 대한 처벌을 받지 않는다(출 22:2). 그리고 도둑이 죽음으로 더 큰 처벌을 이미 받은 경우에는 통을 배상하는 책임은 면제된다.

8, 7

וְאֵלּוּ הֵן שֶׁמַּצִּילִין אוֹתָן בְּנַפְשָׁן, הָרוֹדֵף אַחַר חֲבֵרוֹ לְהָרְגוֹ, אַחַר הַזְּכוּר
וְאַחַר הַנַּעֲרָה הַמְאֹרָסָה. אֲבָל הָרוֹדֵף אַחַר בְּהֵמָה, וְהַמְחַלֵּל אֶת הַשַּׁבָּת,

וְהָעוֹבֵד עֲבוֹדָה זָרָה, אֵין מַצִּילִין אוֹתָן בְּנַפְשָׁן:

다음 사람들은 그들의 목숨을 대가로 구원된다. 다른 사람을 죽이기 위하여, 남자를 〔강간하기 위하여〕, 약혼한 처녀를 〔강간하기 위하여〕 쫓아가는 자는 〔목숨을 대가로 구원된다〕. 그러나 동물을 〔수간하기 위하여〕 쫓아가는 자, 안식일을 범하는 자, 우상숭배하는 자는 목숨을 대가로 구원받지 못한다.

- 이 미쉬나는 일종의 '예방적 차원의 처벌'을 말한다. 살인이나 강간처럼 치명적인 위험이 예상되는 경우는 미리 처벌할 수 있다.

제9장

제9장에서는 화형과 참수형이 집행되는 경우를 말한다. 그리고 의도하지 않은 살인이나 사형 선고를 두 번 받은 경우, 그리고 아치형 방에 감금되어 죽을 때까지 음식을 먹이는 형벌 등을 다룬다.

9, 1

וְאֵלּוּ הֵן הַנִּשְׂרָפִין, הַבָּא עַל אִשָּׁה וּבִתָּהּ, וּבַת כֹּהֵן שֶׁזִּנְּתָה. יֵשׁ בִּכְלָל אִשָּׁה וּבִתָּהּ, בִּתּוֹ, וּבַת בִּתּוֹ, וּבַת בְּנוֹ, וּבַת אִשְׁתּוֹ, וּבַת בִּתָּהּ, וּבַת בְּנָהּ, חֲמוֹתוֹ, וְאֵם חֲמוֹתוֹ, וְאֵם חָמִיו. וְאֵלּוּ הֵן הַנֶּהֱרָגִים, הָרוֹצֵחַ וְאַנְשֵׁי עִיר הַנִּדַּחַת. רוֹצֵחַ שֶׁהִכָּה אֶת רֵעֵהוּ בְּאֶבֶן אוֹ בְּבַרְזֶל, וְכָבַשׁ עָלָיו לְתוֹךְ הַמַּיִם אוֹ לְתוֹךְ הָאוּר וְאֵינוֹ יָכוֹל לַעֲלוֹת מִשָּׁם, וָמֵת, חַיָּב. דְּחָפוֹ לְתוֹךְ הַמַּיִם אוֹ לְתוֹךְ הָאוּר וְיָכוֹל לַעֲלוֹת מִשָּׁם, וָמֵת, פָּטוּר. שִׁסָּה בוֹ אֶת הַכֶּלֶב, שִׁסָּה בוֹ אֶת הַנָּחָשׁ, פָּטוּר. הִשִּׁיךְ בּוֹ אֶת הַנָּחָשׁ, רַבִּי יְהוּדָה מְחַיֵּב, וַחֲכָמִים פּוֹטְרִין. הַמַּכֶּה אֶת חֲבֵרוֹ בֵּין בְּאֶבֶן בֵּין בְּאֶגְרוֹף וַאֲמָדוּהוּ לְמִיתָה, וְהֵקֵל מִמַּה שֶּׁהָיָה וּלְאַחַר מִכָּאן הִכְבִּיד וָמֵת, חַיָּב. רַבִּי נְחֶמְיָה אוֹמֵר, פָּטוּר, שֶׁרַגְלַיִם לַדָּבָר:

다음 사람들은 화형에 처해진다. 여인과 그녀의 딸, 간음한 제사장의 딸과 동침한 자다. 여인과 그녀의 딸의 범주에 포함된 사람은 다음과 같다. 그 자신의 딸, 딸의 딸(외손녀), 아들의 딸(손녀), 아내의 딸(의붓딸), 그녀의 딸의 딸이나 그녀의 아들의 딸, 장모, 장모의 어머니, 그리고 그의 장인의 어머니다. 그리고 다음 사람들은 참수형에 처해진다. 살인자와 개종한 도시의 주민들이다. 동료를 돌이나 철로 때려서 죽였거나, 또는 그를 물이나 불 속에 밀어 넣어, 그가 그곳으로부터 빠져나올 수 없어 죽었다면 그는 〔사형 형벌의〕 책임이 있다. 그를 물이나 불 속에 밀어 넣어, 그가 그곳으로부터 빠져나올 수 있었는데 죽었다면 그는 〔사형 형벌의〕 책임이 없다. 〔만약〕 그가 개로 하여금 그를 공격하게 하였는데 〔그들이 그를 죽였다면〕, 또는 뱀으로 그를 공격하게 하였는데 〔그들이 그를 죽였다면〕, 그는 〔사형 형벌의〕 책임이 없다. 〔만약〕 뱀으로 그를 물게 한다면, 랍비 예후다는 그가 〔사형 형벌에 해당하는〕 유죄라고 판결했다. 그리고 현자들은 그는 〔사형 형벌의〕 책임이 없다〔고 주장한다〕. 어떤 사람이 동료를 돌 또는 주먹으로 때렸고, 그들〔법정〕은 그가 죽을 것으로 예측했다. 그러나 그다음 그의 상황이 호전되었다. 그 이후에 그의 상황은 〔다시〕 악화되어 사망했다면 그는 유죄다. 랍비 네헤미야는 그 〔상황 호전〕에 대한 징후가 있기 때문에 그는 책임이 없다고 말한다.

- 첫째 미쉬나는 화형에 처하는 사람들에 대해 말한다. 특별히 '여인과 그녀의 딸'이 구체적으로 누구인지 열거한다.
- 이어서 참수형에 처하는 사람들에 대해 말한다. 개나 뱀을 이용해서 죽음에 이르게 한 사람은 참수형의 대상은 아니다.

9, 2

נִתְכַּוֵּן לַהֲרֹג אֶת הַבְּהֵמָה וְהָרַג אֶת הָאָדָם, לַנָּכְרִי וְהָרַג אֶת יִשְׂרָאֵל, לַנְּפָלִים, וְהָרַג בֶּן קְיָמָא, פָּטוּר. נִתְכַּוֵּן לְהַכּוֹתוֹ עַל מָתְנָיו וְלֹא הָיָה בָהּ כְּדֵי לְהָמִית עַל מָתְנָיו וְהָלְכָה לָהּ עַל לִבּוֹ וְהָיָה בָהּ כְּדֵי לְהָמִית עַל לִבּוֹ, וָמֵת, פָּטוּר. נִתְכַּוֵּן לְהַכּוֹתוֹ עַל לִבּוֹ וְהָיָה בָהּ כְּדֵי לְהָמִית עַל לִבּוֹ וְהָלְכָה לָהּ עַל מָתְנָיו וְלֹא הָיָה בָהּ כְּדֵי לְהָמִית עַל מָתְנָיו, וָמֵת, פָּטוּר. נִתְכַּוֵּן לְהַכּוֹת אֶת הַגָּדוֹל וְלֹא הָיָה בָהּ כְּדֵי לְהָמִית הַגָּדוֹל וְהָלְכָה לָהּ עַל הַקָּטָן וְהָיָה בָהּ כְּדֵי לְהָמִית אֶת הַקָּטָן, וָמֵת, פָּטוּר. נִתְכַּוֵּן לְהַכּוֹת אֶת הַקָּטָן וְהָיָה בָהּ כְּדֵי לְהָמִית אֶת הַקָּטָן וְהָלְכָה לָהּ עַל הַגָּדוֹל וְלֹא הָיָה בָהּ כְּדֵי לְהָמִית אֶת הַגָּדוֹל, וָמֵת, פָּטוּר. אֲבָל נִתְכַּוֵּן לְהַכּוֹת עַל מָתְנָיו וְהָיָה בָהּ כְּדֵי לְהָמִית עַל מָתְנָיו וְהָלְכָה לָהּ עַל לִבּוֹ, וָמֵת, חַיָּב. נִתְכַּוֵּן לְהַכּוֹת אֶת הַגָּדוֹל וְהָיָה בָהּ כְּדֵי לְהָמִית אֶת הַגָּדוֹל וְהָלְכָה לָהּ עַל הַקָּטָן, וָמֵת, חַיָּב. רַבִּי שִׁמְעוֹן אוֹמֵר, אֲפִלּוּ נִתְכַּוֵּן לַהֲרֹג אֶת זֶה וְהָרַג אֶת זֶה, פָּטוּר:

〔어떤 사람이〕 동물을 죽이려고 했다가 사람을 죽였거나, 비유대인을 죽이려고 했다가 이스라엘 백성을 죽였거나, 조산아를 죽이려고 했다가 생존가능한 아기를 죽였다면 책임이 없다. 〔만약〕 그가 그의 허리를 때리려 하여 그의 허리를 가격하였을 때 그를 죽일 만큼 충분하지 못했으나, 그 대신 그의 심장을 가격하였으며, 그 가격이 그를 죽일 만큼 충분해서 그가 죽었다면 그는 책임이 없다. 〔만약〕 그가 그를 죽이려고 했으며, 그의 가격이 그를 죽일 만큼 충분히 강했으나 그의 허리를 맞았고, 그 가격이 그를 죽일 만큼 충분히 강하지 않았으나 그가 죽었다면 그는 책임이 없다. 그가 성인을 가격하려고 의도했으나 그의 가격이 〔성인을〕 죽일 만큼 강하지 못했으나 어린아이가 그 가격에 맞았고, 그의 가격이 죽일 만큼 강했으며, 그가 죽었다면 그는 책임이 없다. 만약 그가 어린아이를 죽일 만큼 강한 가격으로 어린이를 가격하려고 의도했으나, 성인을 가격했고, 그 가격이 그를 죽일 만큼 강하지 못했으나 그가 죽었다면 그는 책임이 없다. 그러나 만약 그가 죽일 만큼 충분한 힘으로 그의 허리를 때리려고 했지만 대신 심장

을 가격했다면 그에게 책임이 있다. 만약 성인을 죽일 정도로 강한 타격을 가해 성인을 가격하려고 대신 아이를 가격해서 죽였다면 그에게 책임이 있다. 랍비 쉼온은 다음과 같이 말한다. 그가 어떤 사람을 죽이려고 했음에도 불구하고 다른 사람을 죽였다면 그는 책임이 없다.

- 랍비는 의도치 않은 사람을 죽게 한 경우, 죽일 의도가 없었는데 죽게 된 경우, 그리고 외국인에 대한 살인을 일반적인 살인과 다르다고 본다.
- 일반적인 살인의 경우에는 살인죄의 책임을 물어 투석형에 처한다.

9, 3

רוֹצֵחַ שֶׁנִּתְעָרֵב בַּאֲחֵרִים, כֻּלָּן פְּטוּרִין. רַבִּי יְהוּדָה אוֹמֵר, כּוֹנְסִין אוֹתָן לְכִפָּה. כָּל חַיָּבֵי מִיתוֹת שֶׁנִּתְעָרְבוּ זֶה בָזֶה, נִדּוֹנִין בַּקַּלָּה. הַנִּסְקָלִין בַּנִּשְׂרָפִין, רַבִּי שִׁמְעוֹן אוֹמֵר, נִדּוֹנִין בִּסְקִילָה, שֶׁהַשְּׂרֵפָה חֲמוּרָה. וַחֲכָמִים אוֹמְרִים, נִדּוֹנִין בִּשְׂרֵפָה, שֶׁהַסְּקִילָה חֲמוּרָה. אָמַר לָהֶן רַבִּי שִׁמְעוֹן, אִלּוּ לֹא הָיְתָה שְׂרֵפָה חֲמוּרָה, לֹא נִתְּנָה לְבַת כֹּהֵן שֶׁזִּנְּתָה. אָמְרוּ לוֹ, אִלּוּ לֹא הָיְתָה סְקִילָה חֲמוּרָה, לֹא נִתְּנָה לַמְגַדֵּף וְלָעוֹבֵד עֲבוֹדָה זָרָה. הַנֶּהֱרָגִין בַּנֶּחֱנָקִין, רַבִּי שִׁמְעוֹן אוֹמֵר, בְּסַיִף. וַחֲכָמִים אוֹמְרִים, בְּחֶנֶק:

어떤 살인자가 다른 사람들과 섞이게 되어 〔그가 누구인지 알 수 없으면〕, 그들은 모두 〔사형 형벌에서〕 책임이 없다. 랍비 예후다는 말한다. "그들을 박스에 넣어야 합니다." 〔만약 사형 형벌을〕 선고받은 사람들이 서로 섞이게 되었다면, 〔그들에게〕 가장 관대한 〔사형 형벌〕이 집행된다. 랍비 쉼온은 말한다. "〔만약〕 투석형을 선고받은 사람들이 화형을 선고받은 사람들과 〔섞이게 되었다면〕 화형이 더 중한 형벌이기 때문에 〔모두〕 투석형으로 집행해야 합니다." 그러나 현자들은 말한다. "투석형이 더 중한 형벌이기 때문에 〔모두〕 화형으로 집행해야 합니다." 랍비 쉼온은 그들에게 "만약 화형이 더 중하지 않다면 간음죄를 범한 제사장의 딸에게 〔그 형벌을〕 선고하지 않았을 것입니다." 〔현자들〕은 〔랍비 쉼온〕에게 "만약 투석형이 더 중하지 않았다면 신성모독자와 우상숭배자에게 〔그 형벌을〕 선고하지 않았을 것입니다." "〔만약〕 참수형을 선고받은 사람들이 교살형을 선고받은 다른 사람들과 〔섞이게 되었다면〕, 그들 〔모두를〕 참수형으로 〔집행합니다〕"라고 랍비 쉼온은 말한다. 현자들은 "그들 〔모두를〕 교살형으로 〔집행합니다〕"라고 말한다.

- 사형할 사람이 죄가 없는 일반인과 섞여 구별이 안 되면 모두 처벌할 수 없다.
- 각각의 사형 형벌을 받은 사람들이 서로 섞였다면 가장 관대한 사형으로 집행한다. 그런데 랍비 쉼온은 현자들과 달리 화형이 투석형보다 더 중하다고 주장한다(앞 미쉬나 7, 1 참조).

9, 4

מִי שֶׁנִּתְחַיֵּב בִּשְׁתֵּי מִיתוֹת בֵּית דִּין, נִדּוֹן בַּחֲמוּרָה. עָבַר עֲבֵרָה שֶׁנִּתְחַיֵּב בָּהּ שְׁתֵּי מִיתוֹת, נִדּוֹן בַּחֲמוּרָה. רַבִּי יוֹסֵי אוֹמֵר, נִדּוֹן בַּזִּקָּה הָרִאשׁוֹנָה שֶׁבָּאָה עָלָיו:

법정에 의해 사형이 두 번 선고된 사람은 〔사형을〕 더 중하게 집행한다. 만약 그가 한 가지 죄를 범했는데 두 번의 사형이 선고되었다면 〔사형을〕 더 중하게 집행한다. 랍비 요쎄는 말한다. "그에게 선고된 첫 번째 형벌이 그에게 집행됩니다."

- 한 가지 죄로 두 번의 사형 선고를 받은 경우에 더 중한 사형이 집행된다.

9, 5

מִי שֶׁלָּקָה וְשָׁנָה, בֵּית דִּין מַכְנִיסִים אוֹתוֹ לְכִפָּה וּמַאֲכִילִין אוֹתוֹ שְׂעֹרִין עַד שֶׁכְּרֵסוֹ מִתְבַּקַּעַת. הַהוֹרֵג נֶפֶשׁ שֶׁלֹּא בְעֵדִים, מַכְנִיסִין אוֹתוֹ לְכִפָּה וּמַאֲכִילִין אוֹתוֹ לֶחֶם צַר וּמַיִם לָחַץ:

태형을 받은 사람이 다시 태형을 받았다면 법정은 그를 아치형 방에 넣고 그의 배가 터질 때까지 보리빵을 먹인다. 증인들이 없는 가운데 살인죄를 범한 사람은 아치형 방에 넣고 그에게 역경의 빵과 고통의 물을 〔강제로〕 먹인다.

- 토라에 없는 사형 방식이 언급되어 있다. 1) 같은 죄를 계속 범하는 사람은 죽을 때까지 먹여서 처벌한다. 2) 살인자인데 증인이 없는 경우는 투석형에 처하는 대신, 장 파열을 일으키는 역경의 빵과 고통의 물을 먹게 해서 죽음에 이르게 한다(사 30:20).

9, 6

הַגּוֹנֵב אֶת הַקַּסְוָה וְהַמְקַלֵּל בַּקּוֹסֵם וְהַבּוֹעֵל אֲרַמִּית, קַנָּאִין פּוֹגְעִין בּוֹ. כֹּהֵן שֶׁשִּׁמֵּשׁ בְּטֻמְאָה, אֵין אֶחָיו הַכֹּהֲנִים מְבִיאִין אוֹתוֹ לְבֵית דִּין, אֶלָּא פִרְחֵי כְהֻנָּה מוֹצִיאִין אוֹתוֹ חוּץ לָעֲזָרָה וּמַפְצִיעִין אֶת מֹחוֹ בִּגְזִירִין. זָר שֶׁשִּׁמֵּשׁ בַּמִּקְדָּשׁ, רַבִּי עֲקִיבָא אוֹמֵר, בְּחֶנֶק. וַחֲכָמִים אוֹמְרִים, בִּידֵי שָׁמָיִם:

〔만약〕 어떤 사람이 그 카스바라는 〔제사에 쓰는 거룩한〕 그릇을 훔친 자, 마술사로 〔다른 사람을〕 저주한 자, 아람 여인과 동침한 자는 젤롯당원들이 그를 쳐서 〔죽인다〕. 만일 제사장이 불결한 상태에서 성전 예배를 드린다면, 동료 제사장들은 그를 법정으로 데려가지 않는다. 오히려 젊은 제사장들은 그를 안뜰로 데리고 가서 곤봉으로 두개골에 상해를 가했다. 랍비 아키바는 말한다. "성전에서 제사를 드린 비(非)제사장은 교살형에 처합니다." 그러나 현자들은 말한다.

"〔그의 죽음은〕 하늘의 손에 달려 있습니다."

- 전반부는 젤롯당(열심당)원들이 타격하여 죽게 하는 세 가지 종교적 인 살인에 대하여 열거한다.
- 불결한 상태에서 제사를 드린 제사장은 태형에 처하게 된다.
- 제사장이 아닌 사람이 성전에서 제사를 드리면 사형에 처하게 된다. 랍비 아키바는 법정에서 사형을 받는다고 주장하지만, 현자들은 '하늘'의 손에 달렸다고 말한다.

제10장

다가오는 세상에 분깃이 있는 사람들과 없는 사람들, 잃어버린 열 지파, 그리고 우상숭배한 도시에 대하여 말한다. 「산헤드린」 제10장은 미쉬나 전체에서 가장 신학적이고 교리적인 부분이다.

10, 1

כָּל יִשְׂרָאֵל יֵשׁ לָהֶם חֵלֶק לָעוֹלָם הַבָּא, שֶׁנֶּאֱמַר (ישעיה ס) וְעַמֵּךְ כֻּלָּם צַדִּיקִים לְעוֹלָם יִירְשׁוּ אָרֶץ נֵצֶר מַטָּעַי מַעֲשֵׂה יָדַי לְהִתְפָּאֵר. וְאֵלּוּ שֶׁאֵין לָהֶם חֵלֶק לָעוֹלָם הַבָּא, הָאוֹמֵר אֵין תְּחִיַּת הַמֵּתִים מִן הַתּוֹרָה, וְאֵין תּוֹרָה מִן הַשָּׁמָיִם, וְאֶפִּיקוֹרֶס. רַבִּי עֲקִיבָא אוֹמֵר, אַף הַקּוֹרֵא בַסְּפָרִים הַחִיצוֹנִים, וְהַלּוֹחֵשׁ עַל הַמַּכָּה וְאוֹמֵר (שמות טו) כָּל הַמַּחֲלָה אֲשֶׁר שַׂמְתִּי בְמִצְרַיִם לֹא אָשִׂים עָלֶיךָ כִּי אֲנִי ה' רֹפְאֶךָ. אַבָּא שָׁאוּל אוֹמֵר, אַף הַהוֹגֶה אֶת הַשֵּׁם בְּאוֹתִיּוֹתָיו:

모든 이스라엘 〔백성들〕에게는 다음 세상에서 분깃이 있다. 〔성서에〕 기록되었듯이, "네 백성이 다 의롭게 되어 영원히 땅을 차지하리니 그들은 내가 심은 가지요 내가 손으로 만든 것으로서 나의 영광을

나타낼 것인즉"(사 60:21). 그리고 다음 세상에서 분깃이 없을 사람들이다. 죽은 자들의 부활이 토라에 없다고 말하는 자, 토라가 하늘에서 내려오지 않았다고 〔말하는 자〕, 그리고 에피쿠로스다. 랍비 아키바는 말한다. "그리고 외경을 읽는 자, 상처받은 사람에게 '내가 애굽 사람들에게 내린 모든 질병 중 하나도 너희에게 내리지 아니하리니 나는 너희를 치료하는 여호와임이라'(출 15:26)라고 속삭이는 자입니다." 압바 샤울은 말한다. "또한 〔거룩한〕 하나님의 이름을 〔쓰여진〕 철자대로 발음하는 사람입니다."

- 랍비들은 이사야 60:21, 특별히 "그들은 다 의롭다"는 구절에 근거해서 모든 유대인들이 다음 세상에 분깃이 있다고 믿는다. 단, '죽은 자들의 부활'과 '토라의 하늘 기원'을 거부하는 자, 쾌락주의자인 에피쿠로스를 추종하는 자는 제외된다. 여기에서 에피쿠로스 추종자는 토라와 랍비들의 규범을 경멸하는 대표적인 사람들을 뜻한다.

10, 2

שְׁלֹשָׁה מְלָכִים וְאַרְבָּעָה הֶדְיוֹטוֹת אֵין לָהֶם חֵלֶק לָעוֹלָם הַבָּא. שְׁלֹשָׁה מְלָכִים, יָרָבְעָם, אַחְאָב, וּמְנַשֶּׁה. רַבִּי יְהוּדָה אוֹמֵר, מְנַשֶּׁה יֶשׁ לוֹ חֵלֶק לָעוֹלָם הַבָּא, שֶׁנֶּאֱמַר (דברי הימים ב לג) וַיִּתְפַּלֵּל אֵלָיו וַיֵּעָתֶר לוֹ וַיִּשְׁמַע תְּחִנָּתוֹ וַיְשִׁיבֵהוּ יְרוּשָׁלַיִם לְמַלְכוּתוֹ. אָמְרוּ לוֹ, לְמַלְכוּתוֹ הֱשִׁיבוֹ וְלֹא לְחַיֵּי הָעוֹלָם הַבָּא הֱשִׁיבוֹ. אַרְבָּעָה הֶדְיוֹטוֹת, בִּלְעָם, וְדוֹאֵג, וַאֲחִיתֹפֶל, וְגֵחֲזִי:

세 명의 왕들과 네 명의 평민들은 다음 세상에서 분깃이 없다. 세 명의 왕은 여로보암과 아합과 므낫세다. 랍비 예후다는 말한다. " '기도하였으므로 하나님이 그의 기도를 받으시며 그의 간구를 들으시사 그가 예루살렘에 돌아와서 다시 왕위에 앉게 하시매'(대하 33:13)라고 기록된 바와 같이 므낫세는 다음 세상에서 분깃이 있습니다." 〔현자들〕은 〔랍비 예후다〕에게 말한다. "그를 그의 왕국으로 돌아가게 한 것이지, 그를 다음 세상의 삶으로 돌아가게 한 것이 아닙니다." 그 네 명의 평민들은 발람, 도엑, 아히도벨(삼하 17) 그리고 게하시(왕하 5:20-27)다.

- 다음 세상에서 분깃이 없는 세 왕은 우상을 섬기고 야훼(여호와)의 선지자들을 죽인 여로보암(왕상 13:34), 아합(21:21-22), 므낫세(왕하 21:2-3)다.
- 왕이 아닌 평민 중에 분깃이 없는 네 명은 1) 출애굽 여정에서 이스라엘을 저주하려고 한 발람(민 22-24장), 2) 다윗의 위치를 사울에게 말해 놉의 제사장들을 죽게 만든 도엑(삼상 22:9-22), 3) 잘못된 조언으로 압살롬을 죽게 한 아히도벨(삼하 17:1-23), 4) 엘리사의 종 게하시(왕하 5:20-27)다.

10, 3

דּוֹר הַמַּבּוּל אֵין לָהֶם חֵלֶק לָעוֹלָם הַבָּא וְאֵין עוֹמְדִין בַּדִּין, שֶׁנֶּאֱמַר (בראשית ו) לֹא יָדוֹן רוּחִי בָאָדָם לְעֹלָם, לֹא דִין וְלֹא רוּחַ. דּוֹר הַפַּלָּגָה אֵין לָהֶם חֵלֶק לָעוֹלָם הַבָּא, שֶׁנֶּאֱמַר (בראשית יא) וַיָּפֶץ ה' אֹתָם מִשָּׁם עַל פְּנֵי כָל הָאָרֶץ. וַיָּפֶץ ה' אֹתָם, בָּעוֹלָם הַזֶּה. וּמִשָּׁם הֱפִיצָם ה', לָעוֹלָם הַבָּא. אַנְשֵׁי סְדוֹם אֵין לָהֶם חֵלֶק לָעוֹלָם הַבָּא, שֶׁנֶּאֱמַר (שם יג) וְאַנְשֵׁי סְדֹם רָעִים וְחַטָּאִים לַה' מְאֹד. רָעִים בָּעוֹלָם הַזֶּה. וְחַטָּאִים, לָעוֹלָם הַבָּא. אֲבָל עוֹמְדִין בַּדִּין. רַבִּי נְחֶמְיָה אוֹמֵר, אֵלּוּ וָאֵלּוּ אֵין עוֹמְדִין בַּדִּין, שֶׁנֶּאֱמַר (תהלים א) עַל כֵּן לֹא יָקֻמוּ רְשָׁעִים בַּמִּשְׁפָּט וְחַטָּאִים בַּעֲדַת צַדִּיקִים. עַל כֵּן לֹא יָקֻמוּ רְשָׁעִים בַּמִּשְׁפָּט, זֶה דּוֹר הַמַּבּוּל. וְחַטָּאִים בַּעֲדַת צַדִּיקִים, אֵלּוּ אַנְשֵׁי סְדוֹם. אָמְרוּ לוֹ, אֵינָם עוֹמְדִים בַּעֲדַת צַדִּיקִים אֲבָל עוֹמְדִין בַּעֲדַת רְשָׁעִים. מְרַגְּלִים אֵין לָהֶם חֵלֶק לָעוֹלָם הַבָּא, שֶׁנֶּאֱמַר וַיָּמֻתוּ הָאֲנָשִׁים מוֹצִאֵי דִבַּת הָאָרֶץ רָעָה בַּמַּגֵּפָה לִפְנֵי ה' (במדבר יד). וַיָּמֻתוּ, בָּעוֹלָם הַזֶּה. בַּמַּגֵּפָה, בָּעוֹלָם הַבָּא. דּוֹר הַמִּדְבָּר אֵין לָהֶם חֵלֶק לָעוֹלָם הַבָּא וְאֵין עוֹמְדִין בַּדִּין, שֶׁנֶּאֱמַר (שם)

בַּמִּדְבָּר הַזֶּה יִתַּמּוּ וְשָׁם יָמֻתוּ, דִּבְרֵי רַבִּי עֲקִיבָא. רַבִּי אֱלִיעֶזֶר אוֹמֵר, עֲלֵיהֶם הוּא אוֹמֵר (תהלים נ) אִסְפוּ לִי חֲסִידָי כֹּרְתֵי בְרִיתִי עֲלֵי זָבַח. עֲדַת קֹרַח אֵינָהּ עֲתִידָה לַעֲלוֹת, שֶׁנֶּאֱמַר (במדבר טז) וַתְּכַס עֲלֵיהֶם הָאָרֶץ, בָּעוֹלָם הַזֶּה, וַיֹּאבְדוּ מִתּוֹךְ הַקָּהָל, לָעוֹלָם הַבָּא, דִּבְרֵי רַבִּי עֲקִיבָא. רַבִּי אֱלִיעֶזֶר אוֹמֵר, עֲלֵיהֶם הוּא אוֹמֵר (שמואל א ב) ה' מֵמִית וּמְחַיֶּה מוֹרִיד שְׁאוֹל וַיָּעַל. עֲשֶׂרֶת הַשְּׁבָטִים אֵינָן עֲתִידִין לַחֲזֹר, שֶׁנֶּאֱמַר (דברים כט) וַיַּשְׁלִכֵם אֶל אֶרֶץ אַחֶרֶת כַּיּוֹם הַזֶּה, מַה הַיּוֹם הַזֶּה הוֹלֵךְ וְאֵינוֹ חוֹזֵר, אַף הֵם הוֹלְכִים וְאֵינָם חוֹזְרִים, דִּבְרֵי רַבִּי עֲקִיבָא. רַבִּי אֱלִיעֶזֶר אוֹמֵר, כַּיּוֹם הַזֶּה, מַה הַיּוֹם מַאֲפִיל וּמֵאִיר, אַף עֲשֶׂרֶת הַשְּׁבָטִים שֶׁאָפַל לָהֶן, כָּךְ עָתִיד לְהָאִיר לָהֶן:

홍수 세대는 다음 세상에서 분깃이 없고, 〔마지막〕 심판도 받지 않을 것이다. 〔성서에〕 기록되었듯이, "나의 영이 영원히 사람을 재판하지[3] 아니하리니"(창 6:3). 〔이것은〕 그들에게는 심판도 없고 영혼도 없다는 것이다. "여호와께서는 그들을 그곳으로부터 온 땅위에 흩어 놓으셨다"(11:8)라고 〔성서에〕 기록되었듯이, 이산(離散)의 세대는 다음 세상에서 분깃이 없다. "여호와께서 그들을 흩으셨다"는 것은 이 세상을 말한다. 그리고 "그곳으로부터 여호와께서 그들을 흩으셨다"는 것은 다음 세상을 말한다. "그리고 소돔 사람은 악하고 여호와 앞에 큰 죄인이었다"(13:13)라고 〔성서에〕 기록되었듯이, 소돔 사람들은 다음 세상에서 분깃이 없다. "악하다"는 것은 이 세상을 말하고, "죄인이다"는 것은 다음 세상을 말한다. 그러나 〔그들은〕 심판을 받을 것이다. 랍비 네헤미야는 말한다. "〔홍수의 세대〕나 〔소돔 사람들〕이나 〔모두〕 심판을 견디지 못할 것입니다." 〔성서에〕 기록되었듯이, "그러므로 악한 사람들이 심판을 견디지 못하며, 죄인들이 의인의 회중에 들지 못할 것이다"(시 1:5). "그러므로 악인들은 심판을 견디지 못할 것이다"라는 말은 홍수 세대를 말한다. "죄인들도 의인의 회

---

3) 특별히 '재판하다'로 해석한 부분은 원문 성서에 대한 정확한 해석이라기보다 랍비들의 해석을 유추한 것이다.

중에 들지 못한다"라는 말은 소돔 사람들을 말한다. 〔현자들〕이 〔랍비 네헤미야〕에게 말했다. "그들은 의인의 회중에 들지 못하고 죄들의 회중에 서게 될 것입니다." 정탐꾼들은 다음 세상에서 분깃이 없다. 〔성서에〕 기록되었듯이, "곧 그 땅에 대하여 악평한 자들은 여호와 앞에서 역병으로 죽었다"(민 14:37). "그들이 … 죽었다"는 것은 이 세상을 말하고, "역병으로"는 다음 세상을 말한다. 광야의 세대는 다음 세상에서 분깃이 없으며, 〔마지막〕 심판에서 견디지 못할 것이다. "이 광야에서 그들은 소멸될 것이며, 〔그들은〕 거기서 죽을 것이다"(14:35). 〔이것은〕 랍비 아키바의 말이다. 랍비 엘리에제르는 말한다. "그들을 위해 이 말씀도 있습니다." "내게 바쳐진 자들, 〔즉〕 희생제사로 나와 언약을 맺은 자들을 내게 모으라"(시 50:5). 고라의 회중은 〔부활하여〕 올리어지지 않을 것이다. 〔성서에〕 기록되었듯이, "그리고 이 세상에서 땅이 그들을 덮을 것이다"(민 16:33)는 이 세상을 말하고, "그리고 그들은 다음 세상에서 그 회중 가운데 멸망할 것이다"(16:33)는 다음 세상을 말한다. 〔이것은〕 랍비 아키바의 말이다. 랍비 엘리에제르는 말한다. "그들을 위해 이 말씀도 있습니다." "여호와는 죽이기도 하시고 살리기도 하시며, 음부에 내리게도 하시고 올리기도 하신다"(삼상 2:6). 열 지파는 〔메시아 시대에도 이스라엘 땅으로〕 돌아오지 않을 것이다. 〔성서에〕 기록되었듯이, "그리고 그(하나님)가 오늘날처럼 다른 땅으로 그들을 보내셨다"(신 29:28 〔히브리 성서 29:27〕). "〔한 번〕 지나간 세월은 돌아오지 않는 것처럼, 그들 역시 가고 돌아오지 않을 것입니다." 〔이것은〕 랍비 아키바의 말이다. 랍비 엘리에제르는 말한다. "그날처럼 날이 어두워지고 그런 다음 다시 밝아지는 것처럼, 그 열 지파도, 그들에게 날이 어두워졌기 때문에, 그들에게 밝아지는 미래를 가지게 될 것입니다."

- 죄로 인해 다음 세상에서 분깃이 없는 사람들을 열거한다. 랍비들은 그 근거를 성서에서 찾는다.
- 마지막 부분에서 랍비 아키바는 열 지파가 결코 이스라엘 땅으로 돌아오지 못한다고 말하고, 랍비 엘리에제르는 그의 의견에 동의하지 않는다.

10, 4

אַנְשֵׁי עִיר הַנִּדַּחַת אֵין לָהֶן חֵלֶק לָעוֹלָם הַבָּא, שֶׁנֶּאֱמַר (שם יג) יָצְאוּ אֲנָשִׁים בְּנֵי בְלִיַּעַל מִקִּרְבֶּךָ וַיַּדִּיחוּ אֶת יֹשְׁבֵי עִירָם. וְאֵינָן נֶהֱרָגִים עַד שֶׁיִּהְיוּ מַדִּיחֶיהָ מֵאוֹתָהּ הָעִיר וּמֵאוֹתוֹ הַשֵּׁבֶט, וְעַד שֶׁיֻּדַּח רֻבָּהּ, וְעַד שֶׁיַּדִּיחוּם אֲנָשִׁים. הִדִּיחוּהָ נָשִׁים וּקְטַנִּים אוֹ שֶׁהֻדַּח מִעוּטָהּ אוֹ שֶׁהָיוּ מַדִּיחֶיהָ חוּצָה לָהּ, הֲרֵי אֵלּוּ כִּיחִידִים. וּצְרִיכִין שְׁנֵי עֵדִים וְהַתְרָאָה לְכָל אֶחָד וְאֶחָד. זֶה חֹמֶר בַּיְּחִידִים מִבַּמְּרֻבִּים, שֶׁהַיְּחִידִים בִּסְקִילָה, לְפִיכָךְ מָמוֹנָם פָּלֵט. וְהַמְּרֻבִּים בְּסַיִף, לְפִיכָךְ מָמוֹנָם אָבֵד:

우상숭배한 도시의 사람들은 다음 세상에서 분깃이 없다. 〔성서에〕 기록되었듯이, "어떤 악한 사람들이 너희에게서 나와 그들의 도시 주민들을 유혹했다"(신 13:13). 그들은 유혹자들이 그 도시와 그 부족에 속하지 않거나, 그 도시의 대다수가 유혹되었거나 유혹자들이 남자가 아닌 한 참수되지 아니한다. 만약 여인들이나 미성년자들이 유혹했거나 그 도시의 소수〔만이〕 유혹되었거나 그 유혹한 자들이 그 도시 바깥에서 왔다면 그들은 개인들로 취급된다. 그러므로 각 피고인들에게는 두 명의 증인과 각 사람에 대한 공식 경고가 〔필요하다〕. 이 경우 〔개인들의〕 형벌은 다수인 〔경우보다〕 더 혹독하다. 개인들은 투석형에 처해지기 때문이다. 그러므로 그들의 재산은 남겨진다. 그러나 다수는 참수된다. 그러므로 그들의 재산은 상실된다.

- 도시 구성원 다수가 우상숭배에 연루된 경우는 그들 모두를 칼로 참수형에 처해지지만, 개인들 일부만 우상숭배한 경우에는 그들을 투석형에 처한다.

10, 5

הַכֵּה תַכֶּה אֶת וְגוֹ' (דברים יג). הַחַמֶּרֶת וְהַגַּמֶּלֶת הָעוֹבֶרֶת מִמָּקוֹם לְמָקוֹם, הֲרֵי אֵלּוּ מַצִּילִין אוֹתָהּ. הַחֲרֵם אֹתָהּ וְאֶת כָּל אֲשֶׁר בָּהּ וְאֶת בְּהֶמְתָּהּ לְפִי חָרֶב (שם), מִכָּאן אָמְרוּ נִכְסֵי צַדִּיקִים שֶׁבְּתוֹכָהּ אוֹבְדִין, שֶׁבְּחוּצָה לָהּ פְּלֵטִין. וְשֶׁל רְשָׁעִים, בֵּין שֶׁבְּתוֹכָהּ בֵּין שֶׁבְּחוּצָה לָהּ, הֲרֵי אֵלּוּ אוֹבְדִין:

"너는 반드시 그 도시의 주민들을 칼날로 진멸해야 한다"(신 13:15〔히브리 성서 13:16〕) 이곳에서 저곳으로 지나가는 나귀 모는 자나 낙타 모는 자들이 그 도시를 구한다. "그 〔도시〕와 그 〔도시〕 안에 있는 모든 것들, 그리고 그 〔도시〕의 동물들은 진멸하라"(신 13:15〔히브리 성서 13:16〕) 여기로부터 그들은 말했다. 그 도시 안에 있는 의인들의 소유물들은 상실된다. 〔그리고〕 그 도시 밖에 있는 〔의인들의〕 소유물들은 보존된다. 그리고 악인들의 것은 그 도시 안에 있든, 그 도시 밖에 있든 그 〔모든〕 것들은 상실된다."

- 나귀 모는 자나 낙타 모는 자들은 도시의 인구에서 제외된다. 그로 인해 수적으로 우상숭배 도시가 되지 않는다면 그들로 인해 도시가 구원을 받는 결과가 된다.

10, 6

וְאֶת כָּל שְׁלָלָהּ תִּקְבֹּץ אֶל תּוֹךְ רְחֹבָהּ וְגוֹ' (דברים יג). אִם אֵין לָהּ רְחוֹב, עוֹשִׂין לָהּ רְחוֹב. הָיָה רְחוֹבָהּ חוּצָה לָהּ, כּוֹנְסִין אוֹתוֹ לְתוֹכָהּ. וְשָׂרַפְתָּ בָאֵשׁ אֶת הָעִיר וְאֶת כָּל שְׁלָלָהּ כָּלִיל לַה' אֱלֹהֶיךָ (שם). שְׁלָלָהּ, וְלֹא שְׁלַל שָׁמַיִם. מִכָּאן אָמְרוּ, הַהֶקְדֵּשׁוֹת שֶׁבָּהּ יִפָּדוּ, וּתְרוּמוֹת יֵרָקְבוּ, מַעֲשֵׂר שֵׁנִי וְכִתְבֵי

הַקֹּדֶשׁ יִגָּנֵזוּ. כָּלִיל לַה' אֱלֹהֶיךָ, אָמַר רַבִּי שִׁמְעוֹן, אָמַר הַקָּדוֹשׁ בָּרוּךְ הוּא, אִם אַתֶּם עוֹשִׂים דִּין בְּעִיר הַנִּדַּחַת, מַעֲלֶה אֲנִי עֲלֵיכֶם כְּאִלּוּ אַתֶּם מַעֲלִין עוֹלָה כָלִיל לְפָנָי. וְהָיְתָה תֵּל עוֹלָם לֹא תִבָּנֶה עוֹד (דברים יג), לֹא תֵעָשֶׂה אֲפִלּוּ גַּנּוֹת וּפַרְדֵּסִים, דִּבְרֵי רַבִּי יוֹסֵי הַגְּלִילִי. רַבִּי עֲקִיבָא אוֹמֵר, לֹא תִבָּנֶה עוֹד, לִכְמוֹ שֶׁהָיְתָה אֵינָהּ נִבְנֵית, אֲבָל נַעֲשֵׂית הִיא גַּנּוֹת וּפַרְדֵּסִים. וְלֹא יִדְבַּק בְּיָדְךָ מְאוּמָה מִן הַחֵרֶם (שם), שֶׁכָּל זְמַן שֶׁהָרְשָׁעִים בָּעוֹלָם, חֲרוֹן אַף בָּעוֹלָם. אָבְדוּ רְשָׁעִים מִן הָעוֹלָם, נִסְתַּלֵּק חֲרוֹן אַף מִן הָעוֹלָם:

"너희는 모든 전리품을 광장에 모아야 한다"(신 13:16〔히브리 성서 13:17〕). 만약 광장이 없다면 광장도 만들어야 한다. 〔만약〕 광장이 〔도시〕 외부에 있으면 그 광장을 〔도시 내부로〕 들여와야 한다. "너희는 너의 주 하나님 여호와를 위하여 번제물로 그 도시와 그 모든 전리품을 불태워야 한다"(신 13:16〔히브리 성서 13:17〕). 그리고 하늘의 전리품이 아니라 "그 모든 전리품이다." 여기에 근거하여, 〔현자들〕은 말한다. "그 안의 모든 성물들은 구속되어야 하고, 거제는 썩게 두어야 한다." 그리고 둘째 십일조와 거룩한 문서들은 〔땅에〕 묻어야 한다. "주 당신의 하나님께 드리는 온전한 번제물입니다." 랍비 쉼온은 이렇게 말했다. "축복받으시기에 합당하신 하나님께서 '만약 네가 어떤 배교 도시에 대한 심판을 수행한다면, 〔그것은 지금까지〕 모든 번제물을 나(하나님)에게 바친 것과 같다'고 말씀하셨습니다." "그리고 그것(도시)은 결코 재건되지 않는 영원한 폐허로 남아 있게 하세요." "심지어 정원이나 과수원으로 만들어도 안 됩니다." 갈릴리 사람 랍비 요쎄의 말이다. "그것은 결코 재건되지 않는 영원한 폐허로 남게 하세요." 랍비 아키바는 말한다. "재건하지 마세요. 원래대로 건축할 수 없습니다. 그러나 정원과 과수원으로 만들 수는 있습니다." "주님께서 타오르는 분노를 돌이켜 너에게 자비를 베푸시도록, 금지된 것은 아무것도 행하지 않도록 하라"(신 13:17〔히브리 성서 13:18〕). 악인들이 이 세상에 존재하는 한 이 세상에는 〔하나님의〕 타오르는 분노

가 있다. 악한 자들이 멸망할 때 〔하나님의〕 타오르는 분노가 이 세상으로부터 사라진다.

- 우상숭배한 도시는 폐허로 남게 만들어야 하고 결코 재건해서는 안 된다. 그 안에 있는 모든 물건들도 불에 태워야 한다. 그런데 하나님께 바치기로 예정된 성물들은 돈으로 바꾸어 성전에 바쳐야 한다. 그리고 거제는 썩도록 두고, 둘째 십일조와 거룩한 문서(성서)는 땅에 묻어야 한다.

제11장

마지막은 교살형, 스승에 대한 반대, 거짓 예언자 등을 다룬다.

11, 1

אֵלּוּ הֵן הַנֶּחֱנָקִין, הַמַּכֶּה אָבִיו וְאִמּוֹ, וְגוֹנֵב נֶפֶשׁ מִיִּשְׂרָאֵל, וְזָקֵן מַמְרֵא עַל פִּי בֵית דִּין, וּנְבִיא הַשֶּׁקֶר, וְהַמִּתְנַבֵּא בְּשֵׁם עֲבוֹדָה זָרָה, וְהַבָּא עַל אֵשֶׁת אִישׁ, וְזוֹמְמֵי בַת כֹּהֵן וּבוֹעֲלָהּ. הַמַּכֶּה אָבִיו וְאִמּוֹ אֵינוֹ חַיָּב עַד שֶׁיַּעֲשֶׂה בָהֶן חַבּוּרָה. זֶה חֹמֶר בַּמְקַלֵּל מִבַּמַּכֶּה, שֶׁהַמְקַלֵּל לְאַחַר מִיתָה חַיָּב, וְהַמַּכֶּה לְאַחַר מִיתָה פָּטוּר. הַגּוֹנֵב נֶפֶשׁ מִיִּשְׂרָאֵל אֵינוֹ חַיָּב עַד שֶׁיַּכְנִיסֶנּוּ לִרְשׁוּתוֹ. רַבִּי יְהוּדָה אוֹמֵר, עַד שֶׁיַּכְנִיסֶנּוּ לִרְשׁוּתוֹ וְיִשְׁתַּמֵּשׁ בּוֹ, שֶׁנֶּאֱמַר (דברים כד) וְהִתְעַמֶּר בּוֹ וּמְכָרוֹ. הַגּוֹנֵב אֶת בְּנוֹ, רַבִּי יִשְׁמָעֵאל בְּנוֹ שֶׁל רַבִּי יוֹחָנָן בֶּן בְּרוֹקָה מְחַיֵּב, וַחֲכָמִים פּוֹטְרִין. גָּנַב מִי שֶׁחֶצְיוֹ עֶבֶד וְחֶצְיוֹ בֶן חוֹרִין, רַבִּי יְהוּדָה מְחַיֵּב, וַחֲכָמִים פּוֹטְרִין:

다음 〔사람들〕은 교살형에 처해진다. 아버지나 어머니를 구타하는 자, 그리고 이스라엘 〔백성〕을 유괴한 자, 그리고 법정의 판결에 반역하는 장로, 그리고 거짓 선지자, 그리고 우상의 이름으로 예언하는

자, 결혼한 여자와 간음한 자, 그리고 제사장 딸과 그녀와 간음한 자에 〔대하여〕 거짓 증언한 자다. 아버지나 어머니를 구타하는 사람은 그들이 상처를 입었을 때만 책임이 있다. 이런 점에서, 〔부모를〕 저주하는 것은 구타하는 것보다 더 중벌을 〔받는다〕. 왜냐하면 〔부모가〕 죽은 후에 〔그 부모를〕 저주하는 사람은 책임이 있으나, 죽은 후에 그들을 때리는 사람은 면책되기 때문이다. 이스라엘 〔백성〕을 유괴한 자는 그를 자신의 공간으로 데려오지 않는 한 책임이 없다. 랍비 예후다는 말한다. "〔성서에〕 기록되었듯이, '〔만약〕 어떤 사람이 〔다른 사람을 유괴하여〕 사용하거나, 파는 사람은 〔죽이라〕'(신 24:7). 〔만약〕 어떤 사람이 〔다른 사람을 데리고 와서〕 자신의 재산으로 삼고 그를 〔종으로〕 사용하지 않는 한 〔책임이 없습니다〕." 랍비 요하난 벤 베로카의 아들 랍비 이쉬마엘은 아들을 유괴한 자는 책임이 있다고 하지만 현자들은 〔그를〕 면책한다. 절반은 종이고 절반은 자유인인 사람을 유괴한 자에 대하여 랍비 예후다는 책임이 있다고 말하고, 현자들은 면책한다.

- 부모를 구타하거나 저주하는 사람에 대하여 어떻게 죽여야 하는지 토라는 말하고 있지 않다(출 21:15, 17). 랍비들은 이들을 교살형에 처해야 한다고 말한다.

11, 2

זָקֵן מַמְרֵא עַל פִּי בֵית דִּין, שֶׁנֶּאֱמַר (שם יז) כִּי יִפָּלֵא מִמְּךָ דָבָר לַמִּשְׁפָּט וְגוֹ'. שְׁלֹשָׁה בָתֵּי דִינִין הָיוּ שָׁם, אֶחָד יוֹשֵׁב עַל פֶּתַח הַר הַבַּיִת, וְאֶחָד יוֹשֵׁב עַל פֶּתַח הָעֲזָרָה, וְאֶחָד יוֹשֵׁב בְּלִשְׁכַּת הַגָּזִית. בָּאִים לָזֶה שֶׁעַל פֶּתַח הַר הַבַּיִת, וְאוֹמֵר, כָּךְ דָּרַשְׁתִּי וְכָךְ דָּרְשׁוּ חֲבֵרַי, כָּךְ לִמַּדְתִּי וְכָךְ לִמְּדוּ חֲבֵרָי. אִם שָׁמְעוּ, אוֹמְרִים לָהֶם. וְאִם לָאו, בָּאִין לָהֶם לְאוֹתָן שֶׁעַל פֶּתַח הָעֲזָרָה, וְאוֹמֵר, כָּךְ דָּרַשְׁתִּי וְכָךְ דָּרְשׁוּ חֲבֵרַי, כָּךְ לִמַּדְתִּי וְכָךְ לִמְּדוּ חֲבֵרָי. אִם שָׁמְעוּ,

אוֹמְרִים לָהֶם. וְאִם לָאו, אֵלּוּ וָאֵלּוּ בָּאִים לְבֵית דִּין הַגָּדוֹל שֶׁבְּלִשְׁכַּת הַגָּזִית, שֶׁמִּמֶּנּוּ יוֹצֵאת תּוֹרָה לְכָל יִשְׂרָאֵל, שֶׁנֶּאֱמַר (שם) מִן הַמָּקוֹם הַהוּא אֲשֶׁר יִבְחַר ה'. חָזַר לְעִירוֹ וְשָׁנָה וְלִמֵּד כְּדֶרֶךְ שֶׁהָיָה לָמֵד, פָּטוּר. וְאִם הוֹרָה לַעֲשׂוֹת, חַיָּב, שֶׁנֶּאֱמַר (שם) וְהָאִישׁ אֲשֶׁר יַעֲשֶׂה בְזָדוֹן, אֵינוֹ חַיָּב עַד שֶׁיּוֹרֶה לַעֲשׂוֹת. תַּלְמִיד שֶׁהוֹרָה לַעֲשׂוֹת, פָּטוּר, נִמְצָא חֻמְרוֹ קֻלּוֹ:

법정의 판결에 반역하는 장로는 〔성서에〕 기록된 것처럼, "어떤 문제에 대해 재판하기가 너무 어려우면"(신 17:8) 〔교살형에 처한다〕. 〔예루살렘〕에 세 개의 법정이 있었다. 하나는 성전산 입구에 소집된다. 다른 하나는 성전 뜰 입구에 소집된다. 다른 하나는 다듬은 돌의 방에 소집된다. 〔장로들〕이 성전산 입구에 있는 법정으로 갔으며, 그곳에서 그는 〔반역하는 장로에게 이렇게〕 말한다. "이렇게 나는 설명했고, 나의 동료들도 이렇게 설명했습니다. 나는 이렇게 가르쳤고, 동료들도 이렇게 가르쳤습니다." 만약 〔재판관들〕이 〔이에 대한 규정을〕 들었다면, 〔장로들〕에게 그것을 말할 것이다. 그러나 만약 그렇지 않은 경우 그들은 그 성전 뜰 입구에 있는 〔재판관들〕에게 와서 〔이렇게〕 말한다. "이렇게 나는 설명했고, 나의 동료들도 이렇게 설명했습니다. 나는 이렇게 가르쳤고, 동료들도 이렇게 가르쳤습니다. 만약 〔재판관들〕이 〔이에 대한 규정을〕 들었다면, 〔장로들〕에게 그것을 말할 것이다. 그러나 만약 그렇지 않은 경우 〔장로들〕과 〔재판관들〕은 다듬은 돌의 방 안에 있는 〔산헤드린〕 대법정으로 간다. 여기에서 모든 이스라엘 백성에게 가르침이 나간다. 그 〔성서에〕 기록되었듯이, "여호와께서 택하신 곳에서 〔그들이 네게 선언하는 그 판결을 네가 행하되 무릇 그들이 네게 가르치는 대로 삼가 행할 것이다〕"(신 17:10). 그가 그의 도시로 돌아와서 그가 판결했던 것처럼 다시 판결했다면, 그는 책임이 없다. 그러나 만약 그가 〔다른 사람들에게〕 그렇게 해야 한다고 가르쳤다면, 그는 책임이 있다. 〔성서에〕 기록되었듯

다듬은 돌의 방(Hall of Hewn Stones)의 구조

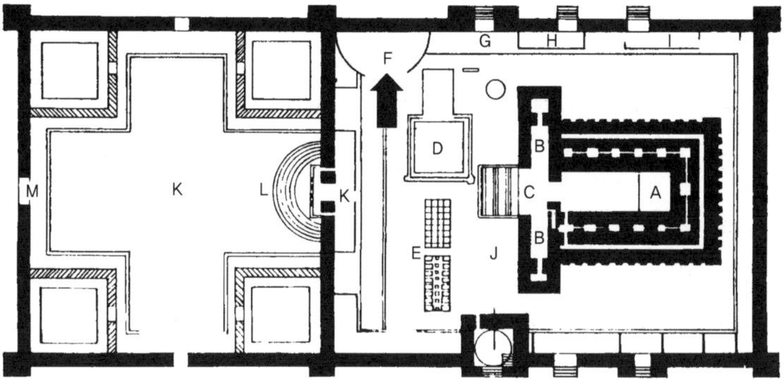

그리스도(예수) 시대의 성전. A 지성소, B 외부 성소, C 외부 휘장, D 번제단, E 도살 구역, F 다듬은 돌의 방(산헤드린 홀), G 조언자의 방, H 아브티나스의 집, I 나무 방, J 제사장의 뜰, K 이스라엘의 뜰, L 니카노르문 계단, M 동문. • 노먼 테네도라(Norman Tenedora)의 도안.

이, "〔무릇 그들이 네게 가르치는 대로〕 삼가 행할 것이다"(신 17:10). 그러나 그렇게 해야 한다고 〔잘못〕 판결한 제자는 책임이 없다. 이렇게 그에 대한 엄격성은 〔또한〕 그에 대한 관용이다.

- 어떤 장로가 다른 장로들이 가르치는 것과 달리 가르쳤다면, 그들은 먼저 성전산 입구에 있는 법정의 재판관들에게 말한다. 재판관들은 듣고 이러한 율법들에 대하여 들은 바가 있으면 장로들에게 말해준다. 하지만 없다면 성전 뜰 입구에 있는 법정으로 간다. 거기에 있는 재판관들도 이에 대하여 들은 율법이 있다면 이들에게 말해주지만, 그렇지 않다면 다듬은 돌의 방 안에 있는 대법정으로 간다.
- 장로가 법정의 가르침과 달리 예전처럼 똑같이 가르치는 것은 〔사형에 대한〕 책임이 없지만, 다른 사람들이 법정의 가르침과 달리 행동하도록 선동했다면 그는 책임이 있다.

11, 3

חֹמֶר בְּדִבְרֵי סוֹפְרִים מִבְּדִבְרֵי תוֹרָה, הָאוֹמֵר אֵין תְּפִלִּין, כְּדֵי לַעֲבֹר עַל דִּבְרֵי תוֹרָה, פָּטוּר. חֲמִשָּׁה טוֹטָפוֹת, לְהוֹסִיף עַל דִּבְרֵי סוֹפְרִים, חַיָּב:

서기관들의 가르침이 토라의 가르침보다 더 엄격하다. 〔만약 반역적인 장로가〕 성서 말씀을 위반하기 위하여 "기도문에 대한 〔계명이〕 없다"라고 말한다면 그는 책임이 없다. 〔그러나〕 서기관들의 가르침에 추가하기 위하여 〔기도문〕이 다섯 개의 성구함이라고 〔가르친다면〕 유책이다.

- 대부분 잘 알고 있는 성서와 달리 랍비들의 가르침은 특별하게 배우지 않는 이상 알기 어렵기 때문에 잘못 가르친 것에 대한 위험성이 훨씬 더 크다고 보고 있다.
- 랍비들은 출애굽기 13:9과 신명기 6:8을 기도문(테필린)에 대한 명확한 근거라고 생각한다. 그리고 이 기도문들은 네 개의 성구함(聖句函)에 넣어 사용한다.

11, 4

אֵין מְמִיתִין אוֹתוֹ לֹא בְבֵית דִּין שֶׁבְּעִירוֹ וְלֹא בְבֵית דִּין שֶׁבְּיַבְנֶה, אֶלָּא מַעֲלִין אוֹתוֹ לְבֵית דִּין הַגָּדוֹל שֶׁבִּירוּשָׁלַיִם, וּמְשַׁמְּרִין אוֹתוֹ עַד הָרֶגֶל וּמְמִיתִין אוֹתוֹ בָרֶגֶל, שֶׁנֶּאֱמַר (דברים יז) וְכָל הָעָם יִשְׁמְעוּ וְיִרָאוּ וְלֹא יְזִידוּן עוֹד, דִּבְרֵי רַבִּי עֲקִיבָא. רַבִּי יְהוּדָה אוֹמֵר, אֵין מְעַנִּין אֶת דִּינוֹ שֶׁל זֶה, אֶלָּא מְמִיתִין אוֹתוֹ מִיָּד, וְכוֹתְבִין וְשׁוֹלְחִין שְׁלוּחִים בְּכָל הַמְּקוֹמוֹת, אִישׁ פְּלוֹנִי בֶּן אִישׁ פְּלוֹנִי נִתְחַיֵּב מִיתָה בְּבֵית דִּין:

〔반역적인 장로〕는 그의 도시에 있는 법정이나 야브네[4]에 있는 법

4) 제2성전이 파괴될 당시 요하난 벤 자카이가 피신한 장소로 그는 제자들과 함께 이곳에서 유대교의 회복과 재건에 힘썼다.

정에서 〔형벌을〕 집행하지 않는다. 대신 그를 예루살렘에 있는 대법정으로 데리고 올라가서 그를 그 명절까지 〔감금하여〕 지키다가 그 명절 기간에 그를 처형한다. 〔성서에〕 기록되었듯이, "그리하면 온 백성이 듣고 두려워할 것이며, 다시는 함부로 행치 아니할 것이다"(신 17:13). 〔이는〕 랍비 아키바의 말이다. 랍비 예후다는 말한다. "그의 재판이 지체되어서는 안 되며, 그는 즉시 처형해야 합니다. 그리고 "아무개의 아들 아무개는 법정에서 사형선고를 받았다"라는 포고문을 작성하여 사자(使者)들을 통해 모든 장소에 보내야 합니다."

- 랍비들의 가르침을 위배한 죄에 대한 강력한 억제 효과를 위해 랍비 아키바는 많은 사람들이 성전에 모이는 명절에 처형해야 한다고 주장하고, 반면에 랍비 예후다는 즉시 처벌하되 각 지역에 포고문을 통해 알리면 된다고 주장한다.

11, 5

נְבִיא הַשֶּׁקֶר הַמִּתְנַבֵּא עַל מַה שֶּׁלֹּא שָׁמַע וּמַה שֶּׁלֹּא נֶאֱמַר לוֹ, מִיתָתוֹ בִידֵי אָדָם. אֲבָל הַכּוֹבֵשׁ אֶת נְבוּאָתוֹ, וְהַמְוַתֵּר עַל דִּבְרֵי נָבִיא, וְנָבִיא שֶׁעָבַר עַל דִּבְרֵי עַצְמוֹ, מִיתָתוֹ בִידֵי שָׁמַיִם, שֶׁנֶּאֱמַר (שם יח) אָנֹכִי אֶדְרֹשׁ מֵעִמּוֹ:

듣지 않은 것과 계시되지 않는 것을 예언한 거짓 예언자는 사람의 손에 의해서 처형된다. 그러나 〔예언자〕의 예언을 억압하거나, 예언자의 말을 무시하거나, 〔예언자〕 자신의 말을 위반하는 예언자의 죽음은, 하늘의 손에 달려 있다. 〔성서에〕 기록되었듯이, "누구든지 내 이름으로 고하는 내 말을 듣지 아니하는 자는 내게 벌을 받을 것이다" (신 18:19).

- 거짓 예언자를 사람의 손으로 처형한다는 것은 법정에서 교살형을

받고 처형된다는 의미다.

11, 6

הַמִּתְנַבֵּא בְשֵׁם עֲבוֹדָה זָרָה וְאוֹמֵר, כָּךְ אָמְרָה עֲבוֹדָה זָרָה, אֲפִלּוּ כִוֵּן אֶת הַהֲלָכָה, לְטַמֵּא אֶת הַטָּמֵא וּלְטַהֵר אֶת הַטָּהוֹר. הַבָּא עַל אֵשֶׁת אִישׁ, כֵּיוָן שֶׁנִּכְנְסָה לִרְשׁוּת הַבַּעַל לַנִּשּׂוּאִין אַף עַל פִּי שֶׁלֹּא נִבְעֲלָה, הַבָּא עָלֶיהָ הֲרֵי זֶה בְחֶנֶק. וְזוֹמְמֵי בַת כֹּהֵן וּבוֹעֲלָהּ, שֶׁכָּל הַזּוֹמְמִין מַקְדִּימִין לְאוֹתָהּ מִיתָה, חוּץ מִזּוֹמְמֵי בַת כֹּהֵן וּבוֹעֲלָהּ:

우상의 이름으로 예언한 자가 "우상이 이렇게 말했다. 그 가르침도 지시했다. 그 부정한 것을 부정하다고 선언하고, 그 정결한 것을 정결하다고 선언했다"고 말했으면, 그는 〔책임이 있다〕. 결혼하기 위하여 남편의 공간에 들어간 어떤 남자의 아내와 성관계를 가진 사람은, 〔그 여성이〕 그 남편과 성관계를 갖지 않았다 할지라도, 그녀와 성관계를 가진 사람은 교살형에 처한다. 제사장 딸과 그녀의 애인이 〔간음했다고〕 거짓으로 증언한 자들은 제사장 딸과 그녀의 애인이 〔간음했다고〕 거짓으로 증언한 자들을 제외한 모든 위증자들이 같은 처형으로 죽는 것처럼, 〔화형에 처해진다〕.

- 우상의 이름으로 예언한 자는 비록 랍비들의 가르침과 같더라도 처형되어야 한다.
- 위증자들에게는 그들이 피고인에게 의도했던 처벌과 같은 형벌이 주어지는 것이 원칙이다. 하지만 제사장의 딸과 간음한 자는 교살형이 내려진 반면에, 거짓으로 증언한 자에게는 화형이 내려진다.

מכות

5

마콧

태형

다음 사람들은 추방된다. 실수로 살인한 사람이다. 만약 그가 지붕에 있는 굴림대를 밀다가 그것이 그에게 떨어져 그를 죽였다면, 만약 그가 큰 통을 내리다가 그것이 떨어져서 누군가를 죽였다면, 만약 사다리를 내려오다가 누군가에게 넘어져서 그를 죽였다면 그는 추방된다. 그러나 만약 그가 바퀴를 당기는 동안 그것이 떨어져서 누군가를 죽였다면, 그가 큰 통을 도르래 등을 써서 들어 올리는 동안 밧줄이 끊어져서 통이 떨어져 누군가를 죽였다면, 또는 그가 사다리를 올라가다가 어떤 사람에게 떨어져서 누군가를 죽였다면 그는 추방되지 않는다. 이것이 일반 원칙이다. _「마콧」 2, 1

개요

「마콧」(מכות)은 태형을 의미하는 것으로 거짓 증언에 대한 형벌, 도피성, 도주한 피의자에 대한 재심, 미필적 고의에 의한 살인, 태형의 한계(40대), 채찍질에 해당하는 형(刑)의 종류 등을 다룬다.

「마콧」이 「산헤드린」 다음에 위치한 것은 지극히 당연하다. 왜냐하면 「마콧」은 법정(산헤드린)에서 내려진 판결을 보충해주고 있기 때문이다.

- **관련 성경구절 | 출애굽기 20:16, 22:30, 30:22-28; 레위기 7:18-20, 23-27, 11:11, 12:4, 18:29, 19:28, 21:7, 13-15; 민수기 6:1-21, 35:9-28; 신명기 12:17-18, 23-25, 14:1, 21, 17:6, 19:1-13, 19, 21, 22:6-7, 9-11, 25:2-3**

제1장

거짓 증언에 대해 말한다. 거짓 증인들은 피고인에게 부과하려고 위증했던 형벌과 같은 처벌을 받는다. 그래서 살인 사건의 위증은 사형에 처하게 된다.

1, 1

כֵּיצַד הָעֵדִים נַעֲשִׂים זוֹמְמִין, מְעִידִין אָנוּ בְאִישׁ פְּלוֹנִי שֶׁהוּא בֶן גְּרוּשָׁה אוֹ בֶן חֲלוּצָה, אֵין אוֹמְרִים יֵעָשֶׂה זֶה בֶן גְּרוּשָׁה אוֹ בֶן חֲלוּצָה תַּחְתָּיו, אֶלָּא לוֹקֶה אַרְבָּעִים. מְעִידִין אָנוּ בְאִישׁ פְּלוֹנִי שֶׁהוּא חַיָּב לִגְלוֹת, אֵין אוֹמְרִים יִגְלֶה זֶה תַּחְתָּיו, אֶלָּא לוֹקֶה אַרְבָּעִים. מְעִידִין אָנוּ בְאִישׁ פְּלוֹנִי שֶׁגֵּרַשׁ אֶת אִשְׁתּוֹ וְלֹא נָתַן לָהּ כְּתֻבָּתָהּ, וַהֲלֹא בֵּין הַיּוֹם וּבֵין לְמָחָר סוֹפוֹ לִתֵּן לָהּ כְּתֻבָּתָהּ, אוֹמְדִין כַּמָּה אָדָם רוֹצֶה לִתֵּן בִּכְתֻבָּתָהּ שֶׁל זוֹ, שֶׁאִם נִתְאַלְמְנָה אוֹ נִתְגָּרְשָׁה, וְאִם מֵתָה יִירָשֶׁנָּה בַעְלָהּ. מְעִידִין אָנוּ בְאִישׁ פְּלוֹנִי שֶׁהוּא חַיָּב לַחֲבֵרוֹ אֶלֶף זוּז עַל מְנָת לִתְּנָן לוֹ מִכָּאן וְעַד שְׁלֹשִׁים יוֹם, וְהוּא אוֹמֵר מִכָּאן וְעַד עֶשֶׂר שָׁנִים, אוֹמְדִין כַּמָּה אָדָם רוֹצֶה לִתֵּן וְיִהְיוּ בְיָדוֹ אֶלֶף זוּז, בֵּין נוֹתְנָן מִכָּאן וְעַד שְׁלֹשִׁים יוֹם, בֵּין נוֹתְנָן מִכָּאן וְעַד עֶשֶׂר שָׁנִים:

증인들이 어떻게 위증자들로서 〔형벌에 대하여〕 책임을 지는가? 〔만약 그들이〕 "우리는 아무개 〔제사장〕이 이혼녀의 아들이라고 하거나 신 벗긴 여인의 아들이라고 증언합니다"〔라고 말했더라도〕, 증인 자신이 이혼녀의 아들이거나 신 벗긴 여인의 아들이 되는 것은 아니다. 오히려 그는 〔태형〕 40대가 부과된다. 〔만약 그들이〕 "우리는 아무개가 추방에 처해야 한다고 증언합니다"〔라고 말했더라도〕, 증인이 추방되지는 않는다. 오히려 그에게는 〔태형〕 40대가 부과된다. 〔만약 그들이〕 "우리는 아무개가 그의 아내와 이혼했는데 그의 아내에게 혼인계약서를 주지 않았다고 증언합니다"〔라고 말했지만〕, 오늘이나 내일 그가 그의 아내에게 혼인계약서를 주고 그녀가 미망인이 되거나 이혼을 하면 그가 얼마를 주기 원하는지는 평가해야 한다. 만약 그녀가 죽으면 그녀의 남편이 〔혼인계약서에 적힌 재산을〕 상속받는다. 〔만약 그들이〕 "우리는 아무개가 30일 이내에 상환할 것이라는 조건으로 그의 동료에게 1,000주즈의 채무를 지고 있다는 것을 우리는 증언합니다"〔라고 말하는데〕, 그 채무자는 "〔그 상환기간이〕 10년입니다"라고 말한다면, 이에 대한 판단은 그가 그들에게 30일 이내에 상환하든, 10년 이내에 상환하든 그 사람이 그의 손에 가지게 된 1,000주즈를 〔차용하고〕 얼마를 상환할 용의가 있는지 판단해야 한다.

- 위증자들에게는 그들이 피고인에게 의도했던 처벌과 같은 형벌이 주어지는 것이 원칙이다. 하지만 위증자를 동일한 형으로 처벌하는 대신 태형에 처하는 경우들을 말하고 있다.
- '신 벗긴 여인'은 남편이 죽은 후 시형제와 결혼하는 의무에서 면제된 여인을 말한다. 시형제와 결혼하는 역연혼이 면제되기 위해서는 시형제의 신발을 벗기는 의례를 행해야 한다(『나쉼』「예바못」 1, 4).

1, 2

מְעִידִין אָנוּ בְאִישׁ פְּלוֹנִי שֶׁחַיָּב לַחֲבֵרוֹ מָאתַיִם זוּז, וְנִמְצְאוּ זוֹמְמִין, לוֹקִין וּמְשַׁלְּמִין, שֶׁלֹּא הַשֵּׁם הַמְבִיאוֹ לִידֵי מַכּוֹת, מְבִיאוֹ לִידֵי תַשְׁלוּמִין, דִּבְרֵי רַבִּי מֵאִיר. וַחֲכָמִים אוֹמְרִים, כָּל הַמְשַׁלֵּם אֵינוֹ לוֹקֶה:

〔만약 그들이〕 "우리는 아무개가 그의 동료에게 200주즈의 빚을 지고 있다는 것을 증언합니다"〔라고 말했는데〕, 그들이 위증한 것으로 밝혀지면 그들은 태형을 받으며 〔그들에게〕 배상을 명해야 한다. 왜냐하면 그들에게 태형을 부과한 것은 배상을 부과한 것이 아니기 때문이다. 이는 랍비 메이르의 말이다. 그러나 현자들은 말한다. "배상

하는 모든 사람에게는 태형이 부과되지 않습니다."

- 랍비 전통에서는 하나의 죄에 대하여 두 가지 형벌을 부과하지 않는 것이 원칙이다.

1, 3

מְעִידִין אָנוּ בְאִישׁ פְּלוֹנִי שֶׁהוּא חַיָּב מַלְקוּת אַרְבָּעִים, וְנִמְצְאוּ זוֹמְמִין, לוֹקִין שְׁמֹנִים, מִשּׁוּם לֹא תַעֲנֶה בְרֵעֲךָ עֵד שָׁקֶר (שמות כ), וּמִשּׁוּם וַעֲשִׂיתֶם לוֹ כַּאֲשֶׁר זָמַם (דברים יט), דִּבְרֵי רַבִּי מֵאִיר. וַחֲכָמִים אוֹמְרִים, אֵינָן לוֹקִין אֶלָּא אַרְבָּעִים. מְשַׁלְּשִׁין בְּמָמוֹן וְאֵין מְשַׁלְּשִׁין בְּמַכּוֹת. כֵּיצַד, הֱעִידוּהוּ שֶׁהוּא חַיָּב לַחֲבֵרוֹ מָאתַיִם זוּז, וְנִמְצְאוּ זוֹמְמִין, מְשַׁלְּשִׁין בֵּינֵיהֶם. אֲבָל אִם הֱעִידוּהוּ שֶׁהוּא חַיָּב מַלְקוּת אַרְבָּעִים, וְנִמְצְאוּ זוֹמְמִין, כָּל אֶחָד וְאֶחָד לוֹקֶה אַרְבָּעִים:

〔만약 그들이〕 "우리는 아무개가 태형 40대가 부과되어야 합니다"라고 증언했으나, 그들이 위증한 것으로 밝혀지면, 그들은 80대의 태형을 받는다. 〔성서에〕 기록되었듯이, "네 이웃에 대하여 거짓 증거하지 말라"(출 20:16), 그리고 "너는 그가 그의 형제에게 행하려고 꾀한 그대로 그에게 행하라"(신 19:19). 이는 랍비 메이르의 말이다. 그러나 현자들은 말한다. "그들은 〔그 형을〕 받지 않고 〔태형〕 40대만 〔받습니다〕." 금전적인 형벌은 나누어 지지만 태형은 나누지 않기 때문이다. 어떻게 그러한가? 만약 그들이 그는 그의 동료에게 200주즈의 채무가 있다고 증언했는데, 그들이 위증한 것으로 밝혀지면, 그들은 그들 간 그들의 상응하는 손해를 나누어서 부담한다. 그러나 만약 그들이 그가 태형 40대〔의 형을 받아야 하는 죄인이다〕"라고 증언했으나, 그들이 위증한 것으로 밝혀지면, 그들은 각자 40대의 태형〔을 받는다〕.

- 랍비 메이르는 출애굽기 20:16과 신명기 19:19을 각각 범해서 태형 총 80대라고 주장하지만, 랍비들은 하나의 사건이기 때문에 태형 40대가 부과된다고 말한다.
- 금전적인 형벌은 위증한 두 증인이 반반씩 부담해도 되지만 태형은 그렇지 않다. 예를 들어, 200주즈에 대한 금액을 위증했다면 두 증인들이 각가 100주즈씩 부담하면 되지만, 태형 40대는 20대씩 나누어 부과되지 않고 각각 40대가 부과된다.

1, 4

אֵין הָעֵדִים נַעֲשִׂים זוֹמְמִין עַד שֶׁיָּזוֹמּוּ אֶת עַצְמָן. כֵּיצַד, אָמְרוּ מְעִידִין אָנוּ בְאִישׁ פְּלוֹנִי שֶׁהָרַג אֶת הַנֶּפֶשׁ, אָמְרוּ לָהֶן הֵיאַךְ אַתֶּם מְעִידִין, שֶׁהֲרֵי נֶהֱרָג זֶה אוֹ הַהוֹרֵג הָיָה עִמָּנוּ אוֹתוֹ הַיּוֹם בְּמָקוֹם פְּלוֹנִי, אֵין אֵלּוּ זוֹמְמִין. אֲבָל אָמְרוּ לָהֶם הֵיאַךְ אַתֶּם מְעִידִין, שֶׁהֲרֵי אַתֶּם הֱיִיתֶם עִמָּנוּ אוֹתוֹ הַיּוֹם בְּמָקוֹם פְּלוֹנִי, הֲרֵי אֵלּוּ זוֹמְמִין, וְנֶהֱרָגִין עַל פִּיהֶם:

증인들은 위증자들로 입증될 때까지 위증자가 되지 않는다. 어떻게 〔입증되는가?〕 만약 그들이 "우리는 아무개가 그 사람을 죽였다고 증언합니다"라고 말했는데, 다른 〔증인들〕이 그들에게 "피살된 사람 또는 살인자〔로 추정된 사람〕이 그날 아무 장소에서 우리와 함께 있었는데 어떻게 당신들이 그렇게 증언하는가?"라고 말했다면 〔첫 번째〕 증인들은 위증자가 되지 않는다. 그러나 만약 〔두 번째〕 증인들이 "그날 당신들이 아무 장소에서 우리와 함께 있었는데 어떻게 당신들이 그렇게 증언하는가?"라고 말했다면 〔첫 번째 증인들〕은 위증자가 되고, 〔두 번째 증인들〕의 증언에 의해 처형된다.

- 범행 장소에 증인들이 있지 않은 경우에 위증자들로 판명된다.

1, 5

בָּאוּ אֲחֵרִים וְהִזִּימוּם, בָּאוּ אֲחֵרִים וְהִזִּימוּם, אֲפִלּוּ מֵאָה, כֻּלָּם יֵהָרֵגוּ. רַבִּי יְהוּדָה אוֹמֵר, אִסְטָסִית הִיא זוֹ, וְאֵינָהּ נֶהֱרֶגֶת אֶלָּא כַת הָרִאשׁוֹנָה בִלְבָד:

다른 증인들이 와서 위증했으며, 또 다른 증인들이 와서 위증했고, 심지어 100명이 와서 위증했다면 모두 사형 형벌을 받는다. 랍비 예후다는 말한다. "이들은 음모 집단이다. 하지만 단지 첫 번째 집단만 사형 형벌을 받습니다."

- 랍비들은 위증한 모든 증인들은 처형된다고 말한다. 하지만 랍비 예후다는 위증한 첫 번째 증인들만 처형된다고 주장한다.

1, 6

אֵין הָעֵדִים זוֹמְמִין נֶהֱרָגִין, עַד שֶׁיִּגָּמֵר הַדִּין, שֶׁהֲרֵי הַצְּדוֹקִין אוֹמְרִים, עַד שֶׁיֵּהָרֵג, שֶׁנֶּאֱמַר נֶפֶשׁ תַּחַת נָפֶשׁ. אָמְרוּ לָהֶם חֲכָמִים, וַהֲלֹא כְבָר נֶאֱמַר (דברים יט) וַעֲשִׂיתֶם לוֹ כַּאֲשֶׁר זָמַם לַעֲשׂוֹת לְאָחִיו, וַהֲרֵי אָחִיו קַיָּם. וְאִם כֵּן לָמָּה נֶאֱמַר נֶפֶשׁ תַּחַת נָפֶשׁ, יָכוֹל מִשָּׁעָה שֶׁקִּבְּלוּ עֵדוּתָן יֵהָרֵגוּ, תַּלְמוּד לוֹמַר, נֶפֶשׁ תַּחַת נָפֶשׁ, הָא אֵינָן נֶהֱרָגִין עַד שֶׁיִּגָּמֵר הַדִּין:

위증한 증인들은 재판이 끝날 때까지 사형을 집행하면 안 된다. 왜냐하면 사두개인[1)]들이 "〔성서에〕 '생명에는 생명으로'(신 19:21)라고 기록되었듯이, 〔피고인〕이 사형되기 전까지는 〔위증한 사람들을 처형하지 않습니다〕"라고 말하기 때문이다. 〔바리새인〕 현자들은 〔사두개인들〕에게 말했다. "그러나 그가 그의 형제에게 행하려고 꾀

1) 유력한 제사장 가문들과 세속 귀족 대표자들이 속한 종교적인 당파로 그 이름은 솔로몬 시대 제사장 사독에서 비롯된 듯하다. 사두개인들은 토라의 문자적인 가르침을 넘어서는 모든 것을 거부했다. 이를테면 이들은 죽은 자들의 부활이나 천사의 존재를 믿지 않았다.

한 그대로 그에게 행하라"(신 19:19)라고 이미 〔성서에〕 기록되지 않았는가?" 만약 그렇다면 왜 "생명에는 생명으로"라고 말하는가? 왜냐하면 위증자들은 그들의 증언이 받아들여지는 순간부터 그들의 사형이 집행될 수 있다는 것을 의미하기 때문이다. 가르침[2)]이 말하는 "생명에는 생명으로"는 그 재판이 끝날 때까지는 〔위증인들〕의 사형이 집행되지 않음을 의미한다.

- 위증한 증인들을 언제 처형할 수 있는지, 근거로 삼은 성서 구절이 다르다. 사두개인들은 신명기 19:21을 따라 피고인들이 처형된 후라고 말하고, 바리새인들은 신명기 19:19을 따라 위증으로 밝혀진 후부터 가능하다고 주장한다.

1, 7

עַל פִּי שְׁנַיִם עֵדִים אוֹ שְׁלֹשָׁה עֵדִים יוּמַת הַמֵּת (שם יז), אִם מִתְקַיֶּמֶת הָעֵדוּת בִּשְׁנַיִם, לָמָּה פָרַט הַכָּתוּב בִּשְׁלֹשָׁה, אֶלָּא לְהַקִּישׁ שְׁלֹשָׁה לִשְׁנַיִם, מַה שְּׁלֹשָׁה מַזִּימִין אֶת הַשְּׁנַיִם, אַף הַשְּׁנַיִם יָזוֹמּוּ אֶת הַשְּׁלֹשָׁה. וּמִנַּיִן אֲפִלּוּ מֵאָה, תַּלְמוּד לוֹמַר, עֵדִים. רַבִּי שִׁמְעוֹן אוֹמֵר, מַה שְּׁנַיִם אֵינָן נֶהֱרָגִין עַד שֶׁיִּהוּ שְׁנֵיהֶם זוֹמְמִין, אַף שְׁלֹשָׁה אֵינָן נֶהֱרָגִין עַד שֶׁיִּהְיוּ שְׁלָשְׁתָּן זוֹמְמִין. וּמִנַּיִן אֲפִלּוּ מֵאָה, תַּלְמוּד לוֹמַר, עֵדִים. רַבִּי עֲקִיבָא אוֹמֵר, לֹא בָא הַשְּׁלִישִׁי אֶלָּא לְהַחְמִיר עָלָיו וְלַעֲשׂוֹת דִּינוֹ כַּיּוֹצֵא בָאֵלּוּ. וְאִם כֵּן עָנַשׁ הַכָּתוּב לַנִּטְפָּל לְעוֹבְרֵי עֲבֵרָה כְּעוֹבְרֵי עֲבֵרָה, עַל אַחַת כַּמָּה וְכַמָּה יְשַׁלֵּם שָׂכָר לַנִּטְפָּל לְעוֹשֵׂי מִצְוָה כְּעוֹשֵׂי מִצְוָה:

"죽일 자를 두 사람이나 세 사람의 증언으로 죽일 것이요"(신 17:6). 만약 두 사람의 증인에 의해 입증되었다면, 성경은 왜 〔추가로〕 세

2) 가르침으로 번역한 히브리어는 '탈무드'다. 미쉬나 시대에는 우리가 말하는 탈무드는 아직 만들어지지 않았다. 여기에서 말하는 '탈무드'는 토라의 가르침을 의미한다.

〔증인〕을 특정하는가? 이것은 두 〔증인〕을 세 〔증인〕과 비교하는 것이다. 세 〔증인〕이 두 〔증인〕을 위증자로 만드는 것처럼 두 〔증인〕도 세 〔증인〕을 위증자로 만들 수 있다. 심지어 100명의 〔증인들〕도 〔위증자로 만들 수 있다는 것을〕 어디서 알 수 있는가? 가르침은 "증인들"이라고 말한다. 랍비 쉼온은 말한다. "두 증인이 모두 위증자로 밝혀질 때까지 두 명이 사형 집행되지 않는 것처럼, 세 증인 모두가 위증자로 밝혀질 때까지 세 사람은 사형 집행되지 않습니다. 심지어 〔두세 사람이〕 100명〔조차도 위증자로 만들 수 있다는 것을〕 어디서 알 수 있는가? 가르침은 '증인들'이라고 말합니다." 랍비 아키바는 말한다. "세 번째 증인은 단지 그를 엄격하게 다루며 이들 〔두 사람〕과 동일하게 만들기 위해서 언급되었습니다. 그리고 만약 성경이 범법자들이 탈법을 저지른 범법자들처럼 그들에게 합류한 것을 처벌했다면 율법을 준수하는 사람들과 같이 율법을 준수하는 사람들에게 합류한다면 그 사람은 얼마나 더 많은 배상을 받을 것인가!"

- 신명기 17:6에 대한 일종의 미드라쉬적인 성서 해석이다. 첫 번째 견해는 두 명의 증인이면 충분히 그 이상의 증인들 심지어 100명의 증인도 위증자로 만들 수 있다는 것이다.
- 랍비 쉼온은 두 명이 증언하든 세 명이 증언하든 증언하는 사람들이 모두 위증자로 밝혀지기 전까지는 그들을 처형할 수 없다고 주장한다.
- 랍비 아키바의 견해에 따르면 세 사람이 증언했는데 두 명이 위증했고 나머지 한 명이 위증하지 않았더라도 세 사람 모두 처형된다. 너무 지나치다는 비판을 염두에 둬서인지 랍비 아키바는 반대로 율법을 준수하는 사람들과 동행했을 때 받게 될 보상을 말한다.

1, 8

מַה שְּׁנַיִם נִמְצָא אַחַד מֵהֶן קָרוֹב אוֹ פָסוּל עֵדוּתָן בְּטֵלָה, אַף שְׁלשָׁה נִמְצָא אֶחָד מֵהֶן קָרוֹב אוֹ פָסוּל, עֵדוּתָן בְּטֵלָה. מִנַּיִן אֲפִלּוּ מֵאָה, תַּלְמוּד לוֹמַר, עֵדִים. אָמַר רַבִּי יוֹסֵי, בַּמֶּה דְבָרִים אֲמוּרִים, בְּדִינֵי נְפָשׁוֹת. אֲבָל בְּדִינֵי מָמוֹנוֹת, תִּתְקַיֵּם הָעֵדוּת בַּשְּׁאָר. רַבִּי אוֹמֵר, אֶחָד דִּינֵי מָמוֹנוֹת וְאֶחָד דִּינֵי נְפָשׁוֹת. בִּזְמַן שֶׁהִתְרוּ בָהֶן, אֲבָל בִּזְמַן שֶׁלֹּא הִתְרוּ בָהֶן, מַה יַּעֲשׂוּ שְׁנֵי אַחִין שֶׁרָאוּ בְאֶחָד שֶׁהָרַג אֶת הַנֶּפֶשׁ:

두 증인의 경우 만약 그들 중 한 명이 친척이거나 실격인 〔증인이라면〕 그들의 〔모든〕 증언은 무효인 것처럼, 세 증인 중 한 명이 친척이거나 실격인 그들의 〔모든〕 증언은 무효다. 심지어 100명의 〔증인도 무효가 된다는 것을〕 우리는 어디서 알 수 있는가? 가르침은 "증인들"이라고 말한다. 랍비 요세는 말한다. "이것은 무엇에 대한 것인가? 사형 재판에 대한 것입니다. 그러나 재산에 관한 재판의 경우 나머지 〔증인들의〕 증언으로 입증됩니다." 랍비 〔예후다 한나씨〕는 말한다. "사형 재판이나 재산에 관한 재판이나 모두 가능합니다. 그러나 〔이 경우〕 그들에게 경고했을 때만 성립합니다. 그러나 그들이 그들에게 경고하지 않았다면 살인죄를 범한 어떤 사람을 보았다면 두 형제는 어떻게 할 것인가?"

- 두 명이나 세 명의 증인 중 한 명이 부적격자이면 그들 모두의 증언이 무효가 된다(「산헤드린」 3, 4).
- 랍비 요쎄는 이 경우를 사형 재판에만 국한하지만, 랍비 예후다 한나씨는 사형 재판이나 재산에 관한 재판 모두에 해당한다고 주장한다.

הָיוּ שְׁנַיִם רוֹאִין אוֹתוֹ מֵחַלּוֹן זֶה וּשְׁנַיִם רוֹאִין אוֹתוֹ מֵחַלּוֹן זֶה וְאֶחָד מַתְרֶה בוֹ בְּאֶמְצַע, בִּזְמַן שֶׁמִּקְצָתָן רוֹאִין אֵלּוּ אֶת אֵלּוּ, הֲרֵי אֵלּוּ עֵדוּת אַחַת. וְאִם לָאו, הֲרֵי אֵלּוּ שְׁתֵּי עֵדֻיּוֹת. לְפִיכָךְ אִם נִמְצֵאת אַחַת מֵהֶן זוֹמֶמֶת, הוּא וְהֵן נֶהֱרָגִין וְהַשְּׁנִיָּה פְּטוּרָה. רַבִּי יוֹסֵי אוֹמֵר, לְעוֹלָם אֵין נֶהֱרָגִין עַד שֶׁיְּהוּ פִּי שְׁנֵי עֵדָיו מַתְרִין בּוֹ, שֶׁנֶּאֱמַר (דברים יז) עַל פִּי שְׁנַיִם עֵדִים. דָּבָר אַחֵר, עַל פִּי שְׁנַיִם עֵדִים, שֶׁלֹּא תְהֵא סַנְהֶדְרִין שׁוֹמַעַת מִפִּי הַתֻּרְגְּמָן:

〔만약〕 두 사람이 이쪽 창에서 그를 보고, 다른 두 사람은 저쪽 창으로 그를 보고, 그 가운데 있던 사람이 그에게 경고했는데, 그리고 이쪽에 있는 사람과 저쪽에 있는 사람이 서로 보았다면, 하나의 증언이다. 그러나 〔그들이 서로 볼 수〕 없었다면 두 개의 증언이다. 이에 따라 만약 이 두 개의 증언 중 하나가 위증으로 밝혀지면 그와 〔위증자들〕에게 사형이 집행되고 나머지 증인들은 책임이 없다. 랍비 요쎄는 말한다. "그의 두 증인이 그에게 경고하지 않았다면 죽여서는 안 됩니다. 〔성서에〕 기록되었듯이, '죽일 자를 두 사람의 증언[3]로 죽일 것이요'(신 17:6)." 또 다른 해석은, "두 사람의 증언에 의해서"라는 말은 산헤드린이 해석자의 입으로 행해지는 〔증언을〕 받아들여서는 안 된다는 것이다.

- 두 증인들이 서로 다른 창에서 바라보더라도 그들이 서로 바라볼 수 있다면 그들은 한 무리의 증인들로 여겨진다.
- 랍비 요쎄는 신명기 17:6에 대한 해석으로 두 명의 증인이 사고 전에 경고하지 않았다면 살인한 사람을 죽일 수 없다고 해석한다.
- 산헤드린은 번역(해석)된 증언을 받아들이지 않는다.

3) 증언에 대한 히브리어의 문자적 의미는 '입술'이다.

1, 10

מִי שֶׁנִּגְמַר דִּינוֹ וּבָרַח וּבָא לִפְנֵי אוֹתוֹ בֵּית דִּין, אֵין סוֹתְרִים אֶת דִּינוֹ. כָּל
מָקוֹם שֶׁיַּעַמְדוּ שְׁנַיִם וְיֹאמְרוּ, מְעִידִין אָנוּ בְאִישׁ פְּלוֹנִי שֶׁנִּגְמַר דִּינוֹ בְּבֵית
דִּינוֹ שֶׁל פְּלוֹנִי, וּפְלוֹנִי וּפְלוֹנִי עֵדָיו, הֲרֵי זֶה יֵהָרֵג. סַנְהֶדְרִין נוֹהֶגֶת בָּאָרֶץ
וּבְחוּצָה לָאָרֶץ. סַנְהֶדְרִין הַהוֹרֶגֶת אֶחָד בְּשָׁבוּעַ נִקְרֵאת חָבְלָנִית. רַבִּי אֶלְעָזָר
בֶּן עֲזַרְיָה אוֹמֵר, אֶחָד לְשִׁבְעִים שָׁנָה. רַבִּי טַרְפוֹן וְרַבִּי עֲקִיבָא אוֹמְרִים, אִלּוּ
הָיִינוּ בַסַּנְהֶדְרִין לֹא נֶהֱרַג אָדָם מֵעוֹלָם. רַבָּן שִׁמְעוֹן בֶּן גַּמְלִיאֵל אוֹמֵר, אַף הֵן
מַרְבִּין שׁוֹפְכֵי דָמִים בְּיִשְׂרָאֵל:

어떤 사람이 법정에서 유죄 판결을 받은 후 도망쳤다가 다시 같은 법정에 돌아왔다면 〔첫 번째〕 판결은 바꿀 수 없다. 〔다른 법정〕 어디에서나 두 명의 증인이 일어나서 "우리는 특정 법정에서 재판을 받고 유죄 판결을 받았으며, 아무개와 아무개가 증인이었음을 증언합니다"라고 증언하면, 그 피고인은 처형된다. 산헤드린은 이스라엘 땅과 이스라엘 땅 밖에서 모두 〔법정으로〕 기능한다. 7년에 한 번 사형을 집행하는 산헤드린을 파괴자라고 칭한다. 랍비 엘리에제르 벤 아자리야는 말한다. "70년에 한 번입니다." 랍비 타르폰과 랍비 아키바는 말한다. "우리가 만약 산헤드린의 재판관이었다면 영원히 한 사람도 사형 집행이 되지 않을 것입니다." 라반 쉼온 벤 감리엘은 말한다. "그들 역시 이스라엘에서 살인자들을 증가시킬 것입니다."

- 사형 집행을 받은 사람이 같은 법정으로 돌아오면 다시 재판 없이 처형된다. 다른 법정으로 돌아온 경우에는 두 증인이 증언을 하면 그는 처형된다.
- 7년에 한 번 사형을 판결해도 '파괴적인' 법정으로 낙인찍힐 정도로 사형 집행이 실제로 얼마나 신중하게 내려졌는지 보여준다. 심지어 랍비 타르폰과 랍비 아키바는 단 한 건의 사형도 판결하지 않았을 것이라고 말한다. 하지만 당시의 실제적이 유대 사회의 지도자였던

라반 쉼온 벤 감리엘은 너무 느슨하게 재판한다면 오히려 살인자들이 늘어날 수도 있다는 점을 경고한다.

제2장

도피성으로 추방되는 형벌을 다룬다(민 35:9-28; 신 19:1-13). 실수로 살인한 경우는 도피성으로 추방된다. 구약성서 시대에 도피성으로 피난 가는 것은 피의 복수자로부터 보호를 받는 조치다. 하지만 더 이상 피의 복수가 받아들여지지 않는 랍비 시대에 도피성으로 추방되는 것은 형벌이다.

2, 1

אֵלּוּ הֵן הַגּוֹלִין, הַהוֹרֵג נֶפֶשׁ בִּשְׁגָגָה. הָיָה מְעַגֵּל בְּמַעְגִּילָה וְנָפְלָה עָלָיו וַהֲרָגַתּוּ, הָיָה מְשַׁלְשֵׁל בְּחָבִית וְנָפְלָה עָלָיו וַהֲרָגַתּוּ, הָיָה יוֹרֵד בְּסֻלָּם וְנָפַל עָלָיו וַהֲרָגוֹ, הֲרֵי זֶה גוֹלֶה. אֲבָל אִם הָיָה מוֹשֵׁךְ בְּמַעְגִּילָה וְנָפְלָה עָלָיו וַהֲרָגַתּוּ, הָיָה דוֹלֶה בְחָבִית וְנִפְסַק הַחֶבֶל וְנָפְלָה עָלָיו וַהֲרָגַתּוּ, הָיָה עוֹלֶה בְסֻלָּם וְנָפַל עָלָיו וַהֲרָגוֹ, הֲרֵי זֶה אֵינוֹ גוֹלֶה. זֶה הַכְּלָל, כֹּל שֶׁבְּדֶרֶךְ יְרִידָתוֹ, גּוֹלֶה. וְשֶׁלֹּא בְדֶרֶךְ יְרִידָתוֹ, אֵינוֹ גוֹלֶה. נִשְׁמַט הַבַּרְזֶל מִקַּתּוֹ וְהָרַג, רַבִּי אוֹמֵר, אֵינוֹ גוֹלֶה. וַחֲכָמִים אוֹמְרִים, גּוֹלֶה. מִן הָעֵץ הַמִּתְבַּקֵּעַ, רַבִּי אוֹמֵר, גּוֹלֶה. וַחֲכָמִים אוֹמְרִים, אֵינוֹ גוֹלֶה:

다음 사람들은 추방된다. 실수로 살인한 사람이다. [만약] 그가 [지붕에 있는] 굴림대를 밀다가 그것이 그에게 떨어져서 그를 죽였다면, [만약] 그가 큰 통을 내리다가 그것이 떨어져서 누군가를 죽였다면, 만약 사다리를 내려오다가 누군가에게 넘어져서 그를 죽였다면 그는 추방된다. 그러나 만약 그가 바퀴를 당기는 동안 그것이 떨어져서 누군가를 죽였다면, 그가 큰 통을 [도르래 등을 써서] 들어 올리는 동안

밧줄이 끊어져 통이 떨어져서 누군가를 죽였다면, 또는 그가 사다리를 올라가다가 어떤 사람에게 떨어져서 누군가를 죽였다면 그는 추방되지 않는다. 이것이 일반 원칙이다. 하강하는 과정에서 〔어떤 사망이 발생한다면〕 그는 추방되지만, 하강하는 과정이 아닌데 〔사망이 발생했다면〕 그는 추방되지 않는다. 만약 쇳덩이가 미끄러져 누군가를 죽였다면, 랍비 〔예후다 한나씨〕는 "그는 추방되지 않습니다"라고 말한다. 그러나 현자들은 "그는 추방됩니다"라고 말한다. 〔어떤 사람이 나무를 쪼갤 때〕 한 조각이 그 나무에서 〔날아간 경우〕 랍비는 "그는 추방됩니다"라고 말한다. 그러나 현자들은 "그는 추방되지 않습니다"라고 말한다.

- 무거운 물건을 내리는 과정에서는 사고율이 높기 때문에 주의를 기울여야 한다. 그렇지 않다가 사망 사건이 발생하면 도피성으로 추방되는 것이 일반 원칙이다.
- 마지막 부분에서는 미쉬나를 집대성한 랍비 예후다 한나씨와 다른 현자들 사이에 견해가 다른 두 경우를 열거하고 있다.

2, 2

הַזּוֹרֵק אֶבֶן לִרְשׁוּת הָרַבִּים וְהָרַג, הֲרֵי זֶה גוֹלֶה. רַבִּי אֱלִיעֶזֶר בֶּן יַעֲקֹב אוֹמֵר, אִם מִכְּשֶׁיָּצְאתָה הָאֶבֶן מִיָּדוֹ הוֹצִיא הַלָּז אֶת רֹאשׁוֹ וְקִבְּלָהּ, הֲרֵי זֶה פָּטוּר. זָרַק אֶת הָאֶבֶן לַחֲצֵרוֹ וְהָרַג, אִם יֵשׁ רְשׁוּת לַנִּזָּק לִכָּנֵס לְשָׁם, גּוֹלֶה. וְאִם לָאו, אֵינוֹ גוֹלֶה, שֶׁנֶּאֱמַר (דברים יט) וַאֲשֶׁר יָבֹא אֶת רֵעֵהוּ בַיַּעַר, מַה הַיַּעַר רְשׁוּת לַנִּזָּק וְלַמַּזִּיק לִכָּנֵס לְשָׁם, יָצָא חֲצַר בַּעַל הַבַּיִת שֶׁאֵין רְשׁוּת לַנִּזָּק וְלַמַּזִּיק לִכָּנֵס לְשָׁם. אַבָּא שָׁאוּל אוֹמֵר, מַה חֲטָבַת עֵצִים רְשׁוּת, יָצָא הָאָב הַמַּכֶּה אֶת בְּנוֹ, וְהָרַב הָרוֹדֶה אֶת תַּלְמִידוֹ, וּשְׁלִיחַ בֵּית דִּין:

〔어떤 사람이〕 돌을 공적 공간으로 던져서 〔사람을〕 죽였다면 그는 추방된다. 랍비 엘리에제르 벤 야아콥은 〔다음과 같이〕 말한다. "돌이

그의 손을 떠난 후 다른 사람이 머리를 내밀어 맞았다면 〔돌은 던진〕 사람은 〔추방에서〕 면제됩니다." 〔어떤 사람이〕 자신의 뜰에 돌을 던졌는데 사람이 죽었을 경우, 그 피해자가 그곳에 들어갈 수 있는 권리가 있었다면 그 돌을 던진 사람은 추방되고, 그렇지 않다면 추방되지 않는다. 〔성서에〕 기록되었듯이, "그리고 〔누구든지〕 이웃과 함께 숲에 들어간다면"(신 19:5). 그 숲은 그 피해자와 가해자 〔모두〕 들어갈 수 있는 장소와 같아야 한다. 그러므로 피해자와 가해자 〔모두〕 들어갈 수 없는 경우 그 집 정원의 〔사례 적용이 여기에서는〕 제외된다. 압바 샤울은 말한다. "〔도끼로〕 나무를 자르는 것은 선택적인 행위입니다. 아들을 때리는 아버지, 학생을 〔체벌로〕 훈육하는 랍비 또는 〔태형을 집행하는〕 법정의 대리인은 제외됩니다."

- 공적 공간으로 돌을 던지는 것은 각별히 주위를 기울여야 한다. 랍비 엘리에제르 벤 야아콥은 돌을 던진 이후에 다른 사람이 그곳으로 움직인 경우에는 추방에서 면제된다고 주장한다.
- 신명기 19:5의 경우에서 유추하여 사적 공간에 들어갈 권리가 있는 사람이 불의의 사고로 죽게 된 경우에 가해자는 도피성으로 추방된다.
- 훈계나 법적인 처형 과정에서 발생한 사망의 경우에는 도피성으로 추방되지 않는다.

2, 3

הָאָב גּוֹלֶה עַל יְדֵי הַבֵּן, וְהַבֵּן גּוֹלֶה עַל יְדֵי הָאָב. הַכֹּל גּוֹלִין עַל יְדֵי יִשְׂרָאֵל, וְיִשְׂרָאֵל גּוֹלִין עַל יְדֵיהֶן, חוּץ מֵעַל יְדֵי גֵּר תּוֹשָׁב. וְגֵר תּוֹשָׁב אֵינוֹ גוֹלֶה אֶלָּא עַל יְדֵי גֵּר תּוֹשָׁב. הַסּוּמָא אֵינוֹ גוֹלֶה, דִּבְרֵי רַבִּי יְהוּדָה. רַבִּי מֵאִיר אוֹמֵר, גּוֹלֶה. הַשּׂוֹנֵא אֵינוֹ גוֹלֶה. רַבִּי יוֹסֵי בַּר יְהוּדָה אוֹמֵר, הַשּׂוֹנֵא נֶהֱרָג, מִפְּנֵי שֶׁהוּא כְמוּעָד. רַבִּי שִׁמְעוֹן אוֹמֵר, יֵשׁ שׂוֹנֵא גוֹלֶה וְיֵשׁ שׂוֹנֵא שֶׁאֵינוֹ גוֹלֶה. זֶה

הַכְּלָל, כֹּל שֶׁהוּא יָכוֹל לוֹמַר לְדַעַת הָרַג, אֵינוֹ גוֹלֶה. וְשֶׁלֹּא לְדַעַת הָרַג, הֲרֵי זֶה גוֹלֶה:

아들을 〔죽음에 이르게 한〕 아버지는 추방된다. 아버지를 〔죽음에 이르게 한〕 아들은 추방된다. 이스라엘인을 〔죽음에 이르게 한〕 모두 사람은 추방된다. 그리고 거주 외국인이 아닌 이스라엘인들을 〔죽음에 이르게 한〕 이스라엘인들은 추방된다. 그리고 거주 외국인은 거주 외국인을 〔죽음에 이르게 한〕 경우를 제외하고 추방되지 않는다. 시각장애인은 추방되지 않는다. 랍비 예후다의 말이다. 랍비 메이르는 "추방됩니다"라고 말한다. 적은 추방되지 않는다. 랍비 예후다의 아들 랍비 요쎄는 말한다. "적은 처형됩니다. 그는 〔사전〕 경고를 받은 것으로 간주되기 때문입니다." 랍비 쉼온은 말한다. "어떤 적은 추방되고 어떤 적은 추방되지 않습니다." 이것이 원칙이다. 어떤 사람이든지 그가 살인을 인지했다면 그는 추방되지 않는다. 그러나 〔만약〕 그가 살인을 인지하지 못했다면 추방된다.

- 거주 외국인이 유대인(이스라엘인)을 죽인 경우는 비록 실수로 죽인 경우라도, 그는 도피성으로 추방되는 대신 살인죄로 처형된다.
- 살인할 수 있다는 것을 인지한 상태에서 사람을 죽게 한 경우는 도피성으로 추방하는 대신 처형하는 것이 원칙이다. 인지하지 못했다면 도피성으로 추방된다.

2, 4

לְהֵיכָן גּוֹלִין, לְעָרֵי מִקְלָט. לְשָׁלֹשׁ שֶׁבְּעֵבֶר הַיַּרְדֵּן וְלְשָׁלֹשׁ שֶׁבְּאֶרֶץ כְּנַעַן, שֶׁנֶּאֱמַר (במדבר לה) אֵת שְׁלֹשׁ הֶעָרִים תִּתְּנוּ מֵעֵבֶר לַיַּרְדֵּן וְאֵת שְׁלֹשׁ הֶעָרִים תִּתְּנוּ בְּאֶרֶץ כְּנָעַן וְגוֹ'. עַד שֶׁלֹּא נִבְחֲרוּ שָׁלֹשׁ שֶׁבְּאֶרֶץ יִשְׂרָאֵל, לֹא הָיוּ שָׁלֹשׁ שֶׁבְּעֵבֶר הַיַּרְדֵּן קוֹלְטוֹת, שֶׁנֶּאֱמַר (שם) שֵׁשׁ עָרֵי מִקְלָט תִּהְיֶינָה, עַד שֶׁיִּהְיוּ שֶׁשְׁתָּן קוֹלְטוֹת כְּאֶחָד:

그들은 어디로 추방되는가? 도피성(들)이다. 요르단 저편에 위치한 세 성읍과 이스라엘 땅에 위치한 세 성읍으로 〔추방한다〕. 〔성서에〕 기록되었듯이, "세 성읍은 요르단[4] 이편에 두고 세 성읍은 가나안 땅에 두어 도피성이 되게 하라"(민 35:14). 이스라엘 땅에 세 성읍이 선택되기 전까지는, 요르단 저편에 있는 세 〔성읍〕에 수용되지 않는다. 왜냐하면 〔성서에〕 "〔너희가 줄 성읍이〕 여섯 개의 도피성이 되게 하되"(민 35:13)라고 기록되었듯이, 여섯 개의 도피성에서 동시에 수용된다.

- 요르단 동편에 있는 도피성 세 개에 먼저 수용되지 않고, 이스라엘 땅에 세 개의 도피성이 건설되면 여섯 개의 도피성이 동시에 추방민을 받게 된다.

2, 5

וּמְכֻוָּנוֹת לָהֶן דְּרָכִים מִזּוֹ לָזוֹ, שֶׁנֶּאֱמַר (דברים יט) תָּכִין לְךָ הַדֶּרֶךְ וְשִׁלַּשְׁתָּ וְגוֹ'. וּמוֹסְרִין לָהֶן שְׁנֵי תַלְמִידֵי חֲכָמִים, שֶׁמָּא יַהַרְגֶנּוּ בַּדֶּרֶךְ, וִידַבְּרוּ אֵלָיו. רַבִּי מֵאִיר אוֹמֵר, אַף הוּא מְדַבֵּר עַל יְדֵי עַצְמוֹ, שֶׁנֶּאֱמַר (שם) וְזֶה דְּבַר הָרֹצֵחַ:

서로 연결되는 도로를 구축했다. 〔성서에〕 기록되었듯이, "너희는 길을 준비하고 〔땅의 경계를〕 세 부분으로 나누라"(신 19:3). 〔법정〕은 현자들의 제자 두 명을 뽑아 누군가가 도중에 그를 죽이려고 할 경우에 대비하고 〔피의 복수자〕와 대화하도록 한다. 랍비 메이르는 말한다. "〔과실로 죽게 만든 사람〕도 자신을 위해 말해야 합니다." 〔성서에〕 기록되었듯이, "그리고 이것이 살인자의 말이다"[5](신 19:4).

---

4) 동일한 이름의 나라와 강이 있다. 여기에서는 강을 의미한다.

5) 히브리어 다바르(דבר)는 두 가지 전혀 다른 의미를 가진다. 문맥상 살인자가 도피성으로 도망하여 살 수 있는 '경우'로 해석해야 하는데, 랍비들은 살인자

- 도피성을 서로 연결하는 도로를 건설해야 한다(신 19:3).
- 과실로 사람을 죽게 한 사람이 도피성으로 추방될 때 법정은 현자들의 제자들 중에서 두 명을 뽑아 도중에 있을 피의 복수자의 살인을 예방한다. 그리고 이들은 피의 복수자에게 과실로 인한 사망 사건이라는 사실에 대해 이야기한다.

2, 6

רַבִּי יוֹסֵי בַּר יְהוּדָה אוֹמֵר, בַּתְּחִלָּה, אֶחָד שׁוֹגֵג וְאֶחָד מֵזִיד מַקְדִּימִין לְעָרֵי מִקְלָט, וּבֵית דִּין שׁוֹלְחִין וּמְבִיאִין אוֹתוֹ מִשָּׁם. מִי שֶׁנִּתְחַיֵּב מִיתָה בְּבֵית דִּין, הֲרָגוּהוּ. וְשֶׁלֹּא נִתְחַיֵּב מִיתָה, פְּטָרוּהוּ. מִי שֶׁנִּתְחַיֵּב גָּלוּת, מַחֲזִירִין אוֹתוֹ לִמְקוֹמוֹ, שֶׁנֶּאֱמַר (במדבר לה) וְהֵשִׁיבוּ אֹתוֹ הָעֵדָה אֶל עִיר מִקְלָטוֹ וְגוֹ'. אֶחָד מָשׁוּחַ בְּשֶׁמֶן הַמִּשְׁחָה וְאֶחָד הַמְרֻבֶּה בִבְגָדִים וְאֶחָד שֶׁעָבַר מִמְּשִׁיחָתוֹ, מַחֲזִירִין אֶת הָרוֹצֵחַ. רַבִּי יְהוּדָה אוֹמֵר, אַף מְשׁוּחַ מִלְחָמָה מַחֲזִיר אֶת הָרוֹצֵחַ. לְפִיכָךְ אִמּוֹתֵיהֶן שֶׁל כֹּהֲנִים מְסַפְּקוֹת לָהֶן מִחְיָה וּכְסוּת, כְּדֵי שֶׁלֹּא יִתְפַּלְלוּ עַל בְּנֵיהֶם שֶׁיָּמוּתוּ. מִשֶּׁנִּגְמַר דִּינוֹ מֵת כֹּהֵן גָּדוֹל, הֲרֵי זֶה אֵינוֹ גוֹלֶה. אִם עַד שֶׁלֹּא נִגְמַר דִּינוֹ מֵת כֹּהֵן גָּדוֹל וּמִנּוּ אַחֵר תַּחְתָּיו, וּלְאַחַר מִכֵּן נִגְמַר דִּינוֹ, חוֹזֵר בְּמִיתָתוֹ שֶׁל שֵׁנִי:

랍비 예후다의 아들 랍비 요쎄는 말한다. "처음에는 과실로 살인한 자와 고의로 살인한 자 모두 도피성으로 보냅니다. 그리고 법정은 사람을 보내 그곳에서 그를 데려옵니다." 법정에 의해 사형을 판결받은 자는 처형된다. 그리고 〔법정에 의해〕 사형을 판결받지 않은 자는 석방된다. 추방해야 할 사람은 〔도피성〕으로 돌려보낸다. 〔성서에〕 기록되었듯이, "그가 피하였던 도피성으로 돌려보낼 것이요"(민 35:25). 관유(灌油)로 기름 부음을 받은 〔대제사장〕, 또는 많은 옷을 입은 〔대제사장〕, 또는 〔임시로 봉사하고〕 은퇴한 〔대제사장의 죽음은〕 동일하게 그 살인자를 〔고향으로〕 돌아가게 만든다. 랍비 예후다는 말한

의 '말'로 해석한다.

다. "또한 전쟁을 위해 기름 부음 받은 제사장의 〔죽음이〕 살인자를 돌아가게 만듭니다." 따라서 〔대〕제사장의 어머니들은 〔살인자들〕이 〔자신의〕 아들이 죽도록 기도하지 않게 그들에게 음식과 옷을 제공한다. 그의 재판이 끝날 때 대제사장이 죽으면 살인자는 추방되지 않는다. 만약 재판이 끝나기 전에 〔대제사장〕이 죽고 대신 다른 대제사장이 임명되어 재판이 끝났다면, 살인자는 후자가 죽은 후 〔도피성에서〕 돌아온다.

- 대제사장이 죽으면 살인자는 자신의 기업이 있는 고향으로 돌아갈 수 있다(민 35:25, 28).
- 세 부류의 대제사장이 설명되고 있다. 1차 성전 시기에는 대제사장에게 기름을 부어 즉위식을 했고, 2차 성전 시대에는 다채로운 색깔의 의복을 입고 즉위했다. 마지막으로 임시 대제사장이다. 대제사장이 부정해져 임무를 수행할 수 없을 때 임시로 임무를 수행한 대제사장이 죽은 경우에도 마찬가지로 살인자는 고향으로 돌아갈 수 있다.

2, 7

נִגְמַר דִּינוֹ בְּלֹא כֹהֵן גָּדוֹל, הַהוֹרֵג כֹּהֵן גָּדוֹל, וְכֹהֵן גָּדוֹל שֶׁהָרַג, אֵינוֹ יוֹצֵא מִשָּׁם לְעוֹלָם. וְאֵינוֹ יוֹצֵא לֹא לְעֵדוּת מִצְוָה וְלֹא לְעֵדוּת מָמוֹן וְלֹא לְעֵדוּת נְפָשׁוֹת. וַאֲפִלּוּ יִשְׂרָאֵל צְרִיכִים לוֹ, וַאֲפִלּוּ שַׂר צְבָא יִשְׂרָאֵל כְּיוֹאָב בֶּן צְרוּיָה, אֵינוֹ יוֹצֵא מִשָּׁם לְעוֹלָם, שֶׁנֶּאֱמַר (במדבר לה) אֲשֶׁר נָס שָׁמָּה, שָׁם תְּהֵא דִירָתוֹ, שָׁם תְּהֵא מִיתָתוֹ, שָׁם תְּהֵא קְבוּרָתוֹ. כְּשֵׁם שֶׁהָעִיר קוֹלֶטֶת, כָּךְ תְּחוּמָהּ קוֹלֵט. רוֹצֵחַ שֶׁיָּצָא חוּץ לַתְּחוּם וּמְצָאוֹ גוֹאֵל הַדָּם, רַבִּי יוֹסֵי הַגְּלִילִי אוֹמֵר, מִצְוָה בְּיַד גּוֹאֵל הַדָּם, וּרְשׁוּת בְּיַד כָּל אָדָם. רַבִּי עֲקִיבָא אוֹמֵר, רְשׁוּת בְּיַד גּוֹאֵל הַדָּם, וְכָל אָדָם אֵין חַיָּבִין עָלָיו. אִילָן שֶׁהוּא עוֹמֵד בְּתוֹךְ הַתְּחוּם וְנוֹפוֹ נוֹטֶה חוּץ לַתְּחוּם, אוֹ עוֹמֵד חוּץ לַתְּחוּם וְנוֹפוֹ נוֹטֶה לְתוֹךְ הַתְּחוּם,

הַכֹּל הוֹלֵךְ אַחַר הַנּוֹף. הָרַג בְּאוֹתָהּ הָעִיר, גּוֹלֶה מִשְּׁכוּנָה לִשְׁכוּנָה. וּבֶן לֵוִי, גּוֹלֶה מֵעִיר לְעִיר:

대제사장이 없을 때 재판이 끝났거나, 〔어떤 사람이〕 대제사장을 죽였거나, 대제사장이 〔누군가를〕 죽였다면, 〔살인자〕는 〔도피성〕에서 영원히 나올 수 없다. 〔살인자〕는 종교적 의식과 관련이 있는 증언이나, 금전적 소송에서 증언하거나, 또는 사형 재판의 증언을 위해 〔도피성에서〕 나갈 수 없다. 〔모든〕 이스라엘이 그를 필요로 하거나, 심지어 이스라엘의 전쟁장관 스루야의 아들 요압과 같은 장군이라도 그는 영원히 나올 수 없다. 〔성서에〕 기록되었듯이, "그가 그곳으로 도망쳤다." 그곳에 기적이 있고, 그곳이 거처가 되고, 그곳에 그의 죽음이 있고, 그곳에 그의 무덤이 있다. 그 도시가 도피처를 제공하는 것처럼 〔안식일〕 경계도 도피처를 제공한다. 〔만약〕 살인자가 〔도시의〕 경계를 넘어서 피의 복수자가 그를 찾은 경우에 대하여 갈릴리 사람 랍비 요쎄는 말한다. "〔그를 죽이는 것은〕 복수자의 의무입니다. 그리고 다른 모든 사람들이 〔판단할〕 선택의 문제입니다." 랍비 아키바는 말한다. "〔그를 죽이는 것은〕 복수자에게 선택의 문제이지만, 다른 모든 사람들에게는 〔죽여야 할〕 책임이 있습니다." 〔만약〕 어떤 나무가 경계 안에 서 있고 그 가지가 〔경계〕 너머로 뻗어 있거나, 〔어떤 나무가〕 경계 밖에 서 있고 그 가지가 그 경계 안에 뻗어 있다면, 모든 것은 그 가지의 〔위치에 의해〕 결정한다. 〔만약〕 그가 〔도피성〕에서 〔누군가를〕 죽였다면 그는 한 동네에서 다른 동네로 추방된다. 그리고 레위인은 한 도시에서 다른 도시로 추방된다.

- 살인자가 도피성 경계 밖으로 나가면 그를 죽일 수 있다. 피의 복수자가 죽이는 것에 대하여 랍비 요쎄는 의무라고 말하고 랍비 아키바는 선택의 문제라고 주장한다.

• 도피성 안에 있는 사람이 실수로 살인한 경우 그는 도피성 내 다른 동네로 이동해야 한다. 레위인이 도피성 내에서 실수로 살인한 경우에는 다른 도피성으로 추방된다.

2, 8

כַּיּוֹצֵא בוֹ, רוֹצֵחַ שֶׁגָּלָה לְעִיר מִקְלָטוֹ וְרָצוּ אַנְשֵׁי הָעִיר לְכַבְּדוֹ, יֹאמַר לָהֶם רוֹצֵחַ אָנִי. אָמְרוּ לוֹ אַף עַל פִּי כֵן, יְקַבֵּל מֵהֶן, שֶׁנֶּאֱמַר (דברים יט) וְזֶה דְּבַר הָרֹצֵחַ. מַעֲלִים הָיוּ שָׂכָר לַלְוִיִּם, דִּבְרֵי רַבִּי יְהוּדָה. רַבִּי מֵאִיר אוֹמֵר, לֹא הָיוּ מַעֲלִים לָהֶן שָׂכָר. וְחוֹזֵר לַשְּׂרָרָה שֶׁהָיָה בָהּ, דִּבְרֵי רַבִּי מֵאִיר. רַבִּי יְהוּדָה אוֹמֵר, לֹא הָיָה חוֹזֵר לַשְּׂרָרָה שֶׁהָיָה בָהּ:

같은 방식으로 살인자가 도피성으로 추방되었는데, 그 도시 사람들이 그를 존경하고자 했다면. 그는 "나는 살인자입니다"라고 말해야 한다. 그런데도 만약 그들이 그에게 그렇게 말했다면, 그는 〔존경을〕 받아들여야 한다. 기록된 바와 같이, "이것은 살인자의 말이다." 랍비 예후다의 말에 따르면, 그들은 레위 사람들에게 임대료를 내곤 했다. 랍비 메이르는 말한다. "그들은 임대료를 내지 않았습니다." 그리고 〔집으로 돌아오자〕 그는 랍비 메이르의 말에 따라 이전에 있던 사무실로 돌아간다. 랍비 예후다는 말한다. "그는 이전에 있던 사무실로 돌아가지 않습니다."

• 도피성은 레위인의 소유다. 랍비 예후다는 도피성으로 추방된 사람이 레위인들에게 임대료를 지불했다고 말하지만, 랍비 메이르는 그렇지 않다고 말한다.
• 실수로 살인한 사람이 대제사장이 죽어 자신의 고향으로 돌아가면, 랍비 메이르는 그 이전의 위치나 지위가 회복된다고 말하고 랍비 예후다는 그렇지 않다고 말한다.

제3장

마지막으로 법정에 의해 집행되는 태형 등을 다룬다.

3, 1

וְאֵלּוּ הֵן הַלּוֹקִין, הַבָּא עַל אֲחוֹתוֹ, וְעַל אֲחוֹת אָבִיו, וְעַל אֲחוֹת אִמּוֹ, וְעַל אֲחוֹת אִשְׁתּוֹ, וְעַל אֵשֶׁת אָחִיו, וְעַל אֵשֶׁת אֲחִי אָבִיו, וְעַל הַנִּדָּה, אַלְמָנָה לְכֹהֵן גָּדוֹל, גְּרוּשָׁה וַחֲלוּצָה לְכֹהֵן הֶדְיוֹט, מַמְזֶרֶת וּנְתִינָה לְיִשְׂרָאֵל, בַּת יִשְׂרָאֵל לְנָתִין וּלְמַמְזֵר. אַלְמָנָה וּגְרוּשָׁה, חַיָּבִין עָלֶיהָ מִשּׁוּם שְׁנֵי שֵׁמוֹת. גְּרוּשָׁה וַחֲלוּצָה, אֵינוֹ חַיָּב אֶלָּא מִשֵּׁם אֶחָד בִּלְבָד:

그리고 다음의 경우 태형에 처한다. 그의 여동생, 그의 고모, 그의 이모, 그의 처제, 그의 제수, 그의 숙모, 그리고 월경 중인 사람과 동침한 사람이다. 미망인과 〔결혼한〕 대제사장, 이혼녀나 〔시형제의〕 신발을 벗긴 여인과 〔결혼한〕 일반 제사장, 사생아[6]나 기브온 후손[7]과 결혼한 이스라엘 백성, 기브온 후손이나 사생아와 결혼한 이스라엘 여인은 〔태형에 처한다〕. 미망인과 이혼녀 〔둘 다〕이면 〔대제사장〕은 두 가지에 책임이 있다. 그러나 〔여성〕이 이혼녀와 〔시형제의〕 신발을 벗긴 여인 〔둘 다〕이면, 〔일반 제사장은〕 한 가지만 책임이 있다.

- 대제사장은 미망인이나 이혼녀와 결혼해서는 안 되고, 일반 제사장들도 이혼녀나 신발을 벗긴 여인과 결혼해서는 안 된다(레 21:7, 13-15).

6) '사생아'(맘재르)는 근친상간이나 간음을 통해 태어난 아이를 말한다.

7) '나틴'(נתין)은 여호수아 9장에 나오는 기브온의 후손들을 미쉬나 시대에 일컫는 말이다. 여성은 '네티나'(נתינה) 복수형은 '네티님'(נתינים)이다. 랍비들은 네티님과 이스라엘 백성들 사이의 결혼을 반대하고 있다(『나쉼』「예바못」2, 4).

• 남편이 죽으면 보통 여인은 시형제와의 의무결혼을 통해 받아들여진다. 하지만 이를 거부한 시형제는 신발 벗기기 의식을 통해 자유롭게 된다.

3, 2

הַטָּמֵא שֶׁאָכַל אֶת הַקֹּדֶשׁ, וְהַבָּא אֶל הַמִּקְדָּשׁ טָמֵא, וְהָאוֹכֵל חֵלֶב, וְדָם, וְנוֹתָר, וּפִגּוּל, וְטָמֵא, הַשּׁוֹחֵט וְהַמַּעֲלֶה בַחוּץ, וְהָאוֹכֵל חָמֵץ בְּפֶסַח, וְהָאוֹכֵל וְהָעוֹשֶׂה מְלָאכָה בְּיוֹם הַכִּפּוּרִים, וְהַמְפַטֵּם אֶת הַשֶּׁמֶן, וְהַמְפַטֵּם אֶת הַקְּטֹרֶת, וְהַסָּךְ בְּשֶׁמֶן הַמִּשְׁחָה, וְהָאוֹכֵל נְבֵלוֹת וּטְרֵפוֹת, שְׁקָצִים וּרְמָשִׂים. אָכַל טֶבֶל וּמַעֲשֵׂר רִאשׁוֹן שֶׁלֹּא נִטְּלָה תְרוּמָתוֹ, וּמַעֲשֵׂר שֵׁנִי וְהֶקְדֵּשׁ שֶׁלֹּא נִפְדּוּ. כַּמָּה יֹאכַל מִן הַטֶּבֶל וִיהֵא חַיָּב, רַבִּי שִׁמְעוֹן אוֹמֵר כָּל שֶׁהוּא, וַחֲכָמִים אוֹמְרִים כַּזַּיִת. אָמַר לָהֶם רַבִּי שִׁמְעוֹן, אֵין אַתֶּם מוֹדִים לִי בְּאוֹכֵל נְמָלָה כָּל שֶׁהוּא חַיָּב. אָמְרוּ לוֹ, מִפְּנֵי שֶׁהִיא כִּבְרִיָּתָהּ. אָמַר לָהֶן, אַף חִטָּה אַחַת כִּבְרִיָּתָהּ:

〔그리고 다음의 경우 태형에 처할 수 있다〕. 거룩한 고기를 먹은 부정한 사람(레 7:20, 12:4), 부정한 상태에서 성소에 들어간 사람(레 12:4; 민 5:3, 19:13), 금지된 기름(레 3:16, 7:23-27)이나 남은 희생제물(레 19:6-8)을 먹은 자, 또는 부적절한 의도로 바친 희생제물(레 7:18) 또는 부정한 〔제물을 먹는 자〕(레 7:19), 성전 경내 밖에서 도살하거나, 희생제물을 바친 사람(레 17:4), 유월절 동안 누룩 있는 〔빵〕을 먹는 사람(출 12:15), 속죄일에 음식을 먹거나 〔마시는 사람〕, 또는 일하는 사람(레 23:27-31), 〔안수용〕 기름이나 향의 성분을 모으거나, 안수를 위해 기름을 붓는 사람(출 30:22-28), 썩은 고기(신 14:21)나 죽은 고기를 먹는 자(출 22:30), 찔레(가증한 것)나 가시(레 11:11)를 먹는 자, 십일조를 바치지 않은 농산물을 먹는 사람, 거제를 바치지 않은 첫째 십일조나 구속되지 않은 둘째 십일조나 성물을 먹은 사람이다. 십일조를 바치지 않는 농산물을 어느 정도 먹어야 〔태형에 처하

는가?〕 랍비 쉼온은 말한다. "어떤 양이라도 〔태형에 처합니다〕." 현자들은 말한다. "올리브 크기입니다." 랍비 쉼온은 그들에게 말한다. "당신들은 개미 〔한 마리 정도를〕 먹으면 책임이 있다는 것을 인정하지 않습니까?" 〔그들은〕 그에게 말했다. "그것은 하나의 피조물이기 〔때문입니다〕." 그는 그들에게 말했다. "한 알의 밀알조차도 하나의 피조물이기 때문입니다."

- 부정한 상태에서 거룩한 음식을 먹거나, 금지된 음식을 먹는 사람은 태형에 처한다.
- 어느 정도 먹었을 때 태형에 처하는지 랍비들에 따라 의견이 다르다.
- 첫째 십일조는 레위인의 생계를 위해 드리는 것이다. 레위인들은 여기에서 다시 1/10을 취하여 제사장에게 바친다. 보다 자세한 설명은 『제라임』「마아쎄롯」(첫째 십일조)을 참조하라.

3, 3

הָאוֹכֵל בִּכּוּרִים עַד שֶׁלֹּא קָרָא עֲלֵיהֶן, קָדְשֵׁי קָדָשִׁים חוּץ לַקְּלָעִים, קָדָשִׁים קַלִּים וּמַעֲשֵׂר שֵׁנִי חוּץ לַחוֹמָה, הַשּׁוֹבֵר אֶת הָעֶצֶם בְּפֶסַח הַטָּהוֹר, הֲרֵי זֶה לוֹקֶה אַרְבָּעִים. אֲבָל הַמּוֹתִיר בַּטָּהוֹר וְהַשּׁוֹבֵר בַּטָּמֵא, אֵינוֹ לוֹקֶה אַרְבָּעִים:

하나님께 아뢰기 전에 첫 열매를 먹은 자, 가장 거룩한 것들을 성막 밖에서 〔먹은 자〕, 덜 거룩한 것들이나 둘째 십일조를 성벽 밖에서 〔먹은 자〕(신 12:17-18), 정결한 유월절 제물의 뼈를 꺾는 사람은 각각 〔태형〕 40대에 〔처한다〕. 그러나 정결한 〔유월절 제물을〕 남긴 사람, 부정한 〔유월절 제물의〕 뼈를 꺾은 자는 〔태형〕 40대에 처하지 않는다.

- 초실은 먼저 예루살렘으로 가져가 제사장들에게 선물로 주어야 한

다. 첫 소산을 바칠 때 신명기 26:5-10을 낭송하는 의례를 행한다.

- 거룩한 음식은 성막이나 성전 뜰에서 먹어야 한다(출 27:9).
- 유월절 제물의 뼈를 꺾어서는 안 되고(출 12:26), 아침까지 남겨서도 안 된다(출 12:10).

3, 4

הַנּוֹטֵל אֵם עַל הַבָּנִים, רַבִּי יְהוּדָה אוֹמֵר, לוֹקֶה וְאֵינוֹ מְשַׁלֵּחַ. וַחֲכָמִים אוֹמְרִים, מְשַׁלֵּחַ וְאֵינוֹ לוֹקֶה. זֶה הַכְּלָל, כָּל מִצְוַת לֹא תַעֲשֶׂה שֶׁיֶּשׁ בָּהּ קוּם עֲשֵׂה, אֵין חַיָּבִין עָלֶיהָ:

어미 〔새를〕 새끼와 함께 취한 사람에 대하여, 랍비 예후다는 말한다. "〔태형을〕 집행하지만 〔어미 새를〕 놓아줄 필요는 없습니다." 그러나 현자들은 말한다. "〔어미 새를〕 놓아주어야 하고 〔그를〕 태형에 처하지는 않습니다." 이것이 일반 원칙이다. 긍정적인 행동을 수반하는 모든 부정명령은 책임을 지지 않는다.

- 성서는 어미 새를 새끼와 함께 취하는 것을 금지한다(신 22:6-7).
- 현자들은 어미 새를 풀어주는 긍정적인 행동(명령)을 수행하면 부정명령을 어긴 것이 아니므로 태형을 면한다고 본다. 하지만 랍비 예후다는 어미 새를 잡았으면 이미 부정명령을 어겼으므로 태형에 처해야 하고, 어차피 태형에 처했기 때문에 어미 새를 풀어줄 필요가 없다고 본다.

3, 5

הַקּוֹרֵחַ קָרְחָה בְּרֹאשׁוֹ, וְהַמַּקִּיף פְּאַת רֹאשׁוֹ, וְהַמַּשְׁחִית פְּאַת זְקָנוֹ, וְהַשּׂוֹרֵט שְׂרִיטָה אַחַת עַל הַמֵּת, חַיָּב. שָׂרַט שְׂרִיטָה אַחַת עַל חֲמִשָּׁה מֵתִים אוֹ חָמֵשׁ שְׂרִיטוֹת עַל מֵת אֶחָד, חַיָּב עַל כָּל אַחַת וְאֶחָת. עַל הָרֹאשׁ, שְׁתַּיִם, אַחַת

מִכָּאן וְאַחַת מִכָּאן. עַל הַזָּקָן, שְׁתַּיִם מִכָּאן וּשְׁתַּיִם מִכָּאן וְאַחַת מִלְּמַטָּה. רַבִּי אֱלִיעֶזֶר אוֹמֵר, אִם נְטָלוֹ כֻלּוֹ כְּאַחַת, אֵינוֹ חַיָּב אֶלָּא אֶחָת. וְאֵינוֹ חַיָּב עַד שֶׁיִּטְּלֶנּוּ בְתָעַר. רַבִּי אֱלִיעֶזֶר אוֹמֵר, אֲפִלּוּ לִקְּטוֹ בְמַלְקֵט אוֹ בִרְהִיטְנִי, חַיָּב:

〔어떤 사람이〕 머리를 대머리로 만들거나, 〔귀밑〕 머리카락 끝을 둥글게 하거나, 수염 끝을 훼손하거나, 죽은 사람을 위해 〔그의 신체를〕 베는 경우, 그는 〔태형에〕 처한다. 〔어떤 사람이〕 다섯 명의 사망자를 위해 한 번 자르거나 한 사람을 위해 다섯 번 자르면 그는 각각에 대하여 책임이 있다. 그의 〔둥근〕 머리에 〔태형〕 두 대다. 한 번은 이쪽 모서리, 다른 한 번은 저쪽 모서리 때문이다. 그리고 턱수염은 한쪽에 〔태형〕 두 대, 다른 쪽에 〔태형〕 두 대, 아래쪽에 〔태형〕 한 대다. 랍비 엘리에제르는 말한다. "〔만약 그가〕 동시에 모두 제거한 경우, 그는 〔태형〕 한 번에 처합니다." 그리고 그가 면도칼로 제거했을 경우에만 책임이 있다. 랍비 엘리에제르는 말한다. "핀셋이나 집게로 머리카락을 뽑아도 그는 책임이 있습니다."

- 망자를 위한 애도의 표시로 머리카락이나 수염을 자르거나 몸을 베는 행위는 금지된다(신 14:1).
- 수염은 모두 양쪽에 각각 두 군데와 아래턱 한 군데 모두 다섯 군데에 있는 것으로 간주하여 다섯 번의 태형에 처한다.

3, 6

הַכּוֹתֵב כְּתֹבֶת קַעֲקַע, כָּתַב וְלֹא קִעֲקַע, קִעֲקַע וְלֹא כָתַב, אֵינוֹ חַיָּב, עַד שֶׁיִּכְתֹּב וִיקַעֲקֵעַ בִּדְיוֹ וּבִכְחוֹל וּבְכָל דָּבָר שֶׁהוּא רוֹשֵׁם. רַבִּי שִׁמְעוֹן בֶּן יְהוּדָה מִשּׁוּם רַבִּי שִׁמְעוֹן אוֹמֵר, אֵינוֹ חַיָּב עַד שֶׁיִּכְתּוֹב שָׁם הַשֵּׁם, שֶׁנֶּאֱמַר (ויקרא יט) וּכְתֹבֶת קַעֲקַע לֹא תִתְּנוּ בָּכֶם אֲנִי ה':

〔피부에〕 문신을 하는 사람은 〔태형에 처한다〕. 〔만약〕 절개 없이 문

신을 하거나, 문신을 했으나 절개를 하지 않았다면, 그가 〔문신을〕 그리거나, 잉크나 푸른색 염료로 피부에 그리지 않는 한, 그는 책임이 없다. 랍비 쉼온이 말한 것을 근거로, 랍비 쉼온 벤 예후다는 말한다. "그가 그곳에 〔다른 신의〕 이름을 새기지 않는 한 그는 책임이 없습니다. 〔성서에〕 기록되었듯이, '너희의 살에 문신을 하지 말라. 나는 여호와이니라'(레 19:28)."

- 랍비 쉼온 벤 예후다는 문신을 했더라도 다른 신의 이름을 새기지 않았으면 태형에 처하지 않는다고 말한다. 그는 그 이유를 레위기 19:28에 "나는 여호와니라"는 구절에서 찾고 있다.

3, 7

נָזִיר שֶׁהָיָה שׁוֹתֶה בַיַּיִן כָּל הַיּוֹם, אֵינוֹ חַיָּב אֶלָּא אֶחָת. אָמְרוּ לוֹ אַל תִּשְׁתֶּה אַל תִּשְׁתֶּה וְהוּא שׁוֹתֶה, חַיָּב עַל כָּל אַחַת וְאֶחָת:

나실인이 하루 종일 포도주를 마셨다면 그는 단지 한 번의 〔태형에 처한다〕. 〔사람들〕이 그에게 "〔포도주를〕 마시지 말라! 〔포도주를〕 마시지 말라!"고 말했는데 그가 〔술을〕 마신다면, 그는 모든 각각의 경우 책임이 있다.

- 하루 종일 술을 마신 경우라도 일반적으로 율법을 한 번 어긴 것이다(민 6:3). 하지만 사람들이 경고했다면, 각 경고 숫자만큼 어긴 것으로 간주된다.

3, 8

הָיָה מִטַּמֵּא לְמֵתִים כָּל הַיּוֹם, אֵינוֹ חַיָּב אֶלָּא אֶחָת. אָמְרוּ לוֹ אַל תִּטַּמֵּא, אַל תִּטַּמֵּא, וְהָיָה מִטַּמֵּא, חַיָּב עַל כָּל אַחַת וְאֶחָת. הָיָה מְגַלֵּחַ כָּל הַיּוֹם, אֵינוֹ

חַיָּב אֶלָּא אֶחָת. אָמְרוּ לוֹ אַל תְּגַלַּח אַל תְּגַלַּח וְהוּא מְגַלֵּחַ, חַיָּב עַל כָּל אַחַת וְאֶחָת. הָיָה לָבוּשׁ בְּכִלְאַיִם כָּל הַיּוֹם, אֵינוֹ חַיָּב אֶלָּא אֶחָת. אָמְרוּ לוֹ אַל תִּלְבָּשׁ אַל תִּלְבָּשׁ וְהוּא פוֹשֵׁט וְלוֹבֵשׁ, חַיָּב עַל כָּל אַחַת וְאֶחָת:

그가 온종일 시신으로 〔자신을〕 부정하게 하였다면, 그는 단 한 번 〔태형이〕 부과된다. 〔만약 사람들이〕 그에게 "〔시신으로 당신 자신을〕 부정하게 하지 말라! 〔시신으로 당신 자신을〕 부정하게 하지 말라!"고 말했는데 〔그 자신을〕 부정하게 했다면, 그는 각각의 경우에 〔태형이〕 부과된다. 〔만약〕 온종일 면도를 했다면 그는 단 한 번 〔태형이〕 부과된다. 〔만약 사람들이〕 그에게 "면도하지 말라! 면도하지 말라!"고 말했는데 그가 〔매번〕 면도를 했다면 그는 각각의 경우에 〔태형이〕 부과된다. 〔만약〕 온종일 양털과 베 실로 섞어 짠 것을 입었다면(신 22:11), 그는 단 한 번의 〔태형이〕 부과된다. 〔만약 사람들이〕 그에게 "〔섞어 짠 것을〕 입지 말라! 입지 말라!"고 말했는데 그가 〔옷을〕 벗고 다시 입었다면 그는 각각의 경우에 〔태형이〕 부과된다.

- 앞 미쉬나와 동일하게 사람들이 경고했는데도 율법을 어긴 경우에, 각각의 경고 숫자만큼 태형이 부과된다.

3, 9

יֵשׁ חוֹרֵשׁ תֶּלֶם אֶחָד וְחַיָּב עָלָיו מִשּׁוּם שְׁמֹנָה לָאוִין, הַחוֹרֵשׁ בְּשׁוֹר וַחֲמוֹר, וְהֵן מֻקְדָּשִׁים, בְּכִלְאַיִם בַּכֶּרֶם, וּבַשְּׁבִיעִית, וְיוֹם טוֹב, וְכֹהֵן וְנָזִיר בְּבֵית הַטֻּמְאָה. חֲנַנְיָא בֶּן חֲכִינַאי אוֹמֵר, אַף הַלּוֹבֵשׁ כִּלְאָיִם. אָמְרוּ לוֹ, אֵינוֹ הַשֵּׁם. אָמַר לָהֶם, אַף לֹא הַנָּזִיר הוּא הַשֵּׁם:

한 고랑의 쟁기질은 여덟 가지 금지에 대한 책임을 져야 한다. 황소와 당나귀로 〔함께〕 쟁기질하기, 이들은 성별된 경우, 포도원에 〔두 종자를〕 섞어 뿌리기, 안식년에 〔경작하기〕, 명절에 〔경작하기〕, 제사장이나 나실인이 〔시신으로〕 부정해진 곳에 〔들어가는 것이다〕. 하나니야 벤 하키나이는 말한다. "〔양모와 아마포가〕 섞인 옷을 입고 〔쟁기질한 것도 해당됩니다〕." 〔현자들〕이 그에게 말했다. "이것은 그 경우가 아닙니다." 그가 〔현자들〕에게 말했다. "〔그런 기준이라면〕 나실인도 그 경우가 아닙니다."

- 한 가지 행위로 인해 여덟 가지 금지 명령을 범할 수도 있다. 이 경우에 태형을 모두 여덟 번 부가하게 된다. 1) 황소와 나귀를 함께 묶어 쟁기질하면 안 된다(신 22:10). 2) 3) 성전에 바치기로 구별된 동물은 다른 용도로 사용해서는 안 된다. 황소와 나귀이므로 두 번의 금지 명령을 어긴 것으로 간주된다. 4) 포도원에 두 종자를 섞어 뿌려서는 안 된다(레 22:9). 5) 안식년에 쟁기질을 해서는 안 된다(레 25:4). 6) 명절날 쟁기질해서는 안 된다(레 23:7). 7) 제사장은 시신이나 부정한 것을 만지면 안 된다(레 21:1). 8) 나실인은 시신을 만지면 안 된다(민 6:6).
- 하나니야 벤 하키나이(Hakinai)는 섞어 짠 옷감으로 지은 옷을 입고 쟁기질한 경우를 더해 아홉 가지 부정명령을 어길 수 있다고 주장하지만 현자들은 별도의 경우라고 간주한다.

3, 10

כַּמָּה מַלְקִין אוֹתוֹ, אַרְבָּעִים חָסֵר אַחַת. שֶׁנֶּאֱמַר (דברים כה) בְּמִסְפָּר אַרְבָּעִים, מִנְיָן שֶׁהוּא סָמוּךְ לְאַרְבָּעִים. רַבִּי יְהוּדָה אוֹמֵר, אַרְבָּעִים שְׁלֵמוֹת הוּא לוֹקֶה. וְהֵיכָן הוּא לוֹקֶה אֶת הַיְתֵרָה, בֵּין כְּתֵפָיו:

몇 대의 태형이 부과되는가? 40에서 하나 부족하다. 〔성서에〕 기록되었듯이 "숫자로는 40이다"(신 25:2-3). 이것은 40에 가깝다는 의미다. 랍비 예후다는 말한다. "그에게 온전한 40대의 〔태형이〕 부과되었습니다." 그리고 그 추가 〔태형〕은 어디에 부과되는가? 양쪽 어깨 사이에 맞는다.

- 성서에 따르면 태형은 40대까지 가능하다. 하지만 랍비들은 '숫자로는' 40대이지만 실제로는 39대라고 미드라쉬적인 해석을 한다. 또 하나의 해석은 실수로 40대를 넘기지 않도록 39대까지 부과한다고 설명한다.
- 랍비 전통에서 먼저 39대를 때리지만, 마지막으로 마흔 번째가 추가될 때에는 어깨 사이에 부과된다.

3, 11

אֵין אוֹמְדִין אוֹתוֹ אֶלָּא בְמַכּוֹת הָרְאוּיוֹת לְהִשְׁתַּלֵּשׁ. אֲמָדוּהוּ לְקַבֵּל אַרְבָּעִים, לָקָה מִקְצָת וְאָמְרוּ שֶׁאֵינוֹ יָכוֹל לְקַבֵּל אַרְבָּעִים, פָּטוּר. אֲמָדוּהוּ לְקַבֵּל שְׁמֹנֶה עֶשְׂרֵה, מִשֶּׁלָּקָה אָמְרוּ שֶׁיָּכוֹל הוּא לְקַבֵּל אַרְבָּעִים, פָּטוּר. עָבַר עֲבֵרָה שֶׁיֵּשׁ בָּהּ שְׁנֵי לָאוִין, אֲמָדוּהוּ אֹמֶד אֶחָד, לוֹקֶה וּפָטוּר. וְאִם לָאו, לוֹקֶה וּמִתְרַפֵּא וְחוֹזֵר וְלוֹקֶה:

태형은 〔한꺼번에〕 집행하지 않고 세 번에 나누어서 집행한다. 그가 40대〔의 태형〕을 견딜 수 있을 것이라고 평가한 후 그 태형의 일부를 맞았는데, 〔의사들〕이 〔다시〕 그가 40대를 감당할 수 없다고 말했다면, 그의 〔나머지 태형은〕 면제된다. 〔만약〕 그들이 18대를 감당할 수 있다고 평가하여 그에게 집행되었는데 그들이 40대를 감당할 수 있다고 말했다면 그의 〔나머지 태형은〕 면제된다. 〔만약〕 어떤 사람이 두 가지 금지 명령을 범했는데, 〔만약〕 그가 한 〔차례의 태형〕만 감당할 수 있다고 평가해서 집행되었다면, 그의 〔나머지 태형은〕 면제된다. 만약 그렇지 않다면 그에 대한 한 〔차례의 태형〕이 집행되고, 그가 〔상처를〕 회복하도록 한 후 다시 집행한다.

- 죄수에게 부과된 태형은 의사들이 평가한다. 의사들이 예상과 달리 더 이상 때리면 안 된다고 말한 경우나 예상보다 적게 부가된 경우 모두, 나머지 태형은 면제된다.
- 한 차례의 태형이 부과될 때 보통 40대를 때린다.

3, 12

כֵּיצַד מַלְקִין אוֹתוֹ, כּוֹפֵת שְׁתֵּי יָדָיו עַל הָעַמּוּד הֵילָךְ וְהֵילָךְ, וְחַזַּן הַכְּנֶסֶת אוֹחֵז בִּבְגָדָיו, אִם נִקְרְעוּ נִקְרָעוּ, וְאִם נִפְרְמוּ נִפְרָמוּ, עַד שֶׁהוּא מְגַלֶּה אֶת לִבּוֹ. וְהָאֶבֶן נְתוּנָה מֵאַחֲרָיו, חַזַּן הַכְּנֶסֶת עוֹמֵד עָלֶיהָ. וּרְצוּעָה שֶׁל עֵגֶל בְּיָדוֹ, כְּפוּלָה אֶחָד לִשְׁנַיִם וּשְׁנַיִם לְאַרְבָּעָה, וּשְׁתֵּי רְצוּעוֹת עוֹלוֹת וְיוֹרְדוֹת בָּהּ:

그들은 그를 어떻게 채찍질하는가? 그의 두 손을 양쪽에 있는 기둥에 묶는다. [그 태형] 집행자는 그의 옷을 잡는다. 만약 그 옷들이 찢어지면 찢어지는 것이고, 만약 그 옷들이 나뉘어 벗겨지면 그의 가슴이 드러날 때까지 벗겨지는 것이다. 그리고 하나의 돌을 그의 뒤에 놓는다. 그리고 [태형] 집행자는 그 돌 위에 서고, 손에 황소 [가죽] 끈을 잡는다. [가죽 끈을] 겹쳐서 한 줄을 두 줄로 [만들고 다시 겹쳐서] 두 줄을 네 줄로 [만든다]. 그리고 위에서 아래로 두 줄의 끈이 붙어 있다.

- 채찍은 소가죽을 두 번 접어서 더 두껍고 튼튼하게 만들었다. 중앙 부분에는 두 개의 다른 끈이 붙어 있다.
- 탈무드는 황소 가죽 끈에 두 줄의 나귀 끈을 붙였다고 설명한다.

3, 13

יָדָהּ טֶפַח וְרָחְבָּהּ טֶפַח, וְרֹאשָׁהּ מַגַּעַת עַל פִּי כְרֵסוֹ. וּמַכֶּה אוֹתוֹ שְׁלִישׁ מִלְּפָנָיו וּשְׁתֵּי יָדוֹת מִלְּאַחֲרָיו. וְאֵינוֹ מַכֶּה אוֹתוֹ לֹא עוֹמֵד וְלֹא יוֹשֵׁב אֶלָּא

מְטֶה, שֶׁנֶּאֱמַר (דברים כה) וְהִפִּילוֹ הַשֹּׁפֵט. וְהַמַּכֶּה מַכֶּה בְיָדוֹ אַחַת בְּכָל כֹּחוֹ:

〔채찍의〕 손잡이는 1테팍이고 너비도 1테팍이다. 그리고 〔채찍의〕 끝은 〔범죄자의〕 복부 가장자리까지 닿는다. 그리고 〔부과된 태형은〕 1/3을 먼저 때리고 2/3는 나중에 〔집행한다〕. 〔범죄자〕가 서 있거나 앉아 있을 때 때리는 것이 아니라, 엎드리게 하고 〔때린다〕. 〔성서에〕 기록되었듯이, "재판관이 그를 엎드리게 하고"(신 25:2). 때리는 자는 그의 한 손으로 온 힘을 다해 때린다.

- 먼저 1/3 횟수는 앞쪽을 때리고, 이어서 2/3 횟수는 뒤쪽을 때린다.

3, 14

וְהַקּוֹרֵא קוֹרֵא (שם כח) אִם לֹא תִשְׁמֹר לַעֲשׂוֹת וְגוֹ' וְהִפְלָא ה' אֶת מַכֹּתְךָ וְאֵת מַכּוֹת וְגוֹ', וְחוֹזֵר לִתְחִלַּת הַמִּקְרָא (שם כט) וּשְׁמַרְתֶּם אֶת דִּבְרֵי הַבְּרִית הַזֹּאת וְגוֹ', וְחוֹתֵם (תהלים עח) וְהוּא רַחוּם יְכַפֵּר עָוֹן וְגוֹ', וְחוֹזֵר לִתְחִלַּת הַמִּקְרָא. וְאִם מֵת תַּחַת יָדוֹ, פָּטוּר. הוֹסִיף לוֹ עוֹד רְצוּעָה אַחַת וָמֵת, הֲרֵי זֶה גוֹלֶה עַל יָדוֹ. נִתְקַלְקֵל בֵּין בְּרֶעִי בֵּין בְּמַיִם, פָּטוּר. רַבִּי יְהוּדָה אוֹמֵר, הָאִישׁ בְּרֶעִי וְהָאִשָּׁה בְּמָיִם:

〔성경을〕 낭송하는 사람은 "이 가르침의 모든 말씀을 충실히 지켜 행하지 않으면 … 하나님께서 당신에게 극렬한 재앙을 가하실 것이다"(신 28:58-59)라고 낭송한다. 그리고 성서의 시작 부분으로 돌아간다. "그리고 이 언약의 모든 말씀을 충실히 지키고"(신 28:9). 그리고 그는 "자비로우시고 죄를 용서하시니"(시 78:38)라고 〔낭송하고〕 마친다. 〔범죄자〕가 그의 손에 죽으면, 그의 〔형벌은〕 면제된다. 그가 한 번 더 채찍질하여 〔범죄자〕가 죽으면 그는 추방된다. 〔범죄자〕가 배설물이나 소변으로 더럽혀질 경우 〔태형이〕 면제된다. 랍비 예후다

는 말한다. "남성의 경우 대변, 여성의 경우 소변으로 〔더럽혀지면 책임이 없습니다〕."

- 정해진 태형 숫자보다 추가되어 실수로 죽게 만든 경우에는 도피성으로 추방된다.
- 아무리 범죄자라고 하더라도 태형 중에 오물로 더럽혀지면 더 때리는 것이 면제된다.

3, 15

כָּל חַיָּבֵי כְרֵתוֹת שֶׁלָּקוּ, נִפְטְרוּ יְדֵי כְרֵתָתָן, שֶׁנֶּאֱמַר (דברים כה) וְנִקְלָה אָחִיךָ לְעֵינֶיךָ, כְּשֶׁלָּקָה הֲרֵי הוּא כְאָחִיךָ, דִּבְרֵי רַבִּי חֲנַנְיָא בֶּן גַּמְלִיאֵל. אָמַר רַבִּי חֲנַנְיָא בֶּן גַּמְלִיאֵל, מָה אִם הָעוֹבֵר עֲבֵרָה אַחַת, נוֹטֵל נַפְשׁוֹ עָלֶיהָ, הָעוֹשֶׂה מִצְוָה אַחַת, עַל אַחַת כַּמָּה וְכַמָּה שֶׁתִּנָּתֵן לוֹ נַפְשׁוֹ. רַבִּי שִׁמְעוֹן אוֹמֵר, מִמְּקוֹמוֹ הוּא לָמֵד, שֶׁנֶּאֱמַר (ויקרא יח) וְנִכְרְתוּ הַנְּפָשׁוֹת הָעֹשֹׂת וְגוֹ', וְאוֹמֵר (שם) אֲשֶׁר יַעֲשֶׂה אֹתָם הָאָדָם וָחַי בָּהֶם. הָא, כָּל הַיּוֹשֵׁב וְלֹא עָבַר עֲבֵרָה, נוֹתְנִין לוֹ שָׂכָר כְּעוֹשֶׂה מִצְוָה. רַבִּי שִׁמְעוֹן בַּר רַבִּי אוֹמֵר, הֲרֵי הוּא אוֹמֵר (דברים יב) רַק חֲזַק לְבִלְתִּי אֲכֹל הַדָּם כִּי הַדָּם הוּא הַנָּפֶשׁ וְגוֹ', וּמָה אִם הַדָּם שֶׁנַּפְשׁוֹ שֶׁל אָדָם קָצָה מִמֶּנּוּ, הַפּוֹרֵשׁ מִמֶּנּוּ מְקַבֵּל שָׂכָר, גָּזֵל וַעֲרָיוֹת שֶׁנַּפְשׁוֹ שֶׁל אָדָם מִתְאַוָּה לָהֶן וּמְחַמַּדְתָּן, הַפּוֹרֵשׁ מֵהֶן עַל אַחַת כַּמָּה וְכַמָּה שֶׁיִּזְכֶּה לוֹ וּלְדוֹרוֹתָיו וּלְדוֹרוֹת דּוֹרוֹתָיו עַד סוֹף כָּל הַדּוֹרוֹת:

태형을 받은 모든 카렛형 수형자들 모두 그 카렛의 형벌에서 면제된다. 〔성경에〕 기록되었듯이, "네 눈앞에서 네 형제가 명예가 손상되지 않아야 하는데"(신 25:3). 그가 채찍질을 당하게 되면 그는 너의 형제다. 이는 랍비 하나니야 벤 감리엘의 말이다. 랍비 하나니야 벤 감리엘은 말한다. "한 가지 범법을 행하는 사람은 그의 영혼을 잃는 것처럼, 한 계명을 수행하는 사람은 그의 영혼이 얼마나 더 많이 그에게 주어질 것인가?" 랍비 쉼온은 말한다. "〔이 가증한 일을 하는 모든 자는〕 그 백성에게서 끊어지리라"(레 18:29), "너희는 내 규례와 법도를

지키라. 사람이 이를 행하면 그는 그로 말미암아 살 것이다"(18:5). 이것은 범법을 거부하는 자는 율법을 행하는 자와 같이 상을 받는다는 것과 같습니다." 랍비 〔예후다 한나씨〕의 아들 랍비 쉼온은 말한다. "〔성서에〕 기록되었듯이, "오직 크게 삼가서 그 피는 먹지 말라. 그 피는 생명인즉, 네가 그 생명을 〔고기와 함께〕 먹지 말아야 한다 (이하 생략)"(신 12:23-25). 여기에서 사람의 영혼이 혐오하는 피의 경우, 이것을 자제하는 사람은 배상을 받고, 사람이 욕망하고 갈망하는 절도죄와 성적인 죄를 피하는 사람은 배상을 받는다. 그러한 것들을 자제하는 사람은 자기 자신, 자녀들, 손자들, 그리고 모든 후손의 끝에 이르기까지 상급을 받을 것이다.

- 이미 태형을 받은 사람은 카렛형으로 죽게 되는 형벌에서 면제된다.
- 「마콧」의 마지막 두 미쉬나는 많은 성서 구절들로 마무리된다. 대체적으로 율법을 잘 지키면 복을 받는다는 내용이다.

3, 16

רַבִּי חֲנַנְיָא בֶּן עֲקַשְׁיָא אוֹמֵר, רָצָה הַקָּדוֹשׁ בָּרוּךְ הוּא לְזַכּוֹת אֶת יִשְׂרָאֵל, לְפִיכָךְ הִרְבָּה לָהֶם תּוֹרָה וּמִצְוֹת, שֶׁנֶּאֱמַר (ישעיה מב) יְיָ חָפֵץ לְמַעַן צִדְקוֹ יַגְדִּיל תּוֹרָה וְיַאְדִּיר:

랍비 하나니야 벤 아카시야는 말한다. "거룩하고 복되신 분은 이스라엘을 존귀하게 만들고자 하셨기 때문에 많은 토라와 계명을 주셨습니다. 〔성서에〕 기록되었듯이, "주님은 〔이스라엘〕의 의를 위해서 토라를 더 위대하고 영화롭게 하기를 원하셨다"(사 42:21).

- 랍비들은 율법이 이스라엘 백성들이 하나님을 얼마나 사랑하는지를 보여주는 도구라고 이해한다.

שבועות

6

쉬부옷

맹세

맹세는 두 가지인데, 곧 네 가지다. 즉 "맹세컨대, 나는 먹겠습니다." "맹세컨대, 나는 먹지 않겠습니다." "맹세컨대, 나는 먹었습니다." "맹세컨대, 나는 먹지 않았습니다." "만약 그가 '맹세컨대, 나는 먹지 않겠습니다'라고 말했는데, 그가 조금이라도 먹었다면 그는 속죄제의 책임이 있습니다." 랍비 아키바의 말이다. _「쉬부옷」 3, 1

개요

「쉬부옷」(שבועות)은 그 제목의 일차적인 의미가 맹세로서, 다양한 형태의 맹세에 관한 법과 규칙을 다룬다. 재판에서 하는 맹세는 물론 사생활에서 행해지는 맹세도 다룬다. 오염, 부정, 한센병, 속죄의 방법, 속죄제, 증언과 맹세, 원고와 피고, 그리고 피신탁인의 맹세와 종류 등도 거론된다.

- **관련 성경구절 | 레위기 5:2-13, 6:1-7, 7:19-20, 11:11, 29, 43, 16:11, 20:18; 민수기 19:20, 29:11; 신명기 14:21**

제1장

맹세의 종류, 부정, 한센병, 속죄의 방법 등을 다룬다.

1, 1

שְׁבוּעוֹת שְׁתַּיִם שֶׁהֵן אַרְבַּע, יְדִיעוֹת הַטֻּמְאָה שְׁתַּיִם שֶׁהֵן אַרְבַּע, יְצִיאוֹת הַשַּׁבָּת שְׁתַּיִם שֶׁהֵן אַרְבַּע, מַרְאוֹת נְגָעִים שְׁנַיִם שֶׁהֵם אַרְבָּעָה:

맹세는 두 가지고 〔실제로는〕 네 가지다. 이것은 부정해짐을 아는 〔행위가〕 둘인데 〔실제로는〕 네 가지고, 안식일에 〔물건을 옮기려고〕 나가는 〔행위가〕 둘인데 〔실제로는〕 네 가지고, 피부병 증세가 둘인데 〔실제로는〕 네 가지인 것과 〔같다〕.

- 토라는 맹세 두 가지에 관해 언급하며 이것을 어기면 속죄하는 제물을 바쳐야 한다(레 5:4-6). 이 두 가지는 어떤 행동을 하겠다는 맹세와 하지 않겠다는 맹세인데 모두 미래의 행위에 관련된다. 랍비들은 이 본문이 과거의 행위에도 적용된다고 간주하며, 결국 네 가지 맹세가 있다고 주장한다.
- 성전을 부정하게 만드는 행위는 부정한 몸으로 성전에 출입하거나 거룩한 제물을 먹는 행위 두 가지인데(민 19:20; 레 7:19-20), 모르고 이런 죄를 지으면 속죄의 제물을 바쳐야 한다. 랍비들은 자신이 부정함을 알지만 이런 법규정을 모르는 사람도 같은 처분을 받아야 한다고 주장하여, 결국 네 가지 경우로 늘어난다.
- 안식일에는 다른 공간으로 물건을 옮길 수 없는데, 공적 공간에 머물던 사람과 사적 공간에 머물던 사람이 물건을 다른 영역으로 옮기는 두 가지 경우가 이에 해당한다. 랍비들은 물건이 어느 지역에 있는지도 판단조건으로 간주했고, 그 물건이 공적 공간에 있을 경우와

사적 공간에 있을 경우를 구분했다. 결국 네 가지 경우로 늘어난다.

- 피부병을 진찰하고 피부병자로 확진하기 위해서는 그 증세가 흰색 두 가지로 나타날 때로 한정된다. 그러나 랍비들은 이 두 가지 색깔과 유사한 다른 색깔 한 가지씩을 더하여 모두 네 가지 경우에 피부병자로 확진한다.

1, 2

כֹּל שֶׁיֵּשׁ בָּהּ יְדִיעָה בַתְּחִלָּה וִידִיעָה בַסּוֹף וְהֶעְלֵם בֵּינְתַיִם, הֲרֵי זֶה בְּעוֹלֶה וְיוֹרֵד. יֵשׁ בָּהּ יְדִיעָה בַתְּחִלָּה וְאֵין בָּהּ יְדִיעָה בַסּוֹף, שָׂעִיר שֶׁנַּעֲשֶׂה בִפְנִים וְיוֹם הַכִּפּוּרִים תּוֹלֶה, עַד שֶׁיִּוָּדַע לוֹ וְיָבִיא בְעוֹלֶה וְיוֹרֵד:

〔성전을 부정하게 만드는 행위를〕 처음부터 알고 있었던 자와 나중에 알게 되었으나 그 중간에는 모르던 자는 모두 차등으로 〔제물을 바쳐야 한다〕. 처음에는 알고 있었으나 나중에는 몰랐다면, 〔그 피를 성전〕 안에서 뿌리는 염소 제물과 속죄일 자체를 그가 깨닫고 〔행위의 경중에 따라〕 차등으로 〔제물을〕 가지고 올 때까지 〔그의 범죄를〕 연기한다.

- 이 미쉬나는 첫째 미쉬나에서 언급한 성전을 부정하게 만드는 행위에 대해 상세히 논의한다. 어떤 사람이 처음부터 자신이 부정하다는 사실을 알고 있었으나 그 사실을 잊고 성전에 출입하거나 성물을 먹었을 경우 속죄제물을 바쳐야 한다. 다른 말로 하면 그는 처음과 나중에 자신이 부정함을 아는 경우이며, 단지 중간에 그 사실을 잊었던 것이다.
- 처음에 부정하다는 사실을 알았지만 그것을 완전히 잊어버렸을 경우 그는 자신이 속죄제물을 바쳐야 한다는 사실을 깨닫지 못한다. 이런 경우 그가 속죄일을 지키면서 염소 제물을 바쳤을 때 그의 범

죄에 대한 처벌이 연기된다고 말한다. 그러나 그가 나중에 이런 사실을 기억한다면 사회적 신분이나 경제적인 능력에 따라 '차등으로' 속죄제물을 바쳐야 한다(레 5:6-13).

1, 3

אֵין בָּהּ יְדִיעָה בַּתְּחִלָּה אֲבָל יֵשׁ בָּהּ יְדִיעָה בַּסּוֹף, שָׂעִיר הַנַּעֲשֶׂה בַחוּץ וְיוֹם הַכִּפּוּרִים מְכַפֵּר, שֶׁנֶּאֱמַר (במדבר כט) מִלְּבַד חַטַּאת הַכִּפֻּרִים, עַל מַה שֶּׁזֶּה מְכַפֵּר, זֶה מְכַפֵּר. מַה הַפְּנִימִי אֵין מְכַפֵּר אֶלָּא עַל דָּבָר שֶׁיֵּשׁ בּוֹ יְדִיעָה, אַף הַחִיצוֹן אֵין מְכַפֵּר אֶלָּא עַל דָּבָר שֶׁיֵּשׁ בּוֹ יְדִיעָה:

〔성전을 부정하게 만드는 행위를〕 처음에는 알지 못했으나 나중에 알게 된 경우 〔그 피를 성전〕 바깥에서 뿌리는 염소 제물과 속죄일이 그를 용서한다. "용서하는 속죄제 외에"라고 기록했기 때문이다. 〔그렇다면〕 이것이 속죄한다 〔또는〕 저것이 속죄한다는 말은 무슨 〔경우에〕 대한 설명인가? 〔그 피를 성전〕 안에서 〔뿌리는 제물은 처음부터〕 알고 행한 일만 용서하고, 바깥에서 〔뿌리는 제물은 나중에〕 알고 행한 일을 용서한다.

- 어떤 사람이 처음에는 자신이 부정하다는 사실을 알지 못했지만 나중에 알게 되었다면, 그는 자신이 범죄했다는 사실을 모르기 때문에 적절한 제물을 가져올 수 없다. 이런 사람을 용서하는 것은 속죄일의 속죄제 이외에 추가로 바치는 숫염소 속죄제물이라고 설명한다(민 29:11). 다시 말해서 도살하여 그 피를 뿌리는 속죄제물은 자신의 죄를 인식한 사람의 죄를 용서하고, 추가로 드리는 속죄제물은 자신의 죄를 인식하지 못한 사람의 죄를 용서한다.

וְעַל שֶׁאֵין בָּהּ יְדִיעָה לֹא בַתְּחִלָּה וְלֹא בַסּוֹף, שְׂעִירֵי הָרְגָלִים וּשְׂעִירֵי רָאשֵׁי
חֳדָשִׁים מְכַפְּרִים, דִּבְרֵי רַבִּי יְהוּדָה. רַבִּי שִׁמְעוֹן אוֹמֵר, שְׂעִירֵי הָרְגָלִים
מְכַפְּרִין, אֲבָל לֹא שְׂעִירֵי רָאשֵׁי חֳדָשִׁים. וְעַל מַה שְּׂעִירֵי רָאשֵׁי חֳדָשִׁים
מְכַפְּרִין, עַל הַטָּהוֹר שֶׁאָכַל אֶת הַטָּמֵא. רַבִּי מֵאִיר אוֹמֵר, כָּל הַשְּׂעִירִים
כַּפָּרָתָן שָׁוָה עַל טֻמְאַת מִקְדָּשׁ וְקָדָשָׁיו. הָיָה רַבִּי שִׁמְעוֹן אוֹמֵר, שְׂעִירֵי רָאשֵׁי
חֳדָשִׁים מְכַפְּרִין עַל הַטָּהוֹר שֶׁאָכַל אֶת הַטָּמֵא, וְשֶׁל רְגָלִים מְכַפְּרִין עַל שֶׁאֵין
בָּהּ יְדִיעָה לֹא בַתְּחִלָּה וְלֹא בַסּוֹף, וְשֶׁל יוֹם הַכִּפּוּרִים מְכַפֵּר עַל שֶׁאֵין בָּהּ
יְדִיעָה בַּתְּחִלָּה אֲבָל יֵשׁ בָּהּ יְדִיעָה בַסּוֹף. אָמְרוּ לוֹ, מַהוּ שֶׁיִּקְרְבוּ זֶה בָזֶה.
אָמַר לָהֶם, יִקְרָבוּ. אָמְרוּ לוֹ, הוֹאִיל וְאֵין כַּפָּרָתָן שָׁוָה, הֵיאַךְ קְרֵבִין זֶה בָזֶה.
אָמַר לָהֶן, כֻּלָּן בָּאִין לְכַפֵּר עַל טֻמְאַת מִקְדָּשׁ וְקָדָשָׁיו:

〔성전을 부정하게 만드는 행위를〕 처음이나 나중에 모두 알지 못하는 경우 명절에 〔추가로 바치는〕 염소들과 월초에 〔추가로 바치는〕 염소들이 용서한다는 것이 랍비 예후다의 주장이다. 랍비 쉼온은 말한다. "명절에 〔추가로 바치는〕 염소들은 용서하지만 월초에 〔추가로 바치는〕 염소들은 용서하지 않습니다." 그렇다면 월초에 〔추가로 바치는〕 염소들은 무엇을 용서하는가? 부정한 것을 〔실수로〕 먹은 정결한 자를 〔용서한다〕. 랍비 메이르 말한다. "〔추가로 바치는〕 염소들은 모두 용서하는 〔힘이〕 동일하며, 성전을 부정하게 만들거나 그 성물을 〔부정하게 한 죄를 용서합니다〕." 랍비 쉼온은 말한다. "월초에 〔추가로 바치는〕 염소들은 부정한 것을 〔실수로〕 먹은 정결한 자를 용서하고, 명절에 〔추가로 바치는 염소들은〕 처음이나 나중에 모두 알지 못하는 자를 용서하며, 속죄일에 〔추가로 바치는 염소들은〕 처음에는 알지 못했지만 나중에 알게 된 자를 용서합니다." 〔현자들〕이 그에게 물었다. "이것 대신 저것을 제물로 바친 경우는 어떻게 됩니까?" 그가 말했다. "그들이 〔그렇게〕 제물로 바쳐도 〔무방합니다〕." 〔현자들〕이 그에게 물었다. "그들이 만약 그 〔제물들이〕 용서하는 〔힘이〕 같지 않

다면 어떻게 이것 대신 저것을 제물로 바칠 수 있나요?" 그가 말했다. "〔속죄제물들은〕 모두 성전을 부정하게 만들거나 그 성물을 〔부정하게 한 죄를〕 용서하기 위해서 필요한 것입니다."

- 랍비 예후다는 명절과 월초에 추가로 바치는 속죄제물은 자신이 저지른 죄를 전혀 인식하지 못하는 사람을 용서한다고 주장한다. 랍비 쉼온은 명절에 바치는 속죄제물만 성전을 부정하게 만든 죄를 용서하고, 월초에 바치는 속죄제물은 실수로 부정한 음식을 먹은 정결한 사람을 용서한다고 주장한다. 랍비 메이르는 속죄제물은 모두 동일하다고 주장한다.
- 미쉬나 후반부에는 속죄제에 관한 랍비 쉼온의 가르침을 한 가지 더 첨가하는데, 아마도 후대 랍비들이 재구성한 내용으로 보인다. 랍비 쉼온은 세 가지 속죄제물이 세 가지 서로 다른 죄를 용서한다고 주장했을 법하고, 랍비들은 그 의견에 반대한다. 그러나 랍비 쉼온은 날짜가 달라도 성전을 부정하게 만든 죄를 용서한다는 사실은 공통적이라는 말로 대답한다.

1, 5

רַבִּי שִׁמְעוֹן בֶּן יְהוּדָה אוֹמֵר מִשְּׁמוֹ, שְׂעִירֵי רָאשֵׁי חֳדָשִׁים מְכַפְּרִין עַל טָהוֹר שֶׁאָכַל אֶת הַטָּמֵא. מוֹסִיף עֲלֵיהֶם שֶׁל רְגָלִים, שֶׁמְּכַפְּרִין עַל טָהוֹר שֶׁאָכַל אֶת הַטָּמֵא וְעַל שֶׁאֵין בָּהּ יְדִיעָה לֹא בַתְּחִלָּה וְלֹא בַסּוֹף. מוֹסִיף עֲלֵיהֶם שֶׁל יוֹם הַכִּפּוּרִים, שֶׁהֵן מְכַפְּרִין עַל הַטָּהוֹר שֶׁאָכַל אֶת הַטָּמֵא, וְעַל שֶׁאֵין בָּהּ יְדִיעָה לֹא בַתְּחִלָּה וְלֹא בַסּוֹף, וְעַל שֶׁאֵין בָּהּ יְדִיעָה בַתְּחִלָּה אֲבָל יֵשׁ בָּהּ יְדִיעָה בַסּוֹף. אָמְרוּ לוֹ, מַהוּ שֶׁיִּקְרְבוּ זֶה בָזֶה. אָמַר לָהֶם, הֵן. אָמְרוּ לוֹ, אִם כֵּן, יִהְיוּ שֶׁל יוֹם הַכִּפּוּרִים קְרֵבִין בְּרָאשֵׁי חֳדָשִׁים, אֲבָל הֵיאַךְ שֶׁל רָאשֵׁי חֳדָשִׁים קְרֵבִין בְּיוֹם הַכִּפּוּרִים לְכַפֵּר כַּפָּרָה שֶׁאֵינָהּ שֶׁלָּהּ. אָמַר לָהֶן, כֻּלָּן בָּאִין לְכַפֵּר עַל טֻמְאַת מִקְדָּשׁ וְקָדָשָׁיו:

랍비 쉼온 벤 예후다는 〔랍비 쉼온〕의 이름으로 말한다. “월초에 〔추가로 바친〕 염소들이 부정한 것을 〔실수로〕 먹은 정결한 자를 용서합니다.” 명절에 〔바친 염소들은 월초에 바친 염소들보다 용서하는 힘이〕 더하니, 그것들은 부정한 것을 〔실수로〕 먹은 정결한 자와 처음이나 나중에 〔자신의 죄를〕 알지 못하는 자를 용서한다. 속죄일에 〔바친 염소들은 월초나 명절에 바친 염소들보다 용서하는 힘이〕 더하니, 그것들은 부정한 것을 〔실수로〕 먹은 정결한 자와 처음이나 나중에 〔자신의 죄를〕 알지 못하는 자와 처음에는 알지 못했으나 나중에 알게 된 자를 용서한다. 그들이 이것 대신 저것을 제물로 바친 경우는 어떻게 되는지 그에게 물었다. 그는 〔그렇게 해도〕 좋다고 그들에게 말했다. 그들이 만약 그렇다면 속죄일에 〔바치기로 성별한 제물을〕 월초에 바칠 수도 있는데, 어떻게 월초에 〔바치기로 성별한 제물을〕 속죄일에 바치면서 자신의 것이 아닌 것을 용서하기를 바랄 수 있느냐고 그에게 물었다. 그는 〔속죄제물들은〕 모두 성전을 부정하게 만들거나 그 성물을 〔부정하게 한 죄를〕 용서하기 위해서 필요한 것이라고 그들에게 말했다.

- 다섯째 미쉬나는 넷째 미쉬나에서 시작한 토론을 이어가는데, 랍비 쉼온의 제자인 랍비 쉼온 벤 예후다가 스승의 가르침이라며 전하는 이야기다. 토론은 넷째 미쉬나 후반부와 거의 비슷한 논리로 진행되는데, 세 가지 속죄제물이 용서하는 죄가 다른 것이 아니라 그 제물들의 용서하는 힘이 다르다는 주장이 색다르다(넷째 미쉬나 참조).

1, 6

וְעַל זְדוֹן טֻמְאַת מִקְדָּשׁ וְקָדָשָׁיו, שָׂעִיר הַנַּעֲשֶׂה בִפְנִים וְיוֹם הַכִּפּוּרִים מְכַפְּרִין. וְעַל שְׁאָר עֲבֵרוֹת שֶׁבַּתּוֹרָה, הַקַּלּוֹת וְהַחֲמוּרוֹת, הַזְּדוֹנוֹת וְהַשְּׁגָגוֹת, הוֹדַע וְלֹא הוֹדַע, עֲשֵׂה וְלֹא תַעֲשֶׂה, כְּרֵתוֹת וּמִיתוֹת בֵּית דִּין, שָׂעִיר הַמִּשְׁתַּלֵּחַ מְכַפֵּר:

의도적으로 성전을 부정하게 만들고 그 성물을 〔부정하게 만든 죄에〕 관하여, 〔그 피를〕 안에서 뿌리는 염소와 속죄일 〔제물이 그 죄를〕 용서한다. 토라에 〔기록한〕 그 외 다른 불법행위에 관하여, 그것이 가볍거나 무겁거나, 의도적이거나 실수이거나, 〔속죄일 전에〕 알게 되었거나 알지 못했거나, '하라'는 〔계명〕이거나 '하지 말라'는 〔계명〕이거나, 〔처벌이〕 카렛 형이거나 법정에서 선고하는 사형이거나, 〔아자젤에게〕 보내는 염소가 용서한다.

- 성전을 부정하게 만드는 두 가지 행위를 의도적으로 행한 자는 대제사장이 잡아서 그 피를 지성소에서 뿌리는 염소와 속죄일 자체가 용서할 수 있다.
- 그 이외에 토라에서 불법행위로 규정한 범죄들은 속죄일에 아자젤에게 보내는 염소로 용서를 받는다(레 16:21-22).

1, 7

אֶחָד יִשְׂרְאֵלִים, וְאֶחָד כֹּהֲנִים, וְאֶחָד כֹּהֵן מָשׁוּחַ. מַה בֵּין יִשְׂרְאֵלִים לְכֹהֲנִים וּלְכֹהֵן מָשׁוּחַ, אֶלָּא שֶׁדַּם הַפָּר מְכַפֵּר עַל הַכֹּהֲנִים עַל טֻמְאַת מִקְדָּשׁ וְקָדָשָׁיו. רַבִּי שִׁמְעוֹן אוֹמֵר, כְּשֵׁם שֶׁדַּם הַשָּׂעִיר הַנַּעֲשֶׂה בִפְנִים מְכַפֵּר עַל יִשְׂרָאֵל, כָּךְ דַּם הַפָּר מְכַפֵּר עַל הַכֹּהֲנִים. כְּשֵׁם שֶׁוִּדּוּיוֹ שֶׁל שָׂעִיר הַמִּשְׁתַּלֵּחַ מְכַפֵּר עַל יִשְׂרָאֵל, כָּךְ וִדּוּיוֹ שֶׁל פָּר מְכַפֵּר עַל הַכֹּהֲנִים:

일반 이스라엘 사람이나 제사장들이나 기름을 부은 제사장은 모두 동일한 방법으로 〔용서를 받는다〕. 일반 이스라엘 사람과 제사장들과 기름을 부은 제사장 사이에 〔차이는〕 무엇인가? 황소의 피가 제사장들이 성전을 부정하게 만들거나 그 성물을 〔부정하게 만든 죄를〕 용서한다. 랍비 쉼온이 말한다. "〔그 피를 지성소〕 안쪽에서 뿌리는 염소가 일반 이스라엘 사람을 용서하는 것처럼 황소의 피가 제사장들을 용서합니다. 마치 〔아자젤에게〕 보내는 염소와 〔함께 드리는〕 고백이 일반 이스라엘 사람을 용서하는 것처럼 황소와 〔함께 드리는〕 고백이 제사장들을 용서합니다."

- 제1장에서 설명한 염소들이 속죄제물 역할을 한다는 것은 지위에 상관없이 모든 이스라엘 사람에게 적용된다. 일반 이스라엘 사람과 제사장들과 대제사장 사이에 존재하는 유일한 차이점은 속죄일에 바치는 황소 제물이 제사장들의 죄를 용서한다는 사실이다(레 16:11).
- 랍비 쉼온은 일곱째 미쉬나 전반부에 나온 설명에 반대하면서, 일반 이스라엘 사람들은 염소 제물의 피를 지성소에서 뿌릴 때 용서를 받기 때문에 제사장들도 황소 제물의 피를 통해서 용서를 받는 것이라고 주장한다(레 16:11).
- 남은 질문은 고백을 통해 용서받는 죄는 무엇인가 하는 것이다. 쉼온 랍비에 따르면 염소 제물을 드릴 때 고백을 하면 일반 이스라엘 사람이 모든 죄를 용서받는 것처럼, 제사장은 황소 제물을 드리며 고백을 하고 모든 죄를 용서받는다고 한다.

제2장

부정한 상태로 성전에 들어가 성물을 먹은 경우를 다룬다.

2, 1

יְדִיעוֹת הַטֻּמְאָה שְׁתַּיִם שֶׁהֵן אַרְבַּע. נִטְמָא וְיָדַע וְנֶעֶלְמָה מִמֶּנּוּ הַטֻּמְאָה וְזָכוּר אֶת הַקֹּדֶשׁ, נֶעְלַם מִמֶּנּוּ הַקֹּדֶשׁ וְזָכוּר אֶת הַטֻּמְאָה, נֶעֶלְמוּ מִמֶּנּוּ זֶה וָזֶה וְאָכַל אֶת הַקֹּדֶשׁ וְלֹא יָדַע, וּמִשֶּׁאָכַל יָדַע, הֲרֵי זֶה בְעוֹלֶה וְיוֹרֵד. נִטְמָא וְיָדַע וְנֶעֶלְמָה מִמֶּנּוּ טֻמְאָה וְזָכוּר אֶת הַמִּקְדָּשׁ, נֶעְלַם מִמֶּנּוּ מִקְדָּשׁ וְזָכוּר אֶת הַטֻּמְאָה, נֶעֶלְמוּ מִמֶּנּוּ זֶה וָזֶה וְנִכְנַס לַמִּקְדָּשׁ וְלֹא יָדַע, וּמִשֶּׁיָּצָא יָדַע, הֲרֵי זֶה בְעוֹלֶה וְיוֹרֵד:

부정을 인식하는 〔경우가〕 둘인데 〔실제로는〕 네 가지다. 부정해진 사람이 〔자신이 부정한 상태임을〕 인식했지만 〔후에〕 그가 부정한 상태라는 것을 잊어버리고 성물을 〔먹었다는 사실을〕 기억한 경우, 성물인지는 몰랐지만 부정한 상태라는 것을 기억한 경우, 이 경우인지 저 경우인지 모르고 성물을 먹은 사람이 자신이 〔부정한 상태인지〕 모른 경우, 성물을 먹은 후에 〔자신이 부정한 상태였다는 사실을〕 알게 된 경우, 그는 차등으로 〔속죄제물을 바쳐야 한다〕. 〔성전에 들어가는 경우도 마찬가지다〕. 부정해진 사람이 〔자신이 부정한 상태임을〕 인식했지만 〔후에〕 그가 부정한 상태라는 것을 잊어버리고 성전에 〔들어갔다는 사실을〕 기억한 경우, 그가 성전에 〔들어가고 있다는 것을〕 인식하지 못했으나 부정한 상태라는 것을 기억한 경우, 이 경우인지 저 경우인지 인식하지 못한 채 성전에 들어갔으나 〔그가 부정한 상태임을〕 기억하게 된 경우, 〔성전에서〕 나온 후에 〔자신이 부정한 상태였다는 사실을〕 알게 된 경우, 그는 차등으로 〔속죄제물을 바쳐야 한다〕.

- 자신이 부정한 상태라는 것을 알든지 모르든지, 그리고 성물인지를 알고 먹었는지 모르고 먹었든지 이 네 가지 경우에 속죄제물을 바쳐야 한다.
- 성전에 들어간 경우에도 마찬가지로 적용된다.

2, 2

אֶחָד הַנִּכְנָס לָעֲזָרָה וְאֶחָד הַנִּכְנָס לְתוֹסֶפֶת הָעֲזָרָה, שֶׁאֵין מוֹסִיפִין עַל הָעִיר וְעַל הָעֲזָרוֹת אֶלָּא בְמֶלֶךְ וְנָבִיא וְאוּרִים וְתֻמִּים וּבְסַנְהֶדְרִין שֶׁל שִׁבְעִים וְאֶחָד וּבִשְׁתֵּי תוֹדוֹת וּבְשִׁיר. וּבֵית דִּין מְהַלְּכִין וּשְׁתֵּי תוֹדוֹת אַחֲרֵיהֶם, וְכָל יִשְׂרָאֵל אַחֲרֵיהֶם. הַפְּנִימִית נֶאֱכֶלֶת וְהַחִיצוֹנָה נִשְׂרֶפֶת. וְכֹל שֶׁלֹּא נַעֲשָׂה בְכָל אֵלּוּ, הַנִּכְנָס לְשָׁם אֵין חַיָּבִין עָלֶיהָ:

[부정한 상태로] 성전 뜰에 들어간 경우나 성전 뜰에 추가된 지역에 들어간 경우 [동일하게 적용된다]. [왜냐하면 예루살렘] 성이나 성전 뜰은 왕, 선지자, 우림과 투밈 그리고 71인의 산헤드린 재판관들, 두 가지 감사 제물과 노래 없이는 [새로운 공간이] 추가될 수 있기 때문이다. 그리고 [산헤드린] 법정이 걸어가며, 두 가지 감사 제물이 그 뒤에 [따르며], 모든 이스라엘이 그들 뒤를 [따른다]. 안에 있는 [제물]은 먹고, 밖에 있는 [제물]은 태워진다. 이 모든 것으로 이루어지지 않은 곳으로 들어갔을 때에는 [속죄제의] 의무가 없다.

- 성전 뜰이나 그에 딸린 곳에 들어갈 때에도 동일하게 적용된다. 다만, 공식적인 의례를 통해 포함된 성전 뜰이 아닌 경우에는 속죄제를 드리지 않아도 된다.

2, 3

נִטְמָא בָעֲזָרָה וְנֶעֶלְמָה מִמֶּנּוּ טֻמְאָה וְזָכוּר אֶת הַמִּקְדָּשׁ, נֶעְלַם מִמֶּנּוּ מִקְדָּשׁ וְזָכוּר לַטֻּמְאָה, נֶעְלַם מִמֶּנּוּ זֶה וָזֶה, וְהִשְׁתַּחֲוָה אוֹ שֶׁשָּׁהָה בִכְדֵי הִשְׁתַּחֲוָאָה, בָּא לוֹ בָאֲרֻכָּה, חַיָּב. בַּקְּצָרָה, פָּטוּר. זוֹ הִיא מִצְוַת עֲשֵׂה שֶׁבַּמִּקְדָּשׁ, שֶׁאֵין חַיָּבִין עָלֶיהָ:

성전 뜰에서 부정해진 사람이 그가 부정한 상태를 망각했는데 그가 성전에 있다는 것을 인지한 경우, 그가 성전에 있다는 사실은 망각했는데 부정한 상태를 기억한 경우, 이 경우나 저 경우 모두 망각한 경우, 그 자신이 엎드렸거나 그 자신이 엎드리려고 기다리는 경우에 먼 길로 간 경우라면, 그는 〔속죄제의〕 책임이 있다. 하지만 가까운 길로 〔간〕 경우라면, 그는 〔속죄제의〕 책임이 없다. 이것은 성전과 관련된 긍정명령으로 〔법정은 속죄제의〕 책임이 없다.

- 부정한 상태임을 인식한 후에는 가장 짧은 길을 통해서 성전 밖으로 나가야 한다. 만약, 긴 길을 통해서 간 사람은 속죄제를 바쳐야 한다.
- 법정이 잘못해서 긴 길로 가라고 명령한 경우에도 법정은 속죄제의 책임이 없다. 성전과 관련해서 법정이 속죄제의 책임이 없다는 것은 「호라욧」 2, 4에서도 발견된다.

2, 4

וְאֵיזוֹ הִיא מִצְוַת עֲשֵׂה שֶׁבַּנִּדָּה שֶׁחַיָּבִין עָלֶיהָ, הָיָה מְשַׁמֵּשׁ עִם הַטְּהוֹרָה וְאָמְרָה לוֹ נִטְמֵאתִי, וּפֵרַשׁ מִיָּד, חַיָּב, מִפְּנֵי שֶׁיְּצִיאָתוֹ הֲנָאָה לוֹ כְּבִיאָתוֹ:

월경에 관하여 〔속죄제의〕 책임을 지게 되는 긍정명령은 무엇인가? 〔만약〕 어떤 남자가 〔월경 기간이 아닐 때〕 정결한 상태에서 〔어떤〕 여자와 성관계를 가졌는데 그녀가 그에게 "나는 부정하게 되었다"라고 말하고 그가 즉시 물러났어도, 그는 〔그래도〕 책임이 있다.

그가 물러났어도 즐거웠기 때문이다.

• 랍비들은 처음에는 정결한 상태였지만, 성관계 중간에 월경이 시작된 경우라도 속죄제를 드려야 한다고 해석한다(레 20:18).

2, 5

רַבִּי אֱלִיעֶזֶר אוֹמֵר, הַשֶּׁרֶץ וְגוֹ' וְנֶעְלַם מִמֶּנּוּ (ויקרא ה), עַל הֶעְלֵם שֶׁרֶץ חַיָּב, וְאֵינוֹ חַיָּב עַל הֶעְלֵם מִקְדָּשׁ. רַבִּי עֲקִיבָא אוֹמֵר, וְנֶעְלַם מִמֶּנּוּ וְהוּא טָמֵא (שם), עַל הֶעְלֵם טֻמְאָה חַיָּב, וְאֵינוֹ חַיָּב עַל הֶעְלֵם מִקְדָּשׁ. רַבִּי יִשְׁמָעֵאל אוֹמֵר, וְנֶעְלַם וְנֶעְלַם שְׁתֵּי פְעָמִים, לְחַיֵּב עַל הֶעְלֵם טֻמְאָה וְעַל הֶעְלֵם מִקְדָּשׁ:

랍비 엘리에제르는 말한다. "〔성경은〕 "부정한 기어다니는 것의 〔사체를 만진 경우〕"를 〔말하고 있습니다〕. 그가 망각했다면, 부정한 기어다니는 것에 대하여 〔속죄제의〕 책임이 있습니다. 그러나 그가 성전에 〔있다는 사실을〕 망각했다면, 그는 책임이 없습니다." 랍비 아키바는 말한다. "〔성경은〕 '그가 부정하다는 사실을 망각한 경우'를 〔말하고 있습니다〕. 그의 부정을 망각했다면, 그는 책임이 있습니다. 그러나 성전에 〔있다는 사실을〕 망각했다면, 그는 책임이 없습니다." 랍비 이쉬마엘은 말한다. "〔성경은〕 '그가 망각했다면 망각했다면' 〔두 번 말하고 있습니다〕. 이것은 부정을 망각한 것과 성전을 망각한 것에 책임을 지우기 위함입니다."

제3장

맹세의 종류와 맹세를 위반했을 경우의 징벌을 다룬다.

3, 1

שְׁבוּעוֹת שְׁתַּיִם שֶׁהֵן אַרְבַּע, שְׁבוּעָה שֶׁאֹכַל וְשֶׁלֹּא אֹכַל, שֶׁאָכַלְתִּי וְשֶׁלֹּא אָכַלְתִּי. שְׁבוּעָה שֶׁלֹּא אֹכַל וְאָכַל כָּל שֶׁהוּא, חַיָּב, דִּבְרֵי רַבִּי עֲקִיבָא. אָמְרוּ לוֹ לְרַבִּי עֲקִיבָא, הֵיכָן מָצִינוּ בְּאוֹכֵל כָּל שֶׁהוּא שֶׁהוּא חַיָּב, שֶׁזֶּה חַיָּב. אָמַר לָהֶן רַבִּי עֲקִיבָא, וְכִי הֵיכָן מָצִינוּ בִּמְדַבֵּר וּמֵבִיא קָרְבָּן, שֶׁזֶּה מְדַבֵּר וּמֵבִיא קָרְבָּן. שְׁבוּעָה שֶׁלֹּא אֹכַל וְאָכַל וְשָׁתָה, אֵינוֹ חַיָּב אֶלָּא אַחַת. שְׁבוּעָה שֶׁלֹּא אֹכַל וְשֶׁלֹּא אֶשְׁתֶּה וְאָכַל וְשָׁתָה, חַיָּב שְׁתָּיִם:

맹세는 두 가지인데, 곧 네 가지다. 〔즉〕 "맹세컨대, 나는 먹겠습니다." "〔맹세컨대〕, 나는 먹지 않겠습니다." "〔맹세컨대〕, 나는 먹었습니다." "〔맹세컨대, 나는 먹지 않았습니다." "〔만약 그가〕 '맹세컨대, 나는 먹지 않겠습니다'〔라고 말했는데〕, 그가 조금이라도 먹었다면 그는 〔속죄제의〕 책임이 있습니다." 랍비 아키바의 말이다. 〔랍비들〕은 랍비 아키바에게 말했다. 그러나 〔속죄제의〕 책임이 있는 음식을 조금이라도 먹은 사람에게 책임이 있다는 근거를 우리는 어디에서 찾을 수 있습니까?" 랍비 아키바가 그들에게 대답했다. "말로 인해 희생제물을 가져오는 경우를 어디에서 찾을 수 있습니까? 이 〔맹세〕는 말로 인해 희생제물을 가져옵니다." 〔만약 어떤 사람이〕 "맹세컨대, 나는 먹지 않겠습니다"〔라고 말했는데〕, 그가 먹고 마셨다면 한 가지만 책임이 있다. 그러나 〔만약 그가〕 "맹세컨대, 나는 먹지 않고 마시지 않겠습니다"〔라고 말했는데〕, 그가 먹고 마셨다면 그는 두 가지 〔모두〕 책임이 있다.

- 랍비 아키바는 맹세의 경우는 조금이라도 먹었다면 속죄제의 책임이 있다는 입장이다. 하지만 랍비들은 다른 법들에서는 일정량 이상을 먹었을 때 속죄제의 책임이 있는 것을 근거로 반대한다. 그러자 랍비 아키바는 다른 법들은 행동을 범했을 때 책임이 있지만 맹세는 말만으로 책임을 지는 경우로 다른 법들보다 훨씬 엄격하게 적용되어야 한다고 주장한다.

3, 2

שְׁבוּעָה שֶׁלֹּא אֹכַל, וְאָכַל פַּת חִטִּין וּפַת שְׂעֹרִין וּפַת כֻּסְּמִין, אֵינוֹ חַיָּב אֶלָּא אַחַת. שְׁבוּעָה שֶׁלֹּא אֹכַל פַּת חִטִּין וּפַת שְׂעֹרִין וּפַת כֻּסְּמִין, וְאָכַל, חַיָּב עַל כָּל אַחַת וְאֶחָת:

〔만일 어떤 사람이〕 "맹세컨대, 나는 먹지 않겠습니다"〔라고 말했는데〕, 그가 밀빵과 보리빵과 소맥빵을 먹었다면 그는 한 가지에 대하여 책임이 있다. 〔그러나 만약 그가〕 "맹세컨대, 나는 밀빵이나 보리빵이나 소맥빵을 먹지 않겠습니다"〔라고 말했는데〕, 그가 모두 먹었다면 그 각각의 경우에 대하여 책임이 있다.

- 특정 음식을 구체적으로 언급하면서 먹지 않겠다고 맹세한 경우는 음식 숫자만큼 맹세한 것으로 간주한다. 따라서 각각의 경우에 대하여 속죄제를 드려야 한다.

3, 3

שְׁבוּעָה שֶׁלֹּא אֶשְׁתֶּה וְשָׁתָה מַשְׁקִין הַרְבֵּה, אֵינוֹ חַיָּב אֶלָּא אַחַת. שְׁבוּעָה שֶׁלֹּא אֶשְׁתֶּה יַיִן וְשֶׁמֶן וּדְבַשׁ וְשָׁתָה, חַיָּב עַל כָּל אַחַת וְאֶחָת:

〔만약 그가〕 "맹세컨대, 나는 마시지 않겠습니다"〔라고 말했는데〕, 그가 많은 종류의 음료를 마셨다면 그는 단지 하나의 〔속죄제의〕 책

임이 있다. 〔만약 그가〕 "맹세컨대, 나는 포도주나, 기름이나, 꿀을 마시지 않겠습니다"〔라고 말했는데〕, 그 모든 것을 마셨다면 그는 그 각각의 경우에 책임이 있다.

- 마시는 음료를 구체적으로 열거하고 맹세했다면 마찬가지로 각각의 경우에 속죄제의 책임이 있다.

3, 4

שְׁבוּעָה שֶׁלֹּא אֹכַל, וְאָכַל אֳכָלִים שֶׁאֵינָן רְאוּיִין לַאֲכִילָה וְשָׁתָה מַשְׁקִין שֶׁאֵינָן רְאוּיִין לִשְׁתִיָּה, פָּטוּר. שְׁבוּעָה שֶׁלֹּא אֹכַל, וְאָכַל נְבֵלוֹת וּטְרֵפוֹת שְׁקָצִים וּרְמָשִׂים, חַיָּב. רַבִּי שִׁמְעוֹן פּוֹטֵר. אָמַר, קוֹנָם אִשְׁתִּי נֶהֱנֵית לִי אִם אָכַלְתִּי הַיּוֹם, וְהוּא אָכַל נְבֵלוֹת וּטְרֵפוֹת שְׁקָצִים וּרְמָשִׂים, הֲרֵי אִשְׁתּוֹ אֲסוּרָה:

〔만약 어떤 사람이〕 "맹세컨대, 나는 먹지 않겠습니다"〔라고 말했는데〕, 먹기 부적합한 음식을 먹었거나 마시기 부적합한 음료를 마셨다면 그는 책임이 없다. 〔만약 어떤 사람이〕 "맹세컨대, 나는 먹지 않겠습니다"〔라고 말했는데〕, 그가 동물의 사체, 찢긴 동물, 가증스러운 동물이나, 또는 기는 동물을 먹었다면 그는 책임이 있다. 〔그러나〕 랍비 쉼온은 〔그를〕 면책한다. 〔만약 어떤 사람이〕 "만약 내가 오늘 먹는다면 나의 아내가 나를 즐기는 것은 '금지!'입니다"라고 말했는데, 그가 동물 사체나, 찢긴 동물이나, 가증스러운 동물이나, 또는 기는 동물을 먹었다면, 그의 아내는 〔그를 즐기는 것이〕 금지된다.

- 동물의 사체(신 14:21), 찢긴 것(출 22:31), 혐오스러운 것(레 11:11, 20:25), 기는 것(11:29, 43)을 먹는 것은 금지된다. 비슷한 내용을 『나쉼』「네다림」 2, 1에서 말하고 있다.
- '금지'로 번역된 히브리어는 '코남'(קונם)이다. '코남'이라는 단어

는 '코르반(희생제물)'의 대용어다. 맹세의 상황에서 '-이 나에게 코남입니다'라는 말은 '-은 희생제물처럼 금지됩니다"라는 의미다 (『나쉼』「네다림」1, 1-2).

3, 5

אֶחָד דְּבָרִים שֶׁל עַצְמוֹ, וְאֶחָד דְּבָרִים שֶׁל אֲחֵרִים, וְאֶחָד דְּבָרִים שֶׁיֵּשׁ בָּהֶן מַמָּשׁ, וְאֶחָד דְּבָרִים שֶׁאֵין בָּהֶם מַמָּשׁ. כֵּיצַד. אָמַר, שְׁבוּעָה שֶׁאֶתֵּן לְאִישׁ פְּלוֹנִי וְשֶׁלֹּא אֶתֵּן, שֶׁנָּתַתִּי וְשֶׁלֹּא נָתַתִּי, שֶׁאִישַׁן וְשֶׁלֹּא אִישַׁן, שֶׁיָּשַׁנְתִּי וְשֶׁלֹּא יָשַׁנְתִּי, שֶׁאֶזְרֹק צְרוֹר לַיָּם וְשֶׁלֹּא אֶזְרֹק, שֶׁזָּרַקְתִּי וְשֶׁלֹּא זָרַקְתִּי. רַבִּי יִשְׁמָעֵאל אוֹמֵר, אֵינוֹ חַיָּב אֶלָּא עַל הֶעָתִיד לָבֹא, שֶׁנֶּאֱמַר (ויקרא ה) לְהָרַע אוֹ לְהֵיטִיב. אָמַר לוֹ רַבִּי עֲקִיבָא, אִם כֵּן אֵין לִי אֶלָּא דְבָרִים שֶׁיֵּשׁ בָּהֶן הֲרָעָה וַהֲטָבָה, דְּבָרִים שֶׁאֵין בָּהֶן הֲרָעָה וַהֲטָבָה מִנַּיִן. אָמַר לוֹ, מֵרִבּוּי הַכָּתוּב. אָמַר לוֹ, אִם רִבָּה הַכָּתוּב לְכָךְ, רִבָּה הַכָּתוּב לְכָךְ:

〔맹세는〕 자신에게 속한 물건이든, 다른 사람에게 속한 물건이든 〔모두 적용된다〕. 그 안에 물건이 실제로 있든지, 그 안에 물건이 실제로 없든지 〔모두 적용된다〕. 어떻게 그러한가? 〔만약〕 그가 "내가 아무개에게 줄 것이라고 맹세했든지, 또는 주지 않을 것이라고 맹세했든지, 또는 내가 주었다고 맹세했든지, 또는 내가 주지 않았다고 맹세했든지, 또는 내가 잘 것이라고 맹세했든지, 내가 자지 않을 것이라고 맹세했든지, 또는 내가 잤다고 맹세했든지, 자지 않았다고 맹세했든지, 또는 나는 조약돌을 바다에 던질 것이라고 맹세했든지, 내가 〔그것을 바다에〕 던지지 않겠다고 맹세했든지, 또는 내가 던졌다고 맹세했든지, 내가 〔그것을 바다에〕 던지지 않았다고 맹세했든지" 〔모두 적용된다〕. 랍비 이쉬마엘은 말한다. "그는 오직 미래에 〔대하여 맹세한 경우에만〕 책임이 있습니다. 〔성경에〕 기록되었듯이, "〔입술로 맹세하여〕 악한 일이든지 선한 일이든지 〔하리라〕"(레 5:4)." 랍비 아키바가 그에게 말했다. "만약 그렇다면 〔맹세에는〕 악한 일이나 선한 일만

〔포함되는데〕, 악한 일이나 선한 일이라는 것이 포함되지 않는 일은 우리가 어떻게 알겠습니까?" 〔랍비 이쉬마엘〕이 그에게 말했다. "〔그 구절의 의미를〕 확대하여 〔알 수 있습니다〕." 〔랍비 아키바〕가 그에게 말했다. "〔만약 확대하여 알 수 있다면〕, 〔맹세가 과거에도 포함된다는 것을 〔확대하여 알 수 있습니다〕."

- 랍비 이쉬마엘은 미래와 관련되어서만 맹세할 수 있다는 입장이고, 랍비 아키바는 과거의 일도 맹세할 수 있다는 입장이다.
- 레위기 5:4 전반절을 문자적으로 이해하면 선과 악에 속한 것만 맹세할 수 있게 된다. 랍비 이쉬마엘은 후반절을 확대 적용하면 선악에 속하지 않는 다른 것들도 맹세할 수 있다고 주장한다. 랍비 아키바는 그런 식으로 확대 적용할 수 있다면, 과거의 일도 맹세할 수 있다고 주장한다.

3, 6

נִשְׁבַּע לְבַטֵּל אֶת הַמִּצְוָה וְלֹא בִטֵּל, פָּטוּר. לְקַיֵּם וְלֹא קִיֵּם, פָּטוּר. שֶׁהָיָה בַדִּין, שֶׁיְּהֵא חַיָּב, כְּדִבְרֵי רַבִּי יְהוּדָה בֶּן בְּתֵירָא. אָמַר רַבִּי יְהוּדָה בֶּן בְּתֵירָא, מָה אִם הָרְשׁוּת שֶׁאֵינוֹ מֻשְׁבָּע עָלֶיהָ מֵהַר סִינַי, הֲרֵי הוּא חַיָּב עָלֶיהָ, מִצְוָה שֶׁהוּא מֻשְׁבָּע עָלֶיהָ מֵהַר סִינַי, אֵינוֹ דִין שֶׁיְּהֵא חַיָּב עָלֶיהָ. אָמְרוּ לוֹ, לֹא, אִם אָמַרְתָּ בִשְׁבוּעַת הָרְשׁוּת, שֶׁכֵּן עָשָׂה בָהּ לָאו כְּהֵן, תֹּאמַר בִּשְׁבוּעַת מִצְוָה שֶׁלֹּא עָשָׂה בָהּ לָאו כְּהֵן, שֶׁאִם נִשְׁבַּע לְבַטֵּל וְלֹא בִטֵּל, פָּטוּר:

〔만약 어떤 사람이〕 계명을 취소하겠다고 맹세했으나 취소하지 않았다면, 그는 책임이 없다. 〔만약 어떤 사람이〕 계명을 지키겠다고 〔맹세했으나〕 지키지 않았다면, 그는 책임이 없다. 랍비 예후다 벤 베테라의 진술에 따르면, 〔속죄제의〕 책임이 있다고 주장하는 것이 적절하다. 랍비 예후다 벤 베테라는 말했다. "만약 시내산에서 요구된

것이 아닌 선택적인 문제에 관한 〔맹세한 것에 대하여〕, 그는 책임이 있는데, 〔하물며〕 시내산에서 요구된 계명에 관한 〔맹세라면〕 당연히 책임이 있습니다!" 〔랍비들〕이 그에게 말했다. "그렇지 않습니다! 만약 선택적인 문제에 대하여 맹세한 것에 〔책임이 있다〕고 말한다면, 그것은 〔성경이〕 부정적인 〔명령과〕 긍정적인 〔명령을〕 같게 만들었기 때문입니다. 그런데 〔성경이〕 부정적인 〔명령을〕 긍정적인 〔명령을〕 같게 만들지 않았는데 당신은 어떻게 명령을 〔지키겠다고〕 맹세한 경우에 대하여 〔그가 책임이 있다고〕 말할 수 있습니까? 왜냐하면 그가 〔명령을〕 취소하겠다고 맹세한 경우에는 그것을 취소하지 않았더라도 그는 면책되기 때문입니다."

- 랍비 예후다 벤 베테라는 가벼운(קל, 칼) 문제에 적용된다면 무거운(חמר, 호메르) 문제에는 당연히 적용된다는 '칼 바호메르'(Kal Vachomer)라는 경중 논법을 적용하여 주장하고 있다.
- 하지만 랍비들은 두 경우가 전혀 다르다고 말한다. 선택의 문제는 맹세가 긍정적이든지 부정적이든지 유효하다. 하지만 명령의 경우에는 긍정적으로 맹세하는 경우와 부정적으로 맹세하는 경우가 다르기 때문이다.

3, 7

שְׁבוּעָה שֶׁלֹּא אֹכַל כִּכָּר זוֹ, שְׁבוּעָה שֶׁלֹּא אֲכָלֶנָּה, שְׁבוּעָה שֶׁלֹּא אֲכָלֶנָּה, וַאֲכָלָהּ, אֵינוֹ חַיָּב אֶלָּא אַחַת. זוֹ הִיא שְׁבוּעַת בִּטּוּי, שֶׁחַיָּבִין עַל זְדוֹנָהּ מַכּוֹת וְעַל שִׁגְגָתָהּ קָרְבָּן עוֹלֶה וְיוֹרֵד. שְׁבוּעַת שָׁוְא, חַיָּבִין עַל זְדוֹנָהּ מַכּוֹת וְעַל שִׁגְגָתָהּ פָּטוּר:

〔만약 어떤 사람이〕 "맹세컨대, 나는 이 〔빵〕 덩어리를 먹지 않겠습니다. 맹세컨대, 나는 그것을 먹지 않겠습니다. 맹세컨대, 나는 그것

을 먹지 않겠습니다." 〔세 번 맹세했는데〕, 그가 그것을 먹었다면, 그는 첫 번째 〔맹세〕에만 책임이 있다. 이것은 선언된 맹세로서, 고의로 범했다면 태형이며, 실수로 범했다면 그는 차등 있는 희생제물을 〔바쳐야 한다〕. 헛된 맹세는 고의로 범했다면 태형이며, 실수로 범했다면 책임이 없다.

- 이 미쉬나는 일반적인 맹세인 '선언된 맹세'와 지켜서는 안 되는 '헛된 맹세'를 구별하고 있다.
- '차등 있는 희생제물'은 사회적 신분이나 행위의 경중에 따라 다른 희생제물을 '차등으로'(앞 미쉬나 1, 2) 바치는 것을 말한다.

3, 8

אֵיזוֹ הִיא שְׁבוּעַת שָׁוְא, נִשְׁבַּע לְשַׁנּוֹת אֶת הַיָּדוּעַ לָאָדָם, אָמַר עַל הָעַמּוּד שֶׁל אֶבֶן שֶׁהוּא שֶׁל זָהָב, וְעַל הָאִישׁ שֶׁהוּא אִשָּׁה, וְעַל הָאִשָּׁה שֶׁהִיא אִישׁ. נִשְׁבַּע עַל דָּבָר שֶׁאִי אֶפְשָׁר, אִם לֹא רָאִיתִי גָמָל שֶׁפּוֹרֵחַ בָּאֲוִיר, וְאִם לֹא רָאִיתִי נָחָשׁ כְּקוֹרַת בֵּית הַבַּד. אָמַר לְעֵדִים בֹּאוּ וַהֲעִידוּנִי, שְׁבוּעָה שֶׁלֹּא נְעִידְךָ. נִשְׁבַּע לְבַטֵּל אֶת הַמִּצְוָה, שֶׁלֹּא לַעֲשׂוֹת סֻכָּה, וְשֶׁלֹּא לִטֹּל לוּלָב, וְשֶׁלֹּא לְהָנִיחַ תְּפִלִּין, זוֹ הִיא שְׁבוּעַת שָׁוְא, שֶׁחַיָּבִין עַל זְדוֹנָהּ מַכּוֹת וְעַל שִׁגְגָתָהּ פָּטוּר:

헛된 맹세란 무엇인가? 모든 사람들에게 진리로 알려진 것을 부정하는 맹세다. 〔예를 들어〕 돌기둥을 금기둥이라고 맹세한다거나, 남자를 여자라고 맹세한다거나, 여자를 남자라고 맹세하는 것이다. 불가능한 일에 대해 맹세하는 것도 〔헛된 맹세다〕. 〔예를 들어〕 "만약 내가 공중을 나는 낙타를 보지 못했다면", "만약 내가 올리브 압착기의 기둥처럼 큰 뱀을 보지 않았다면"이라고 맹세하는 경우다. 어떤 사람이 증인들에게 "와서 나를 위하여 증언해주시오"라고 말했을 때, "맹세컨대, 우리는 당신을 위해 증언하지 않겠습니다"라고 말했으면 〔헛

된 맹세다]. 계명에 반하여 맹세하면 [헛된 맹세다]. "[맹세컨대], [초막절에] 초막을 짓지 않겠습니다. [맹세컨대], 룰라브를 들지 않겠습니다. [맹세컨대], 테필린을 착용하지 않겠습니다." 이러한 헛된 맹세를 고의로 범했다면 태형이며, 실수로 범했다면 책임이 없다.

- 명백한 사실과 다르게 맹세하거나 율법의 명령에 반하게 맹세한 경우 '헛된 맹세'다. 맹세할 때 관행적으로 하나님의 이름을 거론하는데, 하나님의 이름을 '헛되이' 부르는 것은 십계명에 금지되어 있다. '헛되이'라는 히브리어도 출애굽기 20:7에서 차용했다.

3, 9

שְׁבוּעָה שֶׁאֹכַל כִּכָּר זוֹ, שְׁבוּעָה שֶׁלֹּא אֹכֲלֶנָּה, הָרִאשׁוֹנָה שְׁבוּעַת בִּטּוּי
וְהַשְּׁנִיָּה שְׁבוּעַת שָׁוְא. אֲכָלָהּ, עָבַר עַל שְׁבוּעַת שָׁוְא. לֹא אֲכָלָהּ, עָבַר עַל
שְׁבוּעַת בִּטּוּי:

"맹세컨대, 나는 이 빵 덩어리를 먹겠습니다." "맹세컨대, 나는 그것을 먹지 않겠습니다." 첫 번째는 선언된 맹세이며, 두 번째는 헛된 맹세다. 만일 그가 그것을 먹었다면 그는 헛된 맹세를 범한 것이며, 만일 그가 먹지 않았다면 선언된 맹세를 위반한 것이다.

- 첫 번째 맹세, 즉 일반적인(선언된) 맹세는 율법처럼 지켜져야 한다. 그런데 두 번째 맹세는 첫 번째 맹세를 어기겠다는 정반대 내용이기 때문에, 율법에 반하는 맹세처럼 '헛된 맹세'이다.

3, 10

שְׁבוּעַת בִּטּוּי נוֹהֶגֶת בַּאֲנָשִׁים וּבְנָשִׁים, בִּרְחוֹקִים וּבִקְרוֹבִים, בִּכְשֵׁרִים
וּבִפְסוּלִין, בִּפְנֵי בֵית דִּין וְשֶׁלֹּא בִפְנֵי בֵית דִּין, מִפִּי עַצְמוֹ. וְחַיָּבִין עַל זְדוֹנָהּ

מַכּוֹת וְעַל שִׁגְגָתָהּ קָרְבָּן עוֹלֶה וְיוֹרֵד:

선언된 맹세는 남자나 여자, 친족이나 비(非)친족, 〔맹세할〕 자격이 있는 자나 자격이 없는 자, 법정 안에서나 법정 밖에서나 〔모두〕 적용되는데, 〔단〕 그 자신의 입으로 〔맹세한 경우다〕. 고의로 범했다면 태형이며, 실수로 범했다면 차등 있는 희생제물을 〔바쳐야 한다〕.

- 일반적인(선언된) 맹세의 대상은 누구에게나 적용된다.

3, 11

שְׁבוּעַת שָׁוְא נוֹהֶגֶת בַּאֲנָשִׁים וּבְנָשִׁים, בִּרְחוֹקִים וּבִקְרוֹבִים, בִּכְשֵׁרִים וּבִפְסוּלִים, בִּפְנֵי בֵית דִּין וְשֶׁלֹּא בִפְנֵי בֵית דִּין, וּמִפִּי עַצְמוֹ. וְחַיָּבִין עַל זְדוֹנָהּ מַכּוֹת וְעַל שִׁגְגָתָהּ פָּטוּר. אַחַת זוֹ, וְאַחַת זוֹ, הַמֻּשְׁבָּע מִפִּי אֲחֵרִים, חַיָּב. כֵּיצַד. אָמַר, לֹא אָכַלְתִּי הַיּוֹם וְלֹא הִנַּחְתִּי תְפִלִּין הַיּוֹם, מַשְׁבִּיעֲךָ אֲנִי, וְאָמַר אָמֵן, חַיָּב:

헛된 맹세는 남자나 여자, 친족이나 비친족, 〔맹세할〕 자격이 있는 자나 자격이 없는 자, 법정 안에서나 법정 밖에서나 〔모두〕 적용되는데, 〔단〕 그 자신의 입으로 〔맹세한 경우다〕. 고의로 범했다면 태형이며, 실수로 범했다면 그는 책임이 없다. 이 경우든지 저 경우든지, 다른 사람의 입으로 맹세했다면 〔속죄제의〕 책임이 있다. 어떻게 그러한가? 〔어떤 사람이〕 "나는 오늘 먹지 않았습니다." 또는 "나는 오늘 테필린을 착용하지 않았습니다"라고 말하고, 〔다른 사람이〕 "나는 당신이 맹세하기를 요구합니다"라고 말하고, 〔그가〕 "아멘!"이라고 말했으면, 그는 책임이 있다.

- '아멘'이라고 대답했다면 맹세한 것과 다름없다. 따라서 그의 맹세가 거짓인 경우라면 속죄제의 책임이 있다.

제4장

법정에서 이루어지는 증언 맹세에 대하여 말한다.

4, 1

שְׁבוּעַת הָעֵדוּת נוֹהֶגֶת בַּאֲנָשִׁים וְלֹא בְנָשִׁים, בִּרְחוֹקִין וְלֹא בִקְרוֹבִין,
בִּכְשֵׁרִים וְלֹא בִפְסוּלִין. וְאֵינָהּ נוֹהֶגֶת אֶלָּא בָרְאוּיִין לְהָעִיד, בִּפְנֵי בֵית דִּין
וְשֶׁלֹּא בִפְנֵי בֵית דִּין, מִפִּי עַצְמוֹ, וּמִפִּי אֲחֵרִים, אֵין חַיָּבִין עַד שֶׁיִּכְפְּרוּ בָהֶן
בְּבֵית דִּין, דִּבְרֵי רַבִּי מֵאִיר. וַחֲכָמִים אוֹמְרִים, בֵּין מִפִּי עַצְמוֹ וּבֵין מִפִּי
אֲחֵרִים, אֵינָן חַיָּבִין עַד שֶׁיִּכְפְּרוּ בָהֶן בְּבֵית דִּין:

증언의 맹세는 남자에게 적용되나, 여자에게는 적용되지 않으며, 비친족에게는 적용되나 친족에게는 적용되지 않으며, 〔증언할〕 자격이 있는 자에게는 적용되나 자격이 없는 자에게는 적용되지 않는다. 증언할 자격이 있는 사람에게만 적용된다. 법정 안이든지 법정 밖이든지 〔적용된다〕, 자신의 입으로 〔맹세했다면〕. 〔만약〕 다른 사람의 입으로 〔맹세했다면〕, 법정에서 부인하기 전까지는 그는 책임이 없다. 랍비 메이르의 말이다. 그러나 현자들은 말한다. "자신의 입으로 맹세했든지, 다른 사람의 입으로 맹세했든지, 법정에서 부인하기 전까지는 그는 책임이 없습니다."

- 법정에서 증언할 수 있는 사람들은 제한적이다(「산헤드린」 3, 3-4). 여자에게 증인의 자격이 없다는 것은 가부장적인 세계관을 보여준다.
- 법정에서 거짓으로 증언하기 전까지는 증인에게 책임이 없다.

4, 2

וְחַיָּבִין עַל זְדוֹן הַשְּׁבוּעָה, וְעַל שִׁגְגָתָהּ עִם זְדוֹן הָעֵדוּת, וְאֵינָן חַיָּבִין עַל שִׁגְגָתָהּ. וּמַה הֵן חַיָּבִין עַל זְדוֹן הַשְּׁבוּעָה, קָרְבָּן עוֹלֶה וְיוֹרֵד:

고의로 거짓 맹세한 경우이나, 실수로 〔거짓 맹세한 경우〕와 고의로 〔거짓으로〕 증언한 경우가 겹친 경우에는 책임이 있지만, 실수로 〔거짓 맹세한〕 경우에는 책임이 없다. 고의로 〔거짓 맹세한〕 경우에는 어떤 책임이 있는가? 차등 있는 희생제물을 〔바쳐야 한다〕.

- 법정에서 맹세한 후 고의로 거짓 증언했다면 자신의 신분과 경제적 능력에 따라 차등 있는 희생제물을 바쳐야 한다.

4, 3

שְׁבוּעַת הָעֵדוּת כֵּיצַד. אָמַר לִשְׁנַיִם בֹּאוּ וַהֲעִידוּנִי. שְׁבוּעָה שֶׁאֵין אָנוּ יוֹדְעִין לְךָ עֵדוּת, אוֹ שֶׁאָמְרוּ לוֹ אֵין אָנוּ יוֹדְעִין לְךָ עֵדוּת, מַשְׁבִּיעַ אֲנִי עֲלֵיכֶם וְאָמְרוּ אָמֵן, הֲרֵי אֵלּוּ חַיָּבִין. הִשְׁבִּיעַ עֲלֵיהֶן חֲמִשָּׁה פְעָמִים חוּץ לְבֵית דִּין וּבָאוּ לְבֵית דִּין וְהוֹדוּ, פְּטוּרִים. כָּפְרוּ, חַיָּבִים עַל כָּל אַחַת וְאֶחָת. הִשְׁבִּיעַ עֲלֵיהֶן חֲמִשָּׁה פְעָמִים בִּפְנֵי בֵית דִּין וְכָפְרוּ, אֵינָן חַיָּבִין אֶלָּא אַחַת. אָמַר רַבִּי שִׁמְעוֹן, מַה טַּעַם, הוֹאִיל וְאֵינָם יְכוֹלִין לַחֲזֹר וּלְהוֹדוֹת:

증언 맹세의 경우는 어떻게 하는가? 〔어떤 사람이〕 두 사람에게 "와서 나를 위하여 증언해주시오"라고 말했다. 그들이 "맹세컨대, 우리는 당신에 대하여 어떤 증거도 알지 못합니다"라고 대답하거나, 또는 그들이 그에게 "우리는 당신에 대하여 아무 증거도 알지 못합니다"라고 말하고, 그가 "나는 당신들에게 맹세합니다"라고 말하고, 그들이 "아멘!"이라고 대답했다면, 그들은 책임이 있다. 〔만약〕 그가 법정 밖에서 그들 대신 다섯 번 맹세하고, 그들이 법정에 와서 증언했다면, 그들에게 책임이 없다. 그들이 〔법정에서〕 부인했다면, 그들은 각각에 대하여 책임이 있다. 〔그러나 만약〕 그가 그들 대신 법정에서 다섯 번 맹세하고 부인했다면, 그들은 〔단지〕 한 번만 책임이 있다. 랍비 쉼온이 말했다. "왜 그러한가? 왜냐하면 그들은 〔그들이 부인했던 맹세를〕 철회하고 〔그들이 알고 있었다는 것을〕 증언할 수 없기 때문입니다."

- 전반부에서는 법정에서 증언 맹세가 어떻게 이루어지는지 말하고 있다.
- 증인들이 법정 밖에서 다섯 번 맹세하고 법정에서 알지 못한다고 부정했다면, 그들은 각각의 경우에 대하여 책임이 있지만, 법정에서 다섯 번 맹세하고 부정했다면 한 번에 대해서만 책임이 있다. 왜냐하면 법정에서 맹세한 경우에는 증인들이 증언을 바꿀 가능성이 없기 때문에 나머지 네 번의 증언은 무의미한 증언이 되기 때문이다.

4, 4

כָּפְרוּ שְׁנֵיהֶן כְּאַחַת, שְׁנֵיהֶן חַיָּבִין. בָּזֶה אַחַר זֶה, הָרִאשׁוֹן חַיָּב וְהַשֵּׁנִי פָּטוּר. כָּפַר אֶחָד וְהוֹדָה אֶחָד, הַכּוֹפֵר חַיָּב. הָיוּ שְׁתֵּי כִתֵּי עֵדִים, כָּפְרָה הָרִאשׁוֹנָה וְאַחַר כָּךְ כָּפְרָה הַשְּׁנִיָּה, שְׁתֵּיהֶם חַיָּבוֹת, מִפְּנֵי שֶׁהָעֵדוּת יְכוֹלָה לְהִתְקַיֵּם בִּשְׁתֵּיהֶן:

〔만약〕 두 사람이 동시에 부인했다면 두 사람 모두 책임이 있다. 한 사람 한 사람 〔순서대로 부인했다면〕, 첫 번째 〔증인〕이 책임이 있고, 두 번째 〔증인〕은 책임이 없다. 〔만약〕 한 사람은 부인했고, 다른 한 사람은 증언했다면, 부인했던 사람이 책임이 있다. 〔만약〕 두 쌍의 증인이 있었는데, 첫 번째 〔쌍〕이 부인한 다음, 두 번째 〔쌍〕이 부인했다면, 두 쌍 모두 책임이 있다. 왜냐하면 증언은 두 〔쌍〕에 의해 성립될 수 있기 때문이다.

- 두 사람이 한 명씩 순서대로 증언한 경우에는 첫 번째로 위증한 사람이 책임이 있다. 하지만 두 명씩 짝을 이루어 순서대로 위증한 경우에는 두 쌍 모두 책임이 있다. 왜냐하면 두 사람의 증언이 일치하면 증언이 성립되기 때문이다.

4, 5

מַשְׁבִּיעַ אֲנִי עֲלֵיכֶם אִם לֹא תָבֹאוּ וּתְעִידוּנִי שֶׁיֵּשׁ לִי בְּיַד פְּלוֹנִי פִּקָּדוֹן
וּתְשׂוּמֶת יָד וְגָזֵל וַאֲבֵדָה. שְׁבוּעָה שֶׁאֵין אָנוּ יוֹדְעִין לְךָ עֵדוּת, אֵין חַיָּבִין
אֶלָּא אַחַת. שְׁבוּעָה שֶׁאֵין אָנוּ יוֹדְעִין שֶׁיֵּשׁ לְךָ בְּיַד פְּלוֹנִי פִּקָּדוֹן וּתְשׂוּמֶת יָד
וְגָזֵל וַאֲבֵדָה, חַיָּבִין עַל כָּל אַחַת וְאֶחָת. מַשְׁבִּיעַ אֲנִי עֲלֵיכֶם אִם לֹא תָבֹאוּ
וּתְעִידוּנִי שֶׁיֵּשׁ לִי בְּיַד פְּלוֹנִי פִּקְדוֹן חִטִּין וּשְׂעֹרִין וְכֻסְּמִין. שְׁבוּעָה שֶׁאֵין אָנוּ
יוֹדְעִין לְךָ עֵדוּת, אֵין חַיָּבִין אֶלָּא אַחַת. שְׁבוּעָה שֶׁאֵין אָנוּ יוֹדְעִין לְךָ עֵדוּת
שֶׁיֵּשׁ לְךָ בְּיַד פְּלוֹנִי חִטִּין וּשְׂעֹרִין וְכֻסְּמִין, חַיָּבִין עַל כָּל אַחַת וְאֶחָת:

〔어떤 사람이〕 "나는 당신들에게 맹세를 요구하기를, 〔만약〕 당신들이 와서 나를 위해 내가 아무개에게 보증금, 대출금, 장물, 그리고 유실물을 가지고 있다는 것을 증언하지 않는다면, 〔당신들에게 화가 있을 것입니다〕." 〔만약 그들이〕 "맹세컨대, 우리는 당신의 증언에 대하여 모릅니다"라고 말했다면, 그들은 한 번만 책임이 있다. 〔그러나 그들이〕 "맹세컨대, 우리는 당신이 아무개에게 보증금, 대출금, 장물, 그리고 유실물을 소유하고 있다는 것을 알지 못합니다"라고 말했다면, 그들은 각각에 대하여 책임이 있다. "나는 당신들에게 맹세를 요구하기를, 〔만약〕 당신들이 와서 나를 위해 내가 아무개에게 밀, 보리, 소맥 등을 가지고 있다는 것을 증언하지 않는다면, 〔당신들에게 화가 있을 것이다〕." 〔만약 그들이〕 "맹세컨대, 우리는 당신의 증언에 대하여 모릅니다"라고 〔대답한다면〕, 그들은 단지 한 번만 책임이 있다. 〔만약 그들이〕 "맹세컨대, 우리는 당신이 아무개에게 밀, 보리, 소맥 등을

소유하고 있다는 증거를 알지 못합니다"라고 〔대답한다면〕 그들은 각각에 대하여 책임이 있다.

- 구체적인 항목들을 열거하면서 잘못된 증언을 한 경우에는 각각에 대하여 책임이 있다.

4, 6

מַשְׁבִּיעַ אֲנִי עֲלֵיכֶם אִם לֹא תָבֹאוּ וּתְעִידוּנִי שֶׁיֵּשׁ לִי בְיַד פְּלוֹנִי נֵזֶק וַחֲצִי נֶזֶק, תַּשְׁלוּמֵי כֶפֶל, תַּשְׁלוּמֵי אַרְבָּעָה וַחֲמִשָּׁה, וְשֶׁאָנַס אִישׁ פְּלוֹנִי אֶת בִּתִּי, וּפִתָּה אֶת בִּתִּי, וְשֶׁהִכַּנִי בְנִי, וְשֶׁחָבַל בִּי חֲבֵרִי, וְשֶׁהִדְלִיק אֶת גְּדִישִׁי בְיוֹם הַכִּפּוּרִים, הֲרֵי אֵלּוּ חַיָּבִין:

〔어떤 사람이〕 "나는 당신들에게 맹세를 요구하기를, 〔만약〕 당신들이 와서 나를 위해 아무개가 나에게 손해와 1/2 손해, 두 배 배상, 네 배나 다섯 배 배상의 책임이 있다고, 혹은 아무개가 내 딸을 강간했거나, 내 딸을 유혹했거나, 내 아들이 나를 때렸거나, 내 이웃이 나에게 상처를 입혔거나, 그가 대속죄일[1]에 내 곡식 더미에 불을 붙였다고 증언하지 않는다면, 〔당신들에게 화가 있을 것입니다〕." 〔만약 그들이 거짓으로 증언했다면〕, 그들은 책임이 있다.

- 배상과 관련된 소송에서 거짓으로 증언하여 상대 소송 당사자를 도운 증인들은 속죄제의 책임이 있다.

1) 대속죄일은 유대력 7월 10일이다.

4, 7

מַשְׁבִּיעַ אֲנִי עֲלֵיכֶם אִם לֹא תָבֹאוּ וּתְעִידוּנִי שֶׁאֲנִי כֹהֵן, שֶׁאֲנִי לֵוִי, שֶׁאֵינִי בֶן גְּרוּשָׁה, שֶׁאֵינִי בֶן חֲלוּצָה, שֶׁאִישׁ פְּלוֹנִי כֹהֵן, שֶׁאִישׁ פְּלוֹנִי לֵוִי, שֶׁאֵינוֹ בֶן גְּרוּשָׁה, שֶׁאֵינוֹ בֶן חֲלוּצָה, שֶׁאָנַס אִישׁ פְּלוֹנִי אֶת בִּתּוֹ, וּפִתָּה אֶת בִּתּוֹ, וְשֶׁחָבַל בִּי בְנִי, וְשֶׁחָבַל בִּי חֲבֵרִי, וְשֶׁהִדְלִיק גְּדִישִׁי בְשַׁבָּת, הֲרֵי אֵלּוּ פְטוּרִין:

〔어떤 사람이〕 "나는 당신들에게 맹세를 요구하기를, 〔만약〕 당신들이 와서 나를 위해 내가 제사장이라고, 내가 레위인이라고, 내가 이혼한 사람의 아들이 아니라고, 내가 신발 벗긴 여인의 아들이 아니라고, 〔또는〕 아무개는 제사장이라고, 아무개는 레위인이라고, 그는 이혼한 사람의 아들이 아니라고, 그는 신발 벗긴 여인의 아들이 아니라고, 그는 그의 딸을 강간했다고, 그는 그의 딸을 유혹했다고, 나의 아들이 나에게 상처를 입혔다고, 나의 이웃이 나에게 상처를 입혔다고, 그는 안식일에 내 곡식 더미에 불을 붙였다고 증언하지 않는다면, 〔당신들에게 화가 있을 것입니다〕." 〔만약 그들이 거짓으로 증언했더라도〕, 그들은 책임이 없다.

- 금전적인 문제와 관련되지 않는 경우에 잘못된 증언을 한 경우에는 속죄제의 책임이 없다.

4, 8

מַשְׁבִּיעַ אֲנִי עֲלֵיכֶם, אִם לֹא תָבֹאוּ וּתְעִידוּנִי שֶׁאָמַר אִישׁ פְּלוֹנִי לִתֶּן לִי מָאתַיִם זוּז וְלֹא נָתַן לִי, הֲרֵי אֵלּוּ פְטוּרִים, שֶׁאֵין חַיָּבִין אֶלָּא עַל תְּבִיעַת מָמוֹן כְּפִקָּדוֹן:

〔어떤 사람이〕 "나는 당신들에게 맹세를 요구하기를, 〔만약〕 당신들이 와서 나를 위해 아무개가 나에게 200주즈를 주기로 약속했지만 그가 나에게 주지 않았다고 증언하지 않는다면, 〔당신들에게 화가 있

을 것입니다〕." 그들은 책임이 없다. 왜냐하면 보증금처럼 금전적인 소송의 경우에만 책임이 있기 때문이다.

- 돈을 주겠다는 약속은 금전적인 소송은 아니기 때문에 잘못된 증언을 하더라도 속죄제의 책임이 없다.

4, 9

מַשְׁבִּיעַ אֲנִי עֲלֵיכֶם, כְּשֶׁתֵּדְעוּן לִי עֵדוּת שֶׁתָּבֹאוּ וּתְעִידוּנִי, הֲרֵי אֵלּוּ פְּטוּרִים, מִפְּנֵי שֶׁקָּדְמָה שְׁבוּעָה לָעֵדוּת:

〔어떤 사람이〕 "나는 당신들에게 맹세합니다. 당신들이 나와 관련된 증거를 알게 되면 와서 나를 위해 증언해주시오"라고 〔말했다면〕, 이 〔증인〕들은 책임이 없다. 왜냐하면 맹세가 증거보다 앞섰기 때문이다.

- 맹세는 이미 일어난 일들을 목격한 사람이 증언할 때 하는 것이다. 나중에 증거를 알게 되면 증언하겠다는 맹세는 잘못된 맹세이므로 지키지 않아도 책임이 없다.

4, 10

עָמַד בְּבֵית הַכְּנֶסֶת וְאָמַר, מַשְׁבִּיעַ אֲנִי עֲלֵיכֶם שֶׁאִם אַתֶּם יוֹדְעִים לִי עֵדוּת שֶׁתָּבֹאוּ וּתְעִידוּנִי, הֲרֵי אֵלּוּ פְּטוּרִין, עַד שֶׁיִּהְיֶה מִתְכַּוֵּן לָהֶם:

그가 회당에 서서 〔사람들에게〕 말했다. "나는 당신들에게 맹세합니다. 만약 당신들 중에 나를 위하여 증언할 것을 안다면 와서 나를 위하여 증언해주시오"라고 〔말했다면〕, 그가 그들을 〔증인으로〕 의도하지 않았다면 책임이 없다.

• 증언을 해주도록 맹세를 요구할 때에는 특정되어야 한다. 그렇지 않으면 잘못된 맹세를 하더라도 책임을 지지 않는다.

4, 11

אָמַר לִשְׁנַיִם, מַשְׁבִּיעַ אֲנִי עֲלֵיכֶם אִישׁ פְּלוֹנִי וּפְלוֹנִי, שֶׁאִם אַתֶּם יוֹדְעִין לִי עֵדוּת שֶׁתָּבֹאוּ וּתְעִידוּנִי, שְׁבוּעָה שֶׁאֵין אָנוּ יוֹדְעִין לְךָ עֵדוּת, וְהֵם יוֹדְעִין לוֹ עֵדוּת עֵד מִפִּי עֵד אוֹ שֶׁהָיָה אֶחָד מֵהֶן קָרוֹב אוֹ פָסוּל, הֲרֵי אֵלּוּ פְּטוּרִין:

〔만약〕 그가 두 사람에게 말했다. "나는 아무개와 아무개에게 맹세합니다. 〔만약〕 당신이 나에 대한 증거를 안다면 와서 나를 위해 증언해주시오." 그들이 "맹세컨대, 우리는 당신에 대한 증거를 알지 못합니다"라고 〔대답했다〕. 〔그런데〕 그들이 증인의 입이나 친척의 입 또는 증언할 자격이 없는 사람의 입을 통해 알았다면, 그들은 책임이 없다.

• 직접 목격해서 아는 경우가 아니라 타인이나 증언의 자격이 없는 사람을 통해 알고 있는 것을 모른다고 맹세한 경우는 책임을 지지 않는다.

4, 12

שָׁלַח בְּיַד עַבְדּוֹ, אוֹ שֶׁאָמַר לָהֶן הַנִּתְבָּע מַשְׁבִּיעַ אֲנִי עֲלֵיכֶם שֶׁאִם אַתֶּם יוֹדְעִין לוֹ עֵדוּת שֶׁתָּבֹאוּ וּתְעִידוּהוּ, הֲרֵי אֵלּוּ פְּטוּרִין עַד שֶׁיִּשְׁמְעוּ מִפִּי הַתּוֹבֵעַ:

〔만약〕 자신의 종을 통해 〔증언〕을 전달했거나, 피고가 〔증인들〕에게 "나는 당신들에게 맹세합니다. 〔만약〕 당신들이 그 원고에 관련된 증거를 안다면 와서 그를 위해 증언해주시오"라고 〔말했다면〕, 〔증언에 대한 요구를〕 원고로부터 듣지 않았다면, 그 〔증인〕들은 책임이

없다.

- 소송의 당사자들은 직접 증인들에게 맹세를 요구해야 한다.

4, 13

מַשְׁבִּיעַ אֲנִי עֲלֵיכֶם, מְצַוֶּה אֲנִי עֲלֵיכֶם, אוֹסֶרְכֶם אָנִי, הֲרֵי אֵלּוּ חַיָּבִין. בַּשָּׁמַיִם
וּבָאָרֶץ, הֲרֵי אֵלּוּ פְּטוּרִין. בְּאל"ף דל"ת, בְּיו"ד ה"א, בְּשַׁדַּי, בִּצְבָאוֹת, בְּחַנּוּן
וְרַחוּם, בְּאֶרֶךְ אַפַּיִם וְרַב חֶסֶד, וּבְכָל הַכִּנּוּיִין, הֲרֵי אֵלּוּ חַיָּבִין. הַמְקַלֵּל בְּכֻלָּן,
חַיָּב, דִּבְרֵי רַבִּי מֵאִיר, וַחֲכָמִים פּוֹטְרִין. הַמְקַלֵּל אָבִיו וְאִמּוֹ בְּכֻלָּן, חַיָּב, דִּבְרֵי
רַבִּי מֵאִיר, וַחֲכָמִים פּוֹטְרִין. הַמְקַלֵּל עַצְמוֹ וַחֲבֵרוֹ בְּכֻלָּן, עוֹבֵר בְּלֹא תַעֲשֶׂה.
יַכְּכָה אֱלֹהִים, וְכֵן יַכְּכָה אֱלֹהִים, זוֹ הִיא אָלָה הַכְּתוּבָה בַתּוֹרָה. אַל יַכְּךָ,
וִיבָרֶכְךָ, וְיֵיטִיב לְךָ, רַבִּי מֵאִיר מְחַיֵּב וַחֲכָמִים פּוֹטְרִין:

〔어떤 사람이〕 "나는 당신들에게 맹세합니다", "나는 당신들에게 명령합니다", "내가 당신들을 속박합니다"라고 말했다면, 그 〔증인〕들은 책임이 있다. "하늘과 땅의 〔이름으로 맹세했다면〕, 이 〔증인〕들은 책임이 없다. 〔맹세를〕 '알렙 달렛'으로, '요드 헤'로, '샤다이'로, '쯔바옷'으로, '은혜와 자비'로, '노하기를 더디 하시고 은혜가 풍성하신'으로, 〔다른〕 모든 〔하나님〕의 별칭으로 〔맹세했다면〕, 이 〔증인〕들은 책임이 있다. 어떤 것으로도 신성모독한 자는 책임이 있다. 〔이것은〕 랍비 메이르의 말이다. 그러나 현자들은 〔그를〕 면책한다. 자기 아버지나 어머니를 저주한 자는 책임이 있다. 〔이것은〕 랍비 메이르의 말이다. 그러나 현자들은 〔그를〕 면책한다. 어떤 것으로도 자신이나 이웃을 저주한 자는 부정명령을 범하는 것이다. 〔어떤 사람이〕 "〔증언하러 오지 않는다면〕, 하나님이 당신을 치시기를 원합니다." "〔하나님〕이 당신을 반드시 치시기를 원합니다." "이것은 토라에 기록된 저주입니다." 〔증인에게〕 "〔하나님이〕 당신을 치지 않으시기를 원합니다." "〔하나님이〕 당신에게 복을 주시기를 원합니다"〔이렇게 말했다

면], 랍비 메이르는 그가 책임이 있다고 말하고 현자들은 [그를] 면책 한다.

- 히브리어 자음만으로 하나님과 관련된 수식어나 별칭을 나열하고 있다. '알렙 달렛'(אד)은 아도나이(나의 주님), '요드 헤'(יה)는 야훼, '샤다이'(שדי)는 전능의 [하나님], '쯔바옷'(צבאות)은 만군의 [하나님]을 의미한다.
- 현자들은 정확히 네 글자로 된 여호와(야훼)의 이름으로 저주하는 경우에만 책임이 있다고 본다(「산헤드린」 7, 5). 하지만 랍비 메이르는 하나님의 별칭으로 맹세한 경우에도 책임이 있다고 주장한다.

제5장

제5장은 금전 또는 물건을 부당하게 보유하거나 획득한 경우와 관련된 맹세를 다룬다. 이런 경우에 레위기 6:1-7에서는 부당하게 취득한 물건에 1/5을 더하여 돌려주고 하나님께 속건제를 바치도록 한다.

5, 1

שְׁבוּעַת הַפִּקָּדוֹן נוֹהֶגֶת בַּאֲנָשִׁים וּבְנָשִׁים, בִּרְחוֹקִים וּבִקְרוֹבִים, בִּכְשֵׁרִים וּבִפְסוּלִים, בִּפְנֵי בֵית דִּין וְשֶׁלֹּא בִפְנֵי בֵית דִּין, מִפִּי עַצְמוֹ. וּמִפִּי אֲחֵרִים, אֵינוֹ חַיָּב עַד שֶׁיִּכְפֹּר בּוֹ בְּבֵית דִּין, דִּבְרֵי רַבִּי מֵאִיר. וַחֲכָמִים אוֹמְרִים, בֵּין מִפִּי עַצְמוֹ בֵּין מִפִּי אֲחֵרִים, כֵּיוָן שֶׁכָּפַר בּוֹ, חַיָּב. וְחַיָּב עַל זְדוֹן הַשְּׁבוּעָה וְעַל שִׁגְגָתָהּ עִם זְדוֹן הַפִּקָּדוֹן, וְאֵינוֹ חַיָּב עַל שִׁגְגָתָהּ. וּמַה חַיָּב עַל זְדוֹנָהּ, אָשָׁם בְּכֶסֶף שְׁקָלִים:

보증에 관한 맹세는 남자나 여자, 친족이나 비친족, [맹세할] 자격이 되는 자나 자격이 안 되는 자, 법정 안에서나 법정 밖에서나 [모두]

적용된다. 〔단〕 그 자신의 입으로 〔맹세한 경우다〕. "〔만약〕 다른 사람들에 의해 행해졌다면, 그가 법정에서 이를 부인하지 않는 한 그는 책임이 없습니다." 〔이것은〕 랍비 메이르의 말이다. 그러나 현자들은 말한다. "자신의 입으로 〔맹세했든〕, 다른 사람들의 입으로 〔맹세했든〕, 부인했다면 그는 책임이 있습니다." 고의로 거짓 맹세한 경우, 부지중에 거짓 맹세한 경우와 고의로 보증을 부정한 경우가 겹친 경우에는 책임이 있다. 그러나 부지중에 거짓 맹세한 경우에는 책임이 없다. 그러면 고의로 〔거짓 맹세〕한 경우에는 무엇을 해야 하는가? 그는 〔최소한〕 은 몇 쉐켈의 속건제물을 드려야 한다.

- 이스라엘 남성 일반인에게만 적용되는 증언 맹세와 달리 모든 사람들에게 적용된다.
- 고의로 거짓 맹세한 경우에는 책임이 있지만, 부지중에 한 경우에는 책임이 없다.

5, 2

שְׁבוּעַת הַפִּקָּדוֹן כֵּיצַד. אָמַר לוֹ, תֵּן לִי פִקְדוֹנִי שֶׁיֵּשׁ לִי בְיָדֶךָ, שְׁבוּעָה שֶׁאֵין לְךָ בְיָדִי, אוֹ שֶׁאָמַר לוֹ אֵין לְךָ בְיָדִי, מַשְׁבִּיעֲךָ אֲנִי, וְאָמַר אָמֵן, הֲרֵי זֶה חַיָּב. הִשְׁבִּיעַ עָלָיו חֲמִשָּׁה פְעָמִים, בֵּין בִּפְנֵי בֵית דִּין וּבֵין שֶׁלֹּא בִפְנֵי בֵית דִּין, וְכָפַר, חַיָּב עַל כָּל אַחַת וְאֶחָת. אָמַר רַבִּי שִׁמְעוֹן, מַה טַּעַם, מִפְּנֵי שֶׁיָּכוֹל לַחֲזֹר וּלְהוֹדוֹת:

보증에 관한 맹세는 어떻게 하는가? 〔어떤 사람이〕 "당신의 손에 맡겨둔 나의 보증물을 나에게 주시오"라고 〔말하면〕, "맹세컨대, 당신의 것이 나에게 없습니다." 또는 "나에게 당신의 것이 없습니다." 〔맡긴 사람이 말한다〕 "나는 당신이 맹세하기를 요구합니다." 그가 "아멘!"이라고 대답했으면, 그는 책임이 있다. 〔맡긴 사람이〕 법정 안에서건, 법정 밖에서건 그에 대하여 다섯 번 맹세를 요구하고, 〔맡은 사람이〕 부인했다면, 그는 〔각각에 대해〕 책임이 있다. 랍비 쉼온은 말한다. "그 이유가 무엇인가? 〔그들이 부인했던 맹세를〕 철회하고 고백할 수 있기 때문입니다."

- 금전적인 문제로 맹세했는데, 그 내용이 거짓이면 각각의 경우에 대하여 책임이 있다.
- 랍비 쉼온은 이런 경우 증인은 합법적으로 마음을 바꾸어 자신에게 물건이 있다고 고백할 수 있다고 설명한다. 앞 미쉬나 4, 3에서는 마음을 바꿀 수 없는 경우를 설명한다.

5, 3

הָיוּ חֲמִשָּׁה תוֹבְעִין אוֹתוֹ, אָמְרוּ לוֹ תֶּן לָנוּ פִקָּדוֹן שֶׁיֵּשׁ לָנוּ בְיָדֶךָ, שְׁבוּעָה שֶׁאֵין לָכֶם בְּיָדִי, אֵינוֹ חַיָּב אֶלָּא אַחַת. שְׁבוּעָה שֶׁאֵין לְךָ בְיָדִי וְלֹא לְךָ וְלֹא לְךָ, חַיָּב עַל כָּל אַחַת וְאֶחָת. רַבִּי אֱלִיעֶזֶר אוֹמֵר, עַד שֶׁיֹּאמַר שְׁבוּעָה בָאַחֲרוֹנָה. רַבִּי שִׁמְעוֹן אוֹמֵר, עַד שֶׁיֹּאמַר שְׁבוּעָה לְכָל אֶחָד וְאֶחָד. תֶּן לִי פִקָּדוֹן וּתְשׂוּמֶת יָד גָּזֵל וַאֲבֵדָה שֶׁיֵּשׁ לִי בְיָדֶךָ, שְׁבוּעָה שֶׁאֵין לְךָ בְיָדִי, אֵינוֹ חַיָּב אֶלָּא אַחַת. שְׁבוּעָה שֶׁאֵין לְךָ בְיָדִי פִקָּדוֹן וּתְשׂוּמֶת יָד וְגָזֵל וַאֲבֵדָה, חַיָּב עַל כָּל אַחַת וְאֶחָת. תֶּן לִי חִטִּין וּשְׂעֹרִין וְכֻסְּמִין שֶׁיֵּשׁ לִי בְיָדֶךָ, שְׁבוּעָה שֶׁאֵין לְךָ בְיָדִי, אֵינוֹ חַיָּב אֶלָּא אַחַת. שְׁבוּעָה שֶׁאֵין לְךָ בְיָדִי חִטִּין וּשְׂעֹרִין וְכֻסְּמִים, חַיָּב עַל כָּל אַחַת וְאֶחָת. רַבִּי מֵאִיר אוֹמֵר, אֲפִלּוּ אָמַר חִטָּה וּשְׂעֹרָה וְכֻסֶּמֶת, חַיָּב עַל כָּל אַחַת וְאֶחָת:

〔만약〕 다섯 〔사람〕이 그에게 소송을 제기하고, "우리가 당신에게 맡긴 것을 주시오"라고 말했는데, 〔그가〕 "맹세컨대, 당신들이 나에게 맡긴 적이 없습니다"〔라고 대답했다면〕, 그는 한 번 책임이 있다. 〔그러나 그가〕 "맹세컨대, 당신이 나에게 맡긴 적인 없습니다. 당신도 〔나에게 맡긴 적이〕 없습니다. 당신도 〔나에게 맡긴 적이〕 없습니다"

라고 말했다면, 그는 각 사람에 대해 책임이 있다. 랍비 엘리에제르는 말한다. "마지막에 '나는 맹세합니다'〔라고 말하지 않는 한 책임이 없습니다〕." 랍비 쉼온은 말한다. "〔다섯 명〕 각각의 경우 '나는 맹세한다'〔라고 말하지 않는 한 책임이 없습니다〕." 〔만약 원고가 피고에게〕 "당신이 가지고 있는 나의 보증금, 대출금, 도난품, 그리고 분실물을 나에게 돌려 주시오"라고 말했는데, 〔그가〕 "나에게 당신의 것이 〔아무것도〕 없습니다"라고 맹세했다면, 그는 단지 한 번만 책임이 있다. 〔그러나 만약 그가〕 "나는 당신의 보증금, 대출금, 도난품, 그리고 분실물을 가지고 있지 않습니다"라고 맹세했다면, 그는 각각에 대해 책임이 있다. 〔만약 원고가 피고에게〕 "당신이 가지고 있는 나의 밀과 보리와 소맥을 나에게 돌려주시오"라고 〔말했는데〕, 〔그가〕 "나에게 당신의 밀이나, 보리, 소맥을 가지고 있지 않습니다"라고 맹세했다면, 그는 각각에 대하여 책임이 있다. 랍비 메이르는 말한다. "비록 그가 '나는 당신의 밀 한 알, 보리 한 알, 소맥 한 알도 가지고 있지 않습니다"라고 맹세했더라도 그는 각각에 대해 책임이 있습니다."

- 각 사람에 대하여 맹세한 경우나, 각 품목에 대하여 맹세한 경우에는 맹세한 그 각각에 대하여 책임을 져야 한다.

5, 4

אָנַסְתָּ וּפִתִּיתָ אֶת בִּתִּי, וְהוּא אוֹמֵר לֹא אָנַסְתִּי וְלֹא פִתִּיתִי. מַשְׁבִּיעֲךָ אָנִי, וְאָמַר אָמֵן, חַיָּב. רַבִּי שִׁמְעוֹן פּוֹטֵר, שֶׁאֵינוֹ מְשַׁלֵּם קְנָס עַל פִּי עַצְמוֹ. אָמְרוּ לוֹ, אַף עַל פִּי שֶׁאֵינוֹ מְשַׁלֵּם קְנָס עַל פִּי עַצְמוֹ, מְשַׁלֵּם בֹּשֶׁת וּפְגָם עַל פִּי עַצְמוֹ:

〔만약 원고가 피고에게〕 "당신이 내 딸을 강간하고 내 딸을 유혹했다"〔라고 말했는데〕, 그가 "나는 〔그녀를〕 강간하지 않았으며, 유혹

하지 않았습니다"라고 말했다. 〔그녀의 아버지가 그에게 말한다〕. "나는 당신이 맹세하기를 요구합니다." 그가 "아멘!"이라고 대답했으면, 그는 책임이 있다. 랍비 쉼온은 그를 면책한다. 왜냐하면 자백으로 벌금을 지불하지 않기 때문이다. 〔현자들〕은 그에게 말했다. "비록 그가 자백으로 벌금을 지불하지 않지만, 그는 자백으로 〔강간과 유혹을 당한〕 수치심과 명예 손상에 대한 〔배상금을〕 지불합니다."

- 강간을 당한 딸의 경우 가해자는 그 아버지에게 50쉐켈을 지불해야 한다. 그래서 피의자는 강간을 하지 않았다고 거짓 맹세를 한다. 이런 경우라도 거짓 맹세에 대한 책임을 져야 한다.
- 랍비 쉼온은 이와 같은 범죄를 자백으로 처벌하지 않기 때문에 거짓 맹세에 대한 책임도 없다고 주장한다. 하지만 현자들(랍비들)은 수치심과 명예 손상에 대해서는 배상 책임이 있다고 말한다.

5, 5

גָּנַבְתָּ אֶת שׁוֹרִי, וְהוּא אוֹמֵר לֹא גָנַבְתִּי, מַשְׁבִּיעֲךָ אָנִי, וְאָמַר אָמֵן, חַיָּב. גָּנַבְתִּי אֲבָל לֹא טָבַחְתִּי וְלֹא מָכַרְתִּי, מַשְׁבִּיעֲךָ אָנִי, וְאָמַר אָמֵן, פָּטוּר. הֵמִית שׁוֹרְךָ אֶת שׁוֹרִי, וְהוּא אוֹמֵר לֹא הֵמִית, מַשְׁבִּיעֲךָ אָנִי, וְאָמַר אָמֵן, חַיָּב. הֵמִית שׁוֹרְךָ אֶת עַבְדִּי, וְהוּא אוֹמֵר לֹא הֵמִית, מַשְׁבִּיעֲךָ אָנִי, וְאָמַר אָמֵן, פָּטוּר. אָמַר לוֹ, חָבַלְתָּ בִי וְעָשִׂיתָ בִּי חַבּוּרָה, וְהוּא אוֹמֵר לֹא חָבַלְתִּי וְלֹא עָשִׂיתִי בְךָ חַבּוּרָה, מַשְׁבִּיעֲךָ אָנִי, וְאָמַר אָמֵן, חַיָּב. אָמַר לוֹ עַבְדּוֹ, הִפַּלְתָּ אֶת שִׁנִּי וְסִמִּיתָ אֶת עֵינִי, וְהוּא אוֹמֵר לֹא הִפַּלְתִּי וְלֹא סִמִּיתִי, מַשְׁבִּיעֲךָ אָנִי, וְאָמַר אָמֵן, פָּטוּר. זֶה הַכְּלָל, כָּל הַמְשַׁלֵּם עַל פִּי עַצְמוֹ, חַיָּב. וְשֶׁאֵינוֹ מְשַׁלֵּם עַל פִּי עַצְמוֹ, פָּטוּר:

〔원고가 피고에게 말했다〕. "당신이 나의 소를 훔쳤다." 그리고 그가 대답한다. "나는 훔치지 않았습니다." "나는 당신이 맹세하기를 요구합니다." 그가 "아멘!"이라고 대답했으면, 그는 책임이 있다. 〔그러

나 만약 그가〕 "나는 〔그것을〕 훔쳤지만 도살하지 않았고 팔지 않았습니다." "나는 당신이 맹세하기를 요구합니다." 그가 "아멘!"이라고 대답했으면, 그는 책임이 없다. 〔원고가 피고에게 말한다〕. "당신의 소가 내 소를 죽였습니다." "〔내 소가 당신의 소를〕 죽이지 않았습니다." "나는 당신이 맹세하기를 요구합니다." 그가 "아멘!"이라고 대답했으면, 그는 책임이 있다. 〔그러나 그가〕 "당신의 소가 내 종을 죽였습니다." 그가 "죽이지 않았습니다." "나는 당신이 맹세하기를 요구합니다." 그가 "아멘!"이라고 대답했으면, 그는 책임이 없다. 어떤 사람이 그에게 말한다. "당신이 나를 다치게 하고 상처를 입혔습니다." 그리고 그가 대답한다. "나는 당신을 다치게 하거나 상처를 입히지 않았습니다." "나는 당신이 맹세하기를 요구합니다." 그가 "아멘!"이라고 대답했으면, 그는 책임이 있다. 〔그러나〕 그의 종이 그에게 말했다. "당신이 내 이를 부러뜨렸습니다." 또는 "당신이 내 눈을 실명케 했습니다." 〔그는〕 "나는 〔너의 이를〕 부러뜨리지 않았다." 또는 "나는 〔너의 눈을〕 실명케 하지 않았다"라고 말했다. 〔원고가 피고에게〕 "나는 당신이 맹세하기를 요구합니다." 그가 "아멘!"이라고 대답했으면, 그는 책임이 없다. 이것이 원칙이다. 자백으로 지불 여부가 결정되는 사람은 〔거짓 맹세를 한 경우 속죄제물을 바칠〕 책임이 있다. 그리고 자백으로 지불 여부가 결정되지 않은 사람은 〔거짓 맹세를 한 경우라도 속죄 제물을 바칠〕 책임이 없다.

- 소를 훔치지 않았다고 거짓 맹세한 사람도 속죄제의 책임이 있다. 만약 그가 소를 훔쳤다고 자백하면 그는 다섯 배로 배상해야 한다.
- 소를 훔쳤다고 자백했기 때문에 그는 일단 다섯 배로 배상해야 한다. 도살이나 판매에 대한 지불은 배상이 아니라 일종의 추가적인 벌금이다. 벌금 지불에 대한 거짓 맹세는 속죄제의 책임이 없다.

- 자신의 소가 다른 사람의 소를 뿔로 받아 죽였는데, 죽이지 않았다고 거짓 맹세한 경우 속죄제의 책임이 있다.
- 다른 사람에게 상해를 입힌 경우에는 상해 정도에 따라 배상해야 한다. 따라서 거짓 맹세한 경우 속죄제의 책임이 있다.
- 종에게 상해를 입힌 경우 주인은 종을 풀어주어야 한다. 이것은 배상이라기보다 벌금이다. 따라서 거짓 맹세에 대하여 속죄제의 책임이 없다.
- 마지막에 일반 원칙이 나와 있다. 배상 여부가 자백으로 결정되는 경우는 거짓 맹세를 하면 속죄제의 책임이 있다. 하지만 범죄행위처럼 자백으로 그 결과가 결정되지 않는 경우에는 거짓 맹세에 대하여 속죄제의 책임이 없다. 달리 표현하면 피해 금액만큼 지불하는 것을 배상이라고 하고, 그 범위를 벗어나면 벌금에 해당한다. 배상액을 부정한 경우에는 속죄제의 책임이 있지만, 벌금을 부정한 경우에는 책임을 지지 않는다.

제6장

맹세의 집행, 청구의 방법, 그리고 관련된 대상이나 물건을 다룬다.

6, 1

שְׁבוּעַת הַדַּיָּנִין, הַטַּעֲנָה שְׁתֵּי כֶסֶף, וְהַהוֹדָאָה בְּשָׁוֶה פְרוּטָה. וְאִם אֵין הַהוֹדָאָה מִמִּין הַטַּעֲנָה, פָּטוּר. כֵּיצַד, שְׁתֵּי כֶסֶף לִי בְיָדְךָ, אֵין לְךָ בְיָדִי אֶלָּא פְרוּטָה, פָּטוּר. שְׁתֵּי כֶסֶף וּפְרוּטָה לִי בְיָדְךָ, אֵין לְךָ בְיָדִי אֶלָּא פְרוּטָה, חַיָּב. מָנֶה לִי בְיָדְךָ, אֵין לְךָ בְיָדִי, פָּטוּר. מָנֶה לִי בְיָדְךָ, אֵין לְךָ בְיָדִי אֶלָּא חֲמִשִּׁים דִּינָר, חַיָּב. מָנֶה לְאַבָּא בְיָדְךָ, אֵין לְךָ בְיָדִי אֶלָּא חֲמִשִּׁים דִּינָר, פָּטוּר, מִפְּנֵי שֶׁהוּא כְמֵשִׁיב אֲבֵדָה:

〔피고에게 요구하는〕 재판관의 맹세는 청구한 금액이 〔최소〕 은화 두 개일 경우, 그리고 〔피고가〕 자백한 금액은 〔최소〕 1페루타일 때 〔요구된다〕. 자백한 〔물품〕과 청구한 〔물품〕이 같은 종류가 아닐 때는 〔맹세〕가 면제된다. 어떻게 그러한가? 〔어떤 사람이〕 "내 은 두 개가 당신에게 있습니다"〔라고 주장하고〕, 〔피고가〕 "나에게 당신의 1페루타만 있습니다"라고 말했다면, 〔맹세〕가 면제된다. 〔어떤 사람이〕 "내 은 두 개와 1페루타가 당신에게 있습니다"〔라고 주장하고〕, 〔피고가〕 "나에게 당신의 1페루타만 있습니다"라고 말했다면, 〔맹세〕 의무가 있다. 〔어떤 사람이〕 "나의 1마네가 당신에게 있습니다"〔라고 주장하고〕, 〔피고가〕 "나에게 당신의 것은 아무것도 없습니다"라고 말했다면, 〔맹세〕가 면제된다. 〔어떤 사람이〕 "나의 1마네가 당신에게 있습니다"〔라고 주장하고〕, 〔피고가〕 "나에게 당신의 50디나르가 있습니다"라고 말했다면, 〔맹세〕 의무가 있다. 〔어떤 사람이〕 "내 아버지의 1마네가 당신에게 있습니다"〔라고 주장하고〕, 〔피고가〕 "나에게 당신 아버지의 50디나르만 있습니다"라고 말했다면, 〔맹세〕가 면제된다. 왜냐하면 그는 〔그가 가지고 있던 것을 모두 부인할 수 있었음에도 불구하고〕 잃어버린 물건을 되돌려주는 사람과 같기 때문이다.

- 재판관이 피고에게 요구하는 맹세에는 조건이 붙는데, 여기에서 두 가지를 말하고 있다.
- 우선 원고가 청구한 금액이 은화 2개(마아) 이상이 되어야 하고 피고가 인정한 금액이 1페루타 이상이 되어야 한다.
- 둘째, 청구한 물품과 자백한 물품이 같은 종류가 아닐 때에는 맹세의 의무가 면제된다.
- 첫 번째 예시에서 피고가 이미 1페루타를 인정했기 때문에, 원고가 재판을 통해 받게 될 최종 청구금액은 은화 2개에서 1페루타가 빠진

금액이 된다. 따라서 청구금액이 최소 은화 2개가 되지 못하므로 맹세의 의무가 면제된다.

- 셋째와 넷째 예시에서 원고가 청구한 금액의 일부를 피고가 인정할 때에는 맹세의 의무가 부과된다. 반면에 피고가 원고의 돈을 아무것도 가지고 있지 않다고 주장하면 맹세의 의무가 면제된다.
- 마지막 예시에서 피고는 원고의 아버지에게 빚을 진 경우다. 원고의 아버지가 재판 자리에 부재하기 때문에 피고는 채무 자체를 부정할 수도 있다. 하지만 피고가 인정할 것으로 보아 피고의 주장이 맞을 것으로 간주되어 맹세의 의무가 면제된다.

6, 2

מָנֶה לִי בְיָדֶךָ, אָמַר לוֹ בִּפְנֵי עֵדִים הֵן. לְמָחָר אָמַר לוֹ תְּנֵהוּ לִי. נְתַתִּיו לָךְ, פָּטוּר. אֵין לְךָ בְיָדִי, חַיָּב. מָנֶה לִי בְיָדֶךָ, אָמַר לוֹ הֵן, אַל תִּתְּנֵהוּ לִי אֶלָּא בְעֵדִים. לְמָחָר אָמַר לוֹ תְּנֵהוּ לִי, נְתַתִּיו לָךְ, חַיָּב, מִפְּנֵי שֶׁצָּרִיךְ לִתְּנוֹ לוֹ בְעֵדִים:

"나의 1마네가 당신에게 있습니다"〔라고 말했고〕, 그가 증인들 앞에서 "그렇습니다"〔라고 대답했다〕. 그다음 날 〔그가〕 "나에게 그것을 돌려주시오"〔라고 말했는데〕, 그는 "나는 당신에게 이미 그것을 주었습니다"라고 말했다면, 〔맹세〕가 면제된다. 〔그러나 만약 그가〕 "나에게 당신의 것은 아무것도 없습니다"라고 말했다면, 〔맹세〕 의무가 있다. "나는 당신에게 1마네를 가지고 있습니다"〔라고 말했는데〕, 그가 "그렇습니다"〔라고 대답했다〕. 〔그리고〕 "증인들 앞이 아니면 나에게 그것을 주지 마시오"〔라고 말했다〕. 그 이튿날 원고가 피고에게 "그것을 나에게 돌려주시오"〔라고 말했을 때〕, 그는 "나는 당신에게 그것을 주었습니다"라고 말했다면, 〔맹세〕 의무가 있다. 왜냐하면 그는 증인들 앞에서 그에게 그것을 주어야 하기 때문이다.

- 첫 번째 예에서 피고가 빚을 갚았는지 아닌지 증명할 의무가 원고에게 있기 때문에 피고에게 맹세의 의무가 부과되지 않는다.
- 두 번째 예에서 피고는 전날 인정한 것과 다른 진술을 했기 때문에 맹세의 의무가 주어진다.
- 세 번째 예처럼 원고는 피고가 빚을 갚을 때 증인들 앞에서 갚게 하는 방식으로 입증해야 한다.

6, 3

לִיטְרָא זָהָב יֵשׁ לִי בְיָדֶךָ, אֵין לְךָ בְיָדִי אֶלָּא לִיטְרָא כֶסֶף, פָּטוּר. דִּינַר זָהָב יֵשׁ לִי בְיָדֶךָ, אֵין לְךָ בְיָדִי אֶלָּא דִּינַר כֶּסֶף, וּטְרִיסִית וּפֻנְדְּיוֹן וּפְרוּטָה, חַיָּב, שֶׁהַכֹּל מִין מַטְבֵּעַ אַחַת. כּוֹר תְּבוּאָה יֵשׁ לִי בְיָדֶךָ, אֵין לְךָ בְיָדִי אֶלָּא לֶתֶךְ קִטְנִית, פָּטוּר. כּוֹר פֵּרוֹת יֵשׁ לִי בְיָדֶךָ, אֵין לְךָ בְיָדִי אֶלָּא לֶתֶךְ קִטְנִית, חַיָּב, שֶׁהַקִּטְנִית בִּכְלַל פֵּרוֹת. טְעָנוֹ חִטִּין, וְהוֹדָה לוֹ בִשְׂעֹרִים, פָּטוּר. וְרַבָּן גַּמְלִיאֵל מְחַיֵּב. הַטּוֹעֵן לַחֲבֵרוֹ בְכַדֵּי שֶׁמֶן וְהוֹדָה לוֹ בַקַּנְקַנִּים, אַדְמוֹן אוֹמֵר, הוֹאִיל וְהוֹדָה לוֹ מִקְצָת מִמִּין הַטַּעֲנָה, יִשָּׁבֵעַ. וַחֲכָמִים אוֹמְרִים, אֵין הַהוֹדָאָה מִמִּין הַטַּעֲנָה. אָמַר רַבָּן גַּמְלִיאֵל, רוֹאֶה אֲנִי אֶת דִּבְרֵי אַדְמוֹן. טְעָנוֹ כֵלִים וְקַרְקָעוֹת, וְהוֹדָה בַכֵּלִים וְכָפַר בַּקַּרְקָעוֹת, בַּקַּרְקָעוֹת וְכָפַר בַּכֵּלִים, פָּטוּר. הוֹדָה בְמִקְצָת הַקַּרְקָעוֹת, פָּטוּר. בְּמִקְצָת הַכֵּלִים, חַיָּב, שֶׁהַנְּכָסִים שֶׁאֵין לָהֶם אַחֲרָיוּת זוֹקְקִין אֶת הַנְּכָסִים שֶׁיֵּשׁ לָהֶן אַחֲרָיוּת לִשָּׁבַע עֲלֵיהֶן:

[원고가] "나의 1리트라의 금이 당신에게 있습니다"[라고 말했는데], [피고가] "그렇지 않습니다. 나에게 당신의 1리트라의 은만 있습니다. 또는 1트리씻의 은만 있습니다. 또는 1푼디온의 은만 있습니다. 또는 1페루타의 은만 있습니다"라고 말했다면, [맹세] 의무가 있다. 왜냐하면 모든 동전들은 한 종류로 간주하기 때문이다. [원고가] "나의 곡물 1코르가 당신에게 있습니다"[라고 말했는데], [피고가] "나에게 당신의 콩 1레텍만 있습니다"라고 말했다면, [맹세]가 면제된다. [원고가] "나의 1코르의 농산물이 당신에게 있습니다"[라고 말했

는데], [피고가] "나에게 당신의 콩 1레텍만 있습니다"라고 말했다면, [맹세] 의무가 있다. 콩은 곡물에 포함되기 때문이다. [원고가] "나의 밀이 당신에게 있습니다"[라고 말했는데 피고가] "나에게 당신의 보리가 있습니다"라고 말했다면, [맹세]가 면제된다. [그러나] 라반 감리엘은 [그에게 맹세] 의무를 부과한다. [원고가 피고에게] 기름 항아리의 채무 [상환을] 주장했는데 피고는 병 정도의 채무라고 자백한 경우에 대하여, 아드몬은 말한다. "채무자가 같은 종류의 일부를 인정했기 때문에 그는 맹세해야 합니다." 그러나 현자들은 말한다. "자백한 것이 청구한 것과 같은 종류가 아닙니다." 라반 감리엘은 말한다. "나는 아드몬의 말이 [옳다고] 생각합니다." [만약 원고가 피고에게] 도구와 토지의 [소유권을] 주장했는데, [피고가] 도구는 인정했지만 토지는 거부했거나, [또는 그가] 토지는 인정하고 도구를 거부했다면 [맹세]가 면제된다. [만약] 그가 토지 일부를 인정한 경우 [맹세]가 면제된다. [만약] 그가 기구의 일부를 인정한 경우 [맹세] 의무가 있다. 유치권을 가지고 있지 않은 재산이 유치권을 가지고 있는 재산에 대해 맹세 의무를 부과하기 때문이다.

- 앞 미쉬나 6, 1에서 말한 원칙에 따르면 물품의 종류가 다르면 맹세가 면제된다. 하지만 원고가 청구한 동전의 종류와 피고가 인정한 동전의 종류가 다르더라도 '같은' 종류의 동전으로 취급해 피고에게 맹세가 부과된다.
- 밀과 보리는 다른 곡물로 취급되어 맹세가 면제된다. 하지만 라반 감리엘은 같은 곡물로 취급해서 맹세 의무를 부과한다.
- 기름 항아리와 기름 병에 대하여 현자들은 같은 종류가 아니므로 맹세가 면제된다고 본다. 반면에 라반 감리엘과 아드몬은 같은 종류이기 때문에 맹세해야 한다고 주장한다.

- 토지는 맹세 의무와 무관한 품목이다. 따라서 도구만 고려의 대상이다. 도구를 빌렸다고 인정하거나 부정한 경우는 맹세가 면제된다. 도구의 일부만 인정했을 경우에 맹세의 의무가 주어진다.

6, 4

אֵין נִשְׁבָּעִין עַל טַעֲנַת חֵרֵשׁ שׁוֹטֶה וְקָטָן, וְאֵין מַשְׁבִּיעִין אֶת הַקָּטָן, אֲבָל נִשְׁבָּעִים לַקָּטָן וְלַהֶקְדֵּשׁ:

청각장애인, 지적장애인, 어린아이의 청구에 대해서는 맹세 의무를 부과하지 않는다. [그리고 법정은] 어린아이에게 맹세 의무를 부과하지 않는다. 그러나 어린아이와 성물에 대해서는 맹세해야 한다.

- 랍비 전통에서는 지적장애가 있는 사람들의 청구에 대해서는 맹세 의무를 부과하지 않고 있다. 이것은 이들이 다른 사람에게 맹세를 부과할 수 있을 만큼 건강한 상태라고 보지 않기 때문이다.
- 아이들은 거짓 맹세의 결과를 이해하지 못한다고 간주하여 맹세가 면제된다.

6, 5

וְאֵלּוּ דְבָרִים שֶׁאֵין נִשְׁבָּעִין עֲלֵיהֶן, הָעֲבָדִים, וְהַשְּׁטָרוֹת, וְהַקַּרְקָעוֹת, וְהַהֶקְדֵּשׁוֹת. אֵין בָּהֶן תַּשְׁלוּמֵי כֶפֶל וְלֹא תַשְׁלוּמֵי אַרְבָּעָה וַחֲמִשָּׁה. שׁוֹמֵר חִנָּם אֵינוֹ נִשְׁבָּע. נוֹשֵׂא שָׂכָר אֵינוֹ מְשַׁלֵּם. רַבִּי שִׁמְעוֹן אוֹמֵר, קָדָשִׁים שֶׁחַיָּב בְּאַחֲרָיוּתָן, נִשְׁבָּעִין עֲלֵיהֶן. וְשֶׁאֵינוֹ חַיָּב בְּאַחֲרָיוּתָן, אֵין נִשְׁבָּעִין עֲלֵיהֶם:

다음에는 맹세 의무가 부과되지 않는다. 종들, 법문서들, 토지, 성물들이다. 이들에는 두 배 배상, 네 배나 다섯 배의 배상을 하지 않는다. 무급 관리자는 [그가 관리하던 물품을 도난당했을 때 그가 그것을 지키는 데 부주의하지 않았다고] 맹세하지 않는다. 유급 관리자는 [그가 관리한 품목을 분실하거나 도난당했을 경우] 배상하지 않는다. 랍비 쉼온은 말한다. "자신들의 책임하에 있던 봉헌물에 [대해서는] 맹세해야 합니다. 그러나 자신들의 책임하에 있지 않던 봉헌물에 [대해서는] 맹세하지 않아도 됩니다."

- 피고가 종들, 법문서들, 토지, 성전에 봉헌한 물건들의 일부를 인정했을 경우, 나머지들에 대하여 맹세할 의무가 없다.
- 이러한 것들을 분실했을 경우에 두 배, 네 배, 다섯 배로 배상하지 않는다.
- 무급 관리자는 자신이 지키고 있던 것들이 분실될 경우에 소홀하게 지키지 않았다고 맹세할 의무가 없다. 유급 관리자도 분실물에 대해 배상할 의무는 없다.

6, 6

רַבִּי מֵאִיר אוֹמֵר, יֵשׁ דְּבָרִים שֶׁהֵן כַּקַּרְקַע וְאֵינָן כַּקַּרְקַע, וְאֵין חֲכָמִים מוֹדִים לוֹ. כֵּיצַד, עֶשֶׂר גְּפָנִים טְעוּנוֹת מָסַרְתִּי לָךְ, וְהַלָּה אוֹמֵר אֵינָן אֶלָּא חָמֵשׁ, רַבִּי מֵאִיר מְחַיֵּב שְׁבוּעָה. וַחֲכָמִים אוֹמְרִים, כָּל הַמְחֻבָּר לַקַּרְקַע הֲרֵי הוּא כַקַּרְקַע. אֵין נִשְׁבָּעִין אֶלָּא עַל דָּבָר שֶׁבְּמִדָּה וְשֶׁבְּמִשְׁקָל וְשֶׁבְּמִנְיָן. כֵּיצַד, בַּיִת מָלֵא מָסַרְתִּי לָךְ וְכִיס מָלֵא מָסַרְתִּי לָךְ, וְהַלָּה אוֹמֵר אֵינִי יוֹדֵעַ אֶלָּא מַה שֶּׁהִנַּחְתָּ אַתָּה נוֹטֵל, פָּטוּר. זֶה אוֹמֵר עַד הַזִּיז וְזֶה אוֹמֵר עַד הַחַלּוֹן, חַיָּב:

랍비 메이르는 말한다. "어떤 것들은 땅에 [붙어 있지만] 땅으로 취급되지는 않습니다." 그러나 현자들은 그에게 동의하지 않는다. 어떻게 그러한가? [누군가가] "나는 열매 맺힌 열 그루의 포도나무를 당신에게 주었습니다"[라고 주장하는데], 다른 사람이 대답한다. "그렇지 않습니다. 단지 다섯 그루입니다." 랍비 메이르는 [그가] 맹세해야 한다고 말한다. 그러나 현자들은 말한다. "토지에 붙어 있는 모든 것

은 토지로 간주되어야 합니다." 크기, 무게 또는 숫자로 정의되는 것 외에는 맹세하지 않는다. 어떻게 그러한가? 〔어떤 청구인이〕 "나는 〔농산물로〕 가득 찬 집을 당신에게 맡겼습니다." 또는 "나는 돈으로 가득 찬 주머니를 당신에게 맡겼습니다"라고 말하고, 〔피청구인〕이 "당신이 내게 얼마를 주었는지 나는 알지 못합니다. 그러나 당신은 당신이 나에게 준 것을 가져가도 됩니다"라고 말한다면, 〔맹세〕가 면제된다. 〔그러나 만일 청구인〕이 "〔그 곡물이〕 집 난간까지 찼었다" 라고 말하고, 〔피청구인〕이 "집 창문까지 찼었다"라고 말한다면, 〔맹세〕 의무가 있다.

- 앞의 미쉬나에서 배웠듯이 땅은 맹세의 대상이 되지 않는다. 여기에서는 땅에 붙어 있는 것들 또한 맹세의 대상이 되지 않는다고 말한다.
- 크기, 무게, 숫자 등으로 명확히 정의되는 물건만이 맹세의 대상이 된다.
- 마지막 미쉬나에서 곡물이 집의 어느 부분까지 찼었는지 양측의 주장이 다를 경우에는 나머지 부분에 대하여 거짓을 말하지 않고 있다는 맹세를 해야 한다.

6, 7

הַמַּלְוֶה אֶת חֲבֵרוֹ עַל הַמַּשְׁכּוֹן וְאָבַד הַמַּשְׁכּוֹן, אָמַר לוֹ סֶלַע הִלְוִיתִיךָ עָלָיו וְשֶׁקֶל הָיָה שָׁוֶה, וְהַלָּה אוֹמֵר לֹא כִי אֶלָּא סֶלַע הִלְוִיתַנִי עָלָיו וְסֶלַע הָיָה שָׁוֶה, פָּטוּר. סֶלַע הִלְוִיתִיךָ עָלָיו וְשֶׁקֶל הָיָה שָׁוֶה, וְהַלָּה אוֹמֵר לֹא כִי אֶלָּא סֶלַע הִלְוִיתַנִי עָלָיו וּשְׁלֹשָׁה דִינָרִים הָיָה שָׁוֶה, חַיָּב. סֶלַע הִלְוִיתַנִי עָלָיו וּשְׁתַּיִם הָיָה שָׁוֶה, וְהַלָּה אוֹמֵר לֹא כִי אֶלָּא סֶלַע הִלְוִיתִיךָ עָלָיו וְסֶלַע הָיָה שָׁוֶה, פָּטוּר. סֶלַע הִלְוִיתַנִי עָלָיו וּשְׁתַּיִם הָיָה שָׁוֶה, וְהַלָּה אוֹמֵר לֹא כִי אֶלָּא סֶלַע הִלְוִיתִיךָ עָלָיו וַחֲמִשָּׁה דִינָרִים הָיָה שָׁוֶה, חַיָּב. וּמִי נִשְׁבָּע, מִי שֶׁהַפִּקָּדוֹן אֶצְלוֹ, שֶׁמָּא יִשָּׁבַע זֶה וְיוֹצִיא הַלָּה אֶת הַפִּקָּדוֹן:

담보물을 근거로 다른 사람에게 돈을 빌려준 채권자가 그 담보물을 분실했다. 〔채권자〕가 〔채무자〕에게 "나는 그 담보물을 근거로 1셀라를 빌려주었는데, 그 담보물의 가치가 1쉐켈입니다"라고 말했다. 〔채무자〕가 "그렇지 않습니다. 당신은 나에게 그 담보물을 근거로 1셀라를 빌려주었고, 그 담보물의 가치는 1셀라입니다"라고 말했다면, 〔맹세〕가 면제된다. 〔채권자〕가 "그 담보물을 근거로 나는 당신에게 1셀라를 빌려주었고, 그 담보물의 가치는 1쉐켈입니다[2)]"라고 말하고, 〔채무자〕가 "그렇지 않습니다. 당신은 나에게 그 담보물을 근거로 1셀라를 빌려주었고, 그 담보물의 가치는 3디나르입니다"라고 말했다면, 〔맹세〕 의무가 있다. 〔채무자〕가 "당신은 나에게 그 담보물을 근거로 1셀라를 빌려주었고, 그 담보물의 가치는 2쉐켈입니다"라고 말하고, 〔채권자〕가 "그렇지 않습니다. 나는 당신에게 그 담보물을 근거로 1셀라를 빌려주었고, 그 담보물의 가치는 5디나르입니다"라고 말했다면, 〔맹세〕 의무가 있다. 여기에서는 누가 맹세해야 하는가? 담보물을 점유한 자다. 이것은 〔채무자가〕 맹세하고, 보증금을 가져가지 않도록 하기 위함이다.

- 양측 가운데 한쪽이 청구의 일부를 부정하게 되면, 나머지에 대하여 맹세해야 한다. 반면에 청구한 금액 전체에 대하여 부정한 경우에는 맹세할 필요가 없다.
- 첫 번째 예시에서 채권자는 빌려준 1셀라와 담보물 1쉐켈의 차액인 1쉐켈을 청구하고 있는 반면에 채무자는 전체를 부정하기 때문에 맹세의 의무가 없다.
- 두 번째 예시에서 채무자가 담보물의 가치가 3디나르라고 말했기 때

---

2) 동전들 사이의 상대적 가치는 1셀라=2(일반)쉐켈=4디나르다.

문에 나머지 1디나르의 차액에 대하여 맹세할 필요가 있다.

- 마지막 예시에서 채무자는 담보물의 가치가 5디나르라고 주장하기 때문에 역시 1디나르의 차액에 대하여 맹세할 필요가 있다. 여기에서는 담보물을 점유한 채권자가 맹세해야 한다.

제7장

고소인과 맹세, 피고와 맹세, 그리고 피신탁인과 맹세 등을 다룬다.

7, 1

כָּל הַנִּשְׁבָּעִין שֶׁבַּתּוֹרָה, נִשְׁבָּעִין וְלֹא מְשַׁלְּמִין. וְאֵלּוּ נִשְׁבָּעִין וְנוֹטְלִין, הַשָּׂכִיר, וְהַנִּגְזָל, וְהַנֶּחְבָּל, וְשֶׁכְּנֶגְדּוֹ חָשׁוּד עַל הַשְּׁבוּעָה, וְהַחֶנְוָנִי עַל פִּנְקָסוֹ. הַשָּׂכִיר כֵּיצַד, אָמַר לוֹ תֶּן לִי שְׂכָרִי שֶׁיֵּשׁ לִי בְיָדֶךָ, הוּא אוֹמֵר נָתַתִּי, וְהַלָּה אוֹמֵר לֹא נָטַלְתִּי, הוּא נִשְׁבָּע וְנוֹטֵל. רַבִּי יְהוּדָה אוֹמֵר, עַד שֶׁתְּהֵא שָׁם מִקְצָת הוֹדָאָה. כֵּיצַד, אָמַר לוֹ תֶּן לִי שְׂכָרִי חֲמִשִּׁים דִּינָר שֶׁיֵּשׁ לִי בְיָדֶךָ, וְהוּא אוֹמֵר הִתְקַבַּלְתָּ דִּינַר זָהָב:

토라에서 맹세가 요구되는 모든 사람들은 맹세하고, 〔청구한 금액을〕 지불하지 않는다. 그러나 다음 사람들은 맹세하고 〔청구한 금액을〕 받는다. 품꾼, 도난당한 사람, 부상당한 사람, 소송 상대가 거짓 맹세할 의심이 드는 자, 장부를 소지한 가게 주인이다. 품꾼에게는 〔이 법이〕 어떻게 〔적용되는가? 품꾼이 고용주에게〕 "당신이 가지고 있는 내 품삯을 주시오"라고 말했다. 〔고용주〕가 "나는 〔이미 품삯을〕 당신에게 주었소"라고 대답했는데, 〔품꾼〕이 "나는 〔품삯을〕 받지 않았습니다"라고 말했다면, 그는 맹세하고 〔그 품삯을〕 수령한다. 랍비 예후다는 말한다. "단지 부분적인 인정이 있을 경우에만 〔그렇습니다〕." 어떻게 그러한가? 〔품꾼〕이 〔고용주〕에게 "당신이 가지고 있는 50디나르의 내 품삯을 주시오"라고 말했을 때, 〔고용주〕가 말한다. "당신은 〔이미〕 금 1디나르를 받았습니다."

- 토라에 따르면 맹세하더라도 청구액을 받지 못하는 사람들이 있다. 반면에, 품꾼, 도난당한 사람, 부상당한 사람, 거짓 맹세한 사람의 상대자는 맹세한 후 청구한 금액을 받게 된다.
- 첫 번째 예로 품꾼이 일하고 품삯을 받지 않은 경우에 그는 아직 품삯을 받지 않았다고 맹세하면 품삯을 받을 수 있다.

7, 2

הַנִּגְזָל כֵּיצַד, הָיוּ מְעִידִין אוֹתוֹ שֶׁנִּכְנַס לְבֵיתוֹ לְמַשְׁכְּנוֹ שֶׁלֹּא בִרְשׁוּת, הוּא אוֹמֵר כֵּלַי נָטַלְתָּ, וְהוּא אוֹמֵר לֹא נָטַלְתִּי, הֲרֵי זֶה נִשְׁבָּע וְנוֹטֵל. רַבִּי יְהוּדָה אוֹמֵר, עַד שֶׁתְּהֵא שָׁם מִקְצָת הוֹדָאָה. כֵּיצַד, אָמַר לוֹ שְׁנֵי כֵלִים נָטַלְתָּ, וְהוּא אוֹמֵר לֹא נָטַלְתִּי אֶלָּא אֶחָד:

도난당한 사람에게는 〔이 법이〕 어떻게 〔적용되는가? 증인들〕은 〔피고인〕이 권한 없이 물건들을 〔가져오기〕 위해 〔청구인〕의 집에 들어갔다고 증언했다. 〔청구인〕이 말했다. "당신이 내 물건을 가져갔습니다"라고 말하고, 〔피고〕가 "나는 그것들을 가져가지 않았습니다"라고 말한다. 〔청구인〕은 맹세를 하고 물건들을 가져간다. 랍비 예후다는 말한다. "부분적인 인정이 있을 경우에만 〔맹세하고 가져갑니다〕." 어떻게 그러한가? 〔청구인〕이 "당신이 두 개를 가져갔습니다"라고 말하고 〔피고〕가 "나는 한 개를 가져갔다"라고 말한 〔경우〕다.

- 도난당한 물건의 주인은 증인들이 도난 사건에 대하여 증언한 후 맹세를 하고 자신의 물건을 가져올 수 있다.
- 랍비 예후다는 훔쳐간 사람이 일부를 인정한 경우에만 맹세를 하고,

전체를 부정하는 경우에는 맹세를 할 필요없이 가져갈 수 있다고 주장한다.

7, 3

הַנֶּחְבָּל כֵּיצַד, הָיוּ מְעִידִים אוֹתוֹ שֶׁנִּכְנַס תַּחַת יָדוֹ שָׁלֵם וְיָצָא חָבוּל, וְאָמַר לוֹ חָבַלְתָּ בִּי, וְהוּא אוֹמֵר לֹא חָבַלְתִּי, הֲרֵי זֶה נִשְׁבָּע וְנוֹטֵל. רַבִּי יְהוּדָה אוֹמֵר, עַד שֶׁתְּהֵא שָׁם מִקְצָת הוֹדָאָה. כֵּיצַד, אָמַר לוֹ חָבַלְתָּ בִּי שְׁתַּיִם, וְהַלָּה אוֹמֵר לֹא חָבַלְתִּי בְךָ אֶלָּא אֶחָת:

부상당한 사람에게는 〔이 법이〕 어떻게 〔적용되는가? 증인들〕은 "〔청구인〕이 온전한 상태로 〔피고〕의 수중에 들어갔는데 부상을 입고 나왔습니다"라고 증언했다. 그리고 〔청구인〕이 "당신이 나에게 상처를 입혔습니다"라고 말했고, 〔피고〕가 "나는 〔당신에게〕 상처를 입히지 않았습니다"라고 말했다면, 〔청구인〕은 맹세를 하고 〔청구한 것〕을 가져간다. 랍비 예후다는 말한다. "부분적인 인정이 있을 경우에만 〔맹세하고 가져갑니다〕." 어떻게 그러한가? 청구인이 그에게 "당신이 나에게 두 번 상처를 입혔습니다"라고 말했고, 〔피고〕가 "나는 당신에게 한 번 상처를 입혔습니다"라고 말한 〔경우〕다.

- 부상당한 사람은 증인들이 부상을 입은 사건에 대하여 증언한 후 맹세하고 상해의 대가를 받아올 수 있다.
- 랍비 예후다는 상해를 입힌 사람이 일부를 인정한 경우에만 맹세를 하고, 전체를 부정하는 경우에는 맹세할 필요없이 청구한 것을 가져갈 수 있다고 주장한다.

7, 4

וְשֶׁכְּנֶגְדּוֹ חָשׁוּד עַל הַשְּׁבוּעָה כֵּיצַד, אַחַת שְׁבוּעַת הָעֵדוּת וְאַחַת שְׁבוּעַת הַפִּקָּדוֹן, וַאֲפִלּוּ שְׁבוּעַת שָׁוְא. הָיָה אֶחָד מֵהֶן מְשַׂחֵק בְּקֻבְיָא, וּמַלְוֶה בְרִבִּית, וּמַפְרִיחֵי יוֹנִים, וְסוֹחֲרֵי שְׁבִיעִית, שֶׁכְּנֶגְדּוֹ נִשְׁבָּע וְנוֹטֵל. הָיוּ שְׁנֵיהֶן חֲשׁוּדִין, חָזְרָה הַשְּׁבוּעָה לִמְקוֹמָהּ, דִּבְרֵי רַבִּי יוֹסֵי. רַבִּי מֵאִיר אוֹמֵר, יַחֲלֹקוּ:

〔소송〕 상대가 거짓 맹세할 의심이 드는 자에게는 〔이 법이〕 어떻게 〔적용되는가?〕 증언 맹세나 담보 맹세 〔혹은〕 헛된 맹세라도 〔적용된다〕. 〔소송 당사자〕들 중 한 명이 주사위 놀이를 하는 자거나, 이자를 받고 돈을 빌려주는 사람이거나, 비둘기를 날리는 사람이거나, 안식년 농산물을 판매하는 사람인 경우, 그에 대하여 소송을 제기한 당사자는 맹세를 하고 〔청구한 것〕을 가져간다. 두 소송 당사자 모두 〔거짓 맹세할〕 용의자라면 맹세는 제자리로 돌아갔다. 이것은 랍비 요쎄의 말이다. 랍비 메이르는 말한다. "그들은 〔청구한 것을〕 나누어야 합니다."

- 도박하는 사람이나 부도덕한 사람은 사회적으로 지키는 법과 규정을 따르지 않기 때문에 그들에게 맹세할 기회를 주지 않는다.
- 비둘기를 날리는 것은 주사위 놀이처럼 일종의 도박으로 간주되어 맹세의 자격이 주어지지 않는다(「산헤드린」 3, 3).

7, 5

וְהַחֶנְוָנִי עַל פִּנְקָסוֹ כֵּיצַד, לֹא שֶׁיֹּאמַר לוֹ כָּתוּב עַל פִּנְקָסִי שֶׁאַתָּה חַיָּב לִי מָאתַיִם זוּז, אֶלָּא אָמַר לוֹ תֵּן לִבְנִי סָאתַיִם חִטִּין, תֵּן לְפוֹעֲלִי בְּסֶלַע מָעוֹת, הוּא אוֹמֵר נָתַתִּי וְהֵן אוֹמְרִים לֹא נָטַלְנוּ, (שְׁנֵיהֶן נִשְׁבָּעִים), הוּא נִשְׁבָּע וְנוֹטֵל וְהֵן נִשְׁבָּעִין וְנוֹטְלִין. אָמַר בֶּן נַנָּס, כֵּיצַד אֵלּוּ בָּאִין לִידֵי שְׁבוּעַת שָׁוְא וְאֵלּוּ בָּאִין לִידֵי שְׁבוּעַת שָׁוְא, אֶלָּא הוּא נוֹטֵל שֶׁלֹּא בִשְׁבוּעָה וְהֵן נוֹטְלִין שֶׁלֹּא בִשְׁבוּעָה:

장부를 소지한 가게 주인에게는 〔이 법이〕 어떻게 〔적용되는가? 가게 주인〕이 〔고객〕에게 "당신이 내게 200주즈를 빚진 것이 내 장부에 기록되어 있습니다"라고 말한 경우가 아니라, 〔고객〕이 〔가게 주인〕에게 "내 아들들에게 밀 2쎄아를 주시오." 〔또는〕 "나의 일꾼들에게 작은 동전으로 1쎌라를 주시오"라고 말한 경우다. 〔그리고 가게 주인〕이 "내가 주었습니다"라고 말하는데, 그들은 "우리는 받지 않았습니다"라고 말한 경우다. 〔가게 주인〕은 맹세하고 가져간다. 그리고 〔일꾼들〕도 맹세하고 가져간다. 벤 나나스가 말했다. "어떻게 이들이 헛된 맹세를 하고, 저들이 헛된 맹세를 하게 두겠는가? 〔가게 주인〕도 맹세 없이 가져갈 수 있고, 〔일꾼들〕도 맹세 없이 가져갈 수 있습니다."

- 물품과 돈이 있는 가게는 오늘날의 은행과 같은 역할을 했다. 당시 고객은 가게에 물건이나 돈을 가져오고 나중에 갚는 형식으로 이용했다.
- 가게 주인이 고객의 요구대로 물건을 주거나 임금을 지불했는데, 당사자들이 받지 못했다고 한다면, 가게 주인은 맹세를 하고 고객으로부터 약속한 대금이나 물품을 받는다.
- 만약 일꾼들이 임금을 받지 못한 경우에는, 그들이 고용주에게 맹세를 하고 품삯을 받아 간다.
- 벤 나나스는 헛된 맹세를 하게 되면 하나님의 이름이 더럽혀지기 때문에 맹세 없이 가져가도록 해야 한다고 주장한다.

7, 6

אָמַר לַחֶנְוָנִי תֵּן לִי בְדִינָר פֵּרוֹת וְנָתַן לוֹ, אָמַר לוֹ תֶּן לִי הַדִּינָר, אָמַר לוֹ נְתַתִּיו לְךָ וּנְתַתּוֹ בְאִנְפָּלִי, יִשָּׁבַע בַּעַל הַבָּיִת. נָתַן לוֹ אֶת הַדִּינָר, אָמַר לוֹ תֶּן לִי אֶת

הַפֵּרוֹת, אָמַר לוֹ נְתַתִּים לְךָ וְהוֹלַכְתָּן לְתוֹךְ בֵּיתֶךָ, יִשָּׁבַע חֶנְוָנִי. רַבִּי יְהוּדָה אוֹמֵר, כָּל שֶׁהַפֵּרוֹת בְּיָדוֹ, יָדוֹ עַל הָעֶלְיוֹנָה. אָמַר לַשֻּׁלְחָנִי תֶּן לִי בְדִינָר מָעוֹת וְנָתַן לוֹ, אָמַר לוֹ תֶּן לִי אֶת הַדִּינָר, אָמַר לוֹ נְתַתִּיו לְךָ וּנְתַתּוֹ בְאַנְפָּלִי, יִשָּׁבַע בַּעַל הַבַּיִת. נָתַן לוֹ אֶת הַדִּינָר, אָמַר לוֹ תֶּן לִי אֶת הַמָּעוֹת, אָמַר לוֹ נְתַתִּים לְךָ וְהִשְׁלַכְתָּם לְתוֹךְ כִּיסֶךָ, יִשָּׁבַע שֻׁלְחָנִי. רַבִּי יְהוּדָה אוֹמֵר, אֵין דֶּרֶךְ שֻׁלְחָנִי לִתֵּן אִסָּר עַד שֶׁיִּטֹּל דִּינָרוֹ:

〔어떤 사람이〕 가게 주인에게 "나에게 1디나르 값의 농산물을 주시오"라고 말하자 그는 〔고객〕에게 〔그 농산물〕을 주었다. 그 후에 가게 주인이 그에게 "당신이 내게 빚진 1디나르를 주시오"라고 말했는데 〔고객〕이 "내가 당신에게 〔그것을〕 주었으며, 당신은 그것을 당신 지갑에 넣었습니다"라고 말했다면, 그 고객은 맹세를 해야 한다. 〔만약 고객〕이 〔가게 주인〕에게 1디나르를 준 후에 "농산물을 주시오"라고 말했다. 〔가게 주인〕이 "내가 당신에게 〔그 농산물을〕 주었더니 당신은 그것을 집으로 가져갔습니다"라고 말했다면, 그 가게 주인은 〔이미 그 물건을 그에게 주었다는 것을〕 맹세해야 한다. 랍비 예후다는 말한다. "농산물을 자신이 가지고 있는 사람이 우월한 입장입니다." 〔어떤 사람이〕 환전상에게 "1디나르 가치를 작은 동전으로 나에게 주시오"라고 말하자 그가 〔그 동전들을〕 그에게 주었다. 〔환전상〕이 그에게 "나에게 1디나르를 주시오"라고 말하자 그 고객이 "내가 그것을 당신에게 주었고 당신은 지갑에 그것을 넣었습니다"라고 말했다면, 〔환전상〕이 맹세를 해야 한다. 〔고객〕이 〔환전상〕에게 1디나르를 주고 "나에게 〔1디나르 가치를〕 작은 동전들로 주시오"라고 말했는데 그 〔환전상〕이 〔고객〕에게 "내가 그것을 당신에게 주었고 당신은 그것들을 주머니에 넣었습니다"라고 말했다면, 환전상이 맹세해야 한다. 랍비 예후다가 말한다. "〔환전상이 그의 고객으로부터〕 그의 디나르를 받기 전에 〔그 고객에게〕 1이싸르라도 준다는 것은 환전상의 〔영업〕 방식이 아닙니다."

- 농산물값을 지불한 고객이나 농산물을 준 가게 주인 사이의 주장이 다를 때, 물품을 준 가게 주인이나 돈을 지불한 고객이 맹세를 해야 청구한 금액이나 물품을 받을 수 있다.
- 물품을 가지고 있는 사람이 우위를 점한다는 랍비 예후다의 주장은 물품을 가지고 있는 사람의 말을 신뢰하기 때문에 맹세할 필요가 없다는 의미다.
- 마지막 단락에서 랍비 예후다는 고객이 그의 동전들을 받았다는 것은 환전상이 그가 받아야 하는 돈을 이미 받았다는 것을 의미한다고 주장한다.

7, 7

כְּשֵׁם שֶׁאָמְרוּ, הַפּוֹגֶמֶת כְּתֻבָּתָהּ לֹא תִפָּרַע אֶלָּא בִשְׁבוּעָה, וְעֵד אֶחָד מְעִידָהּ שֶׁהִיא פְרוּעָה, לֹא תִפָּרַע אֶלָּא בִשְׁבוּעָה. מִנְּכָסִים מְשֻׁעְבָּדִים וּמִנִּכְסֵי יְתוֹמִים, לֹא תִפָּרַע אֶלָּא בִשְׁבוּעָה. וְהַנִּפְרַעַת שֶׁלֹּא בְפָנָיו, לֹא תִפָּרַע אֶלָּא בִשְׁבוּעָה. וְכֵן הַיְתוֹמִים לֹא יִפָּרְעוּ אֶלָּא בִשְׁבוּעָה, שְׁבוּעָה שֶׁלֹּא פְקָדָנוּ אַבָּא, וְלֹא אָמַר לָנוּ אַבָּא, וְשֶׁלֹּא מָצִינוּ בֵין שְׁטָרוֹתָיו שֶׁל אַבָּא שֶׁשְּׁטָר זֶה פָרוּעַ. רַבִּי יוֹחָנָן בֶּן בְּרוֹקָה אוֹמֵר, אֲפִלּוּ נוֹלַד הַבֵּן לְאַחַר מִיתַת הָאָב, הֲרֵי זֶה נִשְׁבָּע וְנוֹטֵל. אָמַר רַבָּן שִׁמְעוֹן בֶּן גַּמְלִיאֵל, אִם יֵשׁ עֵדִים שֶׁאָמַר הָאָב בִּשְׁעַת מִיתָתוֹ שְׁטָר זֶה אֵינוֹ פָרוּעַ, הוּא נוֹטֵל שֶׁלֹּא בִשְׁבוּעָה:

〔현자들이 다른 경우에서〕 말했던 바와 같이, 결혼계약서를 훼손한 여인은 맹세하지 않으면 받을 수 없다. 증인 중 한 명이 그녀가 이미 〔케투바〕를 지급받았다고 증언한 경우, 맹세하지 않으면 받을 수 없다. 〔다른 사람에게〕 선취득된 재산이나 고아의 재산에서 〔받고자 할 경우〕, 맹세하지 않으면 받을 수 없다. 〔그녀의 남편〕 부재시 맹세하지 않으면 받을 수 없다. 마찬가지로 고아들도 〔다음과 같이〕 맹세하지 않으면 받을 수 없다. "아버지는 우리에게 〔어떤〕 지시도 하지 않았으며, 아버지는 우리에게 〔어떤〕 말도 하지 않았으며, 아버지의 문

서에서도 이 대출금이 상환되었다는 〔어떤 문서도〕 발견하지 못했다는 것을 맹세합니다." 랍비 요하난 벤 베로카는 말한다. "아버지가 죽은 후에 아들이 태어났더라도 그는 맹세하고 수령합니다." 랍비 쉼온 벤 감리엘은 말했다. "〔만약〕 아버지가 임종 때 '이 대출금은 상환되지 않았다'라고 말한 것을 들은 증인들이 있다면 그는 맹세 없이 〔대출금〕을 수령할 수 있습니다."

- 일반적으로 '케투바'라는 결혼계약서를 가지고 있는 여성은 남편의 사망이나 이혼 시 맹세 없이 남편이 결혼할 때 약속한 금액(케투바)를 받을 수 있다. 하지만 예외적으로 맹세를 해야 자신의 케투바를 받을 수 있는 경우들이 있다. 1) 케투바에 약속된 금액 일부를 이미 수령했을 때, 나머지 금액을 가져오고자 할 때, 2) 증인 중 한 명이 그녀가 케투바 금액을 이미 수령했다고 증언할 때, 3) 남편이 다른 사람에게 양도한 재산 중에서 케투바 금액을 가져오고자 할 때, 4) 남편이 부재중인 상황에서 케투바 금액을 가져오고자 할 경우다(『나쉼』「케투봇」9, 7-8).
- 고아가 자신의 아버지가 다른 사람에게 돈을 빌려주었다는 증서를 발견한 경우, 위에서 하는 것과 같은 맹세를 하면 아버지가 빌려주었던 대출금을 회수할 수 있게 된다.

7, 8

וְאֵלּוּ נִשְׁבָּעִים שֶׁלֹּא בְטַעֲנָה, הַשֻּׁתָּפִין, וְהָאֲרִיסִין, וְהָאַפּוֹטְרוֹפִּין, וְהָאִשָּׁה הַנּוֹשֵׂאת וְהַנּוֹתֶנֶת בְּתוֹךְ הַבַּיִת, וּבֶן הַבָּיִת. אָמַר לוֹ מָה אַתָּה טוֹעֲנֵנִי, רְצוֹנִי שֶׁתִּשָּׁבַע לִי, חַיָּב. חָלְקוּ הַשֻּׁתָּפִין וְהָאֲרִיסִין, אֵין יָכוֹל לְהַשְׁבִּיעוֹ. נִתְגַּלְגְּלָה לוֹ שְׁבוּעָה מִמָּקוֹם אַחֵר, מְגַלְגְּלִין עָלָיו אֶת הַכֹּל. וְהַשְּׁבִיעִית מְשַׁמֶּטֶת אֶת הַשְּׁבוּעָה:

〔다음 사람들은〕 청구가 없더라도 맹세해야 한다. 동업자들, 소작인들, 관리인들, 집안일을 하는 부인, 집안의 아들이다. 〔만약〕 어떤 사람이 그에게 "당신은 나에게 어떤 청구를 제기합니까?"라고 말했는데, 그가 "나는 당신이 〔나의 것을 아무것도 취하지 않았다고〕 맹세하기를 원한다"라고 말했다면, 〔맹세를〕 해야 한다. 동업자들이나 소작인들이 일단 분리되었다면 〔청구인〕은 맹세를 요구할 수 없다. 〔만약〕 다른 곳에서 그에게 맹세가 부과되었다면 그들은 전체 청구에 대한 맹세를 그에게 부과할 수 있다. 안식년에는 맹세가 면제된다.

- 채무 관계가 분명한 경우에만 맹세를 요구할 수 있다. 하지만 예외적으로 자신의 재산을 관리하는 데 관여했던 사람에게는 의심의 여지가 있을 때에는 맹세를 요구할 수 있다.
- 자신이 부재중일 때 부인이 자신의 재산 일부를 숨기지 않았는지 의심하는 경우에도 맹세를 요구했다.
- '집안의 아들'은 아마도 상속자인 다른 형제가 재산을 정당하게 분배하는지에 대한 맹세로 보인다.
- 더 이상 동업자나 소작인 관계가 아닌 사람에게는 공유했던 재산에 대한 맹세를 요구할 수 없다.

제8장

마지막으로 제8장은 네 종류의 관리인에 대하여 말한다.

8, 1

אַרְבָּעָה שׁוֹמְרִין הֵן, שׁוֹמֵר חִנָּם, וְהַשּׁוֹאֵל, נוֹשֵׂא שָׂכָר, וְהַשּׂוֹכֵר. שׁוֹמֵר חִנָּם

נִשְׁבָּע עַל הַכֹּל. וְהַשּׁוֹאֵל מְשַׁלֵּם אֶת הַכֹּל. נוֹשֵׂא שָׂכָר וְהַשּׂוֹכֵר נִשְׁבָּעִין עַל הַשְּׁבוּרָה וְעַל הַשְּׁבוּיָה וְעַל הַמֵּתָה, וּמְשַׁלְּמִים אֶת הָאֲבֵדָה וְאֶת הַגְּנֵבָה:

관리자는 네 가지 유형이 있다. 무급 관리자, 차용인, 유급 관리자, 그리고 임차인이다. 무급 관리자는 모든 경우에 맹세하면 〔책임이 없다〕. 차용인은 모든 경우에 그 비용을 지불해야 한다. 유급 관리자와 임차인은 상처 입은 동물, 포획된 동물, 죽은 동물에 대하여 맹세하면 〔책임이 없다〕. 하지만 잃어버린 동물, 도난당한 동물에 대해서는 배상해야 한다.

- 네 종류의 관리자에 대한 일반적인 설명은 「바바 메찌아」 7, 8에 나온다. 관리자에 따라서 배상 책임도 각각 다르다.
- 돈을 받지 않고 관리해주는 '무급 관리자'는 어떤 경우에도 배상 책임이 없다. 대신 자신이 고의적인 잘못이 없다고 맹세하면 된다.
- 비용을 지불하지 않고 빌려 쓰는 '차용인'은 모든 경우에 대하여 그에 상응하는 배상 책임이 있다.
- 돈을 받고 관리해주는 '유급 관리자'나 비용을 지불하고 사용하는 '임차인'은 동물이 다치거나 자연적으로 죽은 경우에는 책임이 없고, 관리 소홀로 잃어버리거나 도난당한 경우에는 배상 책임이 있다.

8, 2

אָמַר לְשׁוֹמֵר חִנָּם, הֵיכָן שׁוֹרִי, אָמַר לוֹ מֵת, וְהוּא שֶׁנִּשְׁבַּר אוֹ נִשְׁבָּה אוֹ נִגְנַב אוֹ אָבַד. נִשְׁבַּר, וְהוּא שֶׁמֵּת אוֹ נִשְׁבָּה אוֹ נִגְנַב אוֹ אָבַד. נִשְׁבָּה, וְהוּא שֶׁמֵּת אוֹ נִשְׁבַּר אוֹ נִגְנַב אוֹ אָבַד. נִגְנַב, וְהוּא שֶׁמֵּת אוֹ נִשְׁבַּר אוֹ נִשְׁבָּה אוֹ אָבַד. אָבַד, וְהוּא שֶׁמֵּת אוֹ נִשְׁבַּר אוֹ נִשְׁבָּה אוֹ נִגְנַב. מַשְׁבִּיעֲךָ אֲנִי, וְאָמַר אָמֵן, פָּטוּר:

〔주인이〕 무급 관리자에게 "내 황소가 어디에 있소?"라고 물었는데,

그는 "죽었습니다"라고 대답했지만, 〔사실은 황소〕가 상처를 입었거나, 포획되었거나, 도난당했거나, 잃어버렸다. 〔또는〕 그가 "상처를 입었습니다"라고 대답했지만, 〔사실은〕 죽었거나, 포획되었거나, 도난당했거나, 잃어버렸다. 〔또는〕 그가 "그것은 포획되었습니다"라고 대답했지만, 〔사실은〕 죽었거나, 상처를 입었거나, 도난당했거나, 잃어버렸다. 〔또는〕 그가 "도난당했습니다"라고 대답했지만, 〔사실은〕 죽었거나, 상처를 입었거나, 포획되었거나, 잃어버렸다. 〔또는〕 그가 "잃어버렸습니다"라고 대답했지만, 〔사실은〕 죽었거나, 상처를 입었거나, 포획되었거나, 도난당했다. 〔주인이〕 "나는 당신이 맹세하기를 요구합니다"라고 말했을 때, 〔그 무급 관리자가〕 "아멘!"이라고 말했다면, 〔그는〕 면제된다.

- 앞의 첫째 미쉬나에서 말했듯이, 무급 관리자는 어떤 경우에도 배상 책임을 지지 않는다.
- 그래서 그가 거짓 맹세를 한 경우에도 속건제의 책임이 없다.

8, 3

הֵיכָן שׁוֹרִי, אָמַר לוֹ אֵינִי יוֹדֵעַ מָה אַתָּה סָח, וְהוּא שֵׁמֵת אוֹ נִשְׁבַּר אוֹ נִשְׁבָּה אוֹ נִגְנַב אוֹ אָבַד. מַשְׁבִּיעֲךָ אָנִי, וְאָמַר אָמֵן, פָּטוּר. הֵיכָן שׁוֹרִי, אָמַר לוֹ אָבַד. מַשְׁבִּיעֲךָ אָנִי, וְאָמַר אָמֵן, וְהָעֵדִים מְעִידִין אוֹתוֹ שֶׁאֲכָלוֹ, מְשַׁלֵּם אֶת הַקֶּרֶן. הוֹדָה מֵעַצְמוֹ, מְשַׁלֵּם קֶרֶן וְחֹמֶשׁ וְאָשָׁם. הֵיכָן שׁוֹרִי, אָמַר לוֹ נִגְנָב. מַשְׁבִּיעֲךָ אָנִי, וְאָמַר אָמֵן, וְהָעֵדִים מְעִידִין אוֹתוֹ שֶׁגְּנָבוֹ, מְשַׁלֵּם תַּשְׁלוּמֵי כֶפֶל. הוֹדָה מֵעַצְמוֹ, מְשַׁלֵּם קֶרֶן וְחֹמֶשׁ וְאָשָׁם:

〔주인〕이 〔무급 관리자에게〕 "내 황소가 어디에 있소?"라고 물었는데, 그가 "당신이 무슨 말 하는지 모르겠습니다"라고 대답했지만, 〔사실은〕 그것이 죽었거나, 상처를 입었거나, 포획되었거나, 도난당했거나, 잃어버렸다. 〔주인〕이 "나는 당신이 맹세하기를 요구합니다"라

고 말했을 때, 〔그가〕 "아멘!"이라고 말했다면, 그는 면제된다. 〔주인〕이 〔무급 관리자에게〕 "내 황소가 어디에 있소?"라고 물었는데, 그가 "잃어버렸습니다"라고 대답했다. 〔주인〕이 "나는 당신이 맹세하기를 요구합니다"라고 말했을 때, 그가 "아멘!"이라고 말했지만, 증인들은 〔무급 관리자〕가 〔황소를〕 "먹어버렸습니다"라고 증언한다면, 〔무급 관리자〕는 〔황소의〕 원금을 배상해야 한다. 〔만약〕 그가 스스로 자백한다면 〔황소의〕 원금과 1/5 추가금을 배상하고 속건제를 드려야 한다. 〔마찬가지로 주인〕이 〔무급 관리자〕에게 "내 황소는 어디 있소?"라고 물었는데, 그가 "도난당했습니다"라고 대답했다. 〔주인〕이 "나는 당신이 맹세하기를 요구합니다"라고 말했을 때, 그가 "아멘!"이라고 말했지만, 증인들은 그가 그것을 훔쳤다고 증언한다면, 그는 그 〔황소 값의〕 두 배로 배상해야 한다. 〔만약〕 그가 스스로 자백한다면 그 〔황소 값〕 원금과 1/5 추가금을 배상하고 속건제를 드려야 한다.

- 사실과 다르게 무급 관리자는 황소를 받았다는 사실 자체를 부정하고 거짓 맹세를 하더라도 무급 관리자는 배상 책임이나 속건제를 드릴 필요가 없다.
- 무급 관리자가 황소를 가져가 먹었다는 사실을 증인들이 증언한 경우에, 그 무급 관리자는 황소의 원금에 해당하는 금액을 배상해야 한다.
- 만약 무급 관리자가 자신이 황소를 가져가 먹었다는 사실을 자백한 경우에는 황소 원금에 1/5을 더하여 배상하고 속건제도 드려야 한다. 원금에 1/5을 더하여 배상하는 것은 레위기 6:2-6에 나타난다.
- 무급 관리자가 황소를 훔쳐갔다는 사실을 증인들이 증언한 경우에, 그 무급 관리자는 도둑으로 간주되어 두 배로 배상해야 한다.
- 만약 무급 관리자가 자신이 황소를 훔쳤다는 사실을 자백한 경우에

는 황소 원금에 1/5을 더하여 배상하고 속건제도 드려야 한다.

8, 4

אָמַר לְאֶחָד בַּשּׁוּק הֵיכָן שׁוֹרִי שֶׁגָּנַבְתָּ, וְהוּא אוֹמֵר לֹא גָנַבְתִּי, וְהָעֵדִים מְעִידִים אוֹתוֹ שֶׁגְּנָבוֹ, מְשַׁלֵּם תַּשְׁלוּמֵי כֶפֶל. טָבַח וּמָכַר, מְשַׁלֵּם תַּשְׁלוּמֵי אַרְבָּעָה וַחֲמִשָּׁה. רָאָה עֵדִים שֶׁמְּמַשְׁמְשִׁין וּבָאִין, אָמַר גָּנַבְתִּי אֲבָל לֹא טָבַחְתִּי וְלֹא מָכַרְתִּי, אֵינוֹ מְשַׁלֵּם אֶלָּא קֶרֶן:

어떤 사람이 시장에서 다른 사람에게 "당신이 훔친 내 황소는 어디 있소?"라고 물었는데, 그 사람이 "나는 훔치지 않았소"라도 말했을 때, 증인들이 그가 〔황소〕를 훔쳤다고 증언하면 그는 두 배로 배상해야 한다. 그가 도살해서 팔았다면 〔양이나 염소는〕 네 배로 〔황소나 암소는〕 다섯 배로 배상해야 한다. 〔만약〕 목격한 증인들이 다가오는 것을 보고 "내가 훔쳤지만 죽이거나 팔지 않았습니다"라고 자백하면, 그는 〔네 배나 다섯 배 배상이〕 아니라 원금만 지불하면 된다.

- 도둑질을 자백한 경우에는 두 배가 아니라 원금만 배상하면 된다.
- 증인들이 도살했거나 팔았다고 증언하기 전에 미리 도둑질을 자백한 경우에도 네 배나 다섯 배가 아니라 원금만 배상하면 된다.

8, 5

אָמַר לַשּׁוֹאֵל הֵיכָן שׁוֹרִי, אָמַר לוֹ מֵת, וְהוּא שֶׁנִּשְׁבַּר אוֹ נִשְׁבָּה אוֹ נִגְנַב אוֹ אָבַד. נִשְׁבַּר, וְהוּא שֶׁמֵּת אוֹ נִשְׁבָּה אוֹ נִגְנַב אוֹ אָבַד. נִשְׁבָּה, וְהוּא שֶׁמֵּת אוֹ נִשְׁבַּר אוֹ נִגְנַב אוֹ אָבַד. נִגְנַב, וְהוּא שֶׁמֵּת אוֹ נִשְׁבַּר אוֹ נִשְׁבָּה אוֹ אָבַד. אָבַד, וְהוּא שֶׁמֵּת אוֹ נִשְׁבַּר אוֹ נִשְׁבָּה אוֹ נִגְנַב. מַשְׁבִּיעֲךָ אָנִי, וְאָמַר אָמֵן, פָּטוּר:

〔주인〕이 차용인에게 "내 황소가 어디 있소?"라고 물었는데 그 〔차용인〕이 "죽었습니다"라고 대답했지만, 〔사실은〕 그 〔황소〕가 부상당

했거나, 포획되었거나, 도난당했거나, 분실되었다. 〔또는〕 그가 "〔황소〕가 부상당했습니다"라고 말했지만, 〔사실은〕 죽었거나, 다쳤거나, 포획되었거나, 도난당했거나, 잃어버렸다. 〔또는〕 그가 "〔황소〕가 포획되었습니다"라고 말했지만, 〔사실은〕 죽거나, 다쳤거나, 도난당했거나, 잃어버렸다. 〔또는〕 그가 "〔황소〕를 잃어버렸습니다"라고 말했지만, 〔사실은〕 죽었거나, 다쳤거나, 포획되었거나, 도난당했다. 〔주인〕이 "나는 당신이 맹세하기를 요구합니다"라고 말했을 때, 〔차용인〕이 "아멘!"이라고 말했다면, 그는 〔속건제〕가 면제된다.

- 돈을 지불하지 않고 빌려 쓰는 차용인은 동물의 가치만큼 반드시 배상해야 한다(「바바 캄바」 4, 9).
- 차용인이 "아멘!"이라고 대답했다면 이것은 거짓 맹세를 한 것이다. 일반적인 경우에는 거짓 맹세에 대한 속건제를 드리고 문제가 마무리된다. 하지만 차용인이 손실을 발생시킨 경우에는 반드시 배상해야 하고 대신 속건제는 면제된다.

8, 6

הֵיכָן שׁוֹרִי, אָמַר לוֹ אֵינִי יוֹדֵעַ מָה אַתָּה סָח, וְהוּא שֶׁמֵּת אוֹ נִשְׁבַּר אוֹ נִשְׁבָּה אוֹ נִגְנַב אוֹ אָבַד. מַשְׁבִּיעֲךָ אָנִי, וְאָמַר אָמֵן, חַיָּב. אָמַר לַנּוֹשֵׂא שָׂכָר וְהַשּׂוֹכֵר הֵיכָן שׁוֹרִי, אָמַר לוֹ מֵת, וְהוּא שֶׁנִּשְׁבַּר אוֹ נִשְׁבָּה. נִשְׁבָּר, וְהוּא שֶׁמֵּת אוֹ נִשְׁבָּה. נִשְׁבָּה, וְהוּא שֶׁמֵּת אוֹ נִשְׁבַּר. נִגְנָב, וְהוּא שֶׁאָבַד. אָבַד, וְהוּא שֶׁנִּגְנַב. מַשְׁבִּיעֲךָ אָנִי, וְאָמַר אָמֵן, פָּטוּר. מֵת אוֹ נִשְׁבַּר אוֹ נִשְׁבָּה, וְהוּא שֶׁנִּגְנַב אוֹ אָבַד. מַשְׁבִּיעֲךָ אָנִי, וְאָמַר אָמֵן, חַיָּב. אָבַד, אוֹ נִגְנָב, וְהוּא שֶׁמֵּת אוֹ נִשְׁבַּר אוֹ נִשְׁבָּה. מַשְׁבִּיעֲךָ אָנִי, וְאָמַר אָמֵן, פָּטוּר. זֶה הַכְּלָל, כָּל הַמְשַׁנֶּה מֵחוֹבָה לְחוֹבָה וּמִפְּטוֹר לִפְטוֹר וּמִפְּטוֹר לְחוֹבָה, פָּטוּר. מֵחוֹבָה לִפְטוֹר, חַיָּב. זֶה הַכְּלָל, כָּל הַנִּשְׁבָּע לְהָקֵל עַל עַצְמוֹ, חַיָּב. לְהַחְמִיר עַל עַצְמוֹ, פָּטוּר:

〔만약 황소 주인이 차용인에게〕 "내 황소는 어디 있소?"라고 물었

는데, 그가 "당신이 무슨 말 하는지 모르겠습니다"라고 대답했지만, 〔사실은 황소〕가 죽거나, 다쳤거나, 포획되었거나, 도난당했거나, 잃어버렸다. 〔주인〕이 〔차용인〕에게 "나는 당신이 맹세하기를 요구합니다"라고 말했을 때, 그가 "아멘!"〔이라고 말했다면〕 그는 〔속건제를〕 드려야 한다. 〔주인〕이 유급 관리자나 차용인에게 "내 황소는 어디 있는가?"라고 물었는데, 〔차용인〕이 "죽었습니다"라고 대답했지만, 〔사실은 황소〕가 부상당했거나, 포획되었다. 〔또는〕 그가 "〔황소〕는 부상당했습니다"라고 말했지만, 〔실제로는〕 죽었거나, 포획되었다. 〔또는〕 그가 "〔황소〕는 포획되었습니다"라고 말했지만, 〔사실은〕 죽었거나, 다쳤다. 〔또는〕 그가 "〔황소〕가 도난당했습니다"라고 말했지만, 〔사실은〕 잃어버렸다. 〔또는〕 그가 "〔황소〕를 잃어버렸습니다" 라고 말했지만, 〔사실은〕 도난당했다. 〔주인〕이 〔유급 관리자 또는 차용인〕에게 "나는 당신이 맹세하기를 요구합니다"라고 말했을 때, 그가 "아멘!"이라고 말했다면, 그는 〔속건제〕가 면제된다. 〔만약〕 그가 "〔황소〕는 죽었습니다", "부상당했습니다", "포획되었습니다"라고 대답했지만, 〔사실은〕 도난당하거나, 잃어버렸다. 〔주인〕이 "나는 당신이 맹세하기를 요구합니다"라고 말했을 때, 그가 "아멘!"이라고 말했다면, 그는 〔속건제를〕 드려야 한다. 〔만약〕 그가 "〔황소〕를 잃어버렸습니다" 또는 "도난당했습니다"라고 대답했지만, 〔사실은〕 부상당했거나, 포획되었다. 〔주인〕이 〔유급 관리자 또는 차용인〕에게 "나는 당신이 맹세하기를 요구합니다"라고 말했을 때, 그가 "아멘!"이라고 말했다면, 그는 〔속건제〕가 면제된다. 이것이 원칙이다. 한 유책 청구에서 다른 유책 청구로, 또는 한 면책 청구에서 다른 면책 청구로, 또는 한 면책 청구에서 다른 유책 청구로 변경하는 사람은 속건제가 면제된다. 〔만약〕 유책 청구에서 면책 청구로 변경하면 〔속죄제〕의 책임이 있다. 이것이 원칙이다. 자신에게 관대한 내용의 맹세를 하는 사람은 책임이 있다. 〔만약 그가〕 자신에게 엄격한 내용으로 맹세를 하면 그는 책임이 없다.

- 부당한 이득을 취하고도 거짓 맹세한 경우에는 해당 물건(동물)의 본래 가치와 그 가치의 1/5을 추가하여 배상하고 속건제도 바쳐야 한다(레 6:2-7).
- 유급 관리자나 차용인의 경우 동물이 죽거나 부상을 입거나 포획당한 경우에는 책임이 없고, 도난당하거나 분실한 경우에는 책임이 있어 배상해야 한다.
- 이에 대해 유급 관리자나 차용인이 거짓 맹세를 했을 때, 맹세로 인해 과실이 줄어들었다면 실제 가치에 대한 책임과 함께 1/5 가치를 추가로 배상하고 속건제도 바쳐야 한다. 하지만 거짓 맹세로 인해 실제 책임이 거짓 맹세의 결과와 같거나 오히려 더 커진 경우에는 맹세한 내용만큼 배상하면 되고 거짓 맹세를 했는데도 불구하고 속건제는 면제된다.
- 결국 책임을 지지 않거나 가볍게 하려고 거짓 맹세한 할 경우에는 실제 가치와 함께 그 가치의 1/5을 추가하여 배상해야 하며 속건제도 바쳐야 한다. 반면에 거짓 맹세로 인해 오히려 배상액이 커지거나 동일한 경우에는 맹세한 결과만큼 배상하고 속건제는 면제되는 것이 일반원칙이다.
- 미쉬나는 보통 일반원칙을 말하기보다는 구체적으로 열거하면서 설명하는 방식을 취한다.

עדיות

7

에두욧

증언

미쉬나 법은 다수의 견해를 따르고 있는데, 다수의 견해와 함께 개인의 주장을 기록하는 이유가 무엇인가? 이것은 한 법정이 개인의 주장을 선호해서 그에 준하여 결정을 내리면, 이후의 법정에서 이전의 법정보다 지혜나 수적으로 우위에 있지 않는 이상 이 법정의 결정을 무효화하지 않도록 하기 위함이다. 지혜나 수적으로 우위에 있지 않으면 한 법정이 다른 법정의 견해를 무효로 만들 수 없다. _「에두욧」 1, 5

개요

「에두욧」(עדיות)은 그 제목이 문자적으로 '증언들'이라는 의미다. 여기에서는 랍비들이 각각의 경우에 대하여 '증언'하는 다양한 규정들이 수록되었다. 미쉬나는 각각의 규정들에 대하여 랍비들이 '주장한다'라는 표현보다는 '증언한다'라는 단어를 더 선호한다. 따라서 랍비들의 증언은 다른 의미로 그들의 법규정들에 대한 '주장' 또는 '견해'라고 볼 수 있다. 미쉬나는 비록 서로 다른 견해의 주장들이라도 각각의 랍비들의 견해를 동등하게 다룬다.

흥미로운 사실은 「에두욧」에서는 샴마이 학파와 힐렐 학파 사이의 논쟁들 중에서 특별히 그들의 평소 성향과 다른 주장들을 대폭 소개한다. 일반적으로 샴마이 학파는 엄격한 입장을, 힐렐 학파는 온건한 입장을 취한다. 하지만 「에두욧」 4-5장은 이와 반대로 샴마이 학파가 더 온건한 주장을 하고 힐렐 학파가 더 엄격한 주장을 하는 주제들을 수록하고 있다.

- **관련 성경구절 | 출애굽기 13:13; 레위기 12:1-6, 17:13, 19:10, 24; 민수기 6장, 15:19-20, 19장; 신명기 14:22-27, 18:4, 22:9, 24:19**

제1장

1, 1

שַׁמַּאי אוֹמֵר, כָּל הַנָּשִׁים דַּיָּן שְׁעָתָן. וְהִלֵּל אוֹמֵר, מִפְּקִידָה לִפְקִידָה, אֲפִלּוּ לְיָמִים הַרְבֵּה. וַחֲכָמִים אוֹמְרִים, לֹא כְדִבְרֵי זֶה וְלֹא כְדִבְרֵי זֶה, אֶלָּא מֵעֵת לְעֵת מְמַעֶטֶת עַל יַד מִפְּקִידָה לִפְקִידָה, וּמִפְּקִידָה לִפְקִידָה מְמַעֶטֶת עַל יַד מֵעֵת לְעֵת. כָּל אִשָּׁה שֶׁיֶּשׁ לָהּ וֶסֶת, דַּיָּהּ שְׁעָתָהּ. הַמְשַׁמֶּשֶׁת בְּעִדִּים, הֲרֵי זוֹ כִּפְקִידָה, מְמַעֶטֶת עַל יַד מֵעֵת לְעֵת וְעַל יַד מִפְּקִידָה לִפְקִידָה:

삼마이는 말한다. "〔월경하는〕 모든 여성은 〔처음으로 흐를〕 때부터 〔부정하다고 생각하면〕 충분합니다." 하지만 힐렐은 말한다. "〔첫 번째〕 검사에서 〔마지막〕 검사까지 〔부정하다고 생각해야 합니다〕. 심지어 여러 날이 될 수도 있습니다." 현자들은 말한다. "이 말도 맞지 않고 저 말도 맞지 않습니다. 〔마지막〕 검사에서 〔이전〕 검사까지의 기간보다 적은 경우에는 직전 24시간 동안 〔부정하다고 간주됩니다〕. 직전 24시간보다 적은 경우에는 〔마지막〕 검사부터 〔이전〕 검사까지 기간 동안 〔부정하다고 간주됩니다〕." 생리를 규칙적으로 하는 여성이라면 누구나 정해진 시간만큼 〔부정하다고 생각하면〕 충분하다. 여성이 〔성관계를 가질 때〕 검사복을 사용하면 검사한 것과 동일하다. 〔직전〕 24시간의 기간보다 적거나 〔마지막〕 검사에서 〔이전〕 시험까지의 기간보다 적다.

- 다수의 랍비는 삼마이나 힐렐의 견해 모두를 인정하지 않고 있다.
- 월경 시기를 정확히 모를 때에 랍비들은 검사 간격과 24시간을 비교해서 더 적은 시간 동안 부정한 것으로 간주한다. 월경이 발견된 (마지막) 검사 시점부터 이전 검사 시점까지 24시간이 넘으면 24시간 동안 부정한 것으로 간주한다. 그리고 월경이 발견된 시점부터 이

전 검사 시점까지 24시간이 넘지 않으면 두 검사 기간 동안 부정한 것으로 본다. 그래서 이 기간 동안 손을 댄 물건들도 부정한 것으로 본다.

1, 2

שַׁמַּאי אוֹמֵר, מִקַּב לְחַלָּה. וְהִלֵּל אוֹמֵר, מִקַּבַּיִם. וַחֲכָמִים אוֹמְרִים, לֹא כְדִבְרֵי זֶה וְלֹא כְדִבְרֵי זֶה, אֶלָּא קַב וּמֶחֱצָה חַיָּבִים בְּחַלָּה. וּמִשֶּׁהִגְדִּילוּ הַמִּדּוֹת אָמְרוּ, חֲמֵשֶׁת רְבָעִים חַיָּבִין. רַבִּי יוֹסֵי אוֹמֵר, חֲמִשָּׁה, פְּטוּרִין. חֲמִשָּׁה וָעוֹד, חַיָּבִין:

샴마이는 말한다. "1카브 〔가루가 들어간〕 가루 떡〔을 바쳐야 합니다〕." 하지만 힐렐은 말한다. "2카브입니다." 현자들은 말한다. "이 말도 맞지 않고 저 말도 맞지 않습니다. 1.5카브 〔가루가 들어간〕 가루 떡〔을 바쳐야 합니다〕." 〔양을 재는 도구의〕 치수가 커지자 이렇게 말했다. "5/4 〔가루가 들어간〕 가루 떡〔을 바쳐야 합니다〕." 랍비 요쎄는 말한다. "〔정확히 4분의〕 5이면 제외되고, 〔4분의〕 5보다 조금 많으면 바칩니다."

- 가루 떡(חלה, 할라)을 바치는 규정은 민수기 15:20에 나와 있다. 처음 익은 곡식의 가루로 만든 떡(빵)으로 거제를 드렸다.
- 양을 재는 치수가 여섯 예루살렘 로그가 새로운 도량형에서는 5로그가 되었다.

1, 3

הִלֵּל אוֹמֵר, מְלֹא הִין מַיִם שְׁאוּבִין פּוֹסְלִין אֶת הַמִּקְוֶה, אֶלָּא שֶׁאָדָם חַיָּב לוֹמַר בִּלְשׁוֹן רַבּוֹ. וְשַׁמַּאי אוֹמֵר, תִּשְׁעָה קַבִּין. וַחֲכָמִים אוֹמְרִים, לֹא כְדִבְרֵי זֶה וְלֹא כְדִבְרֵי זֶה, אֶלָּא עַד שֶׁבָּאוּ שְׁנֵי גַרְדִּיִּים מִשַּׁעַר הָאַשְׁפּוֹת

שֶׁבִּירוּשָׁלַיִם וְהֵעִידוּ מִשּׁוּם שְׁמַעְיָה וְאַבְטַלְיוֹן, שְׁלֹשֶׁת לֻגִּין מַיִם שְׁאוּבִין פּוֹסְלִין אֶת הַמִּקְוֶה, וְקִיְּמוּ חֲכָמִים אֶת דִּבְרֵיהֶם:

힐렐은 말한다. "1힌 가득 길어온 물이 정결 목욕탕을 무효로 만듭니다." 본래 사람은 스승의 언어를 사용해야 하는 법이다. 샴마이는 말한다. "9카브[의 길어온 물이 무효로 만듭니다]." 현자들은 말한다. "이 말도 맞지 않고 저 말도 맞지 않습니다." 그런데 예루살렘 분문에서 올라온 직조공들이 와서 슈마야와 아브탈리온 이름으로 증언했다. "길어온 물 3로그가 정결 목욕탕을 무효로 만듭니다." 현자들은 그들의 말을 인정했다.

- 정결 목욕탕 물은 빗물이나 샘물처럼 자연적인 물을 사용해야 한다. 사람의 손으로 길어온 물이 일정 부피 들어가면 정결 의식용으로 사용할 수 없다.
- 스승의 언어를 사용했다는 것은 스승들을 따라서 힌(hin)이라는 용어를 사용했다는 말이다. 힌은 성서에서 사용된 부피로 3카브에 해당한다. 힐렐은 힌 대신 당시에 주로 사용되는 카브를 사용했다.
- 샴마이는 힐렐이 말하는 양보다 세 배 많게 사람이 9카브의 물을 길어와 정결 목욕탕에 부었을 때 무효가 된다고 주장한다.
- 분문(糞門)은 오늘날 '통곡의 벽' 근처에 위치한다.
- 랍비들은 결국 랍비시대 초기의 현자들인 슈마야(Shemaiah)와 아브탈리온(Avtalion)의 견해를 받아들여 3로그, 즉 길어온 물이 1/4힌 들어간 정결 목욕탕은 무료가 된다고 정했다.

1, 4

וְלָמָּה מַזְכִּירִין אֶת דִּבְרֵי שַׁמַּאי וְהִלֵּל לְבַטָּלָה, לְלַמֵּד לַדּוֹרוֹת הַבָּאִים שֶׁלֹּא יְהֵא אָדָם עוֹמֵד עַל דְּבָרָיו, שֶׁהֲרֵי אֲבוֹת הָעוֹלָם לֹא עָמְדוּ עַל דִּבְרֵיהֶם:

그렇다면 그들은 왜 의미 없이 샴마이와 힐렐의 주장을 기록하고 있는가? 이는 다음 세대들이 자신의 주장을 고집하지 않도록 가르치기 위해서다. 심지어 〔샴마이와 힐렐과 같은〕 선조들도 자신들의 주장을 고집하지 않았다.

- 미쉬나에서 다수의 랍비들이 찬성하여 규정으로 받아들여지는 법 외에 소수의 견해를 기록하고 있는 목적을 설명한다. 이는 샴마이와 힐렐과 같은 대 랍비들도 자신들의 견해만을 주장하지 않고 결국에는 다수의 견해를 따랐듯이 후대 사람들도 자신의 주장만을 고집하지 말고 수정할 것을 요구하고 있다.

1, 5

וְלָמָּה מַזְכִּירִין דִּבְרֵי הַיָּחִיד בֵּין הַמְרֻבִּין, הוֹאִיל וְאֵין הֲלָכָה אֶלָּא כְדִבְרֵי הַמְרֻבִּין. שֶׁאִם יִרְאֶה בֵית דִּין אֶת דִּבְרֵי הַיָּחִיד וְיִסְמֹךְ עָלָיו, שֶׁאֵין בֵּית דִּין יָכוֹל לְבַטֵּל דִּבְרֵי בֵית דִּין חֲבֵרוֹ עַד שֶׁיִּהְיֶה גָדוֹל מִמֶּנּוּ בְחָכְמָה וּבְמִנְיָן. הָיָה גָדוֹל מִמֶּנּוּ בְחָכְמָה אֲבָל לֹא בְמִנְיָן, בְּמִנְיָן אֲבָל לֹא בְחָכְמָה, אֵינוֹ יָכוֹל לְבַטֵּל דְּבָרָיו, עַד שֶׁיִּהְיֶה גָדוֹל מִמֶּנּוּ בְחָכְמָה וּבְמִנְיָן:

〔미쉬나〕 법은 다수의 견해를 따르고 있는데, 다수의 〔견해와〕 함께 개인의 주장을 기록하는 이유가 무엇인가? 이것은 한 법정이 개인의 주장을 선호해서 그에 준하여 결정을 내리면, 이후의 법정에서 〔이전의 법정보다〕 지혜나 수적으로 우위에 있지 않는 이상 이 법정의 결정을 무효화하지 않도록 하기 위함이다. 지혜나 수적으로 우위에 있지 않으면 한 법정이 다른 법정의 견해를 무효로 만들 수 없다. 〔만약〕 다

른 법정보다 지혜로는 우위에 있지만 수적으로 그렇지 않거나, 수적으로 우위에 있으나 지혜가 그렇지 않다면 그 견해를 무효로 만들 권한이 없다. 지혜와 숫자 두 가지에서 우위에 있지 않는 한 〔무효로 만들지 못한다〕.

- 미쉬나도 기본적으로 '다수결의 원칙'을 따른다. 한 랍비의 견해와 다수 랍비들의 주장이 다를 때에는 다수의 견해를 따른다.
- 그럼에도 불구하고 소수의 견해를 기록하고 있는 이유는 무엇인가? 그 이유는 후대의 법정에서 소수의 견해에 근거해서 결정을 내릴 수 있도록 하기 위함이다. 그리고 이 결정은 지혜나 수적으로 우위에 있는 법정이 아닌 이상 무효로 만들 수 없다.

1, 6

אָמַר רַבִּי יְהוּדָה, אִם כֵּן לָמָּה מַזְכִּירִין דִּבְרֵי הַיָּחִיד בֵּין הַמְרֻבִּין לְבַטָּלָה.
שֶׁאִם יֹאמַר הָאָדָם כָּךְ אֲנִי מְקֻבָּל, יֵאָמֵר לוֹ, כְּדִבְרֵי אִישׁ פְּלוֹנִי שָׁמָעְתָּ:

랍비 예후다가 말했다. "그렇다면 그들은 왜 의미 없이 다수의 견해와 함께 개인의 주장을 기록하고 있습니까?" "이것은 어떤 사람이 '저는 전통을 따르고 있습니다'라고 말할 때, 그에게 '당신은 〔다수가 받아들이지 않은〕 아무개 씨의 주장과 일치하는 전통을 들은 것입니다'라고 말하기 위해서입니다."

- 앞 미쉬나 1, 5의 질문에 대한 랍비 예후다의 다른 대답을 제시하고 있다. 예후다는 다수의 랍비들이 거절했던 견해임을 분명히 하고자 소수의 견해를 기록해두었다고 주장한다.

1, 7

בֵּית שַׁמַּאי אוֹמְרִים, רֹבַע עֲצָמוֹת מִן הָעֲצָמִים, בֵּין מִשְּׁנַיִם בֵּין מִשְּׁלֹשָׁה.
וּבֵית הִלֵּל אוֹמְרִים, רֹבַע עֲצָמוֹת מִן הַגְּוִיָּה, מֵרֹב הַבִּנְיָן אוֹ מֵרֹב הַמִּנְיָן.
שַׁמַּאי אוֹמֵר, אֲפִלּוּ מֵעֶצֶם אֶחָד:

샴마이 학파는 말한다. "두 〔사람의 뼈든지〕 세 〔사람의 뼈든지〕 뼈들 중에서 1/4입니다." 그런데 힐렐 학파는 말한다. "몸의 1/4입니다. 다만 주요 부위가 있든지 아니면 개수가 많아야 합니다." 샴마이는 말한다. "심지어 뼈 한 개〔의 1/4만 있어도 부정합니다〕."

- 장막 안에 사람이 죽으면 설령 그 시신을 만지지 않더라도 부정하다(민 19:14). 미쉬나는 어느 정도의 뼈가 남아 있을 때 시신으로 볼 수 있는지 샴마이 학파와 힐렐 학파의 견해가 다르다.
- 샴마이의 견해는 후대 자신의 학파보다 훨씬 더 엄격했다.

1, 8

כַּרְשִׁינֵי תְרוּמָה, בֵּית שַׁמַּאי אוֹמְרִים, שׁוֹרִין וְשָׁפִין בְּטָהֳרָה, וּמַאֲכִילִין בְּטֻמְאָה. בֵּית הִלֵּל אוֹמְרִים, שׁוֹרִין בְּטָהֳרָה, וְשָׁפִין וּמַאֲכִילִין בְּטֻמְאָה. שַׁמַּאי אוֹמֵר, יֵאָכְלוּ צָרִיד. רַבִּי עֲקִיבָא אוֹמֵר, כָּל מַעֲשֵׂיהֶם בְּטֻמְאָה:

거제로 드리는 살갈퀴에 대하여 샴마이 학파는 말한다. "〔거제를 드리는 사람은〕 정결한 손으로 물에 담가 씻어냅니다. 그리고 부정한 손으로는 〔짐승에게〕 먹일 수 있습니다." 힐렐 학파는 말한다. "정결한 손으로 물에 담급니다. 부정한 손으로는 씻어내거나 〔짐승에게〕 먹일 수 있습니다." 샴마이는 말한다. "마른 상태로 먹여야 합니다." 랍비 아키바는 말한다. "부정한 손으로 〔살갈퀴에〕 모든 일이 〔가능합니다〕."

- 거제로 드리는 제물은 제사장들이 먹는 음식이 된다. 따라서 기본적

으로 사람이 먹을 수 있는 음식이어야 한다. 콩과 식물인 살갈퀴는 보통은 짐승들의 먹이이고 필요한 경우에만 사람이 먹을 수 있다. 그리고 거제를 드리는 사람은 먼저 정결법에 따라 손을 깨끗하게 씻어 정결한 상태를 유지해야 한다.

- 랍비 아키바는 부정한 상태로 살갈퀴에 하는 모든 일이 가능하다고 본다. 왜냐하면 그는 이것이 짐승에게 먹이는 음식이기 때문에 정결법을 따를 필요가 없다고 보기 때문이다.

1, 9

הַפּוֹרֵט סֶלַע מִמְּעוֹת מַעֲשֵׂר שֵׁנִי, בֵּית שַׁמַּאי אוֹמְרִים, בְּכָל הַסֶּלַע מָעוֹת, וּבֵית הִלֵּל אוֹמְרִים, בְּשֶׁקֶל כֶּסֶף וּבְשֶׁקֶל מָעוֹת. רַבִּי מֵאִיר אוֹמֵר, אֵין מְחַלְּלִין כֶּסֶף וּפֵרוֹת עַל הַכֶּסֶף. וַחֲכָמִים מַתִּירִין:

둘째 십일조로 바칠 쎌라를 환전하고자 할 때, 샴마이 학파는 말한다. "작은 동전들을 전체 쎌라로 〔바꿀 수 있습니다〕." 힐렐 학파는 말한다. "은전을 1쉐켈로 〔바꿀 수 있고〕, 작은 동전을 1쉐켈로 〔바꿀 수 있습니다〕." 랍비 메이르는 말한다. "은전과 농산물을 은전으로 바꿀 수 없습니다." 하지만 랍비들은 허락했다.

- 둘째 십일조는 예루살렘으로 가져가야 한다. 따라서 먼 곳에서 예루살렘으로 실제 농산물 대신 돈으로 바꾸어 가져가는 것이 편리하다.
- 샴마이 학파에 따르면 둘째 십일조는 동전으로만 교환할 수 있고, 힐렐 학파는 절반은 쉐켈(은전)로 나머지 절반은 동전과 교환할 수 있다.

1, 10

הַפּוֹרֵט סֶלַע שֶׁל מַעֲשֵׂר שֵׁנִי בִּירוּשָׁלַיִם, בֵּית שַׁמַּאי אוֹמְרִים, בְּכָל הַסֶּלַע מָעוֹת, וּבֵית הִלֵּל אוֹמְרִים, בְּשֶׁקֶל כֶּסֶף וּבְשֶׁקֶל מָעוֹת. הַדָּנִים לִפְנֵי חֲכָמִים אוֹמְרִים, בִּשְׁלֹשָׁה דִינָרִים כֶּסֶף וּבְדִינָר מָעוֹת. רַבִּי עֲקִיבָא אוֹמֵר, בִּשְׁלֹשָׁה דִינָרִים כֶּסֶף וּבִרְבִיעִית כֶּסֶף בִּרְבִיעִית מָעוֹת. וְרַבִּי טַרְפוֹן אוֹמֵר, אַרְבָּעָה אַסְפְּרֵי כָסֶף. שַׁמַּאי אוֹמֵר, יַנִּיחֶנָּה בַחֲנוּת וְיֹאכַל כְּנֶגְדָּהּ:

예루살렘에서 둘째 십일조로 바칠 쎌라를 환전하고자 할 때, 샴마이 학파는 말한다. "쎌라 전체를 작은 동전들로 〔바꿀 수 있습니다〕." 힐렐 학파는 말한다. "1쉐켈을 은전으로 〔바꿀 수 있고〕, 1쉐켈을 작은 동전으로 〔바꿀 수 있습니다〕." 랍비 아키바는 말한다. "은전을 3디나르로 〔바꿀수 있고〕, 1/4 은전을 동전으로 〔바꿀 수 있습니다〕." 타르폰은 말한다. "1/4 은전을 4아스페르[1] 〔은전으로 바꿀 수 있습니다〕." 샴마이는 말한다. "상점에 쎌라를 주고 그 가치만큼 먹을 수 있습니다."

- 쎌라를 가지고 예루살렘에 도착한 사람이 동전으로 바꾸어 다른 물건을 사고자 할 때의 규정이다.
- 샴마이 학파와 힐렐 학파의 견해는 앞의 미쉬나와 동일하다. 랍비 아키바는 힐렐 학파보다 더 나아간다. 3디나르, 즉 3/4쎌라를 은전으로 바꾸고 나머지 1/4쎌라를 동전으로 바꿀 수 있다.
- 샴마이는 가장 보수적인 견해로 둘째 십일조를 다른 동전으로 교환할 수 없다. 대신 음식을 먹을 때는 쎌라를 상점에 주고 그 가치에 해당하는 만큼 사용하면 된다.

---

1) 1아스페르(אספר, asper)는 1/5디나르의 가치다.

1, 11

כִּסֵּא שֶׁל כַּלָּה שֶׁנִּטְּלוּ חִפּוּיָיו, בֵּית שַׁמַּאי מְטַמְּאִין, וּבֵית הִלֵּל מְטַהֲרִין. שַׁמַּאי אוֹמֵר, אַף מַלְבֵּן שֶׁל כִּסֵּא טָמֵא. כִּסֵּא שֶׁקְּבָעוֹ בַעֲרֵבָה, בֵּית שַׁמַּאי מְטַמְּאִין, וּבֵית הִלֵּל מְטַהֲרִין. שַׁמַּאי אוֹמֵר, אַף הֶעָשׂוּי בָהּ:

신부용 의자에서 깔판이 제거되었을 때, 샴마이 학파는 부정하다고 말한다. 하지만 힐렐 학파는 정결하다고 말한다. 샴마이는 말한다. "심지어 의자의 틀도 부정합니다." 반죽통에 부착시킨 의자에 대하여, 샴마이 학파는 부정하다고 말한다. 하지만 힐렐 학파는 정결하다고 말한다. 샴마이는 말한다. "처음부터 반죽통에서 만들어진 [의자도 부정합니다]."

- 샴마이 학파는 깔판이 없어도 앉는 용도로 사용할 수 있기 때문에 부정하다. 하지만 힐렐 학파는 앉는 용도로 사용할 수 없기 때문에 부정해지지 않는다고 본다.
- 샴마이 학파는 반죽통에 부착된 의자도 앉을 수 있는 의자의 모형을 가지고 있기 때문에 부정하다고 말한다. 하지만 힐렐 학파는 이것은 앉는 용도로 사용할 수 없기 때문에 부정하게 되지 않는다고 본다.
- 샴마이는 가장 보수적으로 해석한다. 처음부터 반죽통에 붙어 만들어진 의자도 부정하다고 말한다.

1, 12

אֵלּוּ דְבָרִים שֶׁחָזְרוּ בֵית הִלֵּל לְהוֹרוֹת כְּדִבְרֵי בֵית שַׁמַּאי. הָאִשָּׁה שֶׁבָּאָה מִמְּדִינַת הַיָּם וְאָמְרָה מֵת בַּעְלִי, תִּנָּשֵׂא. מֵת בַּעְלִי, תִּתְיַבֵּם. וּבֵית הִלֵּל אוֹמְרִים, לֹא שָׁמַעְנוּ אֶלָּא בְּבָאָה מִן הַקָּצִיר בִּלְבָד. אָמְרוּ לָהֶם בֵּית שַׁמַּאי, אַחַת הַבָּאָה מִן הַקָּצִיר וְאַחַת הַבָּאָה מִן הַזֵּיתִים וְאַחַת הַבָּאָה מִמְּדִינַת הַיָּם, לֹא דִבְּרוּ בַקָּצִיר אֶלָּא בַהֹוֶה. חָזְרוּ בֵית הִלֵּל לְהוֹרוֹת כְּבֵית שַׁמַּאי. בֵּית שַׁמַּאי אוֹמְרִים, תִּנָּשֵׂא וְתִטֹּל כְּתֻבָּתָהּ. וּבֵית הִלֵּל אוֹמְרִים, תִּנָּשֵׂא וְלֹא תִטֹּל

כְּתֻבָּתָהּ. אָמְרוּ לָהֶם בֵּית שַׁמַּאי, הִתַּרְתֶּם אֶת הָעֶרְוָה הַחֲמוּרָה, לֹא תַתִּירוּ אֶת הַמָּמוֹן הַקָּל. אָמְרוּ לָהֶם בֵּית הִלֵּל, מָצִינוּ שֶׁאֵין הָאַחִים נִכְנָסִין לַנַּחֲלָה עַל פִּיהָ. אָמְרוּ לָהֶם בֵּית שַׁמַּאי, וַהֲלֹא מִסֵּפֶר כְּתֻבָּתָהּ נִלְמֹד, שֶׁהוּא כוֹתֵב לָהּ, שֶׁאִם תִּנָּשְׂאִי לְאַחֵר, תִּטְּלִי מַה שֶּׁכָּתוּב לִיךְ. חָזְרוּ בֵּית הִלֵּל לְהוֹרוֹת כְּדִבְרֵי בֵית שַׁמָּאי:

다음은 힐렐 학파가 그들의 입장을 바꾸어 샴마이 학파의 견해를 받아들인 항목들이다. 해외에서 돌아와 "저의 남편이 죽었습니다"라고 말한 여성은 재혼할 수 있다. "저희 남편이 〔자식이 없이〕 죽었습니다"라고 말했다면 역연혼을 할 수 있다. 힐렐 학파는 말한다. "우리는 이 규정이 오직 추수에서 돌아온 여성의 경우에만 해당한다고 들었습니다." 샴마이 학파는 그들에게 말한다. "곡식 추수, 올리브 자르기, 또는 해외에서 돌아온 여성에게 동일하게 적용됩니다. 랍비들이 곡식 추수만을 말한 이유는 그 일이 당시에 일어났기 때문입니다." 힐렐 학파는 돌이켜서 샴마이 학파의 가르침을 받아들였다. 샴마이 학파는 말한다. "그녀는 재혼을 하고 〔이전의〕 결혼 지참금을 가져갈 수 있습니다." 힐렐 학파는 말한다. "그녀는 재혼을 할 수는 있지만 〔이전의〕 결혼 지참금은 가져갈 수 없습니다." 샴마이 학파가 그들에게 말했다. "당신들은 더 심각한 성관계의 문제는 허락하면서 더 가벼운 재산의 문제는 허락하지 않는다는 말입니까?" 힐렐 학파가 그들에게 말했다. "그렇지만 우리는 그녀의 증언에도 불구하고 고인의 재산을 인수하지 않은 형제들을 알고 있습니다." 샴마이 학파가 그들에게 말했다. "〔이것을〕 우리는 결혼 지참금 문서를 통해 알 수 있습니다. '당신이 다른 사람과 결혼할 경우, 여기에 기록된 것을 가져갈 수 있습니다.'" 힐렐 학파는 그들의 입장을 바꾸어 샴마이 학파의 가르침을 받아들였다.

- 여성이 해외에서 온 경우는 남편의 사망과 관련된 어떠한 문서를 가지고 오지 못한 경우다.
- 위 두 가지 경우에 힐렐 학파는 샴마이 학파의 견해를 듣고 그들의 가르침이 더 설득력이 있다고 여겨 자신들의 견해 대신 샴마이 학파의 주장을 받아들인다.

1, 13

מִי שֶׁחֶצְיוֹ עֶבֶד וְחֶצְיוֹ בֶּן חוֹרִין, עוֹבֵד אֶת רַבּוֹ יוֹם אֶחָד וְאֶת עַצְמוֹ יוֹם אֶחָד, דִּבְרֵי בֵית הִלֵּל. אָמְרוּ לָהֶם בֵּית שַׁמַּאי, תִּקַּנְתֶּם אֶת רַבּוֹ, וְאֶת עַצְמוֹ לֹא תִקַּנְתֶּם. לִשָּׂא שִׁפְחָה, אֵינוֹ יָכוֹל. בַּת חוֹרִין, אֵינוֹ יָכוֹל. לִבָּטֵל, וַהֲלֹא לֹא נִבְרָא הָעוֹלָם אֶלָּא לִפְרִיָּה וּרְבִיָּה, שֶׁנֶּאֱמַר (ישעיה מה), לֹא תֹהוּ בְרָאָהּ לָשֶׁבֶת יְצָרָהּ. אֶלָּא, מִפְּנֵי תִקּוּן הָעוֹלָם, כּוֹפִין אֶת רַבּוֹ וְעוֹשֶׂה אוֹתוֹ בֶן חוֹרִין וְכוֹתֵב שְׁטָר עַל חֲצִי דָמָיו. חָזְרוּ בֵית הִלֵּל לְהוֹרוֹת כְּבֵית שַׁמָּאי:

"절반은 종의 신분이고 절반은 자유민인 사람은 하루는 주인을 위해 일하고 하루는 자신을 위해 일하면 됩니다"라고 힐렐 학파는 말한다. 샴마이 학파는 그들에게 말했다. "당신들은 그의 주인의 입장은 잘 고려했습니다. 하지만 그의 입장은 고려하지 않았습니다. 그는 여종과 결혼할 수도 없고, 자유민 여성과도 〔결혼할 수〕 없습니다. 그는 〔결혼을〕 참을 수 있겠습니까? 세상은 사람이 생육하고 번성하기 위해 창조된 것이 아닙니까? 성서에 기록되었듯이, '그는 그것(땅)을 혼돈하게 창조하지 아니하시고 사람이 거주하게 그것을 지으셨으니'(사 45:18). 하지만 세상의 올바른 질서를 위해서 그의 주인은 그를 자유롭게 해주도록 요구받습니다. 그러면 그(종)는 자신의 가치의 절반에 해당하는 담보를 작성합니다." 그래서 힐렐 학파는 그들의 입장을 바꾸어 샴마이 학파의 주장에 일치하도록 가르쳤다.

- 힐렐 학파의 견해는 절반이 종의 신분인 사람에게 생식이라는 근본적인 문제를 해결해주지 못하고 있다. 샴마이 학파는 결국 자유민으로 풀려나야 이 문제가 해결된다고 보았다.
- 자유민은 종과 결혼할 수 없고, 종은 자유민과 결혼할 수 없다.
- 주인이 종을 풀어주겠다고 하면 종은 자신의 가치의 절반에 해당하는 금액을 갚는다는 문서를 작성해서 주인에게 주고 자유롭게 풀려난다.

1, 14

כְּלִי חֶרֶס מַצִּיל עַל הַכֹּל, כְּדִבְרֵי בֵית הִלֵּל. וּבֵית שַׁמַּאי אוֹמְרִים, אֵינוֹ מַצִּיל אֶלָּא עַל הָאֳכָלִין וְעַל הַמַּשְׁקִין וְעַל כְּלֵי חָרֶס. אָמְרוּ לָהֶם בֵּית הִלֵּל, מִפְּנֵי מָה. אָמְרוּ לָהֶם בֵּית שַׁמַּאי, מִפְּנֵי שֶׁהוּא טָמֵא עַל גַּב עַם הָאָרֶץ, וְאֵין כְּלִי טָמֵא חוֹצֵץ. אָמְרוּ לָהֶם בֵּית הִלֵּל, וַהֲלֹא טִהַרְתֶּם אֳכָלִים וּמַשְׁקִין שֶׁבְּתוֹכוֹ. אָמְרוּ לָהֶם בֵּית שַׁמַּאי, כְּשֶׁטִּהַרְנוּ אֳכָלִים וּמַשְׁקִין שֶׁבְּתוֹכוֹ, לְעַצְמוֹ טִהַרְנוּ. אֲבָל כְּשֶׁטִּהַרְתָּ אֶת הַכְּלִי, טִהַרְתָּ לְךָ וָלוֹ. חָזְרוּ בֵית הִלֵּל לְהוֹרוֹת כְּדִבְרֵי בֵית שַׁמָּאי:

힐렐 학파에 따르면 토기 그릇은 모든 것을 〔부정으로부터〕 보호한다. 하지만 샴마이 학파는 말한다. "〔모든 것을〕 보호하는 것은 아니고, 다만 음식과 음료 그리고 다른 토기 그릇을 보호합니다." 힐렐 학파가 그들에게 말했다. "왜 그렇습니까?" 샴마이 학파가 그들에게 대답했다. "왜냐하면 그것이 암 하아레쯔 지역에 있을 때에는 부정하다고 간주되고, 부정에 노출된 도구는 보호할 수 없기 때문입니다." 힐렐 학파는 그들에게 물었다. "하지만 당신들이 그 〔토기〕 안에 들어 있는 음식과 음료가 정결하다고 선포하지 않았습니까?" 샴마이 학파가 그들에게 대답했다. "우리가 그 〔토기〕 안에 들어 있는 음식과 음료가 정결하다고 말한 것은, 그 〔암 하아레쯔〕 사람들을 위해 음식과 음료가 정결하다고 선포한 것입니다. 하지만 당신들이 도구가 정결

하다고 선포하는 것은, 그 〔도구〕가 당신 자신과 그를 위해서 정결하다고 선포한 것입니다.” 그래서 힐렐 학파는 그들의 입장을 바꾸어 샴마이 학파의 주장에 일치하도록 가르쳤다.

- '암 하아레쯔'는 성서와 랍비들이 가르치는 법을 모르는 '무지한' 사람들이다. 그래서 그들이 접촉한 도구는 부정하다고 간주된다.
- 부정한 도구는 밖에서 들어오는 부정을 막을 수 없기 때문에 그 안에 들어 있는 물건은 부정한 것으로 본다.
- 토기의 경우에는 부정의 요인들이 토기 바깥쪽에 접촉하더라도 안에 들어 있는 음식이나 음료는 정결하다고 본다. 토기는 '부정의 아버지'가 토기 안쪽 면에 떨어진 경우에만 부정하다(자세한 내용은 『토호롯』(정결)의 '들어가며'를 참조하라.)

제2장

처음 세 개의 미쉬나는 랍비 하니나와 관련되어 있다. 첫째 미쉬나는 번제가 부정해진 경우를 다룬다.

2, 1

רַבִּי חֲנִינָא סְגַן הַכֹּהֲנִים הֵעִיד אַרְבָּעָה דְבָרִים. מִימֵיהֶם שֶׁל כֹּהֲנִים לֹא נִמְנְעוּ מִלִּשְׂרֹף אֶת הַבָּשָׂר שֶׁנִּטְמָא בִּוְלַד הַטֻּמְאָה עִם הַבָּשָׂר שֶׁנִּטְמָא בְּאַב הַטֻּמְאָה, אַף עַל פִּי שֶׁמּוֹסִיפִין טֻמְאָה עַל טֻמְאָתוֹ. הוֹסִיף רַבִּי עֲקִיבָא, מִימֵיהֶם שֶׁל כֹּהֲנִים לֹא נִמְנְעוּ מִלְּהַדְלִיק אֶת הַשֶּׁמֶן שֶׁנִּפְסַל בִּטְבוּל יוֹם בְּנֵר שֶׁנִּטְמָא בִטְמֵא מֵת, אַף עַל פִּי שֶׁמּוֹסִיפִין טֻמְאָה עַל טֻמְאָתוֹ:

제사장들의 대표인 랍비 하니나는 네 가지를 증언하고 있다. “제사장들이 직무하는 동안 그들은 부정의 자식에 의해서 부정해진 고기를 부정의 아버지에 의해 부정해진 고기와 함께 태우는 것을 결코 피하지 않았습니다. 비록 〔이렇게 하면〕 부정에 부정이 더해지더라도 〔그렇게 했습니다〕." 랍비 아키바는 〔다른 경우를〕 추가했다. "제사장들이 직무하는 동안 그들은 테불 욤에 의해 부적절하게 된 기름을 시체로 인해 부정해진 등잔에 넣어 태우는 것을 결코 피하지 않았습니다. 비록 〔이렇게 하면〕 부정에 부정이 더해지더라도 〔그렇게 했습니다〕."

- 제사장들은 먹어서는 안 되는 부정한 음식을 불에 태워 없앤다.
- '테불 욤'(tevul yom)은 '낮에 씻는 사람'이라는 의미로 정결의식을 한 이후 날이 저물 때까지 완전히 정결해지기를 기다리는 사람을 말한다. 그사이에 부정과 접촉하게 되면 완전하게 정결한 상태가 되지 못한다.

2, 2

אָמַר רַבִּי חֲנִינָא סְגַן הַכֹּהֲנִים, מִיָּמַי לֹא רָאִיתִי עוֹר יוֹצֵא לְבֵית הַשְּׂרֵפָה. אָמַר רַבִּי עֲקִיבָא, מִדְּבָרָיו לָמַדְנוּ, שֶׁהַמַּפְשִׁיט אֶת הַבְּכוֹר וְנִמְצָא טְרֵפָה, שֶׁיֵּאוֹתוּ הַכֹּהֲנִים בְּעוֹרוֹ. וַחֲכָמִים אוֹמְרִים, לֹא רָאִינוּ אֵינוֹ רְאָיָה, אֶלָּא יוֹצֵא לְבֵית הַשְּׂרֵפָה:

제사장들의 대표인 랍비 하니나는 말했다. "내가 직무하는 동안 번제터에서 나온 가죽을 본 적이 결코 없습니다." 랍비 아키바는 말했다. "그의 말에서 우리는 초태생의 가죽을 벗긴 이후에 흠이 발견되었으면 그 가죽을 사용할 수 있다는 것을 알 수 있습니다." 현자들은 말한다. "보지 못했다는 것이 증거가 되지는 않습니다. 그것은 번제터에서 나온 것입니다."

- 번제물의 가죽을 벗기기 전에 흠이 발견되면 그 번제물은 전체를 불살라 없앤다. 하지만 가죽을 벗긴 다음에 번제물의 내부에서 흠이 발견되면 그 가죽은 제사장이 취할 수 있다.

2, 3

אַף הוּא הֵעִיד עַל כְּפָר קָטָן שֶׁהָיָה בְצַד יְרוּשָׁלַיִם, וְהָיָה בוֹ זָקֵן אֶחָד וְהָיָה מַלְוֶה לְכָל בְּנֵי הַכְּפָר וְכוֹתֵב בִּכְתַב יָדוֹ וַאֲחֵרִים חוֹתְמִים, וּבָא מַעֲשֶׂה לִפְנֵי חֲכָמִים וְהִתִּירוּ. לְפִי דַרְכְּךָ אַתָּה לָמֵד, שֶׁהָאִשָּׁה כוֹתֶבֶת אֶת גִּטָּהּ וְהָאִישׁ כּוֹתֵב אֶת שׁוֹבְרוֹ, שֶׁאֵין קִיּוּם הַגֵּט אֶלָּא בְחוֹתְמָיו. וְעַל מַחַט שֶׁנִּמְצֵאת בַּבָּשָׂר, שֶׁהַסַּכִּין וְהַיָּדַיִם טְהוֹרוֹת, וְהַבָּשָׂר טָמֵא. וְאִם נִמְצֵאת בַּפֶּרֶשׁ, הַכֹּל טָהוֹר:

그는 예루살렘 근처의 작은 마을에 대하여 증언했다. 그 마을에는 마을 주민 전체에게 돈을 빌려준 노인이 있었는데, 그는 채권(債券)을 써주고 〔돈을 빌린〕 다른 사람들이 날인을 했는데, 이 일이 랍비들에게 왔는데 그들은 이를 허락했다. 〔이를 통해〕 부가적으로 다음과 같은 것을 알게 된다. 아내가 자신을 위해 이혼증서를 적을 수 있고, 남편이 〔부부 재산 처분에 대한〕 영수증을 적을 수 있는데, 이것은 이혼증서에 대한 확증은 날인에 달려 있기 때문이다. 그리고 바늘이 〔희생제물의〕 고기에서 발견된 경우에, 〔도살할 때 사용된〕 칼과 그 손은 정결하고, 그 고기는 부정하다. 하지만 〔바늘이 희생제물의〕 배설물에서 발견되었으면 모든 것이 정결하다.

- 채권자가 채무자에게 돈을 빌려준 내역을 적은 채권(債券)은 본래 증인들이 적어야 한다. 하지만 이 경우처럼 채권자가 작성하고 채무자가 날인한 것도 합법적인 문서로 인정받게 되었다.
- 이혼증서는 본래 남편이 작성하고, 부부 재산 처분에 관한 영수증을 아내가 작성한다. 하지만 반대의 경우도 합법적인 경우로 받아들여

지는데, 그 이유는 문서에 대한 확증은 상대편의 날인에 달려 있기 때문이다.

- 이 미쉬나의 마지막 부분은 희생제물이 도살된 이후에 바늘이 발견되었을 때를 다루고 있다. 바늘은 죽은 사체로 인해 부정하다. 그런데 도살할 때 사용된 칼과 그 사람은 정결하다. 왜냐하면 음식(고기)이 도구(칼)를 부정하게 만들지 못하기 때문이다. 바늘이 희생제물의 배설물에서 발견된 경우는, 그 바늘이 희생제물의 고기와 접촉했다는 것을 확증하지 못하기 때문에 정결하다.

2, 4

שְׁלֹשָׁה דְבָרִים אָמַר רַבִּי יִשְׁמָעֵאל לִפְנֵי חֲכָמִים בַּכֶּרֶם בְּיַבְנֶה. עַל בֵּיצָה טְרוּפָה שֶׁהִיא נְתוּנָה עַל גַּבֵּי יָרָק שֶׁל תְּרוּמָה, שֶׁהִיא חִבּוּר. וְאִם הָיְתָה כְמִין כּוֹבַע, אֵינָהּ חִבּוּר. וְעַל שִׁבֹּלֶת שֶׁבַּקָּצִיר וְרֹאשָׁהּ מַגִּיעַ לַקָּמָה, אִם נִקְצְרָה עִם הַקָּמָה, הֲרֵי הִיא שֶׁל בַּעַל הַבַּיִת, וְאִם לָאו, הֲרֵי הִיא שֶׁל עֲנִיִּים. וְעַל גִּנָּה קְטַנָּה שֶׁהִיא מֻקֶּפֶת עָרִיס, אִם יֵשׁ בָּהּ כִּמְלֹא בוֹצֵר וְסַלּוֹ מִכָּאן וּמְלֹא בוֹצֵר וְסַלּוֹ מִכָּאן, תִּזָּרֵעַ. וְאִם לָאו, לֹא תִזָּרֵעַ:

랍비 이쉬마엘은 야브네 뜰에서 현자들 앞에서 세 가지를 말했다. [첫째] 저어놓은 달걀이 거제로 드릴 채소 위에 놓여져 있으면, 그것은 [채소와] 접촉한 것으로 여겨진다. 하지만 그것(달걀)이 채소 위에 모자 모양으로 놓여져 있으면, 그것은 접촉한 것으로 여기지 않는다. 추수 후에 남겨진 곡식의 이삭에 관하여, 그 머리가 서 있는 곡식에 닿은 경우에, 만약 그것이 서 있는 곡식과 같이 추수가 되었으면, 그것은 주인에 속한다. 만약 그렇지 않으면, 그것은 가난한 사람의 것이다. 줄지어 [심긴] 포도나무로 둘러싸인 작은 정원에 관하여, 만약 한쪽에 포도 추수꾼과 바구니를 위한 공간이 충분하고, 다른 쪽에도 포도 추수꾼과 바구니를 위한 공간이 충분하면, [다른] 씨를 뿌려도 된다. 하지만 그렇지 않으면 씨를 뿌리면 안 된다.

- 기원후 70년 예루살렘 성전이 멸망한 뒤에 랍비들은 야브네로 옮겨 학문 활동을 지속했다.
- 거제로 드릴 채소는 제사장들의 음식이 된다.
- 신명기 24:19에 따르면, 추수하는 것을 잊어버리고 남긴 이삭은 나그네와 고아와 과부를 위해 남겨두어야 한다.
- 신명기 22:9에서는 포도원에 두 종류의 씨를 섞어 뿌리지 말라고 말한다.

2, 5

שְׁלֹשָׁה דְבָרִים אָמְרוּ לִפְנֵי רַבִּי יִשְׁמָעֵאל, וְלֹא אָמַר בָּהֶם לֹא אִסּוּר וְהֶתֵּר, וּפֵרְשָׁן רַבִּי יְהוֹשֻׁעַ בֶּן מַתְיָא. הַמֵּפִיס מֻרְסָא בְּשַׁבָּת, אִם לַעֲשׂוֹת לָהּ פֶּה, חַיָּב, וְאִם לְהוֹצִיא מִמֶּנָּה לֵחָה, פָּטוּר. וְעַל הַצָּד נָחָשׁ בַּשַּׁבָּת, אִם מִתְעַסֵּק שֶׁלֹּא יִשְּׁכֶנּוּ, פָּטוּר, וְאִם לִרְפוּאָה, חַיָּב. וְעַל לְפָסִין אִירוֹנִיּוֹת, שֶׁהֵם טְהוֹרוֹת בְּאֹהֶל הַמֵּת וּטְמֵאוֹת בְּמַשָּׂא הַזָּב. רַבִּי אֱלִיעֶזֶר בֶּן צָדוֹק אוֹמֵר, אַף בְּמַשָּׂא הַזָּב, טְהוֹרוֹת, מִפְּנֵי שֶׁלֹּא נִגְמְרָה מְלַאכְתָּן:

그들은 랍비 이쉬마엘 앞에서 세 가지를 말했다. 그는 그것들에 대하여 금하지도 허락하지도 않았고, 랍비 예호슈아 벤 마티야가 그것들을 설명했다. 한 사람이 안식일에 종기를 절개했다. 만약 그가 종기에 구멍을 만들기 위해서 그랬다면, 그는 〔속죄제의〕 책임이 있다. 하지만 만약 고름을 빼내기 위해서 그랬다면 〔속죄제가〕 면제된다. 안식일에 뱀을 잡은 사람에 관하여, 만약 그가 뱀에 물리지 않기 위해서 〔뱀을 잡는 일에〕 관여했다면, 그는 면제된다. 하지만 그가 치료를 목적으로 뱀을 잡았다면, 그에게 책임이 있다. 밀폐된 단지에 관하여, 그것이 시체가 있는 천막에 있어도 정결하지만, 유출병자가 옮겼다면 부정하다. 랍비 엘아자르 벤 짜독이 말한다. "유출병자가 옮겼다고 하더라도 정결합니다. 왜냐하면 토기 제작 과정이 아직 끝나지 않았기 때문입니다."

- 안식일에 치료하는 행위도 일로 간주해 금지된다. 구멍을 '만드는' 일은 안식일에 금지된다. 하지만 고름을 짜기 위해 구멍이 생겼다면 이것은 일이 아니라 의도치 않은 부산물이다.
- 뱀을 죽이는 것이 의도한 것인지 아니면 의도하지 않은 것인지가 안식일을 범한 일인지 아닌지를 결정한다. 뱀에 물리지 않기 위해 죽였다면 이것은 처음부터 의도한 것이 아니지만, 약으로 사용하기 위해 뱀을 죽였다면 이것은 치료를 위해 뱀을 죽인 '일'이 된다.
- 단지는 토기로 만든다. '밀폐된' 단지는 아직 최종적으로 완성되기 전 형태의 것을 말한다. 가운데가 비어 있는 상태로 밀폐된 단지는 반으로 잘라 두 개의 단지로 만든다.

2, 6

שְׁלֹשָׁה דְבָרִים אָמַר רַבִּי יִשְׁמָעֵאל וְלֹא הוֹדָה לוֹ רַבִּי עֲקִיבָא. הַשּׁוּם וְהַבֹּסֶר וְהַמְּלִילוֹת שֶׁרִסְּקָן מִבְּעוֹד יוֹם, שֶׁרַבִּי יִשְׁמָעֵאל אוֹמֵר, יִגְמֹר מִשֶּׁתֶּחְשַׁךְ, וְרַבִּי עֲקִיבָא אוֹמֵר, לֹא יִגְמֹר:

랍비 이쉬마엘이 세 가지를 말했는데, 랍비 아키바는 이것들에 동의하지 않았다. [안식일 전날] 낮 동안에 으깬 마늘, 덜 익은 포도, 푸른 곡식 이삭[에 대하여], 랍비 이쉬마엘은 말한다. "어두워진 후에도 마무리할 수 있습니다." 하지만 아키바는 말한다. "[어두워지면] 마무리해서는 안 됩니다."

- 안식일 전날 해가 지면 안식일이 시작되기 때문에 일을 해서는 안 된다. 문제는 이날 낮 동안에 하던 일이 아직 마무리되지 못했을 때 해진 이후에 마무리할 수 있는지 여부다.

2, 7

שְׁלֹשָׁה דְבָרִים אָמְרוּ לִפְנֵי רַבִּי עֲקִיבָא, שְׁנַיִם מִשּׁוּם רַבִּי אֱלִיעֶזֶר וְאֶחָד מִשּׁוּם רַבִּי יְהוֹשֻׁעַ. שְׁנַיִם מִשּׁוּם רַבִּי אֱלִיעֶזֶר, יוֹצֵאת אִשָּׁה בְעִיר שֶׁל זָהָב, וּמַפְרִיחֵי יוֹנִים פְּסוּלִים לְעֵדוּת. וְאֶחָד מִשּׁוּם רַבִּי יְהוֹשֻׁעַ, הַשֶּׁרֶץ בְּפִי חֻלְדָּה וּמְהַלֶּכֶת עַל גַּבֵּי כִכָּרוֹת שֶׁל תְּרוּמָה, סָפֵק נָגַע סָפֵק לֹא נָגַע, סְפֵקוֹ טָהוֹר:

랍비 아키바 앞에서 그들(랍비들)은 세 가지를 말했다. 두 가지는 랍비 엘리에제르의 이름으로, 그리고 하나는 랍비 예호슈아의 이름으로. 엘리에제르의 이름으로 〔말한〕 두 가지는, "〔안식일에〕 여성이 '금의 도시'를 입고 밖으로 나가도 됩니다. 비둘기를 날리는 사람은 증인으로 적절하지 않다. 랍비 예호슈아의 이름으로 〔말한〕 한 가지는, "족제비 입에 기어다니는 것의 사체가 있는데, 〔족제비가〕 거제로 드릴 빵 덩어리 위를 거닐고 있어서, 〔기어다니는 것의 사체가 빵 덩어리와〕 접촉했거나 아니면 접촉하지 않았는지 의심이 들 때, 그 의심받는 〔빵 덩어리들은〕 정결하다."

- '금의 도시'라는 장신구는 예루살렘이 새겨진 작은 왕관이다. 안식일에 여성들에게 장신구를 착용하지 못하도록 한 이유는 혹여 장신구를 손에 들고 다닐 경우에 '운반하는 일'을 금하는 안식일 법을 어길 염려가 있기 때문이다 (『모에드』「샤밧」 6, 1).
- 부정의 원인이 움직이고 있을 때 접촉했는지 안 했는지 불분명할 때에는 정결하다고 여기는 것이 규칙이다.

2, 8

שְׁלֹשָׁה דְבָרִים אָמַר רַבִּי עֲקִיבָא, עַל שְׁנַיִם הוֹדוּ לוֹ וְעַל אֶחָד לֹא הוֹדוּ לוֹ. עַל סַנְדָּל שֶׁל סַיָּדִים, שֶׁהוּא טָמֵא מִדְרָס. וְעַל שְׁיָרֵי תַנּוּר אַרְבָּעָה, שֶׁהָיוּ אוֹמְרִים שְׁלֹשָׁה. וְהוֹדוּ לוֹ. וְעַל אֶחָד לֹא הוֹדוּ לוֹ, עַל כִּסֵּא שֶׁנִּטְּלוּ שְׁנַיִם מֵחִפּוּיָיו זֶה בְּצַד זֶה, שֶׁרַבִּי עֲקִיבָא מְטַמֵּא וַחֲכָמִים מְטַהֲרִין:

랍비 아키바가 세 가지를 말했다. 〔랍비들은〕 두 가지는 그에게 동의했지만, 한 가지는 동의하지 않았다. 석회 일꾼의 샌들에 관하여, 그것은 밟기 부정에 걸리기 쉽다고 〔동의했다〕. 〔깨진〕 화덕의 남은 부분의 〔높이가〕 4〔아마〕면 〔부정해질 수 있다〕. 왜냐하면 그들은 〔평소에〕 3〔아마〕라고 말했기 때문이다. 그들은 그에게 동의했다. 하지만 그들은 한 가지에 대해서는 동의하지 않았다. 앉는 면 두 개가 나란히 떨어져나간 의자에 대하여, 랍비 아키바는 부정해질 수 있다고 말했고, 랍비들은 부정해질 수 없다고 말했다.

- 석회석이나 조개껍데기를 태워 석회를 만드는 일꾼들은 그들의 발을 보호하기 위해서 나무로 만든 특별한 샌들을 착용했다.
- '밟기' 부정을 히브리어로 '미드라스'(מדרס) 부정이라고 한다. 미드라스 부정은 '얹기' 부정이라고도 한다(『토호롯』「켈림」18, 5-7).
- 두 면이 떨어져나간 의자에 대하여 랍비들과 랍비 아키바의 견해가 다르다. 아키바는 의자의 네 면 중에서 바로 옆 두 면이 떨어져나간 것은 더 이상 의자의 기능을 하지 못하기 때문에 부정해질 수 없다고 생각한다. 하지만 랍비들은 여전히 의자로서 사용할 수 있고, 따라서 부정해질 수 있다고 주장한다.

2, 9

הוּא הָיָה אוֹמֵר, הָאָב זוֹכֶה לַבֵּן, בַּנּוֹי, וּבַכֹּחַ, וּבָעֹשֶׁר, וּבַחָכְמָה, וּבַשָּׁנִים, וּבְמִסְפַּר הַדּוֹרוֹת לְפָנָיו, וְהוּא הַקֵּץ, שֶׁנֶּאֱמַר (ישעיה מא) קֹרֵא הַדֹּרוֹת מֵרֹאשׁ, אַף עַל פִּי שֶׁנֶּאֱמַר (בראשית טו), וַעֲבָדוּם וְעִנּוּ אֹתָם אַרְבַּע מֵאוֹת שָׁנָה, וְנֶאֱמַר (שם), וְדוֹר רְבִיעִי יָשׁוּבוּ הֵנָּה:

그는 다음과 같이 말하곤 했다. "아버지는 아들에게 아름다움, 힘, 부, 지혜, 연(年), 그리고 그 앞에 있을 세대, 즉 끝을 넘겨줍니다. 성서

에 기록되었듯이, '처음부터 만대를 부르기'(사 41:4) 비록 성서에 기록되기를, '(네 자손이) 그들을 섬기겠고, 그들은 그들을 사백 년 동안 괴롭힐 것이라'(창 15:13). 그리고 기록되었듯이, '(네 자손은) 사대 만에 이 땅으로 돌아오리니'(창 15:16)."

- '연'은 수명을 의미한다.
- 아키바는 성서에 따르면 전체 세대수는 정해졌지만, 각 사람의 수명은 하나님이 정해놓지 않으셨고 그와 그의 아버지의 행위에 따라 달라진다는 것이다.

2, 10

אַף הוּא הָיָה אוֹמֵר, חֲמִשָּׁה דְבָרִים שֶׁל שְׁנֵים עָשָׂר חֹדֶשׁ. מִשְׁפַּט דּוֹר הַמַּבּוּל, שְׁנֵים עָשָׂר חֹדֶשׁ. מִשְׁפַּט אִיּוֹב, שְׁנֵים עָשָׂר חֹדֶשׁ. מִשְׁפַּט הַמִּצְרִיִּים, שְׁנֵים עָשָׂר חֹדֶשׁ. מִשְׁפַּט גּוֹג וּמָגוֹג לֶעָתִיד לָבֹא, שְׁנֵים עָשָׂר חֹדֶשׁ. מִשְׁפַּט רְשָׁעִים בְּגֵיהִנֹּם, שְׁנֵים עָשָׂר חֹדֶשׁ, שֶׁנֶּאֱמַר (ישעיה סו), וְהָיָה מִדֵּי חֹדֶשׁ בְּחָדְשׁוֹ. רַבִּי יוֹחָנָן בֶּן נוּרִי אוֹמֵר, מִן הַפֶּסַח וְעַד הָעֲצֶרֶת, שֶׁנֶּאֱמַר וּמִדֵּי שַׁבָּת בְּשַׁבַּתּוֹ:

그리고 그는 열두 달 〔동안 지속된〕 다섯 가지를 말하곤 했다. 성서에 기록되었듯이, 홍수 세대에 대한 심판이 열두 달이다. 욥의 심판이 열두 달이다. 이집트 사람들에 대한 심판이 열두 달이다. 다가올 미래 곡과 마곡에 〔임할〕 심판이 열두 달이다. 게힌놈에 있는 악한 사람들에 대한 심판이 열두 달이다. 성서에 기록되었듯이, "그것은 이달부터 〔이듬해 같은〕 달까지라"(사 66:23). 랍비 요하난 벤 누리는 말한다. "유월절부터 칠칠절까지, 성서에 기록되었듯이, '안식일부터 다음 안식일까지'(사 66:23)."

- 랍비 아키바는 열두 달, 즉 1년 동안 지속된 하늘의 심판 다섯 가지를 말한다.
- 창세기 7:11에 따르면 홍수는 일곱째 달 17일에 시작해서 이듬해 일곱째 달 27일에 끝난다. 추가 10일은 월력과 태양력의 차이 때문이다. 월력 1년은 대략 355일이기 때문에 추가 10일이 필요하다.
- 욥기 7:3에서는 단지 여러 달 동안 고통을 받았다고 말하고 있다.
- 출애굽기 5:12의 미드라쉬에 따르면 이집트인들에 대한 심판은 그들이 이스라엘 백성들에게 짚을 주지 않는 등 고통을 주면서 시작되었다. 짚이 나오는 때는 이야르월, 즉 5월 즈음이고, 애굽을 탈출한 시점이 니싼월, 즉 4월 즈음이기 때문에 1년 동안 이집트인들에 대한 심판이 지속되었다고 볼 수 있다.
- 곡은 왕이고 마곡은 그의 왕국이다(겔 38-39장).
- 히브리어 '게힌놈'(גיהנם)은 '지옥'을 의미한다.

제3장

처음 여섯 개의 미쉬나는 랍비 벤 하르키나스와 랍비들의 논쟁을 다룬다.

3, 1

כָּל הַמְטַמְּאִין בְּאֹהֶל שֶׁנֶּחְלְקוּ, וְהִכְנִיסָן לְתוֹךְ הַבַּיִת, רַבִּי דוֹסָא בֶּן הַרְכִּינַס מְטַהֵר, וַחֲכָמִים מְטַמְּאִין. כֵּיצַד. הַנּוֹגֵעַ בִּכְשְׁנֵי חֲצָאֵי זֵיתִים מִן הַנְּבֵלָה אוֹ נוֹשְׂאָן, וּבַמֵּת, הַנּוֹגֵעַ בְּכַחֲצִי זַיִת וּמַאֲהִיל עַל כַּחֲצִי זַיִת אוֹ נוֹגֵעַ בְּכַחֲצִי זַיִת וְכַחֲצִי זַיִת מַאֲהִיל עָלָיו, וּמַאֲהִיל עַל כִּשְׁנֵי חֲצָאֵי זֵיתִים, מַאֲהִיל עַל כַּחֲצִי זַיִת וְכַחֲצִי זַיִת מַאֲהִיל עָלָיו, רַבִּי דוֹסָא בֶּן הַרְכִּינַס מְטַהֵר וַחֲכָמִים מְטַמְּאִין. אֲבָל הַנּוֹגֵעַ בְּכַחֲצִי זַיִת וְדָבָר אַחֵר מַאֲהִיל עָלָיו וְעַל כַּחֲצִי זַיִת, אוֹ מַאֲהִיל

עַל כַּחֲצִי זַיִת וְדָבָר אַחֵר מַאֲהִיל עָלָיו וְעַל כַּחֲצִי זַיִת, טָהוֹר. אָמַר רַבִּי מֵאִיר, אַף בָּזֶה רַבִּי דוֹסָא מְטַהֵר וַחֲכָמִים מְטַמְּאִין. הַכֹּל טָמֵא, חוּץ מִן הַמַּגָּע עִם הַמַּשָּׂא, וְהַמַּשָּׂא עִם הָאֹהֶל. זֶה הַכְּלָל, כֹּל שֶׁהוּא מִשֵּׁם אֶחָד, טָמֵא. מִשְּׁנֵי שֵׁמוֹת, טָהוֹר:

장막에서 부정하게 만드는 어떤 것이 조각난 경우에, 그것을 집으로 가져왔을 때, 랍비 도싸 벤 하르키나스는 정결하다고 선언하지만, 랍비들은 부정하다고 말한다. 어떻게 그러한가? 올리브 절반 크기의 두 〔조각〕 동물 사체를 만진 사람이나 옮긴 사람, 그리고 〔사람〕 사체의 경우는, 올리브 반쪽 〔크기〕를 만지고 올리브 반쪽 〔크기〕에 서 있는 사람, 혹은 올리브 반쪽 〔크기〕를 만지고 올리브 반쪽 〔크기〕가 그를 덮은 사람, 혹은 올리브 반쪽 〔크기〕 두 개 위에 서 있는 사람, 혹은 올리브 반쪽 〔크기〕에 서 있고 올리브 반쪽 〔크기〕가 그를 덮은 사람에 대하여 랍비 도싸 벤 하르키나스는 정결하다고 선언하지만, 랍비들은 부정하다고 말한다. 하지만 그가 만약 올리브 절반 〔크기〕를 만졌고 다른 것이 그와 올리브 절반 〔크기의 사체〕를 덮은 경우, 혹은 그가 올리브 절반 〔크기〕에 서 있고 다른 것이 그와 올리브 절반 〔크기〕를 덮은 경우는 정결하다. 랍비 메이르는 "이 경우에도 랍비 도싸는 정결하다고 선언하고, 랍비들은 부정하다고 선언합니다." 접촉과 운반 혹은 운반과 장막을 제외하고 〔부정이 결합된〕 모든 경우는 부정하다. 이것이 일반 원칙이다. 〔부정을 초래하는 것이〕 한 가지 방식이면 부정하고, 두 가지 방식이면 정결하다.

- 사체는 세 가지 방식으로 부정을 전이한다(『토호롯』의 '들어가며'를 참조하라). 첫째, 사체와 접촉하여 부정하게 된다. 둘째, 사체를 운반한 사람은 부정하다고 여겨진다. 셋째, 사체가 놓인 공간에 머물러 있어도 부정이 전이된다.

- 사체의 전부가 아닌 일부라도 부정을 전이시킨다. 사체의 일부가 부정을 전이시키기 위해서는 최소 올리브 크기가 있어야 한다.
- 장막 안에 있는 사체로 인해 부정하게 된 경우는 세 가지가 있다. 첫째, 사체(또는 그 일부)가 있는 장막의 같은 지붕 아래에 머물러 있는 경우. 둘째, 사체(또는 그 일부)가 사람이나 물건 위에 있는 경우. 셋째, 사람이나 물건이 사체(또는 그 일부) 위에 있는 경우 그 사람이나 물건은 부정하다.

3, 2

אֹכֶל פָּרוּד, אֵינוֹ מִצְטָרֵף, דִּבְרֵי רַבִּי דוֹסָא בֶּן הַרְכִּינַס. וַחֲכָמִים אוֹמְרִים, מִצְטָרֵף. מְחַלְּלִין מַעֲשֵׂר שֵׁנִי עַל אֲסִימוֹן, דִּבְרֵי רַבִּי דוֹסָא. וַחֲכָמִים אוֹמְרִים, אֵין מְחַלְּלִין. מַטְבִּילִין יָדַיִם לַחַטָּאת, דִּבְרֵי רַבִּי דוֹסָא. וַחֲכָמִים אוֹמְרִים, אִם נִטְמְאוּ יָדָיו, נִטְמָא גוּפוֹ:

〔잘게〕 쪼개진 음식은 〔부정해지도록〕 함께 모이지 않는다고 랍비 도싸 벤 하르키나스는 말한다. 하지만 현자들은 말한다. "함께 모입니다." 둘째 십일조를 직인 없는 동전으로 바꿀 수 있다고 랍비 도싸는 말한다. 하지만 현자들은 말한다. "바꿀 수 없습니다." 부정한 손을 물에 담그면 된다고 랍비 도싸는 말한다. 하지만 현자들은 말한다. "손이 부정하면, 몸 전체가 부정한 것입니다."

- 부정한 음식으로 판정받으려면 최소 계란 크기의 음식이어야 한다.
- 예루살렘에 가져가서 먹는 십일조(신 14:22-27)를 유대 전통에서는 둘째 십일조라 부른다. 이때 먼 곳에서 갈 경우에는 '돈'으로 바꾸어 갈 수 있다. 랍비들은 여기에서 말하는 '돈'을 직인이 찍혀 있는 동전으로 제한한다.
- 손이 부정해졌을 때 랍비 도싸는 손만 물에 담그면 된다. 하지만 랍

비들은 손이 부정해졌으면 몸 전체가 부정한 것과 같기 때문에, 정결 의식을 가져야 한다고 주장한다.

3, 3

מְעֵי אֲבַטִּיחַ וּקְנִיבַת יָרָק שֶׁל תְּרוּמָה, רַבִּי דוֹסָא מַתִּיר לְזָרִים, וַחֲכָמִים אוֹסְרִין. חָמֵשׁ רְחֵלוֹת גְּזוּזוֹת מָנֶה מָנֶה וּפְרַס, חַיָּבוֹת בְּרֵאשִׁית הַגֵּז, דִּבְרֵי רַבִּי דוֹסָא. וַחֲכָמִים אוֹמְרִים, חָמֵשׁ רְחֵלוֹת כָּל שֶׁהֵן:

거제에 속한 멜론 속과 야채의 입사귀에 대하여, 랍비 도싸는 〔제사장이 아닌〕 일반인들이 먹도록 허락하지만, 현자들은 금한다. “각각 1.5마네 무게의 양털을 생산하는 다섯 마리의 양 무리가 첫 양털제물의 대상이 됩니다”라고 랍비 도싸는 말한다. 하지만 현자들은 말하기를, “다섯 마리의 양들은 〔생산하는 양털이〕 얼마가 되든지 〔첫 양털 제물 대상입니다〕.”

- 거제로 드리는 식물은 제사장들이 먹는 음식이 된다. 랍비 도싸는 멜론 속이나 야채의 입사귀는 음식으로 볼 수 없기 때문에 일반인이 먹을 수 있다는 입장이다. 하지만 랍비들은 이것도 음식으로 볼 수 있기 때문에 일반인이 먹어서는 안 된다는 것이다.
- 신명기 18:4에 따르면, 처음 양털 깎은 것을 제사장에게 주어야 한다. 랍비 도싸는 1.5마네, 즉 대략 150그램 이상의 양털이어야 양털 깎기로 인정된다고 주장한다. 반면에 랍비들은 깎는 양과 상관없이 양털을 깎는 것이라고 말한다.

3, 4

כָּל הַחוּצָלוֹת טְמֵאוֹת טְמֵא מֵת, דִּבְרֵי רַבִּי דוֹסָא. וַחֲכָמִים אוֹמְרִים, מִדְרָס. כָּל הַקְּלִיעוֹת טְהוֹרוֹת, חוּץ מִשֶּׁל גַּלְגִּילוֹן, דִּבְרֵי רַבִּי דוֹסָא. וַחֲכָמִים אוֹמְרִים,

כֻּלָּם טְמֵאוֹת, חוּץ מִשֶּׁל צַמָּרִים:

"모든 돗자리는 사체 부정으로 인해 부정해질 수 있습니다"라고 랍비 도싸는 말한다. 현자들은 말하기를, "밟기 부정이 〔될 수 있습니다〕." "(그물)망은 허리띠로 사용되지 않는 이상 부정해지지 않습니다"라고 도싸는 말한다. 현자들은 말하기를, "모든 (그물)망은 양털 판매원이 사용하는 것을 제외하면, 부정해질 수 있습니다."

- 랍비 도싸는 (그물)망을 옷으로 생각하지 않기 때문에 부정해질 수 없다고 본다. 하지만 랍비들은 망을 기본적으로 옷으로 간주한다. 다만, 랍비들도 망이 양털을 담아 운반하는 가방(보자기)으로 사용되는 경우는 옷이 아니기 때문에 부정해지지 않는다고 본다.

3, 5

הַקֶּלַע שֶׁבֵּית קִבּוּל שֶׁלָּהּ אָרוּג, טְמֵאָה. וְשֶׁל עוֹר, רַבִּי דוֹסָא בֶּן הַרְכִּינָס מְטַהֵר וַחֲכָמִים מְטַמְּאִין. נִפְסַק בֵּית אֶצְבַּע שֶׁלָּהּ, טְהוֹרָה. בֵּית הַפָּקִיעַ שֶׁלָּהּ, טְמֵאָה:

주머니가 〔실로〕 짜여진 물매는 부정해질 수 있다. 주머니가 가죽으로 만들어진 것은, 랍비 도싸는 부정해지지 않는다고 말한다. 하지만 랍비들은 부정해질 수 있다고 말한다. 손가락 끼우개가 끊어졌으면 부정해지지 않는다. 하지만 손잡이가 끊어졌으면 부정해질 수 있다.

- 물매는 끈에 돌을 넣어 날려서 타격하는 고대의 무기로 '무릿매'라고도 불린다. 돌을 돌려 생기는 원심력을 이용해서 먼 곳까지 날려 보낼 수 있는 무기로 다윗이 골리앗을 쓰러뜨릴 때에도 사용되었다(삼상 17:49-50).

• 손가락을 끼우는 부분이 찢어졌으면 더 이상 물매를 '도구'로 사용하지 않기 때문에 부정해질 수 없다. 손가락 끼우개 반대 부분에 있는 손잡이는 설령 찢어져도 물매를 사용할 수 있다.

3, 6

הַשְּׁבוּיָה אוֹכֶלֶת בַּתְּרוּמָה, דִּבְרֵי רַבִּי דוֹסָא. וַחֲכָמִים אוֹמְרִים, יֵשׁ שְׁבוּיָה אוֹכֶלֶת וְיֵשׁ שְׁבוּיָה שֶׁאֵינָהּ אוֹכֶלֶת. כֵּיצַד. הָאִשָּׁה שֶׁאָמְרָה נִשְׁבֵּיתִי וּטְהוֹרָה אָנִי, אוֹכֶלֶת, שֶׁהַפֶּה שֶׁאָסַר הוּא הַפֶּה שֶׁהִתִּיר. וְאִם יֵשׁ עֵדִים שֶׁנִּשְׁבֵּית, וְהִיא אוֹמֶרֶת טְהוֹרָה אָנִי, אֵינָהּ אוֹכֶלֶת:

"포로로 끌려갔던 여성은 거제를 먹을 수 있습니다"라고 랍비 도싸는 말한다. 랍비들은 말하기를, "포로로 끌려간 여성 중에 〔거제를〕 먹을 수 있는 여성이 있고, 먹을 수 없는 여성이 있습니다." 어떻게 그런가? "여성이 '나는 잡혀왔지만 정결한 상태입니다'라고 말하면, 먹을 수 있습니다. 왜냐하면 금지를 선포했던 입술이 〔같은 사람의〕 금지를 푸는 입술이 되기 때문입니다. 하지만 그녀가 포로로 끌려간 것을 본 증인들이 있는데, 그녀가 '나는 정결합니다'라고 말했다면, 그녀는 거제를 먹을 수 없습니다."

• 대제사장의 부인은 거제를 먹을 수 있다. 포로로 끌려갔다가 다시 돌아온 대제사장의 부인이 거제를 먹을 수 있는지, 아니면 먹어서는 안 되는지 랍비 도싸와 랍비들의 의견이 다르다.
• 포로로 끌려가는 과정에서 비유대인의 손에 의해 부정해지는 경우가 발생한다. 이것을 본 증인들이 있는 경우에는, 자신이 정결하다고 말을 하더라도 인정되지 않는다.

3, 7

אַרְבָּעָה סְפֵקוֹת רַבִּי יְהוֹשֻׁעַ מְטַמֵּא, וַחֲכָמִים מְטַהֲרִין. כֵּיצַד. הַטָּמֵא עוֹמֵד וְהַטָּהוֹר עוֹבֵר, הַטָּהוֹר עוֹמֵד וְהַטָּמֵא עוֹבֵר, טֻמְאָה בִּרְשׁוּת הַיָּחִיד וְטָהֳרָה בִּרְשׁוּת הָרַבִּים, טָהֳרָה בִּרְשׁוּת הַיָּחִיד וְטֻמְאָה בִּרְשׁוּת הָרַבִּים, סָפֵק נָגַע סָפֵק לֹא נָגַע, סָפֵק הֶאֱהִיל סָפֵק לֹא הֶאֱהִיל, סָפֵק הֵסִיט סָפֵק לֹא הֵסִיט, רַבִּי יְהוֹשֻׁעַ מְטַמֵּא, וַחֲכָמִים מְטַהֲרִין:

〔부정이〕 의심이 가는 네 가지에 대하여 랍비 예호슈아는 부정하다고 선언하지만, 랍비들은 정결하다고 선언한다. 어떻게 그러한가? 부정한 사람이 서 있고 정결한 사람이 지나가는 경우나 정결한 사람이 서 있고 부정한 사람이 지나가는 경우, 사적인 공간은 부정하고 공적인 공간은 정결한 경우나 사적인 공간은 정결하고 공적인 공간이 부정한 경우는 〔다른 사람을〕 접촉했는지 접촉하지 않았는지 의심이 가고, 〔다른 사람을〕 덮었는지 덮지 않았는지 의심이 가며, 〔부정을〕 옮겼는지 옮기지 않았는지 의심되는 경우에, 랍비 예호슈아는 부정해질 수 있다고 말하고, 랍비들은 정결하다고 말한다.

- 부정이 옮겨질 가능성이 조금이라도 의심이 되는 경우에, 랍비 예호슈아는 부정하다고 말하고, 다른 랍비들은 서로 다른 공간에 있거나 접촉이 확실한 경우가 아닌 경우에 정결한 사람은 여전히 정결하다고 간주한다.

3, 8

שְׁלֹשָׁה דְבָרִים רַבִּי צָדוֹק מְטַמֵּא, וַחֲכָמִים מְטַהֲרִין. מַסְמֵר הַשֻּׁלְחָנִי, וְאָרוֹן שֶׁל גָּרוֹסוֹת, וּמַסְמֵר שֶׁל אֶבֶן שָׁעוֹת, רַבִּי צָדוֹק מְטַמֵּא וַחֲכָמִים מְטַהֲרִין:

세 가지에 대하여 랍비 짜독은 부정하다고 선언하지만, 랍비들은 정결하다고 선언한다. 환전상의 손톱, 곡식 궤, 해시계의 손톱에 대하여 랍비 짜독은 부정하다고 선언하지만, 랍비들은 정결하다고 선언한다.

- 사물이 부정을 전이시키기 위해서는 사람이 사용되는 '도구'가 되어야 한다. 이 미쉬나는 위에서 언급되는 것들이 도구인지를 논쟁하고 있다.
- 환전상의 손톱은 환전상이 돈의 무게를 달기 위해 사용하는 추다. 곡식 궤는 찧은 곡식을 담아놓는 나무 상자다. 해시계의 손톱은 해시계 안에서 그림자 크기를 측정할 수 있는 도구다.

3, 9

אַרְבָּעָה דְבָרִים רַבָּן גַּמְלִיאֵל מְטַמֵּא, וַחֲכָמִים מְטַהֲרִין. כִּסּוּי טֶנִי שֶׁל מַתָּכוֹת שֶׁל בַּעֲלֵי בָתִּים, וּתְלוּי הַמַּגְרֵדוֹת, וְגָלְמֵי כְלֵי מַתָּכוֹת, וְטַבְלָא שֶׁנֶּחְלְקָה לִשְׁנָיִם. וּמוֹדִים חֲכָמִים לְרַבָּן גַּמְלִיאֵל בְּטַבְלָא שֶׁנֶּחְלְקָה לִשְׁנַיִם, אֶחָד גָּדוֹל וְאֶחָד קָטָן, הַגָּדוֹל טָמֵא וְהַקָּטָן טָהוֹר:

네 가지에 대하여 라반 감리엘은 부정하다고 선언하지만, 랍비들은 정결하다고 선언한다. 집주인 소유의 금속 바구니 뚜껑, 때 밀개 걸이, 미완성 금속 도구, 두 조각난 쟁반. 랍비들은 두 조각난 쟁반에 대하여, 하나는 크고 하나는 작은 경우에, 큰 것은 부정하고 작은 것은 부정하지 않다고 말했다.

- '도구'로 사용될 수 있는즉 부정해질 수 있는 목록에 대하여 라반 감리엘과 다수의 랍비들의 견해가 다르다.
- 미쉬나 시대 목욕탕에서 때를 밀기 위해 철재 도구를 사용했다. 때 밀개는 '도구'로 부정해질 수 있다. 하지만 때 밀개 걸이를 도구로 볼 수 있느냐를 두고 라반 감리엘과 랍비들의 견해가 다르다.

- 라반 감리엘은 두 조각난 쟁반 모두 부정해질 수 있다고 보고, 랍비들은 그중에서 큰 것만 부정해질 수 있다고 생각했다.

3, 10

שְׁלֹשָׁה דְבָרִים רַבָּן גַּמְלִיאֵל מַחְמִיר כְּדִבְרֵי בֵית שַׁמַּאי. אֵין טוֹמְנִין אֶת הַחַמִּין מִיּוֹם טוֹב לְשַׁבָּת, וְאֵין זוֹקְפִין אֶת הַמְּנוֹרָה בְּיוֹם טוֹב, וְאֵין אוֹפִין פִּתִּין גְּרִיצִין אֶלָּא רְקִיקִין. אָמַר רַבָּן גַּמְלִיאֵל, מִימֵיהֶן שֶׁל בֵּית אַבָּא לֹא הָיוּ אוֹפִין פִּתִּין גְּרִיצִין אֶלָּא רְקִיקִין. אָמְרוּ לוֹ, מַה נַּעֲשֶׂה לְבֵית אָבִיךָ שֶׁהָיוּ מַחְמִירִין עַל עַצְמָן וּמְקִלִּין עַל יִשְׂרָאֵל לִהְיוֹת אוֹפִין פִּתִּין גְּרִיצִין וְחֹרִי:

세 가지에 대하여 라반 감리엘은 샴마이 학파의 가르침대로 엄격하게 한다. 명절날 안식일을 위해 음식을 〔식지 않게〕 덮어두어서는 안 된다. 명절날 등잔을 조립해서는 안 된다. 〔명절날〕 빵을 두툼한 덩어리로 만들어서는 안 되며, 얇은 〔덩어리로〕 만들어야 한다. 라반 감리엘이 말했다. "제 아버지 댁에서는 〔명절날〕 빵을 두툼한 덩어리로 굽지 않았고, 얇게 구웠습니다." 그들이 그에게 말했다. "우리가 당신의 아버지 댁을 어찌 하겠습니까? 그분들은 자신들에게는 엄격하게 했고, 〔일반〕 이스라엘 사람들에게는 관대하게 하여, 두툼한 빵이나 얇은 빵 모두를 허락했습니다."

- 라반 감리엘은 힐렐 학파의 견해와 일치한다. 하지만 몇 가지 경우에서는 샴마이 학파를 따라 좀 더 엄격한 규칙을 주장했다. 후대의 랍비들도 일반적으로 힐렐 학파의 견해를 따랐지만, 일부의 경우에 샴마이 학파의 견해를 받아들였다.
- 명절날에는 음식을 만들 수 있지만 안식일에는 해서는 안 된다. 음식이 식지 않도록 덮어두는 것도 같은 의미로 해석할 수 있다.
- 등잔이 여러 개의 부분으로 이루어졌을 때, 이것을 조립하는 것을

일종의 '세우기' 일로 볼 수 있어서 샴마이 학파에서는 금하고 있다.

- 라반 감리엘 집에서 지키는 규칙은 보다 엄격했지만, 일반 사람들은 보다 관대한 규칙을 따르도록 허락했다.

3, 11

אַף הוּא אָמַר שְׁלֹשָׁה דְבָרִים לְהָקֵל. מְכַבְּדִין בֵּין הַמִּטּוֹת, וּמְנִיחִין אֶת הַמֻּגְמָר בְּיוֹם טוֹב, וְעוֹשִׂים גְּדִי מְקֻלָּס בְּלֵילֵי פְסָחִים. וַחֲכָמִים אוֹסְרִים:

그는 또한 세 가지에 대하여 관대하게 말했다. 〔안식일이나 명절날〕 긴 의자 사이를 쓸어낼 수 있고, 명절날 불 속에 향을 넣을 수 있고, 유월절 밤에 들염소 새끼를 구울 수 있다. 하지만 랍비들은 이것들을 금한다.

- 미쉬나 시대에 안식일이나 명절날 사람들은 누운 상태에서 긴 의자에 기대어 쟁반 위에 놓인 음식을 먹었다. 라반 감리엘과 달리 랍비들은 긴 의자 사이를 쓸어내는 과정에서 의도치 않게 바닥의 구멍을 메우는 '일'을 할 수 있다는 이유로 금지하고 있다.
- 음식의 향을 가미하기 위해 숯불에 향을 첨가하곤 한다. 하지만 랍비들은 이것을 금하고 있다.
- 성전 멸망 이후에도 유월절에 양이나 들염소 새끼를 잡아서 가족들이 먹는 관습이 이어졌다. 들염소 새끼는 히브리어로 '게디'(גדי)라고 한다. 랍비들은 이것이 성전 희생제물로 여겨지는 것을 염려해 금지했다.

3, 12

שְׁלֹשָׁה דְבָרִים רַבִּי אֶלְעָזָר בֶּן עֲזַרְיָה מַתִּיר, וַחֲכָמִים אוֹסְרִין. פָּרָתוֹ יוֹצְאָה בִרְצוּעָה שֶׁבֵּין קַרְנֶיהָ, וּמְקָרְדִין אֶת הַבְּהֵמָה בְּיוֹם טוֹב, וְשׁוֹחֲקִין אֶת

הַפִּלְפְּלִין בְּרֵחַיִם שֶׁלָּהֶן. רַבִּי יְהוּדָה אוֹמֵר, אֵין מְקָרְדִין אֶת הַבְּהֵמָה בְּיוֹם טוֹב, מִפְּנֵי שֶׁהוּא עוֹשֶׂה חַבּוּרָה, אֲבָל מְקַרְצְפִין. וַחֲכָמִים אוֹמְרִים, אֵין מְקָרְדִין אַף לֹא מְקַרְצְפִין:

세 가지에 대하여 랍비 엘아자르 벤 아자리야는 허락하지만, 현자들은 금한다. 소가 〔안식일에〕 뿔 사이에 끈을 매고 밖으로 나간다. 명절날 가축에 글겅이질할 수 있다. 후추를 〔명절날〕 방앗간에서 빻을 수 있다. 랍비 예후다가 말한다. "상처를 입을 수 있기 때문에, 명절날 가축에 글겅이질해서는 안 됩니다. 하지만 빗질할 수는 있습니다." 현자들은 말한다. "글겅이질을 해서도 안 되고, 빗질을 해서도 안 됩니다."

- 뿔 사이에 있는 끈은 장식품이기 때문에 안식일에 매고 나가도 된다.
- 후추를 방앗간에서 빻는다는 것은 일반적인 방식으로 빻는다는 의미다.

제4장

일반적으로 샴마이 학파가 엄격한 규정을 채택하고 힐렐 학파가 관대한 입장을 취한다. 하지만 이번 미쉬나에서는 반대로 샴마이 학파가 더 관대한 입장을 취하고 힐렐 학파가 더 엄격한 규정을 채택하고 있는 법들을 다룬다. 대부분은 명절과 관련된 규정들이다.

4, 1

אֵלּוּ דְבָרִים מִקֻּלֵּי בֵית שַׁמַּאי וּמֵחֻמְרֵי בֵית הִלֵּל. בֵּיצָה שֶׁנּוֹלְדָה בְיוֹם טוֹב, בֵּית שַׁמַּאי אוֹמְרִים, תֵּאָכֵל. וּבֵית הִלֵּל אוֹמְרִים, לֹא תֵאָכֵל. בֵּית שַׁמַּאי אוֹמְרִים, שְׂאֹר בִּכְזַיִת וְחָמֵץ בְּכַכּוֹתֶבֶת. וּבֵית הִלֵּל אוֹמְרִים, זֶה וָזֶה בִּכְזַיִת:

다음은 샴마이 학파가 보다 관대한 규정을 채택하고 힐렐 학파가 보다 엄격한 규정을 채택한 경우들이다. 명절날 낳은 계란에 대하여, 샴마이 학파는 먹을 수 있다고 말하고, 힐렐 학파는 먹으면 안 된다고 말한다. 샴마이 학파는 말한다. "올리브 크기의 효모와 대추야자 크기의 효모가 들어간 음식은 〔유월절에 금지됩니다〕." 힐렐 학파는 말한다. "둘 다 올리브 크기입니다."

- 안식일이나 명절날에는 사용할 물건이나 먹을 음식은 미리 준비해 두어야 한다. 그렇지 않은 물건이나 음식은 '무크쩨'라고 별도로 남겨두어 사용해서는 안 된다. 명절날 낳은 알에 대하여 힐렐 학파는 무크쩨, 즉 먹어서는 안 되는 음식으로 보는 반면, 샴마이 학파는 무크쩨가 아니므로 먹을 수 있다는 입장이다.
- 더 적은 양의 효모가 들어간 음식을 금지할수록 더 엄격한 규정이다. 대추야자보다 올리브가 더 작다.

4, 2

בְּהֵמָה שֶׁנּוֹלְדָה בְיוֹם טוֹב, הַכֹּל מוֹדִים שֶׁהִיא מֻתֶּרֶת. וְאֶפְרוֹחַ שֶׁיָּצָא מִן הַבֵּיצָה, הַכֹּל מוֹדִים שֶׁהוּא אָסוּר. הַשּׁוֹחֵט חַיָּה וָעוֹף בְּיוֹם טוֹב, בֵּית שַׁמַּאי אוֹמְרִים, יַחְפֹּר בַּדֶּקֶר וִיכַסֶּה. וּבֵית הִלֵּל אוֹמְרִים, לֹא יִשְׁחֹט אֶלָּא אִם כֵּן הָיָה לוֹ עָפָר מוּכָן. וּמוֹדִים שֶׁאִם שָׁחַט, שֶׁיַּחְפֹּר בַּדֶּקֶר וִיכַסֶּה. שֶׁאֵפֶר כִּירָה מוּכָן הוּא:

명절날 태어난 가축에 대하여, 〔샴마이 학파와 힐렐 학파〕 모두 허락한다. 부화된 병아리에 대하여, 〔두 학파〕 모두 금지한다. 명절날 들짐승이나 새를 도살하는 사람에 대하여, 샴마이 학파는 말한다. "곡괭이로 땅을 파서 〔피를〕 덮습니다." 힐렐 학파는 말한다. "흙을 〔미리 파서〕 준비되지 않았다면 〔들짐승이나 새를〕 도살하면 안 됩니다."

하지만 〔두 학파 모두〕 만약 도살했다면 곡괭이로 땅을 파서 〔피를〕 덮는 것과 화로에 있는 재는 준비된 것이라고 동의한다.

- 힐렐 학파는 명절날 낳은 계란을 먹는 것은 금지했지만, 명절날 태어난 가축은 먹을 수 있다고 말한다.
- 명절날 들짐승이나 새를 잡지 않는 것은 힐렐 학파의 전통이다. 하지만 힐렐 학파도 이미 도살한 경우에는 성서의 법(레 17:13)을 따라서 반드시 그 피를 흙으로 덮어야 한다.
- 재를 어떻게 사용할지 명절 전에 미리 염두에 두었기 때문에 준비된 것으로 간주한다. 재는 '무크쩨', 즉 사용할 수 없는 물건이 아니다.

4, 3

בֵּית שַׁמַּאי אוֹמְרִים, הֶבְקֵר לָעֲנִיִּים, הֶבְקֵר. וּבֵית הִלֵּל אוֹמְרִים, אֵינוֹ הֶבְקֵר, עַד שֶׁיֻּבְקַר אַף לָעֲשִׁירִים כַּשְּׁמִטָּה. כָּל עָמְרֵי הַשָּׂדֶה שֶׁל קַב קַב, וְאֶחָד שֶׁל אַרְבָּעָה קַבִּין, וּשְׁכָחוֹ, בֵּית שַׁמַּאי אוֹמְרִים, אֵינוֹ שִׁכְחָה. וּבֵית הִלֵּל אוֹמְרִים, שִׁכְחָה:

샴마이 학파는 말한다. "〔만약 생산물이〕 가난한 사람들을 위한 주인 없는 것으로 〔선포되었으면〕, 주인 없는 것이다. 힐렐 학파는 말한다. "면제년처럼 부유한 사람들을 위해서도 주인 없는 것으로 선포되지 않는다면, 주인 없는 것이 아닙니다." 모든 들의 곡식 단은 각각 카브다. 그런데 하나가 4카브일 경우에, 샴마이 학파는 말한다. "잊어버린 것으로 보지 않습니다." 하지만 힐렐 학파는 말한다. "잊어버린 것으로 보아야 합니다."

- 주인 없는 생산물은 가난한 사람들이 가져가서 먹는 음식이 된다.
- 힐렐 학파는 안식년을 참고로 주인 없는 생산물이 가난한 사람들 뿐

만 아니라 부유한 사람들에게도 해당된다고 주장한다. 안식년에 들에 난 곡식들은 가난한 사람들도 먹을 수 있지만 부유한 사람들도 먹을 수 있다.

- 추수 때에 잊어버리고 들에 두고 온 곡식 단은 나그네와 고아와 과부 같이 가난한 사람들의 몫으로 남겨두어야 한다(신 24:19). 보통 1카브 정도의 단을 잊어버린 것으로 본다. 4카브일 때 샴마이 학파는 잊어버린 것으로 볼 필요 없이 가져와도 된다는 입장이고, 힐렐 학파는 다른 일반 단보다 많은 분량임에도 불구하고 잊어버린 곡식으로 봐야 한다고 주장한다.

4, 4

הָעֹמֶר שֶׁהוּא סָמוּךְ לַגַּפָּה וְלַגָּדִישׁ וְלַבָּקָר וְלַכֵּלִים, וּשְׁכָחוֹ, בֵּית שַׁמַּאי אוֹמְרִים, אֵינוֹ שִׁכְחָה. וּבֵית הִלֵּל אוֹמְרִים, שִׁכְחָה:

담이나 〔곡식〕 더미, 황소, 그리고 도구 옆에 있는 단에 대하여, 샴마이 학파는 잊어버린 〔곡식 단〕이 아니라고 말하고, 힐렐 학파는 잊어버린 것이라고 말한다.

- 앞의 미쉬나에 이어서 말하고 있다. 곡식 단이 특정 사물 옆에 있을 경우에, 샴마이 학파는 나중에 가져가기 위해서 두었으므로 잊어버린 것이 아니라는 입장이다. 반면에 힐렐 학파는 이것 또한 잊어버린 곡식 단이기 때문에 가난한 사람들이 가져가서 먹을 수 있다.

4, 5

כֶּרֶם רְבָעִי, בֵּית שַׁמַּאי אוֹמְרִים, אֵין לוֹ חֹמֶשׁ וְאֵין לוֹ בִעוּר. וּבֵית הִלֵּל אוֹמְרִים, יֶשׁ לוֹ חֹמֶשׁ וְיֶשׁ לוֹ בִעוּר. בֵּית שַׁמַּאי אוֹמְרִים, יֶשׁ לוֹ פֶרֶט וְיֶשׁ לוֹ עוֹלֵלוֹת, וְהָעֲנִיִּים פּוֹדִים לְעַצְמָן. וּבֵית הִלֵּל אוֹמְרִים, כֻּלּוֹ לַגַּת:

넷째 해 과일에 대하여 샴마이 학파는 말한다. "그것은 다섯〔째 해 규정〕과 제거법의 대상이 아닙니다." 힐렐 학파는 말한다. "그것은 다섯〔째 해 규정〕과 제거법의 대상입니다." 샴마이 학파는 말한다. "그것은 떨어진 과일과 수집에 해당됩니다. 가난한 사람들이 자신들을 위해 교환할 수 있습니다." 힐렐 학파는 말한다. "전부 다 포도 짜는 곳으로 가져가야 합니다."

- 다섯째 해 규정은 넷째 해 과일을 다섯째 해에 먹는 전통으로 레위기 19:24에서 유래했다. 가나안 땅에 들어와 과일 나무를 심은 후 3년 동안은 '할례받지 못한' 것으로 여겨 먹지 않았다.
- 둘째 십일조는 예루살렘으로 가져와서 먹어야 한다. 샴마이 학파는 넷째 해 과일을 둘째 십일조처럼 취급할 필요 없다는 입장이고, 힐렐 할파는 두 가지가 동일한 것이라고 주장한다.
- 랍비 전통에서는 안식년의 넷째 해와 일곱째 해에는 집안에서 십일조를 모두 없애야 한다. 이것을 일명 '제거법'(law of removal)이라고 한다.
- 떨어진 과일은 가난한 사람들이 먹게 그대로 남겨두어야 한다(레 19:10). 가난한 사람들이 먹을 수 있는 음식이 된다. 가난한 사람은 이것을 돈으로 바꾸어 예루살렘(시장)에서 다른 음식을 살 수 있다.

4, 6

חָבִית שֶׁל זֵיתִים מְגֻלְגָּלִים, בֵּית שַׁמַּאי אוֹמְרִים, אֵינוֹ צָרִיךְ לְנַקֵּב. וּבֵית הִלֵּל אוֹמְרִים, צָרִיךְ לְנַקֵּב. וּמוֹדִים, שֶׁאִם נְקָבָהּ וּסְתָמוּהָ שְׁמָרִים, שֶׁהִיא טְהוֹרָה. הַסָּךְ בְּשֶׁמֶן טָהוֹר וְנִטְמָא, יָרַד וְטָבַל, בֵּית שַׁמַּאי אוֹמְרִים, אַף עַל פִּי שֶׁהוּא מְנַטֵּף, טָהוֹר. וּבֵית הִלֵּל אוֹמְרִים, כְּדֵי סִיכַת אֵבֶר קָטָן. וְאִם הָיָה שֶׁמֶן טָמֵא מִתְּחִלָּתוֹ, בֵּית שַׁמַּאי אוֹמְרִים, כְּדֵי סִיכַת אֵבֶר קָטָן. וּבֵית הִלֵּל אוֹמְרִים, מַשְׁקֶה טוֹפֵחַ. רַבִּי יְהוּדָה אוֹמֵר מִשּׁוּם בֵּית הִלֵּל, טוֹפֵחַ וּמַטְפִּיחַ:

올리브 통에 대하여, 샴마이 학파는 말한다. "구멍을 뚫을 필요가 없습니다." 힐렐 학파는 말한다. "구멍을 뚫어야 합니다." 하지만 그들은 구멍을 뚫었는데 찌꺼기가 그 틈을 막은 경우에, 정결하다고 동의한다. 깨끗한 기름을 바른 후에 부정해진 사람이 내려가서 〔정결 목욕탕〕 물에 담근 경우에 대하여, 샴마이 학파는 말한다. "비록 그가 여전히 〔기름〕 방울을 떨어뜨리고 있지만 정결합니다." 힐렐 학파는 말한다. "〔신체의〕 작은 부위라도 바르는 데 충분한 〔기름이 남았다면 부정합니다〕." 처음부터 부정한 기름인 경우에, 샴마이 학파는 말한다. "〔신체의〕 작은 부위라도 바르는 데 충분한 〔기름이 남았다면 부정합니다〕." 힐렐 학파는 말한다. "〔다른 것을〕 촉촉하게 만드는 액체가 〔충분하다면 정결합니다〕." 랍비 예후다가 힐렐 학파의 이름으로 말한다. "〔다른 것을 충분히〕 촉촉하게 만듭니다."

4, 7

הָאִשָּׁה מִתְקַדֶּשֶׁת בְּדִינָר וּבְשָׁוֶה דִינָר, כְּדִבְרֵי בֵית שַׁמָּאי. וּבֵית הִלֵּל אוֹמְרִים, בִּפְרוּטָה וּבְשָׁוֶה פְרוּטָה. וְכַמָּה הִיא פְרוּטָה, אֶחָד מִשְּׁמֹנָה בְאִסָּר הָאִיטַלְקִי. בֵּית שַׁמַּאי אוֹמְרִים, פּוֹטֵר הוּא אֶת אִשְׁתּוֹ בְגֵט יָשָׁן, וּבֵית הִלֵּל אוֹסְרִין. אֵיזֶהוּ גֵט יָשָׁן. כָּל שֶׁנִּתְיַחֵד עִמָּהּ אַחַר שֶׁכְּתָבוֹ לָהּ. הַמְגָרֵשׁ אֶת אִשְׁתּוֹ וְלָנָה עִמּוֹ בְפֻנְדְּקִי, בֵּית שַׁמַּאי אוֹמְרִים, אֵינָהּ צְרִיכָה מִמֶּנּוּ גֵט שֵׁנִי. וּבֵית הִלֵּל אוֹמְרִים, צְרִיכָה מִמֶּנּוּ גֵט שֵׁנִי. אֵימָתַי, בִּזְמַן שֶׁנִּתְגָּרְשָׁה מִן הַנִּשּׂוּאִין. אֲבָל אִם נִתְגָּרְשָׁה מִן הָאֵרוּסִין, אֵינָהּ צְרִיכָה מִמֶּנּוּ גֵט שֵׁנִי, מִפְּנֵי שֶׁאֵין לִבּוֹ גַס בָּהּ:

"여성은 디나르나 디나르 가치의 〔선물〕로 약혼됩니다"라고 샴마이 학파는 말한다. 힐렐 학파는 말한다. "페루타나 페루타 가치의 〔선물〕로 됩니다." 페루타는 얼마인가? 이탈리아 이싸르의 1/8이다. 샴마이 학파는 말한다. "자신의 아내를 예전 이혼증서로 내쫓을 수 있습니다." 하지만 힐렐 학파는 금지했다. 예전 이혼증서란 무엇인가?

〔이혼증서〕를 써준 이후에 그녀와 동거했다면, 〔그것은 예전 이혼증서가 된다〕. 부인과 이혼한 후에 그녀와 여관에서 밤을 보낸 경우에, 샴마이 학파는 말한다. "그녀는 두 번째 이혼증서가 필요치 않습니다." 힐렐 학파는 말한다. "그녀는 그로부터 두 번째 이혼증서가 필요합니다." 〔그렇다면〕 언제 〔두 번째 이혼증서가 필요한가?〕 결혼 이후에 이혼한 경우다. 하지만 약혼한 후에 이혼한 경우에는 두 번째 이혼증서가 필요치 않다. 왜냐하면 그녀 앞에서 수치스럽지 않기 때문이다.

- 약혼을 위해서는 남자가 여자에게 일정 가치의 금액을 선물로 주어야 성립된다.
- 디나르의 가치는 정확히 알 수 없지만, 1디나르는 하루 임금이나 그보다 약간 못 미치는 금액일 것으로 추정된다.
- 약혼만 한 경우는 두 사람이 아직 관계를 갖지 않았다고 보기 때문에 별도의 이혼증서가 필요하지 않다.

4, 8

בֵּית שַׁמַּאי מַתִּירִין אֶת הַצָּרוֹת לָאַחִים, וּבֵית הִלֵּל אוֹסְרִין. חָלְצוּ, בֵּית שַׁמַּאי פּוֹסְלִין מִן הַכְּהֻנָּה, וּבֵית הִלֵּל מַכְשִׁירִין. נִתְיַבְּמוּ, בֵּית שַׁמַּאי מַכְשִׁירִין, וּבֵית הִלֵּל פּוֹסְלִין. וְאַף עַל פִּי שֶׁאֵלּוּ פוֹסְלִין וְאֵלּוּ מַכְשִׁירִין, לֹא נִמְנְעוּ בֵית שַׁמַּאי מִלִּשָּׂא נָשִׁים מִבֵּית הִלֵּל, וְלֹא בֵית הִלֵּל מִלִּשָּׂא נָשִׁים מִבֵּית שַׁמָּאי. וְכָל הַטָּהֳרוֹת וְהַטֻּמְאוֹת שֶׁהָיוּ אֵלּוּ מְטַהֲרִין וְאֵלּוּ מְטַמְּאִין, לֹא נִמְנְעוּ לִהְיוֹת עוֹשִׂים טָהֳרוֹת אֵלּוּ עַל גַּב אֵלּוּ:

샴마이 학파는 형제의 다른 아내를 〔다른〕 형제에게 주는 것을 허락한다. 하지만 힐렐 학파는 금지한다. 〔만약〕 그들이 역연혼을 해제한 경우에, 샴마이 학파는 제사장과 〔결혼하는 것은〕 부적절하다고 선언한다. 힐렐 학파는 적절하다고 선언한다. 〔만약〕 역연혼을 한 경우라

면, 샴마이 학파는 적절하다고 선언한다. 하지만 힐렐 학파는 부적절하다고 선언한다. 한쪽에서는 부적절하다고 선언하고, 다른 쪽에서는 적절하다고 선언했지만, 샴마이 학파는 힐렐 학파의 여성과 결혼하는 것을 금지하지 않았고, 힐렐 학파는 샴마이 학파의 여성과 결혼하는 것을 금지하지 않았다. 〔같은 방식으로〕 이것은 정결하고 이것은 부정하다고 하는 정결과 부정의 문제에서, 다른 〔학파의〕 도구로 정결한 상태를 만드는 것을 금지하지 않았다.

- 히브리어에는 형제에게 두 명의 아내가 있는 경우에 한 아내 외에 다른 아내를 지칭하는 용어로 '짜라'(צרה)가 있다. 짜라는 영어권에서는 보통 'co-wife' 혹은 'rival wife'로 번역한다.
- 형제가 자식이 없이 죽은 경우에 다른 형제가 아내로 취하는 '역연혼'이라는 의무 결혼 제도가 있다. 하지만 역연혼이 되지 않는 경우가 가끔 있다. 대표적인 경우가 다른 형제의 아내가 죽은 형제의 아내와 자매일 경우다. 이런 경우에 '형제의 다른 아내', 즉 '짜라'가 역연혼을 할 수 있는지에 대하여 샴마이 학파는 허락한 반면에, 힐렐 학파는 금지하고 있다.
- 일반인과 달리 제사장은 의무 결혼(역연혼)에서 해제된 여성과 결혼할 수 없다. 일반인들은 '할리짜'(חליצה)라고 불리는 신발 벗기기 의식을 통해 의무 결혼에서 자유롭게 된다. 힐렐 학파는 '형제의 다른 아내'(짜라)가 역연혼 대상이 아닌 경우는 역연혼 면제 대상도 아니라고 본다. 따라서 제사장과 결혼할 수 있다는 입장이다. 역연혼을 해제하는 의식을 '할리짜'라고 한다.
- 비록 샴마이 학파와 힐렐 학파 사이에 다양한 의견 대립이 있었지만, 이들 집안끼리 결혼을 금지하거나 다른 학파의 도구를 사용하는 것을 금지할 정도로 적대적인 자세를 취하지 않았다.

4, 9

שְׁלֹשָׁה אַחִים, שְׁנַיִם מֵהֶם נְשׂוּאִים לִשְׁתֵּי אֲחָיוֹת וְאֶחָד מֻפְנֶה, מֵת אֶחָד מִבַּעֲלֵי אֲחָיוֹת וְעָשָׂה בָהּ מֻפְנֶה מַאֲמָר, וְאַחַר כָּךְ מֵת אָחִיו הַשֵּׁנִי, בֵּית שַׁמַּאי אוֹמְרִים, אִשְׁתּוֹ עִמּוֹ, וְהַלָּה תֵּצֵא מִשּׁוּם אֲחוֹת אִשָּׁה. וּבֵית הִלֵּל אוֹמְרִים, מוֹצִיא אֶת אִשְׁתּוֹ בְּגֵט וַחֲלִיצָה, וְאֶת אֵשֶׁת אָחִיו בַּחֲלִיצָה. זוֹ הִיא שֶׁאָמְרוּ, אִי לוֹ עַל אִשְׁתּוֹ וְאִי לוֹ עַל אֵשֶׁת אָחִיו:

세 형제가 있었는데, 두 형제가 각각 자매를 아내로 맞이했고 한 형제는 미혼이다. 결혼한 형제 중 한 명이 죽었을 때, 미혼인 형제가 그녀와 약혼했는데, 이후에 〔결혼했던〕 다른 형제도 죽은 경우에, 샴마이 학파는 말한다. "그의 아내는 그와 머물고, 다른 〔형제의 아내〕는 아내의 자매이기 때문에 보내주어야 합니다." 힐렐 학파는 말한다. "그의 아내에게 이혼증서를 주고 신발 벗기기 의식을 통해 내보내고, 형제의 아내는 신발 벗기기 의식을 통해 〔내보내야 합니다〕." 이것이 사람들이 〔다음과 같이〕 말하는 경우다. "아 슬프도다, 그의 아내를 〔잃었도다〕. 아 슬프도다, 그의 형제의 아내를 〔잃었도다〕."

- 역연혼을 위해 약혼한 상태에서 또 다른 형제가 죽어 남은 형제의 아내와 또 다른 역연혼을 해야 하는 상황이다. 하지만 두 여인이 자매인 경우에는 두 번째 역연혼을 할 수 없게 된다. 이 경우에 샴마이 학파는 먼저 약혼한 여성은 아내로 맞이하고, 다른 형제의 아내는 내보내야 한다고 주장한다. 하지만 힐렐 학파는 두 여성 모두 내보내야 한다고 주장한다.
- 성서에 따르면, 역연혼을 위해서 별도의 약혼식은 불필요하고 둘 사이의 성관계만 맺으면 된다. 하지만 랍비들은 별도의 약혼이 필요하다고 보는데, 이 약혼을 히브리어로 '마아마르'(מאמר)라고 한다.

4, 10

הַמַּדִּיר אֶת אִשְׁתּוֹ מִתַּשְׁמִישׁ הַמִּטָּה, בֵּית שַׁמַּאי אוֹמְרִים, שְׁתֵּי שַׁבָּתוֹת. וּבֵית הִלֵּל אוֹמְרִים, שַׁבָּת אֶחָת. הַמַּפֶּלֶת לְאוֹר שְׁמֹנִים וְאֶחָד, בֵּית שַׁמַּאי פּוֹטְרִין מִן הַקָּרְבָּן, וּבֵית הִלֵּל מְחַיְּבִין. סָדִין בְּצִיצִית, בֵּית שַׁמַּאי פּוֹטְרִין, וּבֵית הִלֵּל מְחַיְּבִים. כַּלְכָּלַת הַשַּׁבָּת, בֵּית שַׁמַּאי פּוֹטְרִין, וּבֵית הִלֵּל מְחַיְּבִין:

아내와 성관계를 갖지 않겠다고 맹세한 경우에, 샴마이 학파는 말한다. "이주일입니다." 힐렐 학파는 말한다. "일주일입니다." 81일째 되는 〔전날〕 저녁에 유산한 경우에, 샴마이 학파는 희생제사를 면제시킨다. 힐렐 학파는 〔희생제사를〕 드려야 한다고 선언한다. 아마 시트에 술을 〔다는 규정에 대하여〕, 샴마이 학파는 면제된다고 선언한다. 하지만 힐렐 학파는 의무가 있다고 선언한다. 안식일을 위해 〔남겨둔 과일〕 바구니에 대하여, 샴마이 학파는 〔십일조가〕 면제된다고 선언한다. 하지만 힐렐 학파는 〔십일조의〕 의무가 있다고 선언한다.

- 부부 사이에는 정기적으로 성관계를 맺어야 하는 의무가 있다. 하지만 남편이 성관계를 거부한 경우에는 일정 기간 내에 이혼증서와 함께 결혼 지참금을 돌려주어야 한다.
- 산모는 남자아이를 낳으면 40일 후에, 그리고 여자아이를 낳은 경우 80일 후 즉, 81일째 되는 날 정결의식을 갖는다(레 12:1-6). 이 기간 동안 산모는 부정한 상태로 간주된다. 샴마이 학파는 정결의식을 아직 하지 않아서 어차피 부정한 상태에 있었기 때문에 유산을 위해 별도의 희생제사를 드릴 필요가 없다고 본다. 반면에 힐렐 학파는 부정한 기간인 80일을 지냈기 때문에 다음날 유산에 관한 희생제사를 드려야 한다고 본다.
- 샴마이 학파와 힐렐 학파는 양털과 베실을 섞어 짜지 말라는 신명기 22:11 규정과 옷의 네 귀에 술(**ציצית**, 찌찟)을 만들라는 신명기

22:12을 각각 다르게 적용하고 있다. 샴마이 학파는 시트(sheet)는 옷이 아니기 때문에 신명기 22:12에 해당되지 않으며 또한 시트는 아마로 만들어졌고 술(찌찟)은 양털로 만들었기 때문에 신명기 22:11 규정에 따라 섞을 수 없다고 주장한다. 반면에 힐렐 학파는 시트는 옷의 일부이기 때문에 신명기 22:12을 따라 술(찌찟)을 달아야 하며 신명기 22:12 규정이 아마와 양털을 섞는 것을 금지하는 신명기 22:11 규정보다 우위에 있기 때문에 시트에 술을 달아야 한다고 주장한다.

- 십일조를 드리지 않은 어떤 음식도 안식일에 먹을 수 없다. 샴마이 학파는 안식일 전에는 십일조를 드리기 전에 음식을 먹을 수 있다고 말한다. 반면에 힐렐 학파는 안식일을 위해 남겨둔 음식은 반드시 십일조를 드린 후에 먹어야 한다고 말한다.

4, 11

מִי שֶׁנָּדַר נְזִירוּת מְרֻבָּה וְהִשְׁלִים נְזִירוּתוֹ וְאַחַר כָּךְ בָּא לָאָרֶץ, בֵּית שַׁמַּאי אוֹמְרִים, נָזִיר שְׁלֹשִׁים יוֹם. וּבֵית הִלֵּל אוֹמְרִים, נָזִיר בַּתְּחִלָּה. מִי שֶׁהָיוּ שְׁתֵּי כִתֵּי עֵדִים מְעִידוֹת אוֹתוֹ, אֵלּוּ מְעִידִים שֶׁנָּדַר שְׁתַּיִם וְאֵלּוּ מְעִידִים שֶׁנָּדַר חָמֵשׁ, בֵּית שַׁמַּאי אוֹמְרִים, נֶחְלְקָה הָעֵדוּת וְאֵין כָּאן נְזִירוּת. וּבֵית הִלֵּל אוֹמְרִים, יֵשׁ בִּכְלָל חָמֵשׁ שְׁתַּיִם, שֶׁיִּהְיֶה נָזִיר שְׁתָּיִם:

〔일반적인 경우보다〕 길게 나실인 규정을 완수한 후에 이스라엘에 온 사람에 대하여, 샴마이 학파는 말한다. "30일 동안 나실인으로 〔지내야 합니다〕." 힐렐 학파는 말한다. "처음부터 〔다시〕 나실인으로 〔지내야 합니다〕." 어떤 사람에 대하여 두 그룹이 증언하는데, 한쪽은 그가 두 번 나실인 맹세를 했다고 하고, 다른 쪽은 다섯 번 나실인 맹세를 했다고 증언할 경우에, 샴마이 학파는 말한다. "증언이 불일치합니다. 따라서 나실인의 의무가 없습니다." 힐렐 학파는 말한다. "두 번은 다섯 번에 포함됩니다. 따라서 두 번 나실인의 의무가 있습니다."

- 민수기 6장에 따르면 나실인은 1) 머리카락 자르기, 2) 포도나무 열매 먹기, 3) 부정에 접촉하기가 금지된다. 랍비들은 특별히 정하지 않으면 최소 30일 동안 나실인의 규정을 지켜야 한다고 말한다.
- 이스라엘 바깥 지역은 기본적으로 부정한 곳으로 본다. 따라서 랍비들은 해외에서 나실인의 규정을 지켰다 하더라도 이스라엘에 입국한 뒤에는 다시 나실인 규정을 준수해야 한다고 말한다.
- 나실인의 맹세를 몇 번 했는지에 대한 증언이 다를 경우에, 샴마이 학파는 증언이 불일치하기 때문에 나실인으로 지낼 필요가 없다고 말한다. 반면에 힐렐 학파는 최소 두 번은 공통적이기 때문에 30일씩 두 번, 즉 60일 동안 나실인으로 지내야 한다고 말한다.

4, 12

אָדָם שֶׁהוּא נָתוּן תַּחַת הַסֶּדֶק, בֵּית שַׁמַּאי אוֹמְרִים, אֵינוֹ מֵבִיא אֶת הַטֻּמְאָה. וּבֵית הִלֵּל אוֹמְרִים, אָדָם חָלוּל הוּא, וְהַצַּד הָעֶלְיוֹן מֵבִיא אֶת הַטֻּמְאָה:

사람이 〔지붕〕 틈새 아래에 누워 있는 경우에, 샴마이 학파는 말한다. "〔사람이〕 부정을 전이하지 않습니다." 힐렐 학파는 말한다. "사람은 빈 공간과 같습니다. 〔사람〕 윗부분이 〔다리처럼〕 부정을 전이합니다."

- 장막 지붕에 틈이 있는 경우에 한쪽에서 다른 쪽으로 부정이 옮겨지지 않는다. 그런데 그 아래에 사람이 누워 있는 경우에, 샴마이 학파는 그로 인해 부정이 전이되지는 않는다고 주장하고, 힐렐 학파는 틈새 아래에 누워 있는 사람이 그 틈새를 막는 역할을 하는 것으로 간주하여 부정이 전이된다고 말한다.

제5장

제4장에 이어 이번 장에서도 샴마이 학파가 더 온건한 주장을, 힐렐 학파가 더 엄격한 입장을 취하고 있는 주제들을 다룬다. 제4장과 다른 점은 이번 장에서는 특정 랍비가 이러한 목록들을 열거한다. 첫 번째 목록들은 랍비 예후다가 증언한다.

5, 1

רַבִּי יְהוּדָה אוֹמֵר, שִׁשָּׁה דְבָרִים מִקֻּלֵּי בֵית שַׁמַּאי וּמֵחֻמְרֵי בֵית הִלֵּל. דַּם
נְבֵלוֹת, בֵּית שַׁמַּאי מְטַהֲרִין, וּבֵית הִלֵּל מְטַמְּאִין. בֵּיצַת הַנְּבֵלָה, אִם יֵשׁ
כַּיּוֹצֵא בָהּ נִמְכֶּרֶת בַּשּׁוּק, מֻתֶּרֶת. וְאִם לָאו, אֲסוּרָה, כְּדִבְרֵי בֵית שַׁמָּאי.
וּבֵית הִלֵּל אוֹסְרִין. וּמוֹדִים בְּבֵיצַת טְרֵפָה שֶׁהִיא אֲסוּרָה, מִפְּנֵי שֶׁגָּדְלָה
בְּאִסּוּר. דַּם נָכְרִית וְדַם טָהֳרָה שֶׁל מְצֹרַעַת, בֵּית שַׁמַּאי מְטַהֲרִין. וּבֵית הִלֵּל
אוֹמְרִים, כְּרֻקָּהּ וּכְמֵימֵי רַגְלֶיהָ. אוֹכְלִין פֵּרוֹת שְׁבִיעִית בְּטוֹבָה וְשֶׁלֹּא בְטוֹבָה,
כְּדִבְרֵי בֵית שַׁמָּאי. וּבֵית הִלֵּל אוֹמְרִים, אֵין אוֹכְלִים אֶלָּא בְטוֹבָה. הַחֵמֶת,
בֵּית שַׁמַּאי אוֹמְרִים, צְרוּרָה עוֹמֶדֶת. וּבֵית הִלֵּל אוֹמְרִים, אַף עַל פִּי שֶׁאֵינָהּ
צְרוּרָה:

랍비 예후다가 말한다. "〔다음〕 여섯 가지는 샴마이 학파가 더 관대하고 힐렐 학파가 더 엄격한 경우들입니다." 죽은 동물의 사체에 대하여 샴마이 학파는 정결하다고 말하고, 힐렐 학파는 부정하다고 말한다. 죽은 〔새〕에서 나온 알에 대하여, 샴마이 학파는 "그 상태가 시장에서 팔릴 만하면 허락되고, 그렇지 않다면 금지됩니다"라고 말한다. 힐렐 학파는 〔어떤 상태든지〕 금지한다. 하지만 그들은 아픈 상태의 새에서 나온 알은 금지된다는 데에 동의한다. 왜냐하면 〔먹는 것이〕 금지된 조건에서 자랐기 때문이다. 비유대인 여성과 정결의식을 한 한센병 환자의 피에 대하여, 샴마이 학파는 정결하다고 말한다. 힐렐 학파는 말한다. "그것은 그녀의 침이니 소변과 같습니다." "안식년의 열매를 감사의 말과 함께 먹어도 되고 감사의 말 없이 먹어도 됩니다"라고 샴마이 학파는 말한다. 힐렐 학파는 말한다. "감사의 말과 함께 먹어서는 안 됩니다." [물을 담는] 가죽 부대에 대하여, 샴마이 학파는 말한다. "[가죽 부대가] 묶여 세워져 있을 때 [부정해질 수 있습니다]." 힐렐 학파는 말한다. "묶여 있지 않을 때에도 [부정해질 수 있습니다]."

- 죽은 새는 먹어서는 안 된다. 하지만 그 새의 알을 먹을 수 있는지 문제가 된다. 샴마이 학파는 시장에서 팔 수 있을 정도로 정상적인 형태의 알은 먹어도 된다고 말하고, 힐렐 학파는 어떤 경우든 먹을 수 없다는 입장이다.
- 아픈 상태의 새는 병이나 질환 등으로 곧 죽을 수 있는 새를 말한다.
- 비유대인 여성의 피라는 것은 비유대인 여성이 출산 후에 흘린 피를 의미한다. 사내 아이를 낳고 40일 동안, 그리고 여자아이를 낳고 80일 동안에 흘린 피는 정결하다고 간주한다. 샴마이 학파는 한센병 환자의 피도 정결하다고 말한다. 하지만 힐렐 학파는 침이나 소변처럼 이들의 피는 부정하다고 주장한다.
- 안식년에 들판의 열매는 주인이 없는 것으로 간주된다. 샴마이 학파는 들의 주인에게 감사의 표현을 하고 먹을 수도 있고 그냥 먹을 수도 있다고 말한다. 반면에 힐렐 학파는 안식년의 열매는 주인이 없기 때문에 들의 소유자에게 감사의 말을 할 필요가 없다고 본다.
- 미쉬나는 도구가 사용 가능한 상태일 때 부정해질 수 있다고 가르친다. 물을 담는 가죽 부대는 담겨진 물이 쏟아지지 않도록 주둥이를 묶어 세워놓아야 한다. 샴마이 학파는 이러한 상태일 때 부정해질 수 있다고 말한다. 반면에 힐렐 학파는 어떤 상태로 있든지 부정해질 수 있다고 주장한다.

5, 2

רַבִּי יוֹסֵי אוֹמֵר, שִׁשָּׁה דְבָרִים מִקֻּלֵּי בֵית שַׁמַּאי וּמֵחֻמְרֵי בֵית הִלֵּל. הָעוֹף עוֹלֶה עִם הַגְּבִינָה עַל הַשֻּׁלְחָן וְאֵינוֹ נֶאֱכָל, כְּדִבְרֵי בֵית שַׁמָּאי. וּבֵית הִלֵּל אוֹמְרִים, אֵינוֹ עוֹלֶה וְאֵינוֹ נֶאֱכָל. תּוֹרְמִין זֵיתִים עַל שֶׁמֶן, וַעֲנָבִים עַל יַיִן, כְּדִבְרֵי בֵית שַׁמָּאי. וּבֵית הִלֵּל אוֹמְרִים, אֵין תּוֹרְמִין. הַזּוֹרֵעַ אַרְבַּע אַמּוֹת שֶׁבַּכֶּרֶם, בֵּית שַׁמַּאי אוֹמְרִים, קִדֵּשׁ שׁוּרָה אַחַת, וּבֵית הִלֵּל אוֹמְרִים, קִדֵּשׁ שְׁתֵּי שׁוּרוֹת. הַמְעִיסָה, בֵּית שַׁמַּאי פּוֹטְרִין, וּבֵית הִלֵּל מְחַיְּבִין. מַטְבִּילִין בְּחַרְדָּלִית, כְּדִבְרֵי בֵית שַׁמָּאי. וּבֵית הִלֵּל אוֹמְרִים, אֵין מַטְבִּילִין. גֵּר שֶׁנִּתְגַּיֵּר עַרְבֵי פְסָחִים, בֵּית שַׁמַּאי אוֹמְרִים, טוֹבֵל וְאוֹכֵל אֶת פִּסְחוֹ לָעֶרֶב. וּבֵית הִלֵּל אוֹמְרִים, הַפּוֹרֵשׁ מִן הָעָרְלָה, כְּפוֹרֵשׁ מִן הַקָּבֶר:

랍비 요쎄가 말한다. "[다음] 여섯 가지는 샴마이 학파가 더 관대하고 힐렐 학파가 더 엄격한 경우들입니다." "가금류를 치즈와 함께 식탁에 올려둘 수는 있지만 그것과 같이 먹어서는 안 됩니다"라고 샴마이 학파는 말한다. 힐렐 학파는 말한다. "[치즈와 함께 식탁에] 올려놓아서도 안 되고 먹어서도 안 됩니다." "[올리브]기름 대신 올리브를 거제로 드릴 수 있고, 포도주 대신 포도를 [드릴 수 있습니다]"라고 샴마이 학파는 말한다. 힐렐 학파는 말한다. "그것들은 거제로 드릴 수 없습니다." 4아마 [이내의] 포도원에서 씨를 뿌릴 경우에 대하여, 샴마이 학파는 말한다. "[포도나무] 한 줄은 [먹는 것이] 금지됩니다." 힐렐 학파는 말한다. "두 줄이 금지됩니다." 밀가루 반죽에 대하여, 샴마이 학파는 [반죽 제물에서] 면제된다고 말한다. 힐렐 학파는 책임이 있다고 말한다. "빗물 줄기에 [몸을 씻으려고] 담가도 됩니다"라고 샴마이 학파는 말한다. 힐렐 학파는 말한다. "담가서는 안 됩니다." 유월절 전날 저녁에 [유대교로] 개종한 비유대인에 대하여, 샴마이 학파는 말한다. "정결의식을 하고 유월절 희생제물을 그날 저녁에 먹습니다." 힐렐 학파는 말한다. "마치 자신을 무덤에서 구별하는 것처럼 무할례자로부터 구별합니다."

- 고기와 유제품을 같이 먹지 않는 것은 성서에서 금지하는 법은 아니지만, 랍비들이 금지하고 있다. 샴마이 학파는 같은 식탁에 고기와 치즈를 같이 올려두는 것은 허락한 반면에, 힐렐 학파는 한 식탁에 놓는 것조차 금지하고 있다.
- 신명기 22:9은 포도원 내에 다른 종류의 씨앗을 뿌리지 말라고 말한다. 랍비들은 구체적으로 포도원에서 4아마 거리 안에 다른 종류의 씨앗을 뿌리지 말라고 말한다. 만약 4아마 안에서 뿌린 경우에 대하여, 샴마이 학파는 포도나무 중에서 다른 씨앗에 가까운 첫 번째 줄의 포도 열매를 먹어서는 안 된다고 말하고, 힐렐 학파는 두 번째 줄의 열매까지 먹지 말라고 주장한다.
- 민수기 15:19-20에 따르면 첫 번째 반죽으로 만든 빵을 하나님께 드려야 한다. 밀가루에 끓는 물이 들어가 빵을 만들지 못하는 반죽에 대하여, 샴마이 학파는 거제로 드릴 필요가 없다고 말하고, 힐렐 학파는 드려야 한다고 말한다.
- 정결의식은 최소 40쎄아의 수량이 담긴 목욕탕에서 실시된다. 샴마이 학파는 빗물이 흘러내리는 줄기로 정결의식을 할 수 있다고 말하고, 힐렐 학파는 해서는 안 된다고 주장한다.
- 부정한 상태에서는 유월절 희생제물을 먹을 수 없다. 이제 막 개종한 사람에 대하여 샴마이 학파는 정결의식을 하고 나서 희생제물을 먹을 수 있다고 말한다. 반면에 힐렐 학파는 사체를 만진 사람이 최소 7일 동안 부정한 것처럼 이제 막 개종한 사람도 아직 부정한 상태이므로 그날 저녁에 유월절 희생제물을 먹을 수 없다고 주장한다.

5, 3

רַבִּי יִשְׁמָעֵאל אוֹמֵר, שְׁלֹשָׁה דְבָרִים מִקֻּלֵּי בֵית שַׁמַּאי וּמֵחֻמְרֵי בֵית הִלֵּל.
קֹהֶלֶת אֵינוֹ מְטַמֵּא אֶת הַיָּדַיִם, כְּדִבְרֵי בֵית שַׁמָּאי. וּבֵית הִלֵּל אוֹמְרִים,

מְטַמֵּא אֶת הַיָּדָיִם. מֵי חַטָּאת שֶׁעָשׂוּ מִצְוָתָן, בֵּית שַׁמַּאי מְטַהֲרִין, וּבֵית הִלֵּל מְטַמְּאִין. הַקֶּצַח, בֵּית שַׁמַּאי מְטַהֲרִין וּבֵית הִלֵּל מְטַמְּאִין. וְכֵן לַמַּעַשְׂרוֹת:

랍비 이쉬마엘이 말한다. "〔다음〕 세 가지는 샴마이 학파가 더 관대하고 힐렐 학파가 더 엄격한 경우들입니다." "전도서는 손을 부정하게 만들지 않습니다"라고 샴마이 학파는 말한다. 힐렐 학파는 말한다. "손을 부정하게 만듭니다." 정결하게 하는 물을 사용한 경우에, 샴마이 학파는 〔그 물이 여전히〕 정결하다고 말한다. 힐렐 학파는 부정하다고 말한다. 검정 쿠민에 대하여, 샴마이 학파는 부정해지지 않는다고 말한다. 힐렐 학파는 부정해질 수 있다고 말한다. 같은 방식으로 십일조에 대해서도 〔그들은 의견이 다르다〕.

- '손을 부정하게' 만드는 책은 거룩한 책, 즉 성경이라는 의미다. 성서가 손을 부정하게 만든다는 것의 유례를 탈무드는 다음과 같이 설명한다. 사람들은 두루마리 성경을 거제와 함께 함에 넣어두곤 했다. 둘 다 거룩하기 때문이다. 그런데 거제를 먹으려고 함 속에 들어온 생쥐로 인해 두루마리 성서가 부정해졌다. 그래서 사람들은 이제 더 이상 거제를 두루마리 성경을 넣어두는 함에 넣지 않지만 성서가 손을 부정하게 만든다는 표현은 남게 되었다.
- 미쉬나가 기록될 당시까지 샴마이 학파는 아직 전도서를 성경으로 받아들이지 않았지만, 힐렐 학파는 성경으로 인정했다.
- 정결하게 하는 물이란 붉은 암소의 재가 섞인 물이다. 이 물은 사체를 만진 사람을 정결하게 만든다(민 19:11-22).
- 쿠민(cumin)은 미나리과에 속한 식물이다. 샴마이 학파는 쿠민을 음식으로 보지 않기 때문에 부정해지는 것을 염려하거나 십일조의 대상이 아니라는 입장이다. 힐렐 학파는 쿠민을 음식으로 보기 때문에 부정해지는 것을 염려하고 십일조의 대상으로 여긴다.

5, 4

רַבִּי אֱלִיעֶזֶר אוֹמֵר, שְׁנֵי דְבָרִים מִקֻּלֵּי בֵית שַׁמַּאי וּמֵחֻמְרֵי בֵית הִלֵּל. דַּם יוֹלֶדֶת שֶׁלֹּא טָבְלָה, בֵּית שַׁמַּאי אוֹמְרִים, כְּרֻקָּהּ וּכְמֵימֵי רַגְלֶיהָ. וּבֵית הִלֵּל אוֹמְרִים, מְטַמֵּא לַח וְיָבֵשׁ. וּמוֹדִים בְּיוֹלֶדֶת בְּזוֹב שֶׁהוּא מְטַמֵּא לַח וְיָבֵשׁ:

랍비 엘리에제르가 말한다. "〔다음〕 두 가지는 샴마이 학파가 더 관대하고 힐렐 학파가 더 엄격한 경우들입니다." 산후에 정결의식을 아직 하지 않은 여성의 피에 대하여, 샴마이 학파는 말한다. "이것은 그녀의 침이나 소변과 같습니다." 힐렐 학파는 말한다. "젖었든지 말랐든지 그것은 부정을 초래합니다." 하지만 〔샴마이 학파도〕 유출병 중에 출산했다면 〔피가〕 젖었든지 말랐든지 부정을 유발한다는 데에는 동의한다.

- 사내 아이를 낳은 경우에는 7일, 여자아이를 낳은 경우에는 14일 동안 부정한 상태로 간주된다. 샴마이 학파는 침이나 소변처럼 젖은 상태에서만 부정하다고 본다. 반면에 힐렐 학파는 상태와 무관하게 부정하다고 본다.

5, 5

אַרְבָּעָה אַחִים, שְׁנַיִם מֵהֶם נְשׂוּאִין שְׁתֵּי אֲחָיוֹת, מֵתוּ הַנְּשׂוּאִים לַאֲחָיוֹת, הֲרֵי אֵלּוּ חוֹלְצוֹת וְלֹא מִתְיַבְּמוֹת. וְאִם קָדְמוּ וְכָנְסוּ, יוֹצִיאוּ. רַבִּי אֱלִיעֶזֶר אוֹמֵר מִשּׁוּם בֵּית שַׁמַּאי, יְקַיְּמוּ. וּבֵית הִלֵּל אוֹמְרִים, יוֹצִיאוּ:

네 형제가 있는데 그중 두 명이 자매와 결혼했는데, 자매와 결혼한 형제들이 죽은 경우에, 자매들은 신발 벗기기 의식을 행하고 역연혼을 해서는 안 된다. 만약 〔남은 형제들〕이 그들과 결혼했다면, 그들을 내보내야 한다. 엘리에제르는 샴마이 학파의 이름으로 말한다. "결혼이 지속될 수 있습니다." 힐렐 학파는 말한다. "그들을 내보내야 합니다."

- 내보내야 한다는 것은 그들과 이혼해야 한다는 의미다. 그렇지만 이미 결혼을 해버린 경우에, 샴마이 학파는 결혼이 지속되어도 좋다고 생각한다. 하지만 힐렐 학파는 그들의 결혼을 부적절한 것으로 여겨 이혼해야 한다고 주장한다.
- '신발 벗기기' 의식과 '역연혼'에 대해서는 앞 미쉬나 4, 8; 4, 9에 자세히 설명되어 있다.

5, 6

עֲקַבְיָא בֶּן מַהֲלַלְאֵל הֵעִיד אַרְבָּעָה דְבָרִים. אָמְרוּ לוֹ, עֲקַבְיָא, חֲזֹר בְּךָ
בְּאַרְבָּעָה דְבָרִים שֶׁהָיִיתָ אוֹמֵר וְנַעַשְׂךָ אַב בֵּית דִּין לְיִשְׂרָאֵל. אָמַר לָהֶן,
מוּטָב לִי לְהִקָּרֵא שׁוֹטֶה כָּל יָמַי, וְלֹא לֵעָשׂוֹת שָׁעָה אַחַת רָשָׁע לִפְנֵי הַמָּקוֹם,
שֶׁלֹּא יִהְיוּ אוֹמְרִים, בִּשְׁבִיל שְׂרָרָה חָזַר בּוֹ. הוּא הָיָה מְטַמֵּא שְׂעַר הַפְּקֻדָּה
וְדַם הַיָּרוֹק. וַחֲכָמִים מְטַהֲרִין. הוּא הָיָה מַתִּיר שְׂעַר בְּכוֹר בַּעַל מוּם שֶׁנָּשַׁר
וְהִנִּיחוֹ בְחַלּוֹן וְאַחַר כָּךְ שְׁחָטוֹ, וַחֲכָמִים אוֹסְרִים. הוּא הָיָה אוֹמֵר, אֵין מַשְׁקִין
לֹא אֶת הַגִּיֹּרֶת וְלֹא אֶת שִׁפְחָה הַמְשֻׁחְרֶרֶת. וַחֲכָמִים אוֹמְרִים, מַשְׁקִין.
אָמְרוּ לוֹ, מַעֲשֶׂה בְּכַרְכְּמִית, שִׁפְחָה מְשֻׁחְרֶרֶת שֶׁהָיְתָה בִירוּשָׁלַיִם, וְהִשְׁקוּהָ
שְׁמַעְיָה וְאַבְטַלְיוֹן. אָמַר לָהֶם, דֻּגְמָא הִשְׁקוּהָ. וְנִדּוּהוּ, וּמֵת בְּנִדּוּיוֹ, וְסָקְלוּ
בֵית דִּין אֶת אֲרוֹנוֹ. אָמַר רַבִּי יְהוּדָה, חַס וְשָׁלוֹם שֶׁעֲקַבְיָא נִתְנַדָּה, שֶׁאֵין
עֲזָרָה נִנְעֶלֶת בִּפְנֵי כָל אָדָם מִיִּשְׂרָאֵל בְּחָכְמָה וּבְיִרְאַת חֵטְא כַּעֲקַבְיָא בֶּן
מַהֲלַלְאֵל. וְאֶת מִי נִדּוּ, אֱלִיעֶזֶר בֶּן חֲנוֹךְ, שֶׁפִּקְפֵּק בְּטָהֳרַת יָדַיִם. וּכְשֶׁמֵּת,
שָׁלְחוּ בֵית דִּין וְהִנִּיחוּ אֶבֶן עַל אֲרוֹנוֹ. מְלַמֵּד שֶׁכָּל הַמִּתְנַדֶּה וּמֵת בְּנִדּוּיוֹ,
סוֹקְלִין אֶת אֲרוֹנוֹ:

아카비야 벤 마할랄렐이 네 가지 규정을 증언했다. [현자]들은 그에게 말했다. "아카비야! 당신이 주장한 네 가지 규정들을 취소하시오. 그러면 우리는 당신을 이스라엘의 법원장보로 만들겠소." 그가 그들에게 말했다. "내가 평생 지적장애인이라고 불리는 편이 한 시간이라도 그분 앞에서 악을 행하는 것보다 더 낫겠습니다. 사람들이 '그는 권력을 위해서 자신의 주장을 철회했어'라고 말하지 않겠습니까?"

그는 〔한센병자의〕 남은 털과 녹색 피가 부정하다고 주장했다. 랍비들은 정결하다고 말한다. 그는 흠이 있어서 한쪽에 두었다가 결국은 도살된 초태생의 털(모직)을 사용하는 것을 허락했지만 현자들은 금지시켰다. 그는 다음과 같이 주장했었다. "개종한 여인이나 자유를 얻은 여종에게는 〔간통을 시험하기 위해〕 쓴 물을 마시게 해서는 안 됩니다." 현자들은 말한다. "그들은 마시게 해야 합니다." 그들은 그에게 말했다. "갈그미스라는 자유를 얻은 여종의 경우입니다. 그녀가 예루살렘에 있을 때, 슈마야와 아브탈리온이 마시게 했습니다." 그가 그들에게 대답했다. "그들은 그녀를 한 가지 예로 마시게 한 것입니다." 〔현자〕들은 그를 추방했다. 그는 추방 중에 죽었고 그들은 그의 관에 돌을 던졌다. 랍비 예후다가 말했다. "'아카비야가 추방되었다!'라고 〔말하는 것을〕 금지하고 있습니다. 〔성전의〕 뜰은 아카비야 벤 마할랄렐처럼 지혜롭고 죄를 두려워한 사람 앞에서 결코 닫힌 적이 없습니다. 그렇다면 〔현자〕들은 누구를 추방했습니까? 엘리에제르 벤 하녹입니다. 그는 손을 정결하게 하는 규정들에 의구심을 가졌습니다. 그리고 그가 죽었을 때, 법정은 사람을 보내 관에 돌을 던졌습니다." 이것은 추방된 사람은 누구든지 추방 중에 죽었으면, 그의 무덤에 돌이 던져진다는 것을 가르친다.

- 한센병 환자의 피부에서 발견되는 하얀색 털은 부정하다. '남은 털'은 한센병이 사라진 뒤에 피부에 남은 털을 말한다.
- '녹색 피'는 질 분비물을 말한다. 실제로는 노란색에 가깝다.
- 아카비야는 민수기 5장의 간통이 의심되는 경우에 행해지는 시험이 이스라엘 여성에 국한되고, 비유대인은 해당되지 않는다고 주장한다.

5, 7

בִּשְׁעַת מִיתָתוֹ אָמַר לִבְנוֹ, בְּנִי, חֲזֹר בְּךָ בְאַרְבָּעָה דְבָרִים שֶׁהָיִיתִי אוֹמֵר. אָמַר לוֹ, וְלָמָּה לֹא חָזַרְתָּ בָּךְ. אָמַר לוֹ, אֲנִי שָׁמַעְתִּי מִפִּי הַמְרֻבִּים, וְהֵם שָׁמְעוּ מִפִּי הַמְרֻבִּים. אֲנִי עָמַדְתִּי בִשְׁמוּעָתִי, וְהֵם עָמְדוּ בִשְׁמוּעָתָן. אֲבָל אַתָּה שָׁמַעְתָּ מִפִּי הַיָּחִיד, וּמִפִּי הַמְרֻבִּין. מוּטָב לְהַנִּיחַ דִּבְרֵי הַיָּחִיד, וְלֶאֱחֹז בְּדִבְרֵי הַמְרֻבִּין. אָמַר לוֹ, אַבָּא, פְּקֹד עָלַי לַחֲבֵרֶיךָ. אָמַר לוֹ, אֵינִי מַפְקִיד. אָמַר לוֹ, שֶׁמָּא עִילָּה מָצָאתָ בִי. אָמַר לוֹ, לָאו. מַעֲשֶׂיךָ יְקָרְבוּךָ וּמַעֲשֶׂיךָ יְרַחֲקוּךָ:

임종할 때 자신의 아들에게 다음과 같이 말했다. "내 아들아! 내가 말했던 네 가지 규정을 취소하거라." [아들이] 그에게 물었다. "왜 [전에는] 취소하지 않았습니까?" [아카비야가] 그에게 말했다. "나는 그 규정들을 다수의 이름으로 들었다. 그리고 그들은 [또 다른] 다수의 이름으로 그것들을 들었다. 나는 내가 들었던 전통 위에 서 있었고, 그들은 그들이 들었던 전통 위해 서 있었다. 하지만 너는 한 개인의 말을 들었고, [그들은] 다수의 말을 들었다. 한 개인의 견해에서 떠나 다수의 견해를 붙잡는 편이 더 좋을 것 같구나." [아들이] 그에게 부탁했다. "아버지! 아버지 동료분들께 저를 추천해주세요." [아카비야가] 그에게 말했다. "나는 [너를] 추천하지 않을 것이다." [아들이] 그에게 물었다. "제가 무엇을 잘못했나요?" [아카비야가] 그에게 말했다. "아니다. 너의 행동이 너를 가까이 있게도 만들고, 너의 행동이 너를 멀리 있게도 만든단다."

- 아카비야는 몇몇 경우에 다수의 랍비들과 다른 견해를 가지고 있었다. 임종을 앞두고 그는 아들에게 자신의 견해 중 네 가지를 철회하겠다고 말한다. 아들이 그 이유를 묻자, 결국 한 사람의 견해를 따르는 것보다는 다수의 견해를 따르는 편이 더 바람직하다고 말한다.
- 아카비야의 아들은 자신을 다른 랍비들에게 훌륭한 지도자가 될 것이라고 추천해줄 것을 요청한다. 하지만 아카비야는 거절한다. 대

신, 자신의 행동에 따라 지도자가 될 수도 있고, 되지 못할 수도 있다고 마지막으로 가르친다.

제6장

이번 장은 다시 여러 랍비들의 증언을 다루고 있다.

6, 1

רַבִּי יְהוּדָה בֶּן בָּבָא הֵעִיד חֲמִשָּׁה דְבָרִים. שֶׁמְּמָאֲנִים אֶת הַקְּטַנּוֹת,
וְשֶׁמַּשִּׂיאִין אֶת הָאִשָּׁה עַל פִּי עֵד אֶחָד, וְשֶׁנִּסְקַל תַּרְנְגוֹל בִּירוּשָׁלַיִם עַל
שֶׁהָרַג אֶת הַנֶּפֶשׁ, וְעַל הַיַּיִן בֶּן אַרְבָּעִים יוֹם שֶׁנִּתְנַסֵּךְ עַל גַּב הַמִּזְבֵּחַ, וְעַל
תָּמִיד שֶׁל שַׁחַר שֶׁקָּרַב בְּאַרְבַּע שָׁעוֹת:

랍비 예후다 벤 바바가 다섯 가지에 대하여 증언하고 있다. 어려서 〔결혼한〕 여성이 〔성장해서 결혼을〕 거부할 수 있도록 한 것에 대하여, 〔그녀의 남편이 죽었다는〕 한 명의 증인의 증언으로 재혼할 수 있도록 한 것에 대하여, 사람을 죽였기 때문에 닭에 돌을 던진 것에 대하여, 40일 간 숙성된 포도주가 성전 제단의 헌주로 뿌려지는 것에 대하여, 아침 상번제가 네 시에 드려지는 것에 대하여.

- 12세 이하의 어린 여자아이는 아버지에 의해 결혼이 이루어진다. 아버지가 부재할 때에는 어머니나 오빠들에 의해 결혼이 성사된다.
- 성서에 따르면 최소 두 명의 증인이 필요하다. 하지만 랍비들은 재혼하기 어려운 상황을 피하기 위해 예외적으로 한 명의 증인만으로도 재혼이 가능하도록 허락했다.
- 포도주는 오래될수록 맛이 좋다. 랍비 예후다 벤 바바는 헌주로 사

용될 포도주가 40일이 지났으면 충분하다고 말한다.

- 로마시대에는 해가 떠서 질 때까지의 낮 동안을 12시간으로 나눈다.

6, 2

הֵעִיד רַבִּי יְהוֹשֻׁעַ וְרַבִּי נְחוּנְיָא בֶּן אֱלִינָתָן אִישׁ כְּפַר הַבַּבְלִי, עַל אֵבֶר מִן הַמֵּת שֶׁהוּא טָמֵא, שֶׁרַבִּי אֱלִיעֶזֶר אוֹמֵר, לֹא אָמְרוּ אֶלָּא עַל אֵבֶר מִן הַחַי. אָמְרוּ לוֹ, וַהֲלֹא קַל וָחֹמֶר. וּמַה מִן הַחַי שֶׁהוּא טָהוֹר, אֵבֶר הַפּוֹרֵשׁ מִמֶּנּוּ טָמֵא, הַמֵּת שֶׁהוּא טָמֵא, אֵינוֹ דִין שֶׁיִּהְיֶה אֵבֶר הַפּוֹרֵשׁ מִמֶּנּוּ טָמֵא. אָמַר לָהֶם, לֹא אָמְרוּ אֶלָּא עַל אֵבֶר מִן הַחַי. דָּבָר אַחֵר, מְרֻבָּה טֻמְאַת הַחַיִּים מִטֻּמְאַת הַמֵּתִים, שֶׁהַחַי עוֹשֶׂה מִשְׁכָּב וּמוֹשָׁב מִתַּחְתָּיו, לְטַמֵּא אָדָם וּלְטַמֵּא בְגָדִים, וְעַל גַּבָּיו מַדָּף לְטַמֵּא אֳכָלִים וּמַשְׁקִין, מַה שֶּׁאֵין הַמֵּת מְטַמֵּא:

랍비 예호슈아와 바블리 마을 출신 랍비 네후니야 벤 엘리나탄은 사체에서 분리된 사지는 부정하다고 증언했다. 랍비 엘리에제르는 말한다. "그들은 단지 살아 있는 사람의 〔신체〕 일부에 대하여 말한 것입니다." 그들이 그에게 말했다. "이것은 칼 바호메르가 아닌가? 살아 있는 자, 즉 정결한 자에서 분리된 〔신체〕 일부도 부정한데, 부정한 사체에서 분리된 〔신체〕 일부는 부정하지 않겠는가?" 그는 그들에게 대답했다. "그들은 살아 있는 사람의 〔신체〕 일부에 대하여 말을 한 것입니다. 다른 문제가 있습니다. 살아 있는 사람의 부정은 사체의 부정보다 더 큽니다. 왜냐하면 〔유출병자처럼〕 살아 있는 사람은 그가 눕거나 앉는 자리에서 사람이나 물건을 부정하게 만들 수 있습니다. 그 자신 위에 있는 것이 음식이나 음료에 부정을 전이할 수 있는데, 이것은 사체는 옮길 수 없는 것입니다."

- '칼 바호메르'는 '관대함과 엄격함'(lenient and strict)이라는 표현으로 만약 가벼운 경우에 적용되는 규칙이 있다면 그보다 더 심각한 경우에는 당연히 적용된다는 의미다. 예수님도 이와 같은 표현을 종

종 사용하셨는데, 대표적인 예는 마태복음 6:26이다. 덜 귀중할지 모르는 공중의 새도 하나님께서 기르시는데 사람은 그보다 더 귀하므로 당연히 하나님께서 돌보신다는 의미다.

- 마지막 부분은 칼 바호메르 원리와 다른 논리로 살아 있는 사람의 신체 일부가 부정의 원인으로 더 심각할 수 있는 예를 말하고 있다.

6, 3

כַּזַּיִת בָּשָׂר הַפּוֹרֵשׁ מֵאֵבָר מִן הַחַי, רַבִּי אֱלִיעֶזֶר מְטַמֵּא, וְרַבִּי יְהוֹשֻׁעַ וְרַבִּי נְחוּנְיָא מְטַהֲרִים. עֶצֶם כַּשְּׂעֹרָה הַפּוֹרֵשׁ מֵאֵבָר מִן הַחַי, רַבִּי נְחוּנְיָא מְטַמֵּא, וְרַבִּי אֱלִיעֶזֶר וְרַבִּי יְהוֹשֻׁעַ מְטַהֲרִין. אָמְרוּ לוֹ לְרַבִּי אֱלִיעֶזֶר, מָה רָאִיתָ לְטַמֵּא כַזַּיִת בָּשָׂר הַפּוֹרֵשׁ מֵאֵבָר מִן הַחַי. אָמַר לָהֶם, מָצִינוּ אֵבֶר מִן הַחַי כְּמֵת שָׁלֵם. מַה הַמֵּת, כַּזַּיִת בָּשָׂר הַפּוֹרֵשׁ מִמֶּנּוּ טָמֵא, אַף אֵבֶר מִן הַחַי, כַּזַּיִת בָּשָׂר הַפּוֹרֵשׁ מִמֶּנּוּ יִהְיֶה טָמֵא. אָמְרוּ לוֹ, לֹא, אִם טִמֵּאתָ כַזַּיִת בָּשָׂר הַפּוֹרֵשׁ מִן הַמֵּת, שֶׁכֵּן טִמֵּאתָ עֶצֶם כַּשְּׂעֹרָה הַפּוֹרֵשׁ מִמֶּנּוּ, תְּטַמֵּא כַזַּיִת בָּשָׂר הַפּוֹרֵשׁ מֵאֵבָר מִן הַחַי, שֶׁכֵּן טִהַרְתָּ עֶצֶם כַּשְּׂעֹרָה הַפּוֹרֵשׁ הֵימֶנּוּ. אָמְרוּ לוֹ לְרַבִּי נְחוּנְיָא, מָה רָאִיתָ לְטַמֵּא עֶצֶם כַּשְּׂעֹרָה הַפּוֹרֵשׁ מֵאֵבָר מִן הַחַי. אָמַר לָהֶם, מָצִינוּ אֵבֶר מִן הַחַי כְּמֵת שָׁלֵם. מַה הַמֵּת, עֶצֶם כַּשְּׂעֹרָה הַפּוֹרֵשׁ מִמֶּנּוּ טָמֵא, אַף אֵבֶר מִן הַחַי, עֶצֶם כַּשְּׂעֹרָה הַפּוֹרֵשׁ מִמֶּנּוּ יִהְיֶה טָמֵא. אָמְרוּ לוֹ, לֹא, אִם טִמֵּאתָ עֶצֶם כַּשְּׂעֹרָה הַפּוֹרֵשׁ מִן הַמֵּת, שֶׁכֵּן טִמֵּאתָ כַזַּיִת בָּשָׂר הַפּוֹרֵשׁ מִמֶּנּוּ, תְּטַמֵּא עֶצֶם כַּשְּׂעֹרָה הַפּוֹרֵשׁ מֵאֵבָר מִן הַחַי, שֶׁכֵּן טִהַרְתָּ כַזַּיִת בָּשָׂר הַפּוֹרֵשׁ מִמֶּנּוּ. אָמְרוּ לוֹ לְרַבִּי אֱלִיעֶזֶר, מָה רָאִיתָ לַחֲלֹק מִדּוֹתֶיךָ, אוֹ טַמֵּא בִשְׁנֵיהֶם אוֹ טַהֵר בִּשְׁנֵיהֶם. אָמַר לָהֶם, מְרֻבָּה טֻמְאַת הַבָּשָׂר מִטֻּמְאַת הָעֲצָמוֹת, שֶׁהַבָּשָׂר נוֹהֵג בַּנְּבֵלוֹת וּבַשְּׁרָצִים, מַה שֶּׁאֵין כֵּן בָּעֲצָמוֹת. דָּבָר אַחֵר, אֵבֶר שֶׁיֵּשׁ עָלָיו בָּשָׂר כָּרָאוּי, מְטַמֵּא בְמַגָּע וּבְמַשָּׂא וּבְאֹהֶל. חָסֵר הַבָּשָׂר, טָמֵא. חָסֵר הָעֶצֶם, טָהוֹר. אָמְרוּ לוֹ לְרַבִּי נְחוּנְיָא, מָה רָאִיתָ לַחֲלֹק מִדּוֹתֶיךָ, אוֹ טַמֵּא בִשְׁנֵיהֶם אוֹ טַהֵר בִּשְׁנֵיהֶם. אָמַר לָהֶם, מְרֻבָּה טֻמְאַת הָעֲצָמוֹת מִטֻּמְאַת הַבָּשָׂר, שֶׁהַבָּשָׂר הַפּוֹרֵשׁ מִן הַחַי טָהוֹר, וְאֵבָר הַפּוֹרֵשׁ מִמֶּנּוּ, וְהוּא כִבְרִיָּתוֹ, טָמֵא. דָּבָר אַחֵר, כַּזַּיִת בָּשָׂר מְטַמֵּא בְמַגָּע וּבְמַשָּׂא וּבְאֹהֶל, וְרֹב עֲצָמוֹת מְטַמְּאִים בְּמַגָּע וּבְמַשָּׂא וּבְאֹהֶל. חָסֵר הַבָּשָׂר, טָהוֹר. חָסֵר רֹב עֲצָמוֹת, אַף עַל פִּי שֶׁטָּהוֹר מִלְּטַמֵּא בְאֹהֶל, מְטַמֵּא בְמַגָּע וּבְמַשָּׂא. דָּבָר אַחֵר, כָּל בְּשַׂר הַמֵּת, שֶׁהוּא פָחוֹת מִכַּזַּיִת, טָהוֹר. רֹב

בִּנְיָנוֹ וְרֹב מִנְיָנוֹ שֶׁל מֵת, אַף עַל פִּי שֶׁאֵין בָּהֶם רֹבַע, טְמֵאִין. אָמְרוּ לוֹ לְרַבִּי יְהוֹשֻׁעַ, מָה רָאִיתָ לְטַהֵר בִּשְׁנֵיהֶם. אָמַר לָהֶם, לֹא, אִם אֲמַרְתֶּם בַּמֵּת, שֶׁיֵּשׁ בּוֹ רֹב וְרֹבַע וְרָקָב, תֹּאמְרוּ בַחַי שֶׁאֵין בּוֹ רֹב וְרֹבַע וְרָקָב:

살아 있는 사람의 신체 일부에서 떨어진 올리브 크기의 살점에 대하여, 랍비 엘리에제르는 부정하다고 말한다. 하지만 랍비 예호슈아와 랍비 네후니야는 정결하다고 말한다. 살아 있는 사람의 신체 일부에서 떨어진 보리 씨앗 크기의 살점에 대하여, 랍비 네후니야는 부정하다고 말한다. 랍비 엘리에제르와 랍비 예호슈아는 정결하다고 말한다. 그들은 랍비 엘리에제르에게 물었다. "어떤 근거로 살아 있는 사람의 신체 일부에서 떨어진 올리브 크기의 살점이 부정하다고 주장합니까?" 그는 그들에게 대답했다. "우리는 살아 있는 사람의 신체 일부가 전체 사체와 같다는 점을 발견했습니다. 그래서 〔사체에서〕 떨어진 올리브 크기의 살점이 부정한 것처럼, 살아 있는 사람의 신체 일부에서 떨어진 올리브 크기의 살점도 부정해야 합니다." 그들은 그에게 말했다. "아닙니다. 만약 당신이 사체에서 떨어진 올리브 크기의 살점이 부정하다고 말했다면, 그 이유는 거기에서 떨어진 보리 씨앗 크기의 뼈가 부정하다고 말한 것입니다. 하지만 〔살아 있는 사람〕에게서 떨어진 보리 씨앗 크기의 뼈가 정결하다고 말하면서, 살아 있는 사람의 신체 일부에서 떨어진 올리브 크기의 살점이 부정하다고 말할 수 있습니까?" 그들은 네후니야에게 물었다. "당신은 왜 살아 있는 사람의 신체 일부에서 떨어진 보리 씨앗 크기의 뼈가 부정하다고 말합니까?" 그는 그들에게 대답했다. "우리는 살아 있는 사람의 신체 일부가 전체 사체와 같다는 점을 발견했습니다. 만약 사체에서 떨어진 보리 씨앗 크기의 뼈가 부정하다면, 같은 식으로 살아 있는 사람에서 떨어진 보리 씨앗 크기의 뼈도 부정해야 합니다." 그들이 그에게 말했다. "아닙니다. 만약 당신이 사체에서 떨어진 보리 씨앗 크기

의 뼈가 부정하다고 말했다면, 그에게서 떨어진 올리브 크기의 살점이 부정하다고 말해야 합니다. 하지만 그에게서 떨어진 올리브 크기의 살점이 정결하다고 말하면서, 살아 있는 사람의 신체 일부에서 떨어진 보리 씨앗 크기의 뼈가 부정하다고 말할 겁니까?" 그들은 랍비 엘리에제르에게 말했다. "무슨 이유로 당신은 당신의 규칙들을 나눕니까? 두 경우가 〔모두〕 부정하다고 말하든지 아니면 두 경우 〔모두〕 정결하다고 말하세요." 그가 그들에게 대답했다. "살점이 부정한 것이 뼈가 부정한 것보다 더 큽니다. 왜냐하면 〔부정한〕 살점은 사체에도 적용이 되고 기어다니는 것에도 적용이 됩니다. 하지만 뼈는 그렇지 않습니다. 무엇보다도 살점이 적당량 붙어 있는 신체 부위는 접촉, 운반, 그리고 장막 안에서 부정을 전이합니다. 만약 살점이 없으면, 그것은 부정합니다. 만약 〔신체 부위가〕 뼈가 없으면 정결합니다." 그들은 랍비 네후니아에게 말했다. "왜 당신은 당신의 규칙들을 나눕니까? 두 경우 〔모두〕 부정하다고 말하든지, 아니면 두 경우 〔모두〕 정결하다고 말하세요." 그가 그들에게 대답했다. "뼈의 부정이 살점의 부정보다 더 큽니다. 왜냐하면 살아 있는 사람으로부터 떨어진 살점은 정결하고, 그로부터 떨어진, 즉 만들어진 뼈는 부정하기 때문입니다. 다른 측면에서, 올리브 크기의 살점은 접촉, 운반, 그리고 장막 안에서 부정을 제공하고, 뼈의 큰 부분은 접촉, 운반, 장막에서 부정을 만듭니다. 만약 살점이 없으면 그것은 정결하다. 만약 뼈의 큰 부분이 없으면, 비록 장막은 정결하다고 하더라도, 그것은 접촉이나 운반을 통해 부정을 만듭니다. 다른 측면에서, 사체의 모든 살점은 올리브 크기보다 적으면 정결합니다. 크기나 숫자에서 사체의 대부분은, 비록 1/4카브가 아니더라도 부정합니다." 그들이 랍비 예호슈아에게 말했다. "어떤 근거로 당신은 두 경우가 정결하다고 말합니까?" 그가 그들에게 대답했다. "아닙니다. 당신들이 '대부분' '1/4' 그리고 '사체 모형'이라는 용어를 사용해서 사체에 대하여 말한다면, 살아 있는 사람에 대하여 '대부분' '1/4' 그리고 '사체 모형'이라는 단어를 적용해서 말하지 않겠습니까?"

- 랍비들은 랍비 엘리에제르의 말이 서로 모순된다고 말한다. 그리고 두 경우 모두 정결하다고 말하든지 아니면 두 경우 모두 부정하다고 말해야 한다고 주장한다.
- 같은 방식으로 랍비들은 랍비 네후니야의 말이 서로 모순된다고 말하고, 둘 다 부정하든지 아니면 둘 다 정결하다고 말해야 한다고 주장한다.
- 랍비들의 반론에 랍비 엘리에제르는 살점의 부정이 뼈의 부정보다 더 크다고 대답하고, 랍비 네후니야는 반대로 뼈의 부정이 살점의 부정보다 더 크다고 말한다.

제7장

출애굽기 13:13에 따르면 나귀는 어린 양으로 대속한다. 나귀는 희생제물로 적절하지 않기 때문에 순결한 짐승인 양으로 대속해서 바쳐야 한다. 대속된 양은 제사장에게 넘겨져 희생제물로 드려진다. 그런데 문제는 대속된 양이 제사장에게 넘겨지기 전에 죽게 된 경우에 어떻게 해야 하는지 랍비들의 논쟁이 이어진다.

7, 1

הֵעִיד רַבִּי יְהוֹשֻׁעַ וְרַבִּי צָדוֹק עַל פִּדְיוֹן פֶּטֶר חֲמוֹר שֶׁמֵּת, שֶׁאֵין בּוֹ לַכֹּהֵן
כְּלוּם, שֶׁרַבִּי אֱלִיעֶזֶר אוֹמֵר, חַיָּבִין בְּאַחֲרָיוּתָן כְּחָמֵשׁ סְלָעִים שֶׁל בֵּן. וַחֲכָמִים

אוֹמְרִים, אֵין חַיָּבִין בְּאַחֲרָיוּתָן אֶלָּא כְפִדְיוֹן שֶׁל מַעֲשֵׂר שֵׁנִי:

랍비 예호슈아와 랍비 짜독은 나귀의 첫 새끼의 대속물에 대하여, 만약 그것이 죽으면, 제사장에게 아무런 몫이 없다고 증언했다. 랍비 엘리에제르는 말한다. "〔첫〕 아들의 〔경우에 대속한〕 5쎄아처럼 주인은 책임을 져야 합니다." 랍비들은 말한다. "둘째 십일조 대상인 생산물을 대속하기 위해 지불했던 돈〔을 책임지지 않는 것〕처럼 책임을 질 필요가 없습니다."

- 랍비 엘리에제르는 첫 아들을 대속한 경우에 빗대어 말한다. 첫 아들을 대속한 5쎄아를 제사장에게 주기 전에 분실한 때에는 아버지는 제사장에게 5쎄아를 다시 주어야 한다.
- 랍비들은 둘째 십일조를 대속한 경우와 비교한다. 둘째 십일조를 대속한 돈을 예루살렘에 도착하기 전에 분실한 때에는 이것을 대체할 필요가 없다.

7, 2

הֵעִיד רַבִּי צָדוֹק עַל צִיר חֲגָבִים טְמֵאִים, שֶׁהוּא טָהוֹר. שֶׁמִּשְׁנָה רִאשׁוֹנָה, חֲגָבִים טְמֵאִים שֶׁנִּכְבְּשׁוּ עִם חֲגָבִים טְהוֹרִים, לֹא פָסְלוּ צִירָן:

랍비 짜독은 부정한 메뚜기를 〔절인〕 소금물은 정결하다고 증언했다. 첫 번째 미쉬나는 정결한 메뚜기와 함께 보관된 불결한 메뚜기가 소금물을 〔먹지 못하게〕 무효로 만들지 않는다고 말한다.

- 메뚜기는 먹을 수 있는 '정결한' 메뚜기와 먹어서는 안 되는 '부정한' 메뚜기가 있다. 메뚜기를 소금물에 절여 먹기도 한다. 이 물은 메뚜기의 피로 간주되지 않기 때문에 먹을 수 있다.

- 랍비 짜독 이전의 미쉬나는 부정한 메뚜기와 정결한 메뚜기를 같은 소금물로 절일 때 부정한 메뚜기로 인해 전체 소금물이 부정해지지 않는다는 것이었다. 랍비 짜독은 여기에서 한 발 더 나아가 부정한 메뚜기를 절인 소금물 자체가 정결하다고 주장한다.

7, 3

הֵעִיד רַבִּי צָדוֹק עַל זוֹחֲלִין שֶׁרַבּוּ עַל הַנּוֹטְפִים, שֶׁהֵם כְּשֵׁרִים. מַעֲשֶׂה הָיָה בְּבִירַת הַפִּלְיָא, וּבָא מַעֲשֶׂה לִפְנֵי חֲכָמִים וְהִכְשִׁירוּהוּ:

랍비 짜독은 흐르는 물이 떨어지는 물을 초과할 때 그것은 유효하다고 증언했다. 비라트 하필리야에서 있었던 일이다. 이 일이 현자들 앞에 왔을 때, 〔랍비들〕은 유효하다고 선언했다.

- 정결 의식에 사용되는 물은 하천, 개울, 강 등 땅에 '흐르는 물'과 빗물과 같이 하늘에서 '떨어지는 물'을 구별한다. 떨어지는 물이 효력이 있으려면 최소 40쎄아가 있어야 하지만, 흐르는 물은 그 이하의 양이라도 효력이 있다. 문제는 이 두 종류의 물이 섞일 때다. 사람들은 모아진 빗물을 도구를 이용해 길러서 정결목욕탕에 붓는다.
- 랍비 짜독은 흐르는 물의 양이 떨어지는 물의 양을 초과할 때에는 40쎄아의 물이 되지 않아도 정결목욕탕(미크베)가 유효하다고 말한다. 미쉬나는 '비라트 하필리야'(Birath Hapilya)에서 이런 경우에 대해 사람들이 물을 때, 랍비들이 유효하다고 선언했던 예도 말하고 있다.

7, 4

הֵעִיד רַבִּי צָדוֹק עַל זוֹחֲלִין שֶׁקִּלְּחָן בַּעֲלֵה אֱגוֹז, שֶׁהֵן כְּשֵׁרִים. מַעֲשֶׂה הָיָה בְּאָהֳלְיָא, וּבָא מַעֲשֶׂה לִפְנֵי לִשְׁכַּת הַגָּזִית, וְהִכְשִׁירוּהוּ:

랍비 짜독은 견과류 잎이 사용되어 흐르는 물이 유효하다고 증언했다. 오홀리야에서 있었던 일이다. 이 일이 다듬은 돌의 방 〔현자들〕 앞에 왔을 때, 그들은 유효하다고 선언했다.

- 흐르는 물이라 하더라도 중간에 도구를 사용한 경우에는 40쎄아 이상의 수량이 필요하다. 랍비 짜독은 견과류 잎을 도구(그릇)로 보지 않기 때문에 그 이하의 수량이더라도 유효하다고 주장한다.
- '다듬은 돌의 방'은 예루살렘 성전에 위치한다(「산헤드린」 11, 2).

7, 5

הֵעִיד רַבִּי יְהוֹשֻׁעַ וְרַבִּי יָקִים אִישׁ הֲדַר עַל קָלָל שֶׁל חַטָּאת שֶׁנְּתָנוּ עַל גַּבֵּי הַשֶּׁרֶץ, שֶׁהוּא טָמֵא. שֶׁרַבִּי אֱלִיעֶזֶר מְטַהֵר. הֵעִיד רַבִּי פַּפְּיַס עַל מִי שֶׁנָּזַר שְׁתֵּי נְזִירוּת, שֶׁאִם גִּלַּח אֶת הָרִאשׁוֹנָה יוֹם שְׁלֹשִׁים, שֶׁמְּגַלֵּחַ הַשְּׁנִיָּה יוֹם שִׁשִּׁים. וְאִם גִּלַּח יוֹם שִׁשִּׁים חָסֵר אֶחָד, יָצָא, שֶׁיּוֹם שְׁלֹשִׁים עוֹלֶה לוֹ מִן הַמִּנְיָן:

랍비 예호슈아와 하다르 사람 랍비 야킴은 기어다는 것 위에 속죄제 단지가 놓여 있을 때, 그것은 부정하다고 증언했다. 〔하지만〕 랍비 엘리에제르는 정결하다고 말했다. 랍비 파피야스는 두 번의 나실인 맹세를 한 사람에 대하여 증언했다. 만약 그가 30일에 첫 번째 머리카락을 자르면, 두 번째는 60일에 자르면 된다. 만약 머리카락을 60일에서 하나 부족한 날에 잘랐다면, 그는 의무를 다한 것입니다. 〔머리를 자른〕 30일째 날이 〔그다음〕 필요한 수에 포함되기 때문입니다.

- '속죄제의 단지' 안에는 붉은 암송아지의 재가 담겨 있다(민 19장). 이 재를 사용해서 사체를 만져 부정하게 된 사람을 깨끗하게 씻는 의식을 한다.

- 붉은 암소의 재가 담겨 있는 단지가 불결한 것 위에 있을 때, 이 단지는 돌로 만들어진 것으로 정결하지만, 그 속에 있는 재는 부정하다고 간주된다.
- 날짜를 특정하지 않았다면 보통 30일 동안을 나실인 의무일로 본다. 그리고 다음날인 31일째 되는 날 머리카락을 자를 수 있다. 하지만 30일째 머리카락을 자르더라도 그날의 일부가 나실인으로 지냈기 때문에 나실인의 의무를 이행한 것으로 본다.
- 나실인의 의무를 두 번 맹세했다면, 첫 번째 나실인 의무가 끝나는 마지막 날, 즉 30일째 되는 날을 두 번째 나실인 의무의 첫날로 본다면, 두 번째 나실인 의무까지는 59일이면 마치게 된다.

7, 6

הֵעִיד רַבִּי יְהוֹשֻׁעַ וְרַבִּי פַּפְּיַס עַל וָלָד שֶׁל שְׁלָמִים, שֶׁיִּקְרַב שְׁלָמִים. שֶׁרַבִּי אֱלִיעֶזֶר אוֹמֵר שֶׁוָּלָד שְׁלָמִים לֹא יִקְרַב שְׁלָמִים. וַחֲכָמִים אוֹמְרִים, יִקְרָב. אָמַר רַבִּי פַּפְּיַס, אֲנִי מֵעִיד שֶׁהָיְתָה לָנוּ פָרָה זִבְחֵי שְׁלָמִים, וַאֲכַלְנוּהָ בַּפֶּסַח וְאָכַלְנוּ וְלָדָהּ שְׁלָמִים בֶּחָג:

랍비 예호슈아와 랍비 파피야스는 화목제물의 새끼[도] 화목제물로 드릴 수 있다고 증언했다. 랍비 엘리에제르는 화목제물의 새끼는 화목제물로 드리면 안 된다고 말한다. 현자들은 말한다. "드릴 수 있습니다." 랍비 파피야스는 말했다. "제가 증언하자면, 우리에게 화목제물로 드릴 암소가 있었습니다. 우리는 그것을 유월절에 먹었고 그 새끼를 다음 명절에 화목제물로 먹었습니다."

- '화목제물의 새끼'는 화목제물로 지정된 후에 낳은 새끼를 말한다. 랍비 예호슈아와 랍비 파피야스는 새로 태어난 새끼도 화목제물로 드릴 수 있다고 말한 반면, 랍비 엘리에제르는 드리면 안 된다고 말

한다. 다수의 랍비들도 화목제물로 드릴 수 있다고 말한다.

- 랍비 파피야스는 화목제물로 드렸던 암소를 예를 들었다.

7, 7

הֵם הֵעִידוּ עַל אֲרוּכוֹת שֶׁל נַחְתּוֹמִים, שֶׁהֵן טְמֵאוֹת. שֶׁרַבִּי אֱלִיעֶזֶר מְטַהֵר.
הֵם הֵעִידוּ עַל תַּנּוּר שֶׁחֲתָכוֹ חֻלְיוֹת וְנָתַן חֹל בֵּין חֻלְיָא לְחֻלְיָא, שֶׁהוּא טָמֵא.
שֶׁרַבִּי אֱלִיעֶזֶר מְטַהֵר. הֵם הֵעִידוּ שֶׁמְּעַבְּרִין אֶת הַשָּׁנָה בְּכָל אֲדָר. שֶׁהָיוּ
אוֹמְרִים עַד הַפּוּרִים. הֵם הֵעִידוּ שֶׁמְּעַבְּרִים אֶת הַשָּׁנָה עַל תְּנַאי. וּמַעֲשֶׂה
בְרַבָּן גַּמְלִיאֵל שֶׁהָלַךְ לִטֹּל רְשׁוּת מֵהֶגְמוֹן בְּסוּרְיָא וְשָׁהָה לָבֹא, וְעִבְּרוּ אֶת
הַשָּׁנָה עַל תְּנַאי לִכְשֶׁיִּרְצֶה רַבָּן גַּמְלִיאֵל, וּכְשֶׁבָּא אָמַר רוֹצֶה אֲנִי, וְנִמְצֵאת
הַשָּׁנָה מְעֻבֶּרֶת:

그들은 제빵사의 널판지가 부정하다고 증언했다. 랍비 엘리에제르는 정결하다고 말한다. 그들은 고리 〔모양으로〕 절단되어 모래가 그 사이에 끼어 있는 화로가 부정하다고 증언했다. 랍비 엘리에제르는 정결하다고 말한다. 그들은 해가 전체 아달월 동안에 삽입된다고 증언했다. 그들은 부림절까지라고 말했다. 그들은 조건부로 해가 삽입될 수 있다고 증언했다. 라반 감리엘에게 있었던 일이다. 그가 시리아 총독의 허락을 받기 위해 갔는데 돌아오는 것이 지체되자, 그들은 라반 감리엘이 승인한다는 조건부로 해를 삽입했다. 그가 와서 "제가 승인합니다"라고 말했고, 그 해가 삽입되었다.

- '제빵사의 널판지'는 제빵사가 반죽을 정리하고 빵 모양을 만들어 놓는 판이다. 이 널판지가 '도구'로 간주된다면, 다른 도구들처럼 부정을 받을 수 있다.
- 위에서 말하는 것은 벽돌로 만든 화로다. 바깥쪽은 회반죽으로 둘러싸여 있다. 이 오븐은 벽돌과 벽돌 사이는 모래가 끼어 있기 때문에 쉽게 분리된다. 절단된 화로는 더 이상 도구로서 간주되지 않기 때

문에 부정을 받지 않는다.

- '해를 삽입한다'는 것은 윤달을 끼워 넣는다는 의미다. 유대력에서 윤달은 유대력 12월에 해당하는 아달월 다음에 온다. 아달월 14일은 부림절이다. 당시는 확정된 달력 체계가 있기 전으로 매년 법정에서 윤달을 넣을지 결정한다. 랍비 예호슈아와 랍비 파피야스는 아달월 전체 중에서 삽입될 수 있다고 주장하고, 이전 전통에서는 부림절 전까지 삽입되어야 한다고 보았다.

7, 8

הֵעִיד מְנַחֵם בֶּן סִגְנַאי עַל מוּסַף הַיּוֹרָה שֶׁל שׁוֹלְקֵי זֵיתִים שֶׁהוּא טָמֵא, וְשֶׁל צַבָּעִים שֶׁהוּא טָהוֹר. שֶׁהָיוּ אוֹמְרִים חִלּוּף הַדְּבָרִים:

므나헴 벤 시그나이는 올리브 끓이는 자의 가마솥에 부착된 선반에 대해 부정해지기 〔쉽다고〕, 염색업자의 경우는 부정해지기 〔쉽지〕 않다고 증언했다. 하지만 그들은 반대로 말하곤 했다.

- 므나헴 벤 시그나이는 올리브 끓이는 자의 가마솥에 붙은 선반이 부정해질 수 있다고 보았다. 그 이유는 가마솥을 적절하게 사용하기 위해서 올리브 끓이는 사람은 거기에 물을 가득 채우기 때문이다. 한편 염색업자는 가마솥의 물이 끓어 넘치지 않도록 주의하기 때문에 부정해지기 쉽지 않다고 생각했다.

7, 9

הֵעִיד רַבִּי נְחוּנְיָא בֶּן גֻּדְגְּדָא עַל הַחֵרֶשֶׁת שֶׁהִשִּׂיאָהּ אָבִיהָ, שֶׁהִיא יוֹצְאָה בְגֵט. וְעַל קְטַנָּה בַת יִשְׂרָאֵל שֶׁנִּשֵּׂאת לְכֹהֵן, שֶׁהִיא אוֹכֶלֶת בַּתְּרוּמָה, וְאִם מֵתָה, בַּעְלָהּ יוֹרְשָׁהּ. וְעַל הַמָּרִישׁ הַגָּזוּל שֶׁבְּנָאוֹ בַבִּירָה, שֶׁיִּתֵּן אֶת דָּמָיו. וְעַל הַחַטָּאת הַגְּזוּלָה שֶׁלֹּא נוֹדְעָה לָרַבִּים, שֶׁהִיא מְכַפֶּרֶת, מִפְּנֵי תִקּוּן הַמִּזְבֵּחַ:

랍비 네후니야 벤 구드게다는 아버지가 결혼을 시킨 청각장애인에 대하여 그녀도 이혼증서를 가지고 보내질 수 있다고 증언했다. 그리고 제사장에게 시집간 이스라엘의 어린 소녀에 대하여, 그녀는 거제를 먹을 수 있고, 그녀가 죽으면 그 남편이 상속받는다. 훔친 기둥이 궁전을 〔짓는 데〕 세워졌다면, 그 가치만큼 〔돌려〕주면 된다. 훔쳐서 〔드린〕 속죄제물을 사람들이 몰랐다면, 제단의 안녕을 위해서 속죄했다고 인정한다.

- 미성년 여자아이는 아버지 주선 아래 결혼을 시킬 수 있었다. 일반적으로 지적 능력이 부족한 사람은 내용을 이해할 수 없기 때문에 법적인 계약서를 체결하지 못한다. 하지만 랍비 네후니야는 청각장애인에게 이혼증서를 주고 내보낼 수 있도록 했다. 모질게 보이는 이 제도는 오히려 청각장애인을 위한 조치다. 왜냐하면 그들과 이혼할 수 없다면, 사람들은 그들과 결혼하는 일 자체를 거부할 것이다.
- 일반적으로 훔친 물건은 그대로 돌려주어야 한다. 하지만 그 물건이 궁전을 짓는 데 쓰인 경우에는 그 기둥을 빼내서 건물 전체에 해를 입히는 것보다는 그 가치만큼 돈으로 돌려주면 된다.
- 희생제물을 드리는 사람이 그 제물이 도난되었다는 사실을 몰랐더라도 드린 그 제사는 정상적인 것으로 인정된다.

제8장

8, 1

הֵעִיד רַבִּי יְהוֹשֻׁעַ בֶּן בְּתֵירָא עַל דַּם נְבֵלוֹת שֶׁהוּא טָהוֹר. הֵעִיד רַבִּי שִׁמְעוֹן
בֶּן בְּתֵירָא עַל אֵפֶר חַטָּאת שֶׁנָּגַע טָמֵא בְמִקְצָתוֹ, שֶׁטִּמֵּא אֶת כֻּלּוֹ. הוֹסִיף

רַבִּי עֲקִיבָא, עַל הַסֹּלֶת וְעַל הַקְּטֹרֶת וְהַלְּבוֹנָה וְהַגֶּחָלִים שֶׁנָּגַע טְבוּל יוֹם בְּמִקְצָתָם, שֶׁפָּסַל אֶת כֻּלָּם:

랍비 예호슈아 벤 베테라는 동물 사체의 피가 정결하다고 증언한다. 랍비 쉼온 벤 베테라는 속죄의 재를 부정한 사람이 일부라도 만졌다면 전체를 더럽힌 것이라고 증언했다. 랍비 아키바는 추가했다. 테불 욤이 고운가루, 향, 유향, 숯의 일부를 만졌다면 전체를 부적합하게 만든 것이다.

- 5장 첫째 미쉬나에서 배웠듯이, 죽은 동물의 고기는 부정하다.
- '속죄의 재'는 붉은 암송아지와 백향목, 우슬초, 홍색 실로 만든 재다(민 19장).
- '테불 욤'(tevul yom)은 정결목욕탕에 들어가 몸을 담갔는데 아직 해가 지지 않아 정결한 상태가 완료되지 않은 사람이다. 랍비 아키바와 달리, 사두개인들과 사해 지역의 쿰란 공동체는 테불 욤이 이미 정결한 상태라고 본다.

8, 2

הֵעִיד רַבִּי יְהוּדָה בֶּן בָּבָא וְרַבִּי יְהוּדָה הַכֹּהֵן עַל קְטַנָּה בַּת יִשְׂרָאֵל שֶׁנִּשֵּׂאת לְכֹהֵן, שֶׁהִיא אוֹכֶלֶת בַּתְּרוּמָה כֵּיוָן שֶׁנִּכְנְסָה לַחֻפָּה אַף עַל פִּי שֶׁלֹּא נִבְעָלָה. הֵעִיד רַבִּי יוֹסֵי הַכֹּהֵן וְרַבִּי זְכַרְיָה בֶּן הַקַּצָּב עַל תִּינוֹקֶת שֶׁהֻרְהֲנָה בְאַשְׁקְלוֹן, וְרִחֲקוּהָ בְּנֵי מִשְׁפַּחְתָּהּ, וְעֵדֶיהָ מְעִידִים אוֹתָהּ שֶׁלֹּא נִסְתְּרָה וְשֶׁלֹּא נִטְמָאָה. אָמְרוּ לָהֶם חֲכָמִים, אִם מַאֲמִינִים אַתֶּם שֶׁהֻרְהֲנָה, הַאֲמִינוּ, שֶׁלֹּא נִסְתְּרָה וְשֶׁלֹּא נִטְמָאָה. וְאִם אֵין אַתֶּם מַאֲמִינִים שֶׁלֹּא נִסְתְּרָה וְשֶׁלֹּא נִטְמְאָה, אַל תַּאֲמִינוּ שֶׁהֻרְהֲנָה:

랍비 예후다 벤 바바와 제사장 랍비 예후다는 제사장에게 시집 보낸 이스라엘의 여자 아이에 대하여, 아직 신랑과 관계를 갖지 않았다고 하더라도 신방에 들어갔으면 거제를 먹을 수 있다고 증언했다. 제사장 랍비 요쎄와 랍비 즈카리야 벤 카짜브는 담보물로 보낸 여자아이에 대하여 증언했다. 그녀의 가족들은 증인들이 〔남자에 의해〕 숨겨진 적이 없고 부정해지지 않았다고 증언했는데도 그녀를 멀리했다. 랍비들이 그들에게 말했다. "만약 당신들이 그 아이를 담보물로 보냈다고 믿는다면, 그 아이가 〔남자에 의해〕 숨겨진 것이 없고 부정해진 적이 없다는 것도 믿으세요. 만약 그 아이가 〔남자에 의해〕 숨겨진 적이 없고 부정해진 적이 없다는 것을 믿지 않는다면, 그 아이를 담보물로 보냈다는 것도 믿지 마세요."

- 제사장의 아내는 거제를 먹을 수 있지만 일반인은 먹을 수 없다. 어린 여자아이도 제사장과 결혼할 수 있다는 것은 랍비들이 허락한 것이지 성서에는 이러한 규정이 없기 때문에 거제를 먹을 수 있는지 문제가 된다.
- 두 번째 미쉬나는 채무로 인해 어린 여자아이를 담보물로 보낸 경우다. 가족들이 멀리했다는 것은 그녀와 결혼할 수 있는 친족의 남자들이 그녀를 아내로 맞이하기를 거부했다는 의미다.
- '〔남자에 의해〕 숨겨졌다'는 말은 강간당했다는 말을 우회적으로 표현한 것이다.

8, 3

הֵעִיד רַבִּי יְהוֹשֻׁעַ וְרַבִּי יְהוּדָה בֶּן בְּתֵירָא עַל אַלְמְנַת עִסָּה, שֶׁהִיא כְשֵׁרָה לַכְּהֻנָּה, שֶׁהָעִסָּה כְשֵׁרָה לְטַמֵּא וּלְטַהֵר, לְרַחֵק וּלְקָרֵב. אָמַר רַבָּן שִׁמְעוֹן בֶּן גַּמְלִיאֵל, קִבַּלְנוּ עֵדוּתְכֶם, אֲבָל מַה נַּעֲשֶׂה, שֶׁגָּזַר רַבִּי יוֹחָנָן בֶּן זַכַּאי שֶׁלֹּא לְהוֹשִׁיב בָּתֵּי דִינִין עַל כָּךְ. הַכֹּהֲנִים שׁוֹמְעִים לָכֶם לְרַחֵק, אֲבָל לֹא לְקָרֵב:

랍비 예호슈아와 랍비 예후다 벤 베테라가 의문의 계보를 가진 집안의 과부가 제사장과 결혼하기 적합하다고 증언했다. 의문의 계보

〔를 가진〕 가족들은 부정하다고 선포하거나 정결하다고 선포할 수 있으며, 멀리하거나 가까이할 수 있다. 라반 쉼온 벤 감리엘은 말했다. "우리는 당신들의 증언을 받았습니다. 하지만 우리가 무엇을 할 수 있겠습니까? 〔이미〕 랍비 요하난 벤 자카이는 법정이 이런 목적으로 임명되어서는 안 된다고 명령했습니다. 제사장들은 가까이하는 것이 아니라 멀리하라고 할 때 당신들의 〔말에〕 경청할 것입니다."

- 의문의 계보를 가진 가족들은 그 과부가 '정결해서' 제사장과 결혼할 수 있다거나, 아니면 '부정해서' 결혼할 수 없다고 선포할 수 있다.
- 요하난 벤 자카이는 의문의 계보를 가진 집안의 여성이 제사장과 결혼할 수 없다고 주장한다. 그래서 법정에서 이러한 것들을 허용해서는 안 된다는 것이다.

8, 4

הֵעִיד רַבִּי יוֹסֵי בֶּן יוֹעֶזֶר, אִישׁ צְרֵדָה, עַל אַיִל קַמְצָא, דָּכְן. וְעַל מַשְׁקֵה בֵית מִטְבְּחַיָּא, דְּאִינּוּן דַּכְיָן. וּדְיִקְרַב בְּמִיתָא, מִסְתְּאַב. וְקָרוּ לֵיהּ, יוֹסֵי שָׁרְיָא:

쯔레다[2] 사람 랍비 요쎄 벤 요에제르는 아일 메뚜기[3]가 정결하다고 증언했다. 〔성전〕 도살방의 물은 정결하다. 사체를 만진 사람은 부정하다. 사람들은 그를 '허락자 요쎄'로 불린다.

- 랍비 요쎄 벤 요에제르는 정결법 세 가지를 증언한다. 전체적으로 다른 랍비들의 주장보다 관대한 입장이다. 흥미로운 사실은 다른 미

2) 쯔레다(Zeredah)는 북왕국 이스라엘의 시조인 여로보암의 고향으로 사마리아 남쪽에 있는 마을로 추정된다.

3) 아일 메뚜기는 머리가 아일(숫양) 모양과 비슷해서 붙여진 이름이다. '메뚜기'에 해당하는 캄짜(קמצא)라는 단어는 아람어다.

쉬나와 달리 이것들은 아람어로 기록되어 있다.

- 첫째, 아일 메뚜기(ayil locust)가 정결해서 먹을 수 있다고 말한다.
- 둘째, 성전의 도살방에는 피와 물이 섞여 있기 때문에 부정할 수 있다. 하지만 랍비 요쎄 벤 요에제르는 액체에 관한 정결법을 성전에는 적용하지 않고 있다.
- 시체를 만진 사람은 7일 동안 부정하다는 규정은 이미 토라에 나온다(민 19:11). 그 외 부정한 경우도 많다. 하지만 랍비 요쎄는 시체를 만지는 경우만을 언급한다.
- '허락자 요쎄'라는 말은 랍비 요쎄의 주장이 지나치게 관대해서 붙여진 별칭으로 보인다.

8, 5

הֵעִיד רַבִּי עֲקִיבָא מִשּׁוּם נְחֶמְיָה, אִישׁ בֵּית דְּלִי, שֶׁמַּשִּׂיאִים הָאִשָּׁה עַל פִּי עֵד אֶחָד. הֵעִיד רַבִּי יְהוֹשֻׁעַ עַל עֲצָמוֹת שֶׁנִּמְצְאוּ בְדִיר הָעֵצִים, אָמְרוּ חֲכָמִים, מְלַקֵּט עֶצֶם עֶצֶם וְהַכֹּל טָהוֹר:

랍비 아키바는 벳 들리 사람 네헤미야의 이름으로 여성이 〔남편이 죽었다는〕 한 명의 증인으로 재혼이 허락된다고 증언했다. 랍비 예호슈아는 〔성전의〕 나무 헛간에서 발견된 뼈들에 대하여, 랍비들이 "뼈를 하나하나 모으면 그 전체는 정결합니다"라고 말했다고 증언했다.

- 남편이 죽었다는 한 명의 증언으로 재혼이 가능하다는 랍비 아키바의 증언은 공교롭게 앞 미쉬나 6, 1에서 랍비 예후다 벤 바바가 했던 증언과 일치한다.
- 성전도 일종의 '공적' 영역이다. 공적 공간에서는 부정이 단지 의심이 되는 경우에는 정결하다고 여긴다. 그래서 '운반'에 의한 부정의 전이가 없는 것으로 보기 때문에 뼈를 모아 성전 밖으로 빼 낼 수 있다.

8, 6

אָמַר רַבִּי אֱלִיעֶזֶר, שָׁמַעְתִּי, כְּשֶׁהָיוּ בוֹנִים בַּהֵיכָל, עוֹשִׂים קְלָעִים לַהֵיכָל וּקְלָעִים לָעֲזָרוֹת, אֶלָּא שֶׁבַּהֵיכָל בּוֹנִים מִבַּחוּץ, וּבָעֲזָרָה בּוֹנִים מִבִּפְנִים. אָמַר רַבִּי יְהוֹשֻׁעַ, שָׁמַעְתִּי, שֶׁמַּקְרִיבִין אַף עַל פִּי שֶׁאֵין בַּיִת, וְאוֹכְלִים קָדְשֵׁי קָדָשִׁים אַף עַל פִּי שֶׁאֵין קְלָעִים, קָדָשִׁים קַלִּים וּמַעֲשֵׂר שֵׁנִי, אַף עַל פִּי שֶׁאֵין חוֹמָה, שֶׁקְּדֻשָּׁה רִאשׁוֹנָה קִדְּשָׁה לִשְׁעָתָהּ וְקִדְּשָׁה לֶעָתִיד לָבֹא:

랍비 엘리에제르가 말했다. "저는 성전을 지을 때 사람들이 성전을 위해서 휘장을 치고, 뜰을 위해 휘장을 쳤다고 들었습니다. 성전 〔벽〕은 〔휘장〕 바깥쪽에서 지었고, 뜰은 〔휘장〕 안쪽에서 지었다고 합니다." 랍비 예호슈아가 말했다. "저는 사람들이 성전이 있기 전이지만 희생제물을 드렸고, 휘장이 있기 전이지만 지극히 거룩한 제물을 먹었고, 아직 〔예루살렘 주변에〕 벽이 없었지만 덜 거룩한 제물을 먹었다고 들었습니다. 왜냐하면 최초의 성별화(聖別化)는 그 당시와 다가올 시대 모두를 거룩하게 한 것입니다."

- 랍비 엘리에제르는 제2차 성전을 지을 당시에 대하여 말했다.
- 성전이라는 건물이 무너졌음에도 불구하고 예루살렘의 성전산 자체가 거룩하게 되었다고 여겨서 제물을 나누어 먹을 수 있었다.

8, 7

אָמַר רַבִּי יְהוֹשֻׁעַ, מְקֻבָּל אֲנִי מֵרַבָּן יוֹחָנָן בֶּן זַכַּאי, שֶׁשָּׁמַע מֵרַבּוֹ וְרַבּוֹ מֵרַבּוֹ, הֲלָכָה לְמשֶׁה מִסִּינַי, שֶׁאֵין אֵלִיָּהוּ בָא לְטַמֵּא וּלְטַהֵר, לְרַחֵק וּלְקָרֵב, אֶלָּא לְרַחֵק הַמְקֹרָבִין בִּזְרוֹעַ וּלְקָרֵב הַמְרֻחָקִין בִּזְרוֹעַ. מִשְׁפַּחַת בֵּית צְרִיפָה הָיְתָה בְעֵבֶר הַיַּרְדֵּן וְרִחֲקָהּ בֶּן צִיּוֹן בִּזְרוֹעַ, וְעוֹד אַחֶרֶת הָיְתָה שָׁם וְקֵרְבָהּ בֶּן צִיּוֹן בִּזְרוֹעַ. כְּגוֹן אֵלּוּ, אֵלִיָּהוּ בָא לְטַמֵּא וּלְטַהֵר, לְרַחֵק וּלְקָרֵב. רַבִּי יְהוּדָה אוֹמֵר, לְקָרֵב, אֲבָל לֹא לְרַחֵק. רַבִּי שִׁמְעוֹן אוֹמֵר, לְהַשְׁווֹת הַמַּחֲלֹקֶת. וַחֲכָמִים אוֹמְרִים, לֹא לְרַחֵק וְלֹא לְקָרֵב, אֶלָּא לַעֲשׂוֹת שָׁלוֹם בָּעוֹלָם, שֶׁנֶּאֱמַר (מלאכי ג) הִנֵּה אָנֹכִי שֹׁלֵחַ לָכֶם אֵת אֵלִיָּה הַנָּבִיא וְגוֹ' וְהֵשִׁיב לֵב אָבוֹת עַל

랍비 예호슈아가 말했다. "저는 라반 요하난 벤 자카이에게 전승을 받았는데, 그는 자신의 스승에게 들었고, 그 스승은 그의 스승에게 〔들었고〕, 법이 시내산에서 모세에게 〔주어진 것과〕 같습니다. 엘리야후는 부정하다고 선포하거나 정결하다고 선포하려고 오지 않고, 멀리 보내거나 가까이 오게 하려고 〔오지 않고〕, 강제로 가까이 오게 된 사람을 멀리 보내고, 강제로 멀리 보낸 사람을 가까이 오게 하려고 〔왔습니다〕." 쯔리파(Tzriphah) 집안의 가족이 요르단 건너편에 있었는데, 벤 찌온(Ben Zion)이 강제로 멀리 보냈고, 다른 가족이 거기에 있었는데, 벤 찌온이 강제로 가까이 오게 했다. 이런 〔가족들과〕 같이 엘리야후는 부정하다고 선포하거나 정결하다고 선포하기 위해서, 멀리 보내거나 가까이 오게 하려고 올 것이다. 랍비 예후다는 말한다. "가까이 오게 하려고 〔오지만〕 추방하기 위해서 〔온 것은〕 아닙니다." 랍비 쉼온이 말한다. "논쟁을 부드럽게 하기 위해서 〔옵니다〕." 현자들은 말한다. "추방하기 위해서도 아니고 가까이 오게 하는 것도 아니고 세상을 평화롭게 만드는 것입니다. 기록되었듯이, '보라… 내가 선지자 엘리야를 너희에게 보내리니, 그가 아버지의 마음을 자녀에게로 돌이키게 하고 자녀들의 마음을 그들의 아버지에게로 돌이키게 하리라'(말 4:5-6)."

- 어떤 가족이 정결하다는 것은 비유대인과 결혼하지 않았다는 의미이고, 부정하다는 것은 비유대인과 결혼했다는 의미다.
- 메시아의 시대에 올 엘리야후는 사람들이 한 결정들을 기본적으로 인정할 것이다. 하지만 정결한 집안이 강압적으로 추방되거나 반대로 부정한 집안이 힘에 의해 이스라엘 공동체 안으로 들어왔다면 이 점은 수정할 것이다.

אבות

8

아봇

선조들

그는 말했다. "다섯 살에 성경을 공부하고, 열 살에 미쉬나를 공부하고, 열세 살에 율법의 의무를 지키고, 열다섯 살에 탈무드를 공부하고, 열여덟 살에 신부의 침실에 들어가고, 스무 살에 생계를 좇고, 서른 살에 권력을, 마흔 살에 통찰을, 쉰 살에 조언을, 예순 살에 노년을, 일흔 살에 만년을, 여든 살에 강건을, 아흔 살에 구부러진 허리를, 백 살에 마치 죽어서 지나가서 이 세상을 떠난 것과 같다. _「아봇」 5, 21

개요

「아봇」은 유명한 랍비들이 남긴 어록들을 담고 있다. 히브리어 아봇(אבות)은 '조상들'을 뜻한다. 「아봇」은 『네지킨』의 다른 마쎄켓(부)들과 사뭇 다른 형식과 내용을 지닌다. 그래서 독자들에게 '조상들의 어록'이라는 별도의 이름을 가진 책의 형태로 출판되어 소개되기도 한다.

제1장

기록된 토라와 함께 구전 토라를 모세를 통해 시내산에서 받았다는 유대교의 근간이 바로 이 미쉬나에 근거한다. 모세는 기록된 토라뿐만 아니라 구전 토라도 여호수아에게 전했다는 것이다. 이런 식으로 계속해서 전해진 구전 토라가 랍비들에 의해 미쉬나에 기록되었다는 것이 유대교의 핵심 주장 중 하나다.

1, 1

מֹשֶׁה קִבֵּל תּוֹרָה מִסִּינַי, וּמְסָרָהּ לִיהוֹשֻׁעַ, וִיהוֹשֻׁעַ לִזְקֵנִים, וּזְקֵנִים לִנְבִיאִים,
וּנְבִיאִים מְסָרוּהָ לְאַנְשֵׁי כְנֶסֶת הַגְּדוֹלָה. הֵם אָמְרוּ שְׁלֹשָׁה דְבָרִים, הֱווּ
מְתוּנִים בַּדִּין, וְהַעֲמִידוּ תַלְמִידִים הַרְבֵּה, וַעֲשׂוּ סְיָג לַתּוֹרָה:

모세는 토라를 시내〔산〕에서 받았고, 그것을 여호수아에게 전달했다. 여호수아는 장로들에게, 장로들은 예언자들에게, 예언자들은 대공의회(산헤드린) 의원들에게 〔전달했다〕. 그들은 〔다음〕 세 가지를 말했다. 신중하게 재판하라. 제자들을 많이 양성하라. 토라에 울타리를 쳐라.

- '토라에 울타리를 친다'는 의미는 토라에서 말하는 수많은 법을 범하지 않기 위해 토라가 금하지 않는 규정들까지도 지킬 필요가 있다는 것이다. 예를 들어, 토라에서는 안식일에 돈을 사용하지 말라는 법은 없다. 하지만 랍비들은 돈을 사용하다가 안식일을 범할 수 있기 때문에 돈을 사용하지 말라고 가르친다.

1, 2

שִׁמְעוֹן הַצַּדִּיק הָיָה מִשְּׁיָרֵי כְנֶסֶת הַגְּדוֹלָה. הוּא הָיָה אוֹמֵר, עַל שְׁלֹשָׁה
דְבָרִים הָעוֹלָם עוֹמֵד, עַל הַתּוֹרָה וְעַל הָעֲבוֹדָה וְעַל גְּמִילוּת חֲסָדִים:

쉼온 하짜딕은 대의회의 마지막 의원 중 한 명이었다. 그는 다음과 같이 말했었다. "세상은 세 가지 위에 서 있습니다. 토라 위에, 〔성전〕 제사 위에, 자비를 베푸는 일 위에."

- 쉼온 하짜딕은 미쉬나 시대 훨씬 이전의 사람으로 이 미쉬나에 따르면 대의회의 마지막 의원이다.
- 유대교 전통에서는 성전이 무너진 이후에는 기도가 성전 제사를 대신하게 되었다.

1, 3

אַנְטִיגְנוֹס אִישׁ סוֹכוֹ קִבֵּל מִשִּׁמְעוֹן הַצַּדִּיק. הוּא הָיָה אוֹמֵר, אַל תִּהְיוּ
כַעֲבָדִים הַמְשַׁמְּשִׁין אֶת הָרַב עַל מְנָת לְקַבֵּל פְּרָס, אֶלָּא הֱווּ כַעֲבָדִים
הַמְשַׁמְּשִׁין אֶת הָרַב שֶׁלֹּא עַל מְנָת לְקַבֵּל פְּרָס, וִיהִי מוֹרָא שָׁמַיִם עֲלֵיכֶם:

소고[1] 사람 안티게노스는 쉼온 하짜딕에게 〔구전 토라를〕 받았다. 그는 다음과 같이 말했었다. "배상을 바라고 주인을 섬기는 종처럼 되지 마세요. 배상을 바라지 않고 주인을 섬기는 종이 되세요. 하늘에 대한 두려움이 여러분 위에 있게 하세요."

- '하늘에 대한 두려움'은 하나님에 대한 두려움이다.

1) 소고는 유다 산지 서쪽 쉐펠라(shephela)에 위치해 있다.

1, 4

יוֹסֵי בֶן יוֹעֶזֶר אִישׁ צְרֵדָה וְיוֹסֵי בֶן יוֹחָנָן אִישׁ יְרוּשָׁלַיִם קִבְּלוּ מֵהֶם. יוֹסֵי בֶן יוֹעֶזֶר אִישׁ צְרֵדָה אוֹמֵר, יְהִי בֵיתְךָ בֵית וַעַד לַחֲכָמִים, וֶהֱוֵי מִתְאַבֵּק בַּעֲפַר רַגְלֵיהֶם, וֶהֱוֵי שׁוֹתֶה בְצָמָא אֶת דִּבְרֵיהֶם:

쯔레다 사람 요쎄 벤 요에제르와 예루살렘 사람 요쎄 벤 요하난은 그들로부터 〔구전 전승을〕 받았다. 쯔레다 사람 요쎄 벤 요에제르는 다음과 같이 말했다. "당신의 집이 현자들의 집이 되게 하십시오. 그들의 발에 〔묻은〕 흙으로 인해 먼지가 덮이게 하십시오. 갈증이 날 때 그들의 말을 마십시오."

- 여기부터 두 명의 현자들이 쌍으로 등장한다. 그리고 미쉬나는 각 현자들의 서로 다른 주장들을 나란히 소개한다. 이렇게 쌍을 이루어 등장하는 현자들을 통해 구전 전승(토라)이 전달되다가 샴마이와 힐렐에게서 그 절정에 이르게 된다.
- 현자들의 말을 듣기 위해 가까이 다가가 있으면 그들의 발에 묻었던 흙으로 인해 먼지를 뒤집어쓰게 된다.

1, 5

יוֹסֵי בֶן יוֹחָנָן אִישׁ יְרוּשָׁלַיִם אוֹמֵר, יְהִי בֵיתְךָ פָתוּחַ לִרְוָחָה, וְיִהְיוּ עֲנִיִּים בְּנֵי בֵיתֶךָ, וְאַל תַּרְבֶּה שִׂיחָה עִם הָאִשָּׁה. בְּאִשְׁתּוֹ אָמְרוּ, קַל וָחֹמֶר בְּאֵשֶׁת חֲבֵרוֹ. מִכָּאן אָמְרוּ חֲכָמִים, כָּל זְמַן שֶׁאָדָם מַרְבֶּה שִׂיחָה עִם הָאִשָּׁה, גּוֹרֵם רָעָה לְעַצְמוֹ, וּבוֹטֵל מִדִּבְרֵי תוֹרָה, וְסוֹפוֹ יוֹרֵשׁ גֵּיהִנֹּם:

예루살렘 사람 요쎄 벤 요하난은 다음과 같이 말했다. "당신의 집을 활짝 열어두십시오. 가난한 사람들도 당신의 집안 사람들이 되도록 하십시오. 하지만 여성과 많은 대화를 하지 마십시오. 자신의 아내와도 그렇게 해야 하는데, 하물며 이웃의 아내이겠습니까." 그래서 현자들은 다음과 같이 말했다. “남자가 여자와 많은 대화를 하게 되면 자신에게 악을 끼치고 토라의 가르침에서 벗어나 결국 지옥을 차지할 것입니다.”

- 미쉬나 시대에는 여성을 남성의 대화 상대로 인정하지 않았던 사회였다. 당시에는 여성들에게 정당한 교육도 이루어지지 못했다.

1, 6

יְהוֹשֻׁעַ בֶּן פְּרַחְיָה וְנִתַּאי הָאַרְבֵּלִי קִבְּלוּ מֵהֶם. יְהוֹשֻׁעַ בֶּן פְּרַחְיָה אוֹמֵר, עֲשֵׂה לְךָ רַב, וּקְנֵה לְךָ חָבֵר, וֶהֱוֵי דָן אֶת כָּל הָאָדָם לְכַף זְכוּת:

예호슈아 벤 페라흐야와 아르벨 사람 니타이는 그들로부터 〔구전 전승을〕 받았다. 예호슈아 벤 페라흐야가 다음과 같이 말했다. “당신을 위해 랍비를 만드십시오. 당신을 위해 동료를 사귀십시오. 모든 사람을 호의적으로 판단하십시오.”

- 두 번째 쌍을 이룬 현자들의 말이다. 우선, 예호슈아 벤 페라흐야는 세 종류의 사회적 관계를 가르친다. 랍비를 만들라는 것은 토라를 가르쳐줄 선생님을 찾으라는 말이다. 둘째는 동료, 그리고 마지막으로 다른 사람들을 호의적으로 대하라고 조언한다.

1, 7

נִתַּאי הָאַרְבֵּלִי אוֹמֵר, הַרְחֵק מִשָּׁכֵן רָע, וְאַל תִּתְחַבֵּר לָרָשָׁע, וְאַל תִּתְיָאֵשׁ מִן הַפֻּרְעָנוּת:

아르벨 사람 니타이는 다음과 같이 말했다. “악한 이웃을 멀리하고 사악한 사람과 사귀지 마십시오. 보응이 따른다는 것을 잊지 마십시오.”

- 아르벨 사람 니타이는 앞에서 예호슈아 벤 페라흐야가 말한 내용에 균형을 이루는 말을 한다. 다른 사람들과 유익한 관계를 맺더라도 구별할 필요가 있다는 것이다. 다시 말해, 세상에는 악하고 나쁜 사람들도 많으니 그들과 사귀는 것을 경계하라고 가르친다.

1, 8

יְהוּדָה בֶּן טַבַּאי וְשִׁמְעוֹן בֶּן שָׁטָח קִבְּלוּ מֵהֶם. יְהוּדָה בֶּן טַבַּאי אוֹמֵר, אַל תַּעַשׂ עַצְמְךָ כְּעוֹרְכֵי הַדַּיָּנִין. וּכְשֶׁיִּהְיוּ בַּעֲלֵי דִינִין עוֹמְדִים לְפָנֶיךָ, יִהְיוּ בְעֵינֶיךָ כִּרְשָׁעִים. וּכְשֶׁנִּפְטָרִים מִלְּפָנֶיךָ, יִהְיוּ בְעֵינֶיךָ כְּזַכָּאִין, כְּשֶׁקִּבְּלוּ עֲלֵיהֶם אֶת הַדִּין:

예후다 벤 타바이와 쉼온 벤 샤타흐는 그들로부터 〔구전 전승을〕 받았다. 예후다 벤 타바이가 다음과 같이 말했다. "〔재판관으로서〕 변호인처럼 처신하면 안 됩니다. 소송 당사자들이 당신 앞에 있을 때 그들 〔모두를〕 죄인으로 바라보십시오. 하지만 그들이 판결을 받아들이고 당신 앞을 떠날 때에는 그들이 무죄라고 바라보십시오."

- 여기에서 세 번째 쌍을 이룬 현자들이 등장한다.
- '그들'은 앞 미쉬나에 나오는 예호슈아 벤 페라흐야와 아르벨 사람 니타이를 말한다.
- 여기에서는 재판관의 세 가지 자세를 말한다. 첫째, 두 당사자 중 어느 한쪽의 변호인처럼 처신하면 안 된다는 것이다. 둘째, 두 당사자 모두 혐의가 있을 수 있다고 비판적으로 바라보라는 것이다. 마지막으로, 재판의 결과를 수용한 것은 이미 과오를 인정하고 후회한다는 의미이기 때문에 일반인과 동일한 사람으로 여기라는 것이다.

1, 9

שִׁמְעוֹן בֶּן שָׁטָח אוֹמֵר, הֱוֵי מַרְבֶּה לַחְקֹר אֶת הָעֵדִים, וֶהֱוֵי זָהִיר בִּדְבָרֶיךָ,
שֶׁמָּא מִתּוֹכָם יִלְמְדוּ לְשַׁקֵּר:

쉼온 벤 샤타흐는 다음과 같이 말했다. “증인들을 철저히 조사하십시오. 그리고 그들이 거짓말을 배우지 않도록 말을 삼가십시오.”

- 쉼온 벤 샤타흐는 재판관이 지녀야 할 지침들을 추가한다. ‘거짓말’을 배운다는 것은 증인 중 한 명을 조사하는 과정에서 오히려 증인이 재판관을 통해 한쪽이 유리할 수 있는 방식을 터득하지 않도록 주의하라는 것이다.

1, 10

שְׁמַעְיָה וְאַבְטַלְיוֹן קִבְּלוּ מֵהֶם. שְׁמַעְיָה אוֹמֵר, אֱהֹב אֶת הַמְּלָאכָה, וּשְׂנָא אֶת
הָרַבָּנוּת, וְאַל תִּתְוַדַּע לָרָשׁוּת:

슈마야와 아브탈리온은 그들로부터 〔구전 전승을〕 받았다. 슈마야는 다음과 같이 말했다. “일을 사랑하세요. 권한을 혐오하세요. 통치권과 친분을 가지려고 하지 마세요.”

- 네 번째 쌍을 이룬 현자들이 등장한다. 이들은 이스라엘 하스모니안 왕조 시대 끝무렵에 살았던 인물들이다.
- ‘그들’은 앞 미쉬나에 등장하는 예후다 벤 타바이와 쉼온 벤 샤타흐이다.
- ‘권한을 혐오하라’는 말은 권력을 가지고 다른 사람을 좌지우지하려는 태도를 갖지 말라는 의미다. 그리고 통치 권력과 친분을 가짐으로써 얻는 것도 있겠지만 그로 인한 부작용이 뒤따른다. 예를 들어, 후에 통치 권력이 바뀌면 큰 낭패를 볼 수도 있다.

1, 11

אַבְטַלְיוֹן אוֹמֵר, חֲכָמִים, הִזָּהֲרוּ בְדִבְרֵיכֶם, שֶׁמָּא תָחוּבוּ חוֹבַת גָּלוּת וְתִגְלוּ לִמְקוֹם מַיִם הָרָעִים, וְיִשְׁתּוּ הַתַּלְמִידִים הַבָּאִים אַחֲרֵיכֶם וְיָמוּתוּ, וְנִמְצָא שֵׁם שָׁמַיִם מִתְחַלֵּל:

아브탈리온은 말한다. "현자들이여, 당신들이 〔한〕 말을 조심하세요. 유배〔받는〕 심판을 초래할 수 있습니다. 악한 물이 있는 곳으로 가게 되어 당신들을 따르는 학생들이 마시고 죽을 수도 있습니다. 하늘의 이름이 모독받을 수 있습니다."

- 아브탈리온은 현자들이 책임감을 가지도록 당부한다. 잘못된 성서 해석으로 말미암아 후학들이 이단(악한 물)에 빠질 수도 있기 때문이다. 이것은 단지 학생들에 대한 손실만이 아니라 하나님의 이름을 더럽히게 된다.

1, 12

הִלֵּל וְשַׁמַּאי קִבְּלוּ מֵהֶם. הִלֵּל אוֹמֵר, הֱוֵי מִתַּלְמִידָיו שֶׁל אַהֲרֹן, אוֹהֵב שָׁלוֹם וְרוֹדֵף שָׁלוֹם, אוֹהֵב אֶת הַבְּרִיּוֹת וּמְקָרְבָן לַתּוֹרָה:

힐렐과 샴마이는 그들로부터 〔구전 전승을〕 받았다. 힐렐이 말한다. "평화를 사랑하고 평화를 추구하고 사람들을 사랑해서 토라로 이끈 아론의 제자가 되십시오."

- 드디어 다섯 번째 현자들 쌍인 힐렐과 샴마이가 등장한다. 이들은 헤롯왕(기원전 37-기원후 4) 통치 기간에 활동했던 현자들로 유명한 두 학파를 만들었다.
- 여기에서 말하는 아론은 다투는 사람들 사이에서 상대를 탓하기보다는 스스로 자신의 행동을 돌아보게 함으로써 두 사람을 화해하게

만든 일화로 유명한 현자들 중 한 명이다.

1, 13

הוּא הָיָה אוֹמֵר, נְגַד שְׁמָא, אֲבַד שְׁמֵהּ. וּדְלָא מוֹסִיף, יָסֵף. וּדְלָא יָלֵיף, קְטָלָא חַיָּב. וּדְאִשְׁתַּמֵּשׁ בְּתָגָא, חָלֵף:

그가 말하곤 했다. "유명해진 이름은 망하는 이름이 됩니다. 〔지식〕을 쌓지 않으면 줄어듭니다. 〔토라〕를 배우지 않는 사람은 죽어 마땅합니다. 왕관을 〔사적으로〕 이용한 사람은 〔이 세상을〕 지나갈 것입니다."

- 힐렐의 말이 이어진다. 거의 대부분의 미쉬나가 히브리어로 기록된 반면에, 이 미쉬나는 아람어로 되어 있다. 이것은 미쉬나 시대에 유대인 지식인들은 히브리어를 많이 사용했지만, 대중적인 언어는 아람어였음을 알 수 있다. 한편, 탈무드는 반대로 거의 대부분 아람어로 기록되어 있다.
- 배우려고 하지 않는 사람은 죽어 마땅하다는 말은 과장법이다. 그만큼 배움이 중요하다는 것을 강조한다.
- '왕관'은 토라 공부를 통한 높은 단계를 일컬으며, 이것을 이용한다는 것은 사적인 이익을 위해 사용한다는 말이다. '지나간다'는 말은 이 세상을 떠난다는 의미로, 토라 공부를 자신의 사적인 이익을 위해 사용한 사람은 죽게 되리라 경고한다.

1, 14

הוּא הָיָה אוֹמֵר, אִם אֵין אֲנִי לִי, מִי לִי. וּכְשֶׁאֲנִי לְעַצְמִי, מָה אֲנִי. וְאִם לֹא עַכְשָׁיו, אֵימָתָי:

그가 말하고 했다. "내가 나를 위하지 않는다면, 누가 나를 위하겠는가? 하지만 내가 나만을 위한다면 나란 무엇인가? 그리고 지금이 아니라면 언제인가?"

- 힐렐은 개인에 대하여 두 가지 측면을 설명한다. 자기 자신을 위해서도 존재하지만 자신만을 위한 사람은 사회에 아무런 도움이 되지 못할 것이다. 그리고 사회에 유익한 일을 실천하고자 마음먹었다면 바로 지금이라는 말이다.

1, 15

שַׁמַּאי אוֹמֵר, עֲשֵׂה תוֹרָתְךָ קֶבַע. אֱמֹר מְעַט וַעֲשֵׂה הַרְבֵּה, וֶהֱוֵי מְקַבֵּל אֶת כָּל הָאָדָם בְּסֵבֶר פָּנִים יָפוֹת:

샴마이가 말한다. "토라 〔공부〕를 꾸준히 하세요. 적게 말하고 실천을 많이 하세요. 모든 사람과 반갑게 인사하세요."

- 샴마이의 견해는 이 미쉬나에서만 간단히 언급된다. 상대적으로 힐렐의 가르침이 더 보편적으로 받아들여졌음을 의미한다.

1, 16

רַבָּן גַּמְלִיאֵל הָיָה אוֹמֵר, עֲשֵׂה לְךָ רַב, וְהִסְתַּלֵּק מִן הַסָּפֵק, וְאַל תַּרְבֶּה לְעַשֵּׂר אֻמָּדוֹת:

라반 감리엘이 말하곤 했다. "자신을 위해 선생님을 두세요. 의문을 피하세요. 십일조를 짐작으로 바치지 마세요."

- 여기에서 말하는 라반 감리엘은 힐렐의 손자인 라반 감리엘 장로를

말한다. 그가 '라반'(רבן)이라는 칭호를 처음으로 받은 랍비다.

- 선생님은 토라의 의미를 정확하게 설명해주어 바른 행동을 하도록 도움을 줄 것이다.
- '의문을 피하라'는 말은 정결한 것인지 부정한 것인지 모호한 규정을 임의대로 해석하지 말고 전문가를 통해 확인하라는 의미다. 그런 맥락에서 앞 구절인 토라를 해석해줄 선생님의 가르침을 받는것과 연결된다.

1, 17

שִׁמְעוֹן בְּנוֹ אוֹמֵר, כָּל יָמַי גָּדַלְתִּי בֵּין הַחֲכָמִים, וְלֹא מָצָאתִי לַגּוּף טוֹב אֶלָּא שְׁתִיקָה. וְלֹא הַמִּדְרָשׁ הוּא הָעִקָּר, אֶלָּא הַמַּעֲשֶׂה. וְכָל הַמַּרְבֶּה דְבָרִים, מֵבִיא חֵטְא:

그의 아들 쉼온이 말한다. "저는 평생 현자들 속에서 자라났습니다. 자신을 위해 침묵하는 것보다 좋은 것을 찾지 못했습니다. 핵심은 배우는 것이 아니라 실천하는 것입니다. 말이 많은 사람은 죄를 짓게 합니다."

- 여기에 나오는 쉼온에 '감리엘의 아들'을 첨가하여 '쉼온 벤 감리엘'이라고 부르기도 한다. 쉼온은 성전이 파괴될 당시 산헤드린의 최고 의장이었다.

1, 18

רַבָּן שִׁמְעוֹן בֶּן גַּמְלִיאֵל אוֹמֵר, עַל שְׁלשָׁה דְבָרִים הָעוֹלָם עוֹמֵד, עַל הַדִּין וְעַל הָאֱמֶת וְעַל הַשָּׁלוֹם, שֶׁנֶּאֱמַר (זכריה ח) אֱמֶת וּמִשְׁפַּט שָׁלוֹם שִׁפְטוּ בְּשַׁעֲרֵיכֶם:

라반 쉼온 벤 감리엘은 말한다. "세상은 세 가지 위에 서 있습니다. 정의 위에, 진리 위에, 그리고 평화 위에. 〔성서〕에 기록되었듯이, '너희 성문에서 진실하고 화평한 재판을 베풀어라(슥 8:16).'"

- 여기에 등장하는 라반 쉼온 벤 감리엘은 앞에서 나온 랍비와 동일 인물이 아니고 그의 손자인 갈릴리의 쉼온 벤 감리엘이다. 그는 바르 코크바 반란(기원후 132-135) 이후 유대교의 중심지가 된 갈릴리에서 활동했다.
- 문장 구조적으로는 앞 미쉬나 1, 2와 유사하지만 내용상으로는 차이를 보인다. 여기에서는 정의, 진리, 평화 세 가지가 이 세상을 지탱하는 중요한 가치라고 말하고 있다.

제2장

2, 1

רַבִּי אוֹמֵר, אֵיזוֹהִי דֶרֶךְ יְשָׁרָה שֶׁיָּבֹר לוֹ הָאָדָם, כֹּל שֶׁהִיא תִּפְאֶרֶת לְעוֹשֶׂיהָ
וְתִפְאֶרֶת לוֹ מִן הָאָדָם. וֶהֱוֵי זָהִיר בְּמִצְוָה קַלָּה כְּבַחֲמוּרָה, שֶׁאֵין אַתָּה יוֹדֵעַ
מַתַּן שְׂכָרָן שֶׁל מִצְוֹת. וֶהֱוֵי מְחַשֵּׁב הֶפְסֵד מִצְוָה כְּנֶגֶד שְׂכָרָהּ, וּשְׂכַר עֲבֵרָה
כְּנֶגֶד הֶפְסֵדָהּ. וְהִסְתַּכֵּל בִּשְׁלֹשָׁה דְבָרִים וְאִי אַתָּה בָא לִידֵי עֲבֵרָה, דַּע מַה
לְּמַעְלָה מִמְּךָ, עַיִן רוֹאָה וְאֹזֶן שׁוֹמַעַת, וְכָל מַעֲשֶׂיךָ בַּסֵּפֶר נִכְתָּבִין:

랍비는 말한다. "어떤 것이 사람이 자신을 위해 선택할 바른 길인가? 그것을 행하는 자에게 영광을 돌릴 것이며 다른 사람들이 그에게 영광을 돌릴 것입니다. 가벼운 계명도 중대한 것처럼 조심하십시오. 계명을 〔지켰을 때 얻는〕 보답의 선물이 〔무엇일지〕 당신이 모르기 때문입니다. 계명을 〔지켰을 때 얻게 될〕 손해와 이에 상응하는 배상, 그

리고 죄를 〔지었을 때 얻게 될〕 배상과 이에 상응하는 손해를 계산해 보십시오. 〔다음〕 세 가지를 살피십시오. 그러면 죄에 가깝지 않을 것입니다. 당신 위에 무엇이 있는지 아십시오. 보는 눈, 듣는 귀〔가 있고〕, 당신의 모든 행실이 책에 기록됩니다."

- 계명을 지킬 때 얻는 배상과 손실, 그리고 죄를 지었을 때 얻게 될 이득과 손실 양측면을 모두 따져보면 결국 계명을 지키는 것이 이득이라는 결론에 이를 것이다.
- 마지막 말은 아마도 하나님께서 보고 듣고 책에 기록하고 계신다는 의미다.

2, 2

רַבָּן גַּמְלִיאֵל בְּנוֹ שֶׁל רַבִּי יְהוּדָה הַנָּשִׂיא אוֹמֵר, יָפֶה תַלְמוּד תּוֹרָה עִם דֶּרֶךְ אֶרֶץ, שֶׁיְּגִיעַת שְׁנֵיהֶם מְשַׁכַּחַת עָוֹן. וְכָל תּוֹרָה שֶׁאֵין עִמָּהּ מְלָאכָה, סוֹפָהּ בְּטֵלָה וְגוֹרֶרֶת עָוֹן. וְכָל הָעֲמֵלִים עִם הַצִּבּוּר, יִהְיוּ עֲמֵלִים עִמָּהֶם לְשֵׁם שָׁמַיִם, שֶׁזְּכוּת אֲבוֹתָם מְסַיַּעְתָּן וְצִדְקָתָם עוֹמֶדֶת לָעַד. וְאַתֶּם, מַעֲלֶה אֲנִי עֲלֵיכֶם שָׂכָר הַרְבֵּה כְּאִלּוּ עֲשִׂיתֶם:

랍비 예후다 한나씨의 아들 라반 감리엘은 말한다. "토라(율법)와 함께 세상일을 공부하는 것은 아름답습니다. 왜냐하면 이 둘에 열중하면 죄 〔짓는 것〕을 잊게 만들기 때문입니다. 〔세상〕일을 하지 않고 토라만 공부하면 결국 효과 없이 죄를 짓게 됩니다. 회중과 함께 일하는 사람은 그들과 함께 하늘의 이름을 위해 일하도록 해야 합니다. 그들 조상들의 공적이 그들을 유지시켜주고 그들의 의로움은 영원히 설 것입니다. 그래서 여러분들에 관하여 〔하나님께서는〕 마치 여러분들이 〔계명을〕 실천한 것처럼, "큰 배상이 너희에게 있으리라"고 〔말씀하십니다〕."

- 여기에 등장하는 라반 감리엘은 예후다 한나씨의 아들이다. 라반 감리엘은 조상들의 어록에 등장하는 마지막 선조다.
- 라반 감리엘은 아브라함·이삭·야곱과 같은 이스라엘 조상들의 공적으로 인해 후손들이 안전하게 살아갈 수 있다고 생각한다.
- 이스라엘의 지도자들이 공동체를 위해 행한 것을 하나님께서는 백성들이 행한 것으로 인정해주신다.

2, 3

הֱווּ זְהִירִין בָּרָשׁוּת, שֶׁאֵין מְקָרְבִין לוֹ לָאָדָם אֶלָּא לְצֹרֶךְ עַצְמָן. נִרְאִין
כְּאוֹהֲבִין בִּשְׁעַת הֲנָאָתָן, וְאֵין עוֹמְדִין לוֹ לָאָדָם בִּשְׁעַת דָּחְקוֹ:

〔라반 감리엘이 말한다〕. "권력〔자들〕을 조심하십시오. 그들은 자신들에게 필요하지 않으면 가까이하지 않습니다. 자신에게 이득이 될 때에는 친한 척하지만, 그 사람이 어려울 때에는 그 〔옆에〕 서지 않습니다."

- 필요할 때에만 친한 척하는 권력자들의 행태를 비판한다.

2, 4

הוּא הָיָה אוֹמֵר, עֲשֵׂה רְצוֹנוֹ כִּרְצוֹנְךָ, כְּדֵי שֶׁיַּעֲשֶׂה רְצוֹנְךָ כִּרְצוֹנוֹ. בַּטֵּל רְצוֹנְךָ
מִפְּנֵי רְצוֹנוֹ, כְּדֵי שֶׁיְּבַטֵּל רְצוֹן אֲחֵרִים מִפְּנֵי רְצוֹנֶךָ. הִלֵּל אוֹמֵר, אַל תִּפְרֹשׁ מִן
הַצִּבּוּר, וְאַל תַּאֲמִין בְּעַצְמְךָ עַד יוֹם מוֹתְךָ, וְאַל תָּדִין אֶת חֲבֵרְךָ עַד שֶׁתַּגִּיעַ
לִמְקוֹמוֹ, וְאַל תֹּאמַר דָּבָר שֶׁאִי אֶפְשָׁר לִשְׁמֹעַ, שֶׁסּוֹפוֹ לְהִשָּׁמַע. וְאַל תֹּאמַר
לִכְשֶׁאִפָּנֶה אֶשְׁנֶה, שֶׁמָּא לֹא תִפָּנֶה:

〔라반 감리엘〕이 말했다. "그분의 뜻을 당신의 뜻처럼 행하십시오. 그러면 그분은 당신의 뜻을 그분의 뜻처럼 행하실 것입니다. 그분의 뜻 앞에 당신의 뜻을 버리십시오. 그러면 그분은 다른 이들의 뜻을 당

신의 뜻 앞에 버리실 것입니다." 힐렐이 말한다. "공동체에서 떠나지 마십시오. 당신이 죽는 날까지 자신을 믿지 마십시오. 당신의 이웃의 위치에 가기 전까지는 그를 판단하지 마십시오. 이해하기 어려운 말을 하지 마십시오. 결국에는 이해가 될 것입니다. '여유가 있으면 공부하겠습니다'라고 말하지 마십시오. 여유가 없을 것입니다."

- 힐렐은 말을 할 때에는 이해하기 어렵게 모호하게 말해서는 안 된다고 주장한다. 그럼에도 불구하고 결국에는 이해가 될 것이다.

2, 5

הוּא הָיָה אוֹמֵר, אֵין בּוּר יְרֵא חֵטְא, וְלֹא עַם הָאָרֶץ חָסִיד, וְלֹא הַבַּיְשָׁן לָמֵד, וְלֹא הַקַּפְּדָן מְלַמֵּד, וְלֹא כָל הַמַּרְבֶּה בִסְחוֹרָה מַחְכִּים. וּבְמָקוֹם שֶׁאֵין אֲנָשִׁים, הִשְׁתַּדֵּל לִהְיוֹת אִישׁ:

〔힐렐〕이 말했다. "잔인한 사람은 죄를 두려워하지 않습니다. 〔율법에〕 무지한 사람은 경건한 사람이 아닙니다. 소심한 사람은 배우지 못합니다. 인내심이 부족한 사람은 가르치지 못합니다. 사업에 분주한 사람은 지혜자가 못 됩니다. 사람들이 없는 곳에서 사람이 되도록 노력하십시오."

- 마지막 문장에서 말하는 '사람'은 책임감 있게 행동하려는 사람이다. 아무도 없는 곳에서 책임을 다하는 사람이나 토라 공부에 열중하는 사람을 의미한다.

2, 6

אַף הוּא רָאָה גֻּלְגֹּלֶת אַחַת שֶׁצָּפָה עַל פְּנֵי הַמָּיִם. אָמַר לָהּ, עַל דַּאֲטֵפְתְּ, אַטְפוּךְ. וְסוֹף מְטִיפַיִךְ יְטוּפוּן:

한 번은 〔힐렐〕이 물 위에 떠내려가는 해골을 보고 말했다. "당신이 다른 사람을 빠뜨려서, 그들이 당신을 빠뜨린 것입니다. 결국에는 당신을 빠뜨린 사람은 빠뜨려질 것입니다."

- 악을 행한 사람은 반드시 벌을 받게 되리라는 신념을 표현한다(마 26:52).

2, 7

הוּא הָיָה אוֹמֵר, מַרְבֶּה בָשָׂר, מַרְבֶּה רִמָּה. מַרְבֶּה נְכָסִים, מַרְבֶּה דְאָגָה.
מַרְבֶּה נָשִׁים, מַרְבֶּה כְשָׁפִים. מַרְבֶּה שְׁפָחוֹת, מַרְבֶּה זִמָּה. מַרְבֶּה עֲבָדִים,
מַרְבֶּה גָזֵל. מַרְבֶּה תוֹרָה, מַרְבֶּה חַיִּים. מַרְבֶּה יְשִׁיבָה, מַרְבֶּה חָכְמָה. מַרְבֶּה
עֵצָה, מַרְבֶּה תְבוּנָה. מַרְבֶּה צְדָקָה, מַרְבֶּה שָׁלוֹם. קָנָה שֵׁם טוֹב, קָנָה
לְעַצְמוֹ. קָנָה לוֹ דִבְרֵי תוֹרָה, קָנָה לוֹ חַיֵּי הָעוֹלָם הַבָּא:

〔힐렐〕이 말했다. "고기가 많아지면 벌레도 많아집니다. 재산이 많아지면 걱정도 많아집니다. 아내가 많아지면 요술도 많아집니다. 여종이 많아지면 외설도 많아집니다. 남종이 많아지면 도둑질도 많아집니다. 토라 〔지식〕이 많아지면 생명도 많아집니다. 배움이 많아지면 지혜도 많아집니다. 조언이 많아지면 이해도 많아집니다. 정의가 많아지면 평화도 많아집니다. 명성을 얻은 사람은 자신을 위해 얻은 것입니다. 토라의 말씀을 얻은 사람은 다음 세상의 생명을 얻은 것입니다."

- 힐렐의 마지막 가르침들이다. 전체적으로 물질보다는 토라 공부에 열중하는 편이 좋다는 입장이다.

רַבָּן יוֹחָנָן בֶּן זַכַּאי קִבֵּל מֵהִלֵּל וּמִשַּׁמַּאי. הוּא הָיָה אוֹמֵר, אִם לָמַדְתָּ תוֹרָה הַרְבֵּה, אַל תַּחֲזִיק טוֹבָה לְעַצְמְךָ, כִּי לְכָךְ נוֹצָרְתָּ. חֲמִשָּׁה תַלְמִידִים הָיוּ לוֹ לְרַבָּן יוֹחָנָן בֶּן זַכַּאי, וְאֵלּוּ הֵן, רַבִּי אֱלִיעֶזֶר בֶּן הוֹרְקְנוֹס, וְרַבִּי יְהוֹשֻׁעַ בֶּן חֲנַנְיָה, וְרַבִּי יוֹסֵי הַכֹּהֵן, וְרַבִּי שִׁמְעוֹן בֶּן נְתַנְאֵל, וְרַבִּי אֶלְעָזָר בֶּן עֲרָךְ. הוּא הָיָה מוֹנֶה שִׁבְחָן. רַבִּי אֱלִיעֶזֶר בֶּן הוֹרְקְנוֹס, בּוֹר סוּד שֶׁאֵינוֹ מְאַבֵּד טִפָּה. רַבִּי יְהוֹשֻׁעַ בֶּן חֲנַנְיָה, אַשְׁרֵי יוֹלַדְתּוֹ. רַבִּי יוֹסֵי הַכֹּהֵן, חָסִיד. רַבִּי שִׁמְעוֹן בֶּן נְתַנְאֵל, יְרֵא חֵטְא. וְרַבִּי אֶלְעָזָר בֶּן עֲרָךְ, מַעְיָן הַמִּתְגַּבֵּר. הוּא הָיָה אוֹמֵר, אִם יִהְיוּ כָל חַכְמֵי יִשְׂרָאֵל בְּכַף מֹאזְנַיִם, וֶאֱלִיעֶזֶר בֶּן הוֹרְקְנוֹס בְּכַף שְׁנִיָּה, מַכְרִיעַ אֶת כֻּלָּם. אַבָּא שָׁאוּל אוֹמֵר מִשְּׁמוֹ, אִם יִהְיוּ כָל חַכְמֵי יִשְׂרָאֵל בְּכַף מֹאזְנַיִם וְרַבִּי אֱלִיעֶזֶר בֶּן הוֹרְקְנוֹס אַף עִמָּהֶם, וְרַבִּי אֶלְעָזָר בֶּן עֲרָךְ בְּכַף שְׁנִיָּה, מַכְרִיעַ אֶת כֻּלָּם:

라반 요하난 벤 자카이[2]는 힐렐과 샴마이로부터 〔가르침을〕 받았다. 그는 말했다. "토라를 많이 배웠다면, 자신을 자랑하지 마십시오. 왜냐하면 당신이 〔그렇게〕 태어났기 때문입니다." 라반 요하난 벤 자카이에게 다섯 명의 제자들이 있었는데, 그들의 이름은 다음과 같다. 랍비 엘리에제르 벤 호르카노스, 랍비 예호슈아 벤 하나니야, 랍비 요쎄 하코헨, 랍비 쉼온 네탄엘, 랍비 엘아자르 벤 아라크. 그는 그들의 장점을 열거했다. "랍비 엘리에제르 벤 호르카노스는 물 한 방울 새지 않게 석고를 바른 물저장고입니다. 랍비 예호슈아 벤 하나니야는 그를 낳은 어머니는 복되십니다. 랍비 요쎄 하코헨은 경건한 자입니다. 랍비 쉼온 네탄엘은 죄를 두려워하는 자입니다. 랍비 엘아자르 벤 아라크는 넘쳐 흐르는 샘입니다." 그는 말했다. "만약 이스라엘의 모든 현자들이 천칭의 한쪽에 있고 엘리에제르 벤 호르카노스가 다른 쪽에 있다면, 그가 모든 사람보다 무거울 것입니다." 압바 샤울이 그의

2) 요하난 벤 자카이는 성전이 파괴될 당시 야브네로 도망하여 유대인 공동체를 이끌었다.

이름으로 말한다. "만약 이스라엘의 모든 현자들과 랍비 엘리에제르 벤 호르카노스가 천칭의 한쪽에 있고 랍비 엘아자르 벤 아라크가 다른 쪽에 있다면, 그가 모든 사람보다 무거울 것입니다."

- 토라를 많이 배웠다고 해서 자랑할 일은 아니다. 왜냐하면 그렇게 하도록 창조되었기 때문이다.
- 천칭에서 더 무겁다는 것은 귀중한 역할을 해서 더 무게감이 있다는 의미다. 이런 식의 비유를 통해 토라 구전 전승에 기여한 이로 랍비 엘리에제르 벤 호르카노스와 랍비 엘아자르 벤 아라크가 칭송되고 있다.

2, 9

אָמַר לָהֶם, צְאוּ וּרְאוּ אֵיזוֹהִי דֶרֶךְ יְשָׁרָה שֶׁיִּדְבַּק בָּהּ הָאָדָם. רַבִּי אֱלִיעֶזֶר אוֹמֵר, עַיִן טוֹבָה. רַבִּי יְהוֹשֻׁעַ אוֹמֵר, חָבֵר טוֹב. רַבִּי יוֹסֵי אוֹמֵר, שָׁכֵן טוֹב. רַבִּי שִׁמְעוֹן אוֹמֵר, הָרוֹאֶה אֶת הַנּוֹלָד. רַבִּי אֶלְעָזָר אוֹמֵר, לֵב טוֹב. אָמַר לָהֶם, רוֹאֶה אֲנִי אֶת דִּבְרֵי אֶלְעָזָר בֶּן עֲרָךְ מִדִּבְרֵיכֶם, שֶׁבִּכְלָל דְּבָרָיו דִּבְרֵיכֶם. אָמַר לָהֶם צְאוּ וּרְאוּ אֵיזוֹהִי דֶרֶךְ רָעָה שֶׁיִּתְרַחֵק מִמֶּנָּה הָאָדָם. רַבִּי אֱלִיעֶזֶר אוֹמֵר, עַיִן רָעָה. רַבִּי יְהוֹשֻׁעַ אוֹמֵר, חָבֵר רָע. רַבִּי יוֹסֵי אוֹמֵר, שָׁכֵן רָע. רַבִּי שִׁמְעוֹן אוֹמֵר, הַלֹּוֶה וְאֵינוֹ מְשַׁלֵּם. אֶחָד הַלֹּוֶה מִן הָאָדָם, כְּלֹוֶה מִן הַמָּקוֹם בָּרוּךְ הוּא, שֶׁנֶּאֱמַר (תהלים לז) לֹוֶה רָשָׁע וְלֹא יְשַׁלֵּם, וְצַדִּיק חוֹנֵן וְנוֹתֵן. רַבִּי אֶלְעָזָר אוֹמֵר, לֵב רָע. אָמַר לָהֶם, רוֹאֶה אֲנִי אֶת דִּבְרֵי אֶלְעָזָר בֶּן עֲרָךְ מִדִּבְרֵיכֶם, שֶׁבִּכְלָל דְּבָרָיו דִּבְרֵיכֶם:

〔요하난 벤 자카이〕가 그들에게 말했다. "나가서 사람들이 가까이 해야 할 곧은 길이 무엇인지 알아보아라." 랍비 엘리에제르가 대답한다. "좋은 눈입니다." 랍비 예호슈아가 대답한다. "좋은 동료입니다." 랍비 요쎄가 대답한다. "좋은 이웃입니다." 랍비 쉼온이 대답한다. "일어날 일을 보는 자입니다." 랍비 엘아자르가 대답한다. "좋은 마음입

니다.” 그가 그들에게 말했다. “내 〔생각에〕 엘아자르 벤 아라크의 말이 너희의 말보다 〔좋아〕 보인다. 왜냐하면 너희의 말이 그의 말에 포함된다.” 그가 그들에게 말한다. “나가서 사람들이 멀리 해야 할 악한 길이 무엇인지 알아보아라.” 랍비 엘리에제르가 대답한다. “나쁜 동료입니다.” 랍비 예호슈아가 대답한다. “나쁜 동료입니다.” 랍비 요쎄가 대답한다. “나쁜 이웃입니다.” 랍비 쉼온이 대답한다. “빌리고 갚지 않는 자입니다. 사람에게 하나를 빌린 자는 찬미받으실 분에게 빌린 것과 같습니다. 〔성경에〕 기록되었듯이, ‘악인은 꾸고 갚지 아니하나 의인은 은혜를 베풀고 주는도다’(시 37:21).” 랍비 엘아자르가 대답한다. “나쁜 마음입니다.” 그가 그들에게 말했다. “내 〔생각에〕 엘아자르 벤 아라크의 말이 너희의 말보다 〔좋아〕 보인다. 왜냐하면 너희의 말이 그의 말에 포함된다.”

- 요하난 벤 자카이는 제자들을 밖으로 보내 과제를 해오게 하고 그 결과를 평가한다. 결론적으로 엘아자르 벤 아라크의 말처럼 마음이 가장 중요하다는 것이다.

2, 10

הֵם אָמְרוּ שְׁלֹשָׁה דְבָרִים. רַבִּי אֱלִיעֶזֶר אוֹמֵר, יְהִי כְבוֹד חֲבֵרְךָ חָבִיב עָלֶיךָ כְּשֶׁלָּךְ, וְאַל תְּהִי נוֹחַ לִכְעֹס. וְשׁוּב יוֹם אֶחָד לִפְנֵי מִיתָתְךָ. וֶהֱוֵי מִתְחַמֵּם כְּנֶגֶד אוּרָן שֶׁל חֲכָמִים, וֶהֱוֵי זָהִיר בְּגַחַלְתָּן שֶׁלֹּא תִכָּוֶה, שֶׁנְּשִׁיכָתָן נְשִׁיכַת שׁוּעָל, וַעֲקִיצָתָן עֲקִיצַת עַקְרָב, וּלְחִישָׁתָן לְחִישַׁת שָׂרָף, וְכָל דִּבְרֵיהֶם כְּגַחֲלֵי אֵשׁ:

그들은 〔각각〕 세 가지를 말했다. 랍비 엘아자르는 말한다. “당신 동료의 명예를 당신의 것처럼 소중하게 대해야 합니다. 쉽게 분노해서는 안 됩니다. 죽기 전날 회개해야 합니다. 현자들의 화로에 몸을 따뜻하게 하십시오. 하지만 불에 타지 않도록 숯을 조심하십시오. 그

들의 입맞춤은 여우의 입맞춤이며 그들의 침은 전갈의 침이며 그들의 속삭임은 독사의 속삭임입니다. 그들의 모든 말은 불타는 숯과 같습니다."

- 랍비들이 각각 중요한 가르침으로 생각하는 것 세 가지를 말하고 있다. 먼저 랍비 엘아자르가 말했다.
- 동료의 명예를 자신의 것처럼 소중히 하라는 말의 의미는 두 가지 해석이 가능하다. 하나는 동료가 영광을 받을 때 자신이 받는 것처럼 함께 기뻐하라는 것이다. 다른 하나는 동료가 영광을 받을 수 있도록 주의해야 한다는 것이다.
- 토라에 정통한 현자들의 말은 한편으로 사람들을 따뜻하게도 하지만 때로는 불의 재료가 되는 숯처럼 위험하다.

2, 11

רַבִּי יְהוֹשֻׁעַ אוֹמֵר, עַיִן הָרָע, וְיֵצֶר הָרָע, וְשִׂנְאַת הַבְּרִיּוֹת, מוֹצִיאִין אֶת הָאָדָם מִן הָעוֹלָם:

랍비 예호슈아는 말한다. "악한 눈, 악한 의도, 다른 사람들에 대한 증오가 사람을 이 세상에서 쫓아냅니다."

- 말하는 세 가지가 이 세상에서 유익한 삶이 될 수 없게 만드는 원인이 된다.

2, 12

רַבִּי יוֹסֵי אוֹמֵר, יְהִי מָמוֹן חֲבֵרְךָ חָבִיב עָלֶיךָ כְּשֶׁלָּךְ, וְהַתְקֵן עַצְמְךָ לִלְמֹד תּוֹרָה, שֶׁאֵינָהּ יְרֻשָּׁה לָךְ. וְכָל מַעֲשֶׂיךָ יִהְיוּ לְשֵׁם שָׁמָיִם:

랍비 요쎄는 말한다. "당신 동료의 재물을 당신의 것처럼 소중하게 대해야 합니다. 당신 스스로 토라를 공부할 준비를 하십시오. 그것은 상속받을 수 없습니다. 당신의 모든 행동은 하늘을 위한 것입니다."

- 동료의 재물도 나의 것처럼 소중하게 생각해야 한다. 예를 들어, 동료의 집에 불이 났다면 동료의 재물을 불에서 건져내도록 최선을 다해야 한다.
- 토라의 가르침은 자동적으로 상속(습득)되는 것이 아니라 자신이 스스로 공부해서 얻어야 한다.

2, 13

רַבִּי שִׁמְעוֹן אוֹמֵר, הֱוֵי זָהִיר בִּקְרִיאַת שְׁמַע וּבַתְּפִלָּה. וּכְשֶׁאַתָּה מִתְפַּלֵּל, אַל תַּעַשׂ תְּפִלָּתְךָ קֶבַע, אֶלָּא רַחֲמִים וְתַחֲנוּנִים לִפְנֵי הַמָּקוֹם בָּרוּךְ הוּא, שֶׁנֶּאֱמַר (יואל ב) כִּי חַנּוּן וְרַחוּם הוּא אֶרֶךְ אַפַּיִם וְרַב חֶסֶד וְנִחָם עַל הָרָעָה. וְאַל תְּהִי רָשָׁע בִּפְנֵי עַצְמְךָ:

랍비 쉼온이 말한다. "쉐마와 기도문을 읽는 데 조심하십시오. 기도할 때 당신의 기도를 일상적으로 하지 말고, 찬미받으실 분 앞에서 자비와 인혜를 〔구하십시오〕." 성경에 기록되었듯이, "그는 은혜로우시며 자비로우시며 노하기를 더디하시며 인애가 크시사 악한 자를 불쌍히 여기신다"(욜 2:13 참조). 당신 스스로 〔자신이〕 악하다고 생각하지 마십시오."

- '쉐마'는 "쉐마 이스라엘"로 시작하는 신명기 6:4의 말씀으로 이스라엘 전통에서 가장 중요한 성서 구절로 여겨진다.
- 유혹으로 인한 죄를 지은 사람도 자신을 악인으로 여기기보다는 다시 선을 행할 수 있는 사람이라고 생각해야 한다.

2, 14

רַבִּי אֶלְעָזָר אוֹמֵר, הֱוֵי שָׁקוּד לִלְמֹד תּוֹרָה, וְדַע מַה שֶּׁתָּשִׁיב לְאֶפִּיקוֹרוֹס. וְדַע לִפְנֵי מִי אַתָּה עָמֵל. וְנֶאֱמָן הוּא בַּעַל מְלַאכְתְּךָ שֶׁיְּשַׁלֶּם לָךְ שְׂכַר פְּעֻלָּתֶךָ:

랍비 엘아자르가 말했다. "토라 공부를 성실히 하십시오. 에피쿠로스 〔학파〕에게 어떻게 대답할지 아십시오. 당신이 누구 앞에서 일을 하는지 아십시오. 그리고 당신을 고용하신 분은 당신이 일한 품삯을 주실 분이라는 것을 믿으십시오."

- 기원전 4세기에 활동한 에피쿠로스는 삶의 목표가 쾌락이라고 가르친 것으로 유명하다. 미쉬나 시대에 에피쿠로스는 토라의 가르침을 무시하는 무신론자 비유대인을 의미한다.
- 마지막 구절은 하나님께서는 사람의 행위에 따라 배상하시는 분이라는 가르침이다.

2, 15

רַבִּי טַרְפוֹן אוֹמֵר, הַיּוֹם קָצָר וְהַמְּלָאכָה מְרֻבָּה, וְהַפּוֹעֲלִים עֲצֵלִים, וְהַשָּׂכָר הַרְבֵּה, וּבַעַל הַבַּיִת דּוֹחֵק:

랍비 타르폰이 말한다. "날은 짧고 〔할〕 일은 많다. 일꾼들은 게으르고 배상은 많고 집주인은 끈질기다."

- 타르폰은 라반 요하난 벤 자카이의 제자다. 그는 성전이 파괴된 이후 야브네에서 활동한 뛰어난 현자들 중 한 명이었다.
- 일꾼들은 일하기 싫어하고 게으르지만 열심히 일한다면 배상은 클 것이다. 집주인들은 열심히 일하라고 끊임없이 다그친다.

2, 16

הוּא הָיָה אוֹמֵר, לֹא עָלֶיךָ הַמְּלָאכָה לִגְמֹר, וְלֹא אַתָּה בֶן חוֹרִין לִבָּטֵל מִמֶּנָּה. אִם לָמַדְתָּ תוֹרָה הַרְבֵּה, נוֹתְנִים לְךָ שָׂכָר הַרְבֵּה. וְנֶאֱמָן הוּא בַּעַל מְלַאכְתְּךָ שֶׁיְּשַׁלֶּם לְךָ שְׂכַר פְּעֻלָּתֶךָ. וְדַע מַתַּן שְׂכָרָן שֶׁל צַדִּיקִים לֶעָתִיד לָבֹא:

〔랍비 타르폰〕이 말했다. "이 일을 끝내라는 것은 아닙니다. 〔그렇다고〕 포기하는 사람이 되라는 것도 아닙니다. 당신이 토라를 많이 배웠다면, 큰 배상이 주어질 것입니다. 그리고 당신을 고용하신 분은 당신이 일한 품삯을 주실 분이라는 것을 믿으십시오. 그리고 의인들이 받을 배상은 미래에 온다는 것을 아십시오."

제3장

3, 1

עֲקַבְיָא בֶן מַהֲלַלְאֵל אוֹמֵר, הִסְתַּכֵּל בִּשְׁלֹשָׁה דְבָרִים וְאִי אַתָּה בָא לִידֵי עֲבֵרָה. דַּע מֵאַיִן בָּאתָ, וּלְאָן אַתָּה הוֹלֵךְ, וְלִפְנֵי מִי אַתָּה עָתִיד לִתֵּן דִּין וְחֶשְׁבּוֹן. מֵאַיִן בָּאתָ, מִטִּפָּה סְרוּחָה, וּלְאָן אַתָּה הוֹלֵךְ, לִמְקוֹם עָפָר רִמָּה וְתוֹלֵעָה. וְלִפְנֵי מִי אַתָּה עָתִיד לִתֵּן דִּין וְחֶשְׁבּוֹן, לִפְנֵי מֶלֶךְ מַלְכֵי הַמְּלָכִים הַקָּדוֹשׁ בָּרוּךְ הוּא:

아카비야 벤 마할랄렐은 말한다. "세 가지를 쳐다보십시오. 그러면 죄악의 손에 들어가지 않을 것입니다. 당신이 어디서 왔고 어디로 가며 미래에 누구 앞에서 〔당신에 대한〕 계산서를 제출하게 되는지 아십시오. 당신은 어디서 왔는가? 악취나는 몇 방울에서 〔왔습니다〕. 당신은 어디로 가나요? 흙과 벌레와 구더기가 있는 곳으로 〔갑니다〕. 미래에 누구 앞에 〔당신에 대한〕 계산서를 제출합니까? 왕 중의 왕 찬미받으실 거룩하신 분 앞입니다."

- '악취나는 몇 방울'은 정액을 의미한다.
- 계산서는 최후의 심판을 받을 때 어떠한 선한 일과 악한 일을 행하였는지 알 수 있는 전체 목록을 의미한다.

3, 2

רַבִּי חֲנִינָא סְגַן הַכֹּהֲנִים אוֹמֵר, הֱוֵי מִתְפַּלֵּל בִּשְׁלוֹמָהּ שֶׁל מַלְכוּת, שֶׁאִלְמָלֵא מוֹרָאָהּ, אִישׁ אֶת רֵעֵהוּ חַיִּים בְּלָעוֹ. רַבִּי חֲנִינָא בֶּן תְּרַדְיוֹן אוֹמֵר, שְׁנַיִם שֶׁיּוֹשְׁבִין וְאֵין בֵּינֵיהֶן דִּבְרֵי תוֹרָה, הֲרֵי זֶה מוֹשַׁב לֵצִים, שֶׁנֶּאֱמַר (תהלים א) וּבְמוֹשַׁב לֵצִים לֹא יָשָׁב. אֲבָל שְׁנַיִם שֶׁיּוֹשְׁבִין וְיֵשׁ בֵּינֵיהֶם דִּבְרֵי תוֹרָה, שְׁכִינָה שְׁרוּיָה בֵינֵיהֶם, שֶׁנֶּאֱמַר (מלאכי ג) אָז נִדְבְּרוּ יִרְאֵי יְיָ אִישׁ אֶל רֵעֵהוּ וַיַּקְשֵׁב יְיָ וַיִּשְׁמָע וַיִּכָּתֵב סֵפֶר זִכָּרוֹן לְפָנָיו לְיִרְאֵי יְיָ וּלְחֹשְׁבֵי שְׁמוֹ. אֵין לִי אֶלָּא שְׁנַיִם, מִנַּיִן שֶׁאֲפִלּוּ אֶחָד שֶׁיּוֹשֵׁב וְעוֹסֵק בַּתּוֹרָה, שֶׁהַקָּדוֹשׁ בָּרוּךְ הוּא קוֹבֵעַ לוֹ שָׂכָר, שֶׁנֶּאֱמַר (איכה ג) יֵשֵׁב בָּדָד וְיִדֹּם כִּי נָטַל עָלָיו:

제사장들의 대변인인 랍비 하니나는 말한다. "정권의 안녕을 위해 기도하십시오. 그것이 두려워서가 아니라, 사람이 그 이웃의 생명을 삼킬 수 있기 때문입니다." 랍비 하니나 벤 테라디온이 말한다. "두 〔사람〕이 앉았는데 둘이서 토라에 대하여 대화하지 않는다면, 오만한 자들의 자리입니다. 〔성경에〕 기록되었듯이, "오만한 자들의 자리에 앉지 않습니다"(시 1:1). 그러나 둘이 앉아서 토라에 대하여 대화한다면 그들 사이에 현존하시는 분이 계십니다. 〔성경에〕 기록되었듯이, "그 때에 여호와를 경외하는 자들이 피차에 말하매 여호와께서 그것을 분명히 들으시고 여호와를 경외하는 자와 그 이름을 존중히 여기는 자를 위하여 여호와 앞에 있는 기념책에 기록하셨느니라"(말 3:16). 이것은 두 사람에 해당합니다. 하지만 한 사람이 앉아서 토라에 열심이라고 하더라도 찬미받으실 거룩하신 분은 그에게 보답하시리라는 것을 제가 어떻게 알까요? 〔성경에〕 기록되었듯이, "혼자 앉아서 잠잠할 것은 주께서 그것을 그에게 메우셨음이라"(애 3:28)."

• 백성들의 평안을 위해서는 무정부 상태보다 비유대인 정권의 안녕이 중요하다는 의미다.

3, 3

רַבִּי שִׁמְעוֹן אוֹמֵר, שְׁלֹשָׁה שֶׁאָכְלוּ עַל שֻׁלְחָן אֶחָד וְלֹא אָמְרוּ עָלָיו דִּבְרֵי תוֹרָה, כְּאִלּוּ אָכְלוּ מִזִּבְחֵי מֵתִים, שֶׁנֶּאֱמַר (ישעיה כח) כִּי כָּל שֻׁלְחָנוֹת מָלְאוּ קִיא צֹאָה בְּלִי מָקוֹם. אֲבָל שְׁלֹשָׁה שֶׁאָכְלוּ עַל שֻׁלְחָן אֶחָד וְאָמְרוּ עָלָיו דִּבְרֵי תוֹרָה, כְּאִלּוּ אָכְלוּ מִשֻּׁלְחָנוֹ שֶׁל מָקוֹם בָּרוּךְ הוּא, שֶׁנֶּאֱמַר (יחזקאל מא) וַיְדַבֵּר אֵלַי זֶה הַשֻּׁלְחָן אֲשֶׁר לִפְנֵי ה':

랍비 쉼온[3]이 말한다. "세 사람이 한 식탁에서 먹으면서 토라의 말씀에 대하여 말하지 않는다면, 이것은 죽은 자에게 바친 제물을 먹는 것과 같습니다. 〔성경에〕 기록되었듯이, "모든 상에는 토한 것, 더러운 것이 가득하고 깨끗한 곳이 없도다"(사 28:8). 하지만 세 사람이 한 식탁에서 먹으면서 토라의 말씀에 대하여 말한다면, 이것은 찬미받으실 분의 식탁에서 먹는 것과 같습니다." 〔성경에〕 기록되었듯이, "그가 내게 이르되, 이는 여호와의 앞의 상이라 하더라"(겔 41:22)."

• 세 사람이 식사하는 것은 공동체 식사의 최소 인원으로 본다. 공동식사 자리에서 토라의 말씀에 대하여 논의할 것을 권한다.

3, 4

רַבִּי חֲנִינָא בֶּן חֲכִינַאי אוֹמֵר, הַנֵּעוֹר בַּלַּיְלָה וְהַמְהַלֵּךְ בַּדֶּרֶךְ יְחִידִי וְהַמְפַנֶּה לִבּוֹ לְבַטָּלָה, הֲרֵי זֶה מִתְחַיֵּב בְּנַפְשׁוֹ:

랍비 하니나 벤 하키나이가 말한다. "밤에 일어나서 홀로 돌아다니

3) 랍비 쉼온은 랍비 아키바의 제자 중 한 명이다.

며 헛된 것에 마음을 돌린 사람은 자신의 생명에 빚을 진 것입니다."

- 야심한 밤에 돌아다니는 것은 위험천만하다. 이것을 극복할 방법은 토라에 대한 열심이다.
- '생명에 빚을 졌다'는 것은 심판받을 죄를 짓는다는 의미다.

3, 5

רַבִּי נְחוּנְיָא בֶּן הַקָּנָה אוֹמֵר, כָּל הַמְקַבֵּל עָלָיו עֹל תּוֹרָה, מַעֲבִירִין מִמֶּנּוּ עֹל מַלְכוּת וְעֹל דֶּרֶךְ אֶרֶץ. וְכָל הַפּוֹרֵק מִמֶּנּוּ עֹל תּוֹרָה, נוֹתְנִין עָלָיו עֹל מַלְכוּת וְעֹל דֶּרֶךְ אֶרֶץ:

랍비 네후니야 벤 하카나는 말한다. "토라의 멍에를 짊어진 자는 정권이나 세상의 멍에를 벗을 수 있습니다. 토라의 멍에를 푼 자는 정권이나 세상의 멍에를 짊어집니다."

- 정권이나 세상에서 주어지는 역할보다 토라의 규정을 따를 것을 권면한다.

3, 6

רַבִּי חֲלַפְתָּא בֶן דּוֹסָא אִישׁ כְּפַר חֲנַנְיָה אוֹמֵר, עֲשָׂרָה שֶׁיּוֹשְׁבִין וְעוֹסְקִין בַּתּוֹרָה, שְׁכִינָה שְׁרוּיָה בֵינֵיהֶם, שֶׁנֶּאֱמַר (תהלים פב) אֱלֹהִים נִצָּב בַּעֲדַת אֵל. וּמִנַּיִן אֲפִלּוּ חֲמִשָּׁה, שֶׁנֶּאֱמַר (עמוס ט) וַאֲגֻדָּתוֹ עַל אֶרֶץ יְסָדָהּ. וּמִנַּיִן אֲפִלּוּ שְׁלֹשָׁה, שֶׁנֶּאֱמַר (תהלים פב) בְּקֶרֶב אֱלֹהִים יִשְׁפֹּט. וּמִנַּיִן אֲפִלּוּ שְׁנַיִם, שֶׁנֶּאֱמַר (מלאכי ג) אָז נִדְבְּרוּ יִרְאֵי ה' אִישׁ אֶל רֵעֵהוּ וַיַּקְשֵׁב ה' וַיִּשְׁמָע וְגוֹ'. וּמִנַּיִן אֲפִלּוּ אֶחָד, שֶׁנֶּאֱמַר (שמות כ) בְּכָל הַמָּקוֹם אֲשֶׁר אַזְכִּיר אֶת שְׁמִי אָבֹא אֵלֶיךָ וּבֵרַכְתִּיךָ:

하나니야 마을 사람인 랍비 할라프타 벤 도싸는 말한다. "열 사람이 앉아서 토라에 열심이면 현존하시는 분이 그들 사이에 계십니다.

〔성경에〕 기록되었듯이, "하나님은 신들의 모임 가운데에 서시며"(시 82:1a). 심지어 다섯 사람 〔사이에도〕 그러하는가? 〔성경에〕 기록되었듯이, "그 궁창의 기초를 땅에 두시며"(암 9:6). 심지어 세 사람 〔사이에도〕 그러하는가? 〔성경에〕 기록되었듯이, "하나님은 신들[4] 가운데에서 재판하느니라"(시 82:1b). 심지어 두 사람 〔사이에도〕 그러하는가? 〔성경에〕 기록되었듯이, "그 때에 여호와를 경외하는 자들이 피차에 말하매 여호와께서 그것을 분명히 들으시고"(말 3:16). 심지어 한 사람에게도 그러한가? 〔성경에〕 기록되었듯이, "내가 내 이름을 기념하게 하는 모든 곳에서 네게 임하여 복을 주리라"(출 20:24).

- '회중'이 될 수 있는 최소 정족수는 열 명이다(「산헤드린」 1, 6). 열 명이 모이는 회중이 하는 토라 공부 자리뿐 아니라 한 명이 토라를 공부하더라도 하나님은 그와 함께 하신다고 말한다.

3, 7

רַבִּי אֶלְעָזָר אִישׁ בַּרְתּוֹתָא אוֹמֵר, תֶּן לוֹ מִשֶּׁלּוֹ, שֶׁאַתָּה וְשֶׁלְּךָ שֶׁלּוֹ. וְכֵן בְּדָוִד הוּא אוֹמֵר (דברי הימים א כט) כִּי מִמְּךָ הַכֹּל וּמִיָּדְךָ נָתַנּוּ לָךְ. רַבִּי שִׁמְעוֹן אוֹמֵר, הַמְהַלֵּךְ בַּדֶּרֶךְ וְשׁוֹנֶה, וּמַפְסִיק מִמִּשְׁנָתוֹ וְאוֹמֵר, מַה נָּאֶה אִילָן זֶה וּמַה נָּאֶה נִיר זֶה, מַעֲלֶה עָלָיו הַכָּתוּב כְּאִלּוּ מִתְחַיֵּב בְּנַפְשׁוֹ:

바르토타 사람 랍비 엘아자르는 말한다. "그분의 것에서 그분께 드리십시오. 당신과 당신의 것은 그분의 것입니다. 그래서 다윗이 말한 것입니다. '모든 것이 주께로 말미암았사오니 우리가 주의 손에서 받은 것으로 주께 드렸을 뿐이니이다'(대상 29:14)." 랍비 쉼온[5]이 말한

4) 히브리어 '엘로힘'(אלהים)에 대하여 예전 개역 한글성경에서는 '재판장'이라고 번역했고, 개역개정 성경은 '그들'이라고 모호하게 번역하고 있는데, 문맥상 '신들'로 해석할 수 있다.

다. “길을 걸으면서 〔토라를〕 공부하는 사람이 그의 공부를 중단하고, ‘이 나무가 얼마나 아름다운가! 이 들판이 얼마나 아름다운가!’라고 말한다면, 성경은 그에게 자신의 생명에 빚을 졌다고 간주합니다.”

• 다른 생각을 하면서 토라 공부를 게을리해서는 안 된다.

3, 8

רַבִּי דוֹסְתַּאי בְּרַבִּי יַנַּאי מִשּׁוּם רַבִּי מֵאִיר אוֹמֵר, כָּל הַשּׁוֹכֵחַ דָּבָר אֶחָד מִמִּשְׁנָתוֹ, מַעֲלֶה עָלָיו הַכָּתוּב כְּאִלּוּ מִתְחַיֵּב בְּנַפְשׁוֹ, שֶׁנֶּאֱמַר (דברים ד) רַק הִשָּׁמֶר לְךָ וּשְׁמֹר נַפְשְׁךָ מְאֹד פֶּן תִּשְׁכַּח אֶת הַדְּבָרִים אֲשֶׁר רָאוּ עֵינֶיךָ. יָכוֹל אֲפִלּוּ תָקְפָה עָלָיו מִשְׁנָתוֹ, תַּלְמוּד לוֹמַר (שם) וּפֶן יָסוּרוּ מִלְּבָבְךָ כֹּל יְמֵי חַיֶּיךָ, הָא אֵינוֹ מִתְחַיֵּב בְּנַפְשׁוֹ עַד שֶׁיֵּשֵׁב וִיסִירֵם מִלִּבּוֹ:

랍비 야나이의 아들 랍비 도스타이는 랍비 메이르의 이름으로 말한다.[6] “토라 공부의 하나라도 잊어버린 사람은 누구든지, 성경은 그에게 자신의 생명에 빚을 졌다고 간주합니다. 〔성경에〕 기록되었듯이, ‘오직 너는 스스로 삼가며 네 마음을 힘써 지키라. 그리하여 네가 눈으로 본 그 일을 잊어버리지 말라’(신 4:9). 심지어 그에게 어려운 것이라도 그렇다고 할 수 있을까요? 하지만 성경이 말하듯이, ‘네가 생존하는 날 동안에 그 일들이 네 마음에서 떠나지 않도록 조심하라’(신 4:9). 그래서 그가 앉아서 그의 마음에서 〔배움을 의도적으로〕 떠나기 전까지는 자기의 생명에 빚을 진 것이 아닙니다.”

• 토라(성서)의 가르침을 기억하지 못하는 것도 죄이지만 그보다는

---

5) 사본학에 따르면 랍비 예후다 한나씨의 스승 중 한 명인 랍비 야아콥일 가능성이 높다.

6) 랍비 도스타이는 랍비 메이르의 제자다.

토라 공부를 포기하는 것이 더 큰 죄다.

3, 9

רַבִּי חֲנִינָא בֶן דּוֹסָא אוֹמֵר, כֹּל שֶׁיִּרְאַת חֶטְאוֹ קוֹדֶמֶת לְחָכְמָתוֹ, חָכְמָתוֹ מִתְקַיֶּמֶת. וְכֹל שֶׁחָכְמָתוֹ קוֹדֶמֶת לְיִרְאַת חֶטְאוֹ, אֵין חָכְמָתוֹ מִתְקַיֶּמֶת. הוּא הָיָה אוֹמֵר, כֹּל שֶׁמַּעֲשָׂיו מְרֻבִּין מֵחָכְמָתוֹ, חָכְמָתוֹ מִתְקַיֶּמֶת. וְכֹל שֶׁחָכְמָתוֹ מְרֻבָּה מִמַּעֲשָׂיו, אֵין חָכְמָתוֹ מִתְקַיֶּמֶת:

랍비 하니나 벤 도싸는 말한다. "죄에 대한 두려움이 지혜보다 앞선 사람은 그의 지혜가 간직됩니다. 지혜가 죄에 대한 두려움보다 앞선 사람은 그의 지혜가 간직되지 않습니다." 그는 말했다. "행함이 지혜보다 많은 사람은 그의 지혜가 간직됩니다. 지혜가 행함보다 많은 사람은 그의 지혜가 간직되지 않습니다."

- 지혜보다 죄에 대한 두려움이 중요하고, 지혜보다 행함(실천)이 더 중요하다는 가르침이다.

3, 10

הוּא הָיָה אוֹמֵר, כֹּל שֶׁרוּחַ הַבְּרִיּוֹת נוֹחָה הֵימֶנּוּ, רוּחַ הַמָּקוֹם נוֹחָה הֵימֶנּוּ. וְכֹל שֶׁאֵין רוּחַ הַבְּרִיּוֹת נוֹחָה הֵימֶנּוּ, אֵין רוּחַ הַמָּקוֹם נוֹחָה הֵימֶנּוּ. רַבִּי דוֹסָא בֶן הַרְכִּינַס אוֹמֵר, שֵׁנָה שֶׁל שַׁחֲרִית, וְיַיִן שֶׁל צָהֳרַיִם, וְשִׂיחַת הַיְלָדִים, וִישִׁיבַת בָּתֵּי כְנֵסִיּוֹת שֶׁל עַמֵּי הָאָרֶץ, מוֹצִיאִין אֶת הָאָדָם מִן הָעוֹלָם:

〔랍비 하니나 벤 도싸〕는 말한다. "사람들의 마음을 평안하게 하는 사람은 편재하신 분의 마음을 평안하게 합니다. 사람들의 마음을 불편하게 하는 사람은 편재하신 분의 마음을 불편하게 합니다." 랍비 도싸 벤 하르키나스가 말한다. "새벽잠, 낮술, 아이들의 잡담, 〔율법에〕 무지한 자들의 모임에 참여하는 것은 사람을 세상에서 떠나게 만

듭니다."

• '사람을 세상에서 떠나게 만든다'는 표현은 앞의 미쉬나 2, 11에서도 등장한다. 여기에서는 귀중한 시간을 낭비하게 만드는 것들이다.

3, 11

רַבִּי אֶלְעָזָר הַמּוֹדָעִי אוֹמֵר, הַמְחַלֵּל אֶת הַקֳּדָשִׁים, וְהַמְבַזֶּה אֶת הַמּוֹעֲדוֹת, וְהַמַּלְבִּין פְּנֵי חֲבֵרוֹ בָּרַבִּים, וְהַמֵּפֵר בְּרִיתוֹ שֶׁל אַבְרָהָם אָבִינוּ עָלָיו הַשָּׁלוֹם, וְהַמְגַלֶּה פָנִים בַּתּוֹרָה שֶׁלֹּא כַהֲלָכָה, אַף עַל פִּי שֶׁיֵּשׁ בְּיָדוֹ תוֹרָה וּמַעֲשִׂים טוֹבִים, אֵין לוֹ חֵלֶק לָעוֹלָם הַבָּא:

모디인[7] 사람 랍비 엘아자르는 말한다. "거룩한 것들을 더럽히는 사람, 명절을 경시하는 사람, 대중 앞에서 동료의 체면을 손상시키는 사람, 우리의 조상 아브라함의 계약을 파기하는 사람, 할라카에 맞지 않게 토라의 의미를 해석하는 사람은 비록 그의 손에 토라가 있고 행실이 좋다고 하더라도 다음 세계의 몫을 차지하지 못할 것입니다."

• 모디인 사람 랍비 엘아자르는 다음 세계(내세)를 차지하지 못할 다섯 가지 부류의 사람을 열거한다.

3, 12

רַבִּי יִשְׁמָעֵאל אוֹמֵר, הֱוֵי קַל לְרֹאשׁ, וְנוֹחַ לְתִשְׁחֹרֶת, וֶהֱוֵי מְקַבֵּל אֶת כָּל הָאָדָם בְּשִׂמְחָה:

랍비 이쉬마엘은 말한다. "우두머리에게 재빠르게 〔대하십시오〕. 강제로 맡은 일에 순종하십시오. 모든 사람을 기쁘게 맞이하십시오."

---

7) 모디인(Modiin)은 예루살렘과 텔아비브 중간에 위치한 마을이다.

• 비록 스스로 하고 싶은 일이 아닌 강제로 맡겨진 일에도 순종하라고 가르친다.

3, 13

רַבִּי עֲקִיבָא אוֹמֵר, שְׂחוֹק וְקַלּוּת רֹאשׁ, מַרְגִּילִין לְעֶרְוָה. מָסֹרֶת, סְיָג לַתּוֹרָה. מַעַשְׂרוֹת, סְיָג לָעשֶׁר. נְדָרִים, סְיָג לַפְּרִישׁוּת. סְיָג לַחָכְמָה, שְׁתִיקָה:

랍비 아키바는 말한다. "웃음과 경솔함은 사람을 음탕하게 만듭니다. 전통은 토라의 울타리입니다. 십일조는 부의 울타리입니다. 서원(誓願)은 절제의 울타리입니다. 지혜의 울타리는 침묵입니다."

• '울타리'는 지키고 보호하는 방패 역할을 뜻한다. 여기에서 말하는 '전통'은 토라를 해석하는 랍비들의 전통을 말한다.

3, 14

הוּא הָיָה אוֹמֵר, חָבִיב אָדָם שֶׁנִּבְרָא בְצֶלֶם. חִבָּה יְתֵרָה נוֹדַעַת לוֹ שֶׁנִּבְרָא בְצֶלֶם, שֶׁנֶּאֱמַר (בראשית ט) כִּי בְּצֶלֶם אֱלֹהִים עָשָׂה אֶת הָאָדָם. חֲבִיבִין יִשְׂרָאֵל שֶׁנִּקְרְאוּ בָנִים לַמָּקוֹם. חִבָּה יְתֵרָה נוֹדַעַת לָהֶם שֶׁנִּקְרְאוּ בָנִים לַמָּקוֹם, שֶׁנֶּאֱמַר (דברים יד) בָּנִים אַתֶּם לַה' אֱלֹהֵיכֶם. חֲבִיבִין יִשְׂרָאֵל שֶׁנִּתַּן לָהֶם כְּלִי חֶמְדָּה. חִבָּה יְתֵרָה נוֹדַעַת לָהֶם שֶׁנִּתַּן לָהֶם כְּלִי חֶמְדָּה שֶׁבּוֹ נִבְרָא הָעוֹלָם, שֶׁנֶּאֱמַר (משלי ד) כִּי לֶקַח טוֹב נָתַתִּי לָכֶם, תּוֹרָתִי אַל תַּעֲזֹבוּ:

〔아키바〕는 말했다. "사람은 〔하나님의〕 형상으로 창조되었기 때문에 사랑받습니다. 더 큰 사랑은 〔하나님의〕 형상으로 창조되었다는 〔사실이〕 그에게 알려진 것입니다. 〔성경에〕 기록되었듯이, "이는 하나님이 자기 형상으로 사람을 지으셨음이니라"(창 9:6). 이스라엘은 하나님께 자녀들로 불리기 때문에 사랑받습니다. 더 큰 사랑은 이스라엘이 하나님께 자녀들로 불린다는 〔사실이〕 그들에게 알려진 것입

니다. 〔성경에〕 기록되었듯이, "너희는 너희 하나님 여호와의 자녀이니"(신 14:1). 이스라엘에게 탐스러운 도구가 주어졌기 때문에 사랑받습니다. 더 큰 사랑은 이스라엘에게 탐스러운 도구가 주어졌다는 〔사실이〕 그들에게 알려진 것이며 이것으로 세상이 창조되었다. 〔성경에〕 기록되었듯이, "내가 선한 도리를 너희에게 전하노니 내 토라를 떠나지 말라"(잠 4:2).

- 하나님의 형상으로 창조되었기 때문에 사람은 사랑을 받지만, 이러한 사실이 토라를 통해 이스라엘에 알려졌다는 것은 하나님께서 이스라엘을 특별히 더 사랑하시기 때문이다.
- '탐스러운 도구'는 잠언 4:2에서도 말하고 있는 토라다. 랍비들은 천지창조 이야기가 토라에 기록되었다는 것뿐만 아니라 세상이 토라(말씀)에 의해 창조되었다고 가르친다.

3, 15

הַכֹּל צָפוּי, וְהָרְשׁוּת נְתוּנָה, וּבְטוֹב הָעוֹלָם נִדּוֹן. וְהַכֹּל לְפִי רֹב הַמַּעֲשֶׂה:

모든 것은 예견되며 선택의 자유가 주어집니다. 세상은 선하게 심판받습니다. 모든 것은 행함의 양에 달려 있습니다."

- '예견'과 '선택의 자유' 둘 다 주어진다는 것은 패러독스와 같다.
- 랍비들은 착한 행실의 양에 따라 심판받는다고 가르친다.

3, 16

הוּא הָיָה אוֹמֵר, הַכֹּל נָתוּן בְּעֵרָבוֹן, וּמְצוּדָה פְרוּסָה עַל כָּל הַחַיִּים. הַחֲנוּת פְּתוּחָה, וְהַחֶנְוָנִי מֵקִיף, וְהַפִּנְקָס פָּתוּחַ, וְהַיָּד כּוֹתֶבֶת, וְכָל הָרוֹצֶה לִלְווֹת יָבֹא וְיִלְוֶה, וְהַגַּבָּאִים מַחֲזִירִים תָּדִיר בְּכָל יוֹם, וְנִפְרָעִין מִן הָאָדָם מִדַּעְתּוֹ

וְשֶׁלֹּא מִדַּעְתּוֹ, וְיֵשׁ לָהֶם עַל מַה שֶּׁיִּסְמֹכוּ, וְהַדִּין דִּין אֱמֶת, וְהַכֹּל מְתֻקָּן לִסְעוּדָה:

[랍비 아키바]는 말했다. "모든 것은 담보[를 잡고] 주어지고 그물은 모든 생물에 펼쳐집니다. 상점은 열려 있고 상점 주인은 외상으로 팝니다. [외상] 장부는 열려 있고 [주인]의 손은 적고 있습니다. 빌리기를 원하는 모든 사람은 와서 빌려갈 것이고 수금원들은 정기적으로 매일 돌아다니면서 그가 알든지 모르든지 수금합니다. 그들은 믿는 구석이 있으며 심판은 진리의 심판이며 잔치를 위해 모든 것이 준비되어 있습니다."

- 하나님의 자비로 심판이 미루어진 것을 외상으로 물건을 가져가는 것에 비유한다. 외상 장부에 기록되어 반드시 계산을 해야 하듯이 심판을 위해 우리들의 행위에 대해 하나님은 모든 것을 기록하고 계신다. 따라서 하나님의 심판은 정확한 진리의 심판이다.

3, 17

רַבִּי אֶלְעָזָר בֶּן עֲזַרְיָה אוֹמֵר, אִם אֵין תּוֹרָה, אֵין דֶּרֶךְ אֶרֶץ. אִם אֵין דֶּרֶךְ אֶרֶץ, אֵין תּוֹרָה. אִם אֵין חָכְמָה, אֵין יִרְאָה. אִם אֵין יִרְאָה, אֵין חָכְמָה. אִם אֵין בִּינָה, אֵין דַּעַת. אִם אֵין דַּעַת, אֵין בִּינָה. אִם אֵין קֶמַח, אֵין תּוֹרָה. אִם אֵין תּוֹרָה, אֵין קֶמַח. הוּא הָיָה אוֹמֵר, כָּל שֶׁחָכְמָתוֹ מְרֻבָּה מִמַּעֲשָׂיו, לְמָה הוּא דוֹמֶה, לְאִילָן שֶׁעֲנָפָיו מְרֻבִּין וְשָׁרָשָׁיו מֻעָטִין, וְהָרוּחַ בָּאָה וְעוֹקַרְתּוֹ וְהוֹפַכְתּוֹ עַל פָּנָיו, שֶׁנֶּאֱמַר (ירמיה יז) וְהָיָה כְּעַרְעָר בָּעֲרָבָה וְלֹא יִרְאֶה כִּי יָבוֹא טוֹב וְשָׁכַן חֲרֵרִים בַּמִּדְבָּר אֶרֶץ מְלֵחָה וְלֹא תֵשֵׁב. אֲבָל כָּל שֶׁמַּעֲשָׂיו מְרֻבִּין מֵחָכְמָתוֹ, לְמָה הוּא דוֹמֶה, לְאִילָן שֶׁעֲנָפָיו מֻעָטִין וְשָׁרָשָׁיו מְרֻבִּין, שֶׁאֲפִלּוּ כָּל הָרוּחוֹת שֶׁבָּעוֹלָם בָּאוֹת וְנוֹשְׁבוֹת בּוֹ אֵין מְזִיזִין אוֹתוֹ מִמְּקוֹמוֹ, שֶׁנֶּאֱמַר (שם) וְהָיָה כְּעֵץ שָׁתוּל עַל מַיִם וְעַל יוּבַל יְשַׁלַּח שָׁרָשָׁיו וְלֹא יִרְאֶה כִּי יָבֹא חֹם, וְהָיָה עָלֵהוּ רַעֲנָן, וּבִשְׁנַת בַּצֹּרֶת לֹא יִדְאָג, וְלֹא יָמִישׁ מֵעֲשׂוֹת פֶּרִי:

랍비 엘아자르 벤 아자리야[8]가 말한다. "만약 토라가 없다면 세상의 규율도 없습니다. 만약 세상의 규율이 없다면 토라도 없습니다. 만약 지혜가 없다면 〔하나님에 대한〕 두려움도 없습니다. 만약 〔하나님에 대한〕 두려움이 없다면 지혜도 없습니다. 만약 이해가 없다면 지식도 없습니다. 만약 지식이 없다면 이해도 없습니다. 만약 밀가루가 없다면 토라도 없습니다. 만약 토라가 없다면 밀가루도 없습니다." 〔랍비 엘아자르 벤 아자리야〕가 말했다. "지혜가 행함보다 많은 사람은 무엇과 같은가? 줄기는 많은데 뿌리는 적은 나무와 〔같습니다〕. 바람이 불면 그 뿌리가 뽑혀 거꾸러집니다. 〔성경에〕 기록되었듯이, '그는 사막의 떨기나무 같아서 좋은 일이 오는 것을 보지 못하고 광야 간조한 곳, 건건한 땅, 사람이 살지 않는 땅에 살리라'(렘 17:6). 행함이 지혜보다 많은 사람은 무엇과 같은가? 줄기는 적은데 뿌리는 많은 나무와 〔같습니다〕. 세상의 모든 바람이 불어닥쳐도 그 자리에서 움직이지 못합니다. 〔성경에〕 기록되었듯이, '그는 물 가에 심어진 나무가 그 뿌리를 강변에 뻗치고 더위가 올지라도 두려워하지 아니하며 그 잎이 청청하며 가무는 해에도 걱정이 없고 결실이 그치지 아니함 같으리라'(17:8)."

- 전반부에서는 서로 반대 개념으로 보이는 두 가지 모두 상보적으로 필요하다는 가르침이고, 후반부에서는 지혜보다는 행함이 더 중요하다는 가르침이다.

---

8) 랍비 엘아자르 벤 아자리야는 성전 멸망 후 야브네에서 활동한 랍비 중 한 명이다. 라반 감리엘이 랍비들의 수장에서 물러났을 때 그의 자리를 대신했다.

3, 18

רַבִּי אֱלִיעֶזֶר בֶּן חִסְמָא אוֹמֵר, קִנִּין וּפִתְחֵי נִדָּה, הֵן הֵן גּוּפֵי הֲלָכוֹת. תְּקוּפוֹת וְגִימַטְרִיָּאוֹת, פַּרְפְּרָאוֹת לַחָכְמָה:

랍비 엘리에제르 벤 히스마는 말한다. "새 둥지와 월경의 시작〔에 관한 법〕은 할라카의 핵심입니다. 천문학과 게마트리아는 지혜의 후식에 불과합니다."

- '새 둥지'는 한 쌍의 새를 제물로 바치는 제사로 『코다쉼』「키님」(새들)에서 다룬다. 그리고 '월경'은 『토호롯』「닛다」(월경)에서 다룬다.
- 계절을 계산하는 천문학과 인명이나 지명의 철자를 숫자로 환산하여 이치나 운명을 점치려는 게마트리아(Gematria)는 진정한 지혜가 아니라 단지 주변부(후식)에 불과하다.

제4장

4, 1

בֶּן זוֹמָא אוֹמֵר, אֵיזֶהוּ חָכָם, הַלּוֹמֵד מִכָּל אָדָם, שֶׁנֶּאֱמַר (תהלים קיט) מִכָּל מְלַמְּדַי הִשְׂכַּלְתִּי כִּי עֵדְוֹתֶיךָ שִׂיחָה לִּי. אֵיזֶהוּ גִבּוֹר, הַכּוֹבֵשׁ אֶת יִצְרוֹ, שֶׁנֶּאֱמַר (משלי טז) טוֹב אֶרֶךְ אַפַּיִם מִגִּבּוֹר וּמשֵׁל בְּרוּחוֹ מִלֹּכֵד עִיר. אֵיזֶהוּ עָשִׁיר, הַשָּׂמֵחַ בְּחֶלְקוֹ, שֶׁנֶּאֱמַר (תהלים קכח) יְגִיעַ כַּפֶּיךָ כִּי תֹאכֵל אַשְׁרֶיךָ וְטוֹב לָךְ. אַשְׁרֶיךָ, בָּעוֹלָם הַזֶּה. וְטוֹב לָךְ, לָעוֹלָם הַבָּא. אֵיזֶהוּ מְכֻבָּד, הַמְכַבֵּד אֶת הַבְּרִיּוֹת, שֶׁנֶּאֱמַר (שמואל א ב) כִּי מְכַבְּדַי אֲכַבֵּד וּבֹזַי יֵקָלּוּ:

벤 조마[9]는 말한다. "누가 지혜로운 사람일까요? 누구에게나 배우는 사람입니다. 〔성경에〕 기록되었듯이, '내가 주의 증거들을 늘 읊조

리므로 나의 명철함이 나의 모든 스승보다 나으며'(시 119:99). 누가 용사일까요? 자신의 욕망을 누른 사람입니다. 〔성경에〕 기록되었듯이, '노하기를 더디하는 자는 용사보다 낫고 자기의 마음을 다스리는 자는 성을 빼앗는 자보다 나으니라'(잠 16:32). 누가 부자일까요? 자신의 몫에 기뻐하는 사람입니다. 〔성경에〕 기록되었듯이, '네가 네 손이 수고한 대로 먹을 것이라 네가 복되고 형통하리로다'(시 128:2). 이 세상에서 당신은 행복할 것이며, 다음 세상에서 좋을 것입니다. 누가 존경받을까요? 〔다른〕 사람들을 존경하는 사람입니다. 〔성경에〕 기록되었듯이, '나를 존중히 여기는 자를 내가 존중히 여기고 나를 멸시하는 자를 내가 경멸하리라'(삼상 2:30)."

- 지혜, 용기, 부, 존경에 대한 벤 조마의 가르침은 되새길 만한 가치다.

4, 2

בֶּן עַזַּאי אוֹמֵר, הֱוֵי רָץ לְמִצְוָה קַלָּה כְּבַחֲמוּרָה, וּבוֹרֵחַ מִן הָעֲבֵרָה. שֶׁמִּצְוָה גּוֹרֶרֶת מִצְוָה, וַעֲבֵרָה גוֹרֶרֶת עֲבֵרָה. שֶׁשְּׂכַר מִצְוָה, מִצְוָה. וּשְׂכַר עֲבֵרָה, עֲבֵרָה:

벤 아자이가 말한다. "가벼운 계명이라도 중한 계명처럼 달려가 죄로부터 달아나십시오. 계명은 계명을 이끌고 죄악은 죄악을 이끕니다. 계명의 보답은 계명이고 죄악의 보답은 죄악입니다."

- 사소한 계명도 중요한 계명처럼 지켜야 하고 아무리 사소한 죄악도 멀리해야 한다.

---

9) 쉼온 벤 조마는 비록 랍비 서품을 받기 전에 죽어 랍비 칭호는 받지 못했지만 토라의 가르침에 능숙한 사람이었다.

4, 3

הוּא הָיָה אוֹמֵר, אַל תְּהִי בָז לְכָל אָדָם, וְאַל תְּהִי מַפְלִיג לְכָל דָּבָר, שֶׁאֵין לְךָ אָדָם שֶׁאֵין לוֹ שָׁעָה וְאֵין לְךָ דָבָר שֶׁאֵין לוֹ מָקוֹם:

〔벤 아자이〕는 말한다. "누구든지 경멸하지 마십시오. 무엇이든지 소홀히 〔대하지〕 마십시오. 당신에게 시간이 없는 사람이 없고, 당신에게 장소가 없는 물건이 없습니다."

- 이 세상에 소중하지 않는 사람이나 무가치한 물건은 없다.

4, 4

רַבִּי לְוִיטָס אִישׁ יַבְנֶה אוֹמֵר, מְאֹד מְאֹד הֱוֵי שְׁפַל רוּחַ, שֶׁתִּקְוַת אֱנוֹשׁ רִמָּה. רַבִּי יוֹחָנָן בֶּן בְּרוֹקָא אוֹמֵר, כָּל הַמְחַלֵּל שֵׁם שָׁמַיִם בַּסֵּתֶר, נִפְרָעִין מִמֶּנּוּ בְּגָלוּי. אֶחָד שׁוֹגֵג וְאֶחָד מֵזִיד בְּחִלּוּל הַשֵּׁם:

야브네 사람 랍비 레비타스가 말한다. "극도로 겸손하십시오. 인간의 희망은 구더기입니다." 랍비 요하난 벤 베로카가 말한다. "숨어서 하늘의 이름을 더럽게 한 사람은 공개적으로 처벌받을 것입니다. 부지중이든 의도적이든 〔하늘의〕 이름을 더럽힌 사람은 같습니다."

- '인간의 희망'은 우회적인 표현으로 사람의 마지막을 뜻한다. 인간은 누구나 마지막에는 구더기의 먹이가 된다.

4, 5

רַבִּי יִשְׁמָעֵאל בְּנוֹ אוֹמֵר, הַלּוֹמֵד תּוֹרָה עַל מְנָת לְלַמֵּד, מַסְפִּיקִין בְּיָדוֹ לִלְמֹד וּלְלַמֵּד. וְהַלּוֹמֵד עַל מְנָת לַעֲשׂוֹת, מַסְפִּיקִין בְּיָדוֹ לִלְמֹד וּלְלַמֵּד לִשְׁמֹר וְלַעֲשׂוֹת. רַבִּי צָדוֹק אוֹמֵר, אַל תַּעֲשֵׂם עֲטָרָה לְהִתְגַּדֵּל בָּהֶם, וְלֹא קַרְדֹּם לַחְפֹּר בָּהֶם. וְכָךְ הָיָה הִלֵּל אוֹמֵר, וּדְאִשְׁתַּמֵּשׁ בְּתָגָא, חָלָף. הָא לָמַדְתָּ, כָּל הַנֶּהֱנֶה מִדִּבְרֵי תוֹרָה, נוֹטֵל חַיָּיו מִן הָעוֹלָם:

〔요하난 벤 베로카〕의 아들 랍비 이쉬마엘이 말한다. "토라를 가르치기 위해 배운 사람은 배우고 가르칠 수 있게 됩니다. 행하기 위해 배운 사람은 배우고 가르치고 간직하고 행하게 됩니다." 랍비 짜독은 말한다. "〔토라 공부로〕 영광을 받으려고 왕관을 만들지 마십시오. 〔토라 공부를〕 부삽으로 파기 위해 〔하지 마십시오〕." 그래서 힐렐은 말한다. "왕관을 〔사적으로〕 이용한 사람은 〔이 세상을〕 지나갈 것입니다. 여기에서 당신은 알게 됩니다. 토라에서 이득을 취하려는 모든 자는 이 세상에서 자신의 생명을 옮기는 자라는 사실 말입니다."

- 부삽으로 땅을 파는 행위는 생계를 유지하기 위한 활동이다. 이처럼 생계유지를 목적으로 토라를 공부해서는 안 된다.
- 사적인 이득을 얻기 위해 토라를 공부해서는 안 된다는 힐렐의 가르침은 이미 앞의 미쉬나 1, 13에서 배웠다.

4, 6

רַבִּי יוֹסֵי אוֹמֵר, כָּל הַמְכַבֵּד אֶת הַתּוֹרָה, גּוּפוֹ מְכֻבָּד עַל הַבְּרִיּוֹת. וְכָל הַמְחַלֵּל אֶת הַתּוֹרָה, גּוּפוֹ מְחֻלָּל עַל הַבְּרִיּוֹת:

랍비 요쎄[10]는 말한다. "토라를 존중하는 사람은 사람들에게 존경을 받습니다. 토라를 속되게 〔취급하는〕 사람은 그 자신이 사람들에게 속되게 여겨집니다.

- 토라는 내가 어떻게 대하느냐에 따라 사람들에게 똑같이 대우받는다.

10) 랍비 요쎄는 랍비 아키바의 제자들 중 한 명이다.

4, 7

רַבִּי יִשְׁמָעֵאל בְּנוֹ אוֹמֵר, הַחוֹשֵׂךְ עַצְמוֹ מִן הַדִּין, פּוֹרֵק מִמֶּנּוּ אֵיבָה וְגָזֵל
וּשְׁבוּעַת שָׁוְא. וְהַגַּס לִבּוֹ בְּהוֹרָאָה, שׁוֹטֶה רָשָׁע וְגַס רוּחַ:

〔랍비 요쎄〕의 아들 랍비 이쉬마엘은 말한다. "재판〔관의 역할〕을 피하는 것은 원한, 강도, 거짓 맹세로부터 자유롭게 합니다. 〔법적인〕 결정을 오만하게 한 사람은 지적장애인, 악인, 거만한 자입니다."

- 미쉬나 당시에는 직업적인 재판관들이나 체계적인 사법제도가 완비된 것은 아니었다. 랍비 이쉬마엘은 재판관의 역할을 부여받는 일에 대해 신중해야 한다고 가르친다.

4, 8

הוּא הָיָה אוֹמֵר, אַל תְּהִי דָן יְחִידִי, שֶׁאֵין דָּן יְחִידִי אֶלָּא אֶחָד. וְאַל תֹּאמַר
קַבְּלוּ דַעְתִּי, שֶׁהֵן רַשָּׁאִין וְלֹא אָתָּה:

〔랍비 이쉬마엘〕은 말한다. "홀로 재판하지 마십시오. 한 분 외에는 홀로 재판하지 않습니다. '내 의견을 받아들이세요'라고 말하지 마십시오. 그들은 자유롭지만 당신은 그렇지 않습니다."

- 다른 랍비들과 달리 랍비 이쉬마엘은 한 명의 재판관이 재판하는 것을 반대한다.
- 비록 유능한 재판관의 견해라 하더라도 나머지 두 명의 견해와 다르면 다수의 견해를 따라야 한다.

4, 9

רַבִּי יוֹנָתָן אוֹמֵר, כָּל הַמְקַיֵּם אֶת הַתּוֹרָה מֵעֹנִי, סוֹפוֹ לְקַיְּמָהּ מֵעֹשֶׁר. וְכָל הַמְבַטֵּל אֶת הַתּוֹרָה מֵעֹשֶׁר, סוֹפוֹ לְבַטְּלָהּ מֵעֹנִי:

랍비 요나탄이 말한다. "가난해도 토라 〔공부〕에 성공한 사람은 결국 부유해져도 〔토라 공부에〕 성공합니다. 부유해도 토라 〔공부〕를 그만둔 사람은 결국 빈곤해져도 〔토라 공부를〕 그만둡니다."

- 가난해도 토라 공부를 꾸준히 한 사람은 결국 부유해진다.

4, 10

רַבִּי מֵאִיר אוֹמֵר, הֱוֵי מְמַעֵט בְּעֵסֶק, וַעֲסֹק בַּתּוֹרָה. וֶהֱוֵי שְׁפַל רוּחַ בִּפְנֵי כָל אָדָם. וְאִם בָּטַלְתָּ מִן הַתּוֹרָה, יֶשׁ לְךָ בְּטֵלִים הַרְבֵּה כְנֶגְדָּךְ. וְאִם עָמַלְתָּ בַּתּוֹרָה, יֶשׁ לוֹ שָׂכָר הַרְבֵּה לִתֶּן לָךְ:

랍비 메이르[11]는 만한다. "생업을 줄이고 토라 공부에 열중하십시오. 모든 사람 앞에서 겸손하십시오. 만약 〔지금〕 당신이 토라 〔공부〕에 소홀히 하면 〔앞으로도〕 소홀히 할 〔다른〕 많은 이유들이 생길 것입니다. 하지만 만약 당신이 토라 〔공부〕에 열중하면 당신에게 주어질 상이 클 것입니다."

- 지금 토라 공부에 열심을 내지 않는다면 앞으로도 토라 공부를 방해할 많은 이유들이 생겨날 것이다.

11) 랍비 메이르는 랍비 아키바의 훌륭한 제자들 중 한 명이다.

4, 11

רַבִּי אֱלִיעֶזֶר בֶּן יַעֲקֹב אוֹמֵר, הָעוֹשֶׂה מִצְוָה אַחַת, קוֹנֶה לוֹ פְּרַקְלִיט אֶחָד. וְהָעוֹבֵר עֲבֵרָה אַחַת, קוֹנֶה לוֹ קַטֵּגוֹר אֶחָד. תְּשׁוּבָה וּמַעֲשִׂים טוֹבִים, כִּתְרִיס בִּפְנֵי הַפֻּרְעָנוּת. רַבִּי יוֹחָנָן הַסַּנְדְּלָר אוֹמֵר, כָּל כְּנֵסִיָּה שֶׁהִיא לְשֵׁם שָׁמַיִם, סוֹפָהּ לְהִתְקַיֵּם. וְשֶׁאֵינָהּ לְשֵׁם שָׁמַיִם, אֵין סוֹפָהּ לְהִתְקַיֵּם:

랍비 엘리에제르 벤 야아콥[12]이 말한다. "계명 하나를 실천한 사람은 지지자 한 명을 얻게 됩니다. 죄 하나를 범하게 되면 고발자 한 명을 얻게 됩니다. 회개와 선행은 처벌을 막는 방패와 같습니다. 샌들 장인 랍비 요하난이 말한다. "하늘의 이름으로 [모인] 모임은 결국 지속될 것입니다. 하늘의 이름으로 [모이지] 않은 [모임]은 결국 지속되지 않을 것입니다."

- 비록 잘못을 저지른 사람도 회개하면 최후의 심판에서 파멸을 피할 수 있다.

4, 12

רַבִּי אֶלְעָזָר בֶּן שַׁמּוּעַ אוֹמֵר, יְהִי כְבוֹד תַּלְמִידְךָ חָבִיב עָלֶיךָ כְּשֶׁלְּךָ, וּכְבוֹד חֲבֵרְךָ כְּמוֹרָא רַבְּךָ, וּמוֹרָא רַבְּךָ כְּמוֹרָא שָׁמָיִם:

랍비 엘아자르 벤 샴무아[13]는 말한다. "당신의 제자의 명예를 당신의 것처럼 소중하게 생각하십시오. 당신의 동료의 명예를 당신 선생님에 대한 두려움처럼 [대하십시오]. 당신 선생님에 대한 두려움을 하늘에 대한 두려움처럼 [대하십시오]."

12) 랍비 엘리에제르 벤 야아콥은 앞 미쉬나에 등장하는 랍비 메이르의 동료다.
13) 샴무아의 아들인 랍비 엘아자르도 랍비 아키바의 제자 중 한 명이다.

• 이 미쉬나는 점층법을 사용하여 보다 낮은 위치에 있는 사람을 그 보다 높은 위치에 있는 사람처럼 대해야 한다고 가르친다.

4, 13

רַבִּי יְהוּדָה אוֹמֵר, הֱוֵי זָהִיר בְּתַלְמוּד, שֶׁשִּׁגְגַת תַּלְמוּד עוֹלָה זָדוֹן. רַבִּי שִׁמְעוֹן אוֹמֵר, שְׁלשָׁה כְתָרִים הֵם, כֶּתֶר תּוֹרָה וְכֶתֶר כְּהֻנָּה וְכֶתֶר מַלְכוּת, וְכֶתֶר שֵׁם טוֹב עוֹלֶה עַל גַּבֵּיהֶן:

랍비 예후다[14]는 말한다. "〔토라〕 공부에 신중하십시오. 〔토라〕 공부의 실수는 의도적인 잘못으로 이어집니다." 랍비 쉼온이 말한다. "세 〔종류의〕 왕관이 있습니다. 토라의 왕관, 제사장권의 왕관, 왕권의 왕관. 좋은 이름의 왕관이 이것들을 능가합니다."

• 토라(성경)에 대한 잘못된 이해는 율법을 범하는 결과를 초래한다.
• '좋은 이름'은 하나님에 대한 우회적인 표현이다.

4, 14

רַבִּי נְהוֹרַאי אוֹמֵר, הֱוֵי גוֹלֶה לִמְקוֹם תּוֹרָה, וְאַל תֹּאמַר שֶׁהִיא תָבֹא אַחֲרֶיךָ, שֶׁחֲבֵרֶיךָ יְקַיְּמוּהָ בְיָדֶךָ. וְאֶל בִּינָתְךָ אַל תִּשָּׁעֵן (משלי ג):

랍비 네호라이[15]가 말한다. "토라 〔공부〕의 장소로 유배가십시오. 〔토라 공부〕가 〔자동적으로〕 당신의 뒤에 따라온다고 생각하지 마십

---

14) 랍비 일라이의 아들인 랍비 예후다는 랍비 아키바와 랍비 타르폰의 제자다. 랍비 예후다가 랍비 아키바의 다른 제자들인 랍비 메이르나 랍비 쉼온과 논쟁을 할 때 많은 경우에 미쉬나는 랍비 예후다의 견해를 지지할 정도로 그의 위상은 높다.
15) 학자들은 랍비 네호라이가 랍비 메이르나 랍비 네헤미야의 별명이라고 생각한다. 아니면 랍비 예호슈아나 랍비 타르폰의 제자라고 보는 학자들도 있다.

시오. 당신의 동료들이 그것을 당신의 손에서 확고하게 해줄 것입니다. '네 명철을 의지하지 말라'(잠 3:5)."

- 마치 집을 떠나 유배를 떠난다는 심정으로 스승을 찾고 동료들과 함께 토라를 공부해야 한다는 것이다. 오늘날에도 동료들과 토론을 벌이는 '하브루타'(havruta) 방식이 전통적인 유대인 교육의 한 방편으로 사용되고 있다.

4, 15

רַבִּי יַנַּאי אוֹמֵר, אֵין בְּיָדֵינוּ לֹא מִשַּׁלְוַת הָרְשָׁעִים וְאַף לֹא מִיִּסּוּרֵי הַצַּדִּיקִים. רַבִּי מַתְיָא בֶן חָרָשׁ אוֹמֵר, הֱוֵי מַקְדִּים בִּשְׁלוֹם כָּל אָדָם. וֶהֱוֵי זָנָב לָאֲרָיוֹת, וְאַל תְּהִי רֹאשׁ לַשּׁוּעָלִים:

랍비 야나이가 말한다. "악인들의 평안함이나 의인들의 고난은 우리의 손 안에 있지 않습니다." 랍비 마티야 벤 하라쉬가 말한다. "먼저 모든 사람을 환영하십시오. 사자의 꼬리가 되고 여우의 머리가 되지 마십시오."

- 사람의 능력으로는 악인의 평안과 의인의 고난을 설명하기 어렵다.
- 월등한 그룹(사자)의 일원(꼬리)이 되는 것이 열등한 그룹의 지도자가 되는 것보다 더 발전 가능성이 있다.

4, 16

רַבִּי יַעֲקֹב אוֹמֵר, הָעוֹלָם הַזֶּה דּוֹמֶה לִפְרוֹזְדוֹר בִּפְנֵי הָעוֹלָם הַבָּא. הַתְקֵן עַצְמְךָ בַפְּרוֹזְדוֹר, כְּדֵי שֶׁתִּכָּנֵס לַטְּרַקְלִין:

랍비 야아콥[16]은 말한다. "이 세상은 다음 세상의 현관과 같습니다.

연회장에 들어갈 수 있도록 현관에서 준비하십시오."

- 연회장은 잔치가 베풀어지는 장소를 의미한다. 여기에서 '다음 세상'과 유사한 개념으로 하나님 나라 혹은 하늘 나라가 있다.

4, 17

הוּא הָיָה אוֹמֵר, יָפָה שָׁעָה אַחַת בִּתְשׁוּבָה וּמַעֲשִׂים טוֹבִים בָּעוֹלָם הַזֶּה, מִכָּל חַיֵּי הָעוֹלָם הַבָּא. וְיָפָה שָׁעָה אַחַת שֶׁל קוֹרַת רוּחַ בָּעוֹלָם הַבָּא, מִכָּל חַיֵּי הָעוֹלָם הַזֶּה:

〔랍비 야아콥〕은 말한다. "이 세상에서 회개하거나 선행하는 한 시간이 다음 세상의 평생보다 더 아름답습니다. 다음 세상에서 평온한 한 시간이 이 세상의 평생보다 더 아름답습니다."

- 이 세상에서 회개를 하거나 선행을 하는 시간은 너무나 소중하다. 다음 세상에서는 이런 일을 할 기회가 주어지지 않는다.

4, 18

רַבִּי שִׁמְעוֹן בֶּן אֶלְעָזָר אוֹמֵר, אַל תְּרַצֶּה אֶת חֲבֵרְךָ בִּשְׁעַת כַּעֲסוֹ, וְאַל תְּנַחֲמֶנּוּ בְּשָׁעָה שֶׁמֵּתוֹ מֻטָּל לְפָנָיו, וְאַל תִּשְׁאַל לוֹ בִּשְׁעַת נִדְרוֹ, וְאַל תִּשְׁתַּדֵּל לִרְאוֹתוֹ בִּשְׁעַת קַלְקָלָתוֹ:

랍비 쉼온 벤 엘아자르[17]는 말한다. "당신 동료가 화가 난 상태일때는 달래지 마십시오. 죽은 사람을 앞에 둔 사람을 위로하지 마십시오. 서원하고 있는 사람에게 묻지 마십시오. 창피해 있을 때 그를 보려고

16) 랍비 야아콥은 미쉬나 편집을 집대성한 랍비 예후다 한나씨의 스승이다.

17) 랍비 쉼온 벤 엘아자르는 랍비 메이르의 제자이고 랍비 예후다 한나씨의 동료다.

하지 마십시오."

- 화가 났거나 불행한 일을 겪은 동료를 달래거나 위로할 때에도 곧바로 하기보다는 시간이 좀 흐른 다름에 하는 편이 더 효과적이라는 가르침이다. 같은 방식으로, 이제 막 서원한 사람에게 서원의 내용을 비판하기보다는 충분히 시간이 지난 다음에 지적하라는 것이다.

4, 19

שְׁמוּאֵל הַקָּטָן אוֹמֵר, (משלי כד) בִּנְפֹל אוֹיִבְךָ אַל תִּשְׂמָח וּבִכָּשְׁלוֹ אַל יָגֵל
לִבֶּךָ, פֶּן יִרְאֶה ה' וְרַע בְּעֵינָיו וְהֵשִׁיב מֵעָלָיו אַפּוֹ:

슈무엘 하카탄은 말한다. "네 원수가 넘어질 때에 즐거워하지 말며 그가 엎드러질 때에 마음에 기뻐하지 말라. 여호와께서 이것을 보시고 기뻐하지 아니하사 그의 진노를 그에게 옮기실까 두려우니라"(잠 24:17-18).

- 슈무엘 하카탄의 가르침이라고 말하고 있는 이 구절은 실제로는 잠언의 말씀이다.

4, 20

אֱלִישָׁע בֶּן אֲבוּיָה אוֹמֵר, הַלּוֹמֵד יֶלֶד לְמַה הוּא דוֹמֶה, לִדְיוֹ כְתוּבָה עַל נְיָר
חָדָשׁ. וְהַלּוֹמֵד זָקֵן לְמַה הוּא דוֹמֶה, לִדְיוֹ כְתוּבָה עַל נְיָר מָחוּק. רַבִּי יוֹסֵי בַּר
יְהוּדָה אִישׁ כְּפַר הַבַּבְלִי אוֹמֵר, הַלּוֹמֵד מִן הַקְּטַנִּים לְמַה הוּא דוֹמֶה, לְאֹכֵל
עֲנָבִים קֵהוֹת וְשׁוֹתֶה יַיִן מִגִּתּוֹ. וְהַלּוֹמֵד מִן הַזְּקֵנִים לְמַה הוּא דוֹמֶה, לְאֹכֵל
עֲנָבִים בְּשֵׁלוֹת וְשׁוֹתֶה יַיִן יָשָׁן. רַבִּי אוֹמֵר, אַל תִּסְתַּכֵּל בַּקַּנְקַן, אֶלָּא בְמַה
שֶׁיֶּשׁ בּוֹ. יֵשׁ קַנְקַן חָדָשׁ מָלֵא יָשָׁן, וְיָשָׁן שֶׁאֲפִלּוּ חָדָשׁ אֵין בּוֹ:

엘리샤 벤 아부야가 말한다. "어려서 배운 사람은 무엇과 비슷할까요? 새 종이에 쓴 잉크와 〔같습니다〕. 늙어서 배운 사람은 무엇과 비슷할까요? 〔먼저 쓴 글자가〕 지워진 종이 위에 쓴 잉크와 〔같습니다〕. 하바블리 마을 사람 랍비 예후다의 아들 랍비 요쎄는 말한다. "어린이에게 배운 사람은 무엇과 비슷할까요? 신 포도를 먹고 포도주틀에서 〔막 나온〕 포도주를 마시는 사람과 〔같습니다〕. 노인들에게 배운 사람은 무엇과 비슷할까요? 잘 익은 포도를 먹고 오래된 포도주를 마시는 사람과 〔같습니다〕." 랍비 메이르는 말한다. "단지를 쳐다보지 마십시오. 그 대신 그 안에 들어 있는 것을 〔보십시오〕. 오래된 〔포도주〕가 가득 차 있는 새 단지가 있습니다. 반면에 새 〔포도주〕도 없는 오래된 단지도 있습니다."

- 고대 양피지나 파피루스는 구하기 어려운 물품이라 쓰여진 글자들을 지우고 그 위에 다시 쓰는 등 재활용하기도 했다.
- 어려서 배워야 한다는 것을 비유적으로 설명한다. 어린 학생은 백지에 쓴 글자처럼 선명해서 읽기 쉽지만 나이 든 사람이 배운다고 해도 쓰여진 글자를 지우고 그 위에 다시 쓴 글자처럼 선명하지 않고 읽기 어렵다는 식으로 비유하고 있다.
- 이와 반대로 배울 때에는 어린이가 아닌 노인들로부터, 다시 말해 그들의 삶의 오랜 경험에서 나온 지혜를 배워야 한다.
- 랍비 메이르는 겉으로 보이는 나이보다 어떤 자세를 가지고 있는지가 더 중요하다고 말한다.

4, 21

רַבִּי אֶלְעָזָר הַקַּפָּר אוֹמֵר, הַקִּנְאָה וְהַתַּאֲוָה וְהַכָּבוֹד, מוֹצִיאִין אֶת הָאָדָם מִן הָעוֹלָם:

랍비 엘아자르 하카파르가 말한다. "질투와 욕망과 명예는 사람을 이 세상에서 쫓아냅니다."

- 질투, 욕망, 명예를 좇아다니는 것은 이 세상의 삶을 평안하게 해주지 못한다. 이 가르침은 앞의 미쉬나 2, 11에서 말하는 랍비 예호슈아의 가르침과 비교된다.

4, 22

הוּא הָיָה אוֹמֵר, הַיִּלוֹדִים לָמוּת, וְהַמֵּתִים לְהֵחָיוֹת, וְהַחַיִּים לִדּוֹן. לֵידַע לְהוֹדִיעַ וּלְהִוָּדַע שֶׁהוּא אֵל, הוּא הַיּוֹצֵר, הוּא הַבּוֹרֵא, הוּא הַמֵּבִין, הוּא הַדַּיָּן, הוּא עֵד, הוּא בַּעַל דִּין, וְהוּא עָתִיד לָדוּן. בָּרוּךְ הוּא, שֶׁאֵין לְפָנָיו לֹא עַוְלָה, וְלֹא שִׁכְחָה, וְלֹא מַשּׂוֹא פָנִים, וְלֹא מִקַּח שֹׁחַד, שֶׁהַכֹּל שֶׁלּוֹ. וְדַע שֶׁהַכֹּל לְפִי הַחֶשְׁבּוֹן. וְאַל יַבְטִיחֲךָ יִצְרְךָ שֶׁהַשְּׁאוֹל בֵּית מָנוֹס לָךְ, שֶׁעַל כָּרְחֲךָ אַתָּה נוֹצָר, וְעַל כָּרְחֲךָ אַתָּה נוֹלָד, וְעַל כָּרְחֲךָ אַתָּה חַי, וְעַל כָּרְחֲךָ אַתָּה מֵת, וְעַל כָּרְחֲךָ אַתָּה עָתִיד לִתֵּן דִּין וְחֶשְׁבּוֹן לִפְנֵי מֶלֶךְ מַלְכֵי הַמְּלָכִים הַקָּדוֹשׁ בָּרוּךְ הוּא:

〔랍비 엘아자르 하카파르〕가 말한다. "태어난 사람은 죽습니다. 죽은 사람은 살아납니다. 산 사람은 심판을 받습니다. 알고 알리고 알게 되는 〔사실〕은 바로 하나님 그분은 만드시는 분, 그분은 창조자, 그분은 식별자, 그분은 심판자, 그분은 증언자, 그분은 고발자, 그분은 장차 심판하실 것입니다. 그분은 찬양받으실 분입니다. 〔왜냐하면〕 그분 앞에서는 실수가 없고, 망각이 없고, 편애가 없고, 뇌물이 없습니다. 왜냐하면 모든 것이 그분의 것이기 때문입니다. 모든 것은 계산서에 따른다는 사실을 아십시오. 스올이 당신에게 피난처라 되리라는 〔악한〕 의도로 확신하지 마십시오. 당신의 의지와 상관없이 창조되었고, 당신의 의지와 상관없이 태어났으며, 당신의 의지와 상관없이 살았으며, 당신의 의지와 상관없이 죽으며, 당신의 의지와 상관없이 왕중의 왕 찬양받으실 분 앞에서 심판을 받고 계산서를 제출해야 합니다."

• 심판의 날이 반드시 온다는 것을 가르친다. 심판은 그의 행실을 차곡차곡 기록한 계산서대로 진행된다. 심판의 장소가 신약성서에서 말하는 하나님의 나라(천국)가 아니라 구약성서에서 언급되는 스올(지옥)이라는 점이 흥미롭다.

第5장[18]

제5장에서는 가르침을 수집한 방식을 달리하고 있다. 제1-4장까지는 윤리적인 가르침을 랍비들이 활동했던 순서에 따라 열거한 반면에 제5장에서는 랍비들의 순서를 따르기보다는 열 가지, 일곱 가지, 네 가지 등 숫자들을 중심으로 모아둔 가르침들을 소개한다.

5, 1

בַּעֲשָׂרָה מַאֲמָרוֹת נִבְרָא הָעוֹלָם. וּמַה תַּלְמוּד לוֹמַר, וַהֲלֹא בְמַאֲמָר אֶחָד יָכוֹל לְהִבָּרְאוֹת, אֶלָּא לְהִפָּרַע מִן הָרְשָׁעִים שֶׁמְּאַבְּדִין אֶת הָעוֹלָם שֶׁנִּבְרָא בַעֲשָׂרָה מַאֲמָרוֹת, וְלִתֵּן שָׂכָר טוֹב לַצַּדִּיקִים שֶׁמְּקַיְּמִין אֶת הָעוֹלָם שֶׁנִּבְרָא בַעֲשָׂרָה מַאֲמָרוֹת:

이 세상은 열 번의 말씀으로 창조되었다. 이 가르침이 무엇을 말하는가? 한 번의 말씀으로도 창조할 수 있지 않을까? 하지만 이것은 열 번의 말씀으로 창조된 이 세상을 파괴하는 악한 자들에게 책임을 묻기 위해서고, 열 번의 말씀으로 창조된 이 세상을 존속시키는 의인들에게 상을 주기 위해서다.

---

18) 일부 미쉬나 사본에는 「아봇」이 6장까지 있다. 하지만 6장은 초기 미쉬나 본문에는 없었던 것으로 후대에 첨가된 부분이다. 따라서 이 책에서는 5장까지 번역하고 주해했다.

- 창세기 1-2장에는 말씀으로 창조된 장면이 모두 10회 등장한다 (1:3, 6, 9, 11, 14, 20, 24, 26, 29, 2:18).

5, 2

עֲשָׂרָה דוֹרוֹת מֵאָדָם וְעַד נֹחַ, לְהוֹדִיעַ כַּמָּה אֶרֶךְ אַפַּיִם לְפָנָיו, שֶׁכָּל הַדּוֹרוֹת הָיוּ מַכְעִיסִין וּבָאִין עַד שֶׁהֵבִיא עֲלֵיהֶם אֶת מֵי הַמַּבּוּל. עֲשָׂרָה דוֹרוֹת מִנֹּחַ וְעַד אַבְרָהָם, לְהוֹדִיעַ כַּמָּה אֶרֶךְ אַפַּיִם לְפָנָיו, שֶׁכָּל הַדּוֹרוֹת הָיוּ מַכְעִיסִין וּבָאִין, עַד שֶׁבָּא אַבְרָהָם וְקִבֵּל עָלָיו שְׂכַר כֻּלָּם:

아담부터 노아까지 열 세대인데, 〔이것은〕 그분 앞에 얼마나 인내심이 많은지 보여준다. 모든 세대들은 그들에게 홍수를 보내기 전까지 그분을 화나게 하셨다. 노아부터 아브라함까지 열 세대인데, 〔이것은〕 그분 앞에 얼마나 인내심이 많은지 보여준다. 아브라함이 와서 모두의 상을 받기 전까지 모든 세대들은 그분을 화나게 하셨다.

- 비록 홍수를 통한 심판이 있었지만 아담 이후 노아 세대까지 죄악에 비하면 하나님께서는 오래 참으셨다는 가르침이다.

5, 3

עֲשָׂרָה נִסְיוֹנוֹת נִתְנַסָּה אַבְרָהָם אָבִינוּ עָלָיו הַשָּׁלוֹם וְעָמַד בְּכֻלָּם, לְהוֹדִיעַ כַּמָּה חִבָּתוֹ שֶׁל אַבְרָהָם אָבִינוּ עָלָיו הַשָּׁלוֹם:

평안히 〔잠들어 계실〕 우리들의 조상 아브라함은 열 번의 시험을 받으셨다. 〔이것은〕 평안히 〔잠들어 계실〕 우리들의 조상 아브라함이 그분을 얼마나 사랑하는지 알리기 위해서였다.

- 아브라함이 겪은 일들을 모두 '시험'으로 해석한다. 열 번의 시험에 대한 랍비들의 해석은 여러 가지다.

5, 4

עֲשָׂרָה נִסִּים נַעֲשׂוּ לַאֲבוֹתֵינוּ בְּמִצְרַיִם וַעֲשָׂרָה עַל הַיָּם. עֶשֶׂר מַכּוֹת הֵבִיא הַקָּדוֹשׁ בָּרוּךְ הוּא עַל הַמִּצְרִיִּים בְּמִצְרַיִם וְעֶשֶׂר עַל הַיָּם. עֲשָׂרָה נִסְיוֹנוֹת נִסּוּ אֲבוֹתֵינוּ אֶת הַמָּקוֹם בָּרוּךְ הוּא בַּמִּדְבָּר, שֶׁנֶּאֱמַר (במדבר יד) וַיְנַסּוּ אֹתִי זֶה עֶשֶׂר פְּעָמִים וְלֹא שָׁמְעוּ בְּקוֹלִי:

열 가지 기적이 우리 조상들에게 이집트에서 일어났고 열 가지가 바다에서 〔일어났다〕. 찬양받으실 분은 열 가지 재앙을 이집트 사람들에게 이집트에 보내셨고, 열 가지는 바다에 〔보내셨다〕. 우리 조상들은 광야에서 찬양받으실 그분을 열 번 시험했다. 〔성경에〕 기록되었듯이, "열 번이나 나를 시험하고 내 목소리를 청종하지 아니하였다"(민 14:22).

- 이집트에서 있었던 열 가지 기적은 열 가지 재앙을 뜻한다. 바다에서 있었던 열 가지 기적은 성서에 나오지 않고 미드라쉬에 나오는 내용이다. 1) 바다가 갈라졌다. 2) 갈라진 물 사이로 터널처럼 길이 생겼다. 3) 바다 바닥이 뻘이 아니라 땅처럼 굳어졌다. 4) 이집트 군대가 지나가려고 하자 바닥이 다시 뻘이 되었다. 5) 바다가 열두 조각으로 갈라져 각 지파별로 지나갈 수 있었다. 6) 바닷물이 얼어 바위처럼 단단해졌다. 7) 바위처럼 된 물들이 아름답게 정렬해 있다. 8) 물들이 깨끗하여 지파들이 서로 바라볼 수 있었다. 9) 마실 수 있는 물들이 가장자리에서 새 나왔다. 10) 물 마시기를 마치자 물이 다시 얼어붙었다.

5, 5

עֲשָׂרָה נִסִּים נַעֲשׂוּ לַאֲבוֹתֵינוּ בְּבֵית הַמִּקְדָּשׁ. לֹא הִפִּילָה אִשָּׁה מֵרֵיחַ בְּשַׂר הַקֹּדֶשׁ, וְלֹא הִסְרִיחַ בְּשַׂר הַקֹּדֶשׁ מֵעוֹלָם, וְלֹא נִרְאָה זְבוּב בְּבֵית הַמִּטְבָּחַיִם,

וְלֹא אֵרַע קֶרִי לְכֹהֵן גָּדוֹל בְּיוֹם הַכִּפּוּרִים, וְלֹא כִבּוּ גְשָׁמִים אֵשׁ שֶׁל עֲצֵי הַמַּעֲרָכָה, וְלֹא נָצְחָה הָרוּחַ אֶת עַמּוּד הֶעָשָׁן, וְלֹא נִמְצָא פְסוּל בָּעֹמֶר וּבִשְׁתֵּי הַלֶּחֶם וּבְלֶחֶם הַפָּנִים, עוֹמְדִים צְפוּפִים וּמִשְׁתַּחֲוִים רְוָחִים, וְלֹא הִזִּיק נָחָשׁ וְעַקְרָב בִּירוּשָׁלַיִם מֵעוֹלָם, וְלֹא אָמַר אָדָם לַחֲבֵרוֹ צַר לִי הַמָּקוֹם שֶׁאָלִין בִּירוּשָׁלַיִם:

열 가지 기적이 우리 조상들에게 성전에서 일어났다. 여인이 거룩한 제물의 향기로 인해 유산하지 않았다. 번제로 〔드리는〕 거룩한 제물이 상한 적이 없다. 〔제물〕 도살장에 파리가 보이지 않는다. 속죄일에 대제사장에게 사고가 일어나지 않았다. 비가 〔제단에〕 정렬된 장작의 불을 끄지 않았다. 바람이 〔제단의〕 연기 기둥을 이기지 못했다. 오메르와 빵 두 〔덩어리〕와 진설병에 흠이 없었다. 〔속죄일에 성전에〕 빼곡히 서서 절을 해도 〔공간이〕 넉넉했다. 뱀이나 전갈이 예루살렘에서 해를 끼친 적이 없었다. 〔명절 기간에 순례 온〕 사람이 동료에게 "예루살렘에 머물 공간이 좁다"라고 말하지 않았다.

- 바람의 방해 없이 제단에서 연기가 곧바로 위로 올라가야 하나님께서 흠향하신다고 믿었다.
- 오메르(omer)는 유월절 기간에 드리는 첫 곡식 단으로 안식일 다음 날 제사장이 흔들어 바친다(레 23:9-14). 빵 두 덩어리는 칠칠절 기간에 바친다(23:15-18). 진설병은 매 안식일에 바치는 빵이다(24:5-9).

5, 6

עֲשָׂרָה דְבָרִים נִבְרְאוּ בְּעֶרֶב שַׁבָּת בֵּין הַשְּׁמָשׁוֹת, וְאֵלּוּ הֵן, פִּי הָאָרֶץ, וּפִי הַבְּאֵר, וּפִי הָאָתוֹן, וְהַקֶּשֶׁת, וְהַמָּן, וְהַמַּטֶּה, וְהַשָּׁמִיר, וְהַכְּתָב, וְהַמִּכְתָּב, וְהַלּוּחוֹת. וְיֵשׁ אוֹמְרִים, אַף הַמַּזִּיקִין, וּקְבוּרָתוֹ שֶׁל מֹשֶׁה, וְאֵילוֹ שֶׁל אַבְרָהָם אָבִינוּ. וְיֵשׁ אוֹמְרִים, אַף צְבָת בִּצְבָת עֲשׂוּיָה :

안식일이 〔시작하는〕 저녁 해질녘에 열 가지가 창조되었다. 이것들은 다음과 같다. 땅의 입구, 우물의 입구, 나귀의 입, 무지개, 만나, 지팡이, 샤미르 벌레[19], 글자, 글, 돌판. 이렇게 말하기도 한다. 파괴자[20], 모세의 무덤, 우리 조상 아브라함의 숫양. 이렇게 말하기도 한다. 부젓가락으로 만든 부젓가락.

- 땅의 입구(민 16:32), 우물의 입구(21:16-18), 나귀의 입(22:28), 무지개(창 9:13), 만나(출 16:15), 지팡이(4:17), 글(32:16), 돌판(34:1).
- 부젓가락은 불덩어리를 집거나 불을 헤치는 데 사용되는 젓가락이다. 부젓가락을 만들기 위해 녹은 쇳물을 붓는데 이미 다른 부젓가락이 존재했을 것이다. 랍비들은 이 최초의 부젓가락은 하늘에서 주어졌다고 가르친다.

5, 7

שִׁבְעָה דְבָרִים בַּגֹּלֶם וְשִׁבְעָה בֶחָכָם. חָכָם אֵינוֹ מְדַבֵּר בִּפְנֵי מִי שֶׁהוּא גָדוֹל מִמֶּנּוּ בְחָכְמָה וּבְמִנְיָן, וְאֵינוֹ נִכְנָס לְתוֹךְ דִּבְרֵי חֲבֵרוֹ, וְאֵינוֹ נִבְהָל לְהָשִׁיב, שׁוֹאֵל כָּעִנְיָן וּמֵשִׁיב כַּהֲלָכָה, וְאוֹמֵר עַל רִאשׁוֹן רִאשׁוֹן וְעַל אַחֲרוֹן אַחֲרוֹן, וְעַל מַה שֶּׁלֹּא שָׁמַע, אוֹמֵר לֹא שָׁמָעְתִּי, וּמוֹדֶה עַל הָאֱמֶת. וְחִלּוּפֵיהֶן בַּגֹּלֶם:

일곱 가지가 어리석은 자에게 〔발견되고〕, 일곱 가지가 지혜로운 자에게 〔발견된다〕. 지혜로운 사람은 지혜가 큰 사람 앞에서 말하지 않는다. 그는 동료들의 대화 중간에 끼어들지 않는다. 그는 성급하게 대답하지 않는다. 그는 핵심을 질문하고 법도에 맞게 대답한다. 〔순서

19) 작은 벌레인 샤미르(shamir)는 아무리 단단한 돌도 쪼갤 수 있는 능력을 가졌다. 솔로몬이 성전을 지을 때 이 벌레가 쪼갠 돌을 사용했다고 전해진다.
20) 파괴자는 사탄과 같이 창조된 질서를 무너뜨리려는 세력을 말한다.

대로〕 말한다. 첫 번째는 첫째로, 마지막은 마지막에 〔말한다〕. 듣지 않은 것은 "저는 들어보지 못했습니다"라고 말한다. 진실을 인정한다. 어리석은 자는 이와 반대다.

- 현명한 사람의 다양한 특성에 대하여 말한다. '진실을 인정한다'는 것은 자신의 주장이 잘못되었다는 것을 아는 순간 이를 인정하고 다른 사람의 견해를 받아들일 수 있다는 의미다.

5, 8

שִׁבְעָה מִינֵי פֻרְעָנֻיּוֹת בָּאִין לָעוֹלָם עַל שִׁבְעָה גוּפֵי עֲבֵרָה. מִקְצָתָן מְעַשְּׂרִין וּמִקְצָתָן אֵינָן מְעַשְּׂרִין, רָעָב שֶׁל בַּצֹּרֶת בָּאָה, מִקְצָתָן רְעֵבִים וּמִקְצָתָן שְׂבֵעִים. גָּמְרוּ שֶׁלֹּא לְעַשֵּׂר, רָעָב שֶׁל מְהוּמָה וְשֶׁל בַּצֹּרֶת בָּאָה. וְשֶׁלֹּא לִטֹּל אֶת הַחַלָּה, רָעָב שֶׁל כְּלָיָה בָּאָה. דֶּבֶר בָּא לָעוֹלָם עַל מִיתוֹת הָאֲמוּרוֹת בַּתּוֹרָה שֶׁלֹּא נִמְסְרוּ לְבֵית דִּין, וְעַל פֵּרוֹת שְׁבִיעִית. חֶרֶב בָּאָה לָעוֹלָם עַל עִנּוּי הַדִּין, וְעַל עִוּוּת הַדִּין, וְעַל הַמּוֹרִים בַּתּוֹרָה שֶׁלֹּא כַהֲלָכָה:

일곱 가지의 죄에 대하여 이 세상에 일곱 가지의 처벌이 생겼다. 누군가는 십일조를 바치고 누군가는 십일조를 바치지 않으면, 가뭄으로 기근이 들어 누군가는 굶주리고 누군가는 배부른다. 아무도 십일조를 바치지 않기로 정했다면, 소요와 가뭄으로 기근이 든다. 떡[21] 제물을 따로 떼어놓지 않으면, 파멸의 기근이 든다. 토라에 기록된 사형이 법정에서 실행되지 않거나 안식년의 열매로 인해 역병이 이 세상에 온다. 재판의 지연이나 재판의 왜곡 그리고 율법에 맞지 않게 토라를 가르치는 자들로 인해 칼이 이 세상에 온다.

- 기근, 역병, 전쟁(칼)은 대표적인 재앙들이다. 랍비들은 이러한 재앙

21) 히브리어로 '할라'라고 하는 떡 제물의 규정은 민수기 15:18-21에 나온다.

이 닥치는 원인은 그전에 사람들이 율법을 어겼기 때문이라고 가르친다.

5, 9

חַיָּה רָעָה בָאָה לָעוֹלָם עַל שְׁבוּעַת שָׁוְא, וְעַל חִלּוּל הַשֵּׁם. גָּלוּת בָּאָה לָעוֹלָם עַל עוֹבְדֵי עֲבוֹדָה זָרָה, וְעַל גִּלּוּי עֲרָיוֹת, וְעַל שְׁפִיכוּת דָּמִים, וְעַל הַשְׁמָטַת הָאָרֶץ. בְּאַרְבָּעָה פְרָקִים הַדֶּבֶר מִתְרַבֶּה, בָּרְבִיעִית, וּבַשְּׁבִיעִית, וּבְמוֹצָאֵי שְׁבִיעִית, וּבְמוֹצָאֵי הֶחָג שֶׁבְּכָל שָׁנָה וְשָׁנָה. בָּרְבִיעִית, מִפְּנֵי מַעְשַׂר עָנִי שֶׁבַּשְּׁלִישִׁית. בַּשְּׁבִיעִית, מִפְּנֵי מַעְשַׂר עָנִי שֶׁבַּשִּׁשִּׁית. וּבְמוֹצָאֵי שְׁבִיעִית, מִפְּנֵי פֵרוֹת שְׁבִיעִית. וּבְמוֹצָאֵי הֶחָג שֶׁבְּכָל שָׁנָה וְשָׁנָה, מִפְּנֵי גֶזֶל מַתְּנוֹת עֲנִיִּים:

헛된 맹세와 〔하나님의〕 이름의 모독으로 이 세상에 악한 짐승이 온다. 우상숭배나 근친상간이나 피흘림이나 땅의 해방으로 이 세상에 유배(流配)가 온다. 넷째 〔해〕, 일곱째 〔해〕, 일곱째 〔해〕 말, 그리고 매년 초막절 후, 〔7년 동안〕 네 번이나 역병이 증가했다. 넷째 〔해〕에는 셋째 〔해〕 가난한 자들을 위한 십일조 때문이었다. 일곱째 〔해〕에는 여섯째 〔해〕 가난한 자들을 위한 십일조 때문이었다. 일곱째 〔해〕 말에는 일곱째 〔해〕 열매 때문이었다. 매년 초막절 후에는 가난한 자들의 위한 선물이 도난〔당했기〕 때문이었다.

- 랍비들은 이어서 가난한 자들을 위한 십일조가 적절하게 걷히지 않았거나 추수할 때 가난한 자들을 위해 들에 남겨놓아야 할 곡식이나 열매까지 주인이 가져갔기 때문에 역병이 발생했다고 설명한다.

5, 10

אַרְבַּע מִדּוֹת בָּאָדָם. הָאוֹמֵר שֶׁלִּי שֶׁלִּי וְשֶׁלְּךָ שֶׁלָּךְ, זוֹ מִדָּה בֵינוֹנִית. וְיֵשׁ אוֹמְרִים, זוֹ מִדַּת סְדוֹם. שֶׁלִּי שֶׁלְּךָ וְשֶׁלְּךָ שֶׁלִּי, עַם הָאָרֶץ. שֶׁלִּי שֶׁלָּךְ וְשֶׁלְּךָ

שֶׁלְּךָ, חָסִיד. שֶׁלִּי שֶׁלִּי וְשֶׁלְּךָ שֶׁלִּי, רָשָׁע:

네 유형의 사람이 있다. "내 것은 내 것이고 당신 것은 당신 것입니다"라고 말하는 사람은 보통 유형인데, 이것을 소돔 유형이라고 부르는 사람도 있다. "내 것은 당신 것이고 당신 것은 내 것입니다"라고 말하는 사람은 무지한 사람이다. "내 것은 당신 것이고 당신 것도 당신 것입니다"라고 말한 사람은 자비로운 사람이다. "내 것은 내 것이고 당신 것도 내 것입니다"라고 말한 사람은 악한 사람이다.

- '무지한 사람'으로 번역한 '암 하아레쯔'는 율법을 알지 못해 지키지 않는 사람을 뜻한다.

5, 11

אַרְבַּע מִדּוֹת בַּדֵּעוֹת. נוֹחַ לִכְעֹס וְנוֹחַ לִרְצוֹת, יָצָא שְׂכָרוֹ בְהֶפְסֵדוֹ. קָשֶׁה לִכְעֹס וְקָשֶׁה לִרְצוֹת, יָצָא הֶפְסֵדוֹ בִשְׂכָרוֹ. קָשֶׁה לִכְעֹס וְנוֹחַ לִרְצוֹת, חָסִיד. נוֹחַ לִכְעֹס וְקָשֶׁה לִרְצוֹת, רָשָׁע:

〔사람의〕 기질에 네 가지 유형이 있다. 쉽게 화내고 쉽게 풀어진다. 그가 얻은 것은 잃게 된다. 어렵게 화내고 어렵게 풀어진다. 그가 잃은 것을 얻게 된다. 어렵게 화내고 쉽게 풀어지는 사람은 자비로운 사람이다. 쉽게 화내고 어렵게 풀어지는 사람은 악한 사람이다.

- 가급적 화내지 않고 화가 나더라도 금방 푸는 사람이 되어야 한다.

5, 12

אַרְבַּע מִדּוֹת בַּתַּלְמִידִים. מַהֵר לִשְׁמֹעַ וּמַהֵר לְאַבֵּד, יָצָא שְׂכָרוֹ בְהֶפְסֵדוֹ. קָשֶׁה לִשְׁמֹעַ וְקָשֶׁה לְאַבֵּד, יָצָא הֶפְסֵדוֹ בִשְׂכָרוֹ. מַהֵר לִשְׁמֹעַ וְקָשֶׁה לְאַבֵּד, חָכָם. קָשֶׁה לִשְׁמֹעַ וּמַהֵר לְאַבֵּד, זֶה חֵלֶק רָע:

네 가지 유형의 학생들이 있다. 빨리 이해하고 빨리 잊어버리는 〔학생이다〕. 그가 얻을 것을 잃게 된다. 어렵게 이해하고 어렵게 잊는 〔학생이다〕. 그가 잃은 것은 얻게 된다. 빨리 이해하고 어렵게 잊는 〔학생〕은 지혜롭다. 어렵게 이해하고 쉽게 잊어버리면 악한 유형이다.

- 오히려 첫 번째 유형보다는 두 번째 유형의 학생이 더 바람직해 보인다. 이해가 빠르더라도 쉽게 잊어버린다면 아무런 소용이 없을 것이다. 두 번째 학생처럼 이해하는 데 시간이 걸린 경우는 노력의 결과로 기억이 오래 지속된다.
- 세 번째는 아마도 선천적으로 지혜로운 학생이다. 마지막 유형처럼 어렵게 이해하고 쉽게 잊어버리는 학생은 가장 불행한 경우다.

5, 13

אַרְבַּע מִדּוֹת בְּנוֹתְנֵי צְדָקָה. הָרוֹצֶה שֶׁיִּתֵּן וְלֹא יִתְּנוּ אֲחֵרִים, עֵינוֹ רָעָה בְּשֶׁל אֲחֵרִים. יִתְּנוּ אֲחֵרִים וְהוּא לֹא יִתֵּן, עֵינוֹ רָעָה בְּשֶׁלּוֹ. יִתֵּן וְיִתְּנוּ אֲחֵרִים, חָסִיד. לֹא יִתֵּן וְלֹא יִתְּנוּ אֲחֵרִים, רָשָׁע:

네 가지 자선하는 유형이 있다. 자신은 주기를 원하지만 다른 사람이 주는 것을 〔원하지〕 않는 사람이다. 그의 눈은 다른 사람의 소유에 악하다. 다른 사람들이 주고 자신은 주지 않기를 〔원하는〕 사람이다. 그의 눈은 자신의 소유에 악하다. 자신도 주고 다른 사람들도 주기를 〔원하는〕 사람은 자비로운 사람이다. 자신도 주지 않고 다른 사람들도 주지 않는 것을 〔원하는〕 사람은 악한 사람이다.

- 다른 사람이 자선하는 것을 원치 않는다는 말은 자신보다 다른 사람이 더 존경을 받지 않을까 염려하고 시기하기 때문이다.

5, 14

אַרְבַּע מִדּוֹת בְּהוֹלְכֵי לְבֵית הַמִּדְרָשׁ. הוֹלֵךְ וְאֵינוֹ עוֹשֶׂה, שְׂכַר הֲלִיכָה בְּיָדוֹ. עוֹשֶׂה וְאֵינוֹ הוֹלֵךְ, שְׂכַר מַעֲשֶׂה בְּיָדוֹ. הוֹלֵךְ וְעוֹשֶׂה, חָסִיד. לֹא הוֹלֵךְ וְלֹא עוֹשֶׂה, רָשָׁע:

학습소에 다니는 네 가지 유형이 있다. 〔학습소에〕 다니지만 실천하지 않는 〔유형〕이다. 〔학습소에〕 다니는 상이 그의 손에 있다. 실천은 하지만 〔학습소에〕 다니지는 않는 〔유형〕이다. 행동에 따른 상이 그의 손에 있다. 〔학습소에〕 다니고 실천하는 사람은 자비로운 〔제자〕다. 〔학습소에〕 다니지도 않고 실천하지도 않는 사람은 악하다.

- '상이 손에 있다'는 말은 그에 대한 배상을 이미 받았다는 의미다.

5, 15

אַרְבַּע מִדּוֹת בְּיוֹשְׁבִים לִפְנֵי חֲכָמִים. סְפוֹג, וּמַשְׁפֵּךְ, מְשַׁמֶּרֶת, וְנָפָה. סְפוֹג, שֶׁהוּא סוֹפֵג אֶת הַכֹּל. מַשְׁפֵּךְ, שֶׁמַּכְנִיס בְּזוֹ וּמוֹצִיא בְזוֹ. מְשַׁמֶּרֶת, שֶׁמּוֹצִיאָה אֶת הַיַּיִן וְקוֹלֶטֶת אֶת הַשְּׁמָרִים. וְנָפָה, שֶׁמּוֹצִיאָה אֶת הַקֶּמַח וְקוֹלֶטֶת אֶת הַסֹּלֶת:

현자들 앞에 앉아 있는 사람들의 네 가지 유형이 있다. 스폰지, 깔때기, 여과기, 체. 스폰지는 모든 것을 흡수한다. 깔때기는 이쪽에서 들어가서 저쪽으로 나온다. 여과기는 포도주를 찌꺼기는 남게 한다. 체는 밀가루를 체질하여 고운 가루를 남게 한다.

- 학생들의 유형을 네 가지 물건에 비유하고 있다. 좋은 것이든 나쁜 것이든 흡수하는 학생을 스폰지에 비유하고, 배운 바를 쉽게 잊어버리는 학생을 깔때기에 비유한다.
- 포도주를 흘려 보내고 찌꺼기만 남기는 여과기는 좋은 것을 잊어버

리고 나쁜 것만 간직하는 학생을 비유한다. 가장 바람직한 경우는 고운 곡식 가루만을 남기고 걸러주는 체처럼 좋은 지식들을 모아 간직하는 학생이다.

5, 16

כָּל אַהֲבָה שֶׁהִיא תְלוּיָה בְדָבָר, בָּטֵל דָּבָר, בְּטֵלָה אַהֲבָה. וְשֶׁאֵינָהּ תְּלוּיָה בְדָבָר, אֵינָהּ בְּטֵלָה לְעוֹלָם. אֵיזוֹ הִיא אַהֲבָה הַתְּלוּיָה בְדָבָר, זוֹ אַהֲבַת אַמְנוֹן וְתָמָר. וְשֶׁאֵינָהּ תְּלוּיָה בְדָבָר, זוֹ אַהֲבַת דָּוִד וִיהוֹנָתָן:

무엇에 달린 사랑은 무엇이 취소되면 사랑도 취소된다. 무엇에 달리지 않은 사랑은 영원히 취소되지 않는다. 어떤 사랑이 무엇에 달린 사랑인가? 그것은 암논과 다말의 사랑이다. 어떤 사랑이 무엇에 달리지 않는 〔사랑이 무엇인가?〕 그것은 다윗과 요나단의 사랑이다.

- 성적인 욕망에 의한 사랑은 그 욕망이 사라지면 사랑 또한 사라지게 된다. 대표적인 사랑이 암논과 다말 사이의 사랑이다(삼하 13장).

5, 17

כָּל מַחֲלֹקֶת שֶׁהִיא לְשֵׁם שָׁמַיִם, סוֹפָהּ לְהִתְקַיֵּם. וְשֶׁאֵינָהּ לְשֵׁם שָׁמַיִם, אֵין סוֹפָהּ לְהִתְקַיֵּם. אֵיזוֹ הִיא מַחֲלֹקֶת שֶׁהִיא לְשֵׁם שָׁמַיִם, זוֹ מַחֲלֹקֶת הִלֵּל וְשַׁמַּאי. וְשֶׁאֵינָהּ לְשֵׁם שָׁמַיִם, זוֹ מַחֲלֹקֶת קֹרַח וְכָל עֲדָתוֹ:

하늘의 이름을 위한 모든 분쟁은 결국 지속된다. 하늘의 이름을 위하지 않은 〔분쟁〕은 결국 지속되지 않는다. 어떤 분쟁이 하늘의 이름을 위한 것인가? 그것은 힐렐과 샴마이의 분쟁이다. 〔어떤 분쟁이〕 하늘의 이름을 위하지 않는 것인가? 그것은 고라와 모든 회중들 간의 〔분쟁이다〕.

- 가장 대표적인 학문 논쟁이 힐렐과 샴마이 사이에 있었고 그것도 오랫동안 지속되었다. 미쉬나 시대에는 힐렐 학파의 견해가 우세했지만 여전히 샴마이 학파를 따르는 학생들이 있었다. 이후 탈무드 시대에는 이미 힐렐 학파의 주장이 정통으로 받아들여졌고 샴마이 학파의 견해는 수업 차원에서 논의되었다.
- 고라와 회중들이 모세를 대항한 사건(민 16장)에 대하여 랍비들은 하늘을 위한 논쟁이 아니라 지극히 사적인 목적이라고 말한다.

5, 18

כָּל הַמְזַכֶּה אֶת הָרַבִּים, אֵין חֵטְא בָּא עַל יָדוֹ. וְכָל הַמַּחֲטִיא אֶת הָרַבִּים, אֵין מַסְפִּיקִין בְּיָדוֹ לַעֲשׂוֹת תְּשׁוּבָה. מֹשֶׁה זָכָה וְזִכָּה אֶת הָרַבִּים, זְכוּת הָרַבִּים תָּלוּי בּוֹ, שֶׁנֶּאֱמַר (דברים לג) צִדְקַת ה' עָשָׂה וּמִשְׁפָּטָיו עִם יִשְׂרָאֵל. יָרָבְעָם חָטָא וְהֶחֱטִיא אֶת הָרַבִּים, חֵטְא הָרַבִּים תָּלוּי בּוֹ, שֶׁנֶּאֱמַר (מלכים א טו) עַל חַטֹּאות יָרָבְעָם (בֶּן נְבָט) אֲשֶׁר חָטָא וַאֲשֶׁר הֶחֱטִיא אֶת יִשְׂרָאֵל:

대중을 의롭게 하는 사람은 그로 인해 죄가 오지 않는다. 대중을 죄짓게 하는 사람은 그로 인해 회개하지 않는다. 모세는 의로웠으며 대중을 의로 이끌었다. 대중의 의가 그에게 달렸다. 〔성경에〕 기록되었듯이, “그가 여호와의 공의와 이스라엘과 세우신 법도를 행하도다”(신 33:21). 여로보암은 죄를 지었고 대중을 죄짓게 했다. 대중의 죄가 그에게 달렸다. 〔성경에〕 기록되었듯이, “여로보암이 범죄하고 또 이스라엘에게 범하게 한 죄로 말미암음이며”(왕상 15:30).

- 대중을 이끄는 지도자의 역할은 너무나 중요하다. 지도자는 대중을 의롭게 인도할 수도 있고 죄를 짓게 만들 수도 있다.

5, 19

כָּל מִי שֶׁיֵּשׁ בְּיָדוֹ שְׁלשָׁה דְבָרִים הַלָּלוּ, מִתַּלְמִידָיו שֶׁל אַבְרָהָם אָבִינוּ. וּשְׁלשָׁה דְבָרִים אֲחֵרִים, מִתַּלְמִידָיו שֶׁל בִּלְעָם הָרָשָׁע. עַיִן טוֹבָה, וְרוּחַ נְמוּכָה, וְנֶפֶשׁ שְׁפָלָה, מִתַּלְמִידָיו שֶׁל אַבְרָהָם אָבִינוּ. עַיִן רָעָה, וְרוּחַ גְּבוֹהָה, וְנֶפֶשׁ רְחָבָה, מִתַּלְמִידָיו שֶׁל בִּלְעָם הָרָשָׁע. מַה בֵּין תַּלְמִידָיו שֶׁל אַבְרָהָם אָבִינוּ לְתַלְמִידָיו שֶׁל בִּלְעָם הָרָשָׁע. תַּלְמִידָיו שֶׁל אַבְרָהָם אָבִינוּ, אוֹכְלִין בָּעוֹלָם הַזֶּה וְנוֹחֲלִין בָּעוֹלָם הַבָּא, שֶׁנֶּאֱמַר (משלי ח) לְהַנְחִיל אֹהֲבַי יֵשׁ, וְאֹצְרֹתֵיהֶם אֲמַלֵּא. אֲבָל תַּלְמִידָיו שֶׁל בִּלְעָם הָרָשָׁע יוֹרְשִׁין גֵּיהִנֹּם וְיוֹרְדִין לִבְאֵר שַׁחַת, שֶׁנֶּאֱמַר (תהלים נה) וְאַתָּה אֱלֹהִים תּוֹרִדֵם לִבְאֵר שַׁחַת, אַנְשֵׁי דָמִים וּמִרְמָה לֹא יֶחֱצוּ יְמֵיהֶם, וַאֲנִי אֶבְטַח בָּךְ:

아래 세 가지를 가지고 있는 사람은 누구나 아브라함 우리 조상의 제자들이다. 다른 세 가지를 가지고 있으면 악한 발람의 제자들이다. 선한 눈, 겸손한 기질, 겸손함 마음이 아브라함 우리 조상의 제자들에게 〔있다〕. 악한 눈, 거만한 기질, 오만한 마음이 악한 발람의 제자들에게 〔있다〕. 우리 조상 아브라함의 제자들과 악한 발람의 제자들 사이의 〔차이점〕은 무엇인가? 우리 조상 아브라함의 제자들은 이 세상에서도 먹고 다음 세상에서도 상속받는다. 〔성경에〕 기록되었듯이, "나를 사랑하는 자가 재물을 얻어서 그 곳간에 채우게 하려 함이니라"(잠 8:21). 하지만 악한 발람의 제자들은 지옥을 물려받을 것이며 파멸의 구덩이로 내려갈 것이다. 〔성경에〕 기록되었듯이, "하나님이여 주께서 그들로 파멸의 구덩이에 빠지게 하시리이다. 피를 흘리게 하며 속이는 자들은 그들의 날의 반도 살지 못할 것이나 나는 주를 의지하리이다"(시 55:23).

- 아브라함을 따르는 제자들과 발람을 따르는 제자들을 대조적으로 비교한다. 흥미로운 점은 두 사람 모두 나귀에 안장을 지우는 인물로 등장한다(창 22:3; 민 22:21).

5, 20

יְהוּדָה בֶן תֵּימָא אוֹמֵר, הֱוֵי עַז כַּנָּמֵר, וְקַל כַּנֶּשֶׁר, וְרָץ כַּצְּבִי, וְגִבּוֹר כָּאֲרִי, לַעֲשׂוֹת רְצוֹן אָבִיךָ שֶׁבַּשָּׁמָיִם. הוּא הָיָה אוֹמֵר, עַז פָּנִים לְגֵיהִנֹּם, וּבֹשֶׁת פָּנִים לְגַן עֵדֶן. יְהִי רָצוֹן מִלְּפָנֶיךָ יְיָ אֱלֹהֵינוּ שֶׁתִּבְנֶה עִירְךָ בִּמְהֵרָה בְיָמֵינוּ וְתֵן חֶלְקֵנוּ בְּתוֹרָתֶךָ:

예후다 벤 테이마는 말한다. "표범처럼 강하고, 독수리처럼 날쌔고, 영양처럼 뛰고, 사자처럼 용맹하게 하늘에 계신 당신의 아버지의 뜻을 행하십시오." 그는 말했다. "낯 두꺼운 자는 지옥으로, 낯 부끄러워하는 자는 에덴 동산으로 〔갑니다〕. 당신의 도시가 우리 세대에 빨리 세워지고 당신의 토라에 우리의 몫을 주시는 것이 당신의 뜻이길 바랍니다!"

- 토라에서 말하는 하나님의 뜻을 지키고 실천하는 것을 동물들의 외형적인 특징으로 비유하고 있다.
- 마지막은 하나님께, 예루살렘이 다시 재건되고 토라에 대한 우선권을 바라는 기도로 마친다.

5, 21

הוּא הָיָה אוֹמֵר, בֶּן חָמֵשׁ שָׁנִים לַמִּקְרָא, בֶּן עֶשֶׂר לַמִּשְׁנָה, בֶּן שְׁלֹשׁ עֶשְׂרֵה לַמִּצְוֹת, בֶּן חֲמֵשׁ עֶשְׂרֵה לַתַּלְמוּד, בֶּן שְׁמֹנֶה עֶשְׂרֵה לַחֻפָּה, בֶּן עֶשְׂרִים לִרְדֹּף, בֶּן שְׁלֹשִׁים לַכֹּחַ, בֶּן אַרְבָּעִים לַבִּינָה, בֶּן חֲמִשִּׁים לָעֵצָה, בֶּן שִׁשִּׁים לַזִּקְנָה, בֶּן שִׁבְעִים לַשֵּׂיבָה, בֶּן שְׁמֹנִים לַגְּבוּרָה, בֶּן תִּשְׁעִים לָשׁוּחַ , בֶּן מֵאָה כְּאִלּוּ מֵת וְעָבַר וּבָטֵל מִן הָעוֹלָם:

그는 말했다. "다섯 살에 성경을 〔공부하고〕, 열 살에 미쉬나를 〔공부하고〕, 열세 살에 〔율법의〕 의무를 〔지키고〕, 열다섯 살에 탈무드를 〔공부하고〕, 열여덟 살에 신부의 침실에 〔들어가고〕, 스무 살에 〔생계를〕 좇고, 서른 살은 권력을, 마흔 살은 통찰을, 쉰 살은 조언을, 예순 살은 노년을, 일흔 살은 만년을, 여든 살은 강건을, 아흔 살은 구부러진 허리를, 백 살은 죽어서 이 세상을 떠난 것과 같습니다.

- 시기별로 해야 할 공부와 일에 대해 말한다. 여기에서 말하는 목록들은 나이에 따른 단계별 또는 이상적인 순서를 의미한다.
- 일반적으로 다섯 살 정도의 아이들은 읽기 시작하는데 성경 읽기부터 시작해야 한다는 의미다. 열세 살부터는 자신의 잘못이나 죄에 대하여 책임을 지기 시작한다. 열다섯 살부터 보다 복잡하고 논리적인 공부가 가능하다. 그래서 열다섯은 탈무드 공부를 시작하기 적합한 나이다.
- 랍비들은 열여덟 정도에 일찍 결혼하는 것을 이상적으로 보았다. 그래서 아이가 생기는 스무 살에는 전문적인 직업을 가져야 한다.
- 서른 살에는 신체적으로 절정에 이르고 마흔 살에는 지적으로 최고에 이른다. 그래서 쉰 살에는 다른 사람에게 조언할 단계에 이른다.
- 예순 살부터 늙기 시작해서 일흔 살을 '만년'이라고 부르는데, 이것은 다윗이 죽은 해에 대한 묘사에서 차용했다(대상 29:28). 성경은 건강한 노인이 여든 살까지 살 수 있다고 전한다(시 90:10). 아흔 살에는 모든 노인들의 허리가 구부러진다. 100세가 되면 죽은 것과 마찬가지며 보지도 듣지도 못하게 된다.

5, 22

בֶּן בַּג בַּג אוֹמֵר, הֲפֹךְ בָּהּ וַהֲפֹךְ בָּהּ, דְּכֹלָּא בָהּ. וּבָהּ תֶּחֱזֵי, וְסִיב וּבְלֵה בָהּ, וּמִנַּהּ לֹא תָזוּעַ, שֶׁאֵין לְךָ מִדָּה טוֹבָה הֵימֶנָּה:

벤 박박은 말한다. "〔토라를〕 뒤집고 뒤집으십시오. 모든 것이 안에 있기 때문입니다. 그리고 그것을 쳐다보십시오. 늙고 닳을 때까지 그것을 떠나지 마십시오. 〔왜냐하면〕 당신에게 이보다 더 좋은 몫은 없

기 때문입니다."

- 토라의 피상적인 의미뿐만 아니라 보다 깊은 의미를 알기 위해서는 거듭 살펴보고 다시 연구할 필요가 있다.
- 토라는 늙어서까지 계속 연구할 가치가 있다.

5, 23

בֶּן הֵא הֵא אוֹמֵר, לְפוּם צַעֲרָא אַגְרָא:

벤 헤헤는 말한다. "배상은 노력에 상응한다."

- 토라 공부와 실천 정도에 따라 상이 뒤따른다.

עבודה זרה

9

아보다 자라

이방 제의

“모든 형상은 금지됩니다. 왜냐하면 그것들은 1년에 최소 한 번 숭배되기 때문입니다”라고 랍비 메이르가 말한다. 현자들은 말한다. “손에 지팡이나 새 혹은 구체를 들고 있지 않는 형상은 금지되지 않습니다.” 라반 쉼온 벤 감리엘은 말한다. “손에 어떤 것이든 들고 있는 모든 형상이 금지됩니다.”
_「아보다 자라」 3, 1

개요

「아보다 자라」(עבודה זרה)는 그 제목이 이방 제의를 뜻하며 보통 우상숭배로 번역되기도 한다. 우상숭배는 성서에서 가장 강력하게 금지하는 규정으로 이미 「산헤드린」에서 다루었다.

「아보다 자라」는 우선적으로 우상숭배자, 우상숭배와 관련된 물건들과 어떤 관계를 가져야 하는지를 다루는 법규정들을 담고 있다.

- **관련 성경구절 | 신명기 7:25-26, 12:3, 13:17**

제1장

1, 1

לִפְנֵי אֵידֵיהֶן שֶׁל גּוֹיִם שְׁלֹשָׁה יָמִים אָסוּר לָשֵׂאת וְלָתֵת עִמָּהֶן, לְהַשְׁאִילָן וְלִשְׁאֹל מֵהֶן, לְהַלְוֹתָן וְלִלְוֹת מֵהֶן, לְפָרְעָן וְלִפָּרַע מֵהֶן. רַבִּי יְהוּדָה אוֹמֵר, נִפְרָעִין מֵהֶן מִפְּנֵי שֶׁהוּא מֵצֵר לוֹ. אָמְרוּ לוֹ, אַף עַל פִּי שֶׁמֵּצֵר הוּא עַכְשָׁיו, שָׂמֵחַ הוּא לְאַחַר זְמַן:

우상숭배자의 축제 3일 전부터는 그들과 거래를 하거나, 그들에게 물건을 빌려주거나 빌리거나, 돈을 빌려주거나 빌리거나, 빚을 갚거나 채무를 받거나 하는 것이 금지된다. 랍비 예후다는 말한다. "그를 슬프게 만들기 때문에 그로부터 상환받을 수는 있습니다." 〔랍비들이〕 그에게 말했다. "〔상환은〕 지금은 그를 슬프게 만들지만, 후에는 그를 기쁘게 만듭니다."

- 랍비들은 우상숭배자들이 자신들의 신에게 감사할 거리를 주지 않도록 그들과의 모든 거래를 금지했다. 반면에 랍비 예후다는 그들이 채무를 갚도록 하는 것은 그들을 슬프게 만들기 때문에 가능하다고 말한다. 하지만 랍비들은 빚을 상환하는 것은 당장에는 슬픈 일이지만 결국 기쁘게 만드는 일이기 때문에 금지했다.

1, 2

רַבִּי יִשְׁמָעֵאל אוֹמֵר, שְׁלֹשָׁה יָמִים לִפְנֵיהֶם וּשְׁלֹשָׁה יָמִים לְאַחֲרֵיהֶם, אָסוּר. וַחֲכָמִים אוֹמְרִים, לִפְנֵי אֵידֵיהֶן אָסוּר, לְאַחַר אֵידֵיהֶן מֻתָּר:

랍비 이쉬마엘이 말한다. "〔축제〕 3일 전과 3일 후에 〔모든 거래를〕 금지합니다." 하지만 현자들은 말한다. "축제 전에는 〔모든 거래를〕 금지하지만, 축제 후에는 가능합니다."

- 앞의 미쉬나에 이어진 내용으로 랍비 이쉬마엘은 비유대인들 축제 3일 전과 3일 후까지도 그들과 상업적인 거래를 하지 말라고 한다. 하지만 그의 주장은 다수의 랍비들에 의해 거부된다.

1, 3

וְאֵלּוּ אֵידֵיהֶן שֶׁל גּוֹיִם, קָלֶנְדָּא, וּסְטַרְנוּרָא, וּקְרָטֵסִים, וְיוֹם גְּנֻסְיָא שֶׁל מְלָכִים, וְיוֹם הַלֵּידָה, וְיוֹם הַמִּיתָה, דִּבְרֵי רַבִּי מֵאִיר. וַחֲכָמִים אוֹמְרִים, כָּל מִיתָה שֶׁיֵּשׁ בָּהּ שְׂרֵפָה, יֵשׁ בָּהּ עֲבוֹדָה זָרָה. וְשֶׁאֵין בָּהּ שְׂרֵפָה, אֵין בָּהּ עֲבוֹדָה זָרָה. יוֹם תִּגְלַחַת זְקָנוֹ וּבְלוֹרִיתוֹ, יוֹם שֶׁעָלָה בוֹ מִן הַיָּם, וְיוֹם שֶׁיָּצָא בוֹ מִבֵּית הָאֲסוּרִים, וְגוֹי שֶׁעָשָׂה מִשְׁתֶּה לִבְנוֹ, אֵינוֹ אָסוּר אֶלָּא אוֹתוֹ הַיּוֹם וְאוֹתוֹ הָאִישׁ בִּלְבָד:

이것은 비유대인들의 축제들이다. 월삭, 농신제(農神祭), 크라테시스, 왕 즉위일, 생일, 사망일이라고 랍비 메이르가 말했다. 현자들은 말한다. "망자를 화장할 때에는 반드시 거기에 우상숭배가 있습니다. 화장이 없으면 우상숭배도 없습니다." 수염과 머리카락을 깎는 날, 귀항하는 날, 출소하는 날, 비유대인이 아들을 위해 〔벌이는 결혼〕 잔칫날은 〔3일간〕 금지하는 것이 아니라, 당일과 당사자만 금지한다.

- '월삭'을 로마시대에는 '칼렌다'(kalendae)라고 불렀다. 달력(calendar)이라는 말이 여기서 유래했다. '농신제'는 로마시대의 사투르누스 신을 기리는 축제(Saturnalia) 중 하나로 12월 17일에 열린다. 크라테시스(Kratesis)는 아우구스투스가 이집트 알렉산드리아를 정복한 날을 기념한다. 왕 즉위식도 우상숭배로 가득 찬 축하의 날로 여겨진다. 고대 유대 전통에서는 생일을 비유대인이 지키는 풍습으로 생각했기 때문에 축하하지 않았다.
- 랍비 메이르와 달리 다수의 랍비들은 화장을 하지 않으면 우상숭배로 보지 않았다.

● 수염과 머리카락은 보통 1년에 한 번 자른다.

1, 4

עִיר שֶׁיֵּשׁ בָּהּ עֲבוֹדָה זָרָה, חוּצָה לָהּ מֻתָּר. הָיָה חוּצָה לָהּ עֲבוֹדָה זָרָה, תּוֹכָהּ מֻתָּר. מַהוּ לֵילֵךְ לְשָׁם. בִּזְמַן שֶׁהַדֶּרֶךְ מְיֻחֶדֶת לְאוֹתוֹ מָקוֹם, אָסוּר. וְאִם הָיָה יָכוֹל לְהַלֵּךְ בָּהּ לְמָקוֹם אַחֵר, מֻתָּר. עִיר שֶׁיֵּשׁ בָּהּ עֲבוֹדָה זָרָה וְהָיוּ בָהּ חֲנֻיּוֹת מְעֻטָּרוֹת וְשֶׁאֵינָן מְעֻטָּרוֹת, זֶה הָיָה מַעֲשֶׂה בְּבֵית שְׁאָן, וְאָמְרוּ חֲכָמִים, הַמְעֻטָּרוֹת אֲסוּרוֹת וְשֶׁאֵינָן מְעֻטָּרוֹת מֻתָּרוֹת:

우상숭배가 도시 안에서 있으면, 〔도시〕 밖에서는 〔상거래〕가 가능하다. 〔우상숭배〕가 도시 밖에서 있다면, 도시 안에서는 〔상거래〕가 가능하다. 어떤 경우에 그곳으로 갈 수 있는가? 길이 유일하게 그 장소로만 〔가도록〕 되어 있다면, 〔가는 것이〕 금지된다. 만약 〔길〕이 그 장소에서 다른 곳으로 갈 수 있다면, 〔가는 것이〕 허락된다. 우상숭배의 〔축제〕가 있는 도시에 장식이 된 상점과 장식이 없는 상점이 있으면, 벳샨[1]에서 있었던 일이다. 현자들은 말했다. "장식이 된 〔상점〕은 금지되고, 장식이 없는 〔상점〕은 허락됩니다."

● 축제나 우상숭배가 전국적이 아니고 지역적일 경우에, 도시 안에서 있다면 도시 밖에서는 상거래가 가능하고, 반대로 도시 밖에서 있는 경우에는 도시 안에서는 가능하다.
● 길이 축제가 있는 곳으로만 나 있다면, 그 길로 나설 수 없다. 왜냐하면 그 축제를 축하하기 위해 가는 것으로 간주되기 때문이다.
● 장식이 없는 상점은 축제를 축하하지 않는 것으로 간주되어 그들과 거래하는 것이 가능하다.

1) 벳샨(Beth-Shean)은 이스르엘 평야와 요르단강이 만나는 지점에 위치한 도시다.

אֵלּוּ דְבָרִים אֲסוּרִים לִמְכֹּר לְגוֹיִם, אִצְטְרוֹבָלִין, וּבְנוֹת שׁוּחַ וּפְטוֹטְרוֹתֵיהֶן, וּלְבוֹנָה, וְתַרְנְגוֹל הַלָּבָן. רַבִּי יְהוּדָה אוֹמֵר, מֻתָּר לִמְכּוֹר לוֹ תַּרְנְגוֹל לָבָן בֵּין הַתַּרְנְגוֹלִין. וּבִזְמַן שֶׁהוּא בִפְנֵי עַצְמוֹ, קוֹטֵעַ אֶת אֶצְבָּעוֹ וּמוֹכְרוֹ לוֹ, לְפִי שֶׁאֵין מַקְרִיבִין חָסֵר לַעֲבוֹדָה זָרָה. וּשְׁאָר כָּל הַדְּבָרִים, סְתָמָן מֻתָּר, וּפֵרוּשָׁן אָסוּר. רַבִּי מֵאִיר אוֹמֵר, אַף דֶּקֶל טָב וַחֲצָב וְנִקְלִיבָם אָסוּר לִמְכֹּר לְגוֹיִם:

비유대인들에게 매매를 해서는 안 되는 품목들은 다음과 같다. 전나무 뿔, 흰 무화과와 그 줄기, 유향, 흰 수탉. 랍비 예후다는 말한다. “비유대인에게 다른 수탉과 함께 흰 수탉을 파는 것은 허락됩니다. 하지만 〔흰 수탉〕이 혼자 있다면, 뒷 발톱을 자른 후 팔면 됩니다. 왜냐하면 결함이 있는 〔동물〕은 우상에게 제물로 바치지 않기 때문입니다. 다른 품목에 대해서는, 판매가 특정되지 않은 것들은 허락됩니다. 하지만 특정되었다면 금지됩니다.” 랍비 메이르는 말한다. “좋은 야자, 하자브, 니클리바스도 비유대인들에게 파는 것이 금지됩니다.”

- 특정 물건들을 비유대인에게 팔지 못하게 하는 이유는 그들이 우상숭배에 사용하는 것을 미연에 막아 그 행위를 간접적으로나마 돕지 않기 위해서다.
- 랍비 예후다는 흰 수탉을 팔 수 있는 예외적인 경우를 말하고 있다. 우상숭배에 사용되지 않는 많은 일반 수탉 사이에 흰 수탉이 끼어 있는 경우가 대표적이다. 흰 수탉 한 마리만 있다면 일명 ‘며느리 발톱’이라 불리는 뒷 발톱을 자른 후 판매할 수 있다.
- 랍비 메이르도 우상숭배에 사용될 수 있어 비유대인들에게 팔 수 없는 것들을 추가한다. 하자브와 니클리바스도 모두 야자류 과일이다.

1, 6

מְקוֹם שֶׁנָּהֲגוּ לִמְכֹּר בְּהֵמָה דַקָּה לְגוֹיִם, מוֹכְרִין. מְקוֹם שֶׁנָּהֲגוּ שֶׁלֹּא לִמְכֹּר, אֵין מוֹכְרִין. וּבְכָל מָקוֹם אֵין מוֹכְרִין לָהֶם בְּהֵמָה גַסָּה, עֲגָלִים וּסְיָחִים, שְׁלֵמִים וּשְׁבוּרִין. רַבִּי יְהוּדָה מַתִּיר בִּשְׁבוּרָה. וּבֶן בְּתֵירָה מַתִּיר בְּסוּס:

관례적으로 비유대인에게 작은 동물을 팔던 곳에서는 팔아도 된다. 관례적으로 팔지 않던 곳에서는 팔면 안 된다. 그리고 모든 장소에서 큰 가축, 송아지, 망아지는 흠이 없거나 다쳤거나 팔면 안 된다. 랍비 예후다는 다친 것을 허락했다. 벤 베테라는 말을 허락했다.

- 여기서는 우상숭배가 아니라 안식일에 비유대인에게 가축이나 동물을 팔 수 있는지를 다룬다. 이것은 안식일에 가축들에게도 일을 시킬 수 없다는 구약성서 안식일 법이 확장된 것이다.
- 비유대인이 안식일에 일을 하고 가축들에게도 일을 시키는 것을 금지할 수는 없다. 하지만 랍비들은 비유대인들에게 일을 하는 큰 가축들을 팔지 말라는 것이다. 반면에 일하는 것과 관련이 없는 양이나 염소 같은 작은 가축들은 팔 수 있다.

1, 7

אֵין מוֹכְרִין לָהֶם דֻּבִּין וַאֲרָיוֹת וְכָל דָּבָר שֶׁיֵּשׁ בּוֹ נֵזֶק לָרַבִּים. אֵין בּוֹנִין עִמָּהֶם בָּסִילְקִי, גַּרְדּוֹם, וְאִצְטַדְיָא, וּבִימָה. אֲבָל בּוֹנִים עִמָּהֶם בִּימוֹסְיָאוֹת וּבֵית מֶרְחֲצָאוֹת. הִגִּיעוּ לַכִּפָּה שֶׁמַּעֲמִידִין בָּהּ עֲבוֹדָה זָרָה, אָסוּר לִבְנוֹת:

곰이나 사자 그리고 대중들에게 해를 끼칠 수 있는 모든 것들은 팔아서는 안 된다. 그들과 함께 바실리카, 교수대, 경기장을 지어서는 안 된다. 그러나 그들과 함께 공중 목욕탕이나 개인 목욕탕을 짓는 것은 가능하다. [하지만] 우상이 놓여 있는 돔에 도착해서는 [더 이상] 지어서는 안 된다.

- 로마시대 초기에 '바실리카'는 주로 법정으로 사용되었다. 유대인들은 로마의 법률 체계에 깊은 불신을 가지고 있었기 때문에 그들과 함께 바실리카를 짓는 것을 금지했다.
- 목욕탕은 공익을 위한 건축물이기 때문에 그들과 함께 짓는 데 참여할 수 있었다. 그리고 유대인들도 공중 목욕탕을 사용했던 것으로 보인다. 다만, 공중 목욕탕의 돔에는 우상이 놓여 있기 때문에 돔을 짓는 것을 도와서는 안 된다.

1, 8

וְאֵין עוֹשִׂין תַּכְשִׁיטִין לַעֲבוֹדָה זָרָה, קֲטָלָאוֹת וּנְזָמִים וְטַבָּעוֹת. רַבִּי אֱלִיעֶזֶר אוֹמֵר, בְּשָׂכָר מֻתָּר. אֵין מוֹכְרִין לָהֶם בִּמְחֻבָּר לַקַּרְקַע, אֲבָל מוֹכֵר הוּא מִשֶּׁיִּקָּצֵץ. רַבִּי יְהוּדָה אוֹמֵר, מוֹכֵר הוּא לוֹ עַל מְנָת לָקוֹץ. אֵין מַשְׂכִּירִין לָהֶם בָּתִּים בְּאֶרֶץ יִשְׂרָאֵל, וְאֵין צָרִיךְ לוֹמַר שָׂדוֹת. וּבְסוּרְיָא מַשְׂכִּירִין לָהֶם בָּתִּים, אֲבָל לֹא שָׂדוֹת. וּבְחוּץ לָאָרֶץ מוֹכְרִין לָהֶם בָּתִּים וּמַשְׂכִּירִין שָׂדוֹת, דִּבְרֵי רַבִּי מֵאִיר. רַבִּי יוֹסֵי אוֹמֵר, בְּאֶרֶץ יִשְׂרָאֵל מַשְׂכִּירִין לָהֶם בָּתִּים, אֲבָל לֹא שָׂדוֹת. וּבְסוּרְיָא מוֹכְרִין בָּתִּים וּמַשְׂכִּירִין שָׂדוֹת. וּבְחוּצָה לָאָרֶץ מוֹכְרִין אֵלּוּ וָאֵלּוּ:

우상숭배에 사용되는 장식품을 만들어서는 안 된다. 목걸이, 귀걸이, 가락지. 랍비 엘리에제르는 말한다. "돈을 받고 〔파는 것은〕 가능합니다." 땅에 붙어 있는 것을 팔아서는 안 된다. 하지만 〔땅에서〕 잘린 것을 팔 수는 있다. 랍비 예후다는 말한다. "잘라내는 조건으로 팔 수 있습니다." 이스라엘에서 집을 〔비유대인에게〕 임대해 주어서는 안 된다. 밭은 두말할 필요가 없다. 시리아에서 그들에게 집을 임대할 수는 있다. 하지만 밭은 안 된다. "이스라엘 밖에서 집을 팔 수 있고, 밭을 임대해줄 수 있습니다"라고 랍비 메이르가 말한다. 랍비 요쎄는 말한다. "이스라엘에서는 집은 임대해줄 수 있지만, 밭은 안 됩니다. 시리아에서는 집을 팔 수 있고, 밭은 임대해줄 수 있습니다. 그리고 이스라엘 밖에서는 이것도 저것도 팔 수 있습니다."

- 랍비 엘리에제르는 조금 온건한 주장을 한다. 공짜로 장식품을 주는 것은 안 되지만 돈을 받고 파는 것은 가능하다고 말한다.
- 나무처럼 땅에 붙어 있는 것을 파는 것은 금지된다.
- 이스라엘에서는 집이나 밭을 비유대인에게 임대해줄 수 없다. 시리아에서는 밭은 안 되지만 집은 임대해줄 수 있다. 밭을 파는 것이 집보다 더 엄격한 이유는 밭의 소산을 십일조로 드려야 하기 때문이다. 랍비 요쎄가 가장 관대한 입장이다.

1, 9

אַף בִּמְקוֹם שֶׁאָמְרוּ לְהַשְׂכִּיר, לֹא לְבֵית דִּירָה אָמְרוּ, מִפְּנֵי שֶׁהוּא מַכְנִיס לְתוֹכוֹ עֲבוֹדָה זָרָה, שֶׁנֶּאֱמַר (דברים ז) וְלֹא תָבִיא תוֹעֵבָה אֶל בֵּיתֶךָ. וּבְכָל מָקוֹם לֹא יַשְׂכִּיר לוֹ אֶת הַמֶּרְחָץ, מִפְּנֵי שֶׁהוּא נִקְרָא עַל שְׁמוֹ:

비록 임대가 허락된 곳이라도, 〔비유대인이〕 우상을 〔집〕 안으로 가져올 수 있으므로, 거주 목적의 집으로 〔임대를 준〕 것은 아니다. 〔성경에〕 기록되었듯이, "너는 가증한 것을 네 집에 들이지 말라"(신 7:26). 어떤 장소에서도 〔비유대인에게〕 목욕탕을 임대해주어서는 안 된다. 왜냐하면 그 목욕탕은 〔계속해서 유대인〕의 이름으로 불리기 때문이다.

- 집을 비유대인에게 임대해주더라도 그가 거주지로 사용한다면 우상을 집 안으로 가져올 수 있기 때문에 창고처럼 물건을 적재하는 용도로만 임대를 줄 수 있다.
- 목욕탕과 같이 대중에게 알려진 장소는 임대를 주더라도 원주인의 이름으로 불리는 경향이 있다. 이럴 경우 본이 아니게 유대인이 주도적으로 우상숭배를 하는 것으로 비쳐진다. 로마시대 목욕탕에는 돔 아래 부분에 우상이 설치되었다.

제2장

랍비들은 비유대인들이 수간, 성적 타락, 살인 등을 저지를 가능성이 크다고 보고 주의를 기울이라는 규정들을 제시한다.

2, 1

אֵין מַעֲמִידִין בְּהֵמָה בְּפֻנְדְּקָאוֹת שֶׁל גּוֹיִם, מִפְּנֵי שֶׁחֲשׁוּדִין עַל הָרְבִיעָה. וְלֹא תִתְיַחֵד אִשָּׁה עִמָּהֶן, מִפְּנֵי שֶׁחֲשׁוּדִין עַל הָעֲרָיוֹת. וְלֹא יִתְיַחֵד אָדָם עִמָּהֶן, מִפְּנֵי שֶׁחֲשׁוּדִין עַל שְׁפִיכַת דָּמִים. בַּת יִשְׂרָאֵל לֹא תְיַלֵּד אֶת הַנָּכְרִית, מִפְּנֵי שֶׁמְּיַלֶּדֶת בֵּן לַעֲבוֹדָה זָרָה. אֲבָל נָכְרִית מְיַלֶּדֶת בַּת יִשְׂרָאֵל. בַּת יִשְׂרָאֵל לֹא תָנִיק בְּנָהּ שֶׁל נָכְרִית, אֲבָל נָכְרִית מְנִיקָה בְנָהּ שֶׁל יִשְׂרְאֵלִית בִּרְשׁוּתָהּ:

가축을 비유대인의 여관에 세워두어서는 안 된다. 왜냐하면 수간이 의심되기 때문이다. [유대인] 여자가 [비유대인들]과 함께 있어서는 안 된다. 왜냐하면 음란이 의심되기 때문이다. [유대인] 남자가 [비유대인들]과 함께 있어서는 안 된다. 왜냐하면 살인이 의심되기 때문이다. 이스라엘 여성은 비유대인 여성의 출산을 도와서는 안 된다. 왜냐하면 우상숭배자를 태어나게 한 것이기 때문이다. 하지만 비유대인이 이스라엘 여성의 출산을 도울 수 있다. 이스라엘 여성이 비유대인 여성의 아이에게 젖을 먹여서는 안 된다. 하지만 비유대인 여성은 허락을 받은 경우에, 이스라엘 여성의 아이에게 젖을 먹일 수 있다.

- 비유대인 여관 주인이 수간을 할 염려가 있기 때문에 유대인은 자신의 가축을 거기에 두어서는 안 된다.
- 유대인 여성이 비유대인과 '음란'한 행위를 하는 성향이 의심된다는 지극히 성차별적인 인식이 반영되어 있다. 반면에, 유대인 남성이 그들과 혼자 있어서는 안 되는 이유는 비유대인들이 그를 살해할 수도

있기 때문으로 본다.

- 유대인 여성은 비유대인의 출산이나 젖먹이를 도와주어서는 안 된다. 그 아이가 자라서 우상숭배자가 될 것이기 때문이다.

2, 2

מִתְרַפְּאִין מֵהֶן רִפּוּי מָמוֹן, אֲבָל לֹא רִפּוּי נְפָשׁוֹת. וְאֵין מִסְתַּפְּרִין מֵהֶן בְּכָל מָקוֹם, דִּבְרֵי רַבִּי מֵאִיר. וַחֲכָמִים אוֹמְרִים, בִּרְשׁוּת הָרַבִּים מֻתָּר, אֲבָל לֹא בֵּינוֹ לְבֵינוֹ:

돈과 같은 〔가축〕을 〔비유대인 의사〕에게 치료받게 할 수는 있지만, 개인적인 치료를 받아서는 안 된다. "어떤 곳에서든 〔비유대인〕에게 이발해서는 안 됩니다"라고 랍비 메이르는 말한다. 현자들은 말한다. "공공 장소에서는 허락되지만, 〔비유대인 이발사와〕 단 둘이 있는 경우에는 안 됩니다."

- 유대인이 비유대인 의사에게 치료받는 과정에서 해를 입을 수 있기 때문에 치료받는 것을 금지한다.
- 유대인들이 비유대인이 운영하는 이발소에서 가위나 면도기로 살해될 것을 염려한다.

2, 3

אֵלּוּ דְבָרִים שֶׁל גּוֹיִם אֲסוּרִין וְאִסּוּרָן אִסּוּר הֲנָאָה. הַיַּיִן, וְהַחֹמֶץ שֶׁל גּוֹיִם שֶׁהָיָה מִתְּחִלָּתוֹ יַיִן, וְחֶרֶס הַדְרְיָנִי, וְעוֹרוֹת לְבוּבִין. רַבָּן שִׁמְעוֹן בֶּן גַּמְלִיאֵל אוֹמֵר, בִּזְמַן שֶׁהַקֶּרַע שֶׁלּוֹ עָגוֹל, אָסוּר. מָשׁוּךְ, מֻתָּר. בָּשָׂר הַנִּכְנָס לַעֲבוֹדָה זָרָה, מֻתָּר. וְהַיּוֹצֵא, אָסוּר, מִפְּנֵי שֶׁהוּא כְזִבְחֵי מֵתִים, דִּבְרֵי רַבִּי עֲקִיבָא. הַהוֹלְכִין לְתַרְפּוּת, אָסוּר לָשֵׂאת וְלָתֵת עִמָּהֶם. וְהַבָּאִין, מֻתָּרִין:

다음은 〔유대인이 사용하는 것이〕 금지된 비유대인들의 물건들이다. 그로부터 발생하는 이득도 금지된다. 포도주, 처음에 포도주였던 비유대인의 식초, 하드리안 토기, 동물 심장이 뚫린 가죽. 라반 쉼온 감리엘은 말한다. "〔동물 심장의〕 구멍이 원형으로 뚫렸으면 〔그 가죽〕은 금지되지만, 직사각형이면 허락됩니다." "우상숭배에 가져온 고기는 〔사용〕해도 됩니다. 하지만 〔우상숭배〕에서 나온 것은 금지됩니다. 왜냐하면 이것은 '죽은 자에게 제사한 음식'(시 106:28)이기 때문입니다"라고 랍비 아키바는 말한다. 우상숭배를 위해 순례를 떠나는 사람과는 상거래가 금지된다. 〔우상숭배〕에서 돌아오는 사람과는 허락된다.

- 우상숭배에 사용되었을 가능성이 높은 물건들을 유대인들이 사용해서는 안 된다. 그러한 물건을 팔아서 이득을 얻는 것도 금지된다.
- 우상숭배 시 동물의 심장을 제거하고 바친다. 이때 원형으로 뚫어 심장을 꺼내기 때문에, 직사각형은 우상숭배에 사용되지 않았음을 보여준다.
- 우상숭배에 쓰기 위해 가져온 고기라도 아직 바치지 않았으면, 유대인이 사용할 수 있다. 하지만 유대인 음식법에 맞게 처리된 고기가 아니기 때문에 먹지는 못하고 가축 먹이로 사용했을 것이다.
- 비유대인과의 상거래는 제1장에서 이미 다루었다. 하지만 이 미쉬나는 앞 미쉬나와의 유사성으로 인해 여기에 위치했다.

2, 4

נוֹדוֹת הַגּוֹיִם וְקַנְקַנֵּיהֶן וְיַיִן שֶׁל יִשְׂרָאֵל כָּנוּס בָּהֶן, אֲסוּרִין, וְאִסּוּרָן אִסּוּר הֲנָאָה, דִּבְרֵי רַבִּי מֵאִיר. וַחֲכָמִים אוֹמְרִים, אֵין אִסּוּרָן אִסּוּר הֲנָאָה. הַחַרְצַנִּים וְהַזַּגִּין שֶׁל גּוֹיִם אֲסוּרִין, וְאִסּוּרָן אִסּוּר הֲנָאָה, דִּבְרֵי רַבִּי מֵאִיר. וַחֲכָמִים

אוֹמְרִים, לַחִין, אֲסוּרִין, יְבֵשִׁין, מֻתָּרִין. הַמֻּרְיָס וּגְבִינוֹת בֵּית אֻנְיָקִי שֶׁל גּוֹיִם אֲסוּרִין, וְאִסּוּרָן אִסּוּר הֲנָאָה, דִּבְרֵי רַבִּי מֵאִיר. וַחֲכָמִים אוֹמְרִים, אֵין אִסּוּרָן אִסּוּר הֲנָאָה:

"비유대인의 가죽병이나 플라스크에 이스라엘 사람의 포도주를 담는 것은 금지됩니다. 그로부터 발생하는 이득도 금지됩니다"라고 랍비 메이르가 말한다. 현자들은 말한다. "그로부터 발생하는 이득은 금지되지 않습니다." "비유대인의 포도씨나 포도 껍질은 금지됩니다. 그로부터 발생하는 이득도 금지됩니다"라고 랍비 메이르가 말한다. 현자들은 말한다. "생것은 금지됩니다. 하지만 말린 것은 허락됩니다." "비유대인의 생선 소금물과 비티니아산[2] 치즈는 금지됩니다. 그로부터 발생하는 이득도 금지됩니다"라고 랍비 메이르가 말한다. 현자들은 말한다. "그로부터 발생하는 이득은 금지되지 않습니다."

- 가죽병이나 플라스크에 비유대인이 사용하던 포도주가 남아 있어, 이스라엘 사람의 포도주와 섞이게 되기 때문에 먹는 것은 금지된다. 하지만 팔아서 이득을 얻는 것은 허락된다. 하지만 랍비 메이르는 그것도 안 된다고 주장하는 더 엄격한 입장에 서 있다.
- 비티니아산 소는 우상숭배에 사용되는 것으로 알려졌다. 그러한 소의 우유로 만든 치즈도 먹어서는 안 된다. 현자들은 랍비 메이르와 달리 팔아서 이득을 남길 수는 있다고 말한다.

2, 5

אָמַר רַבִּי יְהוּדָה, שָׁאַל רַבִּי יִשְׁמָעֵאל אֶת רַבִּי יְהוֹשֻׁעַ, כְּשֶׁהָיוּ מְהַלְּכִין בַּדֶּרֶךְ. אָמַר לוֹ, מִפְּנֵי מָה אָסְרוּ גְּבִינוֹת הַגּוֹיִם. אָמַר לוֹ, מִפְּנֵי שֶׁמַּעֲמִידִין אוֹתָהּ

---

2) 비티니아(Bithynia)는 소아시아(오늘날 튀르키예) 북서부 지역의 옛이름이다.

בְּקֵבָה שֶׁל נְבֵלָה. אָמַר לוֹ, וַהֲלֹא קֵבַת עוֹלָה חֲמוּרָה מִקֵּבַת נְבֵלָה, וְאָמְרוּ, כֹּהֵן שֶׁדַּעְתּוֹ יָפָה, שׁוֹרְפָהּ חַיָּה. וְלֹא הוֹדוּ לוֹ, אֲבָל אָמְרוּ, אֵין נֶהֱנִין וְלֹא מוֹעֲלִין. חָזַר, אָמַר לוֹ, מִפְּנֵי שֶׁמַּעֲמִידִין אוֹתָהּ בְּקֵבַת עֶגְלֵי עֲבוֹדָה זָרָה. אָמַר לוֹ, אִם כֵּן, לָמָּה לֹא אֲסָרוּהָ בַהֲנָאָה. הִשִּׁיאוֹ לְדָבָר אַחֵר, אָמַר לוֹ, יִשְׁמָעֵאל אָחִי, הֵיאַךְ אַתָּה קוֹרֵא (שיר השירים א), כִּי טוֹבִים דֹּדֶיךָ מִיָּיִן, אוֹ כִּי טוֹבִים דֹּדַיִךְ. אָמַר לוֹ, כִּי טוֹבִים דֹּדַיִךְ. אָמַר לוֹ, אֵין הַדָּבָר כֵּן, שֶׁהֲרֵי חֲבֵרוֹ מְלַמֵּד עָלָיו, לְרֵיחַ שְׁמָנֶיךָ טוֹבִים:

랍비 예후다가 말했다. "그들이 함께 걸어갈 때, 랍비 이쉬마엘이 랍비 예호슈아에게 물었습니다. [랍비 이쉬마엘]이 '[현자들]은 왜 비유대인의 치즈를 금지시켰습니까?'라고 물었습니다. '[비유대인들은 치즈를] 부적절하게 도살된 동물의 효소로 응고시키기 때문입니다'라고 [랍비 예호슈아]가 대답했다. [랍비 이쉬마엘]이 물었습니다. "번제물의 효소를 부적절하게 도살된 동물의 효소보다 더 엄격하게 금지되지 않습니까? 하지만 [현자들]은 까다롭지 않은 제사장들은 그것을 날것으로 빨아먹을 수 있다고 말합니다. 하지만 [현자들]은 그에게 동의하지 않고 말했습니다. "비록 그것을 소비한 사람이 [성전]을 무단침입한 것은 아니지만, 어떤 이득도 취해서는 안 됩니다." [랍비 예호슈아]가 다시 말했습니다. "그 이유는 우상숭배에 바친 송아지의 효소로 응고시켰기 때문입니다." [랍비 이쉬마엘]이 물었습니다. '그렇다면 왜 [현자들]은 그로부터 발생하는 이득을 금지시키지 않았습니까?' [랍비 예후다]는 물었습니다. "내 형제 이쉬마엘이여! 당신은 [아가 1:2을] 어떻게 읽습니까? '당신의 사랑이 포도주보다 나음이로구나' 아니면 '당신의 사랑이… '입니까? [랍비 이쉬마엘]이 말했습니다. " '당신의 사랑이… 보다 나음이로구나'로 [읽습니다]." [랍비 예후다]가 말했습니다. "그렇지 않다는 것을 그다음 [절]을 보고 알 수 있습니다. '네 기름이 향기로워'(아 1:3)."

- 왜 비유대인이 만든 치즈가 금지되었는지에 대하여 랍비 이쉬마엘이 질문하고 랍비 예호슈아가 답한다.
- 치즈의 주재료는 유대인의 음식법에서 허락된 가축인 소와 염소의 우유이기 때문에 사용이 허락되어야 한다. 하지만 랍비들은 발효시키는 효소가 부적절하게 도살된 짐승의 위로 만들기 때문에 금지한다.
- 랍비 예호슈아는 대답 대신 화제를 돌린다. '당신의 사랑'에서 히브리어는 소유대명사 '당신'이 남성일 때와 여성일 때 철자(자음)상의 구별은 전혀 없다. 다만, 남성일 때는 '카'로 여성일 때는 '크'로 읽는다. 랍비 예호슈아는 '처녀들이 너를 사랑하는구나'를 볼 때 '네 기름'에서 '네'는 남성이라는 것이다. 따라서 '네 기름'이 남성의 기름이듯이, '당신의 사랑'에서 '당신'을 남성으로 읽어야 한다고 주장한다.

2, 6

אֵלּוּ דְבָרִים שֶׁל גּוֹיִם אֲסוּרִין וְאֵין אִסּוּרָן אִסּוּר הֲנָאָה. חָלָב שֶׁחֲלָבוֹ גוֹי וְאֵין יִשְׂרָאֵל רוֹאֵהוּ, וְהַפַּת, וְהַשֶּׁמֶן שֶׁלָּהֶן. רַבִּי וּבֵית דִּינוֹ הִתִּירוּ בַשֶּׁמֶן. וּשְׁלָקוֹת, וּכְבָשִׁין שֶׁדַּרְכָּן לָתֵת לְתוֹכָן יַיִן וָחֹמֶץ, וְטָרִית טְרוּפָה, וְצִיר שֶׁאֵין בָּהּ דָּגָה כִלְבִּית שׁוֹטֶטֶת בּוֹ, וְהַחִלָּק, וְקֹרֶט שֶׁל חִלְתִּית, וּמֶלַח סַלְקוֹנְטִית, הֲרֵי אֵלּוּ אֲסוּרִין וְאֵין אִסּוּרָן אִסּוּר הֲנָאָה:

다음과 같은 비유대인의 물품들은 〔먹는 것이〕 금지된다. 하지만 그로부터 발생하는 이득은 금지되지 않는다. 이스라엘 사람이 지켜보지 않은 상태에서 비유대인이 짜낸 우유, 그들의 빵과 기름. 랍비와 그의 법정은 기름을 허락했다. 포도주와 식초를 넣은 〔야채〕 조림과 절임, 다진 청어 절임, 헬렉, 칼빗 물고기가 떠 있지 않는 소금물, 아위(阿魏) 조각, 양념 소금. 이것들은 비유대인의 물품들로 〔먹는 것이〕

금지되었지만 그로부터 발생하는 이득은 금지되지 않는다.

- 비유대인들이 만들어서 유대인들이 먹는 것은 금지되지만, 매매를 통해서 이득을 얻는 것은 허락된 품목들을 열거하고 있다.
- "랍비와 그의 법정은 기름을 허락했다"는 후대에 첨가된 부분으로 보인다. 여기에서 랍비는 미쉬나를 집대성한 랍비 예후다 한나씨다.
- 비유대인의 포도주를 유대인들이 먹을 수 없기 때문에 포도주가 들어간 야채 절임도 먹어서는 안 된다.
- '힐렉'(hilek)은 다 성장하기까지는 지느러미와 비늘이 없기 때문에 먹어서는 안 되는 물고기에 포함된다.
- '칼빗'(kalbith)은 유대인이 먹을수 있는 물고기다. 소금에 절인 물고기 중에 칼빗류가 보이면(떠 있으면) 다른 물고기들도 먹을 수 있는 것들이 절여져 있다는 의미인데, 만약 보이지 않는다면 먹어서는 안 되는 물고기가 있을 가능성이 높다.
- '아위'(asa-foetida)는 티벳, 이란 등지에서 나는 당근류 식물로 고대에는 경련이나 히스테리 신경 치료제로도 사용되었다. 아위를 자를 때 사용된 칼이 부정한 동물을 자르는 데 사용될 우려가 있기 때문에 아위 조각은 먹을 수 없다.
- '양념 소금'은 먹어서는 안 되는 생선이나 돼지 기름이 섞인 향신료가 들어 있는 소금이다.

2, 7

אֵלּוּ מֻתָּרִין בַּאֲכִילָה. חָלָב שֶׁחֲלָבוֹ גוֹי וְיִשְׂרָאֵל רוֹאֵהוּ. וְהַדְּבַשׁ. וְהַדַּבְדָּנִיּוֹת אַף עַל פִּי שֶׁמְּנַטְּפִין, אֵין בָּהֶם מִשּׁוּם הֶכְשֵׁר מַשְׁקֶה. וּכְבָשִׁין שֶׁאֵין דַּרְכָּן לָתֵת לְתוֹכָן יַיִן וָחֹמֶץ. וְטָרִית שֶׁאֵינָהּ טְרוּפָה. וְצִיר שֶׁיֵּשׁ בָּהּ דָּגָה. וְעָלֶה שֶׁל חִלְתִּית. וְזֵיתִים גְּלֻסְקָאוֹת הַמְגֻלְגָּלִין. רַבִּי יוֹסֵי אוֹמֵר, הַשְּׁלוּחִין, אֲסוּרִין. הַחֲגָבִים הַבָּאִים מִן הַסְּלוּלָה, אֲסוּרִין. מִן הַהַפְתֵּק, מֻתָּרִין. וְכֵן לִתְרוּמָה:

다음은 〔이스라엘 사람들이〕 먹을 수 있는 것들이다. 이스라엘 사람이 지켜보는 상태에서 비유대인이 짜낸 우유, 꿀, 비록 즙이 흐르지만 물이 〔부정과〕 무관한 포도 송이, 포도주와 식초를 넣지 않은 〔야채〕 절임, 다지지 않은 청어 절임, 물고기가 들어간 소금물, 아위 잎, 올리브 롤 과자. 랍비 요쎄가 말한다. "너무 익은 올리브는 금지됩니다." 〔가게 주인의〕 상자에서 나온 메뚜기는 금지되고, 창고에서 나온 〔메뚜기〕는 허용된다. 동일한 법칙이 거제에 적용된다.

- 앞 미쉬나에 이어진 내용으로 비유대인이 짠 우유를 유대인들이 먹지 않는 우유(예를 들어, 낙타 우유)와 섞지 않는지를 살펴야 한다.
- 포도에서 나온 즙은 음식을 부정하게 만들지 않는 것으로 본다.
- 다지지 않은 청어를 소금물에 절인 것은 먹을 수 있다.
- 아위 잎은 칼을 사용할 필요가 없기 때문에 부정한 음식이 아니다.
- '너무 익은' 올리브란 포도주를 첨가하여 부드럽게 한 올리브를 말한다. 같은 방식으로, 메뚜기는 창고에서 가져와서 가게 주인이 상자에 넣을 때 포도주를 약간 첨가한 것으로 보인다. 따라서 포도주를 첨가하지 않은 창고에 있는 메뚜기만 먹을 수 있다.

제3장

우상숭배와 관련된 형상과 장식품으로 사용되는 형상을 구별한다. 후반부에서는 우상숭배 장소와 관련된 규정들을 다룬다.

3, 1

כָּל הַצְּלָמִים אֲסוּרִים, מִפְּנֵי שֶׁהֵן נֶעֱבָדִין פַּעַם אַחַת בַּשָּׁנָה, דִּבְרֵי רַבִּי מֵאִיר.

וַחֲכָמִים אוֹמְרִים, אֵינוֹ אָסוּר אֶלָּא כָל שֶׁיֵּשׁ בְּיָדוֹ מַקֵּל אוֹ צִפּוֹר אוֹ כַדּוּר. רַבָּן שִׁמְעוֹן בֶּן גַּמְלִיאֵל אוֹמֵר, כֹּל שֶׁיֵּשׁ בְּיָדוֹ כָל דָּבָר:

"모든 형상은 금지됩니다. 왜냐하면 그것들은 1년에 〔최소〕 한 번 숭배되기 때문입니다"라고 랍비 메이르가 말한다. 현자들은 말한다. "손에 지팡이나 새 혹은 구체를 들고 있지 않는 〔형상〕은 금지되지 않습니다." 라반 쉼온 벤 감리엘은 말한다. "손에 어떤 것이든 〔들고〕 있는 모든 〔형상〕이 〔금지됩니다〕."

- 위에서 말하는 '형상'은 섬김의 대상인 우상과 달리 장식용으로 사용되는 형상들을 말한다. 랍비 메이르는 장식용 형상이라도 최소 1년에 한 번은 숭배의 대상이 되기 때문에 이것들을 통해 이득을 보는 것을 금지한다.
- 랍비들은 손에 지팡이나 새 혹은 구체를 들고 있는 형상으로 금지의 대상을 제한한다. '구체'는 해와 달처럼 고대인들이 섬김의 대상으로 삼았던 천체를 말한다.

3, 2

הַמּוֹצֵא שִׁבְרֵי צְלָמִים, הֲרֵי אֵלּוּ מֻתָּרִים. מָצָא תַבְנִית יָד אוֹ תַבְנִית רֶגֶל, הֲרֵי אֵלּוּ אֲסוּרִים, מִפְּנֵי שֶׁכַּיּוֹצֵא בָהֶן נֶעֱבָד:

〔특정할 수 없는〕 형상의 일부를 발견한 경우에, 이것들은 허락된다. 하지만 손 모양이나 발 모양이 발견되었다면, 이것들은 금지된다. 숭배되는 것들과 유사하기 때문이다.

- 일부만 남게 되는 형상은 비유대인이 더 이상 우상으로 숭배하지 않기 위해 깨뜨린 것으로 보인다.
- '발 모양'은 이집트와 그리스의 신 세라피스(serapis)를 상징한다.

3, 3

הַמּוֹצֵא כֵלִים וַעֲלֵיהֶם צוּרַת חַמָּה, צוּרַת לְבָנָה, צוּרַת דְּרָקוֹן, יוֹלִיכֵם לְיָם הַמֶּלַח. רַבָּן שִׁמְעוֹן בֶּן גַּמְלִיאֵל אוֹמֵר, שֶׁעַל הַמְכֻבָּדִין, אֲסוּרִים. שֶׁעַל הַמְבֻזִּין, מֻתָּרִין. רַבִּי יוֹסֵי אוֹמֵר, שׁוֹחֵק וְזוֹרֶה לָרוּחַ אוֹ מַטִּיל לַיָּם. אָמְרוּ לוֹ, אַף הוּא נַעֲשֶׂה זֶבֶל, שֶׁנֶּאֱמַר (דברים יג) וְלֹא יִדְבַּק בְּיָדְךָ מְאוּמָה מִן הַחֵרֶם:

그릇을 발견했는데 그 위에 해 모양, 달 모양, 용 모양이 있는 경우에, 그것들을 가져다 사해에 〔던져야 한다〕. 라반 쉼온 벤 감리엘이 말한다. "귀중한 〔그릇〕 위에 〔그려진 형상〕은 금지됩니다. 일반 그릇 위에 있는 것은 허락됩니다." 랍비 요쎄는 말한다. "〔형상〕을 갈아서 바람에 흩뿌리거나 바다에 던질 수 있습니다. 그들은 그에게 말한다. "그래서 그것은 심지어 거름이 될 수도 있습니다. 〔성서에〕 기록되었듯이, '너는 이 진멸할 물건을 조금도 네 손에 대지 말라'(신 13:17)."

- 사해에 던져진 그릇들은 높은 염도로 인해 빠른 시간에 부식하여 쓸모없게 된다.
- 라반 쉼온 벤 감리엘은 귀중한 그릇 위에 그려진 형상만 숭배의 대상이라고 말한다.
- 형상을 갈아서 거름으로 사용할 수도 있다고 말하는 랍비들도 있었다.

3, 4

שָׁאַל פְּרוֹקְלוֹס בֶּן פְלוֹסְפוֹס אֶת רַבָּן גַּמְלִיאֵל בְּעַכּוֹ, שֶׁהָיָה רוֹחֵץ בַּמֶּרְחָץ שֶׁל אַפְרוֹדִיטִי, אָמַר לוֹ, כָּתוּב בְּתוֹרַתְכֶם, וְלֹא יִדְבַּק בְּיָדְךָ מְאוּמָה מִן הַחֵרֶם. מִפְּנֵי מָה אַתָּה רוֹחֵץ בַּמֶּרְחָץ שֶׁל אַפְרוֹדִיטִי. אָמַר לוֹ, אֵין מְשִׁיבִין בַּמֶּרְחָץ. וּכְשֶׁיָּצָא אָמַר לוֹ, אֲנִי לֹא בָאתִי בִגְבוּלָהּ, הִיא בָאתָה בִגְבוּלִי, אֵין אוֹמְרִים, נַעֲשֶׂה מֶרְחָץ לְאַפְרוֹדִיטִי נוֹי, אֶלָּא אוֹמְרִים, נַעֲשֶׂה אַפְרוֹדִיטִי נוֹי לַמֶּרְחָץ. דָּבָר אַחֵר, אִם נוֹתְנִין לְךָ מָמוֹן הַרְבֵּה, אִי אַתָּה נִכְנָס לַעֲבוֹדָה

זָרָה שֶׁלְּךָ עָרוֹם וּבַעַל קֶרִי וּמַשְׁתִּין בְּפָנֶיהָ, וְזוֹ עוֹמֶדֶת עַל פִּי הַבִּיב וְכָל הָעָם מַשְׁתִּינִין לְפָנֶיהָ. לֹא נֶאֱמַר אֶלָּא אֱלֹהֵיהֶם. אֶת שֶׁנּוֹהֵג בּוֹ מִשּׁוּם אֱלוֹהַּ, אָסוּר. וְאֶת שֶׁאֵינוֹ נוֹהֵג בּוֹ מִשּׁוּם אֱלוֹהַּ, מֻתָּר:

프로클로스 벤 필로스포스가 악고에서 라반 감리엘이 아프로디테 목욕탕에서 목욕하고 있을 때 그에게 물었다. 〔프로클로스〕가 그에게 물었다. "당신의 토라에는 이렇게 기록되었습니다. '너는 이 진멸할 물건을 조금도 네 손에 대지 말라'(신 13:17). 〔그런데〕 왜 당신은 아프로디테의 목욕탕에서 목욕을 합니까?" 〔라반 감리엘〕이 대답했다. "목욕탕에서 〔토라에 대한 질문에〕 대답해서는 안 됩니다." 그가 〔목욕탕〕을 떠나면서, 〔라반 감리엘〕이 그에게 대답했다. "내가 〔우상〕의 영역으로 간 것이 아니라, 그것이 내 영역으로 온 것입니다. 그리고 〔사람들은〕 '우리가 목욕탕을 아프로디테의 장식으로 만듭시다'라고 말하지 않습니다. 그 대신에 '아프로디테를 목욕탕의 장식으로 만듭시다'라고 말합니다. 달리 말하면, 비록 〔사람들〕이 당신에게 많은 돈을 준다고 하더라도, 당신은 당신의 우상에게 벌거벗은 채로 들어가서 정액을 흘리거나 그 앞에서 소변을 본 것이 아닙니다. 그 〔동상〕이 배수구 옆에 서 있어서 사람들이 소변을 보는 것입니다. 〔성서에〕 다른 것이 아니라 '그들의 신들'이라고 기록되었습니다(신 12:3). 신으로 취급되는 것이 금지되고, 신으로 취급되지 않는 것은 허용됩니다."

- 그리스식 이름을 가진 프로클로스는 정확히 어떤 인물인지 불명확하지만 로마시대 고위 관료로 보인다.
- 라반 감리엘은 로마식 목욕탕을 이용하는 문제에는 관대한 입장이다. 목욕탕에 아프로디테 신상이 장식되어 있지만 이것은 우상숭배가 아니므로 목욕탕을 이용할 수 있다고 보고 있다.

3, 5

הַגּוֹיִם הָעוֹבְדִים אֶת הֶהָרִים וְאֶת הַגְּבָעוֹת, הֵן מֻתָּרִין וּמַה שֶּׁעֲלֵיהֶם אֲסוּרִים, שֶׁנֶּאֱמַר (דברים ז) לֹא תַחְמֹד כֶּסֶף וְזָהָב עֲלֵיהֶם וְלָקַחְתָּ. רַבִּי יוֹסֵי הַגְּלִילִי אוֹמֵר, (שם יב) אֱלֹהֵיהֶם עַל הֶהָרִים, וְלֹא הֶהָרִים אֱלֹהֵיהֶם. אֱלֹהֵיהֶם עַל הַגְּבָעוֹת, וְלֹא הַגְּבָעוֹת אֱלֹהֵיהֶם. וּמִפְּנֵי מָה אֲשֵׁרָה אֲסוּרָה, מִפְּנֵי שֶׁיֵּשׁ בָּהּ תְּפִיסַת יָד אָדָם, וְכֹל שֶׁיֵּשׁ בָּהּ תְּפִיסַת יְדֵי אָדָם אָסוּר. אָמַר רַבִּי עֲקִיבָא, אֲנִי אוֹבִין וְאָדוּן לְפָנֶיךָ. כָּל מָקוֹם שֶׁאַתָּה מוֹצֵא הַר גָּבוֹהַּ וְגִבְעָה נִשָּׂאָה וְעֵץ רַעֲנָן, דַּע שֶׁיֵּשׁ שָׁם עֲבוֹדָה זָרָה:

비유대인들이 우상을 섬기는 산들이나 언덕들은 허용된다. 하지만 그 위에 있는 〔물건〕들은 금지된다. 〔성서〕에 기록되었듯이, "너는 그 위에 입힌 은이나 금을 탐내지 말며 취하지 말라"(신 7:25). 갈릴리의 랍비 요쎄는 말한다. "그들의 신이 산 위에 있는 것이지, 산이 그들의 신은 아닙니다." 어떤 이유로 아세라가 금지되는가? 사람의 손길이 들어가기 때문이다. 사람의 손길이 들어가는 모든 것들은 금지된다. 랍비 아키바가 말한다. "내가 당신 앞에서 설명하고 결정하도록 하겠습니다. 높은 산이나 언덕 그리고 푸른 나무가 있는 모든 곳에는 우상숭배가 있다는 점을 알아야 합니다."

- 랍비들은 '그 위'라는 단어를 미드라쉬적으로 해석한다. 성서에서는 '우상 위'에 있는 은이나 금을 탐내지 말라고 말하는데, 이것을 '산 위'나 '언덕 위'에 있는 물건들까지 확대 해석하고 있다.
- 아세라는 숭배의 목적으로 특별히 키우는 나무다. 그래서 우상과 동일하게 취급된다.

3, 6

מִי שֶׁהָיָה בֵיתוֹ סָמוּךְ לַעֲבוֹדָה זָרָה וְנָפַל, אָסוּר לִבְנוֹתוֹ. כֵּיצַד יַעֲשֶׂה, כּוֹנֵס בְּתוֹךְ שֶׁלּוֹ אַרְבַּע אַמּוֹת וּבוֹנֶה. הָיָה שֶׁלּוֹ וְשֶׁל עֲבוֹדָה זָרָה, נִדּוֹן מֶחֱצָה

עַל מֶחֱצָה. אֲבָנָיו עֵצָיו וַעֲפָרוֹ, מְטַמְּאִין כַּשֶּׁרֶץ, שֶׁנֶּאֱמַר (דברים ז) שַׁקֵּץ תְּשַׁקְּצֶנּוּ. רַבִּי עֲקִיבָא אוֹמֵר, כַּנִּדָּה, שֶׁנֶּאֱמַר (ישעיה ל) תִּזְרֵם כְּמוֹ דָוָה, צֵא תֹּאמַר לוֹ, מַה נִּדָּה מְטַמְּאָה בְמַשָּׂא, אַף עֲבוֹדָה זָרָה מְטַמְּאָה בְמַשָּׂא:

〔유대인〕의 집이 우상숭배지 옆에 있는데 무너진 경우에, 〔같은 자리에〕 재건축이 금지된다. 어떻게 해야 하는가? 〔우상숭배지에서〕 자신의 〔집〕 쪽으로 4아마 거리를 두고 지으면 된다. 〔담〕이 자신과 우상숭배지 둘 〔모두〕에 속하면, 이쪽 절반과 저쪽 절반으로 판정받는다. 돌, 나무, 쓰레기가 기어다니는 것들처럼 부정하게 만든다. 〔성서에〕 기록되었듯이, "너는 그것을 미워하라"(신 7:26). 랍비 아키바는 말한다. "월경하는 여자처럼 〔부정하게 만듭니다〕. 기록되었듯이, '월경대를 던짐같이 던져라'(사 30:22). 월경하는 여자가 운반으로 부정하게 만든 것처럼, 우상숭배 물건을 운반하는 것이 부정하게 만듭니다."

- 담을 공유하는 경우에는 한쪽 절반만 사용할 수 있고 다른 쪽 절반은 사용할 수 없다.
- 우상숭배와 관련한 부정에 대하여 랍비 아키바는 접촉에 의한 부정과 함께 운반에 의한 부정도 있다고 주장한다. 이것을 주장하기 위해 월경하는 여자의 경우를 거론한다.

3, 7

שְׁלֹשָׁה בָתִּים הֵן. בַּיִת שֶׁבָּנוּי מִתְּחִלָּה לַעֲבוֹדָה זָרָה, הֲרֵי זֶה אָסוּר. סִיְּדוֹ וְכִיְּרוֹ לַעֲבוֹדָה זָרָה וְחִדֵּשׁ, נוֹטֵל מַה שֶּׁחִדֵּשׁ. הִכְנִיס לְתוֹכָהּ עֲבוֹדָה זָרָה וְהוֹצִיאָהּ, הֲרֵי זֶה מֻתָּר. שָׁלֹשׁ אֲבָנִים הֵן. אֶבֶן שֶׁחֲצָבָהּ מִתְּחִלָּה לְבִימוֹס, הֲרֵי זוֹ אֲסוּרָה. סִיְּדָהּ וְכִיְּרָהּ לְשֵׁם עֲבוֹדָה זָרָה וְחִדֵּשׁ, נוֹטֵל מַה שֶּׁחִדֵּשׁ. הֶעֱמִיד עָלֶיהָ עֲבוֹדָה זָרָה וְסִלְּקָהּ, הֲרֵי זוֹ מֻתֶּרֶת. שָׁלֹשׁ אֲשֵׁרוֹת הֵן. אִילָן שֶׁנְּטָעוֹ מִתְּחִלָּה לְשֵׁם עֲבוֹדָה זָרָה, הֲרֵי זֶה אָסוּר. גְּדָעוֹ וּפִסְּלוֹ לְשֵׁם עֲבוֹדָה

זָרָה וְהֶחֱלִיף, נוֹטֵל מַה שֶּׁהֶחֱלִיף. הֶעֱמִיד תַּחְתֶּיהָ עֲבוֹדָה זָרָה וּבִטְּלָהּ, הֲרֵי זֶה מֻתָּר. אֵיזוֹ הִיא אֲשֵׁרָה, כֹּל שֶׁיֵּשׁ תַּחְתֶּיהָ עֲבוֹדָה זָרָה. רַבִּי שִׁמְעוֹן אוֹמֵר, כֹּל שֶׁעוֹבְדִין אוֹתָהּ. וּמַעֲשֶׂה בְצַיְדָּן בְּאִילָן שֶׁהָיוּ עוֹבְדִין אוֹתוֹ, וּמָצְאוּ תַחְתָּיו גָּל. אָמַר לָהֶן רַבִּי שִׁמְעוֹן, בִּדְקוּ אֶת הַגַּל הַזֶּה, וּבְדָקוּהוּ וּמָצְאוּ בוֹ צוּרָה. אָמַר לָהֶן, הוֹאִיל וְלַצּוּרָה הֵן עוֹבְדִין, נַתִּיר לָהֶן אֶת הָאִילָן:

세 종류의 신전이 있다. 처음부터 우상숭배를 위해 지어진 신전이 있다. 이것은 금지된다. 우상숭배를 위해 회칠을 하고 타일을 붙여 개조한 경우에는 개조한 부분을 제거해야 한다. 우상을 〔집〕 안에 들여놓은 후 이것을 〔다시〕 빼낸 〔집〕은 허용된다. 세 종류의 〔우상숭배〕 돌들이 있다. 처음부터 〔우상〕 받침대용으로 자른 돌이 있다. 이것은 금지된다. 우상숭배용으로 회칠하고 타일을 붙여 개조한 경우에는 개조한 부분을 제거해야 한다. 그 위에 우상을 세웠다가 치운 〔돌〕은 허용된다. 세 종류의 아세라가 있다. 처음부터 우상숭배용으로 재배된 나무가 있다. 이것은 금지된다. 우상숭배 목적으로 자르고 다듬어서 새로 돋아난 경우에는 새로 돋아난 것을 잘라야 한다. 〔나무〕 아래에 우상을 세운 후에 치웠다. 이것은 허용된다. 어떤 것이 아세라인가? 그 아래에 우상이 있는 〔나무〕다. 랍비 쉼온이 말한다. "숭배되는 모든 것입니다." 시돈에서 있었던 일이다. 사람들이 섬기는 나무가 있었는데, 그 아래에서 돌무더기가 발견되었다. 그들에게 랍비 쉼온이 말했다. "이 돌무더기를 살펴보기 바랍니다." 그들이 살펴본 뒤 거기에서 형상을 발견했다. 〔랍비 쉼온〕이 그들에게 말했다. "이것이 그들이 섬기던 것이기 때문에, 우리는 당신들에게 나무를 허락합니다."

- 신전이든 돌이든 나무든지 처음부터 우상숭배를 위해 만들어졌거나 가꾼 것은 영원히 금지된다. 처음에는 일반 용도였으나 중간에 우상숭배 목적으로 용도가 변경되었다면 중간에 바뀐 부분을 원상복

구해야 사용 가능하다. 특별한 변형 없이 잠시 우상숭배 물건만 머물다가 치운 경우에는 허용된다.

3, 8

לֹא יֵשֵׁב בְּצִלָּהּ. וְאִם יָשַׁב, טָהוֹר. וְלֹא יַעֲבֹר תַּחְתֶּיהָ. וְאִם עָבַר, טָמֵא. הָיְתָה גוֹזֶלֶת אֶת הָרַבִּים, וְעָבַר תַּחְתֶּיהָ, טָהוֹר. וְזוֹרְעִין תַּחְתֶּיהָ יְרָקוֹת בִּימוֹת הַגְּשָׁמִים אֲבָל לֹא בִימוֹת הַחַמָּה. וְהַחֲזָרִין, לֹא בִימוֹת הַחַמָּה וְלֹא בִימוֹת הַגְּשָׁמִים. רַבִּי יוֹסֵי אוֹמֵר, אַף לֹא יְרָקוֹת בִּימוֹת הַגְּשָׁמִים, מִפְּנֵי שֶׁהַנְּמִיָּה נוֹשֶׁרֶת עֲלֵיהֶן וְהֹוָה לָהֶן לְזֶבֶל:

〔아세라〕 그늘에 앉아서는 안 된다. 만약 〔그늘에〕 앉았다면 정결하다. 그 아래로 지나가서는 안 된다. 만약 지나갔으면 부정하다. 〔아세라 나무〕가 공공 〔도로〕를 넘어갔는데 사람이 그 아래를 지나간 경우에는 정결하다. 겨울철에 채소를 그 아래에 심을 수 있지만, 여름철에는 안 된다. 상추는 여름철에도 안 되고, 겨울철에도 안 된다. 랍비 요쎄는 말한다. "겨울철에도 채소를 〔심는 건〕 안 됩니다. 왜냐하면 나뭇잎이 그 위에 떨어져 거름이 되기 때문입니다."

- 아세라 나무(우상)의 그늘이라는 이익을 얻어서는 안 된다. 그렇더라도 아세라 나무 그늘에 앉는 행위가 부정하게 만드는 것은 아니다.
- 아세라 나무 아래로 지나가는 것은 부정한 행위다. 이것은 아세라 나무 아래를 마치 장막처럼 하나의 공간으로 간주하기 때문이다.
- 아세라 나무 그늘이 여름철에 채소를 재배하는 데 유익한 영향을 주기 때문에 심어서는 안 된다. 아무런 영향을 주지 않는 겨울철에는 채소를 심어도 된다.

3, 9

נָטַל מִמֶּנָּה עֵצִים, אֲסוּרִים בַּהֲנָאָה. הִסִּיק בָּהֶן אֶת הַתַּנּוּר, אִם חָדָשׁ, יֻתַּץ. וְאִם יָשָׁן, יֻצַּן. אָפָה בוֹ אֶת הַפַּת, אֲסוּרָה בַּהֲנָאָה. נִתְעָרְבָה בַאֲחֵרוֹת, כֻּלָּן אֲסוּרוֹת בַּהֲנָאָה. רַבִּי אֱלִיעֶזֶר אוֹמֵר, יוֹלִיךְ הֲנָאָה לְיָם הַמֶּלַח. אָמְרוּ לוֹ, אֵין פִּדְיוֹן לַעֲבוֹדָה זָרָה. נָטַל הֵימֶנָּה כַרְכָּר, אָסוּר בַּהֲנָאָה. אָרַג בּוֹ אֶת הַבֶּגֶד, הַבֶּגֶד אָסוּר בַּהֲנָאָה. נִתְעָרֵב בַּאֲחֵרִים וַאֲחֵרִים בַּאֲחֵרִים, כֻּלָּן אֲסוּרִין בַּהֲנָאָה. רַבִּי אֱלִיעֶזֶר אוֹמֵר, יוֹלִיךְ הֲנָאָה לְיָם הַמֶּלַח. אָמְרוּ לוֹ, אֵין פִּדְיוֹן לַעֲבוֹדָה זָרָה:

〔아세라〕에서 나무를 취한 것은 사용이 금지된다. 그것으로 화로를 데운 경우에, 〔화로가〕 새것은 부숴야 한다. 오래된 것은 식혀야 한다. 그것으로 빵을 구웠다면 금지된다. 그 〔빵〕이 다른 빵들과 섞였다면 모두 금지된다. 랍비 엘리에제르는 말한다. "〔아세라〕에서 얻는 이익을 사해에 던지면 됩니다." 〔랍비들〕은 그에게 말한다. "우상숭배에서 구할 수는 없습니다." 〔아세라〕 일부를 운송 수단에 사용했다면, 금지된다. 그것으로 옷을 지었다면 사용이 금지된다. 그것이 다른 것들과 섞이고 이것들과 저것들과 섞였다면, 모든 것의 사용이 금지된다. 랍비 엘리에제르는 말한다. "〔아세라〕에서 얻는 이익을 사해에 던지면 됩니다." 〔랍비들〕은 그에게 말한다. "우상숭배에서 구할 수는 없습니다."

- 새 화로에 처음으로 열을 가하는 것은 화로 형성이 마무리되는 것과 같다. 따라서 화로가 마무리되는 데 우상이 도움을 주었다면 이것은 사용할 수 없고 파괴해야 한다. 하지만 쓰던 화로라면 열을 식혀서 다시 사용할 수 있다.
- 랍비 엘리에제르는 아세라 나무에서 얻는 이익만큼 사해에 던지면 빵을 버리지 않아도 된다고 주장한다. 하지만 랍비들은 그의 주장에 동의하지 않는다. 나머지 경우도 비슷하게 정해진다.

3, 10

כֵּיצַד מְבַטְּלָהּ. קִרְסֵם, וְזֵרַד, נָטַל מִמֶּנָּה מַקֵּל אוֹ שַׁרְבִיט, אֲפִלּוּ עָלֶה, הֲרֵי זוֹ בְטֵלָה. שְׁפָיָהּ לְצָרְכָּהּ, אֲסוּרָה. שֶׁלֹּא לְצָרְכָּהּ, מֻתֶּרֶת:

어떻게 〔아세라〕를 무효가 되게 하는가? 〔비유대인〕이 잘라내거나 손질하여 막대나 가지나 심지어 잎이라도 떼어냈으면 무효가 된다. 〔아세라〕를 위해 매만진다면 금지된다. 하지만 그것을 위한 것이 아니라면 허용된다.

- 비유대인이 아세라 나무에서 무언가를 잘라낸다는 것은 그 나무를 숭배의 목적으로 사용하지 않는다는 증거가 된다.
- 아세라가 좋아 보이도록 다듬었다면 여전히 우상으로 사용된다는 의미이기 때문에 유대인이 사용할 수 없다. 하지만 그렇지 않다면 허용된다.

제4장

이번 장에서는 더 이상 우상숭배의 목적으로 사용되지 않는 경우를 설명한다. 비유대인이 숭배의 목적으로 사용하지 않는다면 이것은 더 이상 우상이 아니기 때문에 유대인이 사용할 수 있다.

4, 1

רַבִּי יִשְׁמָעֵאל אוֹמֵר, שָׁלֹשׁ אֲבָנִים זוֹ בְצַד זוֹ בְּצַד מַרְקוּלִיס, אֲסוּרוֹת. וּשְׁתַּיִם, מֻתָּרוֹת. וַחֲכָמִים אוֹמְרִים, שֶׁנִּרְאוֹת עִמּוֹ, אֲסוּרוֹת. וְשֶׁאֵין נִרְאוֹת עִמּוֹ, מֻתָּרוֹת:

랍비 이쉬마엘이 말한다. "세 개의 돌이 마르쿨리스 옆에 나란히 있으면 금지됩니다. 두 개면 허용됩니다." 현자들은 말한다. "[돌]이 그것과 연결되어 있는 것으로 보이면 금지되지만, 연결되어 있지 않는 것처럼 보이면 허용됩니다."

- 랍비 이쉬마엘은 마르쿨리스 옆에 있는 돌의 모양을 기준으로 삼아 세 개가 나란히 있으면 우상숭배에 사용된 것으로 간주하고, 랍비들은 모양보다는 근접성을 판단 기준으로 삼는다.

4, 2

מָצָא בְרֹאשׁוֹ מָעוֹת, כְּסוּת אוֹ כֵלִים, הֲרֵי אֵלּוּ מֻתָּרִין. פַּרְכִּילֵי עֲנָבִים וַעֲטָרוֹת שֶׁל שִׁבֳּלִים וְיֵינוֹת וּשְׁמָנִים וּסְלָתוֹת וְכָל דָּבָר שֶׁכַּיּוֹצֵא בוֹ קָרֵב עַל גַּבֵּי הַמִּזְבֵּחַ, אָסוּר:

[수은] 위에서 동전, 옷 또는 그릇을 발견했다면 이것들은 허용된다. 포도송이, 곡식 화환, 포도주, 기름 또는 고운 밀가루 또는 제단에 바치는 것과 유사한 것을 발견하면 [사용이] 금지된다.

- 수은 숭배와 관련된 제물들이 발견된 경우 사용이 금지된다.

4, 3

עֲבוֹדָה זָרָה שֶׁהָיָה לָהּ גִּנָּה אוֹ מֶרְחָץ, נֶהֱנִין מֵהֶן שֶׁלֹּא בְטוֹבָה וְאֵין נֶהֱנִין מֵהֶן בְּטוֹבָה. הָיָה שֶׁלָּהּ וְשֶׁל אֲחֵרִים, נֶהֱנִין מֵהֶן בֵּין בְּטוֹבָה וּבֵין שֶׁלֹּא בְטוֹבָה:

우상숭배하는 [신전]에 정원이나 목욕탕이 있는 경우에, [우상숭배에] 이익이 없으면 이용할 수 있고, [신전에] 이익이 있으면 이용할 수 없다. [정원이나 목욕탕이] 일부는 [우상숭배]에 속하고 일부는 다른 사람이 소유자일 경우에는 [우상숭배에] 이익이 있든지 없든지 이용할 수 있다.

- 정원이나 목욕탕이 우상숭배지에 속한 경우에는, 그 사실을 몰랐다면 사용할 수 있고, 알았다면 이용할 수 없다.
- 정원이나 목욕탕의 소유 일부가 다른 사람일 경우에는, 우상숭배에 이익이 된다는 사실을 알았든지 몰랐든지 상관없이 이용할 수 있다.

4, 4

עֲבוֹדָה זָרָה שֶׁל נָכְרִי, אֲסוּרָה מִיָּד. וְשֶׁל יִשְׂרָאֵל, אֵין אֲסוּרָה עַד שֶׁתֵּעָבֵד. נָכְרִי מְבַטֵּל עֲבוֹדָה זָרָה שֶׁלּוֹ וְשֶׁל חֲבֵרוֹ, וְיִשְׂרָאֵל אֵינוֹ מְבַטֵּל עֲבוֹדָה זָרָה שֶׁל נָכְרִי. הַמְבַטֵּל עֲבוֹדָה זָרָה, בִּטֵּל מְשַׁמְּשֶׁיהָ. בִּטֵּל מְשַׁמְּשֶׁיהָ, מְשַׁמְּשֶׁיהָ מֻתָּרִין וְהִיא אֲסוּרָה:

비유대인 소유의 우상은 〔사용이〕 즉시 금지된다. 이스라엘 사람 소유의 〔우상〕은 숭배되기 전까지는 금지되지 않는다. 비유대인은 자신과 동료의 우상을 무효화할 수 있다. 유대인은 비유대인의 우상을 무효화할 수 없다. 우상을 무효화한 사람은 그 부속품들도 무효화한 것이다. 부속품을 무효화했으면, 부속품은 〔사용이〕 가능하지만, 〔우상〕은 금지된다.

- 유대인이 우상을 섬기는 대상이 아니라 장식품으로 사용하는 경우는 허락된다.
- 비유대인은 자신과 동료(유대인)의 우상을 무효화할 권한이 있지만, 유대인은 우상을 무효화할 권한이 없다.
- 우상에 딸린 부속품이 무효화되면 그것은 사용할 수 있지만, 우상은 사용할 수 없다.

4, 5

כֵּיצַד מְבַטְּלָהּ, קָטַע רֹאשׁ אָזְנָהּ, רֹאשׁ חָטְמָהּ, רֹאשׁ אֶצְבָּעָהּ, פְּחָסָהּ אַף עַל פִּי שֶׁלֹּא חִסְּרָהּ, בִּטְּלָהּ. רָקַק בְּפָנֶיהָ, הִשְׁתִּין בְּפָנֶיהָ, גְּרָרָהּ, וְזָרַק בָּהּ אֶת הַצּוֹאָה, הֲרֵי זוֹ אֵינָהּ בְּטֵלָה. מְכָרָהּ אוֹ מִשְׁכְּנָהּ, רַבִּי אוֹמֵר, בִּטֵּל. וַחֲכָמִים אוֹמְרִים, לֹא בִטֵּל:

어떻게 무효화하는가? 귀 끝, 코 끝, 손가락 끝을 자르거나, 비록 〔질량〕이 감소하지는 않았지만 훼손했다면, 무효화한 것이다. 그 앞에서 침을 뱉거나, 그 앞에서 소변을 보거나, 〔땅에〕 끌거나, 배설물을 던진 경우에, 이것들이 무효화하지는 않는다. 팔거나 담보물로 준 경우에 대하여, 한 랍비는 무효화한 것이라고 말한다. 하지만 현자들은 말한다. "무효화한 것이 아닙니다."

- 우상의 일부를 훼손시켜야 무효화한 것으로 간주한다. 우상에 분노를 표출한 것만으로는 무효화했다고 보지 않는다.
- 팔거나 저당 잡힌 경우에 일부 랍비는 무효화했다고 주장하지만, 다수의 랍비들은 아직 무효화한 것이 아니라고 본다.

4, 6

עֲבוֹדָה זָרָה שֶׁהִנִּיחוּהָ עוֹבְדֶיהָ בִּשְׁעַת שָׁלוֹם, מֻתֶּרֶת. בִּשְׁעַת מִלְחָמָה, אֲסוּרָה. בִּימוֹסְיָאוֹת שֶׁל מְלָכִים, הֲרֵי אֵלּוּ מֻתָּרוֹת, מִפְּנֵי שֶׁמַּעֲמִידִין אוֹתָם בְּשָׁעָה שֶׁהַמְּלָכִים עוֹבְרִים:

우상숭배자가 우상을 평화 시에 남겨두었다면, 허용된다. 전쟁 시에 〔남겨두었다면〕, 〔사용이〕 금지된다. 왕들의 받침대는 왕들이 지나갈 때 설치된 것이기 때문에 허용된다.

- 평상시에 버린 우상은 더 이상 섬기지 않겠다는 의미로 받아들여진

다. 하지만 전쟁 시에 남겨진 우상은 버렸다기보다는 전쟁에서 돌아와서 다시 섬길 가능성이 있기 때문에 이것을 유대인이 사용해서는 안 된다.

- 우상이 새겨진 받침대를 여기서 언급하는 이유는 왕이 지나간 후에는 마치 주인(왕)이 버린 우상처럼 '버려지기' 때문이다.

4, 7

שָׁאֲלוּ אֶת הַזְּקֵנִים בְּרוֹמִי, אִם אֵין רְצוֹנוֹ בַּעֲבוֹדָה זָרָה, לָמָּה אֵינוֹ מְבַטְּלָהּ.
אָמְרוּ לָהֶן, אִלּוּ לְדָבָר שֶׁאֵין צֹרֶךְ לָעוֹלָם בּוֹ הָיוּ עוֹבְדִין, הָיָה מְבַטְּלוֹ. הֲרֵי
הֵן עוֹבְדִין לַחַמָּה וְלַלְּבָנָה וְלַכּוֹכָבִים וְלַמַּזָּלוֹת. יְאַבֵּד עוֹלָמוֹ מִפְּנֵי הַשּׁוֹטִים.
אָמְרוּ לָהֶן, אִם כֵּן, יְאַבֵּד דָּבָר שֶׁאֵין צֹרֶךְ לָעוֹלָם בּוֹ וְיַנִּיחַ דָּבָר שֶׁצֹּרֶךְ הָעוֹלָם
בּוֹ. אָמְרוּ לָהֶן, אַף אָנוּ מַחֲזִיקִין יְדֵי עוֹבְדֵיהֶם שֶׁל אֵלּוּ, שֶׁאוֹמְרִים, תֵּדְעוּ
שֶׁהֵן אֱלוֹהוֹת, שֶׁהֲרֵי הֵן לֹא בָטְלוּ:

사람들이 로마에 있는 장로들에게 물었다. "우상숭배에 대하여 원치 않는다면, 왜 폐지하지 않습니까?" 그들에게 대답했다. "만약 사람들이 섬기는 것들이 이 세상에서 필요가 없는 것이라면, 폐지했을 것입니다. 사람들이 섬기는 것들이 해, 달, 별, 행성들이 아닙니까? 바보 때문에 세상을 잃어야 하겠습니까?" 〔장로들에게〕 물었다. "그러면 〔신은〕 이 세상에 불필요한 것은 없애고, 필요한 것은 남겨야 합니다." 그들〔사람들〕에게 대답했다. "그렇게 하면 우리는 이것들을 숭배하는 자들의 손을 강화시켜주게 됩니다. 왜냐하면 그들이 이렇게 말할 것입니다. '당신들은 이것들이 신이라는 사실을 알아야 합니다. 이것들은 없어지지 않았습니다!'"

- 이 미쉬나는 일반적인 법규가 아닌 철학적인 질문에 대한 논쟁을 담고 있다. 하나님이 계시다면 왜 우상숭배를 이 세상에서 없애지 않으시냐는 것이다. 로마의 장로들은 우상숭배자들의 어리석음 때문

에 세상에 필요한 해, 달, 별, 행성과 같은 것들을 없앨 수는 없다고 대답한다.

- 그렇다면 세상에 필요한 것은 그대로 두고 필요 없는 것들은 없애면 되지 않느냐고 다시 묻는다. 이에 로마의 장로들은 그렇게 되면 결과적으로 우상숭배자들의 주장만 강화시키는 결과를 초래한다는 것이다. 왜냐하면 해, 달, 별, 행성이 필요해서 남겨두었는데, 이것들을 섬기는 사람들은 이것이 실제로 신이기 때문에 존재하는 것이라고 주장할 것이기 때문이다.

4, 8

לוֹקְחִין גַּת בְּעוּטָה מִן הַגּוֹי אַף עַל פִּי שֶׁהוּא נוֹטֵל בְּיָדוֹ וְנוֹתֵן לַתַּפּוּחַ. וְאֵינוֹ נַעֲשֶׂה יֵין נֶסֶךְ, עַד שֶׁיֵּרֵד לַבּוֹר. יָרַד לַבּוֹר, מַה שֶּׁבַּבּוֹר אָסוּר, וְהַשְּׁאָר מֻתָּר:

비유대인이 〔이미〕 밟은 포도주 틀을 〔유대인들〕이 구입할 수 있다. 비록 〔비유대인〕이 〔포도〕를 손으로 가져다 무더기 속에 넣었다 하더라도 〔그렇다〕. 〔포도 주스〕는 저장고에 들어가지 전까지는 아직 헌주용 포도주가 아니다. 저장고에 들어갔다면, 들어간 것은 금지되고, 남은 것은 허용된다.

- 포도주를 만들 때 사용한 포도주 틀을 사용할 수 있다.
- 포도주는 헌주로 바치지만 포도 주스는 바치지 않는다. 포도주 틀에서 저장고로 들어간 것은 포도주로 보고 금지되지만, 아직 틀에 남아 있는 것은 포도 주스이기 때문에 허용된다.

4, 9

דּוֹרְכִין עִם הַגּוֹי בַּגַּת, אֲבָל לֹא בוֹצְרִין עִמּוֹ. יִשְׂרָאֵל שֶׁהוּא עוֹשֶׂה בְטֻמְאָה, לֹא דוֹרְכִין וְלֹא בוֹצְרִין עִמּוֹ, אֲבָל מוֹלִיכִין עִמּוֹ חָבִיּוֹת לַגַּת, וּמְבִיאִין עִמּוֹ מִן

הַגָּה. נַחְתּוֹם שֶׁהוּא עוֹשֶׂה בְטֻמְאָה, לֹא לָשִׁין וְלֹא עוֹרְכִין עִמּוֹ, אֲבָל מוֹלִיכִין עִמּוֹ פַּת לַפַּלְטֵר:

〔유대인〕이 포도주 틀을 비유대인과 함께 밟을 수 있다. 하지만 그와 함께 포도를 딸 수는 없다. 유대인이 부정한 상태에서 일을 한다면, 그와 함께 밟거나 〔포도〕를 딸 수 없다. 하지만 〔빈〕 통을 그와 함께 포도주 틀로 옮기고 〔채워진 통〕을 포도주 틀에서 그와 함께 운반할 수 있다. 제빵사가 부정한 상태에서 일을 한다면, 그와 함께 반죽을 치대거나 〔둥글게〕 말 수 없다. 하지만 빵을 그와 함께 빵가게로 옮길 수 있다.

- 비유대인이 포도를 따면 부정해지기 때문에 금지된다. 그리고 부정한 상태에 있는 유대인은 포도주를 부정하게 만들 수 있기 때문에 제조 과정에서는 도울 수 없고, 다만 포도주 통을 나르는 일은 가능하다.
- 제빵사에게도 동일한 규칙이 적용된다. 빵을 만드는 데 도울 수는 없고 만든 빵을 운반할 수는 있다.

4, 10

גּוֹי שֶׁנִּמְצָא עוֹמֵד בְּצַד הַבּוֹר שֶׁל יַיִן, אִם יֵשׁ לוֹ עָלָיו מִלְוָה, אָסוּר. אֵין לוֹ עָלָיו מִלְוָה, מֻתָּר. נָפַל לַבּוֹר וְעָלָה, וּמְדָדוֹ בַקָּנֶה, הִתִּיז אֶת הַצִּרְעָה בַקָּנֶה אוֹ שֶׁהָיָה מְטַפֵּחַ עַל פִּי חָבִית מְרֻתַּחַת, בְּכָל אֵלּוּ הָיָה מַעֲשֶׂה, וְאָמְרוּ יִמָּכֵר. וְרַבִּי שִׁמְעוֹן מַתִּיר. נָטַל אֶת הֶחָבִית וּזְרָקָהּ בַּחֲמָתוֹ לַבּוֹר, זֶה הָיָה מַעֲשֶׂה וְהִכְשִׁירוּ:

비유대인이 포도주 틀 옆에 서 있는데, 만약 그가 〔유대인〕에게 돈을 빌려주었다면 〔포도주〕가 금지된다. 〔유대인〕에게 돈을 빌려주지 않았다면 허용된다. 포도주 저장고에 떨어진 후 올라온 경우, 갈대로 측정한 경우, 갈대로 말벌을 튕겨낸 경우, 거품이 생긴 통의 상단을 두드리는 경우, 이 모든 일들이 실제로 있었다. [랍비들]은 팔 수 있다고 말했다. 랍비 쉼온은 [마시는 것을] 허용했다. [비유대인]이 술통을 가져와서 홧김에 그것을 저장고에 던진 일이 있었는데, [랍비들]은 [마실 수 있다고] 선언했다.

- 비유대인이 유대인에게 돈을 빌려주었다면, 포도주에 대한 유치권도 있다고 보아야 한다. 그럴 경우에 비유대인이 언제든지 포도주를 사용할 수 있기 때문에 포도주와 접촉했다고 간주해서 유대인이 이 포도주를 사용하는 것이 금지된다.
- 빈 통을 포도주 저장고에 던지면 저장고 안의 포도주는 부정해지지 않았기 때문에 마시는 것이 허용된다.

4, 11

הַמְטַהֵר יֵינוֹ שֶׁל נָכְרִי וְנוֹתְנוֹ בִרְשׁוּתוֹ בְּבַיִת הַפָּתוּחַ לִרְשׁוּת הָרַבִּים, בְּעִיר שֶׁיֶּשׁ בָּהּ גּוֹיִם וְיִשְׂרְאֵלִים, מֻתָּר. בְּעִיר שֶׁכֻּלָּהּ גּוֹיִם, אָסוּר, עַד שֶׁיּוֹשִׁיב שׁוֹמֵר. וְאֵין הַשּׁוֹמֵר צָרִיךְ לִהְיוֹת יוֹשֵׁב וּמְשַׁמֵּר. אַף עַל פִּי שֶׁהוּא יוֹצֵא וְנִכְנָס, מֻתָּר. רַבִּי שִׁמְעוֹן בֶּן אֶלְעָזָר אוֹמֵר, כָּל רְשׁוּת גּוֹיִם אַחַת הִיא:

정결한 사람이 비유대인의 포도주를 준비해서 공공 영역을 향해 열려 있는 집 안에 놓은 경우에, [만약] 도시에 비유대인과 유대인이 거주하면, [포도주]가 허용된다. 하지만 전부 비유대인만 거주한다면, [유대인] 감시자를 세우기 전까지는 금지된다. 감시원이 [항상] 앉아서 지켜볼 필요는 없다. 그가 들어왔다 나가더라도 [포도주]가 허용된다. 랍비 쉼온 벤 엘아자르가 말한다. "모든 비유대인의 영역에서는 동일한 법입니다."

- 유대인 감시자는 24시간 포도주를 지켜볼 필요는 없고, 언제 나타날 지 모르는 것으로 충분하다고 본다.
- 랍비 쉼온 벤 엘아자르의 말은 이해하기 어렵다. 아마도 비유대인의 영역에 있는 것은 모두 금지된다고 주장한다.

4, 12

הַמְטַהֵר יֵינוֹ שֶׁל נָכְרִי וְנוֹתְנוֹ בִרְשׁוּתוֹ, וְהַלָּה כוֹתֵב לוֹ, הִתְקַבַּלְתִּי מִמְּךָ
מָעוֹת, מֻתָּר. אֲבָל אִם יִרְצֶה יִשְׂרָאֵל לְהוֹצִיאוֹ וְאֵינוֹ מַנִּיחוֹ עַד שֶׁיִּתֵּן לוֹ אֶת
מְעוֹתָיו, זֶה הָיָה מַעֲשֶׂה בְּבֵית שְׁאָן, וְאָסְרוּ חֲכָמִים:

정결한 사람이 비유대인의 포도주를 준비해서 그의 영역에 둔 경우에, [비유대인]이 그에게 "당신으로부터 돈을 받았습니다"라고 글을 썼다면, [포도주]가 허용된다. 하지만 유대인이 [포도주]를 가져오고 싶어할 경우, 그가 돈을 지불하지 않는 한 [비유대인]은 허락하지 않을 것이다. 이 일이 벳샨에서 있었다. 현자들은 그 [포도주]를 금지했다.

- 비유대인이 포도주 값을 받았다면 이것은 유대인의 것이므로 비유대인은 그것에 손대지 않을 것이다.
- 유대인이 가져오기를 원하지만 아직 그 포도주 값을 지불하지 않은 경우에는 비유대인이 포도주를 사용했을 가능성이 있기 때문에 그 포도주는 금지된다.

제5장

우상숭배와 관련된 중요한 음식 중에 포도주가 포함된다. 그래서 비유대인들이 우상숭배를 위해 제조한 포도주를 유대인들이 사용하는 것은 엄격하게 금지되었다. 심지어 비유대인의 손길이 닿은 포도주도 금지되었다. 그래서 비유대인과 함께 있을 때에는 자리를 비운 사이에 비유대인이 포도주 통에서 포도주를 빼낼 충분한 시간이 주어졌다면 손을 댄 것으로 간주하여 금지되었다.

5, 1

הַשּׂוֹכֵר אֶת הַפּוֹעֵל לַעֲשׂוֹת עִמּוֹ בְּיֵין נֶסֶךְ, שְׂכָרוֹ אָסוּר. שְׂכָרוֹ לַעֲשׂוֹת עִמּוֹ מְלָאכָה אַחֶרֶת, אַף עַל פִּי שֶׁאָמַר לוֹ הֲעֲבֵר לִי חָבִית שֶׁל יֵין נֶסֶךְ מִמָּקוֹם לְמָקוֹם, שְׂכָרוֹ מֻתָּר. הַשּׂוֹכֵר אֶת הַחֲמוֹר לְהָבִיא עָלֶיהָ יֵין נֶסֶךְ, שְׂכָרָהּ אָסוּר. שְׂכָרָהּ לֵישֵׁב עָלֶיהָ, אַף עַל פִּי שֶׁהִנִּיחַ הַגּוֹי לְגִינוֹ עָלֶיהָ, שְׂכָרָהּ מֻתָּר:

〔비유대인〕이 헌주용 포도주를 만들기 위해 〔유대인〕 일꾼을 고용한 경우, 그에게 품삯이 금지된다. 다른 일을 할 때, 심지어 '여기서 저기로 헌주용 포도주 통을 옮겨달라'고 말했더라도 품삯이 허락된다. 헌주용 포도주를 운반하기 위해 〔유대인〕의 당나귀를 빌린 경우에, 품삯은 금지된다. 〔유대인의 당나귀〕를 타기 위해 빌린 경우에, 심지어 그 비유대인이 〔헌주용 포도주가 담긴〕 병을 가지고 탔더라도 품삯이 허락된다.

- 유대인이 우상숭배에 사용되는 헌주용 포도주를 만드는 데 고용되었다면, 그는 그의 품삯을 받아서는 안 된다.
- 헌주용 포도주를 운반하기 위해 유대인이 당나귀를 우상숭배자에게 빌려준 경우에도 그 삯을 받아서는 안 된다.

5, 2

יַיִן נֶסֶךְ שֶׁנָּפַל עַל גַּבֵּי עֲנָבִים, יְדִיחֵן וְהֵן מֻתָּרוֹת. וְאִם הָיוּ מְבֻקָּעוֹת, אֲסוּרוֹת. נָפַל עַל גַּבֵּי תְאֵנִים אוֹ עַל גַּבֵּי תְמָרִים, אִם יֵשׁ בָּהֶן בְּנוֹתֵן טַעַם, אָסוּר. מַעֲשֶׂה בְּבַיְתוֹס בֶּן זוֹנָן שֶׁהֵבִיא גְרוֹגָרוֹת בִּסְפִינָה, וְנִשְׁתַּבְּרָה חָבִית שֶׁל יַיִן נֶסֶךְ וְנָפַל עַל גַּבֵּיהֶן, וְשָׁאַל לַחֲכָמִים וְהִתִּירוּם. זֶה הַכְּלָל, כֹּל שֶׁבַּהֲנָאָתוֹ בְּנוֹתֵן טַעַם, אָסוּר. כֹּל שֶׁאֵין בַּהֲנָאָתוֹ בְּנוֹתֵן טַעַם, מֻתָּר, כְּגוֹן חֹמֶץ שֶׁנָּפַל עַל גַּבֵּי גְרִיסִין:

헌주용 포도주가 포도 위에 떨어졌을 때, 그것을 씻으면 허용된다. 만약 〔포도〕가 쪼개지면 금지된다. 〔포도주〕가 무화과나 대추야자에 떨어졌을 때, 만약 그 안에서 〔포도주〕 맛이 나면 금지된다. 베투스 벤 주넨(Boethus ben Zunen)에게 이런 일이 있었다. 그가 말린 무화과를 배로 운반하고 있을 때 헌주용 포도주 통이 부서져서 〔포도주〕가 그 위에 떨어졌다. 그가 현자들에게 물었는데 그들이 〔무화과〕를 허용했다. 이것이 일반 원칙이다. 풍미를 더해주는 이점이 있으면 금지된다. 쪼개진 콩에 식초가 떨어진 경우처럼, 풍미를 더해주는 이점이 없으면 허용된다.

- 포도주가 과일에 떨어졌을 때는 씻어서 맛을 없앨 수 있으면 허용되지만, 포도주 맛이 남아 있는 경우에는 사용이 금지된다.
- 포도주가 마른 무화과에는 풍미에 영향을 주지 않기 때문에 허용된다. 이처럼 맛에 영향을 주지 않으면 허용된다는 것이 일반 원칙이다.

5, 3

נָכְרִי שֶׁהָיָה מַעֲבִיר עִם יִשְׂרָאֵל כַּדֵּי יַיִן מִמָּקוֹם לְמָקוֹם, אִם הָיָה בְחֶזְקַת הַמִּשְׁתַּמֵּר, מֻתָּר. אִם הוֹדִיעוֹ שֶׁהוּא מַפְלִיג, כְּדֵי שֶׁיִּשְׁתֹּם וְיִסְתֹּם וְיִגֹּב. רַבָּן שִׁמְעוֹן בֶּן גַּמְלִיאֵל אוֹמֵר, כְּדֵי שֶׁיִּפְתַּח וְיָגוּף וְתִגֹּב:

비유대인이 유대인과 한 곳에서 다른 곳으로 포도주 단지를 옮길 때, 만약 〔포도주〕가 경계를 받았으면 허용된다. 만약 〔유대인〕이 그가 떠나 있을 거라는 사실을 알려주었다면, 〔마개에〕 구멍을 뚫고 〔진흙으로〕 막고 〔진흙〕이 마르기에 충분하여 〔포도주는 금지된다〕. 라반 쉼온 벤 감리엘은 말한다. "〔포도주〕 항아리를 열고 새 마개로 닫고 진흙이 마르기에 충분하면 〔포도주는 금지됩니다〕."

- 유대인 감시자가 언제 자리를 비울지 모르는 상태라면 비유대인이 포도주를 훔칠 생각을 하지 못하기 때문에 부정해지지 않아서 허용된다. 하지만 언제까지 자리를 비울지 시간을 알려준다면 비유대인은 그 사이에 포도주를 진흙으로 된 마개에 구멍을 뚫고 포도주를 빼낼 수 있기 때문에 그 포도주는 사용해서는 안 된다.
- 라반 감리엘은 마개에 구멍을 뚫은 후 그 자리를 다시 진흙으로 막는다면 유대인이 이를 알아차릴 수 있다고 본다. 그래서 진흙 마개 전체를 새것으로 교체하고 이것이 마를 시간이 충분할 경우에 포도주 사용이 금지된다고 주장한다.

5, 4

הַמַּנִּיחַ יֵינוֹ בִקָרוֹן אוֹ בִסְפִינָה וְהָלַךְ לוֹ בְקַפַּנְדַּרְיָא, נִכְנַס לַמְּדִינָה וְרָחַץ, מֻתָּר. אִם הוֹדִיעוֹ שֶׁהוּא מַפְלִיג, כְּדֵי שֶׁיִּשְׁתֹּם וְיִסְתֹּם וְיִגֹּב. רַבָּן שִׁמְעוֹן בֶּן גַּמְלִיאֵל אוֹמֵר, כְּדֵי שֶׁיִּפְתַּח וְיָגוּף וְתִגֹּב. הַמַּנִּיחַ נָכְרִי בַחֲנוּת, אַף עַל פִּי שֶׁהוּא יוֹצֵא וְנִכְנָס, מֻתָּר. וְאִם הוֹדִיעוֹ שֶׁהוּא מַפְלִיג, כְּדֵי שֶׁיִּשְׁתֹּם וְיִסְתֹּם וְיִגֹּב. רַבָּן שִׁמְעוֹן בֶּן גַּמְלִיאֵל אוֹמֵר, כְּדֵי שֶׁיִּפְתַּח וְיָגוּף וְתִגֹּב:

포도주를 마차나 배에 남겨두고 잠시 떠나 도시로 들어가 목욕을 한 경우는 〔포도주〕가 허락된다. 만약 〔유대인〕이 그가 떠나 있을 거라는 사실을 알려주었다면, 〔마개에〕 구멍을 뚫고 〔진흙으로〕 막고

〔진흙〕이 마르기에 충분하여 〔포도주는 금지된다〕. 라반 쉼온 벤 감리엘은 말한다. "〔포도주〕 항아리를 열고 새 마개로 닫고 진흙이 마르기에 충분하면 〔포도주는 금지됩니다〕." 비유대인이 가게에 남아 있는 경우에, 〔유대인〕이 나갔다 들어왔다 하더라도, 〔포도주〕가 허락된다. 만약 〔유대인〕이 그가 떠나 있을 거라는 사실을 알려주었다면, 〔마개에〕 구멍을 뚫고 〔진흙으로〕 막고 〔진흙〕이 마르기에 충분하여 〔포도주는 금지된다〕. 라반 쉼온 벤 감리엘은 말한다. "〔포도주〕 항아리를 열고 새 마개로 닫고 진흙이 마르기에 충분하면 〔포도주는 금지됩니다〕."

- 앞의 미쉬나와 유사한 경우를 말한다. 포도주 통을 남겨두고 목욕을 하는 경우나, 자신의 가게에 비유대인이 남아 있을 경우에 포도주 사용이 허용된다. 하지만 자리를 비운 시간을 비유대인이 알게 되어 마개 구멍을 뚫고 포도주를 빼낸 후 다시 마개의 구멍을 진흙으로 막고 그것이 마를 시간이 충분하다면 포도주는 금지된다. 하지만 라반 감리엘은 포도주 통 마개 자체를 열고 포도주를 빼낸 후에 새 진흙 마개로 막고 이것이 마를 시간이 충분한 경우에 금지된다고 주장한다.

5, 5

הָיָה אוֹכֵל עִמּוֹ עַל הַשֻּׁלְחָן וְהִנִּיחַ לְגִינָה עַל הַשֻּׁלְחָן, וּלְגִינָה עַל הַדֻּלְבְּקִי, וְהִנִּיחוֹ וְיָצָא, מַה שֶּׁעַל הַשֻּׁלְחָן, אָסוּר. וּמַה שֶּׁעַל הַדֻּלְבְּקִי, מֻתָּר. וְאִם אָמַר לוֹ הֱוֵי מוֹזֵג וְשׁוֹתֶה, אַף שֶׁעַל הַדֻּלְבְּקִי אָסוּר. חָבִיּוֹת פְּתוּחוֹת, אֲסוּרוֹת. סְתוּמוֹת, כְּדֵי שֶׁיִּפְתַּח וְיָגוּף וְתִגֹּב:

〔유대인〕이 〔비유대인〕과 식탁에서 같이 식사하고 있는데, 〔포도주〕 병을 식탁에 놓고 옆 식탁에도 놓고 〔비유대인〕을 남겨두고 자리

를 떠났다면, [식사하던] 식탁에 둔 것은 금지되고, 옆 식탁에 둔 것은 허락된다. 만약 "섞어서 드시면 됩니다"라고 말했다면, 옆 식탁에 있는 것도 금지된다. 열려 있는 [포도주] 통은 금지된다. 닫혀 있는 것은, [마개에] 구멍을 뚫고 [진흙으로] 막고 [진흙]이 마르기에 충분하여 [금지된다].

- 비유대인 손님을 자리에 남겨두고 잠시 자리를 비웠을 때, 옆 식탁에 있는 병에 있는 포도주는 손님이 마신 것으로 간주하여 금지된다. 하지만 아무 말을 하지 않은 경우라면 옆 테이블에 있는 것은 손님이 손을 데지 않기 때문에 허락된다.
- 당시에 포도주에 물을 섞어 마시는 것이 관례였다. 주인이 물을 섞어 마시라고 말을 한 경우는 옆 식탁에 있는 것도 허락한 것으로 간주하여 비유대인이 손을 댔기 때문에 금지된다.

5, 6

בַּלֶּשֶׁת גּוֹיִם שֶׁנִּכְנְסָה לָעִיר בִּשְׁעַת שָׁלוֹם, חָבִיּוֹת פְּתוּחוֹת, אֲסוּרוֹת.
סְתוּמוֹת, מֻתָּרוֹת. בִּשְׁעַת מִלְחָמָה, אֵלּוּ וָאֵלּוּ מֻתָּרוֹת, לְפִי שֶׁאֵין פְּנַאי לְנַסֵּךְ:

비유대인 약탈자 무리들이 평상시에 도시에 침입한 경우에, 열려 있는 [포도주] 통은 금지되고, 닫혀 있는 통은 허락된다. 전시인 경우에는 이것이든 저것이든 [모두] 허락된다. 왜냐하면 헌주할 정도로 여유가 있지 않았기 때문이다.

- 평상시라면 약탈자들이 포도주 통을 열어 자신들의 신에게 포도주를 봉헌했을 것이다. 하지만 닫혀 있는 통은 그들이 손을 대지 않았기 때문에 허락된다.
- 하지만 전쟁 시에는 그들이 포도주에 손을 대서 그들의 신에게 헌주

할 정도로 여유가 있지 않기 때문에 전쟁 후에 유대인들이 포도주를 사용하는 것이 허락된다.

5, 7

אֻמָּנִין שֶׁל יִשְׂרָאֵל שֶׁשָּׁלַח לָהֶם נָכְרִי חָבִית שֶׁל יֵין נֶסֶךְ בִּשְׂכָרָן, מֻתָּרִים לוֹמַר לוֹ תֵּן לָנוּ אֶת דָּמֶיהָ. וְאִם מִשֶּׁנִּכְנְסָה לִרְשׁוּתָן, אָסוּר. הַמּוֹכֵר יֵינוֹ לַנָּכְרִי, פָּסַק עַד שֶׁלֹּא מָדַד, דָּמָיו מֻתָּרִין. מָדַד עַד שֶׁלֹּא פָסַק, דָּמָיו אֲסוּרִין. נָטַל אֶת הַמַּשְׁפֵּךְ וּמָדַד לְתוֹךְ צְלוֹחִיתוֹ שֶׁל נָכְרִי, וְחָזַר וּמָדַד לְתוֹךְ צְלוֹחִיתוֹ שֶׁל יִשְׂרָאֵל, אִם יֶשׁ בּוֹ עַכֶּבֶת יַיִן, אָסוּר. הַמְעָרֶה מִכְּלִי אֶל כְּלִי, אֶת שֶׁעֵרָה מִמֶּנּוּ, מֻתָּר. וְאֶת שֶׁעֵרָה לְתוֹכוֹ, אָסוּר:

비유대인이 〔유대인〕 장인들에게 임금 대신 헌주용 포도주 통을 보낸 경우에, "우리에게 그 가치에 해당하는 돈으로 주세요"라고 말할 수 있다. 하지만 만약 〔포도주〕가 그들의 소유가 〔이미〕 되었다면, 〔교환〕이 금지된다. 〔유대인〕이 포도주를 비유대인에게 판 경우에, 계량하기 전에 가격을 책정했다면, 구매 대금은 허용된다. 만약 가격을 정하기 전에 계량했다면, 구매 대금이 금지된다. 〔유대인〕이 깔때기로 계량해서 비유대인의 병에 넣은 후에 다시 유대인의 병에 넣었다면, 〔깔때기〕에 〔첫째 병〕의 포도주 방울이 남아 있다면 금지된다. 〔자신〕의 그릇에서 〔비유대인〕의 그릇으로 따른 경우에, 따라낸 그릇에 남은 〔포도주〕는 허락되지만, 따라 담은 〔비유대인〕의 그릇에 있는 〔포도주〕는 금지된다.

- 비유대인이 유대인 장인에게 포도주를 임금 대신 주고자 할 때, 포도주 대신 돈으로 달라고 요구할 수 있다. 하지만 임금으로 포도주를 이미 받았다면 환불이 되지 않는다.
- 비유대인의 병에 포도주를 담을 때 사용한 깔때기에 단 한 방울의 포도주가 남아 있더라도, 다시 유대인의 병에 포도주를 담는 데 이

깔대기를 사용했다면 전체 포도주가 금지된다.

5, 8

יֵין נֶסֶךְ אָסוּר, וְאוֹסֵר בְּכָל שֶׁהוּא. יַיִן בְּיַיִן וּמַיִם בְּמַיִם, בְּכָל שֶׁהוּא. יַיִן בְּמַיִם וּמַיִם בְּיַיִן, בְּנוֹתֵן טָעַם. זֶה הַכְּלָל, מִין בְּמִינוֹ, בְּמַשֶּׁהוּ. וְשֶׁלֹּא בְמִינוֹ, בְּנוֹתֵן טָעַם:

헌주용 포도주는 금지된다. 그리고 그것은 적은 양이라도 〔모든 것을〕 금지시킨다. 포도주와 포도주가 〔섞이고〕 물과 물이 〔섞였을〕 경우에, 적은 양이라도 〔금지된다〕. 〔금지된〕 포도주와 〔허락된〕 물이, 그리고 〔금지된〕 물이 〔허락된〕 포도주와 〔섞인〕 경우에, 〔금지된 음료〕 맛이 난다면 〔금지된다〕. 이것이 일반 원칙이다. 같은 종류는 적은 양이라도 〔금지된다〕. 다른 종류일 경우에는, 〔금지된 음료〕 맛이 나면 〔금지된다〕.

- 같은 종류의 음료가 섞일 경우에는 금지된 음료의 양이 아무리 작더라도 전체 음료를 금지시킨다. 하지만 서로 다른 종류와 섞일 경우에는 금지된 음료의 맛이 날 경우에만 금지된다.

5, 9

אֵלּוּ אֲסוּרִין, וְאוֹסְרִין בְּכָל שֶׁהֵן. יֵין נֶסֶךְ, וַעֲבוֹדָה זָרָה, וְעוֹרוֹת לְבוּבִין, וְשׁוֹר הַנִּסְקָל, וְעֶגְלָה עֲרוּפָה, וְצִפֳּרֵי מְצֹרָע, וּשְׂעַר נָזִיר, וּפֶטֶר חֲמוֹר, וּבָשָׂר בְּחָלָב, וְשָׂעִיר הַמִּשְׁתַּלֵּחַ, וְחֻלִּין שֶׁנִּשְׁחֲטוּ בָעֲזָרָה, הֲרֵי אֵלּוּ אֲסוּרִין וְאוֹסְרִין בְּכָל שֶׁהֵן:

다음은 금지된 것들이고 적은 양이라도 금지시킨다. 헌주용 포도주, 우상숭배〔에 관련된 물건〕, 가슴 부위에 구멍 난 〔동물의〕 가죽, 투석형에 〔처해진〕 황소, 목이 부러진 어린 암소, 피부질환자가 바치는 새, 나실인의 머리카락 희생제물, 나귀의 첫 새끼, 우유에 삶은 고기, 보내진 희생염소, 성별되지 않고 성전 뜰에서 도살된 제물. 자 이것들은 금지된 것들이고 적은 양이라도 금지시킨다.

- 포도주에서 짐승까지 금지되고 있는 전체 목록들을 열거한다.
- 사람을 죽인 황소는 투석형에 처해진다(출 21:28).
- 살인이 발생했지만 범인이 잡히기 전에 어린 암소의 목을 꺾는다(신 21:4).
- 나귀의 첫 새끼는 보통 어린 양으로 대속한다(출 13:13).
- 희생염소는 속죄일에 아자젤에게 보내지는 염소다(레 16:22).
- 성별되지 않은 제물은 성전 뜰에서 도살되면 안 된다.

5, 10

יֵין נֶסֶךְ שֶׁנָּפַל לְבוֹר, כֻּלּוֹ אָסוּר בַּהֲנָאָה. רַבָּן שִׁמְעוֹן בֶּן גַּמְלִיאֵל אוֹמֵר, יִמָּכֵר כֻּלּוֹ לְנָכְרִי, חוּץ מִדְּמֵי יֵין נֶסֶךְ שֶׁבּוֹ:

헌주용 포도주가 포도주 통에 떨어진 경우에는, 전체 〔포도주〕 사용이 금지된다. 라반 벤 감리엘은 말한다. "헌주용 포도주 가치를 제하고 전체를 비유대인에게 팔 수 있습니다."

- 사용할 수 있는 포도주 통 안에 사용이 금지된 헌주용 포도주가 떨어진 경우에는 전체 포도주를 사용해서는 안 되고, 비유대인에게 팔 수는 있다. 이때 헌주용 포도주 가치에 해당하는 만큼은 제외하고 팔아야 한다.

5, 11

גַּת שֶׁל אֶבֶן שֶׁזְּפָתָהּ גּוֹי, מְנַגְּבָהּ וְהִיא טְהוֹרָה. וְשֶׁל עֵץ, רַבִּי אוֹמֵר, יְנַגֵּב. וַחֲכָמִים אוֹמְרִים, יְקַלֵּף אֶת הַזֶּפֶת. וְשֶׁל חֶרֶס, אַף עַל פִּי שֶׁקִּלֵּף אֶת הַזֶּפֶת, הֲרֵי זוֹ אֲסוּרָה:

비유대인이 찌꺼기로 봉한 석재 포도주 짜는 기구는 닦아내면 정결하다. 목재 〔포도주 짜는 기구〕에 대하여, 랍비는 "닦아내면 됩니다"라고 말하지만 현자들은 말한다. "찌꺼기를 벗겨내야 합니다." 토기로 만든 것은 찌꺼기를 벗겨내더라도 금지된다.

- 유대인이 비유대인으로부터 포도주 짜는 기구를 구입하는 경우에 포도주가 남아 있는 정도에 따라 사용 가능 여부가 결정된다. 돌로 만든 것은 포도주가 거의 남아 있지 않아서 닦아낸 후 사용할 수 있다. 나무로 된 것은 찌꺼기가 많이 남아 닦기만 해서는 안 되고 남아 있는 포도주 찌꺼기를 벗겨내야 한다. 하지만 진흙으로 만든 것은 포도주 찌꺼기를 벗겨내더라도 사용할 수 없다.

5, 12

הַלּוֹקֵחַ כְּלֵי תַשְׁמִישׁ מִן הַגּוֹי, אֶת שֶׁדַּרְכּוֹ לְהַטְבִּיל, יַטְבִּיל. לְהַגְעִיל, יַגְעִיל. לְלַבֵּן בָּאוּר, יְלַבֵּן בָּאוּר. הַשַּׁפּוּד וְהָאַסְכְּלָה, מְלַבְּנָן בָּאוּר. הַסַּכִּין, שָׁפָהּ וְהִיא טְהוֹרָה:

유대인이 요리 도구를 비유대인에게 구입했을 때, 평상시 〔음식〕을 담그던 것은 〔도구〕를 담그고, 데우던 것은 데우고, 백열로 뜨겁게 하던 것은 백열로 뜨겁게 하고, 쇠꼬챙이나 석쇠는 백열로 뜨겁게 한다. 칼은 갈면 정결하다.

- 유대인이 비유대인에게 구입한 요리 도구들을 어떻게 해야 사용 가

능한지 가르친다. 비유대인이 평상시 요리할 때 사용했던 방식으로 동일하게 씻어내면 사용이 가능하다. 보통 찬물로 음식을 만들던 것은 찬물에 씻으면 된다. 그리고 국처럼 음식을 끓이는 데 사용된 도구는 끓는 물로 씻어 사용한다.

- 마지막 도구는 칼이다. 칼은 사용면에 묻어 있는 음식물을 벗겨내기 위해 갈아서 사용한다.

הוריות

10

호라욧

판결

기름부음 받은 제사장이 부지중에 자신에게 잘못된 판결을 내려 잘못 행한 경우에, 황소를 가져와야 한다. 만약 부지중에 판결했지만 의도적으로 행하였거나, 반대로 의도적으로 판결하고 부지중에 행한 경우에는 속죄제가 면제된다. 왜냐하면 기름부음 받은 제사장이 자신에게 판결한 것은 법정이 회중에게 판결한 것과 같기 때문이다. _「호라욧」 2, 1

개요

「호라욧」(הוריות)은 그 제목이 '판결'을 뜻하며 법정이나 제사장이 잘못된 지시, 즉 '판결'을 잘못 내린 경우를 다룬다. 법정이 잘못된 판결을 지시한 경우에는 황소 제물로 속죄해야 한다. 이는 대제사장의 경우처럼 전체 회중을 대표하기 때문에 무거운 책임감을 묻는 것이다. 그래서 일반적으로 법정이 잘못된 판결을 내린 경우에 바치는 속죄제와 토라에서 전체 회중이 잘못한 경우에 바치는 속죄제가 동일하다.

- **관련 성경구절 | 레위기 4장**

제1장

법정이 잘못된 판결을 내린 경우에 기본적으로 법정이 속죄제의 책임을 져야 하지만 판결을 따른 사람이 토라(율법)에 정통한 사람이었다면 그 사람이 책임이 있다. 만약 법정이 잘못된 판결을 내렸다는 사실을 알고 판결을 수정했다면 그 책임은 개인에게 넘어간다. 다만, 해외에 머물러 이 사실을 모르고 이전의 잘못된 판결을 따른 경우에는 그 개인도 책임이 없다.

1, 1

הוֹרוּ בֵית דִּין לַעֲבֹר עַל אַחַת מִכָּל מִצְוֹת הָאֲמוּרוֹת בַּתּוֹרָה, וְהָלַךְ הַיָּחִיד וְעָשָׂה שׁוֹגֵג עַל פִּיהֶם, בֵּין שֶׁעָשׂוּ וְעָשָׂה עִמָּהֶן, בֵּין שֶׁעָשׂוּ וְעָשָׂה אַחֲרֵיהֶן, בֵּין שֶׁלֹּא עָשׂוּ וְעָשָׂה, פָּטוּר, מִפְּנֵי שֶׁתָּלָה בְּבֵית דִּין. הוֹרוּ בֵית דִּין וְיָדַע אֶחָד מֵהֶן שֶׁטָּעוּ, אוֹ תַלְמִיד וְהוּא רָאוּי לְהוֹרָאָה, וְהָלַךְ וְעָשָׂה עַל פִּיהֶן, בֵּין שֶׁעָשׂוּ וְעָשָׂה עִמָּהֶן, בֵּין שֶׁעָשׂוּ וְעָשָׂה אַחֲרֵיהֶן, בֵּין שֶׁלֹּא עָשׂוּ וְעָשָׂה, הֲרֵי זֶה חַיָּב, מִפְּנֵי שֶׁלֹּא תָלָה בְּבֵית דִּין. זֶה הַכְּלָל, הַתּוֹלֶה בְעַצְמוֹ, חַיָּב. וְהַתּוֹלֶה בְּבֵית דִּין, פָּטוּר:

〔만약〕 법정이 판결을 내렸는데 〔결과적으로〕 토라에서 말하고 있는 법 중 하나를 범했다면, 〔예를 들어〕 어떤 사람이 가서 그들의 판결을 따르다가 실수했다면, 그들이 행했고 그가 그들과 함께 행했거나 그들이 행했고 그가 그들을 뒤따라 행했거나 그들은 행하지 않았지만 그가 행한 경우에 그는 책임이 없다. 왜냐하면 법정〔의 판결〕에 달려 있기 때문이다. 법정이 〔잘못된〕 판결을 내렸는데 그들 중 한 명이 그들이 잘못했다는 사실을 알았거나 그 판결을 잘 아는 제자가 가서 그들의 판결을 따랐다면, 그들이 행했고 그가 그들과 함께 행했거나 그들이 행했고 그가 그들을 뒤따라 행했거나 그들은 행하지 않았지만 그가 행한 경우에 그에게 책임이 있다. 왜냐하면 법정〔의 판결〕에

달려 있지 않기 때문이다. 이것이 일반 원칙이다.

- 법정이 잘못 판결한 경우에, 이를 알지 못하고 그 판결에 따르다가 토라의 법을 범한 경우에는 그 개인이 속죄제의 책임을 지지 않고 법정이 속죄제를 드려야 한다. 하지만 법정의 판결이 실수라는 사실을 알았거나 그 판결에 대하여 잘 아는 제자(학생)가 토라를 어긴 경우에는 그 사람에게 책임이 있다.

1, 2

הוֹרוּ בֵית דִּין, וְיָדְעוּ שֶׁטָּעוּ, וְחָזְרוּ בָהֶן, בֵּין שֶׁהֵבִיאוּ כַפָּרָתָן וּבֵין שֶׁלֹּא הֵבִיאוּ כַפָּרָתָן, וְהָלַךְ וְעָשָׂה עַל פִּיהֶן, רַבִּי שִׁמְעוֹן פּוֹטֵר, וְרַבִּי אֱלִיעֶזֶר אוֹמֵר, סָפֵק. אֵיזֶהוּ סָפֵק. יָשַׁב לוֹ בְתוֹךְ בֵּיתוֹ, חַיָּב. הָלַךְ לוֹ לִמְדִינַת הַיָּם, פָּטוּר. אָמַר רַבִּי עֲקִיבָא, מוֹדֶה אֲנִי בָזֶה שֶׁהוּא קָרוֹב לִפְטוֹר מִן הַחוֹבָה. אָמַר לוֹ בֶן עַזַּאי, מַה שָּׁנָה זֶה מִן הַיּוֹשֵׁב בְּבֵיתוֹ, שֶׁהַיּוֹשֵׁב בְּבֵיתוֹ אֶפְשָׁר הָיָה לוֹ שֶׁיִּשְׁמַע, וְזֶה לֹא הָיָה אֶפְשָׁר לוֹ שֶׁיִּשְׁמָע:

〔만약〕 법정이 판결을 내렸는데 그들이 〔판결을〕 잘못했다는 사실을 알고 그것을 변경했다면, 그들이 제물을 드렸든지 드리지 않았든지, 그가 가서 그들의 〔처음〕 판결에 따른 경우에 대하여, 랍비 쉼온은 〔속죄제〕를 면제한다. 그리고 랍비 엘리에제르는 말한다. "불확실한 경우입니다." "불확실한 경우는 어떤 것입니까?" "만약 그가 집에 머물렀다면 〔속죄제〕의 책임이 있습니다. 하지만 그가 해외에 갔다면 〔속죄제〕가 면제됩니다." 랍비 아키바가 말했다. "제 생각에는 이 경우에 그는 〔속죄제〕 의무에서 면제되는 것에 가깝습니다." 벤 아자이가 물었다. "이 사람과 집에 있는 사람과 무슨 차이가 있습니까?" "집에 있는 사람은 〔변경된 판결〕을 들었을 가능성이 있지만, 이 사람은 들었을 가능성이 없습니다."

• 법정이 뒤늦게 잘못 판결했다는 사실을 알고 판결 내용을 바꾸었는데 처음 판결한 내용에 따라 행하여 토라를 범한 경우다. 이 경우에 두 가지 경우로 나뉘게 된다. 집에 있는 사람은 변경 사실을 들을 수 있기 때문에 속죄제의 책임이 있다. 하지만 해외나 외지에 머문 사람은 변경되었다는 것을 들을 수 없기 때문에 책임이 없다.

1, 3

הוֹרוּ בֵית דִּין לַעֲקֹר אֶת כָּל הַגּוּף, אָמְרוּ, אֵין נִדָּה בַתּוֹרָה, אֵין שַׁבָּת בַּתּוֹרָה, אֵין עֲבוֹדָה זָרָה בַתּוֹרָה, הֲרֵי אֵלּוּ פְטוּרִין. הוֹרוּ לְבַטֵּל מִקְצָת וּלְקַיֵּם מִקְצָת, הֲרֵי אֵלּוּ חַיָּבִין. כֵּיצַד. אָמְרוּ, יֵשׁ נִדָּה בַתּוֹרָה, אֲבָל הַבָּא עַל שׁוֹמֶרֶת יוֹם כְּנֶגֶד יוֹם פָּטוּר. יֵשׁ שַׁבָּת בַּתּוֹרָה, אֲבָל הַמּוֹצִיא מֵרְשׁוּת הַיָּחִיד לִרְשׁוּת הָרַבִּים, פָּטוּר. יֵשׁ עֲבוֹדָה זָרָה בַתּוֹרָה, אֲבָל הַמִּשְׁתַּחֲוֶה פָּטוּר, הֲרֵי אֵלּוּ חַיָּבִין, שֶׁנֶּאֱמַר (ויקרא ד) וְנֶעְלַם דָּבָר, דָּבָר וְלֹא כָל הַגּוּף:

〔만약〕 법정이 〔토라의〕 원칙을 뒤집는 판결을 내려 "토라에 월경에 대한 〔금지가〕 없습니다. 토라에 안식일에 대한 〔금지가〕 없습니다. 토라에 우상숭배에 대한 〔금지가〕 없습니다"라고 말했으면, 그들은 면제된다. 〔만약 법정이 율법의〕 일부는 취소하고 일부는 실행하도록 판결했다면 그들은 〔속죄제의〕 책임이 있다. 왜 그러한가? 〔만약〕 그들이 "월경에 대한 〔금지가〕 토라에 있지만 적당한 날을 기다리고 있는 여성과 관계를 가진 사람은 면제됩니다. 안식일에 대한 〔금지가〕 토라에 있지만, 〔만약〕 누군가 사적 공간에서 공적 공간으로 〔물건을〕 운반한다면 그는 면제됩니다. 우상숭배에 대한 〔금지가〕 토라에 있지만, 〔만약〕 누군가 〔우상에〕 절한다면 그는 면제됩니다"라고 말했다면, 그들은 〔속죄제의〕 책임이 있다. 〔왜냐하면 성경에서〕 전체가 아니라 "하나라도 범하여"라고 말하고 있다(레 4:13).

- 월경하는 여인과의 성관계 금지, 안식일에 노동 금지, 우상숭배 금지와 같은 규정들이 토라에 있다는 것은 누구나 다 아는 상식이다. 그래서 이런 규정들이 토라(오경)에 없다고 법정에서 말했다면 그것은 단순한 전달상의 실수이지 실제 판결이 아니다. 누군가 이러한 규정들을 어겼다면 속죄제의 책임은 율법을 어긴 개인에게 있고 법정은 책임이 없다.
- 하지만 법정이 이러한 규정들이 토라에 나와 있다고 말하면서 세부적인 지시를 잘못 내려 개인이 율법을 어기게 된다면 책임은 법정에 있다.

1, 4

הוֹרוּ בֵית דִּין, וְיָדַע אֶחָד מֵהֶן שֶׁטָּעוּ, וְאָמַר לָהֶן טוֹעִין אַתֶּם, אוֹ שֶׁלֹּא הָיָה מֻפְלָא שֶׁל בֵּית דִּין שָׁם, אוֹ שֶׁהָיָה אַחַד מֵהֶן גֵּר אוֹ מַמְזֵר אוֹ נָתִין אוֹ זָקֵן שֶׁלֹּא רָאָה לוֹ בָנִים, הֲרֵי אֵלּוּ פְטוּרִין, שֶׁנֶּאֱמַר כָּאן עֵדָה (ויקרא ד) וְנֶאֱמַר לְהַלָּן (במדבר לה) עֵדָה, מָה עֵדָה הָאֲמוּר לְהַלָּן עַד שֶׁיִּהְיוּ כֻלָּם רְאוּיִין לְהוֹרָאָה, אַף עֵדָה הָאֲמוּרָה כָאן עַד שֶׁיִּהְיוּ כֻלָּם רְאוּיִים לְהוֹרָאָה. הוֹרוּ בֵית דִּין שׁוֹגְגִים וְעָשׂוּ כָל הַקָּהָל שׁוֹגְגִין, מְבִיאִין פָּר. מְזִידִין וְעָשׂוּ שׁוֹגְגִין, מְבִיאִין כִּשְׂבָּה וּשְׂעִירָה. שׁוֹגְגִין וְעָשׂוּ מְזִידִין, הֲרֵי אֵלּוּ פְטוּרִין:

〔만약〕 법정이 판결을 내렸는데, 〔재판관〕 중 한 명이 〔다른 재판관들이〕 틀렸다는 사실을 알게 되어 "당신들이 틀렸습니다"라고 말했거나 혹은 법정의 수장이 〔재판 자리에〕 없었거나 아니면 〔재판관〕 중 한 명이 비유대인, 사생아, 기브온 후손, 아들이 없는 장로였다면 그들은 〔속죄제가〕 면제된다. 왜냐하면 〔성경의〕 여기(레 4:13) 저기(민 35:24)에서 회중을 말하고 있기 때문이다. 뒤에 나온 회중이 판결을 내리는 데 적합해야 한 것처럼, 앞에 나온 회중도 판결을 내리는 데 적합해야 한다. 〔만약〕 법정이 부지중에 〔잘못된〕 판결을 내렸고 사람들이 부지중에 행하였다면, 그들은 황소를 〔제물로〕 가져와야 한다.

〔만약 법정이〕 의도적으로 〔잘못된〕 판결을 내렸고 사람들이 부지중에 행하였다면, 그들은 암양과 암염소를 〔제물로〕 가져와야 한다. 〔만약 법정이〕 부지중에 판결을 내렸고 사람들이 의도적으로 행하였다면, 그들은 〔속죄제가〕 면제된다.

- 비유대인, 사생아, 아들이 없는 장로와 같은 사람들은 재판관이 될 수 없다.
- 법정이 의도적으로 잘못된 판결을 내렸다면, 속죄제를 통한 정결의식을 행할 수 없다. 따라서 이때에는 사람들이 부지중에 잘못된 판결대로 행하였으므로 암염소나 암양으로 속죄제를 드려야 한다.
- 법정이 부지중에 잘못된 판결을 내렸다는 사실을 사람들이 알고도 의도적으로 행하였다면 법정은 속죄제의 책임이 없다.

1, 5

הוֹרוּ בֵית דִּין, וְעָשׂוּ כָל הַקָּהָל אוֹ רֻבָּן עַל פִּיהֶם, מְבִיאִין פָּר. וּבַעֲבוֹדָה זָרָה, מְבִיאִין פַּר וְשָׂעִיר, דִּבְרֵי רַבִּי מֵאִיר. רַבִּי יְהוּדָה אוֹמֵר, שְׁנֵים עָשָׂר שְׁבָטִים מְבִיאִין שְׁנֵים עָשָׂר פָּרִים, וּבַעֲבוֹדָה זָרָה, מְבִיאִין שְׁנֵים עָשָׂר פָּרִים וּשְׁנֵים עָשָׂר שְׂעִירִים. רַבִּי שִׁמְעוֹן אוֹמֵר, שְׁלשָׁה עָשָׂר פָּרִים, וּבַעֲבוֹדָה זָרָה, שְׁלשָׁה עָשָׂר פָּרִים וּשְׁלשָׁה עָשָׂר שְׂעִירִים, פַּר וְשָׂעִיר לְכָל שֵׁבֶט וָשֵׁבֶט, פַּר וְשָׂעִיר לְבֵית דִּין. הוֹרוּ בֵית דִּין, וְעָשׂוּ שִׁבְעָה שְׁבָטִים אוֹ רֻבָּן עַל פִּיהֶם, מְבִיאִים פָּר, וּבַעֲבוֹדָה זָרָה מְבִיאִין פַּר וְשָׂעִיר, דִּבְרֵי רַבִּי מֵאִיר. רַבִּי יְהוּדָה אוֹמֵר, שִׁבְעָה שְׁבָטִים שֶׁחָטְאוּ, מְבִיאִים שִׁבְעָה פָּרִים, וּשְׁאָר שְׁבָטִים שֶׁלֹּא חָטְאוּ, מְבִיאִין עַל יְדֵיהֶן פַּר, שֶׁאַף אֵלּוּ שֶׁלֹּא חָטְאוּ, מְבִיאִין עַל יְדֵי הַחוֹטְאִים. רַבִּי שִׁמְעוֹן אוֹמֵר, שְׁמֹנָה פָרִים. וּבַעֲבוֹדָה זָרָה, שְׁמֹנָה פָרִים וּשְׁמֹנָה שְׂעִירִים, פַּר וְשָׂעִיר לְכָל שֵׁבֶט וָשֵׁבֶט, וּפַר וְשָׂעִיר לְבֵית דִּין. הוֹרוּ בֵית דִּין שֶׁל אֶחָד מִן הַשְּׁבָטִים וְעָשָׂה אוֹתוֹ הַשֵּׁבֶט עַל פִּיהֶם, אוֹתוֹ הַשֵּׁבֶט הוּא חַיָּב, וּשְׁאָר כָּל הַשְּׁבָטִים פְּטוּרִים, דִּבְרֵי רַבִּי יְהוּדָה. וַחֲכָמִים אוֹמְרִים, אֵין חַיָּבִים אֶלָּא עַל הוֹרָיַת בֵּית דִּין הַגָּדוֹל בִּלְבַד, שֶׁנֶּאֱמַר (ויקרא ד) וְאִם כָּל עֲדַת יִשְׂרָאֵל יִשְׁגּוּ, וְלֹא עֲדַת אוֹתוֹ הַשֵּׁבֶט:

"〔만약〕 법정이 〔잘못된〕 판결을 내렸고 모든 회중 또는 대부분의 〔회중〕이 그 판결대로 행하였다면, 그들은 황소를 가져와야 합니다. 우상숭배의 경우에는 황소와 염소를 〔제물로〕 가져와야 합니다." 랍비 메이르의 말이다. 랍비 예후다가 말한다. "열두 지파가 열두 〔마리의〕 황소를 가져와야 합니다. 그리고 우상숭배의 경우에는 열두 마리의 황소와 열두 마리의 염소를 가져와야 합니다." 랍비 쉼온은 말한다. "열세 〔마리의〕 황소를 〔가져와야 합니다〕. 우상숭배의 경우에는 열세 〔마리의〕 황소와 열세 〔마리의〕 염소를 〔가져와야 합니다〕. 황소와 염소를 모든 지파를 위해서 〔가져와야 하고〕, 황소와 염소를 법정을 위해서 〔가져와야 합니다〕." "〔만약〕 법정이 〔잘못된〕 판결을 내렸고, 일곱 지파나 대다수 지파가 그 판결을 따랐다면, 그들은 황소를 가져와야 합니다. 우상숭배의 경우에는, 황소와 염소를 가져와야 합니다." 랍비 메이르의 말이다. 랍비 예후다가 말한다. "죄를 지은 일곱 지파는 일곱 황소를 가져와야 하고, 죄를 짓지 않은 나머지 지파도 그들을 위해 황소를 가져와야 합니다. 왜냐하면 죄를 짓지 않은 사람들도 죄를 지은 사람들을 위해 황소를 가져와야 하기 때문입니다." 랍비 쉼온이 말한다. "여덟 황소입니다. 우상숭배의 경우에는 여덟 황소와 여덟 염소입니다. 각 지파를 위해 황소 한 마리와 염소 한 마리입니다. 그리고 법정을 위해 황소 한 마리와 염소 한 마리입니다." "〔만약〕 한 지파의 법정이 〔잘못된〕 판결을 내렸고 그 지파가 그 판결을 따랐다면, 그 지파는 〔속죄제의〕 책임이 있고 나머지 지파들은 면제됩니다." 랍비 예후다의 말이다. 현자들은 말한다. "〔지파는〕 책임이 없고 다만 최고 법정의 판결만 해당됩니다. 왜냐하면 〔성경에서〕 "이스라엘 온 회중이 부지중에 범하여"라고 말하고 있지 특정한 지파의 회중을 말한 것이 아닙니다."

- 랍비 메이르는 법정을 이스라엘 '회중'으로 보고 죄를 지을 경우에 황소 한 마리를 제물로 바쳐야 한다고 본다. 우상숭배의 경우에는 황소 한 마리와 염소 한 마리를 바쳐야 한다.
- 랍비 예후다는 법정을 이스라엘 회중으로 보되 12지파의 연합으로 이해한다. 속죄의 제물로 각 지파별로 황소를 바쳐야 하고 우상숭배의 경우에는 각 지파별로 황소와 염소를 바쳐야 한다.
- 랍비 쉼온은 법정이 잘못할 경우 열세 마리의 황소가 필요하다고 말한다. 각 지파를 위해 열두 마리, 그리고 법정을 위해 한 마리의 황소를 바쳐야 한다. 우상숭배의 경우에는 열세 마리의 황소와 염소가 필요하다.
- 일부 지파가 잘못된 판결을 따랐을 경우에, 랍비 메이르는 동일하게 황소 한 마리, 랍비 예후다는 지파의 수대로, 그리고 랍비 쉼온은 지파수에 법정을 추가한 수의 황소를 바쳐야 한다고 말한다.
- 한 지파가 잘못된 판결을 따랐을 경우에, 랍비 예후다는 그 지파가 속죄제를 드려야 한다고 주장하지만 현자들은 그 지파는 책임이 없고 법정이 책임을 져야 한다고 말한다.

제2장

처음 세 개의 미쉬나에서는 제사장이 잘못한 경우에 바치는 속죄제를 말하고 있다.

2, 1

הוֹרָה כֹּהֵן מָשִׁיחַ לְעַצְמוֹ, שׁוֹגֵג וְעָשָׂה שׁוֹגֵג, מֵבִיא פָר. שׁוֹגֵג וְעָשָׂה מֵזִיד, מֵזִיד וְעָשָׂה שׁוֹגֵג, פָּטוּר, שֶׁהוֹרָאַת כֹּהֵן מָשִׁיחַ לְעַצְמוֹ, כְּהוֹרָאַת בֵּית דִּין לַצִּבּוּר:

기름부음 받은 제사장이 부지중에 자신에게 잘못된 판결을 내려 잘못 행한 경우에, 황소를 가져와야 한다. 〔만약〕 부지중에 판결했지만 의도적으로 행하였거나, 〔반대로〕 의도적으로 판결하고 부지중에 행한 경우에는 〔속죄제가〕 면제된다. 왜냐하면 기름부음 받은 제사장이 자신에게 판결한 것은 법정이 회중에게 판결한 것과 같기 때문이다.

- 개인과 동일하게 제사장의 경우에도 잘못된 판결과 실행 모두 의도치 않게 벌어진 경우에만 속죄제의 책임이 있다.

2, 2

הוֹרָה בִּפְנֵי עַצְמוֹ וְעָשָׂה בִּפְנֵי עַצְמוֹ, מִתְכַּפֵּר לוֹ בִּפְנֵי עַצְמוֹ. הוֹרָה עִם הַצִּבּוּר וְעָשָׂה עִם הַצִּבּוּר, מִתְכַּפֵּר לוֹ עִם הַצִּבּוּר, שֶׁאֵין בֵּית דִּין חַיָּבִים עַד שֶׁיּוֹרוּ לְבַטֵּל מִקְצָת וּלְקַיֵּם מִקְצָת, וְכֵן הַמָּשִׁיחַ. וְלֹא בַעֲבוֹדָה זָרָה, עַד שֶׁיּוֹרוּ לְבַטֵּל מִקְצָת וּלְקַיֵּם מִקְצָת:

〔기름부음 받은 제사장이〕 스스로 판결을 내렸고 스스로 행했다면, 스스로 정결례를 행한다. 〔기름부음 받은 제사장이〕 회중의 법정과 함께 판결을 내렸고 회중에 함께 행했다면, 회중과 함께 정결례를 행한다. 법정은 〔율법의〕 일부를 취소하고 일부를 유지하지 않는 한 책임이 없다. 기름부음 받은 〔대제사장〕도 〔책임을 지지 않는다〕. 〔율법의〕 일부를 취소하고 일부를 유지하지 않는 한 우상숭배에 대해서도 〔책임을 지지〕 않는다.

- 법정과 상관없이 대제사장 단독으로 잘못된 결정을 내렸다면 자신이 속죄제를 위해 황소를 가져와야 한다.
- 대제사장이 법정과 함께 잘못된 결정을 내렸다면 법정이 회중과 함께 가져온 황소로 속죄제를 드리면 된다.

2, 3

אֵין חַיָּבִין אֶלָּא עַל הֶעְלֵם דָּבָר עִם שִׁגְגַת הַמַּעֲשֶׂה, וְכֵן הַמָּשִׁיחַ. וְלֹא בַעֲבוֹדָה זָרָה, אֵין חַיָּבִין אֶלָּא עַל הֶעְלֵם דָּבָר עִם שִׁגְגַת הַמַּעֲשֶׂה. אֵין בֵּית דִּין חַיָּבִין עַד שֶׁיּוֹרוּ בְדָבָר שֶׁזְּדוֹנוֹ כָרֵת וְשִׁגְגָתוֹ חַטָּאת. וְכֵן הַמָּשִׁיחַ. וְלֹא בַעֲבוֹדָה זָרָה, עַד שֶׁיּוֹרוּ עַל דָּבָר שֶׁזְּדוֹנוֹ כָרֵת וְשִׁגְגָתוֹ חַטָּאת:

〔법정은〕 법에 대한 무지가 부지중에 한 행동으로 이어지지 않는 한 〔희생제물을 가져올〕 의무가 없다. 기름부음 받은 〔대제사장도〕 마찬가지다. 우상숭배에 대해서도 법에 대한 무지가 부지중에 한 행동으로 이어지지 않는 한 〔희생제물을 가져올〕 의무가 없다. 고의로 〔범했다면〕 처형이고 부지중에 〔범했다면〕 속죄제를 드릴 판결을 내린 경우가 아니라면 법정은 〔희생제물을 가져올〕 의무가 없다. 기름부음 받은 〔대제사장도〕 마찬가지다. 우상숭배의 경우도 고의로 〔범했다면〕 처형이고 부지중에 〔범했다면〕 속죄제를 드릴 판결을 내린 경우가 아니라면 〔희생제물을 가져올 의무가〕 없다.

- 잘못된 판결과 무지로 인해 잘못을 행한 경우에 속죄제를 드린다. 하지만 잘못인지 알면서 의식적으로 범한 경우는 속죄제로 되지 않고 처형(카렛)을 받아야 한다.

2, 4

אֵין חַיָּבִין עַל עֲשֵׂה וְעַל לֹא תַעֲשֶׂה שֶׁבַּמִּקְדָּשׁ, וְאֵין מְבִיאִין אָשָׁם תָּלוּי עַל עֲשֵׂה וְעַל לֹא תַעֲשֶׂה שֶׁבַּמִּקְדָּשׁ. אֲבָל חַיָּבִין עַל עֲשֵׂה וְעַל לֹא תַעֲשֶׂה שֶׁבַּנִּדָּה, וּמְבִיאִין אָשָׁם תָּלוּי עַל עֲשֵׂה וְעַל לֹא תַעֲשֶׂה שֶׁבַּנִּדָּה. אֵיזוֹ הִיא מִצְוַת עֲשֵׂה שֶׁבַּנִּדָּה, פְּרֹשׁ מִן הַנִּדָּה. וּמִצְוַת לֹא תַעֲשֶׂה, לֹא תָבֹא אֶל הַנִּדָּה:

〔법정은〕 성전과 관련된 긍정명령이나 부정명령과 관련해서 〔속죄제물을 가져올〕 의무가 없다. 성전과 관련된 긍정명령이나 부정명령

과 관련해서 어느 누구도 미심쩍은 〔경우에 바치는〕 속건제를 〔드릴〕 의무가 없다. 하지만 〔법정은〕 월경과 관련된 긍정명령이나 부정명령에 대하여 〔속죄제물을 가져올〕 의무가 있다. 〔개인들도〕 월경과 관련된 긍정명령이나 부정명령에 대하여 〔속죄제물을 가져올〕 의무가 있다. 어떤 것이 월경에서 긍정명령인가? "월경하는 여자와 떨어져라." 부정명령은 〔어떤 것인가?〕 "월경하는 여자에게 가지 말라."

- 법정이 성전과 관련해서 잘못된 명령을 내린 경우에도 속죄제를 바칠 필요는 없다.
- '긍정명령'은 '-해라'라는 명령 형식의 법이고, '부정명령'은 '-하지 말라'라는 형식의 법이다.
- 미심쩍은 경우에 바치는 속건제는 율법을 확실하게 범했는지 범하지 않았는지 부정확한 경우에 바치는 속건제다.

2, 5

אֵין חַיָּבִין עַל שְׁמִיעַת הַקּוֹל, וְעַל בִּטּוּי שְׂפָתַיִם, וְעַל טֻמְאַת מִקְדָּשׁ וְקָדָשָׁיו. וְהַנָּשִׂיא כַּיּוֹצֵא בָהֶם, דִּבְרֵי רַבִּי יוֹסֵי הַגְּלִילִי. רַבִּי עֲקִיבָא אוֹמֵר, הַנָּשִׂיא חַיָּב בְּכֻלָּן חוּץ מִשְּׁמִיעַת הַקּוֹל, שֶׁהַמֶּלֶךְ לֹא דָן וְלֹא דָנִין אוֹתוֹ, לֹא מֵעִיד וְלֹא מְעִידִין אוֹתוֹ:

〔법정은 서원하는〕 소리를 듣는 것, 표현된 맹세, 성전과 그 성물의 부정에 대하여 〔잘못된 판결을 내렸더라도 속죄제물을 가져올〕 의무가 없다. "통치자[1]도 이와 같이 〔면제됩니다〕." 랍비 요쎄 하갈릴리의 말이다. 랍비 아키바는 말한다. "통치자는 〔서원하는〕 소리를 듣는 것을 제외하고는 〔속죄제물을 가져올〕 의무가 있습니다. 왜냐하면 통치

1) 통치자로 번역된 '나씨'는 미쉬나 시대에는 보통 '왕'으로 이해된다.

자는 재판하지도 않고 재판을 받지도 않으며 증언하지도 않고 〔다른 사람들이〕 그에 대하여 증언하지도 않기 때문입니다."

- 랍비 요쎄 하갈릴리는 통치자가 위에서 언급하는 세 가지 경우에 대하여 잘못된 판결을 내리더라도 속죄제물을 가져올 필요가 없다고 말한다.
- 랍비 아키바는 서원하는 소리를 듣는 것을 제외한 다른 경우에는 속죄제물을 가져와야 한다고 주장한다. 왜냐하면 사실과 다르게 맹세한 경우에 대하여 통치자가 책임질 필요가 없기 때문이다.

2, 6

כָּל הַמִּצְוֹת שֶׁבַּתּוֹרָה שֶׁחַיָּבִין עַל זְדוֹנָן כָּרֵת וְעַל שִׁגְגָתָן חַטָּאת, הַיָּחִיד מֵבִיא כִשְׂבָּה וּשְׂעִירָה, וְהַנָּשִׂיא שָׂעִיר, וּמָשִׁיחַ וּבֵית דִּין מְבִיאִין פָּר. וּבַעֲבוֹדָה זָרָה, הַיָּחִיד וְהַנָּשִׂיא וְהַמָּשִׁיחַ מְבִיאִין שְׂעִירָה, וּבֵית דִּין פַּר וְשָׂעִיר, פַּר לְעוֹלָה וְשָׂעִיר לְחַטָּאת:

토라에 있는 모든 법은 고의로 〔범했다면〕 처형이고 부지중이라면 속죄제를 드려야 한다. 개인은 암양이나 암염소를 〔가져와야〕 한다. 통치자는 숫염소를 〔가져와야〕 한다. 기름부음 받은 〔대제사장〕이나 법정은 황소를 〔가져와야〕 한다. 우상숭배의 경우에는 개인이나 통치자, 기름부음 받은 〔대제사장은〕 암염소를 〔가져와야〕 한다. 하지만 법정은 황소와 숫염소를 〔가져와야〕 한다. 황소는 번제를 위해서, 숫염소는 속죄제를 위해서다.

- 개인, 통치자, 대제사장이 바치는 속죄제의 제물은 레위기 4:22-23의 규정을 따른다. 다만, 레위기에서 '족장'에 해당하는 제물인 숫염소를 '통치자(혹은 왕)'에게 적용하고 있다.

- 우상숭배의 경우에 법정은 황소와 숫염소를 가져와야 한다는 것은 앞 미쉬나 1, 5에 나온다.

2, 7

אָשָׁם תָּלוּי, הַיָּחִיד וְהַנָּשִׂיא חַיָּבִין, וּמָשִׁיחַ וּבֵית דִּין פְּטוּרִים. אָשָׁם וַדַּאי, הַיָּחִיד וְהַנָּשִׂיא וְהַמָּשִׁיחַ חַיָּבִין, וּבֵית דִּין פְּטוּרִין. עַל שְׁמִיעַת הַקּוֹל וְעַל בִּטּוּי שְׂפָתַיִם וְעַל טֻמְאַת מִקְדָּשׁ וְקָדָשָׁיו, בֵּית דִּין פְּטוּרִין, וְהַיָּחִיד וְהַנָּשִׂיא וְהַמָּשִׁיחַ חַיָּבִין, אֶלָּא שֶׁאֵין כֹּהֵן גָּדוֹל חַיָּב עַל טֻמְאַת מִקְדָּשׁ וְקָדָשָׁיו, דִּבְרֵי רַבִּי שִׁמְעוֹן. וּמָה הֵן מְבִיאִין, קָרְבָּן עוֹלֶה וְיוֹרֵד. רַבִּי אֱלִיעֶזֶר אוֹמֵר, הַנָּשִׂיא מֵבִיא שָׂעִיר:

미심쩍은 〔경우에 바치는〕 속건제를 개인이나 통치자는 바쳐야 하지만 기름부음 받은 〔대제사장〕이나 법정은 면제된다. 확실한 〔경우에 바치는〕 속건제를 개인이나 통치자 그리고 기름부음 받은 〔대제사장은〕 바쳐야 하지만 법정은 면제된다. 〔서원하는〕 소리를 듣는 것, 표현된 맹세, 성전과 그 성물의 부정에 대하여 법정은 면제되지만, 개인이나 통치자 그리고 기름부음 받은 〔대제사장은〕 책임이 있다. "그게 아니라 대제사장은 성전과 그 성물의 부정에 대하여 책임이 없습니다." 랍비 쉼온의 말이다. 차등 있는 희생제물로 무엇을 가져와야 하는가? 랍비 엘리에제르는 말한다. "통치자는 숫염소를 가져와야 합니다."

- 율법을 확실하게 범했는지 범하지 않았는지 불확실한 경우에 바치는 '미심쩍은 속건제'에 대하여 통치자는 개인처럼 바쳐야 한다. 단 법정이나 대제사장은 면제된다.
- 율법을 확실하게 범할 때 바치는 '확실한 속건제'는 대제사장도 바쳐야 한다. 유일하게 법정만 잘못이 확실한 경우에 바치는 속건제를 바칠 필요가 없다.

제3장

이번 장에서는 대제사장이나 통치자가 잘못된 결정을 내린 후나 그 전에 직책에서 물러난 경우에 어떻게 해야 하는지를 다룬다. 대제사장이나 통치자로서 바치던 제물을 바쳐야 할까? 아니면 일반인으로서 제물을 바쳐야 할까? 로마 당국에 의해 대제사장이나 통치자가 그 권한을 잃는 경우는 종종 벌어지는 일이었다.

3, 1

כֹּהֵן מָשִׁיחַ שֶׁחָטָא וְאַחַר כָּךְ עָבַר מִמְּשִׁיחוּתוֹ, וְכֵן נָשִׂיא שֶׁחָטָא וְאַחַר כָּךְ עָבַר מִגְּדֻלָּתוֹ, כֹּהֵן מָשִׁיחַ מֵבִיא פַר, וְהַנָּשִׂיא מֵבִיא שָׂעִיר:

〔만약〕 기름부음 받은 〔대〕제사장이 죄를 지은 후에 제사장직에서 물러났다면, 같은 식으로 통치자가 죄를 지은 후에 권좌에서 물러났다면, 기름부음 받은 〔대〕제사장은 황소를 가져오고 통치자는 숫염소를 가져와야 한다.

- 대제사장이나 통치자가 잘못된 판결을 내리는 죄를 지은 후에 직에서 물러났다면 직에 있을 때와 동일한 희생제물을 가져와야 한다.

3, 2

כֹּהֵן מָשִׁיחַ שֶׁעָבַר מִמְּשִׁיחוּתוֹ וְאַחַר כָּךְ חָטָא, וְכֵן הַנָּשִׂיא שֶׁעָבַר מִגְּדֻלָּתוֹ וְאַחַר כָּךְ חָטָא, כֹּהֵן מָשִׁיחַ מֵבִיא פַר, וְהַנָּשִׂיא כְהֶדְיוֹט:

〔만약〕 기름부음 받은 〔대〕제사장이 제사장직에서 물러난 후에 죄를 지었다면, 같은 식으로 통치자가 권좌에서 물러난 후에 죄를 지었다면, 기름부음 받은 〔대〕제사장은 황소를 가져와야 하지만, 통치자는 일반인처럼 〔취급된다〕.

- 대제사장은 그 직에서 물러나더라도 백성의 대표성이 유지되지만 왕은 그렇지 않다. 따라서 대제사장과 달리 통치자(왕)는 그 직에서 물러나면 일반인처럼 취급된다.

3, 3

חָטְאוּ עַד שֶׁלֹּא נִתְמַנּוּ וְאַחַר כָּךְ נִתְמַנּוּ, הֲרֵי אֵלּוּ כְהֶדְיוֹט. רַבִּי שִׁמְעוֹן אוֹמֵר, אִם נוֹדַע לָהֶם עַד שֶׁלֹּא נִתְמַנּוּ, חַיָּבִין. וּמִשֶּׁנִּתְמַנּוּ, פְּטוּרִין. וְאֵיזֶהוּ הַנָּשִׂיא, זֶה הַמֶּלֶךְ, שֶׁנֶּאֱמַר (ויקרא ד) וְעָשָׂה אַחַת מִכָּל מִצְוֹת ה' אֱלֹהָיו, נָשִׂיא שֶׁאֵין עַל גַּבָּיו אֶלָּא ה' אֱלֹהָיו:

〔만약 대제사장이나 통치자가〕 직책을 임명 받기 전에 죄를 짓고 그 후에 임명이 되었다면, 그들은 일반인처럼 〔취급된다〕. 랍비 쉼온은 말한다. "〔그들의 죄가〕 임명 받기 전에 알려졌다면 책임이 있지만, 임명 받았다면 면제됩니다." 통치자란 누구인가? 이는 왕이다. 〔성경에〕 기록되었듯이, "하나님 여호와의 계명 중 하나라도 범하여"(레 4:22). 통치자는 하나님 여호와를 제외하고 그보다 높은 이가 없다.

- 대제사장이나 왕이 임명 받기 전에 죄를 범했다면, 일반인으로서 죄를 범한 것이기 때문에 특별한 속죄제물로서 황소를 바칠 필요가 없고 일반인처럼 암양이나 암염소를 바치면 된다.

3, 4

וְאֵיזֶהוּ הַמָּשִׁיחַ, הַמָּשׁוּחַ בְּשֶׁמֶן הַמִּשְׁחָה, לֹא הַמְרֻבֶּה בִבְגָדִים. אֵין בֵּין כֹּהֵן הַמָּשׁוּחַ בְּשֶׁמֶן הַמִּשְׁחָה לִמְרֻבֶּה בְגָדִים אֶלָּא פַר הַבָּא עַל כָּל הַמִּצְוֹת. וְאֵין בֵּין כֹּהֵן מְשַׁמֵּשׁ לְכֹהֵן שֶׁעָבַר, אֶלָּא פַר יוֹם הַכִּפּוּרִים וַעֲשִׂירִית הָאֵיפָה. זֶה וָזֶה שָׁוִין בַּעֲבוֹדַת יוֹם הַכִּפּוּרִים, וּמְצֻוִּין עַל הַבְּתוּלָה, וַאֲסוּרִין עַל הָאַלְמָנָה, וְאֵינָן מְטַמְּאִין בִּקְרוֹבֵיהֶן, וְלֹא פוֹרְעִין, וְלֹא פוֹרְמִין, וּמַחֲזִירִין אֶת הָרוֹצֵחַ:

기름부음 받은 〔대제사장은〕 누구인가? 기름부음 받은 〔대제사장은〕 기름으로 부어진 자이지 많은 옷으로 입혀진 자가 아니다. 기름부음 받은 〔대〕제사장과 많은 옷으로 장식된 〔대〕제사장의 차이는 어떤 율법을 〔범할 경우에〕 황소를 〔바쳐야 한다는 점〕 외에는 〔다른〕 차이점이 없다. 현직 〔대〕제사장과 전직 〔대〕제사장의 차이점은 속죄일에 〔바치는〕 황소와 에파 십일조 외에는 없다. 〔현직 대제사장〕이나 〔전직 대제사장〕이나 속죄일의 업무, 처녀와 〔결혼해야 하는〕 율법, 과부와 〔결혼〕 금지, 친척들의 〔죽음으로 인한〕 부정 금지, 장발 금지, 〔친척의 죽음에〕 의복 찢기 금지, 〔우발적〕 살인자 돌려보내기[2]에 차이가 없다.

- 미쉬나 당시 대제사장은 다른 제사장들과 달리 여덟 벌의 옷을 받았다.
- 현직 대제사장과 전직 대제사장 모두 지켜야 할 규정들이 많다. 다만, 속죄일에 황소를 바치는 것과 십일조로 에바를 바치는 것은 현직 대제사장의 몫이다.

3, 5

כֹּהֵן גָּדוֹל פּוֹרֵם מִלְּמַטָּה, וְהַהֶדְיוֹט מִלְמַעְלָה. כֹּהֵן גָּדוֹל מַקְרִיב אוֹנֵן וְלֹא אוֹכֵל, וְהַהֶדְיוֹט לֹא מַקְרִיב וְלֹא אוֹכֵל:

대제사장은 의복을 아래에서부터 찢고 일반 제사장들은 위에서부터 찢는다. 오넨[3]이 된 대제사장은 제사를 드리지만 음식을 먹지는

---

2) 도피성에 피해 있던 살인 누명자는 대제사장이 죽으면 자신의 고향으로 돌아갈 수 있다(민 35:25).

3) 가까운 친척이 죽었을 때 의무적으로 하룻동안 곡을 하는 사람을 '오넨'(אונן) 이라고 한다. 대제사장이 오넨이 되었을 때에는 부정한 상태라고 여겨져 성물

않는다. 하지만 일반 〔제사장은〕 제사를 드리지도 않고 음식을 먹지도 않는다.

- 가족이나 친척이 죽은 경우에 유족들은 옷을 찢고 재를 뒤집어쓰는 것으로 슬픔을 표현했다. 국가적으로는 나라가 멸망했을 때 백성들은 옷을 찢고 재를 머리에 뒤집어썼다.
- 가까운 친척이 죽은 경우에 대제사장은 제사를 드리는 업무는 수행할 수 있지만 성물을 먹을 수는 없다.

3, 6

כָּל הַתָּדִיר מֵחֲבֵרוֹ, קוֹדֵם אֶת חֲבֵרוֹ. וְכָל הַמְקֻדָּשׁ מֵחֲבֵרוֹ, קוֹדֵם אֶת חֲבֵרוֹ. פַּר הַמָּשִׁיחַ וּפַר הָעֵדָה עוֹמְדִים, פַּר הַמָּשִׁיחַ קוֹדֵם לְפַר הָעֵדָה בְּכָל מַעֲשָׂיו:

다른 것들보다 더 빈번한 것이 다른 것들을 앞선다. 다른 것들보다 더 거룩한 것이 다른 것들을 앞선다. 기름부음 받은 〔대제사장의〕 황소와 회중의 황소가 서 있다. 모든 단계에서 기름부음 받은 〔대제사장의〕 황소가 회중의 황소보다 우선한다.

- 희생제물을 바칠 때 우선순위의 중요한 원칙을 제시한다. 첫째, 자주 드리는 제물을, 둘째, 더 거룩한 제물을 먼저 바친다.
- 황소를 바치는 의례에서 더 거룩하다고 인정되는 대제사장의 황소를 바치는 것이 회중들의 황소보다 단계별로 먼저 진행된다.

을 먹지 않는다(『코다쉼』「제바힘」12,1).

3, 7

הָאִישׁ קוֹדֵם לָאִשָּׁה לְהַחֲיוֹת וּלְהָשִׁיב אֲבֵדָה. וְהָאִשָּׁה קוֹדֶמֶת לָאִישׁ לִכְסוּת, וּלְהוֹצִיאָהּ מִבֵּית הַשֶּׁבִי. בִּזְמַן שֶׁשְּׁנֵיהֶם עוֹמְדִים לְקַלְקָלָה, הָאִישׁ קוֹדֵם לָאִשָּׁה:

생명이나 분실물의 경우에 남성이 여성에 앞선다. 옷 〔문제〕나 포로에서 구할 때 여성이 남성에 앞선다. 〔단〕, 둘 다 부정해질 위험이 있을 때에는 남성이 여성에 앞선다.

- 여기서는 남녀 사이에서 우선순위를 가린다. 일반적으로는 남성이 여성보다 앞선다.
- 여성이 강간의 위험이 있는 포로 상황 같은 경우에는 여성을 먼저 구해야 한다. 단, 남성도 강간과 같은 상황에 처해 있다면 남성을 먼저 구해야 한다.

3, 8

כֹּהֵן קוֹדֵם לְלֵוִי, לֵוִי לְיִשְׂרָאֵל, יִשְׂרָאֵל לְמַמְזֵר, וּמַמְזֵר לְנָתִין, וְנָתִין לְגֵר, וְגֵר לְעֶבֶד מְשֻׁחְרָר. אֵימָתַי, בִּזְמַן שֶׁכֻּלָּן שָׁוִין. אֲבָל אִם הָיָה מַמְזֵר תַּלְמִיד חָכָם וְכֹהֵן גָּדוֹל עַם הָאָרֶץ, מַמְזֵר תַּלְמִיד חָכָם קוֹדֵם לְכֹהֵן גָּדוֹל עַם הָאָרֶץ:

제사장이 레위인에 앞서고, 레위인이 〔일반〕 이스라엘 〔백성에〕 앞서고, 이스라엘 백성이 사생아에 앞서고, 사생아는 기브온 후손에 앞서고, 기브온 후손은 비유대인[4]에 앞서고, 비유대인은 해방된 종에 앞선다. 언제 그러한가? 모두가 평등할 때 〔그렇다〕. 만약 사생아가 현인의 제자이고 대제사장이 암 하아레쯔일 때, 현인의 제자인 사생아가 암 하아레쯔인 〔대〕제사장에 앞선다.

4) 여기서 비유대인은 외국 출신으로서 유대교로 개종한 사람을 뜻한다.

- 미쉬나는 계급의 개념은 아니지만 사람에 따라 거룩함의 정도에 차등이 있다고 생각한다.
- 사생아라도 현인의 제자면 율법과 미쉬나에 대하여 더 잘 알기 때문에 율법에 대하여 무지한 암 하아레쯔 출신 대제사장보다 더 우선한다.

이 일은 하루아침에 이루어지지 않았다

• 옮긴이의 말

번역과 주해, 그리고 편집과 출판에 이르기까지 7년여 동안 씨름해 왔다. 오랜 작업의 과정이 마무리되어 홀가분하고 기쁘기 그지없다. 『구약성서』『탈무드』와 함께 3대 유대 고전문헌에 속하는 『미쉬나』를 전공 연구자들이 힘을 모아 학문적 수준에서 만들어낸 국내 최초의 성과라 하겠다. 번역·주해한 책 여섯 권, 『미쉬나』를 소개하는 '길라잡이' 저술 한 권, 모두 일곱 권의 방대한 전집이다.

모든 일은 하루아침에 이루어지지 않는다. 더구나 불모지와 다름없는 유대학 분야의 대형 연구 프로젝트라면 더 말할 필요도 없으리라. 인력과 자금, 경험과 시간 등 여러 측면의 연구 역량이 뒷받침되지 않으면 불가능하다. 나는 『미쉬나』 가운데 한 권인 『네지킨』의 번역을 맡아 이 프로젝트에 참여했고, 이제 책 끝에 붙이는 짧은 소회의 글을 쓰고 있다. 여기서 무엇보다 '하루아침에 이루어지지 않은' 지난 일의 과정을 짧게 정리해보는 것도 의미가 있겠다. 거기에는 프로젝트를 이끌고 출판을 준비하던 중에 갑작스러운 병환으로 2022년 세상을 떠난 최창모 교수님을 추모하는 마음, 그동안의 헌신과 노력을 기억하는 마음이 담겨 있다.

『미쉬나』 번역·주해 프로젝트는 건국대학교 중동연구소의 소장이셨던 최창모 교수님과 이스라엘 유학에서 돌아온 신진 후학들의 열정과 관심에서 시작되었다. 이쪽 학문이 인기가 없고 저변이 얕다 보니 설자리가 많지 않았던 연구자들에게 중동연구소는 마음붙일 일종의 보금자리였고, 결과적으로 돌아보면 많은 프로젝트의 산실이 되었다.

2005년 최창모 교수님은 중동지역에서 유학한 소수의 학자들과 함께 '금기의 법규범화: 유대교와 이슬람의 비교연구' 과제를 수행했다. 이를 시작으로 한국중동학회의 중견 학자들과 왕성한 학술활동을 벌이고, 학회장을 맡아 12개국 33명의 해외 학자들을 초청하는 국제학술대회를 열기도 했다. 이런 경험 위에서 자연스럽게 2007년 건국대학교에 중동연구소가 설립되고, 이후 중동연구소를 중심으로 새로운 연구가 활발히 전개되었다. 아래는 한국연구재단의 지원을 받아 그동안 우리가 수행한 연구들이다.

'이슬람 과격단체의 제도권 진입 전·후 과정에 관한 연구: 헤즈볼라, 하마스, 무슬림 형제단 그리고 마흐디 민병대를 중심으로'(2007-2009), '중동국가 내의 갈등 원인과 해소에 관한 연구: 갈등 해소이론을 중심으로 한 시리아, 터키, 이스라엘, 이집트 및 레바논의 내적 갈등해소를 중심으로'(2009-2011), 'HK 유망연구소: 중동 연구의 세계적 거점, 소통의 메커니즘 구축 사업'(2009-2012), '토대연구: 유대학 용어사전'(2014-2017).

『미쉬나』 번역·주해서는 바로 '유대학 용어사전' 프로젝트의 연장선상에서 추진되었던 것이다. 정식 연구명은 '토대연구: 유대교 전통문헌, 미쉬나 주해 총서'(2017-2020)다. 성일광·최중화·전재영·이영길 박사님을 비롯한 '유대학 용어사전' 팀을 주축으로 권성달·윤성덕·김신애 박사를 새로 영입해 2017년 4월 24일 중동연구소에서 『미쉬나』 준비모임이 열렸다. 윤성덕·김신애 박사가 기획, 제안서 작성, 발표 등 프로젝트 신청 과정에서 애썼고, 2017년 9월 한국연구재단의 심사를 통과해 최종 선정되었다. 이런 결과는 이스라엘과 중동뿐만 아니라 미국·영국·독일 등 서구에서 공부한 연구자들이 그만큼 많아진 것이 큰 동력이었다.

연구과제가 선정된 기쁨도 잠시 우리는 1,800여 년 전 고대 근동의 문헌이라는 벽 앞에 직면해야 했다. 주해 작업을 한다는 뜻은 이미 번역이 녹록지 않음을 예고하는 것이다. 현대의 히브리어와 다른 '미쉬나 히브리어'로 기록된 원문, 까마득한 시간적·공간적 거리에서 발생하는 간극은 그야말로 사회적·경제적·문화적 맥락을 폭넓게 파악해야 하는 부단한 노력을 요구했다. 한마디로 모든 작업의 초점이 어떻게 '번역과 주해'를 제대로 해낼 것인가에 맞춰질 수밖에 없었다.

그런 측면에서 우선, 우리는 각 권의 연구자들이 진행한 중간 결과물을 그때그때 발표하고 토론하는 강독회를 주기적으로 가졌다. 그것은 제각각 자기 원칙에 따른다거나 한 사람의 의견으로 쏠린다거나 하는 것을 막음으로써 오류를 최소한으로 줄이고, 번역과 주해에서 전체적으로 정확성·객관성·전문성·일관성을 유지하려 했다. 또한 『미쉬나』에 해석(게마라)을 더해 집대성한 후대의 『탈무드』를 비롯해 중세 랍비들의 주석, 내로라하는 현대 학자들의 주석들을 두루 참고했다. 거기에 더해 『미쉬나』의 원문을 훼손하지 않으면서도 난해한 문맥을 독자가 충분히 이해할 수 있게 했는데, 그것은 직역을 원칙으로 하면서도 생략되고 압축된 문장의 숨은 의미를 되살리는 세심한 의역으로 가독성을 높였다.

이처럼 번역과 주해에 만전을 기하려는 고심 외에도 어려움은 여전히 있었다. 특히 전문용어의 번역어 확정과 히브리어-한글 표기법은 별것 아닌 문제인 듯했지만 사실 처음부터 끝까지 연구자들 사이에 의견 조율이 쉽지 않았다. 용어는 우리말식으로 너무 풀어 번역하면 히브리어 고유의 개념어적 성격과 어감을 상실하기에 그 적정선을 찾기가 매우 어려웠고, 표기는 국립국어원이 정립해놓은 셈어에 대한 원칙도 없고, 관련 분야 연구자들 사이에 합의된 기준도 없어서 새롭게 확정해가는 과정이 어려웠다.

내가 번역을 맡은 쎄데르(제4권) 『네지킨』은 상해나 손해의 배상법, 부동산 매매에 관한 상거래법, 재산과 유산의 상속법, 사형에 관한 형법 등을 다룬다. 오늘날 우리 일상생활에서도 쉽게 접하는 사안들이라는 점에서 무척 흥미로운 주제들이다. 개인적으로 2015년에 이슬람 형법에 관한 연구를 수행한 적이 있기 때문에 고대 유대교와 이슬람 형법 사이의 비교 관점에서 『네지킨』의 내용을 이해하는 데 도움이 되었다.

『네지킨』의 번역·주해는 공동 작업이었다. 마쎄켓(제1부) 「바바 캄마」(첫째 문)부터 마쎄켓(제5부) 「마콧」(태형)까지는 내가, 마쎄켓(제6부) 「쉬부옷」(맹세)부터 마쎄켓(제10부) 「호라욧」(판결)까지와 주해의 많은 부분은 김성언 박사가 맡았다. 공동 작업을 즐겁게 할 수 있었고, 이 책이 나오는 데 큰 힘이 되어준 김성언 박사에게 감사드린다.

『미쉬나』 전체를 번역·주해하여 전집으로 출판한 것은 우리 학계의 학문적 수준을 한 차원 끌어올리는 계기가 되리라 본다. 그동안 『미쉬나』와 『탈무드』 본문을 분석하는 일부 연구가 있긴 했지만 이번 완역 출판으로 관련 분야의 후속 연구가 더욱 활발히 이루어질 것이다.

끝으로 이 큰 작업의 출판을 기꺼이 맡아준 한길사 김언호 대표님께 깊이 감사드린다. 고 최창모 교수님을 이어서 개성 강한 연구자들과 소통하며 전체 진행을 이끌어주신 윤성덕 교수님의 노고는 말로 다할 수 없을 것이다. 지난하고 고된 편집 과정을 묵묵히 감당해준 박희진 편집부장님께도 깊은 고마움을 전한다. 무엇보다도 지금까지 나를 학문의 길로 이끌고 이 『미쉬나』 프로젝트를 통해 많은 것을 배우고 기쁨을 누리게 하신 하나님께 감사드린다.

2024년 5월
최영철

미쉬나

❹ 네지킨(손해)

번역·주해 최영철 김성언
펴낸이 김언호

펴낸곳 (주)도서출판 한길사
등록 1976년 12월 24일
주소 10881 경기도 파주시 광인사길 37
홈페이지 www.hangilsa.co.kr
전자우편 hangilsa@hangilsa.co.kr
전화 031-955-2000~3 **팩스** 031-955-2005

부사장 박관순 **총괄이사** 김서영 **관리이사** 곽명호
영업이사 이경호 **경영이사** 김관영 **편집주간** 백은숙
편집 박희진 노유연 이한민 박홍민 배소현 임진영
관리 이주환 문주상 이희문 원선아 이진아 **마케팅** 정아린 이영은
디자인 창포 031-955-2097
CTP출력·인쇄 예림 **제책** 경일제책사

제1판 제1쇄 2024년 7월 22일

값 40,000원

ISBN 978-89-356-7869-3 94080
ISBN 978-89-356-6427-6 (세트)

이 책은 2017년부터 2020년까지 대한민국 교육부와 한국연구재단의 토대기초연구지원을 받아 수행된 연구다(2017S1A5B4053274).